本书获广西壮族自治区第十次社会科学优秀成果一等奖
中国金融教育发展基金会2010年金融教育优秀研究成果一等奖

 商业银行业务精析系列
SHANGYE YINHANG YEWU JINGXI XILIE

商业银行信贷法律风险精析

第四版　新增"贷款新规"解读

SHANGYE YINHANG
XINDAI FALÜ FENGXIAN JINGXI

宾爱琪　著

中国金融出版社

责任编辑:张哲强
责任校对:潘 洁
责任印制:丁淮宾

图书在版编目(CIP)数据

商业银行信贷法律风险精析/宾爱琪著.—4版.—北京:中国金融出版社,2011.4
(商业银行业务精析系列)
ISBN 978-7-5049-5832-7

Ⅰ.①商… Ⅱ.①宾… Ⅲ.①商业银行—信贷管理:风险管理—法规—研究—中国 Ⅳ.①D922.282.4

中国版本图书馆CIP数据核字(2011)第020448号

商业银行信贷法律风险精析
Shangye Yinhang Xindai Falü Fengxian Jingxi

出版
发行 中国金融出版社
社址 北京市丰台区益泽路2号
市场开发部 (010)63266347,63805472,63439533(传真)
网上书店 http://www.chinafph.com
          (010)63286832,63365686(传真)
读者服务部 (010)66070833,62568380
邮编 100071
经销 新华书店
印刷 保利达印务有限公司
尺寸 185毫米×260毫米
印张 27.5
字数 630千
版次 2011年4月第4版
印次 2011年4月第1次印刷
定价 55.00元
ISBN 978-7-5049-5832-7
如出现印装错误本社负责调换 联系电话 (010)63263947

第四版前言

本书初版于 2007 年 5 月，2008 年 6 月再版，2009 年 8 月再次再版，2010 年 7 月第三版第二次印刷。现在，第四版又面世了，我当然深感荣幸，可我更感谢看过本书的读者，是他们成就了本书的今天。

本书出版后，受到众多好评，分别获得中国金融教育发展基金会"2010 年金融教育优秀研究成果奖"一等奖、广西壮族自治区人民政府"第十次社会科学优秀成果奖"一等奖。本书被不少商业银行选为培训教材，相当多的银行从业人员将本书视为业务指南，被许多知名院校和图书馆收藏。即便在法律制度不同的地区，图书馆里也能见到本书，例如香港中央图书馆（HongKong Central Library）。

2009 年 8 月至今，国家出台了一批与商业银行信贷业务密切相关的法律法规和司法解释，以及有关抵（质）押登记等行政规章。例如，《中华人民共和国涉外民事关系法律适用法》，最高人民法院《关于审理城镇房屋租赁合同纠纷案件具体应用法律若干问题的解释》、《关于审理房屋登记案件若干问题的规定》、《关于限制被执行人高消费的若干规定》、《关于人民法院委托评估、拍卖和变卖工作的若干规定》、《关于审理民事级别管辖异议案件若干问题的规定》，国家发展和改革委员会等七部委联合颁布《融资性担保公司管理暂行办法》，国家知识产权局《专利权质押登记办法》，国家工商行政管理总局《注册商标专用权质权登记程序规定》、《合同违法行为监督处理办法》，交通运输部海事局《建造中船舶抵押权登记暂行办法》，等等。更为重要的是，中国银行业监督管理委员会先后颁布了《固定资产贷款管理暂行办法》、《项目融资业务指引》、《流动资金贷款管理暂行办法》和《个人贷款管理暂行办法》，这些规定并称为"三个办法一个指引"，是对商业银行信贷业务的一次革命性改造和规范，并将作为我国银行业贷款风险监管的长期制度安排。这些新的规定出台后，银行的业务操作就必须要作相应的调整。同时，我在与读者的交流中，也感受到了他们对"三个办法一个指引"以及抵（质）押登记等实务应用内容的期待。有鉴于此，我对全书内容进行修订和补充。

本次所作的修订有百余处之多，修改了一些因法律法规变化而滞后的内容，依据"三个办法一个指引"对有关章节内容进行了修改补充，更多的是增加了新的内容。具体地说：

第一，在第一章新增"贷款新规的理解与应用"一节，将"三个办法一个指引"的内容分成指导原则、信贷流程、尽职调查、合同管理、账户管理、贷款发放与支付、受托支付、自主支付、实贷实付、贷放分控、法律责任等专题，在详尽地解读贷款新规要求的同时，重点结合商业银行的业务实践，提出遵守和应用的建议。此外，还对商业银行在实施贷款新规过程中遇到的典型问题进行研究分析，为读者解惑释疑，指明应对之策。

第二，在第三章新增"个人住房贷款"一节，对个人住房贷款的含义、贷款用途、贷款对象、贷款种类、贷款条件、贷款额度、贷款期限等进行概述，重点对按揭贷款抵押登记风险、贷款迟延放款各阶段的风险、按揭贷款的诉讼时效风险和第三人代为履行债务的风险进行分析，并提出具体的防控措施。

第三，在担保公司担保方面，新增担保公司设立、担保数额、业务范围、关联担保、对外投资等关于担保公司担保的特别规定，以及银行对公司担保决议所负的审查义务等内容，并提出银行控制担保公司担保风险的对策。

第四，在抵押担保方面，新增农村土地承包经营权抵押、在建船舶抵押内容。此外，还新增房屋承租人的优先购买权、抵押物上设定租赁权的风险控制等内容。

第五，在质押担保方面，针对供应链融资对动产（货物）质押的需要，新增仓储公司参与货物质押的贷款流程及操作的内容；增加保证金质押特定化做法以及防范保证金被有权机构扣划措施的内容。

第六，在抵（质）押登记方面，新增办理在建工程抵押登记、国有土地使用权抵押登记、船舶抵押权登记、注册商标专用权质权登记、专利权质押登记、著作权质押登记等抵（质）押登记操作指引；增加抵押的预登记制度、房屋抵押登记纠纷的救济等内容。

第七，在依法收贷方面，新增最高人民法院关于级别管辖和恢复执行规定的解读，以及应对"老赖"们拒不履行还款义务的对策等内容。

总之，本次修订力求完整、准确地体现新法律法规和司法解释的内容，及时反映理论研究成果与实务工作经验，保持本书的时效性、实用性和前瞻性的特色，为读者提供更为准确的信贷法律信息和更加有效的风险控制技术。

谨借本书第五次印刷出版之际，再一次向新老读者表示衷心的感谢！

宾爱琪
2011 年 1 月 15 日于邕城

第三版前言

曾记得，两年前，当我把《商业银行信贷法律风险精析》的书稿交付中国金融出版社时，心情未免有些兴奋，但更多的是忐忑不安。因为，我不知道自己的处女作将走向何方，能否有益于读者？是否受到读者欢迎？正是对该书前途的期冀和担忧，让我辗转反侧。令我欣慰的是，本书自2007年5月出版发行，不到一年时间便脱销了。出版社应读者的要求旋即再版，不久，又告售罄。2008年，本书参加"广西第十次社会科学优秀成果"评选，因"创新性、理论性和实用性"，在1600多项成果中脱颖而出，获得最高奖项（一等奖），受到广西壮族自治区人民政府的嘉奖。这些出乎意料的结果，给了我信心与鼓舞，也留给我更多的思考。

还记得，自儿时起，父母常教育我，做人要真诚，做事要认真。上学和工作后，师长和领导又常教导我，面对一切，需要理智、勤奋、执着、务实，需要大胆创新和追求卓越，需要而且应当善于把复杂问题简单化，抓住主要矛盾和矛盾的主要方面，尽可能地使用最简单的方法和最简洁的语言来描述、诠释、解决复杂难题。在提出解决问题之策时，应当具有针对性和可操作性。这些教诲，潜移默化了我的人生观、价值观与思维模式，至今仍让我受益颇多。在写作《商业银行信贷法律风险精析》时，我力求做到理论与实践相结合，做到精益求精，尽自己所能帮助读者释疑解惑，解决实践中遇到的难题。在内容上，我强调针对性和操作性；在表述上，我追求通俗易懂和简洁规范。

本书的每章每节甚至每个概念，我都秉持谨慎、认真的态度，用心用智来描述或论述。这些思考与体会，也许算不上高深，但它凝聚了我的心血，也经受了市场的考验。再版的售罄，众多银行从业人员及司法人员奉为案头书，以及专家学者的好评和各大院校的馆藏，这些都证明了该书的存在价值。我深信，随着时间的推移，本书将被越来越多的人认识和认同，凸显其价值与生命力！

巧的是，本书第二版出版至今刚好一年。在这一年里，国家出台了一批有关逾期贷款催收、债权执行等内容的司法解释，以及与银行信贷业务休戚相关的股权转让、房屋登记等行政规章。例如，最高人民法院《关于审理民事案件适用诉讼时效制度若干问题的规定》、《关于适用〈民事诉讼法〉执行程序若干问题的解释》、《关于适用〈合同法〉若干问题的解释（二）》、《关于审理建筑物区分所有权纠纷案件具体应用法律若干问题的解释》，建设部《房屋登记办法》、交通运输部《收费公路权益转让办法》、国家工商总局《工商行政管理机关股权出质登记办法》、公安部《机动车登记规定》，等等。本次修订，紧盯法律法规的变化，力求完整、准确地体现新法规的内容，并结合银行实践深入研究，提出对策建议。同时，吸收专家学者的理论研究成果，反映实务工作的成功经验。此外，还对第九章的结构作了调整。修订后，本书在体系上更加合理，在内容上更加充实，在实务上更具指导性。相信修订后，本书将给读者提供更为准确的信贷法律信息与更加有效的风险控制技术，帮助读者更好地解决面临的问题。

喜的是，因为书缘，我与实务界和理论界的很多读者成了朋友，常与友人千里之外探讨银行信贷法律问题，还常收到读者朋友的致谢书信。正是这些真诚的话语感动并鼓励着我，给我温暖和力量，让我欣慰和感动。谨借本书第三版出版发行之际，特向新老读者表示衷心的感谢，并向出版及发行人员致以诚挚的问候！期望第三版《商业银行信贷法律风险精析》能够得到更多读者的欢迎和指正。

宾爱琪
2009年5月25日于邕城

修订版说明

《商业银行信贷法律风险精析》于2007年5月出版后，受到了广大读者朋友尤其是金融和法律从业人员的广泛欢迎，不久即告售罄。应读者的要求，出版社决定重印。期间，我国的法律环境发生了一些变化，例如《物权法》的实施和《民事诉讼法》的修订。同时，与之相关的法律和规章也陆续出台。为了紧跟法规变化的新形势，更好地体现风险控制的及时性与有效性，我对该书的有关内容作了以下修改和补充。

第一，本次修订依据的是《物权法》和修订后的《民事诉讼法》以及《应收账款质押登记办法》、《动产抵押登记办法》等新法规、规章。为力求准确、完整地体现担保物权制度、诉讼与执行制度的规定，对于原版中与《物权法》、《民事诉讼法》等规定不一致的内容，都分别予以修改、说明。

第二，这次修订在内容上更重视对担保物权制度、诉讼与执行制度变化后所带来的实践问题，并对其进行了深入的研究和说明，使本书的内容具有更强的可读性和实践指导性。例如，在对担保物权制度变化的研究中，针对商业银行的操作实务以及司法实践中存在的复杂问题，经过深入、细致的研究，对许多常见的问题都提出了具体的解决方法。相信这些论述，能为读者解决实际问题提供有益的帮助。

第三，为方便读者学习、掌握《物权法》，此次修订对第九章的内容进行了充实，力求全面、系统地反映《物权法》与担保物权的主要内容及其变化。对《物权法》中与商业银行信贷业务相关的条款，借鉴专家学者的论述及结合自己的研究体会，全面而有重点地进行了阐释，并结合司法实践提出了商业银行的应对之策；对于法律、法规和规章没有规定的问题，则根据法律的基本精神和司法实践的审判理念以及理论研究成果进行了阐释。

《商业银行信贷法律风险精析》出版不到一年，便迎来了重印。这是读者朋友对该书价值的认可,也是对作者的鼓励和支持。我在深表谢意的同时,也把这份厚爱珍藏在心中!期望修订版的《商业银行信贷法律风险精析》能够得到更多读者朋友的喜爱。

宾爱琪
2008 年 4 月 8 日于邕城

序

风险和利润（回报）是同一枚硬币的正反两面，彼此不能分离。它们紧密相连，相互作用，此消彼长。收益越高风险越大，反之，则风险越小。在激烈的市场竞争中，风险管理水平高的银行，其获得高收益的比较优势就明显，意味着其获利相对丰厚，更具有市场竞争力。我们所说的风险，是指未来发生潜在损失的可能。只有符合一定条件之后，这种可能的损失才转化成为现实的损失。风险管理过程其实就是对风险进行事前防范、事中控制和事后救济的过程，是商业银行为实现经营目标所建立的一种机制。商业银行在经营中遇到的各种风险，如信用风险、市场风险、操作风险和技术风险等，都在不同程度上与法律风险息息相关。特别是在我国民商法、金融法尚不够完备的环境下，某些信贷业务及其运作方式可能处于法律空白或灰色地带，潜在的法律风险不容忽视。因此，从我国现实的法律环境出发，同时借鉴国外银行成熟的经验，研究探讨信贷业务法律风险的识别、评估和分析，预测风险发生的可能并采取措施控制客观条件的变化，使发生风险的条件不具备，降低风险发生的概率，这对于保障商业银行稳健运行，促进银行信贷业务的创新和发展，具有十分重要的意义。

正是为了适应控制银行信贷经营风险的需要，作者宾爱琪在总结其近二十年的银行法务实践经验、管理经验和培训经验的基础上，写成了《商业银行信贷法律风险精析》一书。阅罢本书，深感作者理论功底扎实，实践经验丰富。本书对银行信贷经营风险控制实务具有很强的指引作用，实为一本难得的实用参考书。

本书系统地阐述、分析了银行信贷经营的法律风险及其控制对策，与现有商业银行法律专著相比，不落于俗套，有突破之处：

第一，体例结构新颖独特。通览全书，有耳目一新的感觉，在总分式的思路下，按照银行信贷业务的流程与不同产品分章编写，各章节之间又自成体系，独立成章。

第二，内容全面、翔实、精辟。本书对银行信贷经营中的法律风险进行了全面的分析，包括业务中常见的法律风险点、实践中存在的不同主流观点等。分析当中所引用的依据直接来源于最新的法律法规、司法解释和最高人民法院的审判政策。

第三，实用性、可操作性强。本书紧密结合我国的法律法规及银行业的规章制度，在分析银行信贷经营风险的同时，对防范和控制法律风险提出切实可行的操作思路和措施，可以作为金融从业人员案头的操作指引。

第四，读者群兼容性宽。本书在分析银行信贷业务法律风险之前，首先对该业务涉及的法律术语、概念作简要介绍，然后以通俗易懂的语言和方式阐述信贷业务与法律风险控制，兼顾了金融从业人员和法律专业人士的知识结构和实际需求，读者兼容性较宽。

本书凝聚了作者大量的心血和汗水，与其说是作者对银行信贷业务法律风险控制经验的总结和概括，还不如说是作者二十年来对银行法律工作的热爱、执著精神的总结和概括。我相信，本书的出版将对金融从业人员和法律专业人士正确辨识和控制信贷业务中的各种法律风险有所裨益。

有感于斯，特作此序，郑重推荐。

中国人民银行研究局副局长　焦瑾璞
2007 年 2 月 28 日

目　录

第一章　借款合同的法律风险控制 ……………………………………………（1）
　第一节　贷款法律关系与民事法律行为 …………………………………（1）
　第二节　借款合同的订立与履行 …………………………………………（9）
　第三节　当事人的义务及其争议焦点 ……………………………………（20）
　第四节　贷款新规的理解与应用 …………………………………………（25）
　第五节　借款人 ……………………………………………………………（46）
　第六节　借款合同担保 ……………………………………………………（53）
　第七节　保证担保 …………………………………………………………（57）
　第八节　财产所有权与共有财产担保 ……………………………………（67）
　第九节　公司对外担保 ……………………………………………………（72）
　第十节　担保公司担保 ……………………………………………………（78）
　第十一节　已婚人员贷款相关问题 ………………………………………（83）
　第十二节　未成年人贷款相关问题 ………………………………………（96）
　第十三节　借款的特殊主体问题 …………………………………………（98）

第二章　抵押担保的法律风险控制 ……………………………………………（101）
　第一节　抵押与抵押权 ……………………………………………………（101）
　第二节　抵押权的设定 ……………………………………………………（106）
　第三节　抵押物的选择 ……………………………………………………（114）
　第四节　抵押权的效力范围 ………………………………………………（120）
　第五节　依法实行抵押权 …………………………………………………（122）
　第六节　共同抵押与最高额抵押 …………………………………………（128）
　第七节　特殊财产抵押 ……………………………………………………（133）

第三章　按揭贷款的法律风险控制 ……………………………………………（158）
　第一节　按揭概述 …………………………………………………………（158）
　第二节　按揭贷款的法律关系 ……………………………………………（159）
　第三节　按揭与抵押的区别 ………………………………………………（162）
　第四节　个人住房贷款 ……………………………………………………（167）
　第五节　开发（经销）企业的保证担保 …………………………………（178）
　第六节　按揭贷款的保险机制 ……………………………………………（184）

第七节　保险公司履约保证保险 …………………………………………（190）
　　　第八节　汽车消费贷款 ……………………………………………………（194）
　　　第九节　"假按揭"风险的防范与化解 …………………………………（201）
　　　第十节　"转按揭" …………………………………………………………（208）
　　　第十一节　按揭贷款回收若干问题 ………………………………………（211）

第四章　动产质押担保的法律风险控制 …………………………………………（219）
　　　第一节　质押与动产质押概述 ……………………………………………（219）
　　　第二节　保证金质押 ………………………………………………………（225）
　　　第三节　出口退税专用账户质押 …………………………………………（229）
　　　第四节　银行账户质押 ……………………………………………………（234）

第五章　权利质押担保的法律风险控制 …………………………………………（237）
　　　第一节　权利质押概述 ……………………………………………………（237）
　　　第二节　凭证式国债质押 …………………………………………………（240）
　　　第三节　存单（折）质押 …………………………………………………（243）
　　　第四节　票据质押 …………………………………………………………（245）
　　　第五节　仓单、提单质押 …………………………………………………（252）
　　　第六节　股份、股票质押 …………………………………………………（256）
　　　第七节　知识产权质押 ……………………………………………………（264）
　　　第八节　公路收费权质押 …………………………………………………（268）
　　　第九节　农网电费收益权质押 ……………………………………………（274）
　　　第十节　学生公寓收费权质押 ……………………………………………（278）
　　　第十一节　收费权质押 ……………………………………………………（281）
　　　第十二节　人寿保险单质押 ………………………………………………（290）
　　　第十三节　应收账款质押 …………………………………………………（294）

第六章　贷款债权管理的法律风险控制 …………………………………………（299）
　　　第一节　企业改制中的贷款债权管理 ……………………………………（299）
　　　第二节　诉讼时效与逾期贷款的催收 ……………………………………（308）
　　　第三节　超诉讼时效债权的拯救 …………………………………………（323）
　　　第四节　贷款展期与贷新还旧 ……………………………………………（327）

第七章　风险债权的法律救济 ……………………………………………………（336）
　　　第一节　行使抵销权与解除权 ……………………………………………（336）
　　　第二节　行使撤销权与代位权 ……………………………………………（341）
　　　第三节　申请支付令 ………………………………………………………（345）
　　　第四节　提起诉讼 …………………………………………………………（349）

第八章　债权的强制执行 …………………………………………………………（369）

第一节　民事执行的一般规定 ………………………………………（369）
　　第二节　民事执行的申请 ………………………………………………（376）
　　第三节　被执行人的变更与追加 ………………………………………（377）
　　第四节　被执行人财产的查封、扣押、冻结 …………………………（379）
　　第五节　执行竞合 ………………………………………………………（381）
　　第六节　到期债权的执行 ………………………………………………（383）
　　第七节　房地产与房地产开发项目的执行 ……………………………（385）
　　第八节　以物抵债 ………………………………………………………（387）

第九章　《物权法》实施后担保物权制度的变化 …………………………（391）
　　第一节　物权及其种类 …………………………………………………（391）
　　第二节　《物权法》的主要内容与原则 ………………………………（396）
　　第三节　《物权法》与银行信贷相关的制度 …………………………（404）
　　第四节　担保物权规定的变化 …………………………………………（408）
　　第五节　抵押权规定的变化 ……………………………………………（412）
　　第六节　质权规定的变化 ………………………………………………（416）

最高人民法院司法解释缩略语 ………………………………………………（419）

参考文献 ………………………………………………………………………（421）

后记 ……………………………………………………………………………（422）

第一章 借款合同的法律风险控制

第一节 贷款法律关系与民事法律行为

一、贷款法律关系

银行贷款法律关系，简称贷款法律关系或借贷法律关系，指商业银行与借款人之间通过订立书面借款合同所形成的权利义务关系。贷款法律关系受《中华人民共和国民法通则》（以下简称《民法通则》）、《中华人民共和国商业银行法》（以下简称《商业银行法》）、《中华人民共和国合同法》（以下简称《合同法》）、《中国人民银行贷款通则》（以下简称《贷款通则》）等法律法规的确认和调整。贷款法律关系是民事法律关系中的一种，具有民事法律关系的特征。我们研究银行信贷法律问题，实际上是研究各种贷款法律关系，研究发生贷款法律关系的各种原因，以及贷款法律关系的发生、变更与消灭。把握住这一基础和主线，对理解与适用法律规范，分析与研究现实问题，具有至关重要的作用。

（一）贷款法律关系的要素

贷款法律关系与民事法律关系一样，都是由主体、客体、内容三种要素构成。

1. 贷款法律关系的主体

贷款法律关系的主体，又称民事主体，指参加贷款法律关系，享有民事权利和承担民事义务的人。参加贷款法律关系的人，通常称为当事人，主要指法人和自然人，有时还包括不具有独立法人资格的其他组织，习惯称之为非法人组织。贷款法律关系的主体主要有贷款人（银行）、借款人，有时还有担保人。民事主体是贷款法律关系的首要要素，没有主体就不能构成贷款法律关系。

在民事法律关系当事人中，享有权利的一方为权利主体，又称为权利人；负有义务的一方为义务主体，又称为义务人。贷款法律关系的当事人既享有权利，又负有义务；既是权利主体，又是义务主体。

2. 贷款法律关系的客体

贷款法律关系的客体，指贷款法律关系主体享有民事权利和承担民事义务所共同指向的对象。例如，借贷法律关系中的货币、担保法律关系中的财产，都是贷款法律关系的客体。贷款法律关系的客体是产生民事权利与民事义务的依托。

3. 贷款法律关系的内容

贷款法律关系的内容，指贷款法律关系主体所享有的民事权利和承担的民事义务。

例如，借款合同中的贷款人，有将一定数量的货币按时交付给借款人的义务，同时，也有请求借款人按时归还借款并支付利息的权利。

(二) 贷款法律关系的发生、变更与消灭

贷款法律关系的发生、变更与消灭，都是由民事法律事实所引起的。所谓民事法律事实，指由民事法律规范所确认，能够引起贷款法律关系发生、变更与消灭的事实或者客观现象。例如，订立借款合同，借贷双方当事人之间因此产生一定的民事权利义务，从而发生借贷法律关系。订立借款合同这一事实，就是民事法律事实。又如，《民法通则》第一百三十五条规定诉讼时效期间为2年，若借款人在诉讼时效期间未履行还款义务的，贷款法律关系因此归于消灭。这种因民事法律规范而导致法律关系消灭，也是民事法律事实。

可见，民事法律事实具有多样性。民事法律事实分为行为和事件两类。

1. 事件

事件，指不以当事人的主观意志为转移，并能引起贷款法律关系发生、变更与消灭的法律事实。它是非因当事人的行为所构成的民事法律事实。由于它的发生，有关当事人因此取得一定的权利或承担一定的义务。例如，担保物因自然灾害而毁损，保险人与被保险人便因自然灾害的发生而产生保险赔偿法律关系。

2. 行为

行为，指以当事人的主观意志为转移，并能引起贷款法律关系发生、变更与消灭的法律事实。它是由当事人的行为所构成的民事法律事实。行为与事件的根本区别在于，行为是人们有意识的自觉活动。行为包括"作为"和"不作为"，无论何种行为，都可成为民事法律事实。

行为分为合法行为（又称适法行为）和违法行为（又称不法行为）。合法行为既能形成贷款法律关系有效的民事法律事实，又能在法律上起着证据的效力。违法行为也能引起贷款法律关系的发生、变更与消灭，但由此引起的民事权利和民事义务不具有原生的意义，而是由违法行为本身所派生出来。

二、民事权利、民事义务、民事责任

(一) 民事权利

民事权利，指民事法律规范赋予民事主体满足其利益的法律手段。我们可以从以下两个方面来理解民事权利这一含义：

首先，民事权利是民事法律规范规定或确认的民事主体的权利。民事权利是民事法律关系的内容之一，民事主体的民事权利基于民事法律关系，因而，民事主体实际享有民事权利，当然也需要一定的法律事实。例如，贷款人对借款人享有债权，贷款人与借款人必须有签订借款合同并将款项交付这一法律事实。

其次，权利人可以在法定范围内享有某种利益或实施一定的行为。为了实现某种利益，权利人可以要求义务人"作为"或"不作为"。当利益受到侵害时，权利人可以请求司法机关采取强制措施予以保护。

（二）民事义务

民事义务，指民事法律规范规定或当事人依法约定，义务人为一定的"作为"或"不作为"，以满足权利人利益的法律手段。我们可以从以下两个方面来理解民事义务这一含义：

首先，民事义务可以由民事法律规范规定，也可以由当事人协商约定，但当事人协商约定不得违反民事法律规定。

其次，义务人必须按照法律规定或当事人约定"作为"或"不作为"，当义务人不履行或不完全履行义务时，权利人可以要求义务人履行，也可以提起诉讼，请求人民法院强制义务人履行，并承担相应的民事责任。

（三）民事责任

民事责任，指民事主体违反合同义务或法定义务而应承担的法律后果。民事责任依据不同的划分标准可以分为不同种类。

- 依据责任发生的根据不同，分为合同责任、侵权责任、其他责任

1. 合同责任

合同责任，指因违反《合同法》规定的义务或合同约定的义务而产生的责任。合同责任又分为缔约过失责任和违约责任。

（1）缔约过失责任：指在合同缔结过程中，一方当事人违背以诚实信用原则为基础的先契约义务，造成另一方当事人的损害，因此应承担的法律后果。"先契约义务"是合同成立前应负的通知、协助、保护、保密等义务。根据《合同法》第四十二条、第四十三条的规定，下列行为违反了"先契约义务"，应当承担赔偿责任：

①假借订立合同，恶意进行磋商；

②故意隐瞒与订立合同有关的重要事实或者提供虚假情况；

③泄露或者不当使用在订立合同过程中知悉的商业秘密；

④因一方当事人的过错致使合同无效或被撤销；

⑤其他违背诚实信用原则的行为。

（2）违约责任：指当事人不履行合同义务而依法应当承担的法律责任。违约行为人是否应对其违约行为承担违约责任，通常依据以下原则确定（俗称归责原则）：

①过错责任原则：一方当事人不履行或者不适当履行时，应以过错作为责任成立的要件和确定责任范围的依据。

②过错推定责任：发生违约行为后，法律直接推定违约行为人在主观上具有过错，从而应承担违约责任。行为人只有证明自己没有过错，才可以免除责任。

③无过错责任原则：违约责任的成立无须当事人主观上具有过错，只要违约行为与损害结果之间具有因果关系，违约行为人就应当承担违约责任。

2. 侵权责任

侵权责任，指因侵犯他人财产权益与人身权益而产生的责任。

3. 其他责任

其他责任，指合同责任、侵权责任之外的其他民事责任。例如，拒绝返还不当得利而产生的责任等。

- 依据承担责任的财产范围不同，分为无限责任、有限责任

1. 无限责任

无限责任，指责任人应以自己的全部财产承担的责任。

2. 有限责任

有限责任，指责任人以一定范围内的财产承担的责任。

- 依据承担责任主体的单复数，分为单独责任、共同责任

1. 单独责任

单独责任，指由一个民事主体独立承担的责任。

2. 共同责任

共同责任，指由两个或两个以上民事主体共同承担的责任。共同责任的发生，一般因民事主体共同实施违法行为所致。

依据共同责任人的共同关系，又可将共同责任分为按份责任、连带责任、补充责任。

（1）按份责任：指共同责任人按照民事法律规定或者合同的约定，各自承担一定份额的责任。法律没有规定或者合同没有约定的，推定各责任人承担相同份额的责任。

（2）连带责任：指各责任人对共同责任不分份额、不分先后次序地根据权利人的请求承担责任。在共同责任人内部，并非绝对不分份额，各责任人之间仍然可以存在责任份额。但是，各责任人不得以超过自己应承担的份额为由，拒绝权利人提出的请求。责任人承担超过自己份额的，有权向其他共同责任人请求补偿。例如，在借款担保中，债务履行期届满借款人没有偿还贷款的，债权人既可以要求借款人归还借款，也可以要求连带责任保证人承担归还借款的责任。

（3）补充责任：指责任人的财产不足以承担其应负的民事责任时，由共同责任的其他责任人，对不足部分承担补充责任。补充责任的责任人享有先诉抗辩权，在责任人未承担责任前，有权拒绝权利人要求其承担责任。例如，在借款担保中，一般保证的保证人，承担的责任就是补充责任。

三、民事法律行为

由前面的分析可知，民事法律关系的设立、变更、终止，是由民事法律事实所引起的。而民事法律事实中的行为，是民事主体有意识的自觉活动，它是法律事实中最重要的内容，主宰着民事法律关系的设立、变更与终止。我们所研究的贷款法律关系，同样也是因商业银行与其他民事主体（法人、非法人组织、自然人）的民事行为所致。虽然，民事行为是民事主体实施以意思表示为要素，发生民事法律后果的行为。但是，并非所有的民事行为都能达到发生民事法律关系的目的。因为，民事行为是否发生效力，决定于行为人的意思表示的内容。只有符合法定有效要件的民事行为，才能够取得法律认可的效力，发生行为人预期的法律效力。因此，民事行为的合法有效，将直接影响和决定贷款法律关系设立、变更、终止的效力。

（一）民事行为

民事行为，指以意思表示为要素发生民事法律后果的行为。民事行为包括：民事法

律行为、无效民事行为、可变更或可撤销民事行为、效力待定民事行为。

1. 无效民事行为

无效民事行为，指欠缺民事法律行为有效要件，不发生行为人预期法律效力的行为。无效民事行为自始无效，从行为开始时起就没有法律约束力。依据《民法通则》第五十八条和《合同法》第五十四条的规定，下列民事行为无效：

（1）行为人不具有行为能力，包括无民事行为能力人实施的民事行为，以及限制行为能力人不能独立实施的民事行为；

（2）意思表示不自由且损害国家利益的民事行为；

（3）恶意串通，损害国家、集体或者第三人利益的民事行为；

（4）标的违法的民事行为。

应当注意的是，行为人受欺诈、胁迫而实施的民事行为，显然不是行为人的真实意思表示，依据《民法通则》第五十八条第一款第（三）项规定，"一方以欺诈、胁迫的手段或者乘人之危，使对方在违背真实意思的情况下所为的"行为，应当系无效民事行为。对于《民法通则》该项规定，我国绝大多数学者认为，将民事行为无效规定过宽不利于保护相对人的利益。因此，《合同法》对《民法通则》第五十八条的规定进行了修订。《合同法》第五十二条第（一）项规定，"一方以欺诈、胁迫的手段订立合同，损害国家利益"的，该合同无效。

根据《合同法》第五十二条的规定，受欺诈、胁迫而订立的合同，并非绝对无效，而是以"损害国家利益"为合同无效的前提。这与《民法通则》第五十八条的规定不完全一致。《合同法》为什么会作出如此规定呢？

笔者理解，《民法通则》制定于20世纪80年代中期，那时，我国实行的是计划经济，经济生活中出现了不少以欺诈、胁迫等手段侵吞国有财产的情形。为了防止国有资产流失，国家有必要从立法上认定此类行为无效。随着市场经济程度的提高，自由竞争加剧，继续坚持受欺诈、胁迫而实施的行为是无效民事行为，则有可能损害相对人的利益。例如，甲向乙购买钢材，合同签订后，钢材价格下跌，甲认为履行合同对己不利，于是以自己欺诈为由主张合同无效。显然，若法律支持甲的主张，便损害了乙的利益。因此，《合同法》第五十四条第二款对《民法通则》的规定进行了修改："一方以欺诈、胁迫的手段或者乘人之危，使对方在违背真实意思的情况下订立的合同，受损害方有权请求人民法院或者仲裁机构变更或者撤销。"也就是说，在不损害国家利益的前提下，受欺诈、胁迫的一方当事人，可以自主地决定该合同是否有效或者撤销。可见，《合同法》第五十四条把行为人受欺诈、胁迫而实施的民事行为，由《民法通则》第五十八条规定为无效民事行为，修改为可变更、可撤销的民事行为，是顺应市场经济发展所需。

2. 可变更或可撤销民事行为

可变更或可撤销民事行为，指行为人的意思表示不一致及意思表示不自由，导致非真实意思表示，法律并不使之绝对无效，而是权衡当事人的利害关系，赋予表意人撤销权的民事行为。依据《民法通则》第五十九条和《合同法》第五十四条的规定，可变更、可撤销的民事行为包括以下三种：

（1）因重大误解的民事行为；
（2）显失公平的民事行为；
（3）受欺诈、胁迫而实施的民事行为，或者乘人之危的民事行为。

可撤销民事行为的当事人，可以行使撤销权，请求人民法院或仲裁机关变更或撤销该民事行为。

因可变更、可撤销行为而订立的合同为可撤销合同。所谓可撤销合同，指因意思表示不真实，通过相对人行使撤销权而使已经生效的意思表示归于无效的合同。

一般而言，可撤销合同具有以下特点：

第一，可撤销合同在未被撤销前为有效合同；

第二，可撤销合同的撤销，须由撤销权人（相对人）通过行使撤销权来实现。

在可撤销合同中，具有撤销权的一方当事人并非只可以要求撤销合同，他也可以要求变更合同，依据《合同法》第五十四条第三款的规定，"当事人请求变更的，人民法院或者仲裁机构不得撤销。"

依据《合同法》第五十五条、第七十五条的规定，撤销权人自知道或者应当知道撤销事由之日起一年内没有行使撤销权的，合同效力不变，其效力继续。自可撤销民事行为发生之日起五年内没有行使撤销权的，该撤销权消灭。

3. 效力待定民事行为

（1）效力待定民事行为的含义与特征。

效力待定民事行为，指其成立时有效或无效处于不确定状态，尚待享有形成权的第三人同意（追认）或拒绝的意思表示来确定其效力的民事行为。

效力待定民事行为具有以下特征：

第一，"效力待定"是不确定的，它既非有效，也非无效；

第二，"效力待定"的效力确定，取决于享有形成权的第三人的民事行为，该第三人称为同意权人或追认权人；

第三，效力待定的民事行为经同意权人同意后，其效力溯及于行为成立时；同意权人拒绝的，则自始无效。

效力待定民事行为，追认权人既可以追认，也可以拒绝追认。追认权人一般为：法定代表人、财产权人、被代理人、法人或非法人组织、债权人等。追认应当采用明示的方式，沉默与推定的方式均不能构成追认，而且，追认权人的追认或拒绝的意思表示，应当向效力待定的相对人作出。根据最高人民法院《关于适用〈中华人民共和国合同法〉若干问题的解释（二）》（法释〔2009〕5号，简称《合同法若干解释（二）》）第十一条的规定，追认的意思表示自到达相对人时生效，合同自订立时起生效。

如果无权代理人以被代理人的名义订立合同，被代理人已经开始履行合同义务的，视为对合同的追认（《合同法若干解释（二）》第十二条）。

（2）效力待定民事行为的成因。

导致民事行为效力待定的原因，依据《民法通则》、《合同法》及司法实践，主要是因行为人"四欠缺"：

其一，行为能力欠缺——指行为人欠缺相应民事行为能力；

其二，处分权限欠缺——指无处分权人处分他人权利；

其三，代理权欠缺——指代理人超越权限代理；

其四，债权人同意欠缺——指行为人的作为未征得债权人同意，如债务人转让债务给第三人。

(3) 相对人的催告权。

商业银行取得追认权人追认的方式，通常是行使相对人的催告权。所谓相对人的催告权，指效力待定民事行为的相对人，在得知其与对方实施的民事行为有效力待定的事由后，将效力待定事由告知追认权人，并催告追认权人在法定期限或合理期限内予以确认的权利。银行经催告后，追认权人在法定期限或合理期限内未以确认的，视为拒绝追认，而不能认为是默认。

(4) 相对人的撤销权。

商业银行采取追认的方式处理效力待定民事行为的效力，其效果完全取决于追认权人的态度。如果行使催告权后仍然不能化解风险的，银行还可以行使相对人的撤销权。所谓相对人的撤销权，指效力待定民事行为的相对人撤销其意思表示的权利。相对人撤销的意思表示，可以向担保人提出，也可以向追认权人表示。相对人作出意思表示后，效力待定民事行为自始无效。

商业银行行使相对人的撤销权，应当符合以下条件：

第一，行使撤销权的意思表示必须采用明示方式；

第二，撤销权应在追认权人未追认之前行使；

第三，相对人须为善意，即相对人不知道对方行为有瑕疵。

(二) 民事法律行为的含义

民事法律行为，指公民或者法人设立、变更、终止民事权利和民事义务的合法行为（《民法通则》第五十四条）。《民法通则》关于民事法律行为的规定表明：

第一，民事法律行为具有表意性和目的性；

第二，民事法律行为是合法行为，以适法性为特征，不包括无效民事行为、可变更或可撤销民事行为、效力未定民事行为。民事法律行为的上位概念是民事行为，民事法律行为其实就是取得法律认可效力的民事行为，其与生效的民事行为具有同一含义。

民事法律行为的形式有：

口头形式——指用谈话的方式进行意思表示；

书面形式——指以书面文字的方式进行意思表示；

默示形式——指行为人并不直接表示其意思，而是根据行为人的某种行为推断出其内在意思表示。

(三) 民事法律行为的特征

民事法律行为具有以下特征：

1. 民事法律行为是民事主体实施以发生民事法律后果为目的的行为

并非所有发生法律后果的行为都是民事法律行为，只有民事主体实施并能够引起民事法律后果的行为，才是民事法律行为。其他主体的行为，有时也发生法律后果，但不是民事法律行为，如人民法院的裁决等。

2. 民事法律行为是以意思表示为构成要素的行为

民事主体实施民事法律行为，通常是以追求发生一定民事法律后果为目的，这就要求当事人必须将其意思表示表达出来，如借款、担保、买卖等意愿，否则将无法实现。民事法律行为以意思表示为要素，它是民事法律行为的重要特征。

3. 民事法律行为是合法行为

如前所述，民事法律行为是以意思表示为要素的表意行为，是以发生民事法律后果为目的的意志行为，具有强烈的主观意识。但是，这并非表示行为人可以随心所欲。行为人的行为能否发生预期的法律后果，取决于该行为是否符合法律规定。只有合法的民事行为，才能发生当事人预期的法律后果。民事法律行为能够发生预期的法律后果，故其必须是合法行为，不合法的民事行为不是民事法律行为。

（四）民事法律行为的有效要件

民事法律行为的有效要件，指民事主体实施的民事行为，能够发生预期的法律后果所应当具备的法定条件。包括实质要件和形式要件。在绝大多数情况下，民事法律行为只要具备实质要件就发生法律效力，但在某些特殊情形下，还须具备形式要件才能发生效力，如贷款法律关系中的借贷行为，贷款人与借款人必须签订书面形式的借款合同方才发生效力。根据《民法通则》第五十五条的规定，民事法律行为的有效实质要件有三项，即行为人具有相应的民事行为能力、意思表示真实、行为的内容合法。

1. 行为人具有相应的民事行为能力

民事法律行为是合法行为，而合法的行为又以行为人具有预见其行为性质和后果的能力为前提。因此，民事法律行为要求行为人应当具备相应的民事行为能力。而民事行为能力又以民事权利能力为必要条件，只有具备民事权利能力，才可能具有民事行为能力。但是，具有民事权利能力，不一定就具有民事行为能力。所以，《合同法》第九条第一款规定："当事人订立合同，应当具有相应的民事权利能力和民事行为能力。"

行为人只能从事与其民事行为能力相应的民事行为。就自然人而言，完全民事行为能力人，可以自己的民事行为取得民事权利，履行民事义务；限制民事行为能力人，只能从事与其年龄与智力发育程度相当的民事法律行为，其他行为由其法定代理人代理，或者征得其法定代理人同意；无民事行为能力人，不能独立实施民事法律行为，必须由其法定代理人代理。

法人的民事行为能力，由法人核准的经营范围决定，法人应当在核准登记的经营范围内活动。但是，为维护相对人的利益，最高人民法院《关于适用〈合同法〉若干问题的解释（一）》（法释［1999］19号，简称《合同法若干解释（一）》）第十条规定："当事人超越经营范围订立合同，人民法院不因此认定合同无效。但违反国家限制经营、特许经营以及法律、行政法规规定禁止经营的除外。"

2. 行为人的意思表示真实

民事法律行为是以发生民事法律后果为目的的表意行为，它要求行为人的这种意思表示，必须是在自觉自愿的基础上作出，并符合其意志。只有这样，才可能达到其所期望的法律后果。因此，行为人的意思表示必须真实，不真实的表示并不能反映行为人的真实意志，也就不会发生行为人所期望的法律后果。

3. 行为人的行为内容合法

民事法律行为内容合法，又称民事法律行为的标的合法，指行为的内容不能违反法律的强制性规范，而并非指行为的内容有法律依据，不违法的行为就是合法行为。对于任意性规范，法律允许当事人排除适用，因而不适用该规范并不构成违法。

第二节　借款合同的订立与履行

一、合同的含义与特征

合同的含义十分广泛，有合同法意义上的合同，还有劳动法和行政法意义上的合同等。不同范畴的合同，其适用法律不同，主体地位关系也不同。这里所说的合同，指民法范畴的合同，也就是合同法意义上的合同。

合同又称契约，指平等主体的自然人、法人、非法人组织之间设立、变更、终止民事权利义务关系的协议（《合同法》第二条）。

合同具有以下法律特征：

1. 合同是一种民事法律行为

合同以意思表示为要素，并按意思表示的内容赋予法律效果，故为民事法律行为。民法上关于民事法律行为的一般规定，例如，民事法律行为的生效要件、无效以及撤销等，都适用于合同。

2. 合同是以设立、变更、终止民事权利义务关系为目的的民事法律行为

所谓设立民事权利义务关系，指当事人依法订立合同旨在形成某种法律关系（如借款关系、买卖关系），从而具体地享有民事权利、承担民事义务。所谓变更民事权利义务关系，指当事人通过依法订立合同，使原有的民事权利义务关系发生变化。所谓终止民事权利义务关系，指当事人通过依法订立合同，使原有的民事权利义务关系归于消灭。

3. 合同是两方以上当事人意思表示一致的民事法律行为

在大陆法系国家，合同又称为当事人的"合意"，即合同当事人各方的意思表示一致。当事人达不成合意，也就无所谓合同，所以说，合同必须包括三要素：第一，合同成立必须有两方以上当事人；第二，当事人各方必须相互作出意思表示；第三，当事人各方的意思表示相一致。

4. 合同是当事人各方在平等、自愿基础上实施的民事法律行为

合同是各方当事人意思表示相一致的产物，若没有平等、自愿，就很难进行协商，也就不可能产生合意。

二、借款合同的法律特征

借款合同是借款人向贷款人借款，到期返还借款并支付利息的合同（《合同法》第一百九十六条）。借款合同因贷款人的区别，分为普通借款合同和民间借款合同。普通借款合同，指金融机构与其他法人、非法人组织、自然人之间订立的借款合同。民间借

款合同,指贷款人和借款人均为自然人的借款合同,又称自然人之间的借款合同或民间借贷。

借款合同具有以下法律特征:

1. 借款合同是以转让货币所有权为目的的合同

借款合同的标的物为货币,而货币属于种类物,是典型的代替物、消耗物,货币一经交付,其所有权即发生转移。

2. 借款合同原则上为有偿合同,但也可以为无偿合同

普通借款合同的贷款人是金融机构,发放贷款的目的是收取利息获取利差,这类借款合同都是有偿合同。民间借款合同的贷款人是自然人,自然人之间借款,当事人可以约定利息,也可以不约定利息。若合同对支付利息没有约定或者约定不明确的,视为不支付利息,该借款合同为无偿合同;若合同约定支付利息的,借款的利率不得违反国家有关限制借款利率的规定(《合同法》第二百一十一条)。

3. 普通借款合同为诺成性合同,而民间借款合同为实践性合同

根据合同成立是否须交付标的物为标准,可以将合同分为诺成性合同与实践性合同。所谓诺成性合同,指双方意思表示一致即成立的合同。所谓实践性合同,指除意思表示一致外还必须交付标的物方可成立的合同。《合同法》第二百一十条:"自然人之间的借款合同,自贷款人提供借款时生效。"依此规定,自然人间的借款合同,仅双方意思表示一致还不能成立生效,还需要贷款人将借款交付借款人才能成立生效。所以,民间借款合同为实践性合同。普通借款合同在传统民法上均为诺成性合同,我国也一直把银行作为贷款人的借款合同规定为诺成性合同。这有利于保护借款人的利益,方便借款人根据借款合同借到款项组织生产经营活动。

4. 普通借款合同为双务合同,民间借款合同原则上为单务合同

根据当事人双方是否相互负有义务,可以将合同分为单务合同与双务合同。所谓单务合同,指合同成立生效后,当事人一方负有义务,而他方不负担义务的合同。所谓双务合同,指合同成立生效后,当事人双方相互负有义务的合同。普通借款合同成立生效后,贷款人负有按合同约定交付借款的义务,借款人负有按合同约定返还借款和支付利息的义务,所以普通借款合同为双务合同。民间借款合同为实践性合同,合同成立生效后,贷款人不再负有义务,借款人有将借款返还贷款人的义务,所以民间借款合同原则上为单务合同。

5. 普通借款合同为要式合同,而民间借款合同则为非要式合同

《合同法》第一百九十七条第一款规定:"借款合同采用书面形式,但自然人之间借款另有约定的除外。"《商业银行法》第三十七条规定:"商业银行贷款,应当与借款人订立书面合同。"据此,银行发放贷款必须与借款人签订书面的借款合同,民间借款合同可由当事人自由选择合同的形式,既可以采取书面形式,又可以采取口头形式,合同效力不受合同形式的影响。

三、借款合同的订立

根据合同的定义可知,合同的当事人既可以是法人或非法人组织,也可以是自然

人。如前所述，当事人订立借款合同是一种有意识的民事行为，应当具有相应的民事权利能力和民事行为能力。只有这样，才能引起贷款法律关系的设立、变更、终止，达到当事人期望的目的。

有完全民事行为能力的自然人，具有订立合同的行为能力、主体资格，可以签订借款合同；限制民事行为能力的自然人，具有一定的订立合同的行为能力，可以进行与其年龄、智力、精神健康状况相适应的民事法律行为，签订相应的合同，其他合同应由其法定代理人代理，或征得法定代理人同意后进行；无民事行为能力的自然人，不具备订立合同的行为能力，只能由其法定代理人代理签订合同。

法人具有民事权利能力和民事行为能力，具备订立借款合同的主体资格，是订立借款合同的主要当事人；非法人组织也具备订立借款合同的主体资格，可以在一定范围内订立合同。

（一）借款合同的订立程序

借款合同订立，指贷款人与借款人就借款合同的内容进行充分协商并达成一致意见的过程。这一过程通常需要经过要约和承诺两个阶段。

1. 要约

要约，又称订约提议，指借款申请人以订立借款合同为目的，向商业银行提出合同的主要条款（借款申请），期望银行接受的意思表示。提出订约提议的借款申请人称为要约人，受领订约提议的商业银行称为受约人或受要约人。要约是以订立借款合同为目的的提议，因此，要约应当具备以下要件：

第一，提出订约提议的要约人必须是特定的，否则受约人无法对之承诺。

第二，要约人提出订约的提议应当向特定的受约人发出，并明确表示希望与受约人订立借款合同的愿望。

第三，要约人提出订约的提议应当内容确定完整、存续期间明确。要约内容"确定"，指要约的内容必须明确具体而不能含糊不清，使商业银行能够理解借款人的真实含义。"完整"是指要约的内容必须具有足以使合同成立的主要条件，亦即具有使合同成立的主要条款，包括借款币种、用途、期限和还款方式等。要约的存续期间，指要约发生法律效力的期间，即受约人承诺的期间，也就是商业银行答复的期限。

第四，要约人提出订约的提议必须送达受约商业银行。

要约人（借款人）提出订约提议的标志，是向商业银行提出借款申请，这是一种民事法律行为，也会产生法律约束力，商业银行在实务中对借款人提出的借款申请，应依法合规地予以处理。

首先，在要约有效期内，要约对要约人有约束力。借款申请（要约）一经到达商业银行即生效，借款人便不得撤回、随意撤销或对借款申请加以限制、变更和扩张，借款人有接受商业银行的承诺并与之订立借款合同的义务（《合同法》第十六条）。

要约可以撤回，但要约撤回通知必须在要约生效之前送达受约人，即借款人撤回借款申请的通知，必须先于借款申请或者与借款申请同时到达商业银行，否则，借款申请不得撤回（《合同法》第十七条）。

要约也可以撤销，但要约撤销通知必须在受约人发出承诺之前送达受约人，即借款人撤销借款申请的通知，应当于商业银行发出承诺通知前到达商业银行（《合同法》第十八条）。

其次，要约对受约人也有约束力。这种约束力表现为，受约人在要约有效期内取得承诺的权利，或者说取得依要约内容订立借款合同的法律地位。正因为这是一种权利，所以，商业银行可以承诺，也可以不承诺，无须承担必须承诺的义务。也正因为这是一种法律地位，所以它不能作为继承标的，也不得随意转让。

2. 承诺

承诺，又称接受订约提议，指受约人接受要约人的订约提议，同意与之订立借款合同的意思表示。承诺是受约人对要约内容的完全同意，受约人对要约作出承诺，就意味着借款合同成立。若受约人在答复中变更了要约的部分内容，或者附加条件限制，这种答复不构成承诺，而是新的要约。承诺应当在要约有效期内送达要约人，逾期送达的承诺不发生承诺的法律效力，视为新的要约。商业银行对借款人的要约作出承诺的标志，通常情况下是与借款人签订借款合同，也有少部分以贷款承诺书的形式表现。

（二）借款合同的形式与内容

1. 借款合同的形式

《合同法》第一百九十七条规定，"借款合同采用书面形式"，《商业银行法》第三十七条、《贷款通则》第二十九条也都作了类似的规定。可见，借款合同是要式合同，书面形式是借款合同的法定形式。商业银行在办理贷款业务时，必须与借款人签订书面的借款合同。借款合同不仅指合同书，也包括业务商谈中的往来函件以及款项支付的会计凭证。对借款合同条款的变更，也应该采用书面形式，并取得合同当事人的签章确认。

银行与借款人之间订立的借款合同，应当采用书面形式。但是，银行与借款人之间没有签订书面的借款合同，并不必然导致借款合同不成立或者无效。因为，《合同法》第三十六条规定："法律、行政法规规定或者当事人约定采用书面形式订立合同，当事人未采用书面形式但一方已经履行主要义务，对方接受的，该合同成立。"据此，如果银行与借款人没有签订书面借款合同，银行便将借款交付给借款人，借款人也把款项从贷款账户转到了基本结算账户或其他账户的，此时，借款合同依然成立。当然，如果借款人没有接受借款，比如，银行将借款转到了借款人的贷款账户，但借款人没有将款项从贷款账户转到其他账户的，则借款合同不能成立。

2. 借款合同的内容

借款合同内容，指借款合同当事人享有权利和承担义务的内容，因这些权利义务内容通常以具体的条款形式反映，所以又称为借款合同条款。《合同法》第一百九十七条第二款规定："借款合同的内容包括借款种类、币种、用途、数额、利率、期限和还款方式等条款。"《商业银行法》第三十七条重申了上述内容。这些条款内容是借款合同的主要条款，是借款合同的核心部分，但并不都是必要条款，欠缺其中某一项或者某几项，并不必然导致合同不成立。虽然如此，为了减少不必要的纠纷产生，当事人还是应当在借款合同中明确上述条款内容。

(三) 格式合同及其风险控制

在商业银行的信贷业务中，借贷双方所采用的借款合同，基本上都是由银行预先拟定、统一印制的格式文本。这种格式文本合同书，在司法实践中通常被认定为格式条款。所谓格式条款，指"当事人为了重复使用而预先拟定，并在订立合同时未与对方协商的条款"（《合同法》第三十九条第二款）。格式条款既可以是合同全部条款均为格式条款，也可以是合同部分条款为格式条款，前者称为格式合同。商业银行在经营活动中大量采用格式条款，这是由客观情况所决定的。因为，银行面对数量庞大的客户，要求其与每一个客户协商合同全部条款内容，既不现实也难以做到，从社会成本角度考虑，也不值得。为了限制格式条款提供方制定有利于自己而不利于交易对方的条款，《合同法》第三十九条第一款规定："采用格式条款订立合同的，提供格式条款的一方应当遵循公平原则确定当事人之间的权利和义务，并采取合理的方式提请对方注意免除或者限制其责任的条款，按照对方的要求，对该条款予以说明。"

何谓"合理的方式"？最高人民法院《关于适用〈中华人民共和国合同法〉若干问题的解释（二）》第六条对此作了解释："提供格式条款的一方对格式条款中免除或者限制其责任的内容，在合同订立时采用足以引起对方注意的文字、符号、字体等特别标识，并按照对方的要求对该格式条款予以说明的，人民法院应当认定符合《合同法》第三十九条所称'采取合理的方式'。提供格式条款一方对已尽合理提示及说明义务承担举证责任。"

最高人民法院在《关于适用〈中华人民共和国合同法〉若干问题的解释（二）》中，对于合同的效力，采取从宽认定原则，但是，对于格式条款的效力，却采取了从严原则（第九条、第十条）。例如，《关于适用〈中华人民共和国合同法〉若干问题的解释（二）》第九条规定："提供格式条款的一方当事人违反《合同法》第三十九条第一款关于提示和说明义务的规定，导致对方没有注意免除或者限制其责任的条款，对方当事人申请撤销该格式条款的，人民法院应当支持。"因此，商业银行向客户提供格式条款应当注意控制以下风险：

1. 格式条款无效的风险

《合同法》第四十条规定："提供格式条款一方免除其责任、加重对方责任、排除对方主要权利的，该条款无效。"因此，商业银行在拟定格式条款（合同）时，应当公平地确定当事人间的权利义务，既要维护银行自身的合法权益，又要保障客户的利益，避免合同条款无效的法律风险。

2. 履行法定提示义务的风险

依据《合同法》第三十九条第一款的规定，商业银行作为格式条款的提供方，应当采取合理的方式提请借款人注意免除或限制贷款人责任的条款，并按照对方提出的要求，对该条款予以说明。提请借款人注意必须在借款合同签订前作出。若银行没有履行这一法定义务，这些条款对当事人不产生约束力。商业银行可依据不同的格式条款（合同），灵活采用以下方式提示：

其一，在合同书中采用足以引起对方注意的文字、符号、字体等特别标识，使格式条款明显区别于其他条款；

其二，在合同书正式条款的前面专门设置"敬请注意"内容；

其三，在合同签订前安排律师对合同进行讲解，等等。

无论采用何种提示方式，都应取得借款人或担保人对格式条款（合同）已经充分理解的意思表示，并将相关书证收集归档备查。

3. 格式条款解释的风险

当事人"对格式条款的理解发生争议的，应当按照通常理解予以解释。对格式条款有两种以上解释的，应当作出不利于提供格式条款一方的解释"（《合同法》第四十一条）。商业银行在拟定合同书及相关文书资料时，应尽可能做到内容具体明确、文字用语规范，避免出现矛盾或产生歧义。

4. 格式条款与非格式条款不一致的风险

非格式条款是在格式条款之外另行商定的条款，或者对原来格式条款重新协商的条款，是借款合同当事人的特别约定。"格式条款和非格式条款不一致的，应当采用非格式条款"（《合同法》第四十一条）。因非格式条款具有优于格式条款的效力，商业银行在对格式条款进行修改或拟定补充条款时，更应深思熟虑。

5. "霸王条款"的风险

根据《合同违法行为监督处理办法》（国家工商行政管理总局令第51号，2010年10月13日）的规定，商业银行在使用格式条款时，应避免出现免除自身责任、加重消费者责任、排除消费者权利的"霸王条款"。否则，工商行政管理机关将视情节轻重，分别给予警告，处以违法所得额三倍以下最高不超过三万元的罚款，没有违法所得的，处以一万元以下的罚款（第十二条）。

第一，格式条款不得出现以下免除商业银行的责任：

（1）造成消费者人身伤害的责任；

（2）因故意或者重大过失造成消费者财产损失的责任；

（3）对提供的商品或者服务依法应当承担的保证责任；

（4）因违约依法应当承担的违约责任；

（5）依法应当承担的其他责任。

第二，格式条款不得出现以下加重消费者的责任：

（1）违约金或者损害赔偿金超过法定数额或者合理数额；

（2）承担应当由格式条款提供方承担的经营风险责任；

（3）其他依照法律法规不应由消费者承担的责任。

第三，格式条款不得出现以下排除消费者的权利：

（1）依法变更或者解除合同的权利；

（2）请求支付违约金的权利；

（3）请求损害赔偿的权利；

（4）解释格式条款的权利；

（5）就格式条款争议提起诉讼的权利；

（6）消费者依法应当享有的其他权利。

（四）格式合同的填写要求

格式合同文本的正确填写，对于合同的法律意义至关重要，合同当事人对此应引起足够的重视。合同当事人应在详细通读格式合同文本后，方可按说明要求逐一填写。填写合同文本应当认真细致、字迹工整规范，不得涂改、填错、填漏。对于合同文本空白栏处，亦应加横线表示删除。合同主体应书写全称并与印章名称相符，主从合同内容相互对应，不能自相矛盾。一式数份的合同，填写内容应当保持一致。笔者提请银行经办人员，填写合同文本应注意以下问题：

1. 关于合同编号的填写：关于合同编号，商业银行的业务规章与档案管理通常都有明确的要求，各经办银行应当根据本行的规定予以编号与填写。银行对借款合同编号应确保编号的唯一性，保证借款合同与其从合同（担保合同）之间建立一一对应关系。

2. 关于合同当事人的填写：合同文本涉及当事人内容的事项主要有名称、营业场所（住所）、法定代表人（负责人）等。

（1）合同当事人的名称应当填写全称，并与合同所盖公章的名称相一致。

（2）合同当事人的营业场所（住所）应当填写详细。当事人是法人或者非法人组织的，合同的营业场所应当与"企业法人营业执照"等证件上的地址保持一致；当事人是自然人的，住所地址应当详细到街道、门牌号和楼层房号。如果当事人的实际营业场所（住所）与"企业法人营业执照"或身份证等证件记载不一致的，应予以注明。

（3）合同当事人的法定代表人（负责人）应当填写准确。当事人是法人的，应填写法定代表人的姓名；当事人是非法人组织的，应填写主要负责人姓名。法定代表人（负责人）应与"企业法人营业执照"等证件上载明的法定代表人（负责人）相一致。

此外，如果合同文本中有"注册地址"、"基本开户行"、"开立的账号"等内容的，也应如实、详细填写。

3. 关于合同期限、日期的填写：合同文本涉及期限、日期内容主要有以下情形：

（1）借款期限、用款计划、还本计划中的"＿＿＿年＿＿＿月＿＿＿日"等日期，应当使用阿拉伯数字填写。

（2）"＿＿＿个银行工作日"、"应当提前＿＿＿日书面通知乙方"、"本合同一式＿＿＿份"等数量词，应当使用中文大写填写。

（3）借款期限日期的确认：借款期限为整年的，借款期限的最后一日，为借款期限起始日在对年对月对日的前一日。

4. 关于合同金额的填写：除非国际惯例要求，借款合同中的金额数量，一律使用中文大写填写。

5. 关于合同预留空白栏的填写：

（1）合同文本上列有备选项的空白栏，填写时将选定的内容填写在空白栏横线上。对未被选上的选项内容，应加横线以表示删除。

（2）合同文本上有空白栏，但根据实际情况不准备填写内容的，应加盖"此栏空白"字样的印章。

（3）合同文本上有多个空白栏，如"用款计划"、"还本计划"、"其他约定事项"等，若不填写内容或没有选项的空白栏，应加盖"以下空白"字样的印章。

6. 关于合同其他约定事项的填写：合同当事人在使用格式合同文本时，对于合同文本没有条款规定或者规定得不够详尽而需要特别说明的事项，或者银行信贷审批过程中提出需要在合同中明确的条件，等等，都可以在本条中加以约定。例如，关于贷款期限，由于受抵押登记等原因影响，导致实际发放贷款的时间与合同条款约定的时间不符，如果不在"其他约定事项"中对此加以约定，容易造成银行事实上违约。所以，通常需要在其他约定事项中补充以下条款："在本合同项下的借款期限起始日期与实际发放贷款日期不一致时，以第一次放款的贷转存凭证为准，借款期限随之顺延。贷转存凭证是本合同的组成部分，与本合同具有同等法律效力。"

7. 关于合同文本骑缝章：文本超过一页的合同书，以及所有打印后粘贴于格式合同上的条款，都应当加盖骑缝章。

8. 关于合同的份数：合同签订后，合同当事人各自至少应保留一份合同正本。此外，办理审批、登记等手续还应向相关部门提交合同文本。这些情况都应在合同中予以明确。

（五）借款合同的签章

根据《合同法》第三十二条的规定，借款合同及其从合同自合同当事人签字或者盖章时成立。借款合同签章，是借款合同成立前最后一个环节，也是借款合同订立的关键环节，商业银行应当注意以下两点：

1. 合同的签约手续应当齐全完备

合同当事人是企业法人的，应提交法定代表人身份证明书、工商年检手续等有关文件；合同当事人是非法人组织的，应提交相关登记证书、主要负责人身份证明书或个人身份证件等；合同当事人是自然人的，则要提供户口簿及个人身份证等能够证明身份的合法证件。

商业银行应当认真审查借款人（或担保人）提交的证件，核实签约人的身份，发现问题应要求借款人（或担保人）作出说明并补充更正材料。另外，如果发现借款人（或担保人）的法定代表人已经更换，但尚未办理工商登记变更手续的，为避免卷入借款人（或担保人）的内部纠纷，银行应要求借款人（或担保人）办理工商登记变更后，方可为其办理贷款业务并签署相关的合同文件。

若借款合同及其从合同的法定代表人因故不能签订合同的，商业银行应当要求代理人出示法定代表人授权委托书和代理人本人的合法身份证件。授权委托书应有明确的授权事项、授权权限、授权期限、授权人签字。银行经办人员应仔细核实授权委托书和代理人的身份，审查代理人的代理行为是否超越了其代理权限，避免发生无权代理的法律后果。

2. 合同的签字与印章应当真实

合同条款协商一致并经合同双方当事人审核合格后，若合同当事人是企业法人或非企业法人组织的，商业银行应派信贷专管员将合同书送达借款人（或担保人），由法定代表人或其授权代理人签字盖章。不允许采取转交方式将合同书送达当事人，以确保签字盖章的真实。合同签订要落实"双签"，即法定代表人或主要负责人签字并加盖单位公章。若合同当事人是自然人的，应由其本人在银行信贷专管员的指引下完成合同的签约过程。不管是公司类贷款还是个人类贷款，凡需要自然人签名，银行应核实签字人的身份，防止他人冒名顶替。同时，签名应是本人签字，不允许使用个人名章。根据最高人民法院《关于适用〈中华人民共和国合同法〉若干问题的解释（二）》第五条的规定，当事人在合同书上捺手印的，人民法院应当认定其具有与签字或者盖章同等的法律效力。

（六）合同签订后须办理的手续

合同签订后，若法律法规无特别要求，依据《合同法》第三十二条的规定，合同自双方当事人签字或者盖章时生效。但是，若法律法规有特别规定，或者合同当事人另有约定的，应依法律规定或者合同的约定，办理合同签订后相关手续。

1. **依法办理合同审批、登记、备案以及合同标的物交付等手续**

法律法规规定须经审批、登记生效的合同，当事人在签订合同之后，必须到有权机关办理审批、登记。否则，合同不生效。有些合同，法律法规规定须交付合同标的物方才生效的，合同当事人亦应依规定办理。有些合同，虽然法律法规并没有把审批、登记、交付作为合同生效的要件，但要求合同当事人在合同签订后应到有权机关办理备案登记的，当事人也应当按规定办理。例如，依据《城市房地产开发经营管理条例》第二十一条、第二十七条的规定，转让房地产开发项目应在变更登记或签订合同三十天内，持转让合同到房地产开发主管部门办理登记备案手续。

依照法律、行政法规的规定经批准或者登记才能生效的合同成立后，有义务办理申请批准或者申请登记等手续的一方当事人，未按照法律规定或者合同约定办理申请批准或者未申请登记的，人民法院可以根据案件的具体情况和相对人的请求，判决相对人自己办理有关手续；对方当事人对由此产生的费用和给相对人造成的实际损失，应当承担损害赔偿责任（《合同法若干解释（二）》第八条）。因此，贷款银行若遇到客户恶意拖延办理抵（质）押登记手续时，可以通过诉讼程序取得办理抵（质）押手续的权利，并有权要求抵（质）押人承担损害赔偿责任。

2. **依合同的约定办理债权强制执行公证**

根据《中华人民共和国民事诉讼法》（以下简称《民事诉讼法》）第二百一十四条和《中华人民共和国公证法》（以下简称《公证法》）第三十七条的规定，经公证的以给付为内容并载明债务人愿意接受强制执行承诺的债权文书依法具有强制执行效力。在人民法院认可强制执行公证效力的地区，合同签订后，当事人还可以依合同约定，到公证机构办理债权强制执行公证，赋予合同债权强制执行的效力。具有强制执行效力公证的债权，当债务人不按合同约定履行还款义务时，贷款银行可以依公证机构出具的执行公证书，直接向被执行人住所地或者被执行财产所在地人民法院申请强制执行，而不必经过诉讼审理程序。

应当注意的是，根据最高人民法院《关于当事人对具有强制执行效力的公证债权文书的内容有争议提起诉讼人民法院是否受理问题的批复》（法释［2008］17号）的规定，具有强制执行效力的公证债权文书，债权人或者债务人对该债权文书的内容有争议直接向人民法院提起民事诉讼的，人民法院不予受理。但公证债权文书确有错误，人民法院裁定不予执行的，当事人、公证事项的利害关系人可以就争议内容向人民法院提起民事诉讼。据此，办理了强制执行公证的债权，贷款银行不得另行提起诉讼。

四、借款合同的履行

（一）借款合同履行的含义与原则

1. 借款合同履行的含义

借款合同履行以合同有效为前提和依据，它是借款合同法律约束力的首要表现。借款合同当事人不全面履行合同义务，将承担相应的民事责任。所谓借款合同履行，指借款合同当事人双方按照合同的约定，全面地完成各自承担义务的行为。如果双方当事人都完成了各自承担的义务，称为借款合同全部履行；如果只完成了合同约定的部分义务，称为借款合同部分履行；如果都没有履行合同约定的义务，称为借款合同未履行；如果一方当事人完成了合同约定的全部义务，而另一方当事人没有完成，或者只部分完成合同约定的义务，称为借款合同单方面未履行，或者单方面部分履行。

借款合同当事人是合同履行的主体，商业银行应当按照合同的约定向借款人发放贷款，借款人也应当按照合同的约定向银行偿还贷款本息。债务人向债权人履行债务，债权人接受债务人履行债务，是合同履行的一般规则。但是，在一定条件下，第三人也可以代替借款人履行偿还贷款本息的义务。所谓一定条件包括：

第一，第三人愿意代为借款人履行债务；

第二，借款人与贷款银行对第三人代为履行约定一致。

只有同时符合上述两项条件，第三人代为履行债务才合法有效。否则，贷款银行不应接受第三人代为借款人偿还贷款本息。借款合同当事人约定由第三人向贷款银行履行债务的，第三人不履行债务或者履行债务不符合约定，银行可以依法追究借款人的违约责任（《合同法》第六十五条）。

应当指出的是，合同成立以后，客观情况发生了当事人在订立合同时无法预见的、非不可抗力造成的不属于商业风险的重大变化，继续履行合同对于一方当事人明显不公平或者不能实现合同目的，当事人请求人民法院变更或者解除合同的，人民法院应当根据公平原则，并结合案件的实际情况确定是否变更或者解除（《合同法若干解释（二）》第二十六条）。例如，商业银行与借款人订立额度借款合同后，借款人因国家行业政策调整而发生停产或转产的，当事人可以请求人民法院变更或者解除借款合同。

2. 借款合同履行的原则

借款合同履行原则是当事人在合同履行时应当遵循的基本准则，主要有适当履行原则和协作履行原则。

适当履行原则，又称正确履行原则或全面履行原则，指借款合同当事人按照合同约定的币种、金额、时间、方式，全面完成合同义务的原则。包括商业银行发放贷款、监督贷款使用、督促借款人返还借款；借款人按照规定用途使用借款、向债权人报送有关财务会计报表接受监督、按时返还借款和支付利息，等等。

协作履行原则，指借款合同当事人应当协助对方当事人履行合同义务的原则。例如，借款人应当协助贷款银行给付贷款并受领给付，银行也应当协助借款人返还借款，为借款人偿还贷款本息提供方便。只有这样，借款合同才会得到适当履行。

（二）借款合同履行中的抗辩权

如前所述，普通借款合同为双务合同，贷款人负有按合同约定交付借款的义务，借款人负有按合同约定返还借款和支付利息的义务。在双务合同履行中，为了避免一方履行后另一方不履行的风险，《合同法》设立了双务合同履行抗辩权制度。所谓双务合同履行抗辩权，指双务合同在履行过程中，当符合法定条件时，当事人一方对抗另一方的履行请求权，暂时拒绝债务的权利。双务合同履行抗辩权，实质上是有条件中止履行债务，债务履行的效力并没有消灭。当产生抗辩权的原因消失后，债务人仍应履行债务。双务合同履行抗辩权包括不安抗辩权、后履行抗辩权和同时履行抗辩权。

1. 不安抗辩权

不安抗辩权，又称先履行抗辩权，指在双务合同中，应当先履行合同义务的当事人，有证据证明后履行合同义务的当事人不能履行合同义务，或者不可能履行合同义务时，先履行一方享有中止履行合同义务的权利。

根据《合同法》第六十八条、第六十九条的规定，双务合同成立生效后，后履行合同义务当事人的经营状况严重恶化，或者转移财产、抽逃资金以逃避债务，或者丧失商业信誉和其他丧失、可能丧失履行债务能力的，先履行合同义务的当事人可以中止合同的履行。例如，借款合同签订后贷款发放前，由于市场变化等原因，借款人的经营生产状况严重恶化，产品积压严重，偿债能力虚化，丧失履行债务能力的，商业银行有权行使不安抗辩权，中止发放贷款。银行行使不安抗辩权负有举证责任，银行必须举证证明借款人不能履行或者不可能履行合同义务。否则，银行应当承担违约责任。因此，银行应当谨慎行使不安抗辩权，除非证据确凿，不宜轻率中止发放贷款，以避免承担违约责任和赔偿责任。银行行使不安抗辩权后，应当及时通知借款人。借款人在合理期限内恢复履行能力并且提供适当担保时，银行应当恢复履行。如果借款人既未提供担保，也不能证明自己的履行能力，银行可以解除借款合同。

2. 后履行抗辩权

后履行抗辩权，指在双务合同中，应当先履行合同义务的当事人未履行或者不适当履行，到履行期限的后履行合同义务的当事人，享有拒绝先履行一方相应履行请求的权利。

根据《合同法》第六十七条的规定，双务合同成立生效后，当事人因同一合同互负债务，在履行上存在关联性且有先后履行顺序的，无论该顺序是当事人约定还是法律直接规定，应当先履行的一方未履行合同义务，或者不适当履行合同义务，后履行的一方有权拒绝其履行要求。所谓不适当履行，指先履行一方虽然履行了债务，但是，其履行不符当事人的约定或法定的要求，包括迟延履行、不完全履行、部分履行和不能履行等情形。后履行抗辩权的行使，应区分情况而言，并非全部拒绝。如果先履行的一方未履行合同义务，或者先履行的一方不适当履行合同造成根本违约的，后履行的一方享有不履行合同的权利。例如，出租方不交付租赁物，承租方有权不支付租金；供货方交付假冒商品，购买方有权不支付货款。但是，如果先履行的一方不适当履行构成部分履行的，后履行的一方不能全部拒绝履行合同，只能就未履行部分拒绝履行。例如，100万元借款合同，贷款方交付了80万元，尚欠20万元，借款方应当偿还80万元贷款本息，有权就未履行的 20 万元拒绝履行。

3. 同时履行抗辩权

同时履行抗辩权，指在双务合同中，当事人因同一合同互负债务，应当同时履行的一方当事人，有证据证明另一方当事人在同时履行的时间不能履行，或者不能适当履行时，享有拒绝履行自己债务的权利（《合同法》第六十六条）。同时履行抗辩权制度主要用于买卖、租赁、保险等合同，借款合同同时履行的情形很少。

第三节 当事人的义务及其争议焦点

借款合同的内容，从本质上划分，可分成权利和义务两类。在实践中，义务类条款比较容易发生争议，是当事人控制风险的关键点，商业银行应当采取措施予以有效控制。

一、贷款银行的主要义务

作为贷款人的商业银行，在借款合同订立后，其主要义务是按照借款合同的约定向借款人提供借款。商业银行履行合同义务应当是全面履行，包括按照约定的时间和数额提供借款。商业银行不依合同约定的日期、数额提供借款，造成借款人损失的，依据《合同法》第二百零一条第一款的规定，商业银行应当赔偿损失。同时，依照《合同法》第二百条的规定，商业银行应当向借款人提供合同约定的借款金额，不得预先在本金中扣除借款利息。利息预先在本金中扣除的，借款数额按照实际的借款额计算。例如，借款合同约定，借款人向银行贷款 100 万元，期限一年，年利率 5%，借款期限届满本息一次性结清。银行在发放贷款时直接将 5 万元利息扣除，仅向借款人支付 95 万元贷款。根据《合同法》第二百条的规定，借款期限届满时，借款人只需按照实际借款数额 95 万元支付利息 4.75 万元，即借款人只需向银行返还本息 99.75 万元。此外，若银行的违约行为给借款人造成损失的，借款人根据《合同法》第二百零一条的规定，有权要求银行赔偿损失。

二、借款人的主要义务及其争议焦点

在普通借款合同中，借款人的主要义务有五项：按照合同约定收取借款、使用借款、支付利息、偿还借款和接受贷款银行用款监督并向银行提供必要资料等。现分述如下：

（一）按照借款合同约定的时间和数额收取借款

《合同法》第二百零一条第二款规定："借款人未按照约定的日期、数额收取借款的，应当按照约定的日期、数额支付利息。"也就是说，不管借款人是否按照合同约定的日期、数额收取借款，商业银行都有权按合同约定借款日期和数额计收利息。

（二）接受贷款银行用款监督并向银行提供必要的资料

《合同法》第二百零二条规定："贷款人按照约定可以检查、监督借款的使用情况。借款人应当按照约定向贷款人定期提供有关财务会计报表等资料。"应当注意，借款人

这些义务基于借款合同的约定产生,并不是银行的当然权利和借款人的当然义务。当事人也可以不约定,或者约定排除这些内容。

(三) 按照借款合同约定的贷款用途使用借款

商业银行发放贷款的目的是获取利差。借款人使用贷款支付利息,表面上看来,借款人使用借款似乎与银行利益并无直接关系,但细想起来,不仅有关系而且关系重大。因为,借款用途与借款人能否按时偿还贷款有着很直接的关系。借款人擅自改变贷款用途,就会使得当事人的共同预期收益变得不确定,增加了银行贷款风险,可能会导致贷款难以收回。所以,我国法律法规自始规定"借款用途"是借款合同的主要内容,当事人必须对它作出约定。从国务院发布的《借款合同条例》到现行的《贷款通则》、《商业银行法》等法律法规都明确规定,借款人必须按合同约定的用途使用借款,不得挪作他用。对于违约使用部分,银行可以按规定利率加收利息。《合同法》再次重申借款人应当按照合同约定的用途使用借款,同时规定了借款人的违约责任。《合同法》第二百零三条规定:"借款人未按照约定的借款用途使用借款的,贷款人可以停止发放借款、提前收回借款或者解除合同。"

借款合同当事人约定借款用途应当注意:第一,借款用途必须合法,不得将借款用于法律禁止的经营活动。例如,借款不得约定用于赌博、走私、贩毒等。第二,借款用途必须合规,不得将借款用于行政规章、产业政策禁止的投资和经营活动。例如,借款不得约定用于证券、期货投机性经营,不得约定用于股本性权益投资等。第三,借款用途必须具体明确,不得含糊不清。例如,借款不得笼统约定用于个人消费。"个人消费"这种约定因借款用途不具体,被中国人民银行明令禁止。中国人民银行规定,禁止各商业银行发放无指定用途的个人消费贷款。借款即便是用于借新还旧,也应在合同中载明,如"本借款用于偿还××合同项下借款人××所欠贷款人的债务"。

(四) 按照借款合同约定的利率和期限支付利息

1. 贷款利率

贷款利率是商业银行与借款人约定应收利息的数额与所贷出资金的比率。长期以来,我国实行法定利率制,国务院授权中国人民银行制定各种存贷款利率,对利率实施管制。随着市场化程度提高,利率管制也逐步放宽,借款合同当事人可以中央银行规定的利率为基准,在允许浮动的上下限范围内自行商定。目前,人民币贷款利率的上限已经放开,除个人住房贷款、优惠贷款、国务院另有规定的贷款不允许上浮利率外,其他人民币贷款上浮幅度不限。

贷款利率不仅可以由双方当事人自行商定,借款合同期内的贷款利率,也可以由当事人商定采取固定利率方式还是浮动利率方式。所谓固定利率方式,指借款合同一经订立,合同期内的贷款利率便固定不变,直至合同终止。所谓浮动利率方式,指借款合同订立后,经过合同约定的一定期间(周期),如月、季、年,当事人可以就贷款利率重新协商一致,变更借款合同。一般而言,贷款期限在一年以下(含一年),原则上采用固定利率方式,避免频繁协商增加交易成本;贷款期限在三年以上的,原则上采用浮动利率方式,浮动周期可采取一个月、三个月、半年和一年四种期限。若采用浮动利率方式,当事人应当在合同中约定,并应约定浮动的周期;贷款期限在一年至三年(含三年）的，采取固定利率方式还是浮动利率方式，由合同当事人商定。

借款人未按合同约定日期返还贷款，或者未按合同约定用途使用贷款，都属违约行为，借款人应当承担相应的违约责任。借款人承担违约责任的方式，通常是向债权人支付罚息，罚息利率执行中国人民银行统一规定，一般为每日万分之二至万分之五。根据中国人民银行《关于人民币贷款利率有关问题的通知》（银发［2003］251号）的规定，自2004年1月1日起，新发放贷款的罚息利率改由合同当事人商定，逾期贷款罚息利率为在借款合同载明的贷款利率上加收30%~50%，挪用贷款罚息利率为在借款合同载明的贷款利率上加收50%~100%，从逾期或挪用贷款之日起，按照罚息利率计收利息，直至清偿本息为止。对不能按时支付的利息，按照罚息利率计收复利。

综上所述，随着利率市场化的推进，借款合同当事人就贷款利率协商的自由度逐渐增大，可以商定的内容也越来越丰富，合同条款的表述要求更加具体与准确。因而，借款合同当事人更应当充分地协商一致，在合同中作出明晰的约定。借款人应当按借款合同约定的贷款利率向银行支付利息。

2. 支付利息的期限

借款合同是有偿合同，利息是借款人使用借款的代价，它是借款人的一项重要义务，是商业银行实现利差的主要环节，也是银行获取商业利润的来源之一。因此，借款人应当按照合同的约定支付利息，不仅应按借款和利率计付利息，而且还应在约定的期限内支付利息。

《合同法》第二百零五条规定："借款人应当按照约定的期限支付利息。对支付利息的期限没有约定或者约定不明确，依照本法第六十一条的规定仍不能确定，借款期间不满一年的，应当在返还借款时一并支付；借款期限一年以上的，应当在每届满一年时支付，剩余期限不满一年的，应当在返还借款时一并支付。"据此规定，借款人应当在以下期限内向贷款银行支付利息：

（1）借款合同约定支付利息期限的，借款人应按约定期限支付利息。

（2）借款合同对支付利息的期限没有约定或者约定不明确的，当事人可以就支付利息期限协商，签订借款合同补充协议。若不能达成补充协议的，则按照借款合同有关条款或者交易习惯确定支付利息期限。

何谓"交易习惯"？根据最高人民法院《关于适用〈中华人民共和国合同法〉若干问题的解释（二）》第七条的规定，下列情形，不违反法律、行政法规强制性规定的，人民法院可以认定为《合同法》所称的"交易习惯"：

①在交易行为当地或者某一领域、某一行业通常采用并为交易对方订立合同时所知道或者应当知道的做法；

②当事人双方经常使用的习惯做法。

对于交易习惯，由提出主张的一方当事人承担举证责任。

（3）如果协商和交易习惯等方法仍不能确定支付利息期限时，借款人支付利息的期限依据借款期限确定：若借款期限不满一年的，在返还借款时一并支付应付利息，即"息随本清"；若借款期限一年以上的，每届满一年时支付，剩余期限不满一年的，应当在返还借款时一并支付。

应当注意的是,《合同法》第二百零五条关于支付利息期限的规定,与银行收息的惯例并不一致。中国人民银行颁发的《人民币利率管理规定》(银发[1999]77号)第二十条规定:短期贷款(期限在一年以下,含一年)可按月结息,也可按季结息。按月结息的,每月的20日为结息日;按季结息的,每季度末月的20日为结息日。中长期贷款(期限在一年以上)按季结息,每季度末月的20日为结息日。中国人民银行《关于人民币贷款利率有关问题的通知》第一条赋予了当事人约定利息支付期限的权利:"人民币各种贷款(不含个人住房贷款)的计息和结息方式,由借贷双方协商确定。"因此,为了避免当事人双方在支付利息的期限上产生纷争,银行应当在借款合同中明确约定支付利息的期限。

3. "复利"之争

借款人不依借款合同约定期限支付利息,造成利息支付迟延,是否应当承担支付"复利"的义务?所谓"复利",即对迟延支付的利息,按借款合同约定的利率计付利息。法律对"复利"没有明确规定,商业银行通常依据中国人民银行的规定计收"复利",但司法实践却对计收"复利"的做法褒贬不一,甚至持否定态度。

法律虽然对商业银行计收"复利"没有明确规定,但并非没有依据。《合同法》第二百零七条规定:"借款人未按照约定的期限返还借款的,应当按照约定或者国家有关规定支付逾期利息。"何谓"国家有关支付逾期利息的规定"?中国人民银行作为中央银行,代表国家行使人民币利率管理职权,其作出的规定,毫无疑问当然属于"国家有关支付逾期利息的规定"。中国人民银行颁发的《人民币利率管理规定》(银发[1999]77号)第二十条规定:"对贷款期内不能按期支付的利息按合同利率按季或按月计收复利,贷款逾期后改按罚息利率计收复利。"可见,依据上述规定,商业银行对不依借款合同约定期限支付利息计收"复利"是有法律法规依据的。

笔者认为,借款人不依借款合同约定期限支付利息,本身就是一种违约行为,既然违约,就必须承担违约责任。计收"复利"作为承担违约责任的一种方式,法律并不禁止,但应当是依当事人双方约定,而不应由贷款银行依政策单方决定。司法实践对银行计收"复利"提出质疑,其原因主要还是出于银行自身,贷款银行应当善于将政策与行业交易习惯转变成为当事人双方的约定,寻求法律上的支持。

(五)按照借款合同约定的还款期限和方式偿还借款

商业银行有义务依借款合同约定提供借款,同样地,借款人也应依借款合同约定的还款期限和方式偿还借款,这是确保资金融通顺畅的两个重要方面,也是维护双方权益的要求。因此,《合同法》第二百零六条规定:"借款人应当按照约定的期限返还借款。"对未按照约定期限返还借款的,《合同法》第二百零七条还规定了违约责任:"借款人未按照约定的期限返还借款的,应当按照约定或者国家有关规定支付逾期利息。"根据上述规定,借款人偿还银行贷款的期限,区分为合同有约定和合同没有约定或者约定不明两种情形。

1. 借款合同对还款期限有约定的情形

若借款合同约定还款期限的,借款人应当按照约定的期限偿还借款。未按照约定的期限返还借款的,贷款银行有权按照约定或者国家有关规定,要求借款人支付逾期利息。

借款人不按照借款合同约定的期限返还借款，又可以细分为迟延还款和提前还款：

（1）迟延还款。借款人不按照约定期限返还借款，比较常见的情形是迟延还款，即借款人到期不偿还或不能偿还借款。对此，贷款银行应依法加收逾期利息，并要求借款人继续偿还借款。除此之外，银行还可以依据《中华人民共和国担保法》（以下简称《担保法》）、《中华人民共和国物权法》（以下简称《物权法》）的规定，要求担保人偿还借款，或者就担保物的价值行使优先受偿的权利。

（2）提前还款。借款人不按照约定期限返还借款的另一种情形是提前还款。《合同法》第二百零八条规定："借款人提前偿还借款的，除当事人另有约定的以外，应当按照实际借款的期间计算利息。"《合同法》第七十一条规定："债权人可以拒绝债务人提前履行债务，但提前履行不损害债权人利益的除外。债务人提前履行债务给债权人增加的费用，由债务人负担。"根据上述规定，贷款银行对借款人提前偿还借款的要求，可以区别不同情况按以下原则处理：

第一，若当事人在借款合同中对提前还款有约定的，按照约定办理。

第二，若当事人在借款合同中对提前还款没有约定的，借款人能否提前还款，取决于该行为是否损害银行的利益。若提前还款行为不会损害银行的利益，借款人无须征得银行同意便可提前还款，且支付利息按照实际借款的期间计算。但是，若贷款银行认为提前返还借款损害了贷款人的利益，银行有权拒绝借款人提前还款的要求。因为，借款人提前偿还借款，实际上是提前履行债务的行为，且其在提出提前还款要求时，通常同时要求银行按照实际借款期间计算利息。此时，银行因借款人提前还款，使本应收取的利息减少，利益受到了损害。所以，如果当事人对提前还款没有约定，借款人既要求提前还款，又要求按照实际借款期间计算利息的，银行可以依据《合同法》第七十一条的规定，拒绝借款人提前还款。

笔者认为，为了减少不必要的纠纷，商业银行应当在订立借款合同时，约定提前还款及其利息计算等相关内容。

2. 借款合同对还款期限没有约定或者约定不明的情形

《合同法》第二百零六条规定："对借款期限没有约定或者约定不明确，依照本法第六十一条的规定仍不能确定的，借款人可以随时返还；贷款人可以催告借款人在合理期限内返还。"据此规定，借款合同对借款期限没有约定或者约定不明确的，借款人返还借款的期限有以下两种处理方法：

（1）当事人协商或依交易习惯确定。借款合同对借款期限没有约定或者约定不明确的，当事人可以就还款期限进行协商，签订借款合同补充协议。若不能达成补充协议的，则按照借款合同有关条款或者交易习惯确定还款期限。

（2）当事人主张。若协商或依交易习惯等方法仍不能确定还款期限时，借款人可以随时偿还借款，贷款银行也可以随时要求借款人偿还借款，但是，应先向借款人发出返还借款催告，给予借款人合理的期限。关于"合理期限"如何确定，法律对此没有明确规定，一般参考交易习惯确定，亦即在正常状态下筹集款项所需要的时间。

第四节　贷款新规的理解与应用

2009年7月至2010年2月，中国银行业监督管理委员会先后颁布了《固定资产贷款管理暂行办法》（中国银行业监督管理委员会令2009年第2号）、《流动资金贷款管理暂行办法》（中国银行业监督管理委员会令2010年第1号）、《个人贷款管理暂行办法》（中国银行业监督管理委员会令2010年第2号）和《项目融资业务指引》（银监发[2009]71号）。这些规定并称为"三个办法一个指引"（以下统称贷款新规），初步构建和完善了我国商业银行的贷款业务法规框架，并将作为我国银行业贷款风险监管的长期制度安排。

贷款新规是银监会对银行业固定资产贷款、流动资金贷款、个人贷款和项目融资信贷业务作出的最新规范，是对商业银行信贷业务的一次革命性改造和规范。其主要精神是：一是强化依法监管贷款用途，提高信贷风险管理的质量；二是突出贷款支付管理，加强贷款用途管理；三是实施贷款的全流程管理，提高贷款管理的精细化水平；四是加强合同或协议有效管理，强化贷款风险要点控制；五是强化贷款管理法律责任，强化贷款责任的针对性。贷款新规的核心是贷款支付管理。

贷款新规是我国银行业综合监管制度的一部分，也是中国银监会实施依法监管的重要组成部分，商业银行经营信贷业务必须严格遵守贷款新规的规定。

一、贷款管理的指导原则

贷款新规具体表现为四个独立的规章文件，但其核心要义是完全一致的，其内容可概括为三大精髓七大要义：三大精髓，即全流程精细化管理、协议承诺、受托支付；七大要义，即全流程管理原则、诚信申贷原则、协议承诺原则、实贷实付原则、贷放分控原则、贷后管理原则、罚则约束原则。

（一）全流程管理原则

全流程管理要求商业银行内部应将贷款过程管理中的各个环节进行分解，按照有效制衡的原则将各环节职责落实到具体的部门和岗位，并建立明确的问责机制。贷款新规把贷款全流程细分为贷款申请、受理与调查、风险评价、贷款审批、合同签订、贷款发放、贷款支付、贷后管理、回收与处置九大环节，对关键环节提出了风险管控要求，要求商业银行实施精细化管理。

通过进一步强化科学的贷款全流程管理，推动商业银行贷款管理模式由传统的粗放型向精细化转变，提高商业银行贷款发放的质量，增强贷款风险管理的有效性。

（二）诚信申贷原则

诚信申贷包括两方面的内容：一是借款人在申请贷款的过程中，应恪守诚实守信原则，如实、全面、及时向商业银行提供财务信息和进行重大事项披露，按商业银行要求的具体方式和内容提供贷款申请材料，并且承诺所提供材料真实、完整、有效；二是借款人应证明其设立合法、经营管理合规合法、信用记录良好、贷款用途明确合法以及还款来源明确合法等。

诚信申贷原则有助于从立法角度保护商业银行的权益，从而使商业银行能够更有效地识别风险、分析风险，在贷款的第一环节防范潜在风险。

（三）协议承诺原则

协议承诺原则的核心定义是合同的完备性、承诺的法律化、管理系统化，它是规范双方权利、义务、责任的根本准则，也是商业银行追究借款人违约责任的依据。协议承诺原则要求：

第一，商业银行应与借款人乃至其他相关各方通过签订完备的借款合同等协议文件，规范各方有关行为，明确各方权利义务。对于借款人挪用贷款等不当行为，商业银行应在合同中作出周密约定。

第二，借款人应通过签订借款合同等协议文件，承诺一系列义务，包括承诺申贷的真实有效、贷款资金的真实用途、支付对象（范围）、支付金额、支付条件、支付方式等。其中，承诺申贷材料信息真实有效、贷款资金的真实用途以及贷款资金的支付方式尤为重要。

贷款新规强调签订协议承诺，依靠法律来约束借款人的行为，使得一旦违约事项发生，商业银行或者免责，或者以协议承诺为依据实施追责处罚。协议承诺原则不但能够切实保护商业银行的权益，还有助于营造良好的社会诚信环境。

（四）实贷实付原则

实贷实付是指商业银行根据贷款项目进度和有效贷款需求，在借款人需要对外支付贷款资金时，根据借款人的提款申请以及支付委托，将贷款资金通过贷款受托支付等方式，支付给符合合同约定的借款人交易对象的过程。实贷实付原则的关键是要求借款人按照贷款合同的约定用途支付贷款，以减少贷款挪用的风险。

推行实贷实付，有利于确保信贷资金进入实体经济，在满足有效信贷需求的同时，严防贷款资金被挪用，避免信贷资金违规流入股市、楼市等；实行实贷实付还有助于商业银行提高贷款的精细化管理水平，加强对贷款资金使用的管理和跟踪；同时，实贷实付为"三个办法一个指引"所倡导的全流程管理、协议承诺原则等提供了操作的抓手和依据，有助于商业银行防范信用风险和法律风险。

（五）贷放分控原则

贷放分控是指商业银行将贷款审批与贷款发放作为两个独立的业务环节，分别管理和控制，以达到降低信贷业务操作风险的目的。贷放分控原则改变了我国银行业传统信贷业务操作中贷款审批与贷款发放不分的弊端，它的根本点是贷款审批通过不等于放款。

推行贷放分控，一方面，可以加强商业银行的内部控制，防范操作风险和道德风险；另一方面，可以践行全流程管理的理念，建设流程银行，强化各部门和岗位之间的有效制约。

（六）贷后管理原则

有效的贷后管理工作是商业银行建立长期长效发展机制的基石，贷款新规在沿袭商业银行传统贷后管理方式的同时，突出强调以下新要求：

第一，建立贷款质量监控制度和贷款风险预警体系以及贷后动态监测和重估制度。

第二，监督贷款资金按用途使用。

第三，对借款人账户进行监控。对约定专门还款准备金账户的，贷款银行要对收入进入账户比例与账户内资金平均存量提出要求。借款人现金流异常的，控制借款人的资金支付。

第四，强调借款合同的相关约定对贷后管理工作的指导性和约束性。

第五，明确了贷款银行按照监管要求进行贷后管理的法律责任。

第六，参与借款人的贷款重组，维护贷款银行债权。

（七）罚则约束原则

罚则约束是指监管部门对商业银行执行贷款新规的行为进行严格监管，对于明显违反贷款新规的商业银行，监管部门将采取市场准入、现场检查、非现场监管等"监管措施"或"行政处罚"手段（例如，取消高管人员任职资格等），约束商业银行和借款人等交易主体的行为，以强化贷款新规的执行力。

二、贷款新规对信贷流程的专项要求

《固定资产贷款管理暂行办法》、《流动资金贷款管理暂行办法》和《个人贷款管理暂行办法》，无一例外都在总则中要求贷款应实行全流程管理，在第二章至第七章针对贷款全流程管理中的关键环节提出风险管控要求，并建立制衡机制和问责制度。项目融资在流程管理上，适用固定资产贷款管理办法的规定。

针对贷款品种、贷款领域的不同，贷款新规分别对其信贷管理流程提出了专项要求。

（一）贷款新规对固定贷款流程管理的专项要求

贷款新规在以下方面对固定贷款流程管理提出了专项要求：

第一，明确项目受理条件，包括：借款人应符合国家规定的投资主体资格；项目应符合国家产业、土地、环保等相关政策；按规定履行了固定资产投资项目的合法管理程序；应符合国家有关投资项目资本金制度等。

第二，在贷款调查阶段，应对项目基本情况和项目发起人情况进行详细调查。

第三，在风险审批阶段，特别强调要对项目合规性、项目技术和财务可行性、产品市场、融资方案、保险等再次进行深入的风险评价。

（二）贷款新规对流动资金贷款流程管理的专项要求

贷款新规在以下方面对流动资金贷款流程管理提出了专项要求：

第一，要求商业银行合理测算借款人营运资金需求，审慎确定借款人流动资金贷款的授信总额及具体贷款的额度，不得超过借款人的实际需求发放流动资金贷款。

第二，在尽职调查环节，要求商业银行应调查借款人营运资金总需求和现有融资性负债情况，以及应收账款、应付账款、存货等真实财务状况等要素。

第三，在贷款风险评价与审批环节，要求商业银行应根据借款人经营规模、业务特征及应收账款、存货、应付账款、资金循环周期等要素测算其营运资金需求，综合考虑借款人现金流、负债、还款能力、担保等因素，合理确定包括金额、期限、利率、担保和还款方式等在内的贷款结构。

第四，在贷后管理环节，要求商业银行应评估贷款品种、额度、期限与借款人经营状况、还款能力的匹配程度，并将该评估作为与借款人后续合作的依据。必要时，及时调整与借款人合作的策略和内容。

（三）贷款新规对个人贷款流程管理的专项要求

贷款新规对个人贷款流程管理重点强调：商业银行必须建立并严格执行贷款面谈制度，确保贷款的真实性以及借款人交易真实、借款用途真实、还款意愿和还款能力真实，严防虚假贷款业务的发生，从源头上保证个人贷款的质量。

（四）贷款新规对项目融资流程管理的专项要求

贷款新规明确商业银行在项目融资中，可以根据需要委托或者要求借款人委托具备相关资质的独立中介机构，为项目提供法律、税务、保险、技术、环保和监理等方面的专业意见和服务。同时，在风险评估阶段，须充分识别项目融资所面临的诸多风险，包括政策风险、筹资风险、完工风险、产品市场风险、超支风险等，并采取要求项目相关方通过签订总承包合同、投保商业保险、建立完工保证金、提供履约保函、签订长期供销合同等方式，有效降低和分散贷款风险。

三、贷款新规对尽职调查的要求

（一）贷款尽职调查的含义

信贷业务尽职调查，指商业银行业务人员，通过现场调研和其他渠道尽可能地获取、核实、分析研究有关借款人及有关信贷业务、担保等方面的情况，揭示和评估信贷业务可能存在的风险并提出应对措施，为贷款决策提供依据。

贷款新规要求商业银行应实行贷款全流程管理，全面了解客户信息，采取现场与非现场相结合的方式，以现场调查为主、非现场调查为辅，通过现场核实、电话查问以及信息咨询等途径和方法履行尽职调查，形成书面报告，并对其内容的真实性、完整性和有效性负责。

现场调查，指调查人员亲赴客户现场或其他现场收集第一手材料的活动。现场调查包括现场会谈和实地考察。

非现场调查，指调查人员不需亲赴现场，通过收集资料、查阅信息、核对数据、分析论证等方法获取客户信息的活动。

（二）贷款尽职调查的内容

1. 流动资金贷款尽职调查的内容

根据《流动资金贷款管理暂行办法》第十三条的规定，流动资金贷款尽职调查包括但不限于以下内容：

（1）借款人的组织架构、公司治理、内部控制及法定代表人和经营管理团队的资信等情况；

（2）借款人的经营范围、核心主业、生产经营、贷款期内经营规划和重大投资计划等情况；

（3）借款人所在行业状况；

（4）借款人的应收账款、应付账款、存货等真实财务状况；

(5) 借款人营运资金总需求和现有融资性负债情况;

(6) 借款人关联方及关联交易等情况;

(7) 贷款具体用途及与贷款用途相关的交易对象资金占用等情况;

(8) 还款来源情况,包括生产经营产生的现金流、综合收益及其他合法收入等;

(9) 对有担保的流动资金贷款,还需调查抵(质)押物的权属、价值和变现难易程度,或保证人的保证资格和能力等情况。

与原有相关规定相比,《流动资金贷款管理暂行办法》明确要求应对与贷款用途相关的交易对象资金占用情况进行调查。这就要求商业银行在尽职调查过程中,加大对关联方及关联交易的调查力度。

2. 个人贷款尽职调查的内容

根据《个人贷款管理暂行办法》第十四条的规定,个人贷款尽职调查包括但不限于以下内容:

(1) 借款人基本情况;

(2) 借款人收入情况;

(3) 借款用途;

(4) 借款人还款来源、还款能力及还款方式;

(5) 保证人担保意愿、担保能力或抵(质)押物价值及变现能力。

3. 固定资产贷款尽职调查的内容

根据《固定资产贷款管理暂行办法》第十一条的规定,固定资产贷款尽职调查包括但不限于以下内容:

(1) 借款人及项目发起人等相关关系人的情况;

(2) 贷款项目的情况;

(3) 贷款担保情况;

(4) 需要调查的其他内容。

(三) 委托第三方进行贷款调查的规定

《个人贷款管理暂行办法》第十六条规定:"贷款人在不损害借款人合法权益和风险可控的前提下,可将贷款调查中的部分特定事项审慎委托第三方代为办理,但必须明确第三方的资质条件。贷款人不得将贷款调查的全部事项委托第三方完成。"

商业银行委托第三方进行贷款调查应注意:

第一,制度先行。商业银行在开展委托第三方调查个人贷款相关事项前,应制定相关制度,对受托调查人的资质、可委托调查事项、委托程序及双方权利义务进行规范。

第二,风险可控。商业银行在开展委托第三方调查个人贷款相关事项时,应要求受托方采取有效措施保护借款人隐私权等合法权益,并要求受托人在调查时应采用合法合规的调查手段。同时,要确保调查结论客观公正。

(四) 贷款新规对"面谈面签"制度的要求

根据《个人贷款管理暂行办法》的规定,无论是委托第三方调查还是商业银行方自行调查,商业银行都应建立并严格执行贷款面谈制度。通过电子银行渠道发放低风险质押贷款的,至少应当采取有效措施确定借款人真实身份(第十七条)。据此,商业银行在进行个人贷款业务调查时，应建立并严格执行贷款面谈制度。同时应对双方的面谈信息进行记录，并由借款人对面谈信息进行签字确认后归档保管。

此外，为防止出现公民个人被不法分子冒名套取商业银行贷款，或借款人的信贷资金被他人冒领挪用，保护借款人的合法权益。商业银行应当要求借款人当面签订借款合同及其他相关文件（第二十三条）。

实务操作中，为确保面谈面签资料的完整性、真实性，应当注意：

第一，面谈面签资料包括但不限于借款人身份证明资料、婚姻状况证明、借款合同和借据、个人收入证明、面谈记录以及其他能够证明借款人身份的相关资料。如果相关资料收集不齐全，应当有辅助证明或说明原因。

第二，面签资料的真实性，主要从各资料中的内容、签名相互比对加以判断。部分外来资料例如婚姻状况证明、个人收入证明等，管理严格的单位，一般也可能要求当事人面签，这些资料为商业银行进行笔迹比对提供了参考。商业银行事后监督部门或岗位，可以通过调阅监控录像资料等方式，对借款合同和借据、面谈记录表等面签资料的真实性进行核查，督促经营部门和人员切实做到面签。

（五）贷款调查未尽职的法律责任

贷款新规规定，贷款调查未尽职的，银行业监督管理机构可以采取《中华人民共和国银行业监督管理法》（以下简称《银行业监督管理法》）第三十七条规定的监管措施，还可以根据《银行业监督管理法》第四十六条和第四十八条的规定进行行政处罚。

四、贷款新规对借款合同管理的要求

借款合同管理是指按照商业银行内部控制与风险管理的要求，对贷款合同的制定、修订、废止、选用、填写、审查、签订、履行、变更、解除、归档、检查等一系列行为进行管理的活动。贷款新规对借款合同、担保合同等相关合同提出了以下新的要求：

（一）贷款新规对借款合同形式的要求

贷款新规重申《合同法》第一百九十七条、《商业银行法》第三十七条的规定，进一步明确书面形式是借款合同的法定形式，商业银行在办理贷款业务时，必须与借款人签订书面的借款合同、担保合同等相关合同，以保证其稳定性，增强各方当事人履行合同的责任，便于对合同执行情况进行检查、监督和管理，为日后处理纠纷提供证据。

同时，贷款新规要求借款合同等协议文件应当明确各方当事人的权利、义务及违约责任，避免对重要条款未约定、约定不明或约定无效。同时，把合同完备性上升为监管内容，利用外部强制力督促和推动商业银行完善借款合同。

（二）贷款新规对借款合同内容的要求

贷款新规除了重申《合同法》第一百九十七条、《商业银行法》第三十七条借款合同的内容包括借款种类、币种、用途、数额、利率、期限和还款方式等条款规定外，还要求在借款合同中约定以下条款内容：

1. 约定贷款发放和支付的条款

贷款新规规定，商业银行应在借款合同中与借款人约定提款条件，以及贷款资金支付接受贷款银行管理和控制等支付条款。

借款合同中约定的支付条款通常应包括：

(1) 采用贷款人受托支付的情形、受托支付的金额标准、借款人应提供的付款资料、贷款银行对付款资料的审查职责等受托支付事项。

(2) 采用借款人自主支付时，借款人应定期汇总报告贷款资金支付情况；贷款银行有权核查借款人贷款支付是否符合约定用途。

(3) 支付方式变更及触发变更条件。

(4) 贷款资金支付的限制、禁止行为。

(5) 借款人应及时提供的贷款资金使用记录和资料。

为了控制好风险，商业银行在借款合同中与借款人约定支付方式变更的条件应当具体、具有可操作性。例如约定：借款人出现信用状况下降、主营业务盈利能力不强、贷款资金使用出现异常等情形的，商业银行有权将借款人自主支付方式变更为贷款人受托支付方式。也可以约定贷款资金支付的限制、禁止的条件。例如约定：借款人出现信用状况下降、主营业务盈利能力不强、贷款资金使用出现异常等情形的，商业银行有权对贷款资金支付产生采取限制措施；客户要求的贷款支付流向与合同约定不一致的，商业银行有权停止贷款发放和支付。

2. 要求借款人在合同中对与贷款相关的重要内容作出承诺

贷款新规要求商业银行在借款合同中，应当列明与贷款有关的重要内容，应与借款人在借款合同中约定借款人承诺事项，例如，贷款项目及其借款事项符合法律法规的要求；及时向贷款银行提供完整、真实、有效的材料；配合贷款银行进行贷款支付管理、贷后管理及相关检查；发生影响偿债能力的重大不利事项时及时通知贷款银行；进行对外投资、实质性增加债务融资，以及进行合并、分立、股权转让等重大事项前征得贷款银行同意；贷款银行有权根据借款人资金回笼情况提前收回贷款，有权参与借款人的大额融资、资产出售以及兼并、分立、股份制改造、破产清算活动等，并要求借款人予以事先承诺并签订相关文书。

3. 约定违反承诺的法律责任

贷款新规要求商业银行应在合同中与借款人约定，借款人出现未按约定用途使用贷款、未按约定方式支用贷款资金、未遵守承诺事项、申贷文件信息失真、发生重大交叉违约事件、突破约定的财务指标约束，以及贷款支付过程中借款人信用状况下降、主营业务盈利能力不强、贷款资金使用出现异常等情形时，借款人应承担的违约责任和贷款银行可采取的措施和享有的权利。借款人违约时，贷款银行有权采取救济措施通常包括：变更贷款支付方式、变更（补充）贷款发放和支付条件、停止贷款资金的发放和支付、提前收回贷款等。

应当注意的是，如果在合同中约定有借款人应承担的违约责任和贷款银行可采取的措施这些条款，商业银行就必须严格执行，不得敷衍了事。依据贷款新规，商业银行对借款人违背借款合同约定的行为应发现而未发现，或虽发现但未采取有效措施的，很可能被认为是贷后管理不严的违规行为而受到银行业监督管理机构的处罚。

(三) 贷款新规对借款合同文本的要求

贷款新规对借款合同应增加的条款内容提出了详细规定，要求商业银行应积极完善借款合同文本，将贷款支付、协议承诺、诚信申贷、风险预警指标、交叉违约、法律责任等内容引入借款合同条款。同时，应针对不同客户、不同的风险特点，量体裁衣、量身定做差异化的财务控制条款，做到内部贷款管理与外部协议管理相统一、相协调。尤其是对项目融资贷款，应体现项目融资的特殊风险和控制要求，彻底改变借款合同简单粗放、形同虚设的现状。

贷款新规将"未按本办法规定签订借款合同"作为对商业银行违规处罚的一项内容，银行业监督管理机构可根据《银行业监督管理法》的规定，对违规的商业银行处十万元以上三十万元以下罚款。

（四）贷款新规对格式文本的要求

贷款新规重申《合同法》第三十九条的规定，采用格式条款订立合同的，商业银行应当遵循公平原则确定当事人之间的权利和义务，并采取合理的方式提请对方注意免除或者限制其责任的条款，按照对方的要求，对该条款予以说明。对于个人贷款类格式合同范本，还应当通过一定渠道进行公示。

五、贷款新规对账户管理的要求

贷款新规对不同贷款种类使用账户的管理提出了要求：

1. 《固定资产贷款管理暂行办法》规定，贷款银行应在合同中与借款人约定对借款人相关账户实施监控，必要时可约定专门的贷款发放账户和还款准备金账户（第十八条）；合同约定专门贷款发放账户的，贷款发放和支付应通过该账户办理（第二十三条）。

2. 《流动资金贷款管理暂行办法》规定，贷款银行应通过借款合同的约定，要求借款人指定专门资金回笼账户并及时提供该账户资金进出情况（第三十一条）。

3. 《项目融资业务指引》规定，贷款银行应当与借款人约定专门的项目收入账户，并要求所有项目收入进入约定账户，并按照事先约定的条件和方式对外支付（第十七条）。

4. 贷款新规要求商业银行应加强对账户分析与动态监测。贷款银行可以根据借款人信用状况、融资情况等，在借款合同中与借款人约定专门的贷款发放账户和还款准备金账户，或者另行签订账户管理协议，强化对指定账户回笼资金的管理。对于指定回笼资金账户发生大额及异常资金流入流出情况的，应加强对资金回笼账户的监控。

六、贷款新规对贷款发放与支付的要求

贷款发放与支付，是贷款新规最具有"革命性"变革的内容之一。贷款新规在原有的信贷业务流程中，增加了支付方式约定环节，要求贷款银行一方面应事先与借款人约定贷款发放与支付的方式，另一方面要设立独立的责任部门或岗位，负责贷款发放和支付审核，以确保借款人的支付符合借款合同中约定用途。同时，贷款新规将贷款资金支付分为"贷款人受托支付"和"借款人自主支付"两种方式，并对两种支付方式的适用做了具体的规定。贷款新规确立的贷款资金支付原则是：以贷款人受托支付为原则，借款人自主支付为例外，即受托支付是贷款支付的基本做法，自主支付是贷款支付

的辅助做法。

应当注意的是，贷款新规规定以贷款人受托支付为主，借款人自主支付为辅的贷款用款模式，虽然有利于商业银行监管借款人贷款资金的使用。但是与此同时，贷款新规也增加了商业银行对贷款资金的监管责任，银行若未按照合同约定的支付方式对贷款资金进行管理，就很可能被认为是违规行为而受到银行业监督管理机构的处罚。

七、贷款新规对受托支付方式的要求

（一）贷款人受托支付方式

1. 贷款人受托支付的含义

贷款人受托支付，指贷款银行根据借款人的提款申请和支付委托，将贷款资金支付给符合合同约定用途的借款人交易对象。采取受托支付方式支付贷款资金，应遵循实贷实付原则，即银行根据借款人申请和支付委托，按照贷款项目进度和有效贷款需求，将贷款资金交付到借款人的交易对象。

贷款新规要求贷款银行在借款人不按约定的方式、用途使用贷款时，应当采取更严格的发放和支付条件，或停止贷款发放和支付。

2. 贷款人受托支付的法律关系

贷款人受托支付涉及一系列法律关系：一是基础交易关系；二是资金关系，包括借款人与贷款银行之间的存款合同关系和委托付款关系；三是支付结算关系。

（1）基础交易关系，即与其交易对象之间的商务交易合同关系。

（2）存款合同关系，即借款人因存放贷款资金而与贷款银行建立的存款合同关系。该存款合同关系具有以下特点：

第一，存款为贷款派生存款。在贷款人受托支付方式下，贷款银行审核同意发放并支付该笔贷款资金，是派生存款产生的前提条件。

第二，资金支配受到限制。未经贷款银行审查同意，借款人不得以任何方式（包括但不限于转账、支用）处分贷款资金，不得将贷款资金自行支付给交易对象。

第三，存款期限受到限制。在贷款人受托支付方式下，贷款发放后需要及时支付，不应在借款人账户上停留。

第四，贷款用途受到限制。贷款资金用途应当符合合同约定，支付对象、金额应当与交易资料相一致等。

（3）委托付款关系，即借款人委托贷款银行将贷款资金支付给特定对象。

（4）支付结算关系，即贷款人与借款人及其交易对象之间的支付结算关系。

3. 贷款银行的权利义务

在贷款人受托支付方式中，贷款银行作为贷款资金支付的受托人，其主要权利义务有：

贷款银行的主要权利：

（1）有权要求借款人提供真实、完整、有效的材料，获悉借款人真实贷款用途以及与支付用途有关的基础交易资料；

（2）有权审查支付事项是否合规，例如审查借款人支付事项是否符合约定的贷款

用途、支付对象与交易资料中的交易对象是否一致等；

（3）有权要求借款人配合做好贷款支付管理。

贷款银行的主要义务：

（1）按照借款人的委托将贷款资金支付给借款人交易对象；

（2）按照委托人的要求报告贷款支付处理情况；

（3）审查贷款用途及客户交易资料。

（二）贷款人受托支付的账户与时间要求

个人贷款采用贷款人受托支付的，贷款银行审核同意后，应将贷款资金直接支付给借款人交易对象，并应做好有关细节的认定记录；流动资金贷款和固定资产贷款采用贷款人受托支付的，贷款资金通过借款人账户支付给借款人交易对象。

贷款银行原则上应在贷款发放当天完成受托支付，确因客观原因不能在贷款发放当天将贷款资金支付给借款人交易对象的，应在下一个工作日完成。流动资金贷款和固定资产贷款受托支付，原则上在贷款资金上账后就立刻支付给借款人交易对象，除非遇到人民银行支付系统关机等特殊情况造成无法支付，否则，不得无故在账户上停留。

（三）贷款人受托支付的刚性条件

贷款新规规定的贷款人受托支付标准，依贷种不同特点而有所差异。相对而言，对个人贷款和固定资产贷款的受托支付标准更为严格，而流动资金贷款的支付标准则赋予商业银行更多的自主权和灵活性。

1. 固定资产贷款受托支付的刚性条件

根据《固定资产贷款管理暂行办法》第二十五条的规定，单笔金额超过项目总投资5%或超过500万元人民币的贷款资金支付，应采用贷款人受托支付方式。

应当注意的是，依据中国银行业监督管理委员会办公厅《关于严格执行〈固定资产贷款管理暂行办法〉、〈流动资金贷款管理暂行办法〉和〈项目融资业务指引〉的通知》（银监办发〔2010〕53号），固定资产贷款单笔支付金额虽然大于项目总投资5%，但低于50万元人民币的，在风险可控的前提下，仍然可采取借款人自主支付方式。

2. 流动资金贷款受托支付的刚性条件

关于流动资金贷款受托支付，贷款新规赋予商业银行一定的自由裁量权："贷款人应根据借款人的行业特征、经营规模、管理水平、信用状况等因素和贷款业务品种，合理约定贷款资金支付方式及贷款人受托支付的金额标准"（《流动资金贷款管理暂行办法》第二十五条）。

但是，具有以下情形之一的流动资金贷款，原则上应采用贷款人受托支付方式（《流动资金贷款管理暂行办法》第二十六条）：

（1）与借款人新建立信贷业务关系且借款人信用状况一般；

（2）支付对象明确且单笔支付金额较大；

（3）贷款银行认定的其他情形。

3. 个人贷款受托支付的刚性条件

根据《个人贷款管理暂行办法》的规定，个人贷款资金应当采用贷款人受托支付方式向借款人交易对象支付，但具有下列情形之一的个人贷款，经贷款银行同意，可以采取借款人自主支付方式（第三十条、第三十三条）：

（1）借款人无法事先确定具体交易对象且金额不超过三十万元人民币的；

（2）借款人交易对象不具备条件有效使用非现金结算方式的；

（3）贷款资金用于生产经营且金额不超过五十万元人民币的；

（4）法律法规规定的其他情形的。

个体工商户和农村承包经营户，申请个人贷款用于生产经营且金额超过五十万元的，按贷款用途适用相关贷款管理办法的规定（《个人贷款管理暂行办法》第四十四条）。

（四）贷款人受托支付的审核

根据贷款新规要求，在贷款人受托支付方式中，商业银行在贷款发放前，必须确认该笔支付已经过审核同意，不同意支付则不能发放。即应确认借款人符合贷款发放条件，且其支付对象符合借款合同约定用途，支付事项与其提交的交易合同等相关资料一致。

实务中，受托支付应当符合以下要求：

（1）采用贷款人受托支付方式的，借款人应提交合同约定的交易资料供贷款银行审核。贷款银行应与借款人在合同中对借款人需提交的交易资料作出约定，具体规定各类交易所应提供的交易文件或凭证，以及对于交易文件或凭证的详细要求等内容。

（2）固定资产贷款首次贷款发放与支付审核，应经客户经理及经营主管初审后，由贷款发放与支付审核岗及其主管进行审核；非首次贷款发放与支付的审核，可经客户经理初审后，由贷款发放与支付审核岗审核；对于金额较大的非首次贷款发放与支付，可比照首次的审核要求办理。

（3）对项目融资等大型项目，必要时可要求借款人提供有监理、评估、质检等第三方机构参与签署的确认项目进度和质量的书面文件，包括但不限于借款人、承包商以及第三方机构共同签署的单据等。

（4）用于置换固定资产投资项目现有负债的固定资产贷款，要求借款人提供相关负债资金用于固定资产投资项目投入的有效证明材料，贷款资金原则上应通过借款人账户支付给债权人。

对归还他行贷款的，在风险可控的前提下，可以在贷款资金发放后支付到借款人在他行的存款账户。

应当注意的是，贷款资金采用上述两种置换方式支付，应当要求借款人及时提供还款凭证。

八、贷款新规对借款人自主支付方式的要求

（一）借款人自主支付的含义

借款人自主支付，指贷款银行根据借款人的提款申请将贷款资金发放至借款人账户后，由借款人自主支付给符合合同约定用途的借款人交易对象。采用借款人自主支付的，贷款银行应按借款合同约定，要求借款人定期汇总报告贷款资金支付情况，并通过账户分析、凭证查验或现场调查等方式，核查贷款支付是否符合约定用途。

（二）借款人自主支付的核查

采用借款人自主支付方式支付贷款资金的，根据贷款新规要求，商业银行应当做好以下核查工作，确保贷款支付符合借款合同约定用途：

（1）要求借款人在提出提款申请时应同时提供贷款资金使用计划。

（2）在贷后管理中，贷款银行应定期核查贷款支付是否符合借款合同约定用途，并通过账户分析、凭证查验或现场调查等方式，核查贷款支付是否符合约定用途。

（3）对于借款人不按借款合同约定用途和金额标准支付贷款资金，或以化整为零方式规避贷款人受托支付等情形的，贷款银行应及时采取补充贷款发放支付条件、停止贷款资金的发放支付等措施。

（4）在贷款支付过程中，借款人信用状况下降、贷款资金使用出现异常的，贷款银行应与借款人协商补充贷款发放支付条件，或根据合同约定变更贷款支付方式、停止贷款资金的发放和支付。

九、贷款新规对实贷实付的要求

（一）实贷实付与实贷实存的含义

如前所述，贷款资金"实贷实付"是指商业银行（贷款人）按照贷款项目进度和有效贷款需求，在借款人需要对外支付贷款资金时，根据借款人的提款申请和支付委托，将贷款资金主要通过贷款受托支付，支付给符合合同约定的借款人交易对象的过程。

贷款资金另一种支付方式是"实贷实存"，它是传统的贷款支付方式。所谓"实贷实存"是指借款人在申请贷款获得贷款银行批准后，由商业银行（贷款人）根据借款人的指令，把贷款资金划拨到借款人在本银行的账户上并形成借款人的存款。贷款发放至借款人账户后，由借款人自主决定资金的使用，只要资金使用不违反协议约定的贷款用途，贷款银行不实施干预和管理。"实贷实存"是很多商业银行目前贷款发放的实际做法。

贷款新规紧紧抓住监控贷款实际用途这一关键环节，加强对资金流向和用途的监督，将传统的实贷实存转变为实贷实付，这是信贷新规则的重要创新和重大变革。

（二）实贷实付的现实意义

实贷实付通过对信贷资金支付方式的规定和信贷资金使用的检查，重点强调贷款资金交易的真实性，从源头上堵住虚假骗贷和贷款挪用等制度性漏洞，保证贷款流向实体经济，有效防范和杜绝贷款资金被挪用所形成的风险。实贷实付的意义简单地说有三点：

第一，有利于将信贷资金引入实体经济。实贷实付通过要求贷款银行根据借款人有效信贷需求和项目进度，采取向借款人交易对象支付的受托支付的贷款支付方式，不仅为借款人"量用为借"，节约财务成本，更可有效解决长期以来备受诟病的信贷资金挪用问题，监督并确保贷款银行信贷资金真正进入实体经济。

第二，有利于加强贷款使用的精细化管理。实贷实付通过严格贷款支付管理方式、严格贷款支付管理措施、落实贷款支付管理部门职责等具体措施，督促商业银行有效推进贷款使用的精细化管理，提升信贷风险管理能力，尤其是有效管控支付环节风险的能力。

第三，有利于商业银行管控信用风险和法律风险。"实贷实付"强调借款人遵守协议承诺和诚实申贷的原则，要求贷款银行在借款合同中约定对强化信贷风险有实质意义的条款，例如提款条件的设置、贷款银行对贷款资金支付管理和控制机制、账户监控等，通过借款合同约束借款人的行为，锁定法律责任。

(三) 实贷实付的核心要义

1. 满足有效信贷需求是实贷实付的根本目的

实贷实存的贷款资金支付方式，在制度层面给了企业通过资金池等方式任意摆布信贷资金的可能，其结果或是导致贷款资金闲置，或是被挪用，甚至发生虚假骗贷案件。另外，也给了商业银行脱离有效信贷需求的突击发放贷款，制造派生存款和虚假信贷需求的机会。实贷实付的贷款资金支付方式，从制度层面保证"量用为借"，抑制了虚假、膨胀的信贷需求，确保信贷资金真正流入实体经济，满足有效信贷需求。

2. 按进度发放贷款是实贷实付的基本要求

实贷实付的根本目的是满足有效信贷需求，按进度发放支付贷款，其实就是在满足具体项目某一特定阶段的有效信贷需求。也就是说，要做到实贷实付，必须首先要做到按进度发放贷款，这是实贷实付的基本要求。因此，在贷款发放过程中，贷款银行应根据项目进度和借款人项目资金运用情况，及时慎重地调整贷款发放的节奏和数量，按进度、按比例发放贷款。

3. 受托支付是实贷实付的重要手段

实贷实付强调将信贷资金直接支付给借款人的交易对象，而要做到这一点，贷款人受托支付是重要手段。通过受托支付，确保贷款实际用途与约定用途相一致，有效降低信贷风险。同时，由于贷款基本不在借款人账户上停留，借款人的财务成本大大降低，大量信贷资金不再"空转"，而是流向确实需要资金的中小企业。

4. 贷放分控是实贷实付的内部治理机制

贷放分控是指商业银行将贷款审批与贷款发放作为两个独立的业务环节，分别管理控制。贷放分控中的"贷"特指信贷业务流程中贷款调查、贷款审批等环节，尤其是指审批环节；贷放分控中的"放"指放款，特指贷款审批通过后，由贷款银行通过审核，将符合放款条件的贷款发放支付出去的业务环节。贷放分控改变过去贷款审批与贷款发放不分的错误做法，在贷放分控机制下，审批通过不等于可以无条件放款，它只表明该贷款项目符合贷款审批条件，是否应当发放贷款，放款操作部门还应审查是否符合相关条件。

5. 协议承诺是实贷实付的外部执行依据

实贷实付要求商业银行事先与借款人约定明确、合法的贷款用途，约定贷款发放条件、支付方式、接受监督以及违约责任等事项。协议承诺明确了借贷双方当事人的权利、义务，划清了双方当事人的权利、义务边界，具有法律约束力，也是解决纷争的重要依据。贷款银行依协议承诺实施实贷实付，既是一种权利，也是一项义务。

十、贷款新规对贷放分控的要求

(一) 设立独立的放款操作部门或岗位

贷放分控要求将贷款审批与贷款发放作为两个独立的业务环节，明确贷款审批与贷款发放部门的各自职责。为此,贷款新规要求,商业银行应设立独立放款操作部门或岗位,落实贷款前提条件,并负责贷款发放审核。放款操作部门应独立于前台营销部门和中台授信审批部门,这是确保"实贷实付"落到实处的组织保证。

(二)落实贷放分控的主要措施

根据贷款新规的要求,商业银行在贷放分控中,要重点把控好以下四个重点:

1. 审核资本金到位

项目资本金制度在固定资产投资项目中,发挥着重要的风险约束作用,因此,《固定资产贷款管理暂行办法》和《项目融资业务指引》,对贷款发放和支付过程中资本金到位情况提出了具体的管理要求,监督资本金按期、按比例到位,确保资本金不被抽逃。

(1)《固定资产贷款管理暂行办法》规定,固定资产贷款发放和支付过程中,贷款银行应确认与拟发放贷款同比例的项目资本金足额到位,并与贷款配套使用(第二十八条)。

应当注意,《固定资产贷款管理暂行办法》项目资本金按比例到位的规定,并不适用于房地产开发项目,房地产开发贷款要求自有资本金应当足额到位。

(2)《项目融资业务指引》规定,贷款银行应当根据项目的实际进度和资金需求,按照合同约定的条件发放贷款资金。贷款发放前,贷款银行应当确认与拟发放贷款同比例的项目资本金足额到位,并与贷款配套使用(第十五条)。

2. 按进度放款

贷款新规要求商业银行应当按照项目的进度和资金需求发放和支付贷款,彻底扭转一次性突击放贷、一次性全部收贷的粗放经营模式,严格按照项目进度和企业生产经营周期制订信贷发放与回收计划。这是有效实施信贷风险管理的最基本要求。对于流动资金贷款,应科学测算流动资金贷款需求量,杜绝超额放贷和突击放贷。

3. 按约定用途使用贷款

贷款新规要求贷款资金要用于借贷双方所约定的贷款用途上,不得挪用。

固定资产贷款应用于相应的固定资产项目建设,可用于置换项目资本金比例之外的借款人前期投入,可用于归还项目的负债性资金(包括债券、银行借款、股东借款、信托借款等),但不得用于置换项目资本金。

流动资金贷款不得用于固定资产、股权等投资,不得用于国家禁止生产、经营的领域和用途(《流动资金贷款管理暂行办法》第九条);个人贷款用途应符合法律法规规定和国家有关政策,商业银行不得发放无指定用途的个人贷款(《个人贷款管理暂行办法》第七条)。

商业银行放任借款人将流动资金贷款用于固定资产投资、股权投资以及国家禁止生产、经营的领域和用途的,或者违反规定发放无指定用途的个人贷款的,银行业监督管理机构除依据《银行业监督管理法》第三十七条的规定采取监管措施外,还可根据《银行业监督管理法》第四十六条和第四十八条的规定进行处罚。

为了确保贷款资金必须用于借贷双方约定的用途,对于采用贷款人受托支付方式支付贷款的,贷款银行应审核支付申请的信息是否与商务合同相符,审核工作应在贷款发放前完成;对于采用借款人自主支付方式支付贷款的,放款前,贷款银行应对借款人提交的支付申请进行审核,确认贷款发放与项目进度相匹配,贷后还应跟踪信贷资金的实际用途。

商业银行应采取以下措施加强贷款用途管理:

第一,科学评估借款人的贷款需求,合理确定贷款额度、期限;

第二,在合同或者协议中与借款人约定明确、合法的贷款用途;

第三,在贷后管理中,通过各种途径和手段监测贷款资金的流向与使用;

第四,借款人不按约定方式、用途使用贷款时,应当依法追究违约责任。

4. 明确贷放分控的部门职责与工作流程

贷款调查、审批环节属于传统业务,其职责与流程相对比较明确与成熟,实施贷放分控,更迫切需要解决的问题是理清、界定贷款审批与贷款发放的职责分工及两者之间的有机衔接,明确放款执行部门或岗位的职责,建立完善对放款执行部门或岗位的考核问责机制。一般而言,放款执行部门或岗位的职责,通常包括审核信贷流程、核准放款前提条件、协助参与贷后管理三项基本内容。在岗位设置与业务流程规范上,至少应设置审查和复核两个岗位,发放和支付的审核工作,既可合并,也可分开。

十一、贷款新规关于法律责任的规定

(一) 贷款新规的法律性质

从法律上看,《固定资产贷款管理暂行办法》、《流动资金贷款管理暂行办法》和《个人贷款管理暂行办法》,其性质上属于规章,依照《中华人民共和国行政处罚法》的规定可以设定行政处罚,作为银监会处罚的法定依据,具有"罚则约束"的功能;《项目融资业务指引》属于规范性文件,依法不能设定处罚,故不能作为处罚依据,但依然是监管的依据之一。

(二) 贷款新规法律责任的内容

《固定资产贷款管理暂行办法》、《流动资金贷款管理暂行办法》和《个人贷款管理暂行办法》均以专章规定了法律责任。"三个办法"关于法律责任的逻辑结构和具体内容基本相同,均将法律责任区分为采取监管措施的行为和实施行政处罚的行为。

从违规行为的严重程度来讲,被行政处罚的行为比采取监管措施的行为严重;从行为的性质来讲,监管措施所针对的行为主要涉及制度建设、流程、执行等全局的问题,而行政处罚所针对的多是具体的行为。

(三) 违反贷款新规的监管措施

商业银行违反贷款新规的规定,银行业监督管理机构可采取《银行业监督管理法》第三十七条规定的监管措施:

(1) 责令暂停部分业务、停止批准开办新业务;

(2) 限制分配红利和其他收入;

(3) 限制资产转让;

(4) 责令控股股东转让股权或者限制有关股东的权利;

(5) 责令调整董事、高级管理人员或者限制其权利;

(6) 停止批准增设分支机构。

（四）违反贷款新规的处罚措施

商业银行违反"三个办法"的规定，银行业监督管理机构可采取《银行业监督管理法》第四十六条和第四十八条规定的行政处罚措施：

（1）处二十万元以上五十万元以下罚款；

（2）责令停业整顿或者吊销其经营许可证；

（3）责令商业银行对直接负责的董事、高级管理人员和其他直接责任人员给予纪律处分；

（4）对直接负责的董事、高级管理人员和其他直接责任人员给予警告，处五万元以上五十万元以下罚款；

（5）取消直接负责的董事、高级管理人员一定期限直至终身的任职资格，禁止直接负责的董事、高级管理人员和其他直接责任人员一定期限直至终身从事银行业工作。

十二、贷款新规实践中的典型问题分析

贷款新规的实施，导致商业银行传统的存款业务受到影响、贷款管理模式发生变化，如果处置不当，可能会因违规而受到监管当局的处罚。

（一）如何降低和消除客户对贷款新规施行的误解

贷款新规严格了贷款流程管理，这对于商业银行和客户而言，都必然导致一些操作要求的改变，不可避免地会增加银行与客户之间产生摩擦的可能。如何对待并妥善地处理客户提出的不同意见和要求，考验着银行客户经理的公关能力。笔者认为，商业银行应当主动做好规则和流程变化的解释工作，积极维护客户关系，保持银企关系的畅通与和谐。实质上，贷款新规并没有提高借款企业获得授信的准入和条件，因此不会对企业获得银行授信产生实质性影响。在贷款使用方面，贷款新规只是从贷款资金支付环节，强调商业银行加强贷款用途管理，对借款人依合同约定使用贷款资金也没有产生实质性影响，更不会增加借款人的融资成本。相反，贷款新规关于支付管理的规定，不仅能够保证借款企业的有效信贷需求、保障贷款资金的及时有效支付，还能够降低企业的利息支出，节约财务成本。

（二）在受托支付中，贷款银行面临的风险及其防控对策

1. 贷款银行在受托支付中面临的新风险

贷款人受托支付模式的设立，有效地防范贷款被挪用的风险，确保贷款流向经济实体。与此同时，受托支付的规定，也给作为贷款人的商业银行带来了几大风险：

（1）利息计收减少的风险。

贷款新规规定，采用贷款人受托支付的，贷款银行应在贷款资金发放前审核借款人相关交易资料是否符合约定条件。贷款银行审核同意后，将贷款资金通过借款人账户支付给借款人交易对象。从文义上理解，贷款银行在审核同意前，不得将贷款资金发放给借款人，此时，贷款并未实际发放，贷款银行当然不得计收利息。正因为如此，使得利息计算的起始日期并非合同签订的起始日期，贷款银行将面临利息计收减少的可能。

（2）交易资料审查的风险。

贷款新规要求贷款银行应当审核借款人相关交易资料是否符合合同的约定条件，但

贷款新规对相关交易资料的范围并未明确，对资料审核的责任与程序也未明确，商业银行存在审核资料责任不到位的风险。

（3）卷入商务交易纠纷的风险。

根据贷款新规的要求，贷款银行对相关交易资料进行审核后才能划转相应资金，假如在商务交易中，双方发生争议并形成损失后，受损失的借款人就有可能以贷款银行审核疏忽为由，向贷款银行转嫁交易风险，导致贷款银行被卷入商务交易纠纷。

2. 贷款银行控制受托支付中风险的建议

为有效防范受托支付模式下贷款资金的风险，建议贷款银行采取以下措施：

（1）请求监管当局明确相关事项。对于贷款新规未有明确规定或规定不够具体，以及在实务操作中遇到的问题，应及时向银行业监督管理机构汇报请示，主动协助配合监管当局做好贷款新规的各项实施工作，请求监管当局的指导帮助，避免贷款新规理解偏差的风险。同时，各商业银行应及时传达监管当局的最新监管要求，确保商业银行各级机构全面正确贯彻执行贷款新规，避免操作风险。

（2）订立商务争议豁免条款。贷款银行可以与借款人订立资料审查责任及商务争议豁免条款，在合同中与借款人约定，贷款银行只对交易合同作形式审查，在贷款银行审核同意向交易对象支付贷款资金后，若借款人与交易对象发生商务争议，借款人不得将贷款银行作为诉讼程序的任何当事人，贷款银行对借款人与其交易对象所有商务争议概不承担任何责任。

（3）建立分账户管理模式。为解决受托支付方式中贷款银行利息计收减少的问题，在监管当局尚未作出明确规定之前，可否考虑对"出账"和"支付"分开处理，即受托支付实行"贷款专户"管理模式，借款人签订借款借据之日，贷款银行即向借款人的"贷款专户""出账"，自"出账"日起开始计算利息。该"贷款专户"由贷款银行监管，当借款人提交的相关交易资料符合约定支付条件后，由贷款银行划转到借款人交易对象账户中。"贷款专户"管理模式要求，贷款银行应与借款人在合同中约定，借款人无权自行支用"贷款专户"账户的资金，该账户内的资金划付，只有在借款人按贷款新规要求提交支付申请、相关交易资料并经贷款银行审核后，由贷款银行划转给借款人交易对象。

应当指出的是，"贷款专户"管理模式在解决贷款银行利息计收减少难题的同时，也引发出一些新问题，例如，假如该"贷款专户"被有权机关查封、冻结，导致款项不能向借款人交易对象支付，该如何处理？同时，贷款银行受托支付的笔数较多时，会加大商业银行的工作量，等等。

（三）贷款银行在受托支付中对借款人提供的交易资料是否负有实质审查责任

实质审查，即审查、辨认交易资料的真假，查明贷款资金的真实用途。

形式审查，即审查交易资料记载的内容，在表面上是否符合借款合同约定的用途。

贷款银行对借款人提供的交易资料应当进行实质审查还是形式审查，贷款新规对此并未明确规定。参照监管当局关于金融机构对身份证件不负有鉴别真伪责任的规定，以及银行业的通行惯例，笔者认为，商业银行并不具备审查交易资料内容真实性的分析判断能力，法律法规也没有明确规定贷款银行应当对借款人提供的交易资料进行实质审查，故贷款银行对借款人提供的交易资料，从法律上说仅负有形式审查的责任。贷款银行在对交易资料中的支付金额、支付时间、支付对象、支付方式，以及经办账户进行形式审查并符合合同约定和监管规定后，便可以将贷款资金支付给借款人的交易对象。

虽然，法律法规没有明确规定贷款银行应当对借款人提供的交易资料进行实质审查，但是，笔者建议，贷款银行在审查实践中，应当尽量全面审查，不能流于形式。

（四）在受托支付中，贷款银行在何种情形下需要承担损害赔偿责任

在贷款人受托支付方式中，贷款银行作为贷款资金支付的受托人，其对委托人的资金损失在何种情形下应承担损害赔偿责任？

《合同法》第四百零六条规定："有偿的委托合同，因受托人的过错给委托人造成损失的，委托人可以要求赔偿损失。无偿的委托合同，因受托人的故意或者重大过失给委托人造成损失的，委托人可以要求赔偿损失。受托人超越权限给委托人造成损失的，应当赔偿损失。"

根据上述规定，有偿委托合同的受托人，需要承担善良管理人的注意义务，若欠缺该注意义务即为有过错，应负损害赔偿责任；无偿委托合同的受托人，仅就故意或重大过失而给委托人带来的损失负责。在贷款人受托支付方式中，虽然，借款合同或委托协议未明确委托付款费用，但是，在支付结算实际操作中，贷款银行（受托人）通常收取了相关服务费，应认为是有偿委托，贷款银行依法应当承担善良管理人的注意义务。贷款银行因未尽足够的注意义务给借款人（委托人）造成损失的，应当承担赔偿责任。

何谓善良管理人注意义务？民法理论上将注意义务分为三个层面：

一是普通人注意义务，以一般人在通常情况下是否能够注意为标准，一般人难以注意而没有注意，不能认定行为人存在过失；一般人能够注意而没有注意，行为人即存在过失。

二是与处理自己事务为同一注意义务，该注意义务较普通人的注意义务要求要高，它要求行为人在行为过程中，要尽到与处理自己的事务一样的同一注意义务。

三是善良管理人的注意义务，该注意义务不以行为人的主观意志为标准，而是以客观上应否做到某一程度为标准，是特定人依其特定职业的要求所应负的注意义务，其要求高于前两种注意义务。

可见，善良管理人注意义务在注意义务中要求最高，是以交易上一般观念认为具有相当知识经验的人对于一定事件所用注意作为标准，故又称交易上必要的注意。

（五）贷款银行在受托支付审查中应尽哪些注意义务

贷款银行在受托支付方式中，如何尽到善良管理人的注意义务？笔者认为，作为贷款资金支付的受托人，至少应当尽到常识性注意义务、知识经验注意义务和判断复检注意义务。

1. 常识性注意义务

常识性注意义务，即贷款银行除了应对借款人提供的交易资料进行形式性和完整性审查外，还应当依据一般规律、习惯做法等进行常识性判断。例如，交易资料显示的结算金额、结算时点、支付时间与申请提款金额、时点是否匹配；施工进度与资金支付进度是否明显不符，与评估结论差异较大的解释是否合理等。

2. 知识经验注意义务

知识经验注意义务，即贷款银行要依靠丰富的经验和专业知识，对借款人的支付申请和有关材料是否真实有效作出判断，验证相关交易资料是否可以作为支付佐证。例如，将用款需求相关的交易资料与项目建设实际进度、客户经理对项目实地查看记录等进行比对分析判断，等等。根据经验，支付凭证主要包括：

（1）土建工程类：承包商发票、施工合同、监理合同、监理工程师确认的工程进度报告等。

（2）货物采购类：购销合同、供货商发票、货运证明、验货单、供货商签章的付款通知等。

（3）咨询服务类：服务提供方发票、服务提供方签章的付款通知等。

3. 判断复检注意义务

判断复检注意义务，即根据支付后形成的实际商品、劳务、资产或工程进度对此前的判断进行复检，发现疑点应及时采取措施补救，减少损失。

（六）贷款银行在受托支付中能否设定免责条款，如何约定

免责条款，指当事人以协议排除或限制其未来责任的合同条款。但是，免责条款并非一律有效，其效力需要依据法律规定、风险分配理论、过错程度和违约轻重等确定。违反善良管理人注意义务，即为抽象轻过失或客观轻过失，该过失行为主要属于当事人之间的事情，责任的免除取决于权利人的意思。因此，贷款银行对贷款用途及客户交易资料的审查义务，在一般过失行为方面可以设定免责条款。

在贷款人受托支付方式中，贷款银行可以在借款合同中约定类似于以下内容的免责条款：

贷款人根据借款人提供的资料对支付金额、支付时间、支付对象、支付方式及经办账户进行形式审查。借款人向贷款人提供的资料应合法、真实、完整、准确、有效，并符合贷款人提出的其他要求。借款人不得以化整为零的方式规避贷款人受托支付。贷款人完成对上述支付要素形式审查认为符合贷款人的要求后，将贷款资金支付给借款人交易对象。

因借款人提供的相关资料不合法、不真实、不准确、不完整导致贷款人未及时完成受托支付的，贷款人不承担任何责任。贷款人经审核发现借款人提供的用途证明材料等相关资料有不一致或其他瑕疵的，有权要求借款人补充、替换、说明或重新提交资料，在借款人提交令贷款人满意的资料前，贷款人有权拒绝相关款项的发放和支付。

贷款人对上述支付要素的形式审查，并不意味着贷款人对交易的真实性及合法合规性进行确认，也不意味着贷款人介入借款人与其交易对象或第三方的纠纷或需要承担借款人的责任和义务。

（七）贷款银行在受托支付中如何约定风险转移条款

风险转移条款，指当事人将风险及其可能造成的损失全部或部分转移给他人的合同条款。通过转移风险而得到保障，是应用范围最广、最有效的风险管理手段。

在贷款人受托支付方式中，受托人贷款银行常常会遇到以下风险：资金支付失败、错误、延误风险；贷款资金被有权机关冻结、扣划风险；卷入借款人与其交易对象之间

的商务纠纷风险等。从风险管理角度考虑,贷款银行可以通过合同约定转移风险损失。贷款人受托支付风险转移条款主要有:

1. 资金支付失败、错误、延误风险转移约定

对于资金支付失败、错误、延误等风险,贷款银行可以与借款人在借款合同中约定:

非因贷款人过错导致的借款资金支付失败、错误、延误等风险、责任及损失,均由借款人承担。贷款人由此遭受的一切损失,借款人应予以赔偿。

因贷款人系统故障、通讯故障等意外事件,导致贷款人未按时发放和支付相应款项的,贷款人不承担任何责任,但贷款人应及时通知借款人。

为了便于客户接受,贷款银行在拟定上述风险转移约定内容时,最好能将不可抗力和意外事件一并约定。

2. 贷款资金被有权机关冻结、扣划风险转移约定

为转移贷款资金进入贷款发放账户后被有权机关冻结、扣划等风险,贷款银行可以与借款人在借款合同中约定:

如果因借款人指定放款账户或其支付对象账户被有权机关冻结或止付,导致贷款人无法及时按照借款人委托完成受托支付,贷款人不承担任何责任,也不影响借款人在借款合同项下已经产生的还款义务。

借款资金进入贷款发放账户后发生的被有权机关冻结、扣划等风险、责任及损失,均由借款人承担。贷款人由此遭受的一切损失,借款人应予以赔偿。

3. 卷入借款人与其交易对象之间的商务纠纷风险转移约定

为转移卷入借款人与其交易对象之间的商务纠纷风险,贷款银行可以与借款人在借款合同中约定:

贷款人对借款人提供的交易资料进行的形式审查,并不意味着贷款人对交易的真实性及合法合规性进行确认,也不意味着贷款人介入借款人与其交易对象或第三方的纠纷或需要承担甲方的责任和义务。贷款人因受托支付行为所遭受的一切损失,借款人应予以赔偿。

(八)固定资产贷款资金能否用于银行承兑汇票的保证金

《固定资产贷款管理暂行办法》第三条规定,固定资产贷款是指贷款银行向企(事)业法人或国家规定可以作为借款人的其他组织发放的,用于借款人固定资产投资的本外币贷款。可见,固定资产贷款的资金用途被严格限定,即只能用于"借款人固定资产投资"。而保证金的功能是为了担保主债务的履行,具有担保性质,不属于固定资产投资类别。因此,固定资产贷款资金不能用于银行承兑汇票的保证金。

(九)如何确定"固定资产借款合同"的借款期限

虽然,"固定资产借款合同"约定了借款的期限,但是,由于受提款前提条件等原因的制约,首次放款时间可能晚于约定时间,此时,借款期限应如何计算?

此外,根据用款计划和还款计划的约定,必然会有一部分贷款资金的占用时间,短于"固定资产借款合同"约定的借款期限,如果借款人提出异议,贷款银行应如何处理?

对于首次放款日与借款起始时间不一致的问题,商业银行通常应在"固定资产借款合同"作出明确的约定。例如,可以在合同中约定:本合同项下的借款期限起始日与贷款转存凭证(借款借据,下同)不一致时,以第一次放款时的贷款转存凭证所载实际放款日期为准,本合同约定的借款到期日作相应调整。即如果借款合同约定借款期限为2010年1月1日至2014年12月31日,而借款人的提款条件在2010年2月1日方才满足同日办理提款手续,则借款期限应顺延至2015年1月31日,借款期限仍为五年。

对于用款计划及还款计划约定的资金占用时间不足合同约定的借款期限时间问题,商业银行应在合同中明确约定并提示借款人。依照银行业惯例,借款人分次用款的,借款期限的到期日仍依据合同约定的借款到期日。即分次用款计划及还款计划并不影响借款合同的期限。

(十) 商业银行如何行使贷后管理职责

"三个办法"中专门设有"贷后管理"一章,要求商业银行强化贷后管理责任。与原有规定相比,"三个办法"要求通过加强对资金支付和回笼资金管控,及时分析借款人经营、财务、信用、支付、担保及融资数量和渠道变化等状况,掌握各种影响借款人偿债能力的风险因素等;通过关注借款人经营、管理、财务及资金流向等重大预警信号,及时采取提前收贷、追加担保等有效措施防范化解贷款风险。在实务工作中,商业银行可以采取以下措施加强贷后管理工作:

1. 动态关注债务人的经营管理状况

贷款新规规定,贷款银行应动态关注借款人经营、管理、财务及资金流向等重大预警信号,定期对借款人和项目发起人的履约情况及信用状况、项目的建设和运营情况、宏观经济变化和市场波动情况、贷款担保的变动情况等内容进行检查与分析,建立贷款质量监控制度和贷款风险预警体系。出现可能影响贷款安全的不利情形时,贷款银行应对贷款风险进行重新评价并采取针对性措施。同时,贷款银行对抵(质)押物的价值和担保人的担保能力、贷款项目的收入现金流以及借款人的整体现金流进行动态监测,对异常情况及时查明原因,并及时采取提前收贷、追加担保等有效措施防范化解贷款风险。

对于借款人发生大额融资、资产出售以及兼并、分立、股份制改造、破产清算等活动的,贷款银行应根据法律法规规定和借款合同的约定,积极参与相关活动以维护贷款银行债权。

2. 加强债务人的预期违约管理

预期违约管理,即当借款人、担保人发生可能危及贷款银行债权情形时,贷款银行依据借款合同约定条款,宣布合同提前到期,并向借款人、担保人主张违约责任。

借款人、担保人发生可能危及贷款银行债权的情形包括但不限于:借款人改制、没有按期偿还其他到期债务;公司股东滥用股东权利;保证人未经我行同意向第三方提供超出其自身负担能力的担保;保证人发生财务状况恶化等可能危及贷款银行债权等。此外,实务操作中,如果发现担保人出现合同约定的违约情形的,贷款银行还可要求借款人重新提供新的担保或落实债务,否则,有权行使违约救济措施。

3. 加强对债务人的财产监控

贷款银行贷后要重视并做好借款人、担保人的财产监控，防止借款人、担保人抽逃资产。发生违约情形时，及时梳理借款人、担保人的财产状况，对于土地、房产、机器设备、汽车等固定资产和存款、有价证券等流动资产，必要时，及时采取保全措施，确保诉后债权的实现。

4. 正确、及时行使违约救济措施

（1）行使借款合同约定的违约救济措施。依贷款新规的规定，借款合同对借款人的违约情形及贷款银行享有的违约救济权利均有详细的约定，当借款人违约后，贷款银行应及时采取救济措施。

商业银行可以采取的违约救济措施通常包括：停止发放贷款；宣布贷款立即到期，要求借款人偿还合同项下所有到期及未到期债务的本金、利息和费用；借款人未按合同约定支用借款的，有权要求其支付相当于未按约定支用金额一定比例的违约金，并有权拒绝借款人支用合同项下未提款项，借款人未按合同约定用途使用贷款的，对挪用的部分，有权自未按合同约定用途使用贷款之日起至本息全部清偿之日止，按罚息利率和本合同约定的结息方式计收利息和复利；借款逾期的，对借款人未按时还清的借款本金和利息，自逾期之日起至本息全部清偿之日止，按罚息利率和合同约定的结息方式计收利息和复利。借款到期前，对借款人未按时还清的利息，按本合同约定的贷款利率和结息方式计收复利。

（2）依法向借款人行使抵销权。根据《合同法》第九十九条、《贷款通则》第二十二条的规定和借款合同的约定，商业银行可以向借款人行使抵销权，即有权从借款人在本银行系统内的账户内扣收贷款本息。为了防止借款人恶意抽逃在贷款银行系统内的账户资金，商业银行应利用系统优势，强化对借款人账户的日常监管。诸如设立借款人在本银行系统账户资金日查报等制度。主合同到期前，如果发现大额资金转移等可能影响本行债权实现的，应采取相应措施；主合同到期后，应当按照合同约定及时扣划在本行开户的借款人存款，如果涉及系统他行存款，及时协调扣划。

（3）公告催收。贷款银行可以利用报纸、电视等媒体，向借款人或担保人进行催收。公告催收不得侵害被催收人的隐私和商誉，为避免引发纠纷，商业银行应在格式合同中约定公告催收条款。

（4）申请执行公证债权文书。在公证机构办理了强制执行公证的债权，当债务人不按合同约定履行还款义务时，贷款银行可以依公证机构出具的执行公证书，直接向被执行人住所地或者被执行财产所在地人民法院申请强制执行。

（5）提起诉讼或者仲裁。债务人拒不履行还本付息义务或严重违约，贷款银行应依合同的约定，及时向本行所在地的人民法院提起诉讼，或者向合同约定仲裁机构申请仲裁。

第五节　借款人

借款人是借款合同的当事人，其作为贷款法律关系的主体资格是否符合法律要求，关系到合同的成立有效。而借款人的偿债能力又是决定其是否具有全面履行借款合同能力的首要条件。因此，商业银行对借款人的法律风险控制，应把握好这两个关键点，在对借款人审查时，重点审查借款人的主体资格及其履约能力。

一、借款人的类型

中国人民银行《贷款通则》（中国人民银行［1996］第2号令）第十七条规定："借款人应当是经工商行政管理机关（或主管机关）核准登记的企（事）业法人、其他经济组织、个体工商户或具有中华人民共和国国籍的具有完全民事行为能力的自然人。"据此规定，借款人包括五类：企业法人、事业法人、其他经济组织、个体工商户、中国公民。这种分类方法，概念间有交叉重合，因而，也有学者将借款人划分成三类：法人、非法人组织、自然人。

（一）法人

法人是与自然人相对的民事主体，根据《民法通则》第三十六条的规定，"法人是具有民事权利能力和民事行为能力，依法独立享有民事权利和承担民事义务的组织"，通常包括企业法人、事业单位法人等。

1. 企业法人

企业法人，指以盈利为目的，独立从事商品生产或经营活动的企业。企业法人成立实行核准登记制度，依法办理工商登记领取"企业法人营业执照"方才取得法人资格。

2. 事业法人

事业法人，也称事业单位法人，指为了社会公益事业目的，从事文化、教育、卫生、体育、新闻等公益事业依法成立的法人。依照法律规定或行政命令组建设立的事业法人，自成立之日起即具有法人资格，无须核准登记。但由自然人或法人自愿组建的事业单位，如民办的学校、康复中心、研究所、法律援助中心等，则实行核准登记制度，依法办理法人登记领取"事业法人证书"方才取得法人资格。

（二）非法人组织

非法人组织，指不具有法人资格但可以以自己的名义进行民事活动的组织，也称为非法人团体。非法人组织虽能进行民事活动，但其民事权利能力和民事行为能力受限制，如企业法人的分支机构未经法人授权不得为他人担保，故其只是具有相应的民事权利能力和民事行为能力。与此相适应，非法人组织的民事责任能力也不完全，不能完全独立承担民事责任。非法人组织通常包括合伙组织、个体工商户、个人独资企业、企业法人的分支机构、筹建中的法人五种经济组织。

设立非法人组织须履行法定的登记手续，经有权机关核准登记并领有"营业执照"或"社会团体登记证"后取得民事主体资格，其在核准登记范围内具有民事权利能力和民事行为能力。

1. 合伙组织

合伙组织，指自然人、法人和其他组织根据共同协议而组成的非法人组织。依不同的划分标准，可分为营利性合伙与非营利性合伙、个人合伙与法人合伙、普通合伙和有限合伙等。

普通合伙，由普通合伙人组成，合伙人对合伙组织的债务承担无限连带责任。

有限合伙，由普通合伙人和有限合伙人组成，普通合伙人对合伙组织的债务承担无限连带责任，有限合伙人以其认缴的出资额为限对合伙组织的债务承担责任［《中华人民共和国合伙企业法》（以下简称《合伙企业法》）第二条］。

国有独资公司、国有企业、上市公司以及公益性的事业单位、社会团体不得成为普通合伙人（《合伙企业法》第三条）。

合伙组织通常包括以下非法人组织：

（1）依法登记领取营业执照的合伙企业；
（2）依法登记领取营业执照的合伙型联营企业；
（3）依法登记领取营业执照但不具有独立法人资格的中外合作经营企业；
（4）经民政部门核准登记的从事经营活动的社会团体；
（5）依法登记领取了营业执照但不具备法人地位的乡镇、街道、村办企业。

合伙企业对其债务，应先以其全部财产进行清偿（《合伙企业法》第三十八条）。合伙企业不能清偿到期债务的，普通合伙人承担无限连带责任（《合伙企业法》第三十九条）。合伙企业解散或者破产的，普通合伙人对合伙企业存续期间的债务仍应承担无限连带责任（《合伙企业法》第九十一条、第九十二条）。

2. 个体工商户

个体工商户，指在法律允许的范围内，依法经核准登记，从事工商经营活动的自然人或家庭。个体工商户的债务承担，依经营者不同而有所区别：自然人个人经营的，以个人的财产承担；家庭经营的，以家庭的财产承担（《民法通则》第二十九条）。

3. 个人独资企业

个人独资企业，即依法登记领取营业执照的独资企业，指一个自然人投资，财产属投资人所有，投资人以其个人财产对企业债务承担无限责任的经营实体［《中华人民共和国个人独资企业法》（以下简称《个人独资企业法》）第二条、第三十一条］。

4. 企业法人的分支机构

企业法人的分支机构，即依法登记领取营业执照并经法人书面授权的企业法人分支机构，指企业法人在法人总部之外依法设立的法人分部，其活动范围限于法人的活动范围，行为后果最终由所属法人承担。

5. 筹建中的法人

筹建中的法人，又称设立中的法人，指为设立法人组织而进行筹建活动的非法人组织，其行为后果由成立后的法人承担。若法人不能登记成立，其权利能力溯及消灭，而由筹建人或设立人承担法律后果［《中华人民共和国公司法》（以下简称《公司法》）第九十五条］。

（三）具有完全民事行为能力的中国公民

自然人与公民是两个不同的含义。自然人是基于自然规律出生的人，而公民则指取得一国国籍并根据该国宪法和法律规定享有权利和承担义务的人，两者为属种关系。

二、法人、非法人组织应当具备的基本条件

法人、非法人组织应当具备的基本条件，是法律对法人、非法人组织的基本要求，也是衡量、判断其是否具备借款资格的重要方面。

（一）法人应当具备的基本条件

法人应具备的条件，指取得法人资格所应具备的基本条件。依据《民法通则》第三十七条的规定，法人应具备以下条件：

1. 依法成立。包括设立合法与成立程序合法。设立合法指其组织机构、设立方式、经营范围、经营方式符合法律要求。

2. 有必要的财产或经费。这是法人生存与发展的基本要求，也是对外承担民事责任的物质基础。《公司法》第二十六条、第八十一条规定了公司注册资本的最低限额：有限责任公司、股份有限公司分别为三万元、五百万元人民币。《商业银行法》第十三条对设立银行金融机构的注册资本最低限额也作了规定：商业银行、城市商业银行、农村商业银行注册资本最低限额分别为十亿元、一亿元、五千万元人民币。

3. 有自己的名称、组织机构和场所。法人的名称是法人人格特定化的标志，它的确定使此法人与彼法人相区别，这是法人从事民事活动的基础条件。法人的组织机构，包括决策机构——如股东会或股东大会；执行机构——如董事会；监督机构——如监事会。法人的组织机构，对外代表法人参加民事活动，对内管理法人事务。法人的场所是法人从事生产经营活动的地方，可以是法人自己所有，也可以租赁；可以是一个，也可以是多个。法人的场所与法人的住所不同，法人的住所只能有一个，通常以主要办事机构所在地为住所地。

4. 能够独立承担民事责任。法人独立地承担民事责任，指法人以其可支配的财产，独立对外承担责任，而不是由出资人代替或连带承担责任，出资人以出资额为限对法人的债务承担责任。

（二）非法人组织应当具备的基本条件

非法人组织虽然其民事权利能力和民事行为能力受限制，不能完全独立承担民事责任，但是，该组织体不是临时和松散的，而是具有稳定性的组织体，其设立仍应当具备以下基本条件：

1. 依照法定程序设立。包括在程序上须履行法定的登记手续，经有关机关核准登记并领有营业执照或社会团体登记证。

2. 有自己目的的社会组织体。这是非法人组织的特征，也是非法人组织的第一要件。非法人组织的目的，既可以是营利性的，也可以是非营利性的，营利性目的在现行法上称为经营范围。

3. 有自己的名称、代表人或管理人以及相应的组织管理机构。

4. 有自己能支配的财产或经费。

三、借款人的民事权利能力与民事行为能力

民事权利能力是贷款法律关系主体享有权利和承担义务的资格，是"人格"的别

称。所谓人格，指可以成为民事主体的资格，即构成民事主体的前提和条件。而民事行为能力则又是民事主体据此独立参加贷款法律关系、以自己的行为取得民事权利或承担民事义务的能力或资格。可见，两者对贷款法律关系的设立、变更、终止之重要，它们是判断法人、非法人组织和自然人是否具备借款资格非常重要的内容。

（一）民事权利能力

民事权利能力，指民事主体依法享有民事权利和承担民事义务的资格。民事权利能力依民事主体不同而分为自然人民事权利能力和法人民事权利能力。

自然人的民事权利能力始于出生，终于死亡。其具有三个显著特征：

统一性——指享有权利和承担义务相统一；

平等性——指享有的权利人人平等；

广泛性——指享有权利的广泛。

法人的民事权利能力自法人成立时产生，到法人终止时消灭。

（二）民事行为能力

民事行为能力，指民事主体能以自己的行为取得民事权利和承担民事义务的能力或称资格。这里的"能力"或"资格"，指民事主体的意识能力或者精神状态，包括思维是否正常，是否具有认识能力、判断能力，是否具有辨别是非和处理事务的能力。

民事行为能力不同于民事权利能力。民事权利能力是法律赋予民事主体的权利义务能力，而民事行为能力则是民事主体以自己实施的行为取得权利和应承担义务的能力，它既包括实施合法行为所取得的权利义务能力，也包括实施违法行为应承担的民事责任。

民事行为能力依民事主体分为自然人与法人，而区分为自然人的民事行为能力和法人的民事行为能力。

（三）自然人的民事行为能力

1. 自然人的意思能力与责任能力

自然人的民事行为能力，通常与自然人的意思能力与责任能力相关联。

意思能力，指自然人可以判断自己行为后果的能力。意思能力与自然人的年龄、智力有关。

责任能力，指行为人对民事违法行为承担责任的能力。责任能力与行为能力为两个不同的概念，但在通常情况下，责任能力与行为能力相一致，例如，有完全民事行为能力的人，具有民事责任能力；有时责任能力与行为能力不一致，例如，限制民事行为能力的人，在一定范围内具有民事行为能力，但不一定有民事责任能力（《民法通则》第一百三十三条）。

2. 自然人的民事行为能力种类

《民法通则》依据不同年龄阶段和理智情况（正常与否），将自然人的民事行为能力划分成三类：完全民事行为能力、限制民事行为能力、无民事行为能力。

（1）完全民事行为能力。

完全民事行为能力，指自然人通过自己的独立行为，取得民事权利和承担民事义务的资格。

《民法通则》第十一条规定："十八周岁以上的公民是成年人，具有完全民事行为能力，可以独立进行民事活动，是完全民事行为能力人。十六周岁以上不满十八周岁的公民，以自己的劳动收入为主要生活来源的，视为完全民事行为能力人。"年满十六周岁的自然人，虽然未达到成年人年龄，《中华人民共和国劳动法》（以下简称《劳动法》）第十五条仍规定其享有劳动权，实际生活中也有部分人已参加劳动，有自己的劳动收入。所谓"主要生活来源"，指能依靠自己的劳动收入维持自己的生活。

（2）限制民事行为能力。

限制民事行为能力，指自然人只能独立实施法律限定的民事法律行为的资格。限制民事行为能力的自然人，只能进行与其年龄、智力、精神健康状况相适应的民事法律行为，其他比较复杂或重大的民事法律行为，应由其法定代理人代理，或征得法定代理人同意后进行。

根据《民法通则》第十二条的规定，十周岁以上不满十八周岁的未成年人是限制民事行为能力人。

《民法通则》第十三条第二款规定，"不能完全辨认自己行为的精神病人是限制民事行为能力人"。精神病人是否为"不能完全辨认自己行为"后果，依据《民法通则》的规定，应由利害关系人申请，人民法院依据医学鉴定宣布该人为限制民事行为能力人。

《合同法》第四十七条规定："限制民事行为能力人订立的合同，经法定代理人追认后，该合同有效，但纯获利益的合同或者与其年龄、智力、精神健康状况相适应而订立的合同，不必经法定代理人追认。相对人可以催告法定代理人在一个月内予以追认。法定代理人未作表示的，视为拒绝追认。合同被追认之前，善意相对人有撤销的权利。撤销应当以通知的方式作出。"据此规定，限制民事行为能力人订立的合同，为效力待定合同，经其法定代理人追认后，该合同有效。

（3）无民事行为能力。

无民事行为能力，指自然人不具有以自己的行为取得民事权利和承担民事义务的资格。无民事行为能力的自然人，不能从事民事活动，由其法定代理人代理活动。

依据《民法通则》第十二条第二款的规定，不满十周岁的未成年人是无民事行为能力人。

依据《民法通则》第十三条第一款的规定，不能辨认自己行为的精神病人是无民事行为能力人。

3. 银行审查自然人民事行为能力的要求

银行审查借款申请人的民事行为能力，主要是审查借款申请人的年龄、健康及精神状况。

（1）审查借款申请人有效身份证明文件的真伪，核实借款申请人身份的真实性。

（2）依据借款申请人提供的有效身份证明文件，核实其年龄大小，确认借款申请人的民事行为能力。

（3）审查借款申请人的智力及精神健康状况，确认借款申请人智力及精神健康状况正常，能够完全辨认自己的行为，无精神疾病。

(四) 法人的民事行为能力

1. 法人的民事行为能力与民事权利能力一致性

法人的民事行为能力，通常与法人的民事权利能力相一致。它们的一致性表现在以下两个方面：

第一，享有时间的一致性，即法人的民事行为能力享有的时间与法人的民事权利能力享有的时间一致，它们均是始于法人成立，终于法人终止。这是因为法人依法成立后就具有独立的人格和独立的能力。

第二，范围的一致性，即法人的民事行为能力的范围与法人的民事权利能力的范围一致。法人的民事权利能力因各自的经营范围不同而有差异，但一旦其民事权利能力（经营范围）确定，其民事行为能力的范围也随之确定。

2. 法人民事行为能力的实现

法人是拟制人，它不可能以自然人同样的方式，即以自己的行为取得民事权利或承担民事义务，而必须通过法人机关或法定代表人实现。法人机关或法定代表人以自己的意思表示，代表着法人的意志，他们依法实施的民事行为，其后果依法由法人承担。

3. 银行审查法人、非法人组织民事行为能力的要求

（1）真实性审查，即审查借款申请人提交的相关材料，核实材料内容的真实性。

（2）行为能力审查，即审查借款申请人的"企业法人营业执照"或"营业执照"、"事业法人证书"等。这些营业执照或证书应当为合法有效的证明文件，且经登记机构年审合格。

（3）身份证明审查，即审查借款申请人的机构代码。我国对所有营业性或非营业性机构实行统一的机构代码制度，由技术监督部门对依法成立的机构进行编码，赋予该机构唯一的身份代码。银行应当重视运用这一渠道核实借款申请人的情况，审查申请人的"企业法人代码证书"或"事业法人代码证书"，确认该证书在有效期内且年审合格。

（4）贷款资格审查，即审查借款申请人的"贷款证"。"贷款证"应当在有效期内，且经人民银行年审合格。

（5）税务审查，即审查借款申请人的"税务登记证"。

（6）权限审查，即审查申请人的借款行为是否在其权限范围内，是否取得了有权人的授权。对于权限审查，以下情况尤其需要注意：

①合伙企业的借款申请是否经全体合伙人书面同意；

②合伙型联营企业的借款申请是否经联营各方书面同意；

③不具有独立法人资格的中外合作经营企业，其借款申请是否经合作各方书面同意；

④企业法人分支机构的借款申请是否取得法人书面授权。

四、借款人的偿债履约能力

借款人的偿债履约能力，指借款人依合同约定的期限和数额偿还借款的能力，也称为偿债能力。借款人是否具有清偿债务的能力，关系银行信贷资金安全和效益的实现，

科学地评估借款申请人的偿债能力,是商业银行判断申请人是否具备借款资格的又一重要方面,也是控制风险的重要基础条件,银行应当予以足够重视。

(一) 借款人收入情况与借款企业经营状况

借款人收入高低和收入的稳定性,企业的行业前景、资源控制能力、经营状况等因素,是影响和制约借款人偿债履约能力的重要方面,银行应当加强借款人收入及未来发展趋势等有关情况分析。

(二) 借款企业财务状况符合银行要求

借款人的资产负债率符合有关规定;申请固定资产贷款的,新设项目法人的所有者权益与项目总投资的比率,不低于国家规定的投资项目资本金比例。

(三) 借款企业管理人员的素质

企业经营管理团队素质的高低,关系企业发展的方向及前途,决定着企业的兴衰成败。而企业经营成败,是银行贷款能否按期足额回收的重要条件。所以,审查企业管理人员的品德、才干、管理水平乃至信用状况等,既具有现实意义又具有长远意义。

(四) 借款人对外提供担保的情况

借款人为他人提供担保,虽然是或有债务,其不一定发生。但倘若债务人不履行或不能履行债务,担保人就得依法承担担保责任。这样,无疑会增大银行债权的风险。因此,商业银行必须调查借款人对外担保情况,判断借款人对外担保是否超过其承受能力,以及对外担保对履约能力的影响程度。

(五) 借款人面临的重大诉讼事项

借款人已经或即将卷入重大诉讼,无论胜诉与败诉,都对其偿债能力有影响,一旦败诉,影响将会更直接、更深远。因此,银行若发现借款人作为被告卷入或即将卷入重大诉讼或仲裁事项,应暂时停止对其信贷支持。

(六) 借款企业的重大体制改革

银行应当分析企业的所有制形式及行业状况,评估其破产、兼并、重组、合并、分立等重大改制事项的发生概率,以及因此对银行债权可能导致的影响。在实践中,有的企业利用合并、分立、重组等方式,转移债务从而"金蝉脱壳";有的企业转移资产另设新企业,对老企业采取破产方式一破了之。类似情况给银行造成损失的案例屡见不鲜。因此,银行必须密切关注借款企业的体制变化。

第六节 借款合同担保

一、借款合同与担保合同的关系

(一) 借款担保

借款担保,指商业银行依据法律、法规的规定,要求借款人对其偿还借款本息提供担保的法律制度。它是商业银行信用制度的重要组成部分。《担保法》第二条规定:"在借贷、买卖、货物运输、加工承揽等经济活动中,债权人需要以担保方式保障其债权实现的,可以依照本法规定设定担保。本法规定的担保方式为保证、抵押、质押、留置和定金。"据此规定,借款担保方式一般有三种,即保证、抵押、质押。在实务中,还可以采用共同担保和最高额担保等特殊担保方式。

《商业银行法》第三十六条规定:"商业银行贷款,借款人应当提供担保。商业银行应当对保证人的偿还能力,抵押物、质押物的权属和价值以及实现抵押权、质权的可行性进行严格审查。"《贷款通则》第十条也有类似的规定。可见,借款人向商业银行借款应当提供相应的担保,这是法律的要求,借款人与商业银行都应当遵守,除非"经商业银行审查、评估,确认借款人资信良好,确能偿还贷款的",才可以不提供担保。要求借款人提供担保并对担保人的偿还能力进行严格审查,既是商业银行的权利,也是商业银行的义务,商业银行必须按照有关规定落实借款担保。

(二)借款合同与担保合同的关系

《担保法》第五条对担保合同与借款合同的效力关系,以及合同无效后的法律责任作出了规定:"担保合同是主合同的从合同,主合同无效,担保合同无效。担保合同另有约定的,按照约定。担保合同被确认无效后,债务人、担保人、债权人有过错的,应当根据其过错各自承担相应的民事责任。"《物权法》第一百七十二条重申"主合同无效,担保合同也无效"的原则。与《担保法》不同的是,《物权法》不允许当事人通过约定设立独立性担保。对于《物权法》第一百七十二条的规定,我们需要注意的是,该规定不适用于保证合同,而只适用于抵押合同和质押合同。即借款合同无效,抵押合同和质押合同也无效。

对于"主合同无效,担保合同也无效"的规定,我们可以理解为:

1. 担保合同是借款合同的从合同

担保合同是为了担保借款合同的债权而订立的,它的存在以借款合同存在为前提和依据,有了借款合同,才有担保合同存在的必要。所以说,借款合同与担保合同的关系,是主从关系而非并列关系。

2. 借款合同无效担保合同也无效

《民法通则》第五十八条第二款规定:"无效的民事行为,从行为开始起就没有法律约束力。"因此,无效的借款合同从其订立时起,就没有法律约束力,当事人双方在合同中约定的权利义务关系也归于无效。由于借款合同约定的权利义务关系不存在,使得为之设立担保的担保合同,自然也就归于无效,担保权人不能再依担保合同的约定享有担保权,担保人也不用承担依担保合同的约定而产生的担保返还借款的责任。

3. 借款合同无效担保人并非必然不用承担担保责任

主合同无效,担保合同无效,这是针对普遍性而言的。但是有些担保合同,特别是涉外贸易的担保合同,当事人约定为不可撤销担保合同,如"见索即付"保函,这已经成为国际贸易惯例。为了适应国际惯例需要,《担保法》作出了"担保合同另有约定的,按照约定"的规定。它的含义是指,当债务人因主合同无效而应承担责任时,如果担保合同约定担保人对此应承担担保责任的,担保人仍然得依合同的约定承担责任,而不得以主合同无效为由拒绝承担担保责任。因此,担保合同无效,担保人并非必然不用承担担保责任。应当注意,担保人承担担保责任是因为当事人约定担保合同独立于主合同,而不是当事人在担保合同中约定担保合同有效。

4. 担保合同被确认无效后，当事人依过错原则承担相应责任

最高人民法院在《关于适用〈担保法〉若干问题的解释》（法释［2000］44号）中，对"担保合同被确认无效后，债务人、担保人、债权人有过错的，应当根据其过错各自承担相应的民事责任"做了具体规定：

（1）借款合同有效而担保合同无效的情形。最高人民法院《关于适用〈担保法〉若干问题的解释》第七条规定："主合同有效而担保合同无效，债权人无过错的，担保人与债务人对主合同债权人的经济损失，承担连带赔偿责任；债权人、担保人有过错的，担保人承担民事责任的部分，不应超过债务人不能清偿部分的二分之一。"

借款合同有效而担保合同无效，在实务中并不少见。例如，公司违反公司章程对外提供担保、分支机构在未取得法人授权时对外提供担保等。债权人有无过错，审判机关通常采取较为严格的尺度。例如，因担保人主体资格导致担保合同无效，若法律法规明确规定不允许担保而债权人仍然接受担保的，一般认定债权人有过错。

（2）借款合同无效而导致担保合同无效的情形。最高人民法院《关于适用〈担保法〉若干问题的解释》第八条规定："主合同无效而导致担保合同无效，担保人无过错的，担保人不承担民事责任；担保人有过错的，担保人承担民事责任的部分，不应超过债务人不能清偿部分的三分之一。"

借款合同无效而导致担保合同无效，虽然，担保人不用承担担保责任，但是，如果担保人对担保合同的订立有过错的，仍应依其过错承担相应的民事责任。此时，担保人的责任并不是担保合同中约定的责任，而是因订立无效合同的过错责任，其责任的内容、范围、条件与约定的担保责任不同。

二、担保合同的担保范围

担保范围分为法定担保范围和约定担保范围。依据《担保法》第四十六条和第六十七条的规定，法定担保范围为：

1. 主债权：指借款合同、银行承兑协议、出具"保函协议书"等各种信贷主合同所确定的独立存在的债权。

2. 利息：指主债权产生的孳息（法定利息或约定利息）。

3. 违约金：指债务人不履行或不完全履行债务时，依法律规定或合同约定应支付给债权人一定数额的金钱。

4. 损害赔偿金：指债务人不履行或不完全履行债务时，为补偿债权人的损失而应向债权人支付一定数额的金钱。

5. 实现债权的费用：指债权人在债务人债务履行期届满而不履行或不完全履行债务时，为实现债权而支出的合理费用。一般包括诉讼费、鉴定评估费、公证费、拍卖费、变卖费、执行费等费用。

6. 质物保管费用：是指在质押期间，因保管质物所发生的费用。

约定担保范围，指担保合同当事人在担保合同中，对担保范围的约定。若当事人在担保合同中对担保范围有约定的，应依合同约定。

在实务操作中，担保范围也常常被表述为部分担保、比例担保和全额担保。这种划分方法，以被担保债务的金额为标准。"部分担保"，指担保人为债务人的部分本金及相应利息、费用提供担保。例如，在1000万元借款中，担保人只担保其中700万元；"比例担保"，指两个或两个以上担保人按比例对债务人的全部债务分担担保责任。例如，在上例中，甲、乙两个担保人分别担保借款总额的60%和40%；"全额担保"，指担保人对债务人的债务提供责任限额担保，担保人的最大责任以不超过某固定金额的限额为限。例如，最高额担保。比例担保与部分担保其实没有本质的区别，也可以说是部分担保。对于部分担保，担保人只能是第三人，债务人不能成为部分担保的担保人。实践中，有的第三方担保人要求在合同中载明，其仅对处分债务人的担保物后仍不足以清偿的债务提供担保。这种情形不属于部分担保，而是承担担保责任的顺序，债权银行不应拒绝。对于全额担保亦即限额担保或最高额担保，担保人既可以是第三人，也可以是债务人自身。限额担保必须明确担保人的担保金额。

三、借款担保人

（一）债务人担保与第三人担保

借款担保人通常有两种类型：其一，借款人充当担保人，自己设定担保权为履行债务提供担保，这在自然人借款中比较常见。其二，第三人为借款人履行债务提供担保，此种由他人为债务提供的担保，通常在法人、非法人组织借款中比较普遍。不同类型的担保人，其可以提供的担保方式是不同的。

1. 借款人为借款提供物权担保。

借款人为自身债务提供的担保，应当是物的担保（抵押或质押），而不能是信用担保（保证）。这是因为：借款人对自己履行债务所作出的承诺保证，并不能构成《担保法》意义上的保证。

2. 第三人为借款提供物权或保证担保。

第三人为债务提供的担保，既可以是物的担保，也可以是信用担保，可以采用的担保方式多样，包括保证、抵押、质押，必要时，还可以采用特殊担保方式，即最高额担保和共同担保。

（二）借款担保人的种类

根据《担保法》第七条的规定，下列法人、非法人组织和自然人可以作为担保人：

1. 企业法人或者取得企业法人授权的分支机构。
2. 从事经营活动的事业单位、社会团体。但是应当注意：根据《担保法》第九条的规定，学校、幼儿园、医院等以公益为目的的事业单位、社会团体不得作为担保人，其签订的担保合同无效。如果学校、幼儿园、医院等以公益为目的的事业单位、社会团体，以公益设施以外的财产为自身债务担保的，根据《关于适用〈担保法〉若干问题的解释》第五十三条的规定，人民法院可以认定抵押有效。
3. 其他经济组织。根据《关于适用〈担保法〉若干问题的解释》第十五条的规定，其他经济组织主要包括：

（1）依法登记领取营业执照的独资企业、合伙企业；

（2）依法登记领取营业执照的联营企业；

（3）依法登记领取营业执照的中外合作经营企业；

（4）经民政部门核准登记的社会团体；

（5）经核准登记领取营业执照的乡镇、街道、村办企业。

4. 具有完全民事行为能力的中国公民。

（三）借款担保人资格

作为借款担保人，不管其是自然人还是法人、非法人组织，也不论其是为自身债务担保还是为他人债务担保，都应当具备以下条件：

1. 担保人具有代为清偿债务能力。

担保是以财物或信用保证债务履行的一种手段，它以确保债权清偿为目的。为此，借款担保人应当具有清偿债务的能力，这是保障债务得以履行的物质基础与前提条件，是商业银行判断其是否具备担保资格的重要条件之一，银行应当科学地评估担保人的偿债能力，挑选偿债能力较强者作为借款担保人。担保人偿债能力的评估与审查，参阅第一章第五节中的"借款人的偿债履约能力"有关内容。此外，还应注意以下四个问题：

第一，担保人对其经营管理的财产是否具有所有权或处分权。

第二，具有所有权或处分权的财产是否足以偿还债务。

第三，担保人的财产能否代为履行债务，或者是否可以变现偿还债务。

第四，担保人的财产是否可以用于承担担保责任。

2. 担保人应当具备相应的民事行为能力。

担保人应当具备相应的民事行为能力，这是民事行为有效的要求，是确保担保合同有效的重要举措，也是银行判断担保人是否具备担保资格的重要条件，银行应当重点审查以下三项内容：

（1）审查担保人是否具备法律对法人、非法人组织规定的基本条件。

（2）审查担保人的民事行为能力是否符合法律要求，尤其要注意防范限制民事行为能力和无民事行为能力的自然人，或者法律明确规定不允许提供担保的法人、非法人组织等充当担保人。

（3）审查担保人对担保物是否具有所有权或处分权。担保人以担保物设定担保权，担保人应对担保物拥有所有权或处分权。担保人以自己无处分权的担保物设定担保权，担保合同无效。

法人、非法人组织应当具备的基本条件，以及民事主体的民事权利能力和民事行为能力，在第一章第五节中已有介绍，可参阅该部分内容，在此不再赘述。

第七节 保证担保

一、保证担保概述

（一）保证担保

1. 保证担保的含义

保证担保，指具有代为清偿能力的法人、非法人组织和个人作为保证人与债权人约定,当债务人不履行到期债务时,保证人按合同约定履行债务或承担责任的担保制度。

保证是借款合同以外的第三人为借款人履行债务而提供的担保。这种担保不同于抵押、质押等担保方式,它不是用具体的财产提供担保,而是以保证人的信誉和不特定的财产来担保债务履行。但是,这并非说保证人可以没有或少有财产,具有代为清偿能力是保证人必须具备的条件。在设立保证担保关系时,保证人应当具有足以承担保证责任的财产。

2. 保证人的抗辩权

保证人为债务担保后,并非完全被动地承担保证责任,保证人仍然享有抗辩权。《担保法》第二十条规定:"一般保证和连带责任保证的保证人享有债务人的抗辩权。债务人放弃对债务的抗辩权的,保证人仍有权抗辩。抗辩权是指债权人行使债权时,债务人根据法定事由,对抗债权人行使请求权的权利。"从责任角度来看,保证人在某种程度上也是债务人,所以,属于债务人享有的抗辩权,保证人同时也享有。而且,即使债务人放弃对债务的抗辩权,保证人仍可单独行使,对抗债权人行使请求权。

贷款银行在行使债权时,应关注债务人或保证人的抗辩权,并认真做好应对准备。债务人或保证人可以对抗债权人行使请求权的事由主要有:

第一,主合同不成立或者无效,债权债务关系未发生;

第二,债权人对债务人主张权利时,债权诉讼时效期间已经届满;

第三,债务履行期限未至,债权人要求债务人履行债务;

第四,债权人应当履行而未履行义务的,债务人可以主张过错责任抗辩,相应减轻债务人的责任;

第五,债权人与债务人的义务应同时履行但债权人未履行,或虽履行但不符合合同要求,债务人可以提出同时履行抗辩或履行不适抗辩;

第六,债务因清偿、提存、抵销、更改等原因消灭,债务人可以主张债权已消灭抗辩。

保证人除具有上述的债务抗辩权之外,一般保证人还独享有先诉抗辩权。

(二) 一般保证与连带责任保证

根据《担保法》第十六条的规定,保证方式分为一般保证和连带责任保证。当事人在订立保证合同时,可以任意选择其中一种方式。一般而言,一般保证方式较有利于保证人,而连带责任保证方式,则更有助于债权人保障债权的实现。商业银行在信贷业务中处于债权人地位,应当选择连带责任保证方式。如果保证合同没有约定保证方式,或者对保证方式约定不明确的,根据《担保法》第十九条的规定,保证人"按照连带责任保证承担保证责任"。

一般保证,指当事人在保证合同中约定,债务人不能履行债务时,由保证人承担保证责任的保证。

连带责任保证,指当事人在保证合同中约定,保证人与债务人对债务承担连带责任保证。

一般保证与连带责任保证的最大区别,在于保证人是否享有先诉抗辩权。在一般保证中,保证人在债务人不能履行债务时才承担保证责任,所谓"不能履行债务",指债权人与债务人的主合同（借款合同）经过人民法院审理或者仲裁机构仲裁，并且人民法院依法对债务人的财产执行后仍然不能清偿债务时，保证人才对未受清偿部分承担保证责任。对于没有依法对借款合同纠纷进行诉讼或仲裁，或者虽经诉讼或仲裁但并未对借款人的财产强制执行的，一般保证人则有权拒绝承担保证责任。一般保证人享有的这种权利，称为先诉抗辩权。《担保法》第十七条第二款对此作了明确规定："一般保证的保证人在主合同纠纷未经审判或者仲裁，并就债务人财产依法强制执行仍不能履行债务前，对债权人可以拒绝承担保证责任。"

与一般保证不同，连带责任保证人不享有先诉抗辩权。在连带责任保证中，当债务履行期限届满债务人没有履行债务时，债权人既可以要求债务人履行债务，也可以要求保证人在其保证范围内履行债务，保证人不得以债务人先行履行为由，拒绝履行债务。《担保法》第十八条第二款对此有明确规定："连带责任保证的债务人在主合同规定的债务履行期届满没有履行债务的，债权人可以要求债务人履行债务，也可以要求保证人在其保证范围内承担保证责任。"可见，连带责任保证人相对于债务人而言，并不是第二顺序，保证人不具有先诉抗辩权。

连带责任保证人承担责任不存在顺序问题，但也并非毫无条件，保证人承担保证责任应当具备两个基本条件：其一，债务履行期限届满；其二，债务人没有履行债务。也就是说，保证人承担连带责任，必须发生在借款合同规定的还款期限届满之后。在债务履行期限届满之前，债务人违约不构成保证人承担连带责任的充分条件。

（三）先诉抗辩权的限制

先诉抗辩权是一般保证人依法享有的权利，但是，保证人的这种权利不是绝对的，根据《担保法》第十七条第三款《关于适用〈担保法〉若干问题的解释》第二十五条的规定，在下列情况下，保证人不得以主张先诉抗辩权为由，拒绝承担保证责任。

1. 债务人住所变更，致使债权人要求其履行债务发生重大困难

债务人住所变更包括营业场所或居住所发生变化，或者债务人下落不明、移居境外，且无财产可供执行，使债权人无法要求债务人履行债务。在这种情况下，债权人的债权无法得到清偿。在一般保证中，虽然，保证人承担的是一般保证责任，但毕竟这也是一种对债务履行的担保责任，一般保证人的先诉抗辩权，性质上属于延期性的抗辩，它只能起到暂时拒绝清偿的作用，而不能起到否认债权人权利的作用。当非债权人主观原因和能力所及，未能要求债务人履行债务时，保证人承担清偿责任并没有超出其在保证合同中约定的担保责任。因此，债权人有权要求保证人在其保证范围内承担保证责任，保证人不得再以行使先诉抗辩权为由，拒绝承担保证责任。

2. 人民法院受理债务人破产案件，执行程序被中止

债权人与债务人的纠纷处在执行阶段，遇到债务人进入破产程序，人民法院依法中止执行程序。此时，债务人的财产处于冻结状态，债权人无法立即要求债务人清偿债务。在这种情况下，法律给予债权人一种选择权，即债权人既可以向破产清算组申报债权，以破产财产实现债权，也可以要求保证人承担保证责任。当债权人要求保证人履行债务时，保证人不得再以行使先诉抗辩权为由，拒绝承担保证责任。同时，为了保护保证人的利益，《担保法》第三十二条规定，保证人可以在债权人未向人民法院申报债权

的情况下，直接向人民法院申报债权，参加破产财产的分配，预先行使追偿权。

3. 保证人以书面形式放弃先诉抗辩权

我们知道，在民事法律关系中，当事人有权处分包括放弃自己的权利。一般保证人在保证合同订立后，有权放弃其享有的先诉抗辩权。保证人放弃先诉抗辩权后，其对所担保的债务实际上承担的是连带责任，债权人要求保证人在其保证范围内承担保证责任，保证人当然不得再以先诉抗辩权为由，拒绝承担保证责任。应当指出的是，保证人放弃先诉抗辩权必须以书面形式作出。

二、共同保证与最高额保证

（一）共同保证

共同保证，指两个或两个以上的保证人，共同为同一债权担保的保证。共同保证的设定，可以由数个保证人一同与债权人签订一份保证合同，也可以由各个保证人与债权人分别签订保证合同；这些合同可以同时成立，也可以先后成立；共同保证人之间可以有意思联络，也可以无意思联络。总之，只要是"为同一债权担保"，就构成共同保证。

《担保法》第十二条规定："同一债务有两个以上保证人的，保证人应当按照保证合同约定的保证份额，承担保证责任。没有约定保证份额的，保证人承担连带责任，债权人可以要求任何一个保证人承担全部保证责任，保证人都负有担保全部债权实现的义务。已经承担保证责任的保证人，有权向债务人追偿，或者要求承担连带责任的其他保证人清偿其应当承担的份额。"《关于适用〈担保法〉若干问题的解释》第十九条、第二十条、第二十一条重申并细化了《担保法》上述规定。可见，共同保证按保证人承担责任范围不同，分为按份共同保证和连带责任共同保证。

按份共同保证，指保证人与债权人在保证合同中约定保证份额，保证人按合同约定的份额承担保证责任，保证人之间不承担连带责任的共同保证。例如，甲、乙、丙三个保证人，共同为400万元借款提供担保，保证人与债权人在保证合同中约定：甲保证担保160万元，乙保证担保140万元，丙保证担保100万元。当借款期限届满借款人不返还借款时，甲、乙、丙三个保证人分别就其所担保的160万元、140万元、100万元债务承担保证责任。

连带责任共同保证，指保证人与债权人在保证合同中未约定保证份额，或约定不明确，共同保证的保证人之间承担连带责任，各保证人对全部债权承担保证责任，债权人可以要求其中任何一个保证人履行全部清偿责任。例如，甲、乙、丙三个保证人，共同为400万元借款提供担保，保证人与债权人在保证合同中没有约定保证份额。当借款期限届满借款人不返还借款时，债权人可以要求甲、乙、丙三个保证人承担保证责任，也可以要求其中任何一个保证人履行全部清偿责任。

应当注意，共同保证人之间的连带责任与连带责任保证方式是两个不同的概念。共同保证人之间的连带责任是保证人之间在承担保证责任上的连带关系，而并非是保证人与债务人对债务的连带责任，保证人对债务的保证方式，既可以为一般保证，也可以为连带责任保证，保证人仍依其保证方式享有相应的权利。

综上所述，按份共同保证和连带责任共同保证，对保障债权充分实现的程度是有区别的，商业银行在接受共同保证时，在保证方式上，应该优先考虑连带责任保证；在共同保证方式上，应该优先考虑连带责任共同保证。

(二) 最高额保证

最高额保证，指保证人在最高债权额限度内，对一定期间连续发生的不特定债权所作的保证。《担保法》第十四条规定："保证人与债权人可以就单个主合同分别订立保证合同，也可以协议在最高债权额限度内就一定期间连续发生的借款合同或者某项商品交易合同订立一个保证合同。"可见，最高额保证不是就单个主合同（如借款合同）而分别订立的保证合同，它所担保的是在将来一定时期循环往复、多次发生的一定限额内的债权。

最高额保证具有以下特点：

1. 最高额保证所担保的债权是未来不特定的债权

保证合同订立时，债权债务不仅尚未发生，而且将来是否会发生或发生的数额都是不确定的，这是最高额保证与其他保证的最大不同之处。

2. 最高额保证所担保的债权是在一定期间发生并在限额内的债权

最高额保证的责任范围取决于两个方面：

其一，保证合同所保证的债权，必须是在合同约定期间所发生的债权，超出合同约定期间所发生的债权，不为最高额保证所担保。

其二，保证合同所保证的债权最高限额，以规定期间届满时（决算日）实际存在的债权为准。关于最高限额如何确认，《担保法》没有作出规定，最高人民法院《关于适用〈担保法〉若干问题的解释》对此进行了明确。该司法解释第二十三条规定："最高额保证合同的不特定债权确定后，保证人应当对在最高债权额限度内就一定期间连续发生的债权余额承担保证责任。"可见，最高限额是指在规定期间届满时债权人享有的"债权余额"，而并非为规定期间发生的债权总额。

3. 最高额保证所担保的主合同是多个而不是一个

保证合同所保证的债权是连续发生的，主合同当然就是多个。如果是同一主合同分期发生，如分期借款合同（分期付款），也不属于最高额保证。

我们知道，最高额保证是对将来一定期间内连续发生的债权所提供的保证，保证债权的最高限额，以规定期间届满时（决算日）实际存在的债权余额为准。那么，如果保证人与债权人在保证合同中仅约定了保证的最高限额而未约定保证期限时，保证人实际应当承担的保证责任该如何确定呢？

《担保法》第二十七条规定："保证人依照本法第十四条规定就连续发生的债权作保证，未约定保证期间的，保证人可以随时书面通知债权人终止保证合同，但保证人对于通知到债权人前所发生的债权，承担保证责任。"据此可知，当事人在保证合同中未约定最高额保证期限的，保证人可以随时书面通知债权人终止保证合同。

应当注意，这里所说的"保证期限"，是指保证人对在这一期限内发生的债权承担保证责任的起止时间，超出此期间发生的债权不在保证范围之内，保证人不承担保证责任。它与"保证期间"或称为"保证责任期间"不同，前者解决的是保证债权的界定与实际数量问题，后者解决的是保证人承担保证责任的起止时间问题。"保证期限"直接关系到实际发生保证债权的确认，当事人应当明确约定，切忌含糊不清，模棱两可。约定应有具体的起止时间，一般要求应具体到某年某月某日。例如，最高额保证的债权是指 2005 年 7 月 1 日至 2006 年 6 月 30 日期间，甲银行向乙公司连续发放贷款而形成的债权，最高额为 500 万元人民币。

"最高额"究竟是指本金最高额，还是指债权最高额？《担保法》对此未作出明确规定。有观点认为，最高额应为本金最高限额。也有观点认为，最高额应为债权最高限额。所谓债权最高限额，指保证债权的范围，不仅包括贷款本金（主债权），同时也包括本金以外的利息、违约金、损害赔偿金等。笔者认为，就实务工作而言，对"最高额"的理解应当尊重当事人的意思表示，取决于保证合同对"最高额"的约定。只要当事人的约定不违反法律的禁止性规定，就应当受到法律保护。因此，商业银行在订立最高额保证合同时，可以约定最高额为债权最高限额。例如，最高额保证的债权包括借款本金、利息（含复利和罚息）、违约金、损害赔偿金和债权人为实现债权而发生的费用（包括但不限于诉讼费、仲裁费、财产保全费、律师代理费、差旅费、执行费、评估费、拍卖费等）。不过，这种债权最高限额的方式，在实务操作中比较麻烦，也容易产生风险。例如，担保人提供 1000 万元最高额保证担保，银行能发放的贷款（本金）数额，应该是在 1000 万元中扣除利息和其他费用，即少于 1000 万元，至于具体金额应为多少，谁都说不好。因为，利息和其他费用并不确定。同理，办理 1000 万元授信业务，担保人应提供的最高额保证担保的金额为多少，也是说不准。笔者认为，由于最高额保证属于《合同法》范畴，不受《物权法》的管辖，当事人可以约定保证人承担的担保责任有本金限额而无利息和其他费用的限额，即为本金最高限额的最高额保证合同。这种约定不为法律所禁止，属于意思自治、合同自由的范畴，应该有效。至于最高额抵押、最高额质押可否也可以采用本金最高限额的方式，笔者认为存在较大风险，应持谨慎态度。因为，主流观点认为，根据物权公示的原理，最高额应当是最高责任限额，而不能只是本金最高限额而没有实际责任限额。

综上所述，最高额保证是对将来一定期间发生的债权所提供的保证担保，是一种对"债权余额"的保证。因此，商业银行对于同一保证人为同一借款人连续发生多笔贷款担保时，可以考虑采用最高额保证，以免去逐笔签订保证合同的麻烦，简化手续、节约成本、提高效率。

三、保证期间

(一) 保证期间的含义

保证期间，也称保证责任期间，指保证人承担保证责任的起止时间，这是债权人应当向保证人主张承担保证责任的有效期间。超过了保证期间，即使债务人未履行债务，保证人也不再承担保证责任。对此，《担保法》有明确规定：一般保证中，"在合同约定的保证期间和前款规定的保证期间，债权人未对债务人提起诉讼或者申请仲裁的，保证人免除保证责任；债权人已提起诉讼或者申请仲裁的，保证期间适用诉讼时效中断的规定"（第二十五条第二款）；连带责任保证中，"在合同约定的保证期间和前款规定的保证期间,债权人未要求保证人承担保证责任的,保证人免除保证责任"(第二十六条第二款)。可见,在一般保证情况下,债权人未在保证期间内对债务人提起诉讼或申请仲裁的,或者在连带保证情况下,债权人未在保证期间内要求保证人承担保证责任的,保证人免除保证责任;如果债权人已经依据上述规定方式主张权利的,保证期间作用完结,诉讼时效制度开始起作用。

最高人民法院《关于适用〈担保法〉若干问题的解释》第三十一条规定:"保证期间不因任何事由发生中断、中止、延长的法律后果。"根据该条规定,保证期间在性质上属于除斥期间。所谓除斥期间,即债权人要求保证人承担保证责任的期间,不因任何事由而中断、中止或延长,该期间一旦经过则权利消灭。法律之所以作出这样的规定,是因为保证责任不同于一般民事责任,保证人所提供的保证通常是无偿的,并不要求对方给付对价。因而,在立法上有必要设定一段特殊的不变期间加以限制,以弥补适用诉讼时效可能出现的问题,避免将保证人的责任无期限化。

(二) 约定保证期间与推定保证期间

根据《担保法》的有关规定,我们可以将保证期间划分为约定保证期间和法律推定保证期间。当事人对保证期间有约定的从其约定,即适用约定保证期间;当事人对保证期间没有约定的,适用法律推定保证期间。法律推定的保证期间,自主债务履行期限届满之日起算,如果主债务没有约定履行期限,或者对履行期限约定不明的,保证期间自债权人要求债务人履行义务的宽限期届满之日起算。

1. 约定保证期间

约定保证期间,指保证合同双方当事人事先约定保证人承担保证责任的期间。当事人约定保证期间有两种表示方法:

其一,约定保证人承担保证责任的期间为某年某月某日至某年某月某日,例如,借款合同约定的借款期限为一年,自2005年7月1日至2006年6月30日;保证合同约定的保证期间为2年,自2006年7月1日至2008年6月30日。

其二,约定保证人自主债务履行期限届满后若干时间内承担保证责任,例如,保证期间自借款合同项下的债务履行期限届满之日起,至债务履行期限届满之日后2年止。也有当事人将保证期间的起点提前到主合同成立时,例如,保证期间自借款合同生效之日起,至借款合同项下的债务履行期限届满之日后2年止。总之,保证合同当事人无论采取何种表示方法约定保证期间,其约定的保证期间都应有具体的起止时间。

2. 推定保证期间

推定保证期间,指保证合同的双方当事人对保证期间未予约定,或者约定不明确,人民法院根据《担保法》有关规定推定保证人承担保证责任的期间。根据《担保法》第二十五条、第二十六条和《关于适用〈担保法〉若干问题的解释》第三十二条、第三十七条的规定,法律推定保证期间有以下四种情形:

(1) 保证合同未约定保证期间的,无论其保证方式是一般保证,还是连带责任保证,保证期间一律推定为主债务履行期限届满之日起六个月。

(2) 保证合同约定的保证期间早于或者等于主债务履行期限的,视为没有约定。此时,无论是一般保证,还是连带责任保证,保证期间一律推定为主债务履行期限届满之日起六个月。这是因为，保证人承担保证责任是以债务人没有履行义务为前提的，债权人只有在债务人没有履行义务时，才有权要求保证人履行保证义务。若当事人约定的保证期间早于或等于主债务的履行期限，在这种情况下，或是主债务履行期限未到，债务人还没有义务履行债务，保证人当然也没有承担保证责任的义务；或是主债务履行期限尚未届满，保证期间已经结束，保证人不再承担保证责任。上述对保证期间的约定，使保证人的保证责任形同虚设，也与当事人当初设立保证的本意相悖，最高人民法院的专家学者认为，应当认定为无效，视为没有约定。例如，借款合同约定的借款期限为三年，自2005年7月1日至2008年6月30日；而保证合同约定的保证期间为2年，自2005年7月1日至2007年6月30日，或自2006年7月1日至2008年6月30日。这两种保证期间的约定，就属于保证期间早于或者等于主债务履行期限的情形。

（3）保证合同对保证期间约定不明确的，无论是一般保证还是连带责任保证，保证期间一律推定为主债务履行期限届满之日起2年。例如，当事人在保证合同中约定："保证期间直至主债务本息还清之日为止"等。类似的约定，保证人承担保证责任实际上是无期限的。如果承认这种约定有效，就等于承认当事人可以以约定的方式，排除法律所规定的诉讼时效的作用；如果认定无效，适用保证期间为六个月的规定，这样对债权人未免有所不公，毕竟这类约定不同于根本没有约定，它对于保证期间还是有约定的，只是没有明确约定具体的时间。有鉴于此，最高人民法院的专家学者认为，当事人约定的保证期间，如果超出诉讼时效，则超出部分应当认定无效，没有超出部分仍可认定有效。所以，应将这类约定视为保证期间约定不明，保证期间为主债务履行期限届满之日起2年。

（4）最高额保证合同对保证期间没有约定或约定不明的，不分一般保证与连带责任保证，保证期间一律推定为六个月。但是，保证期间的起算时间依据保证合同是否约定有债务清偿期限而不同：

如果"最高额保证合同约定有保证人清偿债务期限的，保证期间自清偿期限届满之日起六个月"。所谓债务清偿期限，指保证人在合同中承诺清偿保证期限内发生债务的期间。例如，最高额保证合同约定，保证人从2005年1月1日起一个月内，清偿债务人在最高额保证期限内发生的债务。那么，该合同的债务清偿期限为：2005年1月1日至2005年2月1日；保证期间的起算时间为：2005年2月1日，即保证人承担保证责任期间，自2005年2月1日至2005年8月1日。

如果保证合同"没有约定债务清偿期限的，保证期间自最高额保证终止之日或自债权人收到保证人终止保证合同的书面通知到达之日起六个月"。所谓"最高额保证终止之日"，指保证合同约定的保证期限截止日。例如，最高额保证的保证期限为：2005年1月1日至2005年7月1日；最高额保证终止之日也就是保证期间的起算时间为：2005年7月1日，即保证人承担保证责任期间，自2005年7月1日至2006年1月1日。如果保证合同对保证债权发生的保证期限也没有约定，在这种情况下，依据《担保法》第二十七条的规定，"保证人可以随时书面通知债权人终止保证合同"，最高额保证终止之日，应当为"债权人收到保证人终止保证合同的书面通知到达之日"。因为，依据《合同法》第九十六条的规定，终止通知到达债权人便发生终止保证合同的效力,故为最高额保证终止之日。

(三) 保证期间与诉讼时效的关系

1. 保证合同的诉讼时效起算点

保证期间的消灭有两个事由:一是保证期间届满;二是债权人在保证期间内主张权利。在第一种情况下,债权人如在保证期间内不行使权利,则保证期间届满,债权人的保证权利消灭,当然也就不会存在保证合同的诉讼时效起算时点问题。在第二种情况下,如果债权人依据《担保法》第二十五条第二款、第二十六条第二款规定的方式主张权利,即在一般保证情况下,债权人对债务人提起诉讼或申请仲裁,在连带保证情况下,债权人要求保证人承担保证责任的,保证期间作用完结,诉讼时效制度开始作用。根据《关于适用〈担保法〉若干问题的解释》第三十四条的规定,此时保证合同的诉讼时效起算时点为:

(1) 一般保证的债权人,在保证期届满前对债务人提起诉讼或者申请仲裁的,从判决或者仲裁裁决生效之日起,开始计算保证合同的诉讼时效。

(2) 连带责任保证的债权人,在保证期届满前要求保证人承担保证责任的,从债权人要求保证人承担保证责任之日起,开始计算保证合同的诉讼时效。

2. 保证期间与诉讼时效的联系与区别

保证期间与诉讼时效,既有联系也有区别。

两者的相同点是:保证期间与诉讼时效都是法律规定的法律事实,在保证期间和诉讼时效期间内,债权人没有行使权利的,都会导致保证人不再承担保证责任的法律后果。

两者的区别有以下四点:

第一,在保证期间内,债权人行使权利,其结果是变更了原有的法律关系,使保证期间的作用消灭。而在诉讼时效期间内,权利人行使请求权,其结果是维持了原有的法律关系,使法律关系得以继续延续。

第二,诉讼时效适用于请求权,其效力在于消灭请求权本身。保证期间适用于形成权,其效力在于消灭实体权,是请求权的"权利"。

第三,保证期间届满,权利本身消灭,人民法院可以据此驳回当事人的请求。诉讼时效完成,发生消灭胜诉权的后果,权利人的诉权和权利本身不消灭,人民法院仍然应当受理权利人的诉讼。

第四,债权人在保证期间内,依据《担保法》第二十五条第二款、第二十六条第二款规定的方式向债务人或保证人主张权利的,保证人的保证责任不免除,但保证期间失去意义,保证责任不再受保证期间的制约,继而转受诉讼时效的制约。

(四) 连带责任保证期间应注意的问题

连带责任保证期间应注意以下两点:

1. 无论是否已经对主债务人提起了诉讼,贷款银行都必须在保证期间内要求保证人承担保证责任

《担保法》第二十六条第二款规定,在保证期间内,"债权人未要求保证人承担保证责任的,保证人免除保证责任"。根据该款规定,银行在保证期间内起诉主债务人

的，不能视为银行已经向连带责任保证人要求承担保证责任，不发生开始计算保证合同诉讼时效的法律效果。如果银行在保证期间内没有要求保证人承担保证责任的，保证人免除保证责任，银行失去要求连带保证人承担保证责任的权利。因此，银行必须在保证期间内向保证人主张权利。

贷款银行要求连带保证人承担保证责任，可以采取提起诉讼或申请仲裁的方式，也可以采取向保证人送达通知书，要求其承担保证责任的形式。但是，应当注意，如果采取送达通知书的方式，应当要求保证人在通知书回执上签字、盖章，并妥善保管回执。对于拒绝签收通知书的，可以采用公证送达的方式。

2. 主合同的诉讼时效中断，保证合同的诉讼时效并不因此中断

有人认为，主合同的诉讼时效因诉讼而中断，连带责任保证合同的诉讼时效也会相应中断。笔者认为，这种观点是错误的。因为最高人民法院《关于适用〈担保法〉若干问题的解释》第三十六条规定："连带责任保证中，主债务诉讼时效中断，保证债务诉讼时效不中断。"因此，为防止因诉讼时效完成而导致保证人免予承担保证责任，贷款银行在进行借款合同诉讼的同时，还应确保保证合同的诉讼时效不因怠于行使权利而届满。银行应当依照《关于适用〈担保法〉若干问题的解释》第一百二十六条的规定，在起诉借款人的同时，将保证人作为共同被告一并提起诉讼。

（五）最高额保证期间应注意的问题

最高额保证期间应当注意以下两个问题：

1. 最高额保证合同每一债权的保证期间分别计算

在最高额保证中，保证合同所保证的债权，是在一定期间内连续发生的多笔债权。这些债务的履行期限，既可能一致也可能不一致，而保证期间的起算时点，又直接取决于这些债务履行期限的届满日，因而，最高额保证合同每一债权的保证期间起算时点，既可能一致也可能不一致。也就是说，最高额保证的保证期间，与保证范围内的每一笔借款相联系，保证期间按每笔借款分别计算，自每笔借款期限届满之日起计算。借款人单笔借款违约的，债权人应在保证期间内依据《担保法》第二十五条第二款、第二十六条第二款规定的方式，向债务人或保证人主张权利，要求保证人承担保证责任。

2. 保证期间因债务履行期限提前或后延而相应调整

在最高额保证合同中，如果某笔借款发生展期，则该笔债权的保证期间，因债务履行期限届满日后延而相应后延。相反的，如果某笔借款提前到期，则该笔债权的保证期间，也就因债务履行期限届满日前移而前移。

四、保证担保应注意的问题

（一）保证人应不为法律法规所禁止

根据《担保法》第八条、第九条、第十条的规定，下列单位或组织不得充当保证人：

1. 无民事行为能力人、限制民事行为能力人，不得充当保证人，其法定代理人也不得代其订立保证合同。

2. 除经国务院批准，为使用外国政府或国际经济组织的贷款进行转贷担保外，国

家机关不得充当保证人。

3. 学校、医院、幼儿园等以公益为目的的事业单位、社会团体不得充当保证人。

4. 除非企业法人有书面授权，否则，企业法人的分支机构、内部职能部门不得充当保证人。企业法人的分支机构、内部职能部门在授权范围内以自己的名义提供保证的，其民事责任由给予授权的企业法人承担。

（二）保证人应具有代为清偿债务能力

保证人提供保证担保时，应以拥有足够财产作为清偿债务的前提条件。因此，《担保法》第七条规定，具有代为清偿能力的法人、其他经济组织或者公民，可作保证人。银行在审查保证人代为清偿能力时，应当重点审查保证人的经营状况、对外提供担保情况、是否面临重大诉讼事项、是否因进行企业改制而影响其担保能力等。

（三）保证方式的约定

一般保证的保证人承担补充赔偿责任，即只有在借款人不能履行债务时，贷款银行才可向保证人追索，且还有诸多限制，如保证人先诉抗辩权等。而连带责任保证人承担连带责任，其承担责任的范围和程序与借款人是一样的。借款人若不履行债务，债权人既可以要求债务人履行债务，也可以直接要求保证人在其保证范围内承担保证责任。这种保证方式比较有利于债权人主张权利和实现债权，如无特殊情况，银行应当约定保证人承担连带责任保证。

（四）保证期间的约定

如前所述，保证合同当事人应当在合同中约定保证期间。若保证合同未约定保证期间的，无论是一般保证还是连带责任保证，保证期间一律为主债务履行期限届满之日起六个月；若保证合同对保证期间约定不明的，保证期间为主债务履行期届满之日起2年。商业银行与保证人订立合同时，应对此予以充分注意，应努力争取确定一个对银行相对有利的保证期间，避免未约定保证期间的情形发生。

第八节 财产所有权与共有财产担保

一、财产所有权概述

（一）财产所有权的含义与特征

1. 财产所有权的含义

财产所有权，指财产所有人在法律规定的范围内，对属于自己的财产享有的占有、使用、收益和处分的权利。

占有权，指所有权人对财产的实际占领、控制的权利。所有权人对物的占有，是其对物进行消费、流通的前提条件。

使用权，指所有权人依据物的性能和用途，在不毁损物或变更物的性质的前提下加以利用的权利。使用权是直接在物上行使的权利，因而其必须以对物的占有为前提。使用权一般由所有权人行使，也可以依法律或约定由非所有权人行使。

收益权，指所有权人在财产上取得某种经济利益的权利。收益权一般由所有权人行使,他人使用所有物时,除法律或合同另有约定外,收益归所有人所有。

处分权,指所有权人对物进行处置,决定其命运的权利。处分权是所有权的核心内容,也是所有权最基本的权能。处分分为事实上的处分和法律上的处分。事实上的处分,指对物的直接消耗或改变其形态的行为,如拆除房屋等。法律上的处分,指依照所有权人的意志,通过某种法律行为对财产进行处理,如转让房屋等。

2. 财产所有权的特征

与债权相比,财产所有权具有以下法律特征:

(1) 财产所有权是一种绝对权。即所有权人不需要他人协助便可以实现所有权。所有权关系的义务主体是所有权人以外的一切人,他们所负的义务是不得非法干涉所有权人行使所有权。这是一种特定的不作为义务。法学上把所有权称为绝对权,把债权称为相对权。

(2) 财产所有权具有排他性。所有权的排他性表现在两方面:第一,同一物上只能存在一个所有权而不能同时并存两个或两个以上的所有权;第二,所有权人有权排除他人对其所有物的干涉。

(3) 财产所有权是一种最充分的权利。这种最充分性包括对物的占有、使用、收益和处分的权利,是一种完全的物权。这有别于抵押权、质权、留置权等其他物权,仅是就占有、使用、收益某一特定方面对物享有所有权的部分权利。

(二) 财产所有权的种类

在我国,财产所有权主要有以下三种:

1. 国家财产所有权

国家财产所有权,指国家对全民财产享有占有、使用、收益和处分的权利。国家财产所有权具有以下特征:

(1) 主体唯一性:指国家财产所有权的主体只能是国家,只有代表全体人民意志和利益的国家,才享有国家财产所有权。主体的唯一性是国家财产所有权最基本的特征。

(2) 客体广泛性:指任何财产都可以成为国家所有权的客体,而不受任何限制。国家所有权的客体,既包括土地、矿藏等自然资源,也包括银行、铁路等企业资产和军事设施、公益设施等。

(3) 管理分散性:指国家所有权并不由国家直接行使,而是实行"统一领导、分级管理",由国家授权各级国家机关、企(事)业单位行使。

国家所有的财产,所有权主体为国家,由国家代表全体人民享有和行使所有者权利。

2. 劳动群众集体所有权

劳动群众集体所有权,又称集体所有权,指劳动群众集体组织在法律规定的范围内对其财产享有占有、使用、收益和处分的权利。集体所有权具有以下特征:

第一,集体所有权的主体是各个集体组织:指集体所有的财产,分别属于各个具有法人资格的集体组织。

第二,集体所有权的客体较为广泛:指除法律规定的国家专有财产外,都可以成为集体所有权的客体。

第三，集体所有权属于集体组织：指集体所有的财产，只有集体组织才可以代表全体成员对其行使所有权，集体组织中的任何一个成员，都无权处分集体所有的财产。

第四，集体财产转让时其财产所有权一并转移。

常见的集体所有权形式：

(1) 公司财产所有权。公司财产所有权，是公司以法人的名义享有的所有权，指公司作为财产所有权人，在法律规定的范围内对其财产享有的占有、使用、收益和处分的权利。公司的出资人以及公司的其他成员，对公司财产均不享有所有权，都无权处分公司财产。

(2) 事业单位、社会团体的财产所有权。具有法人资格的事业单位、社会团体，对其财产享有占有、使用、收益和处分的权利。

集体所有的财产，所有权主体为集体组织，集体组织中的任何一个成员都不享有也不能行使所有者权利。

3. 自然人财产所有权

自然人财产所有权，指自然人依法对其财产享有占有、使用、收益和处分的权利。这是我国公民的基本财产权之一。《民法通则》第七十五条第一款对公民可以拥有的财产作了规定："公民的个人财产，包括公民的合法收入、房屋、储蓄、生活用品、文物、图书资料、林木、牲畜和法律允许公民所有的生产资料以及其他合法财产。"据此可知，我国公民的财产范围是相当广泛的，凡是法律允许自然人所有的财产，都可以是自然人财产所有权的客体。

(三) 共有财产的含义与特征

1. 共有财产的含义

在财产所有权中，依财产所有权主体的多少，可划分单独财产所有权和共有财产所有权。单独财产所有权，指单一的自然人或法人、非法人组织对财产享有所有权。共有财产所有权，指两个或两个以上的自然人或法人、非法人组织对同一项财产共同享有所有权。

"共有"不同于"公有"，共有财产的所有权人主体是多元的，其主体是具体的复数；而公有财产的所有权人主体却是单一而抽象的。在我国，公有财产包括国家所有和集体所有两种形式。

2. 共有财产的形式

《民法通则》第七十八条第二款确认了两种共有形式，即按份共有和共同共有。

按份共有，又称分别共有，指两个或两个以上的自然人或法人、非法人组织，对同一项财产按照份额享有所有权。按份共有的各共有人，按照份额对共有物享有权利和承担义务，除行使时受其他共有人份额限制外，与单独所有权具有同样的效力，即处分、交付、登记等均适用所有权的规定。

共同共有，指两个或两个以上的自然人或法人、非法人组织，对同一项财产都享有平等的所有权。共同共有财产不分份额，各共有人对共有物平等地共享权利和共担义务。共有人的权利及于共有物的全部，故共有人行使占有、使用、收益、处分的权利必须征得全体共有人的同意。共同共有财产以共同关系存在为产生前提，这种共同关系，既可以源于法律规定，如夫妻关系，也可以源于合同约定，如合伙合同。

3. 共有财产的特征

共有财产具有以下法律特征：

（1）共有财产的主体不是单一的，而是两个或两个以上的自然人或法人、非法人组织。

（2）共有财产的客体是特定的独立物，不能分割为各个部分由各个共有人分别享有所有权，而是由各个共有人共同享有其所有权，各个共有人的权利及于共有物的全部。

（3）共有人对共有物共同或按份享有占有、使用、收益和处分的权利，任何共有人未经其他共有人同意，不得处分共有财产或者共有财产中的他人份额。

（4）共有不是一种独立的所有权类型，而是一个所有权同时归属多人享有的权属状态。

二、按份共有财产担保的法律风险控制

共有财产分为按份共有和共同共有两种共有形式，商业银行在受理共有财产设定担保权时，应区别不同的共有形式分别处理。

担保人以共有财产担保有两种情形：一是共有人共同以共有财产设定担保权。这种情形与单独财产所有人以其财产设定担保权并无区别，无须赘述；二是共有人中的一人或数人，以其在共有财产中的应有份额或共有财产的全部设定担保权。这种情形由于共有财产的共有形式不同，其效力也有所不同。

（一）共有人可以其享有的份额设定担保

《民法通则》第七十八条第二款、第三款规定："按份共有人按照各自的份额，对共有财产分享权利，分担义务，""按份共有财产的每个共有人有权要求将自己的份额分出或者转让。但在出售时，其他共有人在同等条件下，有优先购买的权利。"据此规定，按份共有人按照各自的份额，对共有财产分享权利和分担义务，按份共有的每一个共有人，都有权处分其份额，包括以其在共有财产中的应有份额设定担保权。最高人民法院在《关于适用〈担保法〉若干问题的解释》第五十四条第一款中对此作了确认："按份共有人以其共有财产中享有的份额设定抵押的，抵押有效。"

（二）共有人以其享有的份额设定担保不必征得其他共有人同意

实务操作中，商业银行通常不区分共有财产的形式，一律要求"以共有财产抵押的，应征得其他共有人的书面同意"。商业银行这种做法固然有其道理。但是，笔者认为，区分共有财产的形式可以有针对性地采取风险控制措施，有利于方便客户、提高效率、降低成本。对于按份共有人以其在共有财产中的份额设定担保权的，可以不必要求担保人提供其他共有人同意担保的书面材料。因为，从法律角度看，设定担保权虽然也是行使共有财产的处分权，但属于法律上的处分，这种处分并未及于共有财产的全部，不会涉及全体共有人的利益，故无须征得全体共有人的同意。而且，商业银行这一措施对于控制法律风险毫无意义，不仅没有必要，而且也缺乏法律依据。根据《民法通则》

第七十八条第三款的规定，法律对按份共有人处分其共有财产份额的限制，仅是共有人出售其份额时，"其他共有人在同等条件下，有优先购买的权利"，仅此而已。法律并没有对共有人以其份额设定担保权作出限制，商业银行不应该对按份共有人设定担保权作出比法律更为苛刻的要求。当然，如果按份共有人之间在合同中对共有份额的分出和转让进行了限制，对共有人而言，这应当是一种约束和限制，任何未经协商或无法律规定的正当理由而分出和转让份额的行为，都将构成对其他共有人的违约，要承担违约责任。即便如此，共有人以其份额设定担保权仍然有效。

（三）共有人以超出其享有的份额设定担保权的效力评析

商业银行在共有物担保实务中，还会遇到共有人以超出其份额设定担保权的情形。毫无疑问，该共有人对其他共有人构成了侵权。然而，是否必然导致共有人因此而设定的担保权无效呢？

笔者认为，共有人在共有物上以超出其份额设定担保权，对于其他共有人不产生法律效力。共有人此行为虽然构成侵权，也是一种处分行为，但属于法律上的处分，共有物并未因此受到毁损，其形态也没有改变，对全体共有人的利益还没有造成实质性损害。所以，将该行为定性为效力待定较为恰当。如果其他共有人事后追认了该行为，则该行为有效；如果其他共有人事后不追认该行为，则该行为无效。

因此，商业银行为了化解共有人以超出其份额设定担保权的风险，应当采取措施取得共有物其他共有人的追认。银行取得共有人追认的方式，通常是行使相对人的催告权，将共有人以超出其份额设定担保权的事由告知其他共有人，请求他们予以确认。若在规定期限内未予确认的，视为拒绝追认。

商业银行在行使相对人的催告权后，仍然不能化解共有人以超出其份额设定担保权的风险时，若债务人、担保人的偿债能力较强的，银行还可以行使相对人的撤销权，向担保人或其他共有人作出撤销该共有物担保权的意思表示，另行设立其他担保权。

三、共同共有财产担保的法律风险控制

如前所述，共同共有人对共有物不分份额地共享权利，共有人的权利及于共有物的全部。因而，任何一个共有人也就不能以其应有的份额设定担保权，而必须征得全体共有人同意，或者事先取得其他共有人的授权。否则，该担保行为无效。因此，商业银行接受共同共有财产设定担保权，应要求担保人提供全体共有人一致同意担保的书面承诺，或者其他共有人全权委托担保人设定担保权的委托书。

贷款银行若不慎接受了某共有人擅自以共同共有物担保，其担保效力是否一律无效，应具体问题具体分析。

笔者认为，如果银行有证据证明其他共有人明知担保人设定担保权又不表示反对的，应当视为其同意，担保行为有效；如果其他共有人对担保人擅自设定担保权明确表示反对，则该担保行为原则上为无效。之所以说原则上为无效，主要是排除善意第三人的情形。即如果在设定担保权时，贷款银行不知道或不应当知道该财产是共同共有财产，或者不知道或不应当知道未经其他共有人同意的，则应当保护善意第三人的利益，认定担保有效。但是，在变价担保物实现债权时，银行只能就担保人应分得价款份额而

非全部价款主张优先权。

应当指出的是，如果担保物权属证明书上清楚地记载着财产所有权人，在这种情况下，银行声称其不知道担保物的产权归属难以令人信服。相反的，银行在审查担保物所有权人时，也只能把权属证明书上记载的所有权人视为财产所有人，而不问财产的实际所有人为何人。权属证明书上记载的所有权人在该财产上设定担保权，对银行而言应当是有效的。因为，银行基于登记的绝对公信力作出的判断，自身并没有过错，善意第三人的合法权益依法应当予以保护。

第九节　公司对外担保

公司对外担保，也即公司为他人担保，包括以公司财产对外提供的抵押、动产质押、权利质押和保证担保等方式。公司对外担保依担保人不同，分上市公司担保和非上市公司担保；依担保对象不同，分公司为"股东或实际控制人"担保和公司为非关联企业或个人担保。根据我国法律规定，上市公司与非上市公司对外担保要求不同；公司为股东或实际控制人担保与为非关联企业或个人担保的要求也不同。所谓非关联企业，指股东或实际控制人以外的其他企业。

一、公司为非关联企业或个人担保

（一）法律对公司为非关联企业或个人担保的规定

公司对外担保是公司的重大经营行为，如果决策不当将会给公司、公司的股东以及公司债权人造成重大损失。因此，《公司法》第十六条第一款明确规定，公司对外担保应当由公司机关作出决议，"公司向其他企业投资或者为他人提供担保，依照公司章程的规定，由董事会或者股东会、股东大会决议；公司章程对投资或者担保的总额及单项投资或者担保的数额有限额规定的，不得超过规定的限额"。据此规定我们知道：

1. 公司对外担保应当由公司机关作出决议

这一规定适用于有限责任公司、股份有限公司以及股份有限公司中的上市公司。换言之，公司对外担保事项，无论其公司组织形式如何，都必须由公司机关作出决议。至于应该是由公司的权力机关还是执行机关作出决议，法律没有作出强制性规定，而是依公司章程而定。公司章程可以根据经营需要，将对外担保的决策权授予股东会（有限责任公司）、股东大会（股份有限公司）或董事会。一般而言，数额较大的对外担保，授权权力机关（股东会或股东大会）作出决议；数额较小的对外担保，授权执行机关作出决议。

在公司章程未规定对外担保由董事会还是股东（大）会决议的情况下，股东（大）会作为公司的最高权力机关，其做的担保决议当然有效；对于董事会做的决议，则应视担保行为是否属于公司正常的经营活动而定。如果担保行为属于公司正常的经营活动（例如，一些以担保为业的公司，对外担保就属于公司的正常经营活动），则属于董事会的职权范围，董事会有权独立决定，而不需股东（大）会表决或授权。相反，如果超出公司的正常经营范围，决策权自然归属于股东（大）会。

2. 公司机关作出对外担保的决议不得违反公司章程规定

公司章程是公司自治的行为规范,公司机关理应率先垂范遵守公司章程的规定。若公司章程对担保的总额及单项担保的数额作出限制性规定,公司机关即便是公司的权力机关,也不得违反公司章程作出决议。

3. 公司机关决议的方式依公司章程规定

公司机关决议的方式分为普通决议和特别决议,公司章程可以根据经营管理的实际情况,规定采用何种决议方式。决议方式经公司章程确认后,公司机关必须依公司章程的规定作出决议。

(二) 银行应关注公司章程对外担保的相关规定

自 2006 年 1 月 1 日起施行的《公司法》,扩张了公司与股东的自治空间,强调公司意思自治和股东对公司的意思自治,允许公司依据公司章程自主决定公司经营的许多重要事项,允许公司股东依据公司章程自主决定公司的内部管理事务。《公司法》扩张公司依公司章程自治的空间,其后果不仅仅关系到公司自身的营运,而且也将对公司行为的相对人(如贷款银行)产生直接的影响。因为,《公司法》赋予了公司较大的自治权利,公司可以在公司章程中对《公司法》未予明确的事项作出具体规定,甚至还可以在《公司法》有规定的同时,在公司章程中作出另外的规定。若公司行为因违反公司章程而归于无效,贷款银行的利益也会因此受损。所以,商业银行作为债权人接受公司担保时,必须查阅该公司的章程,审查公司担保人的行为是否符合公司章程的规定,以确保担保行为合法有效。

(三) 银行审查公司对外担保的要求

1. 公司对外担保应当出具董事会、股东会或股东大会批准的决议

依据《公司法》第十六条第一款的规定,公司为非关联企业或个人担保,依照公司章程由经董事会、股东会或股东大会决议;若公司章程明确规定担保行为无须经董事会、股东会或股东大会决议的,公司可以直接提供担保。

2. 董事会、股东会或股东大会的决议应当合法

《公司法》第二十二条第一款和第二款规定:"公司股东会或者股东大会、董事会的决议内容违反法律、行政法规的无效。""股东会或者股东大会、董事会的会议召集程序、表决方式违反法律、行政法规或者公司章程,或者决议内容违反公司章程的,股东可以自决议作出之日起六十日内,请求人民法院撤销。"据此规定,公司股东对公司机关作出的决议,若认为决议的内容与程序违反法律规定或公司章程,可以依法请求人民法院撤销。因此,为了防范批准担保的决议因违法而被撤销的法律风险,商业银行应依据《公司法》相关规定以及公司章程,审查担保人提交的公司机关决议,在内容、召集程序、表决方式上是否符合法律、行政法规及公司章程的规定,尤其要注意《公司法》赋予公司通过公司章程实现自治的权利。例如,"除本法有规定外,由公司章程规定","公司章程另有规定的除外"等。

3. 公司对外担保不得超过公司章程规定的单项和总额限额

依据《公司法》第十六条第一款的规定,"公司章程对投资或者担保的总额及单项投资或者担保的数额有限额规定的,不得超过规定的限额"。

4. 公司董事、高级管理人员擅自以公司名义对外担保无效

《公司法》第一百四十九条第（三）项规定，董事、高级管理人员未经股东会（有限责任公司）、股东大会（股份有限公司）或者董事会同意，不得以公司财产为他人提供担保。

二、公司为"股东或实际控制人"担保

（一）关联关系

有限责任公司、股份有限公司及股份有限公司中的上市公司，可以为股东或实际控制人提供担保，这是现行《公司法》新增加的内容。公司为股东或实际控制人担保，其实就是公司为有关联关系的企业或个人担保。

《公司法》第二百一十七条对"关联关系"等用语作了定义：

"关联关系"，指公司控股股东、实际控制人、董事、监事、高级管理人员与其直接或间接控制的企业之间的关系，以及可能导致公司利益转移的其他关系。但是，国家控股的企业之间不因为同受国家控股而具有关联关系。

"控股股东"，指其出资额占有限责任公司资本总额百分之五十以上，或者其持有的股份占股份公司股本总额百分之五十以上的股东。

"实际控制人"，指虽不是公司的股东，但是通过投资关系、协议或者其他安排，能够实际支配公司行为的人。

"高级管理人员"，指公司的经理、副经理、财务负责人、上市公司董事会秘书和公司章程规定的其他人员。

（二）法律对公司为关联企业担保的规定

《公司法》第十六条第二款、第三款对公司为其"股东或实际控制人"担保作出了明确规定："公司为公司股东或者实际控制人提供担保的，必须经股东会或者股东大会决议。""前款规定的股东或者受前款规定的实际控制人支配的股东，不得参加前款规定事项的表决。该项表决由出席会议的其他股东所持表决权的过半数通过。"据此可知：

第一，公司为公司股东或者实际控制人提供担保的，必须经股东会或者股东大会决议，董事会无权对此作出决议。

第二，股东会或者股东大会对为关联企业担保的事项进行表决时，与该表决事项有利害关系的股东，包括被担保的股东或者被担保的实际控制人所控制的股东，不得参加表决。该项表决应当由出席会议的其他股东所持表决权的过半数通过。

（三）公司未经股东（大）会决议为关联企业担保效力评析

公司为股东或实际控制人担保，应当依据《公司法》第十六条第二款的规定，经股东会或者股东大会决议同意。如果公司为股东或实际控制人担保未经股东（大）会决议，例如，公司董事长代表公司直接在为股东的担保函中签字确认，是否一律认定为无效？笔者认为，不宜笼统认定该担保无效，而应当根据公司内部的治理结构不同而分别判断。

第一，对于封闭性公司，例如，有限公司或未上市的股份公司，由于公司股东人数少，股东通常兼任公司董事或高管，管理层与股东并未实质性地分离，股东对公司重大

事项仍有一定的影响力,公司为股东或实际控制人担保即使未经股东(大)会决议,通常也不违背股东的意志。况且,封闭性公司不涉及众多股民利益保护、证券市场秩序维护等公共利益问题。因此,能否绝对地以未经股东(大)会决议为由认定担保无效,值得商榷。

第二,对于公众公司,如上市公司,公司为股东或实际控制人担保未经股东(大)会决议同意,属于重大违规行为,侵害了众多投资者利益,扰乱了证券市场秩序,应当认定无效。

(四)银行审查公司为关联企业担保的要求

商业银行在接受公司担保时,应依据公司章程审查担保人与被担保人之间的关系,以及公司审批担保的决策过程。

1. 审查被担保人与担保人之间的关系

银行应审查担保人、被担保人的工商登记和股东情况说明资料,核实股东身份,判断被担保人是否为担保人的股东或实际控制人。在实务中,"股东"的身份比较容易确认,"实际控制人"就比较难以辨认,需要在实践中不断地积累经验。

2. 审查担保人提供担保的决策过程

(1)审查被担保的股东、实际控制人支配的股东是否参加了表决。若违反回避规定参加表决的,则该批准担保的决议可能无效。

(2)审查表决结果是否获得出席会议的股东所持表决权的过半数通过,否则,批准担保的决议也有无效的可能。

3. 审查担保的单项和总额是否超过公司章程规定的限额

4. 审查公司担保人出具的股东会或股东大会批准担保决议的合法性

三、上市公司对外担保

(一)上市公司与非上市公司对外担保的异同

上市公司与非上市公司,两者的逻辑关系属于种属关系,上市公司是非上市公司中的一种形态。因而,非上市公司对外担保的许多规定,均适用于上市公司。上市公司既可以为股东或实际控制人担保,也可以为非关联企业或个人担保。不同的是,依据《公司法》第一百二十二条的规定:"上市公司在一年内购买、出售重大资产或者担保金额超过公司资产总额百分之三十的,应当由股东大会作出决议,并经出席会议的股东所持表决权的三分之二以上通过。"因而,上市公司对外担保,以一年内担保金额累计占资产总额的一定比例为依据,划分不同的审批决议程序。担保金额累计占公司资产总额的比例在规定限额以内的,由股东大会作出普通决议;超过限额规定的,由股东大会作出特别决议。

(二)上市公司批准对外担保的决议方式

1. 股东大会的决议方式

上市公司股东大会决议分为普通决议和特别决议。

普通决议,指在股东大会举行会议时,适用于公司普通事项,以简单多数的表决权即可通过的决议。普通决议应当有出席会议的所持表决权过半数的股东同意才能通过。

特别决议，指在股东大会举行会议时，适用于法定事项，以绝对多数表决权方能通过的决议，即必须经出席会议所持三分之二以上表决权的股东同意方能通过。当股东大会决议的内容涉及公司重大事项时，应当采用特别决议的方式进行。

可见，普通决议与特别决议主要区别在于：一是审议的内容不同。前者为普通事项，而后者则为法定事项。二是决议通过的标准不同。普通决议表决权过半数即获通过，而特别决议则要求所持表决权三分之二以上通过。

2. 股东大会决议方式的适用

（1）特别决议方式：如果上市公司一年内担保金额累计超过公司资产总额百分之三十的，该对外担保事项应当采用股东大会特别决议方式进行，并经出席会议的股东所持表决权的三分之二以上通过。商业银行在接受该公司对外担保时，应当要求公司出具股东大会批准担保的决议。

（2）普通决议方式：如果上市公司一年内担保金额累计不超过公司资产总额百分之三十的，该对外担保事项则采用股东大会普通决议方式进行，即依照《公司法》第十六条的规定办理。商业银行也应当要求公司出具董事会或股东大会批准担保的决议。

（三）审查上市公司对外担保决议过程：

1. 审查上市公司董事是否违反回避规定参加表决

《公司法》第一百二十五条对上市公司董事的表决权作了限制："上市公司董事与董事会会议决议事项所涉及的企业有关联关系的，不得对该项决议行使表决权，也不得代理其他董事行使表决权。该董事会会议由过半数的无关联关系董事出席即可举行，董事会会议所作决议须经无关联关系董事过半数通过。"因此，如果被限制表决权的董事违反回避规定参加董事会会议表决，则该批准担保的决议无效。

2. 审查决议表决结果是否符合法律规定

依据《公司法》第十六条第三款、第一百二十二条的规定，普通决议的表决结果，应当获得出席会议的股东所持表决权的过半数通过；特别决议的表决结果，应当获得出席会议的股东所持表决权的三分之二以上通过。

上述表决权未达到规定要求的，批准担保的决议有可能因违法而被股东申请人民法院撤销。

（四）证监会对上市公司对外担保的要求

为了有效控制上市公司对外担保的风险，保护广大投资者的利益，中国证券监督管理委员会先后会同财政部、国务院国有资产监督管理委员会发布了《关于上市公司为他人提供担保有关问题的通知》（证监公司字［2000］61号）、《关于规范上市公司与关联方资金往来及上市公司对外担保若干问题的通知》（证监发［2003］56号）。证监会上述两个通知，对上市公司对外担保作出比《公司法》更为严格的要求。笔者认为，银行的经营管理活动，不仅需要依法，而且还需要合规。上述两个通知在未废止之前还具有约束力，应当得到贯彻执行，依据通知要求审查上市公司对外担保，仍然是商业银行必需的尽职调查内容。银行应当对上市公司提供材料的完整性、真实性、合法合规性，以及上市公司对外担保履行董事会或股东大会审批程序的情况、履行信息披露义务等事项认真审查核实。

证监会上述两个通知的主要内容有：

1. 上市公司对外担保必须经董事会或股东大会审议。
2. 应由股东大会审批的对外担保必须先经董事会审议通过。
3. 须经股东大会审批的担保事项包括：

（1）上市公司及其控股子公司对外担保的总额，超过最近一个会计年度合并会计报表净资产50%以后提供的担保；

（2）为资产负债率超过70%的担保对象提供的担保；

（3）单笔担保额超过最近一个会计年度会计报表净资产10%的担保；

（4）对股东、实际控制人及其关联方提供的担保。

4. 应由董事会审批的对外担保，必须经出席董事会的三分之二以上董事审议同意并作出决议。

5. 上市公司董事会或股东大会审议批准的对外担保，必须在证监会指定的信息披露报刊上及时披露。披露的内容包括：董事会或股东大会决议、截至信息披露日上市公司及其控股子公司对外担保总额、上市公司对控股子公司提供担保的总额等。

6. 上市公司在办理借款担保业务时，应当向银行提交公司章程、有关该担保事项董事会决议或股东大会决议原件、刊登披露该担保信息的报刊等材料。

四、商业银行对公司担保决议所负的审查义务

商业银行接受公司对外担保时，对担保人提交的股东（大）会决议，应负实质性审查义务还是形式性审查义务？法律对此至今未有明确要求。最高人民法院2010年在济南召开的全国法院商事审判工作会议上，针对各地法院反映的一些商法理解和适用中的常见、疑难问题作了解答，形成《关于公司对外担保相关问题的指导意见》。最高人民法院认为：商业银行接受担保时对股东（大）会决议仅负形式审查的义务，不应要求其进行实质审查，例如，即使上市公司提供的股东大会决议是伪造的，也不应影响担保的效力。

最高人民法院的最新审判思路，明确了银行对决议的审查仅承担形式审查的责任，对善意债权人合法权益的保护无疑是前进了一大步。即便股东会决议或董事会决议伪造，或者决议上的签字虚假，并不必然导致担保无效。但是应当注意，最高人民法院的上述意见中，对商业银行形式审查义务的边界并未给出明确界定，实践中仍会存在争议。例如，担保人多次提供担保，前后提供的决议的股东、董事签名明显不同，在此情形下，银行仍可能会被认定未充分履行形式审查义务，从而影响担保的效力。

五、董事、高级管理人员以公司名义对外担保效力评析

董事、高级管理人员以公司名义对外担保的行为，可分为董事、高级管理人员的个人行为和公司行为两种。

（一）董事、高级管理人员的个人行为

董事、高级管理人员超越职权范围，既无公司授权也无公司章程和法律的明确规定，擅自以公司名义为他人担保的，属于其个人行为。根据《关于适用〈担保法〉若

干问题的解释》第四条的规定精神,董事、高级管理人员违反《公司法》第十六条、第一百二十二条和第一百四十九条第(三)项的规定对外提供担保的,应认定担保行为无效。

(二)董事、高级管理人员的公司行为

董事、高级管理人员在股东会、股东大会或董事会授权情况下,以公司名义对外提供担保的,属于公司法人行为,其效力因情况不同而异。

1. 董事会授权以公司名义为股东或实际控制人担保

在公司机关中,股东会或股东大会是公司的权力机关,董事会是公司的执行机关,其主要职责是执行股东会或者股东大会的决议。若公司章程规定董事会有权以公司名义对外担保,此时,董事会当然可以在权限范围内授权董事、高级管理人员以公司名义对外担保。但是,为股东或实际控制人担保是对外担保中的一种特殊情形,如果允许董事会以公司资产为股东或实际控制人债务提供担保,则有可能使公司的资产和投资者的利益受到损害。因为,担保在多数情况下,债务人并不需要向担保人给付对价。公司为股东提供担保,实质是在公司资产上设定负债的行为,这一行为通常是无偿的,与公司将财产无偿赠与他人没有质的区别。所以,一般认为,《公司法》关于董事、高级管理人员对外担保的禁止性规定应当作扩充性解释,即不仅是对董事、高级管理人员的限制,也是对公司法人代表机关——董事会的限制。《公司法》第十六条第二款规定:"公司为公司股东或者实际控制人提供担保的,必须经股东会或者股东大会决议。"因此,董事、高级管理人员以公司名义为股东或实际控制人提供担保,即使经公司董事会授权,该担保行为也在限制之列,担保合同应作无效处理。

2. 股东会或股东大会决议以公司名义为股东或实际控制人担保

司法实务界普遍认为,对外担保经过股东会或股东大会批准,不属于法律禁止的担保,担保行为应为有效。这是因为:《公司法》的禁止性规定未涉及公司股东会或股东大会,且《公司法》禁止公司为股东或实际控制人担保的立法本意,是为了维护资本确定原则,保护股东和债权人的利益。股东会或股东大会是公司的权力机关,享有资产处置等重大事项的决策权,经公司股东会或股东大会决议同意的担保,董事会或经理或其他高级管理人员应当执行。而且,股东会或股东大会的决议代表了股东和公司的利益,并不违背股东的意志。因此,《公司法》第十六条第二款明确规定,公司股东会或股东大会有权决议为公司股东或者实际控制人提供担保。但是,应当注意,公司为股东或实际控制人提供担保属于关联交易,所以,在股东会或股东大会表决时,被担保的股东以及实际控制人支配的股东应当回避。如果股东应当回避而没有回避,该担保应认定为无效担保。

第十节 担保公司担保

一、担保公司担保的特别规定

担保公司是专门从事担保业务的公司法人,其行为受《公司法》所调整。银行在接受担保公司担保时，应遵守《公司法》、《公司章程》对外担保的相关规定，具体的风险防范与控制要求，参阅第一章第九节"公司为非关联企业或个人担保"相关内容。根据中国银行业监督管理委员会等七部委联合颁布《融资性担保公司管理暂行办法》（中国银行业监督管理委员会、国家发展和改革委员会、工业和信息化部、财政部、商务部、中国人民银行、国家工商行政管理总局令2010年第3号），在此提请注意下列特别规定：

（一）担保公司设立的规定

根据《融资性担保公司管理暂行办法》第八条的规定，设立融资性担保公司及其分支机构，应当经省、自治区、直辖市人民政府确定的监管部门审查批准。经批准设立的融资性担保公司及其分支机构，由监管部门颁发经营许可证，并凭该许可证向工商行政管理部门申请注册登记。

任何单位和个人未经监管部门批准不得经营融资性担保业务，不得在名称中使用融资性担保字样，法律、行政法规另有规定的除外。

（二）担保公司的担保数额的规定

担保公司对外提供担保是否受总量和集中度限制，目前，法律尚无明确规定。不过，从理论上说，担保公司的担保应该受到总量和集中度限制，国家相关部委对此也有规章或规范性文件规定。

1. 担保公司对外担保总量限制规定

《融资性担保公司管理暂行办法》第二十七条规定，"融资性担保公司的融资性担保责任余额不得超过其净资产的10倍。"建设部、中国人民银行《住房置业担保管理试行办法》（建住房〔2000〕108号）第三十三条规定："担保公司担保贷款余额的总额，不得超过其实有资本的三十倍；超过三十倍的，应当追加实有资本。"担保公司超出其保证能力对外担保，不仅导致公司破产，被担保人的债权也得不到有效保护。所以，银行在接受担保公司的担保时，应严格监控担保公司的担保总量。如果担保公司担保的数额接近或超过限制担保总量时，银行不应再接受担保公司的担保。同时，银行要密切关注担保公司担保总量的变化，建立风险预警机制，发现担保公司担保的数额接近或超过限制担保总量时，应迅速采取有效措施分散或化解风险。

2. 担保公司对外担保集中度限制规定

《融资性担保公司管理暂行办法》第二十七条规定："融资性担保公司对单个被担保人提供的融资性担保责任余额不得超过净资产的10%，对单个被担保人及其关联方提供的融资性担保责任余额不得超过净资产的15%，对单个被担保人债券发行提供的担保责任余额不得超过净资产的30%。"

（三）担保公司关联担保的禁止性规定

根据《公司法》的相关规定，在履行一定的程序后，担保公司允许为其股东或实际控制人提供担保。但是，在《融资性担保公司管理暂行办法》施行之后，担保公司为其股东或实际控制人等提供的关联担保受到了限制，根据《融资性担保公司管理暂行办法》的规定，融资性担保公司不得为其母公司或子公司提供融资性担保（第三十条）。

（四）担保公司业务范围的规定

担保公司是专业从事对外担保经营的企业，其经营范围与其他公司一样，也会受到一定的限制。根据《融资性担保公司管理暂行办法》的规定，融资性担保公司的经营范围包括融资担保、其他担保和再担保业务。

1. 融资担保业务

融资性担保公司经监管部门批准，可以经营下列部分或全部融资性担保业务（第十八条）：

（1）贷款担保。
（2）票据承兑担保。
（3）贸易融资担保。
（4）项目融资担保。
（5）信用证担保。
（6）其他融资性担保业务。

2. 其他担保业务

融资性担保公司经监管部门批准，可以兼营下列部分或全部业务（第十九条）：

（1）诉讼保全担保。
（2）投标担保、预付款担保、工程履约担保、尾付款如约偿付担保等履约担保业务。
（3）与担保业务有关的融资咨询、财务顾问等中介服务。
（4）以自有资金进行投资。
（5）监管部门规定的其他业务。

3. 再担保业务

注册资本不低于1亿元人民币，并连续营业两年以上、两年内无违法违规不良记录的融资性担保公司，经监管部门批准，可以为其他融资性担保公司的担保责任提供再担保和办理债券发行担保业务。

应当特别注意的是，《融资性担保公司管理暂行办法》对融资性担保公司的定位并非金融机构，融资性担保公司不得从事吸收存款、发放贷款、受托发放贷款、受托投资等业务。因此，银行在与其合作中，应注意关注担保公司是否从事这些禁止性业务，避免其因超范围经营被处罚而危及银行债权安全。

（五）担保公司对外投资的限制性规定

根据《融资性担保公司管理暂行办法》第二十九条的规定，担保公司以自有资金进行投资，限于国债、金融债券及大型企业债务融资工具等信用等级较高的固定收益类金融产品，以及不存在利益冲突且总额不高于净资产20%的其他投资。该规定在一定程度上允许担保公司以自有资金投资于股票、基金、其他理财产品等方面，因此，银行与其合作时，应注意审查其对外投资情况，特别关注"不存在利益冲突"且"总额不高于净资产20%"的其他投资，不符合规定的，应督促其予以整改，否则不应接受其担保。

二、银行控制担保公司担保风险的对策

（一）把好合作准入关，从源头上识别风险

商业银行从源头上识别风险，要从担保公司和银行自身两方面着手。

第一，商业银行要重点审查担保公司以下事项，严把准入关：

（1）担保公司实收资本、出资方式，以及股东是否存在抽逃出资、虚假出资的行为；

（2）担保公司资产的安全性、流动性、营利性；

（3）担保公司对被担保企业的准入把关，包括是否建立对被担保企业的信用等级评定制度，是否审慎选择被担保企业等；

（4）担保公司内部风险控制管理制度是否完善有效；

（5）担保公司反担保措施落实情况，以及反担保措施是否足额有效；

（6）担保公司对外担保的信贷业务质量情况、代偿情况、涉诉情况等；

（7）担保公司是否享受政府补贴以及给予补贴的地方政府的财政状况；

（8）担保公司法人代表的资信状况、管理团队的能力水平等。

第二，商业银行要做好每笔担保贷款的贷前调查工作，重点了解客户的第一还款来源，同时，关注借款申请人提供给担保公司反担保物的价值。

（二）科学核定授信总量，从额度上控制风险

第一，商业银行要依据担保公司的经营情况，并结合担保公司的资信实力、区域环境、行业特点以及本行的相关规定，合理确定并适时调整担保公司的担保放大倍数，不得随意突破规定，也不能"一次定终身"。

根据银监会等七部委联合颁布的《融资性担保公司管理暂行办法》第二十八条的规定，"融资性担保公司的融资性担保责任余额不得超过其净资产的10倍"。实务中要特别注意，即使担保公司在本银行的放大倍数未达到约束值，但其担保责任余额超过规定值的，也应暂停其担保业务，直到符合规定值。

第二，商业银行要做好尽职调查，在充分了解和掌握合作担保公司基本情况、资金实力、资信状况、代偿能力等基础上，依据本行的授信规定，科学核定担保公司的担保额度。担保额度核定应从紧，凡对外投资和应收账款数额较大的，或注册资金中非货币资产占比较大的，应从紧核定其担保额度。担保额度一经核定，不得随意增加；出现代偿能力降低的，应及时调减其担保额度。

（三）严格执行单户贷款担保规定，从合规上控制风险

《融资性担保公司管理暂行办法》第二十七条规定，"融资性担保公司对单个被担保人提供的融资性担保责任余额不得超过净资产的10%，对单个被担保人及其关联方提供的融资性担保责任余额不得超过净资产的15%，对单个被担保人债券发行提供的担保责任余额不得超过净资产的30%"。商业银行要严格执行规定，坚决杜绝对担保公司超比例担保。

另外，银行还应关注担保公司的公司章程对担保有无限制。例如，单笔担保最高限额，或单户企业担保最高限额等。若违反公司章程的规定，根据《公司法》第十六条

的规定，人民法院将会认定超过限额的担保无效。

（四）做实贷后管理工作，从管理上监测风险

第一，加强贷后管理。银行贷后管理部门要督促客户经理密切关注企业经营状况变化，特别是对现金流、贷款用途以及企业电费、水费和工人工资发放的监测，应当及时、全面、准确。在贷后管理过程中，通过风险监测，对企业经营中的"异常发病"，做到早预防、早治疗。

第二，加强贷后检查。银行每年对不低于30%的客户进行现场检查，并建立现场检查台账，了解风险状况，发现问题及时督促整改。

（五）强化担保公司专项管理，从退出中减少风险

商业银行要落实专职信贷人员对合作担保公司进行专项管理，做好以下几项工作。必要时，银行应及时退出与担保公司的合作。

（1）对担保公司的担保额度进行动态控制和管理，建立担保公司担保业务台账，实时记录，并定期与担保公司对账。

（2）对担保公司保证金账户进行监控，管理、监督保证金的交存，确保交存的保证金不低于规定要求。

（3）跟踪担保公司的资金运行情况和管理及业务操作情况，密切关注担保公司对外投资，定期分析担保公司履行担保责任的能力，提示和预警风险。要关注担保公司关联交易情况，及时识别股东通过关联交易抽逃资本金的行为，同时，警惕担保公司和关联企业串通，恶意套取银行信贷资金。

三、担保公司担保典型问题分析

（一）担保公司的担保责任

商业银行在接受担保公司担保时，通常要求担保公司与银行签订担保合同，同时要求担保公司提供保证金质押。担保公司这种担保模式，是连带责任保证还是保证金质押，或是两者兼而有之？

笔者认为，担保公司的担保责任范围取决于担保合同的约定。若合同约定担保公司以交存的保证金作质押，则担保公司在交存保证金限额内承担责任，银行对保证金行使权利后，即使尚有债权未受偿也不能再向担保公司追索；若合同约定担保人对借款承担连带责任保证，同时约定交存一定比例保证金质押，应认为担保人提供保证与质押双重担保，银行在扣收保证金后仍然有权向担保公司追索直至债权完全实现。所以，商业银行在与担保公司签订担保合同时，必须理清并明晰保证担保与保证金质押两者之间的关系，明确约定担保公司的责任。

在实务操作中，担保公司的担保实际上包含人的担保与物的担保。所谓人的担保是指以担保公司的信用提供的担保；所谓物的担保是指以特定财产作为债务履行的担保。在这种既有保证又有质押的担保模式中，因人的担保与物的担保均系第三人提供，所以在实现债权时，不存在"物保优先于人保"问题。同时，由于人的担保与物的担保系同一第三人提供，因而也不存在保证人与物上保证人分割担保份额问题。

(二) 担保公司的保证金专用账户

担保公司保证金质押，一般通过在银行开立保证金专用账户的形式实现。银行每发放或收回一笔贷款，担保公司则依担保合同的约定存入或减少一定比例的保证金，保证金专用账户的保证金随被担保债务的数量变动而变动。这种保证金质押方式存在一定的法律风险。因为，动产质押以转移占有为生效要件，它并不需要转移所有权。而金钱是种类物，是一种特殊的物，一旦取得占有即取得了所有权。金钱质押在转移占有的同时转移了所有权，显然有悖于动产质押的原则。但是，如果将金钱特定化，如"特户"、"封金"等形式，使之成为"特定物"，金钱便可以成为质权的标的物了。所以，保证金质押除了应具备民事法律行为的一般要件外，还应满足以下条件：一是作为保证金的金钱必须特定化；二是存放在账户内的金钱（质物）必须移交贷款银行（质权人）占有。如果保证金随被担保债务的数量变动而变动，显然不符合特定化的要求。因此，为了减少这种操作模式的法律风险，笔者建议：

1. 签订保证金质押合同并办理质押登记

根据《担保法》第六十四条和《物权法》第二百一十条的规定，以保证金出质担保的，出质人与质权人应当订立"书面质押合同"。商业银行应当在与担保公司订立"保证合同"的基础上，另行与其订立"保证金质押合同"，不宜仅在"保证合同"中增加保证金质押条款。

《担保法》第四十三条规定，当事人以其他财产抵押的，可以自愿办理抵押物登记，登记部门为抵押人所在地的公证机构。"保证金质押合同"的当事人可以根据司法部《公证机构办理抵押登记办法》的规定，向所在地的公证机构共同提出保证金质押登记，贷款银行自公证机构出具"质押登记证书"之日起获得对抗第三人的权利（《物权法》第一百八十八条）。

2. 开立保证金专用账户并由银行托管

担保公司应当在银行开立保证金专用账户，并依合同约定将保证金交存该账户。保证金质押期间，担保公司不得使用保证金专用账户进行收付结算，且应当将保证金专用账户交由银行托管。保证金质押合同自成立时生效，质权自保证金交存贷款银行，且将保证金专用账户交银行托管（占有）之日起设立（《物权法》第二百一十二条）。

第十一节 已婚人员贷款相关问题

一、贷款银行有权要求借款人提交包括婚姻状况在内的相关资料

男女双方依法登记结婚，建立夫妻法律关系。这种关系不仅赋予夫妻双方平等的权利义务，同时，也会变更男女双方及家庭对外（社会）的权利义务，对他人的权利义务产生影响。因而，我国各家商业银行都明确要求，银行在办理个人信贷业务时，应当了解借款人的婚姻状况，要求借款人出具婚姻状况证明。《贷款通则》第十九条第(一)项对借款人应提交的资料作出了规定：借款人"应当如实提供贷款人要求的资料（法律规定不能提供者除外），应当向贷款人如实提供所有开户行、账号及存贷款余额

情况,配合贷款人的调查、审查和检查"。可见,根据中国人民银行的规定,银行有权要求借款人提交除法律规定不能提供以外的任何贷款所需的资料,借款人有依银行要求提交相关资料、配合调查与检查等义务。若对借款人出具的婚姻状况证明存有疑义的,银行还可以查阅其户口簿登记事项加以核实。

二、夫妻财产

《中华人民共和国婚姻法》(以下简称《婚姻法》)所称夫妻财产,包括夫妻共同财产和夫妻个人财产。

(一)夫妻共同财产

1. 夫妻共同财产的含义与特征

何谓夫妻共同财产?目前,我国法学界对此没有明确的定义。根据《婚姻法》第十七条、第十九条的规定,夫妻共同财产是指夫妻关系存续期间,一方或双方取得,依法由夫妻双方共同享有所有权的财产,以及依约定夫妻一方个人财产由双方共同享有所有权的财产。所谓夫妻关系存续期间,指从夫妻双方登记结婚之日起至婚姻关系终止之日止的期间。从夫妻共同财产定义可以看出,夫妻共同财产具有以下两个特征:

(1)夫妻共同财产存在于夫妻关系存续期间

夫妻共同财产存在于夫妻关系存续期间表现为:一方面,随着夫妻关系的确立,夫妻一方或双方所得的财产,依法归夫妻共同所有;另一方面,夫妻共同财产关系随着婚姻关系的消灭而终止。

(2)夫妻共同财产的取得有法定和约定两种方式

依照《婚姻法》第十七条的规定,如果婚姻当事人没有特别约定,夫妻在婚姻关系存续期间所得财产,归夫妻共同所有。可见,夫妻共同财产制是《婚姻法》规定的一种法定夫妻财产制,它是夫妻共同财产取得的普遍方式。

此外,《婚姻法》还规定了夫妻共同财产取得的另外一种方式——约定方式。《婚姻法》第十九条规定:"夫妻可以约定婚姻关系存续期间所得的财产以及婚前财产归各自所有、共同所有或部分各自所有、部分共同所有。约定应当采用书面形式。"根据该条规定,夫妻既可以在婚前或者婚后约定排除采取夫妻共同财产制,也可以约定将婚前或者婚后夫妻一方的个人财产归夫妻共同所有。例如,把婚前的个人财产或者婚后依法归个人所有的财产,通过夫妻双方约定而归属夫妻共同所有。

2. 夫妻共同财产的范围

根据《婚姻法》第十七条的规定,夫妻共同财产的范围包括:工资奖金、生产经营收益、知识产权收益、继承或赠与所得财产、其他应归共同所有的财产等。

所谓其他应归共同所有的财产主要包括:夫妻一方婚前财产在婚后所生的孳息、夫妻一方或双方的股权、偶然中奖所得的奖品与奖金、夫妻一方或双方所在单位分发的福利用品等。

3. 夫妻共同财产的认定

夫妻共同财产基于夫妻共同共有关系形成,在法律上并不要求夫妻双方付出同等的劳力和智力,也不区分夫妻双方是谁取得和取得多寡,只需在婚姻关系存续期间取得,均属于夫妻共同财产。

案例分析：七年前，陈先生与张女士结婚。当年，陈先生是一家私人企业的老板。婚后，张女士辞职在家照顾丈夫和小孩，承担家务劳动。期间，陈先生用经营所得购买了两套商品房、一辆小汽车。后因感情不和，张女士提出离婚，并要求平均分割夫妻共同财产。陈先生不同意，认为：婚后张女士没有任何收入，家庭开支全部由男方支付，所有财产也都是男方购置，张女士要求分割他的财产毫无道理。争执不下，张女士向人民法院提起了诉讼。

人民法院经审理后认为，商品房两套、小汽车一辆以及婚后购置的其他家庭财产，系婚姻当事人在夫妻关系存续期间取得，且无其他约定，也不属于《婚姻法》第十八条规定的个人财产。因此，应认定为夫妻共同财产。虽然，这些财产系男方所得，但根据《婚姻法》第十七条第二款的规定，张女士对夫妻共同财产享有平等的所有权和处理权。所以，人民法院根据《婚姻法》的规定，判决陈先生与张女士婚后至婚姻关系解除前所取得的财产属于夫妻共同财产，双方应当平等分割。

4. 夫妻财产制

夫妻财产制，又称为婚姻财产制，即夫妻财产所有权的法律制度，指关于夫妻婚前财产和婚后所得财产的归属、管理、使用、收益、处分，以及债务的清偿、婚姻终止时财产清算等方面的法律制度。《婚姻法》规定的夫妻财产制分为法定财产制和约定财产制，法定财产制也即共同财产制。

法定财产制，指夫妻双方在婚前或婚后均未就财产作出约定，或是在所作财产约定无效的情况下，依照法律规定当然适用的夫妻财产制。

约定财产制，指夫妻通过协商，以契约方式约定婚姻财产关系的制度。

约定财产制具有优先于法定财产制适用的效力，即夫妻一旦作出有效的财产约定，就不再适用法定财产制。

在我国，夫妻财产制以共同财产制为普遍，以约定财产制为例外。在共同财产制中，夫妻在婚姻关系存续期间所得的财产，归夫妻共同共有。夫妻对共同财产平等地享有权利和承担义务，夫妻任何一方对共同财产享有的权利，均及于共同财产全部。

（二）夫妻个人财产

1. 夫妻个人财产的含义与范围

夫妻个人财产，指夫妻在婚姻关系存续期间，依法或依约定，由夫妻一方所有的财产。根据《婚姻法》第十八条的规定，夫妻个人财产包括：婚前财产、因身体受到伤害获得的医疗费、残疾人生活补助费等费用，专用的生活用品（如衣服）、遗嘱或赠与合同中明确归夫妻个人所有的财产等。例如，丈夫的父母赠与丈夫一笔财产，在赠与时声明赠与丈夫一方，那么，该笔财产属于丈夫的个人财产，而非夫妻共同财产。

2. 夫妻个人财产的认定

夫妻婚前个人财产归各自所有，不因夫妻关系的建立与延续而改变。夫妻的个人财产，也不会因婚姻关系的延续而转变成为夫妻共同财产。

案例分析：夫妻一方在婚前以按揭贷款方式购置房屋一套，婚后夫妻共同归还银行借款。请问：该房屋的产权是夫妻一方所有还是夫妻双方共有？

根据《婚姻法》第十八条以及最高人民法院《关于适用〈婚姻法〉若干问题的解释（一）》（法释［2001］30号）第十九条的规定，"夫妻一方所有的财产，不因婚姻关系的延续而转化为夫妻共同财产，但当事人另有约定的除外"。假设本案中的夫妻对婚前财产没有约定婚后归夫妻共同共有，那么：

第一，夫妻一方在婚前购买的房屋，应为一方的婚前财产，不因婚姻关系的延续而转变成为夫妻共同财产。

第二，结婚以后，夫妻一方的婚前债务，应为一方的债务，另一方并不负有当然的还款义务。

第三，婚后夫妻用婚姻关系存续期间所得财产共同偿还购房借款，夫妻另一方承担的还款部分，视为夫妻之间的债权债务关系，而不能当然涉及房屋产权的共有。离婚的时候，房屋所有权仍然归购买房屋的夫妻一方所有，但夫妻共同偿还借款的部分属于共同财产，应予以分割。

三、夫妻债务

《婚姻法》所称夫妻债务，包括夫妻共同债务和夫妻个人债务两部分。

（一）夫妻共同债务

1. 夫妻共同债务的含义与特征

夫妻共同债务，指夫妻双方或一方在婚姻关系存续期间为共同生活所负的债务。根据这个定义，夫妻共同债务具有以下三个特征：

（1）夫妻共同债务是夫妻关系存续期间发生的债务。

夫妻共同债务是夫妻关系存续期间发生的债务，夫妻关系确立之前所负的债务，以及夫妻关系终止之后所负的债务，均为个人债务，而不属于夫妻共同债务。换言之，夫妻共同债务是以夫妻名义所负的债务。

（2）夫妻共同债务是为共同生活所负的债务。

婚姻关系存续期间，凡是为了共同生活需要，不论是以夫妻双方的名义举债，还是以夫妻一方的名义举债，都是夫妻共同债务。这里所说的"共同生活需要"是广义的，既包括夫妻双方之间以衣、食、住、行、医为内容的生活费用，也包括夫妻相互扶养、赡养老人、抚养子女、道义和礼义上的惯常赠与、投资经营等所开支的费用。总之，只要是为夫妻共同生活需要所产生的债务，都是夫妻共同债务。

（3）夫妻共同债务是连带债务。

如前所述，夫妻关系是依《婚姻法》规定直接产生的共同共有关系，夫妻共有财产是共同共有财产。共同共有的性质，决定了共同共有债权为连带债权，共同债务也是不分份额的连带债务。夫妻因共同财产发生的费用，以及夫妻任何一方因经营共同财产对外发生的财产责任或造成第三人的损害，均由夫妻承担连带责任，债权人有权要求夫妻任何一方清偿全部债务，夫妻一方不得以债务对半分担为理由抗辩。

2. 夫妻共同债务的范围

《婚姻法》对于何种债务属于夫妻共同债务没有明确划定范围。有学者认为，夫妻共同债务应当包括以下几种：

(1) 夫妻双方或一方为共同生活需要所负的债务。
(2) 夫妻一方或双方为履行法定扶养、赡养、抚养义务所负的债务。
(3) 夫妻一方或双方因继承遗产所负的债务。
(4) 夫妻双方或一方为行使共同财产管理权所负的债务。

以上所列四种债务，它们为"共同生活需要"的特征较为明显，所产生的债务为夫妻共同债务争议不大。但是，以下三种为"共同生活需要"的特征不十分明显，需要作进一步探讨。

(5) 夫妻双方或一方从事生产经营活动所负的债务。

夫妻一方或双方从事生产经营活动所负的债务认定为夫妻共同债务，必须具备两个条件：其一，从事生产经营活动的财产为夫妻共同财产；其二，生产经营活动必须是合法的。具体分析如下：

夫妻共同财产不管是由夫妻双方共同生产经营，还是交由夫妻一方生产经营，都应当认为是夫妻双方合意举债，所举债务为夫妻共同债务。这种情形类似于合伙的财产关系。合伙组织、合伙人为了合伙共同体的利益，所负债务为合伙人共同债务。同理，夫妻以共同财产生产经营，所负债务也应为夫妻共同债务。

夫妻一方以自己个人财产，或者夫妻双方之外的他人财产生产经营，由此产生的债务，为夫妻一方的个人债务，原则上与夫妻另一方无关。也就是说，如果生产经营收入没有归夫妻共同所有，该债务为个人债务；如果生产经营收入归夫妻共同所有，该债务仍然应当为个人债务，而不应认定为夫妻共同债务。但是，该债务应由夫妻以收入的共有财产清偿（《民法通则若干意见》第四十三条）。因为，夫妻共同债务是依法或依合意形成的债务，由夫妻双方负无限连带责任。而夫妻一方以自己个人财产，或者夫妻双方之外的他人财产生产经营所产生的债务，显然不具有依法或依合意形成的特征，所以，不应属于夫妻共同债务。但是，由于其经营收入归夫妻共同所有，非生产经营的夫妻另一方享有权利，故应承担相应的义务。承担义务的范围，以"收入归夫妻共同所有的财产"为限。例如，夫妻一方以自己个人财产，或者夫妻双方之外的他人财产生产经营负债10万元，经营中，其将经营收入的6万元用于共同生活需要。那么，夫妻另一方只对用于共同生活需要的6万元，与配偶共同承担清偿责任，而对于其余的4万元，不承担清偿责任，而由负责生产经营的一方负责清偿。

夫妻一方从事生产经营的活动，必须是合法的，否则，不能认定为夫妻共同债务。非法生产经营所产生的债务，为个人债务，由从事非法生产经营活动的夫妻一方负责清偿。但是，如果夫妻另一方参与了非法经营活动，或者明知而不明确表示反对的，因夫妻一方主观上存在故意，故应认定为夫妻共同债务。

(6) 夫妻双方约定为共同债务的债务。

如前所述，夫妻双方可以对婚前财产和婚后所得的财产进行约定。同样，夫妻双方也可以对婚前个人债务和婚后个人债务约定为夫妻共同债务。约定应当采用书面形式。

(7) 夫妻一方或双方接受教育培训所负的债务。

接受教育培训是夫妻双方的法定权利，也是夫妻共同生活的内容之一，由此产生的债务应为夫妻共同债务。如果学成后离婚的，夫妻另一方可以依据《婚姻法》第四十条的规定，要求对方给予适当的补偿。

3. 夫妻共同债务的认定

如前所述，夫妻关系是依《婚姻法》规定直接产生的共同共有关系，在婚姻关系存续期间，夫妻双方作为共同共有关系的主体，其举债应该属于共同债务。有专家学者认为，凡有下列情形之一的，应当认定为夫妻共同债务：

(1) 夫妻双方共同举债。
(2) 夫妻一方为夫妻共同生活举债。
(3) 夫妻双方约定由夫妻双方共同承担的债务。

案例分析：夫妻婚后以夫妻一方的名义办理按揭贷款购买房屋一套，夫妻双方共同居住。当借款人不能按时返还借款时，银行是否可以将其配偶列为共同被告，要求其对借款偿还承担连带责任？

笔者认为，银行可以将其配偶列为共同被告，要求其对借款偿还承担连带责任。理由是：

第一，夫妻婚后以夫妻一方的名义办理按揭贷款购买房屋，完全是为了夫妻共同生活的需要。事实上，该套房屋也是由夫妻双方共同居住，共同受益。

第二，夫妻婚后以夫妻一方的名义购买的房屋，依据《婚姻法》第十七条的规定，夫妻在婚姻关系存续期间所得财产，归夫妻共同所有，为夫妻共同财产。借款人为购买房屋所欠的借款，当然也应当是夫妻双方共同债务。

第三，借款人在向银行借款时，虽然是以个人名义签订借款合同，但是，其借款申请书中明确表示以家庭收入作为还款来源，同时向银行提供了结婚证、夫妻双方的户口簿和身份证复印件、夫妻双方的收入证明等书证材料。这些书证材料，一方面证明了夫妻双方的还款能力，另一方面也表明了借款征得了其配偶的同意，是夫妻双方共同举债的意思表示。根据《关于适用〈婚姻法〉若干问题的解释（一）》第十七条，"他人有理由相信其为夫妻双方共同意思表示的，另一方不得以不同意或不知道为由对抗善意第三人"的规定，夫妻一方的行为构成了表见代理，可以推定借款人的配偶同意作为共同债务人。

第四，借款后，夫妻双方以他们的共同收入偿还贷款本息，共同承担债务，表明借款人的配偶事实上也认可了借款。

第五，最高人民法院《关于适用〈婚姻法〉若干问题的解释（二）》第二十四条明确规定，"债权人就婚姻关系存续期间夫妻一方以个人名义所负债务主张权利的，应当按夫妻共同债务处理。但夫妻一方能够证明债权人与债务人明确约定为个人债务，或者能够证明属于《婚姻法》第十九条第三款规定情形的除外"。

4. 夫妻一方所负债务并非必然是夫妻共同债务

以夫妻一方的名义办理按揭贷款，银行可以要求其配偶对借款偿还承担连带责任。但是，并非夫妻一方为借款人的贷款都必然是夫妻共同债务。因为，根据《关于适用〈婚姻法〉若干问题的解释（二）》第二十四条的规定，如果夫妻一方能够证明债权人与债务人明确约定为个人债务，或者能够证明属于《婚姻法》第十九条第三款规定情形的，该债务为个人债务。所谓"《婚姻法》第十九条第三款规定情形"是指"夫妻对婚姻关系存续期间所得的财产约定归各自所有的，夫或妻一方对外所负的债务，第三人知道该约定的，以夫或妻一方所有的财产清偿。"据此规定，如果银行明知夫妻实行约定财产制，或者事先与债务人明确约定为个人债务的，银行不可以将借款人的配偶列为共同被告。

当然，"银行是否明知"应由借款人或夫妻一方举证。最高人民法院《关于适用〈婚姻法〉若干问题的解释（一）》第十八条规定，《婚姻法》第十九条所称"第三人知道该约定的"，应由夫妻一方负举证责任。可见，夫妻在婚姻关系存续期间发生的债务，如果借款人及其配偶不能举证银行明知夫妻实行的是约定财产制，不论借款人是夫妻一方或双方，夫妻在婚姻关系存续期间办理的个人住房借款，都属于夫妻共同债务，应由夫妻双方共同偿还，即使夫妻离婚了，也改变不了他们是共同债务人这一法律事实，他们仍然必须对婚姻关系存续期间产生的共同债务承担连带清偿责任。这是法律的要求，是不容置疑的。

5. 银行对夫妻举债的处理

为了避免夫妻双方在偿还婚姻关系存续期间所欠借款时，以不同意或不知道为由拒绝履行还贷义务，银行应当采取以下措施完善相关手续。

第一，以夫妻一方名义借款的，银行应要求其配偶出具"还款承诺书"。如果夫妻以一方名义申请借款，由于夫妻关系的特殊性，借款人很容易将个人财产转移到其配偶名下，以逃避债务。银行在这过程中就信息获得而言，显然处于弱势。因此，为了防止借款人转移财产逃避债务，银行应当要求借款人的配偶出具"还款承诺书"。该"还款承诺书"应当明确表明承诺人知道该笔借款的时间、金额、期限、用途等内容，并愿意对借款偿还承担连带责任。承诺人出具的"还款承诺书"，应当在银行业务员的监督下完成身份核对、签名等全过程，以确保"还款承诺书"的真实性。如果承诺人不能在现场完成"还款承诺书"的签署，应要求承诺人同时出示所在地公证机构的公证书。

第二，银行应争取夫妻双方为共同借款人。从理论上说，夫妻在婚姻关系存续期间所负债务，除非银行事先知道该夫妻实行约定财产制，否则，不论借款人是夫妻一方或夫妻双方，银行均可以将夫妻双方列为共同被告，要求夫妻双方共同偿还婚姻关系存续期间所欠借款。但是，现实毕竟不同于理论，现实所面对的往往比理论描述的情形复杂得多，这种情形在诚信度不高的社会环境中表现得尤为突出。因此，商业银行应立足于现实社会，采取严密措施控制风险。例如，争取夫妻双方作为共同借款人，并要求夫妻双方在借款合同和借据上签字确认。

（二）夫妻个人债务

1. 夫妻个人债务的含义与特征

夫妻个人债务，指根据法律或者约定，由夫妻个人承担的债务。根据这个定义，夫妻个人债务具有以下三个特征：

（1）夫妻个人债务，既可以产生于婚前，也可以产生于婚后。婚前产生的债务，若婚后对此没有约定的，仍然为夫妻个人债务。

（2）夫妻个人债务，一般产生于法定，也可以产生于约定。一般而言，夫妻个人债务的产生，通常由法律直接规定。例如，夫妻一方因实施违法行为所负的债务。也可以通过约定的方式产生。例如，夫妻双方约定，一方擅自对外所负与共同生活无关的债务为夫妻个人债务。

（3）夫妻个人债务，由夫妻个人承担。无论夫妻个人债务为何而生，夫妻个人债务依法应由夫妻个人承担，即夫妻一方以其个人财产承担个人债务的清偿责任，夫妻另一方对该债务不负有清偿义务，夫妻个人债务也不因夫妻关系的建立与延续而转变成夫妻共同债务。

2. 夫妻个人债务与夫妻一方对外所负债务的区别

夫妻个人债务与夫妻一方对外所负债务，两者在形式上均表现为夫妻某一方对外负债，但两者并非完全相同：

（1）夫妻个人债务，既可以产生于婚前，也可以产生于婚后。而夫妻一方对外所负债务，只能产生于婚后，受婚姻关系存续期间所限制。

（2）夫妻个人债务，因个人财产负债。而夫妻一方对外所负债务，既可以因个人财产负债，又可以因夫妻共同生活负债。换言之，夫妻一方对外所负债务，可以是夫妻个人债务，也可以是夫妻共同债务。

（3）夫妻个人债务，必定以夫妻个人财产清偿。而夫妻一方对外所负债务，除债权人明知夫妻实行约定财产制，或者事先与债务人明确约定为个人债务之外，以夫妻共同财产清偿。

四、夫妻共同财产权的行使

（一）夫妻双方对夫妻共同财产享有平等的处理权

《婚姻法》第十七条第二款规定："夫妻对共同所有的财产，有平等的处理权。"最高人民法院在《关于适用〈婚姻法〉若干问题的解释（一）》第十七条第（一）项和第（二）项中进一步明确："夫或妻在处理夫妻共同财产上的权利是平等的。日常生活需要而处理夫妻共同财产的，任何一方均有权决定"，"夫妻非因日常生活需要对夫妻共同财产作重要处理决定，夫妻双方应当平等协商，取得一致意见。他人有理由相信其为夫妻双方共同意思表示的，另一方不得以不同意或不知道为由对抗善意第三人"。

根据上述规定，夫妻双方对于夫妻共同财产，享有平等的处理权，未经协商一致，夫妻任何一方均不得擅自处理。这里的"处理权"不仅仅是处分权的含义，从权利行使的角度看，夫妻对共同财产的处理权，应当包括占有权、使用权、管理权、代理权、收益权、处分权。

（二）明知处理夫妻共同财产而不作否认表示视为同意

夫妻一方在处理夫妻共同财产时，另一方明知而不作否认表示的，视为同意，事后不得以自己未参加处理为由而否认处理的法律后果。夫妻对共同财产的平等处理权，并非要求对任何一项共同财产都必须共同处理，这在现实生活中是做不到的，也没有必要这样做。平等处理权更多的是要求在对价值较大或重要的共同财产处理时，夫妻应协商一致。对于商业银行而言，区分日常家事代理与非日常家事代理是把握夫妻处理共同财产的关键。日常家事以外的其他共同财产的处理，应当要求夫妻另一方出具同意处理的书面意见。

（三）日常家事代理

1. 日常家事代理的含义与效力

日常家事代理，指夫妻双方在日常家事范围内互为代理的行为。日常家事代理权，指夫妻一方就日常家庭事务有权代理对方与第三人为一定的法律行为，该法律行为产生的法律后果由夫妻共同承担的权利。对于日常家事范围内的事务，夫妻任何一方无须征得对方同意即可处理，其效力及于夫妻双方。承认日常家事代理，尤其是明确日常家事范围，有助于我们判断夫妻一方与银行发生业务后的法律后果。

2. 日常家事代理的范围

关于日常家事范围，学者作了概括，具体包括：

（1）购买家庭必要的日用品；

（2）医疗医药服务及必要的保健；

（3）家庭娱乐、锻炼及文化消费；

（4）个人发展及子女教育；

（5）家庭用工的雇佣决定；

（6）基于家庭社交需要向亲友赠与小额财产；

（7）接受馈赠等。

3. 非日常家事代理的事项

下列事项不能界定为日常家事：

（1）处理不动产。夫妻任何一方处理对方的不动产，通常不属于日常家事范围，但夫妻非处理不动产不能维持家庭生活必要费用的行为，可视为日常家事范围。

（2）处理其他价值重大的财产。

（3）处理另一方当事人与人身权利、财产权利密切关联的事务，如领取劳动报酬、放弃继承权等。

上述划分方法，具有一定的可操作性，商业银行在实际工作中可以借鉴。

（四）表见代理

1. 表见代理的含义

表见代理，指代理人的行为足以使善意第三人相信无权代理人具有代理权，因而与其进行民事法律行为，法律使其发生与有权代理相同的法律后果。表见代理本属无权代理，即行为人没有代理权、超越代理权或者代理权终止后仍以被代理人名义从事民事法律行为，但是，因被代理人与无权代理人之间的关系具有外表授权的特征，致使相对人有理由相信其有代理权而与之发生民事法律行为。所谓外表授权，指具有授权行为的外表或假象，而无实际授权。

2. 表见代理的构成要件

构成表见代理必须满足以下四项条件：

（1）形式上具备代理的要件。包括无权代理人以被代理人的名义进行活动、无权代理人具有相应民事行为能力、无权代理人所为行为不违法等。

（2）客观上存在使善意第三人（相对人）信任无权代理人具有代理权的事实。例如，行为人持有被代理人发出的证明文件，包括介绍信、合同书、合同专用章、授予代理权的通知或公告,等等。

(3)第三人主观上善意且无过错。即第三人不知无权代理人的行为是无权代理行为。

(4)无权代理人与第三人之间的民事行为具备民事法律行为成立的有效要件。

3. 表见代理不以被代理人的主观过失为必要条件

在构成表见代理的情形当中,第三人相信无权代理人具有代理权,虽然往往与被代理人的过失有关。但是,表见代理的成立,并不以被代理人的主观上有过失为必要条件,即使被代理人主观上无过失,只要客观上具有致使第三人相信无权代理人具有代理权的证据,表见代理即可构成。因此,在涉及处理夫妻共同财产时,商业银行(第三人)应当重视收集自己相信夫妻一方的行为是夫妻双方共同意思表示的证据,并对此承担举证责任。若商业银行举证不能,则不能认定夫妻一方的行为已经构成表见代理,所以也就不能判定夫妻一方的处分行为对另一方产生效力。

五、夫妻一方以其财产抵押的效力评析

案例分析:李某和张某婚后购买房屋一套,房屋所有权证上记载的权利人是李某。李某申请贷款时以该房屋作抵押,同时向银行声明其尚未婚配。银行与李某签订了"借款合同"和"抵押合同",并办理了抵押登记手续。贷款发放后,李某不能依约偿还贷款本息,银行起诉至人民法院。诉讼中,张某作为第三人参加了诉讼。张某称其与李某为夫妻,抵押房屋为夫妻共同财产,李某以房屋抵押未征得其同意,抵押行为无效。

抵押是否有效,司法实践观点不一。争议焦点归纳起来,主要有两种观点、三种理由。

(一)有观点认为:*夫妻一方以其财产抵押应属无效*

其理由是:根据《婚姻法》第十七条的规定,夫妻在婚姻关系存续期间取得的财产,除法律另有规定或夫妻双方另有书面约定外,归夫妻共同所有;夫妻对共同财产享有平等的所有权和处理权。最高人民法院《关于适用〈担保法〉若干问题的解释》第五十四条第二款也规定:"共同共有人以其共有财产设定抵押,未经其他共有人的同意,抵押无效。"

(二)有观点认为:*夫妻一方以其财产抵押应当有效*

另一种观点则针锋相对,认为抵押有效。持这种观点分为"表见代理说"与"善意取得说"。

"表见代理说"认为:由于夫妻关系的特殊性,夫妻一方处置财产的行为,理应推定另外一方知悉并默认,他人有理由相信抵押行为是夫妻双方的共同意思表示。因此,根据《合同法》第四十九条的规定,行为人没有代理权、超越代理权或者代理权终止后以被代理人名义订立合同,相对人有理由相信行为人有代理权的,该代理行为有效。夫妻一方在共同的房屋上设定抵押权的行为,符合表见代理的构成要件,夫妻双方应对另一方的处置行为承担法律责任。

"善意取得说"认为:由于房屋所有权证上记载的所有权人为夫妻一方,银行没有

理由不相信"权属证书"记载的权利人是房屋的所有人。银行基于物权公示的公信力以及对抵押人婚姻状况证明的信任而接受抵押的行为，符合善意取得的条件，不因抵押人的权利瑕疵而导致抵押行为无效。

（三）笔者认为：财产权属认定的瑕疵不应绝对否定抵押的效力

笔者认为，之所以得出抵押"有效论"和"无效论"两个截然相反的结论，是因为两者讨论立足的阶段和侧重点不同。把论题区分财产权属认定阶段和抵押效力认定阶段，有助于明辨是非。

1. 财产权属认定阶段

我国的房地产权属实行法定登记制度。建设部《房屋登记办法》（建设部令第168号）第二十五条明确规定："房屋登记机构应当根据房屋登记簿的记载，缮写并向权利人发放房屋权属证书。房屋权属证书是权利人享有房屋权利的证明，包括房屋所有权证、房屋他项权证等。"第十二条、第十三条又规定："申请房屋登记，应当由有关当事人双方共同申请。""共有房屋，应当由共有人共同申请登记。"

在房地产权属登记实际操作中，通常是由商品房买卖合同的双方提出，房屋权属登记部门根据申请人的申请，对房屋的产权进行登记，并颁发权属证书。如果商品房的购买人为夫妻一方，且在办理产权登记时又是以购买人的名义申请，那么，房屋产权登记上记载的权利人也就是夫妻一方，登记部门不会主动将夫妻另一方登记为产权共有人。即使是登记部门要求申请人出具婚姻状况证明，也不可能杜绝以虚假的婚姻状况说明取得权属证书。

那么，当房屋产权登记上记载的权利人为夫妻一方时，如何认定房屋权属呢？根据《中华人民共和国立法法》（以下简称《立法法》）的规定，当上位法与下位法发生冲突时，上位法的效力优先于下位法。在上述问题中，夫妻财产共同共有关系根据《婚姻法》建立，而"房屋权属证书"的法律效力由《房屋登记办法》规定，当《婚姻法》与建设部《房屋登记办法》在具体适用上发生冲突时，《婚姻法》规定的效力显然高于《房屋登记办法》。也就是说，虽然房屋产权登记上未记载共有产权人，但只要有证据证明房屋是由夫妻共同财产购买的，房屋产权登记上的记载不能当然地排除夫妻另一方对房屋的共有权。

2. 抵押效力认定阶段

房屋所有权证是权利人依法拥有房屋所有权的唯一合法凭证，它由国家有权机关颁发，具有很强的公信力。银行基于对房屋所有权证记载的权利人以及对抵押人出具的婚姻状况证明的信任而接受抵押，符合善意取得的条件，根据诚实信用原则，善意第三人的合法权益理应得到保护，法律应当确认抵押有效。

在抵押效力认定阶段，笔者倾向于善意取得说，其中一个重要原因是夫妻共同财产单方抵押情况在实践中并不少见。而且，在现实生活中，夫妻一方处分共有财产，另一方一般都知道，尤其是以所购房产办理按揭的情况更是如此。当借款人不能偿还贷款本息时，借款人的配偶以夫妻共同财产未经另一方同意为由主张抵押无效的，其多是为恶意逃废银行债权作准备。为维护交易安全，维护起码的交易准则，根据诚实信用原则，法律对此种恶意逃债行为应当给予否定，确认抵押合同的效力，以保护善意相对人的合法权益。

如果本案中的张某确属不知情，则李某的行为侵犯了张某对夫妻共同财产的平等处理权利，银行可以建议张某向李某请求赔偿，而不应向善意第三人主张抵押无效。如果银行明知李某有配偶，担保物又系夫妻的共同财产，本案中的张某当然可以主张抵押无效。

（四）风险控制建议

正是因为已婚人员的财产权属认定问题的复杂性和多样性，而认定其抵押行为的效力却又因法院的地域差异与法官的仁者见仁、智者见智，结果可能大相径庭，商业银行能够做到和应该做到的是防患于未然。为此，笔者建议：

第一，银行在办理借款担保时，对于担保物的产权归属，不能简单地依据财产权属证明判断所有权人，还应调查担保人（借款人）的婚姻状况，根据其提供的户口簿、结婚证或离婚证、配偶死亡证明等资料，综合判断担保物的实际所有权人。如果担保人（借款人）是"已婚"人士，其以婚姻关系存续期间取得的财产抵押，应要求其出具夫妻另一方同意抵押的书面意见，或夫妻双方共同在抵押协议上签字，以确保抵押的有效性。

第二，在依法收贷阶段，若夫妻另一方以未经共有人同意为由主张抵押无效的，银行应据理力争，集中力量堵塞债务人企图逃废银行债权的通道。银行可以从物权公示的公信力、表见代理和善意取得等方面着手，主张抵押有效。

六、离婚夫妻的借款偿还

（一）离婚协议对共同债务约定的效力

案例分析：傅先生、陈女士夫妻俩购买商品房一套，从甲银行取得期限为 20 年的按揭贷款 20 万元。2001 年 12 月，傅先生与陈女士经法院调解离婚，调解书约定：傅先生、陈女士共同购买的商品房归陈女士所有，按揭贷款也由陈女士负责返还。陈女士因不能偿还贷款，甲银行起诉傅先生和陈女士，要求他们返还欠款。傅先生辩称，双方离婚时已对财产和债务进行了分割，房屋归女方所有，借款由女方负责返还理所当然。而且，人民法院的调解书对此已确认。傅先生坚持认为，购买商品房的按揭贷款应当由女方负责返还。

离婚时，男女双方对财产和债务进行了分割，债权人就不能要求另一方承担还款责任吗？

笔者认为，债权人有权要求离婚双方对共同债务承担责任，傅先生应当履行还款义务。理由是：

第一，根据《婚姻法》的有关规定，夫妻在婚姻关系存续期间为共同生活发生的债务是共同债务。本案中，该笔按揭贷款是傅先生和陈女士在婚姻存续期间所借，用于购买商品房，属于为共同生活而发生的债务，应该为夫妻共同债务。双方应当对该笔债务的偿还承担责任。

第二，夫妻关系是依《婚姻法》规定直接产生的共同共有关系，夫妻之间的这种共同共有性质，决定了共同共有债权为连带债权，共同债务也是不分份额的连带债务。

夫妻双方对共同债务承担的连带责任，不因夫妻关系的改变而改变。为此，《婚姻法》第四十一条规定："离婚时，原为夫妻共同生活所负的债务，应当共同偿还。共同财产不足清偿的，或财产归各自所有的，由双方协议清偿；协议不成时，由人民法院判决。"可见，夫妻共同债务为连带债务，即使该夫妻已经离异，债权人仍有权要求离异的男女双方对共同债务承担连带责任。

第三，离婚时，离婚当事人对婚姻存续期间的共同债务达成债务分担或清偿协议，这种约定属于合同的约定，具有相对性，只在合同当事人之间发生效力，对离婚当事人有约束力，不能对抗合同之外的第三人。离婚当事人不能以离婚协议已将债务分归一方或按一定份额分割为由，对抗债权人要求离婚当事人双方承担连带责任，即使人民法院的判决书、裁定书、调解书已经对夫妻财产进行了分割，债权人仍有权就婚姻存续期间的共同债务向离婚当事人主张权利。因为，最高人民法院《关于适用〈婚姻法〉若干问题的解释（二）》（法释［2003］19号）第二十五条第一款规定："当事人的离婚协议或者人民法院的判决书、裁定书、调解书已经对夫妻财产分割问题作出处理的，债权人仍有权就夫妻共同债务向男女双方主张权利。"据此，贷款银行有权要求傅先生与陈女士偿还所欠的贷款本息。

（二）运用债务转移法落实离婚夫妻的债务

1. 债务转移法的现实意义

法律虽然对夫妻在婚姻关系存续期间产生的共同债务承担连带清偿责任作了明确规定，但是，银行在回收贷款的实际工作中还是遇到了诸多困难。夫妻离婚后，各自成为独立的利益主体，在还贷责任没有落实到其中一方之前，他们往往是互相推诿，拖欠银行贷款。当然，其中也有夫妻借"离婚"之名转移资产，行逃废债务之实。

面对这些情况，银行最常用的办法就是提起诉讼，将原夫妻双方列为共同被告，运用法律手段追收贷款本息。应当说，这是正确的抉择，依法收贷无论现在或将来，都是银行不可或缺的重要维权手段之一，尤其是对那些逃废银行债务的行为，更是十分必要。然而，如果对拖欠借款的客户细分，我们便发现，恶意逃废银行债务的只是个别现象，对于绝大多数离婚夫妻而言，他们在主观上并没有故意逃废银行债务，造成拖欠银行贷款的主要原因，是离婚时对共有资产的分割与共同债务的承担，没有协商或协商尚未达成一致意见。有鉴于此，有的银行为了落实夫妻离婚后的贷款回收，采用债务转移的方法，把原来属于夫妻双方的共同债务，通过协议将债务落实到离异夫妻的一方，由他（她）负责返还银行借款。笔者认为，这种方法对追偿离婚夫妻的借款具有一定的现实意义和可操作性，在确保不增大风险的前提下，也是可以探索尝试的。

2. 债务转移法应当注意的事项

商业银行在运用债务转移法落实债务时，应当注意以下几点：

（1）债务转移法的适用范围。债务转移的方法仅适用于个人住房借款合同因夫妻离婚导致财产分割或共同借款人变更的情形，不适用于个人住房借款业务中的转按揭业务。转按揭业务应按相关的规定办理。

（2）认真审查有关文书的真实性。贷款银行应当认真审查离婚协议、离婚证书及人民法院的判决书、裁定书、调解书的真实性，必要时可与当地民政部门、人民法院取得联系，核实有关情况，防止不法分子通过"假离婚"的方式，将财产转移给还债能力较差的一方，以达到其逃避债务之目的。

（3）严格评估新借款人的资信。贷款银行必须对新借款人的资信情况重新进行严格的全面审查，测算其还款能力。若新借款人还款能力充足，资信良好的，可以考虑为其办理借款债务转移手续，并签订相关合同，办妥抵押变更登记手续。若还款能力不强的，贷款银行不应同意为其办理债务转移手续，或者要求其提供有效担保后办理，或者要求其提前清偿部分债务后办理。

第十二节　未成年人贷款相关问题

一、未成年人借款主体资格评析

对无民事行为能力人和限制民事行为能力人，商业银行内部常常简称其为"未成年人"。对于这些不具有或不完全具有民事行为能力的"未成年人"，银行一般不会与其单独签订"借款合同"，建立贷款法律关系。但是，如果"未成年人"不是"借款合同"唯一的借款人，而是与成年人一起作为共同借款申请人，银行是否可以接受呢？

对于"未成年人"不适格主体共同借款问题，有的银行采取以下方式处理：首先，未成年人的法定监护人向公证机构申请公证，证实未成年人与法定监护人的关系。然后，由法定监护人代理"未成年人"在借款合同上签字。这种做法是否可行，目前，法律没有明确认可，但也未明文禁止。笔者认为，这种做法存在不确定性因素，法律风险隐患较大，就审慎经营原则而言，银行不宜提倡以"未成年人"作为共同借款人的操作方式。

对于十六周岁以上不满十八周岁的未成年人，若以自己的劳动收入为主要生活来源的，依据《民法通则》第十一条的规定，可视为完全民事行为能力人，符合借款人的基本要求。虽然如此，笔者还是认为，商业银行对这类借款申请人的借款，应当慎之又慎。因为：

第一，具备完全民事行为能力，只是借款人应具备的最基本要求，而并非唯一条件，不是完全民事行为能力人都必然是借款人。

第二，如何判断借款人"以自己的劳动收入为主要生活来源"，仁者见仁、智者见智，标准不好把握，容易引发当事人争议。

第三，借款是有偿性的商业行为，借款人依合同约定偿还借款，是银行赖以生存与发展的基础。十六周岁以上不满十八周岁的未成年人，虽然可视为完全民事行为能力人，但一般而言，其偿债能力并不高。

二、未成年人担保主体资格评析

未成年人是限制民事行为能力人或无民事行为能力人，为不适格的合同主体，其所签订的"借款合同"和"担保合同"面临无效的法律风险。那么，监护人以未成年人的财产为借款设定担保的行为，其法律效力是否也一律无效呢？

（一）监护与监护人

监护，指对未成年人和精神病人的人身、财产及其他合法权益进行监督和保护的一种民事法律制度。《民法通则》第十八条规定："监护人应当履行监护职责，保护被监护人的人身、财产及其他合法权益，除为被监护人的利益外，不得处理被监护人的财产。"据此，监护是一种职责而并非是民事权利。监护分为法定监护和指定监护。法定监护是由法律直接规定限制民事行为能力人或无民事行为能力人的监护人。父母是当然的法定监护人，此外依次还有：祖父母和外祖父母、成年兄和姐。指定监护是没有法定监护人时由人民法院或有权指定监护人的机关指定监护人。

（二）监护人以未成年人的财产设定担保权的效力

1. 监护人处分未成年人的财产不得损害其利益

根据《民法通则》第十八条的规定，未成年人对其依法继承及接受赠与而取得的财产享有所有权，任何人不得侵占与随意处分。未成年人的监护人在为未成年人的利益处理未成年人的财产时，不应作出对未成年人不利的行为。在实务中，监护人以未成年人的财产为自身债务或其他任何第三人的债务设定担保的行为，其目的显然不是为了未成年人的利益，是一种违法侵权行为。诚然，《民法通则》第十八条并没有完全限制监护人处分未成年人的财产，监护人为了被监护人的利益，还是允许处理被监护人的财产。但是，由于法律对如何才可以处理被监护人的财产没有具体规定，现实中对处分未成年人的财产是否有利于未成年人的判别标准理解不一，容易发生争议，诉诸法律时大多被认定为损害了未成年人利益。因此，以未成年人的财产设定担保的合同，在司法实践中通常被认定为无效合同。

所谓通常被认定为无效合同，是指在一般情形下的结果，而并非在任何情形下都必然发生的结果，如果处理未成年人的财产是为了未成年人的利益，此时监护人的处分行为应当认为是合法有效的。例如，未成年人的父母在购置房产、汽车等大宗财产时，有的将未成年子女作为这些财产的共有人或所有权人。而父母在购置这些财产时，一般采取向银行申请贷款解决部分资金，或为按揭方式，或是以其他财产作为借款的担保。在这种情况下，未成年人的监护人在未成年人的财产上设定担保权是否必然无效，银行是否也应一律不予接受呢？

笔者认为，监护人的这种行为，就行为动机而言，其初衷并非为了侵占被监护人的财产。事实上此时，有的被监护人的财产权利还没有形成，仅是一种期待权，如房屋按揭贷款中房产权利。有的被监护人的财产权利虽然存在，但监护人在被监护人的财产上设定担保权，其目的是为被监护人获取更大的利益。同时，监护人的这种处分行为仅是法律上的处分，并没有对担保物的形态造成毁损，还没有直接伤害到被监护人的利益。相反的，可以充分利用社会财产资源的使用和交换价值，促进资金融通和商品流通。对于商业银行而言，有条件地、从严地接受监护人在被监护人的财产上设定担保权，可以促进业务发展。因此，对以未成年人的财产设定担保的问题，商业银行不应全盘否定不予接受，也不要不加限制地盲目拓展，应具体问题具体分析，区别不同情况分别对待。

2. 实务操作建议

第一，以未成年人独有或与父母共有的财产为第三人的债务提供担保——不应接受。此种情况极易被认定为损害了未成年人利益，从而使担保合同被认定为无效，因此，银行不应接受这种担保。

第二，以未成年人独有的财产为父母购买此财产的债务担保——不宜接受。这种情况比较复杂，对未成年人利益的损害，虽然没有第一种情形显而易见，但还是存在有高估高价、转嫁风险的嫌疑，也容易被认定为损害了未成年人利益。因此，银行也不宜接受这种担保。

第三，以未成年人与父母共有的财产为父母购买该财产的债务担保——存在争议。这种情形虽然是否可以认定是"为了未成年人利益"仍存在争议，一时也难以定论。笔者认为，银行可以接受以未成年人与父母共有的财产为父母购买该财产的借款提供担保，但应该要求未成年人的父母出具书面声明，并加强资金流向监控，防止贷款被挪作他用。未成年人的父母出具的书面声明，应当说明该借款用于未成年人购置财产，未成年人以购置财产为父母借款提供担保等内容。

第十三节　借款的特殊主体问题

一、助学贷款借款主体问题

助学贷款是帮助高等学校全日制在校学生解决就学经济困难的贷款，包括国家助学贷款和商业性助学贷款。国家助学贷款依照中国人民银行、教育部、财政部《关于国家助学贷款的管理规定（试行）》的规定办理，由国家财政贴息，贷款对象为高等学校学生。商业性助学贷款按《贷款通则》和中国银行业监督管理委员会《商业助学贷款管理办法》（银监发〔2008〕49号）的规定办理，国家财政不贴息，贷款对象为接受非义务教育学习的学生或其直系亲属、法定监护人。由此可见，助学贷款的借款人，有可能是未年满十八周岁的未成年人，这些人为限制民事行为人，其所签订的"借款合同"虽不是无效合同，但依据《合同法》第四十七条的规定，为效力待定合同，需经其法定代理人追认后方才有效，存在借款合同无效的风险。

为了解决这部分人的借款主体资格问题，商业银行费尽心思，想出了不少防止借款合同无效的操作方式：

其一，学生借款操作方式，即学生作为借款主体，并由学生的法定监护人出具同意学生借款的书面证明。

其二，亲属借款操作方式，即由未成年人的直系亲属或法定监护人作为借款主体，向银行借款。这种操作方式解决了因主体不适格而导致借款合同无效的风险，但同时又埋下了风险隐患。一是偿债履约的风险隐患。因为，在通常情况下，学生亲属的偿债能力是比较弱的；二是操作违规风险。监管部门可能会认定该笔借款用途不明确、款项被挪用。

其三，共同借款人操作方式，即学生及其直系亲属或法定监护人共同作为借款主体向银行借款。

二、消费信贷借款主体问题

个人消费信贷,指以商业银行为贷款人,以自然人(公民)为借款人,借款用途限于个人消费的融资形式。个人消费信贷有广义与狭义之分。广义的个人消费信贷,包括个人住房贷款和个人消费贷款。狭义的个人消费信贷,不包括个人住房贷款,仅指个人消费贷款,这里所说的"消费信贷"为狭义,特指个人消费贷款。

消费贷款的品种,目前正处于多元化发展时期,新品种层出不穷,较为成熟的信贷品种有:个人大额耐用消费品贷款、个人小额信用消费贷款、个人综合消费贷款、旅游贷款,等等。这些消费信贷品种有两个显著的特征:一是借款人的特定化,借款对象限定为自然人(公民)。二是借款用途的特定化,借款锁定用于消费环节甚至特定消费品。因此,商业银行在审查消费信贷的借款主体资格时,应当注意到以上两个特征。

在实务中,银行经常会遇到个体工商户、个人合伙、个人独资等个人特征明显的经济实体,向银行申请消费信贷支持。应该说,个体工商户、个人合伙和个人独资企业等经济实体,其借款主体资格,已为《民法通则》、《个人独资企业法》、最高人民法院有关司法解释等所确认,不存在任何法律障碍。但是,商业银行办理信贷业务,不仅要求合法,而且还需要合规。《贷款通则》第三条规定:"贷款的发放和使用应当符合国家的法律、行政法规和中国人民银行发布的行政规章,应当遵循效益性、安全性和流动性的原则。"中国人民银行在《关于开展个人消费信贷的指导意见》(银发〔1999〕73号)中,明确将个人消费贷款的主体限定为自然人(公民),法人、非法人组织等非自然人不能成为该贷款种类的借款主体。个体工商户、个人合伙、个人独资等经济实体,虽然具有明显的个人特征,但其毕竟不是自然人,故其不宜作为消费信贷借款主体。

三、港澳居民与外国籍公民借款主体问题

根据《贷款通则》第十七条的规定,个人信贷的借款人应当具有中华人民共和国国籍,是中国公民。我国是一个不承认双重国籍的国家,在《中华人民共和国国籍法》(以下简称《国籍法》)第三条中明确规定:"中华人民共和国不承认中国公民具有双重国籍。"据此可以推论:借款申请人具有外国国籍,其必然就不具有中国国籍。所以在我国,具有外国国籍的自然人成为普通借款合同的借款人,在现行《民法通则》和《贷款通则》的法律环境下,仍然存在一定的法律风险。

港澳居民是否可以成为普通借款合同的借款人,其判断标准仍然是《贷款通则》第十七条,也即具有中国国籍。根据全国人大常委会《关于〈国籍法〉在香港特别行政区实施的几个问题的解释》和《关于〈国籍法〉在澳门特别行政区实施的几个问题的解释》的有关规定,凡具有中国血统的香港居民、澳门居民,本人出生在中国领土(含香港、澳门)者,以及其他符合《国籍法》规定的具有中国国籍条件者,不论其是否持有"英国属土公民护照"或者"英国国民(海外)护照"、葡萄牙旅行证件或身份证件,都是中国公民。具有中国国籍的港澳居民,其当然可以成为普通借款合同的借

款人。

  应当注意，依据香港或者澳门的相关法律规定，在香港或澳门居住满一定年限后，可以持有香港或澳门永久居民身份证，但是，持有永久居民身份证的港澳居民，并不必然就具有中国国籍。为了能够准确地确定港澳居民的国籍，银行应当要求借款申请人提交经国家司法部认证的律师事务所出具的身份公证。

第二章 抵押担保的法律风险控制

第一节 抵押与抵押权

一、抵押与抵押权概述

(一) 抵押与重复抵押

1. 抵押的含义

抵押,指债务人或者第三人不转移对财产的占有,将该财产作为债权的担保。当债务人不履行到期债务或者发生当事人约定实现抵押权的情形时,债权人有权依照法律的规定以该财产折价或以拍卖、变卖该财产所得的价款优先受偿的担保制度。

在抵押担保法律关系中,提供财产担保的债务人或第三人称为抵押人,接受抵押人提供抵押担保的债权人称为抵押权人,抵押人提供为债权担保的财产为抵押物。提供财产担保的第三人,又称为物上保证人。

应当注意,根据《中华人民共和国涉外民事关系法律适用法》(以下简称《涉外民事关系法律适用法》)第三十六条的规定,"不动产物权,适用不动产所在地法律"。对于以境外不动产作为债权担保物的情形,应当了解不动产所在国的法律是否允许该不动产抵押,以及抵押权生效的要件、产抵押权实现方式等规定,防范抵押权落空风险。

2. 重复抵押的含义

抵押是以抵押物的价值担保债权。由于抵押物的不可分性,有时抵押物的价值远远超过被担保债权。若只允许抵押物设定一次抵押,抵押物超过被担保债权的那部分价值就不能发挥其效能,限制了社会财产价值在经济运行尤其是资金融通中的作用。为此,《担保法》第三十五条规定:"抵押人所担保的债权不得超出其抵押物的价值。财产抵押后,该财产的价值大于所担保债权的余额部分,可以再次抵押,但不得超出其余额部分。"也就是说,在抵押物所担保的债权小于抵押物价值的条件下,抵押人可以同一抵押物分别向数个债权人抵押。这种致使抵押物上有多个抵押权的抵押形式,通常称为重复抵押。

重复抵押包括形式上的重复抵押和实质上的重复抵押两种:

(1) 形式上的重复抵押,指抵押人就同一抵押物内各个具有独立利用价值与交换价值的部分,分别向数个债权人设立抵押权。这种抵押形式多见于在不动产的不同部分设定抵押,如土地使用权的不同部分或楼房的楼层等。

(2) 实质上的重复抵押,指抵押人就同一抵押物的全部价值,分别向数个债权人抵押，数个抵押权的范围都属于同一抵押物的整体，当债务人不履行到期债务或者发生当事人约定实现抵押权时，抵押权人均有权拍卖、变卖、折价抵押物以实现自己的债权。

(二) 抵押权

抵押权，指债权人享有以抵押财产的价值优先受偿的权利。抵押权是物权，也是换价权。

关于抵押权的含义，可以从以下四个方面理解：

(1) 抵押权是在抵押人一定财产上设定的担保物权。所谓担保物权，是与用益物权相对应的他物权，指为确保债权的实现而设定，以直接取得或者支配特定财产交换价值为内容的权利。一般而言，担保物权以担保标的物的变价来确保债务的清偿。民法上的担保物权包括抵押权、质权、留置权三种。

(2) 抵押权的标的物是特定财产。抵押人提供担保的是特定财产，抵押权的效力也只能及于这些特定财产。

(3) 抵押权是不转移标的物占有的担保物权。正因为抵押权不以转移标的物的占有为要件，物上抵押权的存在也就不能以占有来公示，而只能通过登记或其他方式公示。

(4) 抵押权是就其标的物的价值优先受偿的权利。抵押权的优先受偿权利是抵押权人最根本的权利，是抵押权的实质内容。优先受偿包括四层含义：一是抵押权人优先于普通债权人受偿；二是前顺序抵押权优先于后顺序抵押权，前顺序抵押权人对抵押物的变价款优先于后顺序抵押权人受偿；三是抵押权优先于执行权，在抵押物被查封、扣押或强制执行时，优先从抵押物的变价款中受偿；四是在抵押人宣布破产时，抵押权人对抵押财产享有优先受偿的权利。

二、抵押权的特征

抵押权作为担保物权的一种，因而当然也就具有物权的一般特征。同时，又由于抵押权是一种担保物权，又具有不同于一般物权的六个法律特征：

1. 抵押权的从属性

抵押权的从属性，指抵押权与所担保的债权形成主从关系。抵押权的从属性体现在三个方面：一是存在上的从属性，抵押权的存在以被担保的主债权存在为前提条件；二是转让上的从属性，主债权转让抵押权也随之转让，抵押权不能与所担保的债权相分离而单独转让，或者供作其他债权担保；三是消灭上的从属性，主债权消灭抵押权也随之消灭。

2. 抵押权的不可分性

抵押权的不可分性，指抵押权标的物的全部价值担保债权的全部，不因债权的部分清偿而受影响，也不因抵押部分灭失而缩减抵押权的担保范围。

3. 抵押权的物上代位性

抵押权的物上代位性，指抵押物发生毁损灭失而得到赔偿时，抵押权人可以对赔偿金行使权利。

4. 抵押权的特定性

抵押权的特定性，指抵押物的特定和被担保债权的特定。

5. 抵押权的追及性

抵押权的追及性，指抵押权不因抵押人擅自转让抵押物而受影响，抵押权人仍可追及该财产并对其行使抵押权。抵押权的追及性对留置权是一个例外。

6. 抵押权的优先受偿性

抵押权的优先受偿性，指抵押权人就抵押物的价值优先受偿的权利。

三、担保物权的法律风险及其控制

（一）担保物权优先受偿的限制

抵押权、质权、留置权为我国法律规定的三种担保物权，其中，抵押权和质权是银行常用的担保物权。担保物权是指在债务人或者第三人的特定物或者权利上设定的用于确保债权人的债权得到清偿的优先受偿权。根据《担保法》和《物权法》的规定，担保物权人享有优先受偿的权利。但是，应当注意，担保物权人的优先受偿权，是相对优先而并非绝对优先。当遇到法律、法规另有规定的情形时，担保物权的优先受偿权将受到限制。即银行的抵（质）押权在特定的情况下，其优先受偿权利将受到限制，某些权利将优先于抵（质）押权。对此，《物权法》第一百七十条有明确规定："担保物权人在债务人不履行到期债务或者发生当事人约定的实现担保物权的情形，依法享有就担保财产优先受偿的权利，但法律另有规定的除外。"最高人民法院《关于贯彻执行〈民法通则〉若干问题的意见（试行）》第一百一十六条也作出类似的规定："有要求清偿银行贷款和其他债权等数个债权人的，有抵押权的债权人应享有优先受偿的权利。法律、法规另有规定的除外。"可见，如果存在较银行的抵（质）押权更为优先的担保权或债权时，抵（质）押权后于这些担保权或债权受偿。因此，商业银行要摒弃"只要设定了财产抵（质）押，信贷资产的安全就有了充分保障"的观念，在接受担保物权担保时，应充分评估存在的风险隐患，落实好相关应对措施，防范优先于担保物权受偿的法律风险。

（二）优先于担保物权的权利与银行风险控制

根据有关法律规定，优先于担保物权受偿的权利主要有以下几种：

1. 税收优先权

《中华人民共和国税收征收管理法》（以下简称《税收征收管理法》）第四十五条第二款规定："纳税人欠缴的税款发生在纳税人以其财产设定抵押、质押或者纳税人的财产被留置之前的，税收应当先于抵押权、质权、留置权执行。"据此规定，如果纳税人在提供抵押或质押前已经拖欠税款的，税权优先于抵（质）押权，税务机关有权先于银行处置抵押物、质物并就处置款优先受偿，收税后的剩余部分，银行才可以受偿。当然，如果欠缴税款发生在抵（质）押之后，则税权不能对抗银行的抵（质）押权。

商业银行为有效地确保抵（质）押权的优先受偿，应当采取以下防范措施：

（1）在贷前调查阶段，应当调查借款申请人的纳税情况，必要时可直接向税务机关调查核实。若发现申请人有欠税的，应明确要求借款企业先行完税，并提供完税凭证及相应的支付证明。

（2）在贷后管理阶段，如果借款人申请办理借新还旧的，贷款银行在办理有关手续前，也应当了解借款人的纳税情况。对于欠缴税款的借款人，应谨慎办理借新还旧。因为，贷款银行在重新办理抵（质）押登记中，会使原来已登记的抵（质）押权失效，而重新登记的抵（质）押权则被税权所优先。

2. 划拨土地使用权出让金优先权

《担保法》第五十六条规定："拍卖划拨的国有土地使用权所得的价款，在依法缴纳相当于应缴纳的土地使用权出让金的款额后，抵押权人有优先受偿权。"

《中华人民共和国城市房地产管理法》（以下简称《城市房地产管理法》）第五十一条规定："设定房地产抵押权的土地使用权是以划拨方式取得的，依法拍卖该房地产后，应当从拍卖所得的价款中缴纳相当于应缴纳的土地使用权出让金的款额后，抵押权人方可优先受偿。"

根据上述法律规定，划拨的国有土地使用权出让金优先于贷款银行的抵押权受偿，银行只有在以担保物折价或拍卖、变卖所得价款缴纳土地使用权出让金后，才能够就剩余部分享有优先受偿权。因此，对于以包含有划拨的国有土地使用权的房地产抵押的，商业银行应当查验抵押人缴纳土地出让金的相关票据。若土地出让金还没有全额缴纳的，银行应确定合适的抵押率，以保证房地产转让价款在缴纳土地出让金后，银行的债权能够得以全部清偿。

3. 船舶、航空器的优先权

《中华人民共和国海商法》（以下简称《海商法》）第二十五条规定："船舶优先权先于船舶留置权受偿，船舶抵押权后于船舶留置权受偿。"《中华人民共和国民用航空法》（以下简称《民用航空法》）第二十二条规定："民用航空器优先权先于民用航空器抵押权受偿。"根据上述规定，船舶、民用航空器优先权先于银行抵押权受偿，银行在办理船舶、航空器抵押贷款时，要充分关注可能发生的船舶、航空器优先权风险，采取增加其他担保的措施确保贷款安全。

根据《海商法》第二十二条的规定，下列各项海事请求具有船舶优先权：

（1）船长、船员和在船上工作的其他在编人员根据劳动法律、行政法规或者劳动合同所产生的工资、其他劳动报酬、船员遣返费用和社会保险费用的给付请求；

（2）在船舶营运中发生的人身伤亡的赔偿请求；

（3）船舶吨税、引航费、港务费和其他港口规费的交付请求；

（4）海难救助的救助款项的给付请求；

（5）船舶在营运中因侵权行为产生的财产赔偿请求。

行使船舶优先权应当在法定的期限之内，超过法定期限的，船舶优先权消灭。根据《海商法》的相关规定，有下列情形之一的，船舶优先权消灭：

（1）船舶转让时，自人民法院应受让人申请予以公告之日起满六十日；

（2）自优先权产生之日起满一年（此期间不得中止或者中断）；

（3）船舶经人民法院强制出售；

（4）船舶灭失。

根据《民用航空法》第十九条的规定，下列各项债权具有民用航空器优先权：

（1）援救该民用航空器的报酬；

（2）保管维护该民用航空器的必需费用。

民用航空器优先权，应当自援救或者保管维护工作终了之日起三个月内行使（第二十条）。

4. 留置优先权

《物权法》第二百三十九条规定："同一动产上已设立抵押权或者质权，该动产又被留置的，留置权人优先受偿。"据此规定，抵押人在对抵押物加工、运输、保管的过程中，拖欠加工人、运输人、保管人的费用，当抵押物被加工人、运输人、保管人留置时，该费用优先于银行抵押权受偿。银行在办理动产抵押贷款时，可以考虑要求借款人提供专项保证人，保证抵押物按约定存放、保管、承担，如未经银行允许而加工、运输、保管抵押物造成抵押物价值减少或被留置的，由保证人承担相应的法律后果。

此外，根据《关于适用〈中华人民共和国担保法〉若干问题的解释》第七十九条的规定，同一财产法定登记的抵押权与质权并存时，抵押权人优先于质权人受偿。

5. 建设工程款优先权

《合同法》第二百八十六条规定："发包人未按照约定支付价款的，承包人可以催告发包人在合理期限内支付价款。发包人逾期不支付的，除按照建设工程的性质不宜折价、拍卖的以外，承包人可以与发包人协议将该工程折价，也可以申请人民法院将该工程依法拍卖。建设工程的价款就该工程折价或者拍卖的价款优先受偿。"

最高人民法院《关于建设工程价款优先受偿权问题的批复》（法释［2002］16号）第一条规定："人民法院在审理房地产纠纷案件和办理执行案件中，应当依照《中华人民共和国合同法》第二百八十六条的规定，认定建筑工程的承包人的优先受偿权优于抵押权和其他债权。"

根据上述法律和司法解释的规定，工程承包人被拖欠的建设工程价款优先于抵押权及其他债权受偿。因此，银行在办理建设工程抵押贷款中，应当注意以下几点：

（1）查明是否拖欠建设工程价款。在贷前调查中，银行应了解抵押人的建设工程款结算情况，查明该工程是否拖欠建设工程价款及拖欠金额。若拖欠金额过大的，应谨慎接受为贷款担保物。

（2）谨慎对待承包人放弃建设工程款优先受偿的承诺。法定优先权是否可以放弃，目前存在争议，特别是建设工程款优先受偿权带有维护社会稳定性质，承包人放弃权利的行为是否具有法律效力具有不确定性，银行切不可放松警觉。当然，在符合贷款发放条件下，要求抵押人提交承包人放弃建设工程款优先受偿的承诺，对银行而言，是一种未必有益却必定无害的选项。

（3）合理确定工程欠款范围。建设工程价款包括承包人为建筑工程应当支付的工作人员报酬、材料款等实际支出费用，但不包括承包人因发包人违约造成的损失。

（4）查明优先权行使期限。建设工程价款优先权行使期限为6个月，自建设工程竣工之日起或者建设工程合同约定的竣工之日起计算，超过此期限，建设工程价款不再享有优先受偿的权利。

第二节 抵押权的设定

抵押权依产生的原因不同,分为法定抵押权和约定抵押权。法定抵押权因时效而取得,我国目前法律尚无此规定;约定抵押权依据抵押人与抵押权人双方当事人的合意而设定,因而,设定抵押权的行为是一种合同,称为抵押合同。商业银行在设定抵押权时,应从抵押人主体的适格性、抵押物的合法合规性、抵押合同的规范性、抵押登记的必要性等方面控制好法律风险。

一、抵押人的主体资格要求

商业银行在信贷业务中,为了确保抵押合法有效,必须审查抵押人的民事行为能力,以及抵押人对抵押物的处分权限。

(一)抵押人具有相应的民事行为能力

抵押是一种法律行为,是一种处分财产权利的行为,而并非一种纯粹接受利益的行为,所以,抵押人应当具有相应的民事行为能力。对自然人而言,不能是限制民事行为能力人,更不能是无民事行为能力人,而必须是具有完全民事行为能力人。

(二)抵押人对抵押物具有处分权

抵押是抵押人以其所有的财产作为债权的担保,当债务人不履行到期债务或者发生当事人约定实现抵押权的情形时,需要以抵押物的价值来清偿债务。若抵押人不是抵押物的所有权人或者有权处分人,其在抵押物上设定抵押权侵害了所有权人的权益。最高人民法院《关于贯彻执行〈民法通则〉若干问题的意见(试行)》第一百一十三条第一款规定:"以自己不享有所有权或者经营管理权的财产作抵押物的,应当认定抵押无效。"所以,抵押人必须是对抵押物具有处分权或者经营管理权的所有权人或所有权受权人。

抵押人对抵押物具有处分权应当满足以下条件:

1. 产权证书合法有效

产权证书是证明财产归属的重要法律文书,唯一性与法定性是它的重要特征。商业银行在审查抵押人的所有权时,主要审查抵押人是否持有抵押物合法有效的产权证书,或者抵押财产的权属是否已经有关部门确认。所有权不明晰或抵押人只享有使用权而无处分权的财产,银行不应接受为抵押物。

2. 抵押物处分权完整

抵押财产不仅应当所有权明晰,而且,所有权也应当是完整的,尤其是处分权和占有权不应存在瑕疵。商业银行在审查抵押人的处分权时,主要审查在该抵押物上是否已经设定了其他担保物权,抵押物是否已被司法机关、行政机关等有权机关查封、扣押。如果抵押财产是国有资产,还应审查是否取得国有资产管理部门的批准。在审查国有资产抵押审批要求时,应当注意与所在地的地方性规定相吻合。

二、抵押物合法合规

（一）抵押物必须合法

抵押人提供的抵押财产，可以是不动产，也可以是动产。这些财产必须是客观存在的，为法律允许设定抵押权的财产。这是抵押权设定的合法性要求。银行应当审查抵押财产的真实性、合法性以及所有权的完整性，确认其符合《担保法》第三十四条和《物权法》第一百八十条的要求。

（二）抵押物符合银行要求

《物权法》、《担保法》规定可以设定抵押权的财产，是商业银行选择接受抵押财产的基础条件，但不是唯一条件。银行接受抵押财产需要考察的因素很多，其中，抵押财产的变现性与安全性是重要因素。抵押财产符合商业银行的相关规定，是银行接受该财产抵押的关键。

三、抵押合同符合法定要求

（一）抵押必须签订书面合同

《物权法》第一百八十五条和《担保法》第三十八条对抵押合同的形式做了规定："抵押人和抵押权人应当以书面形式订立抵押合同。"（《担保法》第三十八条）据此规定，抵押人与抵押权人关于抵押的约定，不允许口头约定，必须签订书面合同。当事人未采用书面形式的，抵押合同不成立，不能认定抵押关系存在。抵押合同的书面形式，可以是当事人就抵押专门达成的书面协议，也可以是在主合同中达成的抵押担保条款，还可以是具有设定抵押担保内容的信函、传真等。

（二）抵押合同的内容

抵押合同的内容，指抵押合同的条款。根据《物权法》第一百八十五条和《担保法》第三十九条的规定，抵押合同应当包括以下内容：

(1) 被担保的主债权种类、数额；
(2) 债务人履行债务的期限；
(3) 抵押物的名称、数量、质量、状况、所在地、所有权权属或者使用权权属；
(4) 抵押担保的范围；
(5) 当事人认为需要约定的其他事项。

1. 必要条款与非必要条款

在抵押合同内容中，第（1）至第（4）项内容为必要条款，若这些条款不具备，抵押合同应视为未成立，但当事人仍可就欠缺的条款内容进行补正，补正后符合法律要求的，抵押合同成立。第（5）项"当事人认为需要约定的其他事项"为兜底内容，属于非必要条款，其有无不会影响抵押合同成立与否。在实际工作中，银行通常会提供业务所需的各种格式合同文本，抵押合同的当事人只需按规定填写相关栏目内容，抵押合同成立一般不存在问题。

2. 非必要条款约定应注意的事项

抵押合同当事人在约定非必要条款时，应当注意以下三点：

（1）需要约定的事项应当约定清楚。例如，违约责任、纠纷处理、抵押权的实现方式等。在约定抵押权实现内容时，对抵押物的处分条件和处分方式，应尽可能具体、明确：

第一，处分抵押物的条件。包括：时间条件，即何时起抵押权人可以处分抵押物；行为条件，即履行债务期限届满，抵押权人是否应作出一定行为后方可以处分抵押物。

第二，处分抵押物的方式。包括：变价方式（折价、变卖、拍卖）、变价费用、中介服务等。

（2）法律已经明确的事项不必再约定。例如，"抵押权人有权就抵押物变卖的价款优先受偿"等类似条款。

（3）违反法律规定的事项不能约定。例如，"债务履行期限届满抵押权人未受清偿时，抵押物所有权转移为债权人所有"。这样的条款属于"流质契约"，为法律所禁止。《担保法》第四十条规定："订立抵押合同时，抵押权人和抵押人在合同中不得约定在债务履行期限届满抵押权人未受清偿时，抵押物的所有权转移为债权人所有。"《担保法》第六十六条也规定："出质人和质权人在合同中不得约定在债务履行期限届满质权人未受清偿时，质物的所有权转移为质权人所有。"上述条款明确禁止当事人订立"流质契约"。《物权法》第一百八十六条、第二百一十一条重申了《担保法》的上述规定。

所谓"流质契约"，又称"绝押契约"，指当事人双方在设立抵押或质押时，在担保合同中约定，债务履行期限届满而担保人尚未清偿时，担保物的所有权转移为债权人所有。

法律之所以对"流质契约"加以禁止，一方面是因为这种约定违背了抵押权作为抵押物变价权的性质，另一方面是这种约定不利于保护债务人以及债务人的其他债权人的合法权益。比如，某人向银行贷款10万元，以自有价值30万元的房屋抵押担保，若允许约定"流质契约"，某些抵押人为了眼前的急迫需要，就有可能作出不利于自己的选择。

"流质契约"无效，首先，是指"流质契约"条款无效，而不是指抵押合同无效；其次，"流质契约"无效是绝对无效，而不必问其内容如何，即使是抵押物的价格与担保的债权金额相当，甚至还约定了债权人应返还超过债权金额的价款，也是无效的；最后，"流质契约"无效，并不当然地推导出类似的约定也无效。造成其无效的根本原因并非是约定的内容，而是约定内容的时间。若债务履行期限届满后债权未受清偿时，抵押人与抵押权人约定，抵押权人以一定价格取得抵押物所有权，而此时这样的约定则是有效的。因为，这样的约定是以抵押物折价实现抵押权的行为，不属于"流质契约"。

四、依法办理抵押登记

（一）强制登记与选择登记

《物权法》、《担保法》对于抵押登记的公示方式，采取混合主义的立法模式，即登记成立要件主义和登记对抗要件主义两种方式，依抵押物种类不同，分别作出强制登记和选择登记（又称自愿登记）两种规定：

1. 抵押的强制登记（登记生效）

登记生效，指以法律规定应当办理抵押登记的财产设定抵押的，当事人办理登记始产生抵押权，未经登记抵押权不成立。根据《担保法》第四十一条的规定，当事人以土地使用权、城市房地产、乡镇企业厂房、林木、机动交通工具、机器设备等财产抵押的，抵押物必须办理登记。抵押合同自登记之日起生效。不办理抵押物登记的，抵押合同不生效。

应当注意，《物权法》对《担保法》的上述规定作了修正，区分了抵押合同生效与抵押权生效的概念。根据《物权法》的规定，抵押（质押）未办理登记，只是担保物权不发生效力，担保合同的效力并不因此受到影响，担保合同自合同成立时生效（详见第九章第四节"二、担保物权规定的主要变化"中的"（一）未办理抵押或质押登记不影响担保合同的效力"）。

同时，《物权法》调整了抵押的强制登记（登记生效）范围，把林木、机动交通工具、机器设备等从强制登记财产中剔除。根据《物权法》第一百八十七条的规定，当事人以建筑物和其他土地附着物、建设用地使用权、正在建造的建筑物，以及以招标、拍卖、公开协商等方式取得的荒地等土地承包经营权抵押的，应当办理抵押登记，抵押权自登记时设立，不登记的，抵押权不生效（详见第九章第二节"二、《物权法》的重要原则"中的"（三）物权公示原则"）。

2. 抵押的选择登记（登记对抗）

登记对抗，指是否登记由当事人选择，不登记不影响抵押权成立，但不登记不产生对抗第三人的效力。依据《物权法》第一百八十八条和《担保法》第四十三条的规定，当事人以法律规定强制登记之外的其他财产抵押的，可以办理抵押物登记，也可以不办理抵押物登记，是否办理抵押登记，由当事人自愿决定，抵押物登记与否并不影响抵押权的成立，抵押合同自成立之日起生效，抵押权自抵押合同生效时设立。但是，未经抵押登记的这种抵押权的效力，仅存在于抵押合同当事人相互之间，不产生公信力，不能对抗善意第三人。例如，当第三人不知情而受让抵押物时，债权人不能对已经转让的抵押物行使抵押权。可见，对于"选择登记"方式而言，抵押登记只具有公示作用，并不是抵押合同生效的要件，但却是产生公信力、对抗第三人的要件。

应当注意，在选择登记的财产抵押中，若当事人约定自愿登记并将登记作为合同生效的条件，但又未依约定登记的，依照当事人"意思自治"的原则，抵押合同成立但未生效。

（二）抵押登记部门

抵押登记的机关和程序通常是法定的，具有特定性，而且，不同种类的抵押物分别由不同的登记部门负责登记。

1. 抵押强制登记的登记部门

根据《担保法》第四十二条的规定，当事人以强制登记的财产设定抵押，必须到指定部门办理抵押登记：

（1）以无地上附着物的土地使用权抵押的，为核发土地使用权证书的土地管理部门。

（2）以城市房地产或者乡（镇）、村企业的厂房等建筑物抵押的，为县级以上地方人民政府规定的部门。

（3）以林木抵押的，为县级以上林木主管部门。

（4）以航空器、船舶、车辆抵押的，为运输工具的登记部门。

（5）以企业的设备和其他动产抵押的，为财产所在地的工商行政管理部门。

2. 抵押选择登记的登记部门

《担保法》第四十三条规定："当事人以其他财产抵押的，可以自愿办理抵押物登记，抵押合同自签订之日起生效。当事人未办理抵押物登记的，不得对抗第三人。当事人办理抵押物登记的，登记部门为抵押人所在地的公证部门。"据此规定，当事人以强制登记财产以外的其他财产抵押的，可以自愿约定抵押登记。所谓"其他财产"，根据司法部《公证机构办理抵押登记办法》（司法部令［2002］第68号）第三条规定，包括下列内容：

（1）个人、事业单位、社会团体和其他非企业组织所有的机械设备、牲畜等生产资料；

（2）位于农村的个人私有房产；

（3）个人所有的家具、家用电器、金银珠宝及其制品等生活资料；

（4）其他除《担保法》第三十七条和第四十二条规定之外的财产。

司法部《公证机构办理抵押登记办法》规定：抵押登记由抵押合同双方当事人共同提出申请（第六条）；抵押权人自公证机构出具"抵押登记证书"之日起获得对抗第三人的权利（第五条）。

（三）抵押登记顺序

同一财产有两个以上抵押权人的，清偿时实行登记在前优先原则。根据《关于适用〈担保法〉若干问题的解释》第五十八条的规定，若"当事人同一天在不同的法定登记部门办理抵押物登记的，视为顺序相同。因登记部门的原因致使抵押物进行连续登记的，抵押物第一次登记的日期，视为抵押登记的日期，并依此确定抵押权的顺序"。同时，为保障抵押登记的公正和效率，抵押登记顺序的确定采取申请在先主义的原则，即抵押登记申请日为抵押权设定日，而不论抵押登记簿所记载的登记日期或抵押登记证书所记载的日期。

（四）城市房地产抵押登记

1. 城市房地产抵押登记部门

建设部《城市房地产抵押管理办法》（建设部令［1997］第56号发布，建设部令［2001］第98号修正）规定，城市规划区国有土地范围内的房地产抵押，包括房地产抵押、预购商品房贷款抵押、在建工程抵押等，归口国务院建设行政主管部门管理，直辖市、市、县人民政府房地产行政主管部门（房地产管理部门）负责管理本行政区域内的房地产抵押管理工作（第三条、第七条）。抵押当事人应当到房地产所在地的房地产管理部门办理房地产抵押登记。抵押权人自房地产管理部门出具"房屋他项权证"之日起获得对抗第三人的效力（第三十四条）。

在实际工作中，房地产抵押登记比较难处理。难点之一，各地方政府规定的登记部门比较混乱，此地与彼地不一。难点之二，我国房地产法律采取土地使用权与房屋所有权权属一致的原则，即"地随房走或房随地走"。所谓"地随房走"，指转让房屋的所有权或者使用权时，土地使用权一并转让；所谓"房随地走"，指转让土地使用权时，该土地上的房屋也同时转让。但是，房地产的权属登记，则采取土地与其地上建筑物分别登记的原则，这两大制度在设计上存在矛盾。难点之三，各地普遍存在房屋管理部门与土地管理部门分设的情况，若以房屋或土地使用权分别抵押，是分别登记还是一次登记，等等。

为了明确房地产抵押登记，最高人民法院在《关于适用〈担保法〉若干问题的解释》第六十条中规定："以《担保法》第四十二条第（二）项规定的不动产抵押的，县级以上地方人民政府对登记部门未作规定，当事人在土地管理部门或者房产管理部门办理了抵押物登记手续，人民法院可以确认其登记的效力。"根据该条规定，对于房地产抵押登记，若地方政府对登记部门有规定的，从其规定；若地方政府未作规定的，当事人可以选择在土地管理部门或者房产管理部门办理抵押登记，而不必分别进行登记。

2. 房屋抵押登记应当提交的材料

根据建设部《房屋登记办法》的规定，以房屋设定抵押的，当事人应当申请抵押权登记（第四十二条）。申请抵押权登记，应当提交下列材料（第四十三条）：

（1）登记申请书；

（2）申请人的身份证明；

（3）房屋所有权证书或者房地产权证书；

（4）抵押合同；

（5）主债权合同；

（6）其他必要材料。

3. 房屋抵押变更登记应当提交的材料

抵押当事人、债务人的姓名或者名称，被担保债权的数额，登记时间等事项发生变化或者发生法律、法规规定变更抵押权的其他情形的，当事人应当申请抵押权变更登记（《房屋登记办法》第四十五条）。申请抵押权变更登记，应当提交下列材料（《房屋登记办法》第四十六条）：

（1）登记申请书；

（2）申请人的身份证明；

（3）房屋他项权证书；

（4）抵押人与抵押权人变更抵押权的书面协议；

（5）其他必要材料。

因抵押当事人姓名或者名称发生变更，或者抵押房屋坐落的街道、门牌号发生变更申请变更登记的，无须提交前款第（4）项材料。

因被担保债权的数额发生变更申请抵押权变更登记的，还应当提交其他抵押权人的书面同意文件。

4. 房屋抵押权转移登记应当提交的材料

经依法登记的房屋抵押权因主债权转让而转让，申请抵押权转移登记的，主债权的转让人和受让人应当提交下列材料（《房屋登记办法》第四十七条）：

（1）登记申请书；

（2）申请人的身份证明；

（3）房屋他项权证书；

（4）房屋抵押权发生转移的证明材料；

（5）其他必要材料。

5. 房屋抵押登记纠纷的救济

根据最高人民法院《关于审理房屋登记案件若干问题的规定》（法释［2010］15号，以下简称《审理房屋登记案件若干规定》），商业银行在办理房屋抵押登记中，与登记部门发生纠纷时，可视纷争不同分别采取不同的救济措施：

第一，提起行政诉讼。对于房屋登记部门以下两类行为可以提起行政诉讼：一是房屋登记行为，包括房屋所有权登记、抵押权登记、地役权登记三类权利登记，以及异议登记、更正登记、预告登记三类辅助登记；二是相关行政行为，包括是否准予查询、复制登记资料以及撤销登记、收缴权属证书等行为。

第二，提起诉讼。对于以下情形，房屋登记机构为债务人办理房屋转移登记的，可以依法提起诉讼（《审理房屋登记案件若干规定》第四条）：

（1）以房屋为标的物的债权已办理预告登记的；

（2）债权银行为抵押权人且房屋转让未经其同意的；

（3）人民法院依债权银行申请对房屋采取强制执行措施并已通知房屋登记机构的；

（4）房屋登记机构工作人员与债务人恶意串通的。

第三，要求承担相应的赔偿责任。如果抵押物有瑕疵是由于登记机构未尽合理审慎职责造成的，可以根据其过错程度及其在损害发生中所起作用，要求登记机构承担相应的赔偿责任（《审理房屋登记案件若干规定》第十二条）。

第四，要求承担连带赔偿责任。登记机构工作人员与第三人恶意串通违法登记，侵犯抵押权人合法权益的，可以要求登记机构与第三人承担连带赔偿责任（《审理房屋登记案件若干规定》第十三条）。

第五，参与行政诉讼。如果人民法院受理房屋登记的行政案件与抵押权人有利害关系，债权银行可以作为第三人参加行政诉讼（《审理房屋登记案件若干规定》第六条）。

（五）机动车抵押登记

根据《机动车登记规定》（公安部令第102号）的规定，以机动车抵押的，应当向登记地车辆管理所申请抵押登记（第二十二条）。机动车抵押登记由机动车所有人和抵押权人共同申请，并提交下列证明、凭证：

（1）机动车所有人和抵押权人的身份证明；

（2）机动车登记证书；

（3）机动车所有人和抵押权人依法订立的主合同和抵押合同。

（六）动产抵押登记

根据《动产抵押登记办法》（国家工商行政管理总局令［2007］第30号）的规定，以现有的以及将有的生产设备、原材料、半成品、产品抵押的，应当向抵押人住所地的县级工商行政管理部门（以下简称动产抵押登记机构）办理登记。动产抵押登记可由抵押合同双方当事人共同向动产抵押登记机构办理，也可以委托代理人向动产抵押登记机构办理（第二条）。

当事人办理动产抵押登记，应当向动产抵押登记机构提交下列材料：

(1) 经抵押合同双方当事人签字或者盖章的"动产抵押登记书"；

(2) 抵押合同双方当事人主体资格证明或者自然人身份证明文件。

委托代理人办理动产抵押登记的，还应提交代理人身份证明文件和授权委托书（第三条）。

动产抵押登记机构受理登记申请后，应当当场在"动产抵押登记书"上加盖动产抵押登记专用章并注明盖章日期（第五条）。抵押权人自动产抵押登记机构出具"动产抵押登记书"之日起获得对抗第三人的效力。

有关单位和个人可以持合法身份证明文件，向动产抵押登记机构查阅、抄录或者复印有关动产抵押登记的资料（第十一条）。

五、担保期间与担保物权存续期间

（一）担保期间对担保物权存续的影响

在实务中，抵押或质押登记部门在办理登记时，常常强制登记抵押期间或质押期间。依照登记部门的要求，登记期限届满后，申请人须重新登记，否则，抵押权消灭。例如，在房地产抵押登记中，登记部门将房屋及其土地的抵押登记期限，有的设定为一年，有的则设定为自合同生效至借款期限届满之日。抵押期间或质押期间，除了强制登记产生之外，也有当事人在签订合同时约定产生。例如，当事人在合同中约定，"抵押期间为借款期限届满之日起2年"。这些抵押期间或质押期间，称为"担保期间"。

当事人约定或登记部门登记的"担保期间"届满后，抵押权或质权是否归于消灭？最高人民法院《关于适用〈担保法〉若干问题的解释》第十二条第一款对此作出了回答："当事人约定的或者登记部门要求登记的担保期间，对担保物权的存续不具有法律约束力。"可见，最高人民法院对"担保期间"可以消灭担保物权之说予以了否定，不认可"担保期间"的法律意义。

据最高人民法院的专家学者解释，《担保法》司法解释不认可"担保期间"的法律意义，主要基于以下两个原因：

首先，抵押权、质权为物权，其性质上属于担保物权，根据物权法定原则，当事人不能在物权法之外设定物权，也不能以《物权法》之外的方式消灭物权。《担保法》规定了担保物权消灭的三种方式：一是因抵押权、质权的行使而消灭（第五十三条）；二是因抵押权、质权所担保的债权消灭而消灭（第五十二条）；三是因抵押物、质物的灭失而消灭（第五十八条）。但是，《担保法》并没有规定可以因当事人的约定，或者登记部门强制登记的期间届满而消灭。因此，抵押权、质权不因"担保期间"的届满而消灭。

其次，"担保期间"的设立，一方面，抵押权、质权多次重新登记，耗费了大量社会资源，加大了担保成本，不利于担保市场的繁荣与发展；另一方面，若认可"担保期间"届满可以消灭抵押权、质权，则必然导致债权得不到有效的担保，损害债权人的合法权益。

因此，登记部门强制登记或者当事人自行约定的"担保期间"，对担保物权的存续毫无影响，抵押权、质权不会因"担保期间"的届满而消灭。登记部门强制登记或者当事人自行约定的"担保期间"，因不符合《担保法》相关规定而无效。

商业银行在业务工作中，应尽量避免"担保期间"问题的出现，消除其不利影响。一是注意"担保期间"与保证期间区别。前者无法律要求，不必在合同中约定；后者则有法律规定，必须在合同中约定。二是积极与抵押或质押登记部门协商，取消强制登记抵（质）押期限的规定，争取从根本上解决问题。若协商不成，银行也应争取将强制登记抵（质）押的期限，延至借款合同期限届满后2年，尽量不要使其与借款期限相一致。三是加强贷款后管理，重点监控多次未按合同约定返还贷款本息的借款人，做好贷款催收工作。必要时，及时向人民法院提起诉讼，依法维护合法权益。

（二）担保物权的存续期间

如前所述，抵押权、质权等担保物权，不因登记部门强制登记或者当事人自行约定的"担保期间"届满而消灭，也不因法律规定之外的消灭方式而消灭。那么，抵押权、质权等担保物权是否不因期间经过而消灭呢？

最高人民法院《关于适用〈担保法〉若干问题的解释》第十二条第二款规定："担保物权所担保的债权的诉讼时效结束后，担保权人在诉讼时效结束后的二年内行使担保物权的，人民法院应当予以支持。"由此可知，抵押权、质权等担保物权可因一定期间的经过而消灭。这"期间"的确定与担保物权所担保债权的诉讼时效有关，为债权的诉讼时效完成后2年，即担保物权的存续期间，为诉讼时效期间届满后2年，也就是自债权人知道或者应当知道债权受到侵害之时起4年。换言之，若主债权诉讼时效期间没有届满，担保物权则一直存续。

担保权人在诉讼时效完成后2年内行使担保物权，最高人民法院仍然予以支持，这是因为：第一，依据物权法定原则，抵押权、质权等担保物权，其消灭方式是法定的，不能以《物权法》规定之外的方式消灭之。第二，诉讼时效完成，其所产生的法律后果是债权人丧失胜诉权。但是，就债权而言，其本身并没有消灭。第三，依然存在的债权，使得担保物权也依然存在，不会被物权法规定以外的其他方式消灭，因此，《担保法》在第五十二条作出了以下规定："抵押权与其担保的债权同时存在，债权消灭的，抵押权也消灭。"正是基于上述理由，权利人要求行使担保物权的，人民法院应当予以支持。

应当注意的是，最高人民法院上述关于担保物权存续期间的规定，因与《物权法》第二百零二条的规定相冲突，自《物权法》施行之日（2007年10月1日）起不再适用。担保权人（抵押权人、质权人）应当在主债权诉讼时效期间行使抵押权。未行使的，人民法院不予保护。

第三节 抵押物的选择

一、抵押物应当具备规定的要件

抵押权既是一种担保物权，又是一种换价权，必要时，需要对抵押物进行变价。因此，抵押物作为抵押权标的，必须具备以下四个要件：

（一）具有特定性

不特定的财产，抵押权人无法对其价值加以支配，也无法确定其价值，故不能设定抵押权。只有特定化了的财产，才可以设定抵押权。标的必须特定，这是物权的共同特征，担保物权是物权中的一种，当然应当具有特定性。

（二）具有交换价值和可让与性

抵押权是支配抵押物交换价值的权利，是从抵押物变价中优先受偿的权利，若抵押物不具有交换价值，或者虽有交换价值但不可以转让，都会导致抵押权落空。因此，抵押物必须具有交换价值，以确保其能变价。同时，抵押物还必须可以转让，以保证其实现变价。法律法规禁止流通的物品，因其不可转让而不能成为抵押物。法律法规限制流通的物品，虽然其转让受到一定限制，但并非完全不可转让，也可以成为抵押物。

（三）具有价值和形态稳定性

抵押物设定抵押权后并不转移占有，抵押人仍然对该物品行使使用权和收益权。若抵押人的使用与收益会使抵押物毁损或价值贬损，则抵押权人的利益就无法保障。所以，抵押物原则上应当是非消耗物品，不因抵押人的使用与收益而毁损其本来的财产价值和形态。

（四）可登记（注册）公示性

抵押权人并不占有抵押物，不能以占有为公示要件，而应当以登记（注册）的方式公示。因此，抵押的物品应当是能够以登记（注册）的方式公示其权利状况的财产。

二、抵押物应当是法律规定可以设定抵押的财产

（一）法律规定可以抵押的财产

《担保法》第三十四条和《物权法》第一百八十条采用列举方法规定了可以抵押的财产。依据《物权法》第一百八十条的规定，抵押人有权处分的下列财产可以抵押：

1. 建筑物和其他土地附着物；
2. 建设用地使用权；
3. 以招标、拍卖、公开协商等方式取得的荒地等土地承包经营权；
4. 正在建造的建筑物、船舶、航空器；
5. 交通运输工具；
6. 法律、行政法规未禁止抵押的其他财产。

以限制流通的财产设定抵押权，抵押合同的效力不受影响，但是，在实现债权时，抵押物的处置应当遵守限制流通物的相关规定。

（二）法律规定不得抵押的财产

《担保法》第三十七条和《物权法》第一百八十四条同样采用列举方法规定了不得抵押的财产。依据《物权法》第一百八十四条的规定，下列财产不得抵押：

1. 土地所有权；
2. 耕地、宅基地、自留地、自留山等集体所有的土地使用权，但法律规定可以抵押的除外；

3. 学校、幼儿园、医院等以公益为目的的事业单位、社会团体的教育设施、医疗卫生设施和其他社会公益设施；

4. 所有权、使用权不明或者有争议的财产；

5. 依法被查封、扣押、监管的财产；

6. 法律、行政法规规定不得抵押的其他财产。

需要注意的是，乡（镇）、村企业的土地使用权属集体所有不得单独设定抵押权，但若以乡（镇）、村企业的厂房等建筑物抵押的，其占用范围内的土地使用权同时抵押，此时集体所有土地使用权抵押并非无效（《物权法》第一百八十三条、《担保法》第三十六条第三款）。

三、抵押权与租赁权的关系

根据《担保法》和《物权法》的规定，抵押权与租赁权两者的关系是：订立抵押合同前抵押财产已出租的，原租赁关系不受该抵押权的影响。抵押权设立后抵押财产出租的，该租赁关系不得对抗已登记的抵押权。具体阐述如下：

（一）在出租的财产上设定抵押权

1. "买卖不破租赁"

《担保法》第四十八条规定："抵押人将已出租的财产抵押的，应书面告知承租人，原租赁合同继续有效。"《关于适用〈担保法〉若干问题的解释》第六十五条也规定："抵押人将已出租的财产抵押的，抵押权实现后，租赁合同在有效期内对抵押物的受让人继续有效。"《物权法》第一百九十条规定："订立抵押合同前抵押财产已出租的，原租赁关系不受该抵押权的影响。"这些规定集中体现了民法中"买卖不破租赁"的精神。

所谓"买卖不破租赁"，指租赁关系成立之后，即使出租人将租赁物转让给第三人，承租人仍然可以向受让人主张租赁权。就权利属性而言，租赁权属于债权，其与出租人的其他债权人的债权处于同等地位。但是，在"买卖不破租赁"的规则下，租赁权被赋予了物权效力，可以附随于租赁物之上，故承租人可以向租赁物的受让人主张租赁合同继续存在。

抵押人在出租的财产上设定抵押权，既没有危及承租人的权益，也没有损害抵押权人的权益，在法律上不存在任何障碍。因为，抵押权追求的是抵押物的交换价值，它并不要求转移抵押物的占有。而租赁权追求的是租赁物的使用价值，它要求必须占有租赁物。由于抵押权与租赁权对物品的追求不同，使得在同一时间内对同一物品并存抵押权和租赁权成为可能。同样地，根据"买卖不破租赁"的规则，承租人可以对抗抵押物的受让人，主张租赁合同继续存在。

2. 出租人出卖出租房屋的效力

显而易见，先设定租赁权后产生抵押权，由于受"买卖不破租赁"规则的约束，抵押权人在以变卖方式处置抵押物时通常会遇到一些麻烦。比如，参与竞买的人数不多、转让价格偏低、难以成交等。更为重要的是，承租人不仅可以主张租赁权，他对租赁物（抵押物）还具有优先购买权。并且，这优先购买权无论是先成立租赁权后设定抵押权，还是先设定抵押权后成立租赁权，均受法律所保护。《关于贯彻执行〈民法通则〉若干问题的意见（试行）》第一百一十八条规定："出租人出卖出租房屋，应提前三个月通知承租人，承租人在同等条件下，享有优先购买权；出租人未按此规定出卖房屋的，承租人可以请求人民法院宣告该房屋买卖无效。"最高人民法院《关于审理城镇房屋租赁合同纠纷案件具体应用法律若干问题的解释》（法释〔2009〕11号，以下简称《房屋租赁纠纷若干解释》）对上述规定进行了修订，取消了"承租人可以请求人民法院宣告该房屋买卖无效"的提法，变更为："出租人出卖租赁房屋未在合理期限内通知承租人或者存在其他侵害承租人优先购买权情形，承租人请求出租人承担赔偿责任的，人民法院应予支持。但请求确认出租人与第三人签订的房屋买卖合同无效的，人民法院不予支持"（第二十一条）。该条规定在赋予承租人对侵害优先购买权行为享有救济权利的同时，也保护了善意第三人的利益，贯彻了契约自由原则。必须指出的是，最高人民法院在上述两个司法解释中，都要求出租人出卖出租房屋应当通知承租人。

3. 房屋承租人的优先购买权

《房屋租赁纠纷若干解释》对房屋承租人的优先购买权作出了以下规定：

第一，出租人与抵押权人协议折价、变卖租赁房屋偿还债务，应当在合理期限内通知承租人。承租人请求以同等条件优先购买房屋的，人民法院应予支持（第二十二条）。

第二，出租人委托拍卖人拍卖租赁房屋，应当在拍卖5日前通知承租人。承租人未参加拍卖的，人民法院应当认定承租人放弃优先购买权（第二十三条）。

第三，具有下列情形之一，承租人主张优先购买房屋的，人民法院不予支持：

（1）房屋共有人行使优先购买权的；

（2）出租人将房屋出卖给近亲属，包括配偶、父母、子女、兄弟姐妹、祖父母、外祖父母、孙子女、外孙子女的；

（3）出租人履行通知义务后，承租人在十五日内未明确表示购买的；

（4）第三人善意购买租赁房屋并已经办理登记手续的。

4. 对在出租的财产上设定抵押权的建议

有人认为，承租人的优先购买权，不会影响抵押权人实现债权。笔者认为，这只能限于价值范围而言，如果就整个处置过程而言，承租人的优先购买权，或多或少对抵押权人实现债权有所影响。

商业银行在接受已经成立租赁权的财产抵押时，应充分考虑抵押权实现时的困难与风险，充分考察租赁合同的期限以及租金是否已结清这两个问题。如果租赁合同的期限与借款期限相当，甚至长于借款期限，这种情形不利于银行处置抵押物，故不宜接受此类抵押物；如果租赁合同的期限很长，或租金采用一次交付方式并早已结清，银行更不应该接受此类财产为抵押物。另外，若银行决定接受出租的财产抵押，应当明确抵押人（出租人）对抵押物应尽的维修和保养义务。当抵押物出现毁损或贬值时，应要求抵押人（出租人）提供新的抵押物，或相当于抵押物价值减少部分的其他担保。

实务中，由于租赁关系不以备案或登记为生效要件，因而，在出租的财产上设定抵押权对商业银行而言，最不好掌控的是该财产是否出租，以及是否存在"阴阳"租赁合同。为此，商业银行应当采取相应措施加以防控：

第一，贷前调查阶段，信贷尽职调查人员应当深入现场，通过多种渠道了解该财产是否出租。如果当地实行租赁合同备案或登记制度的，应当到备案或登记主管部门查阅租赁资料，也可以要求抵押人出示租赁备案或登记资料。

第二，已知出租的财产，应当审查租赁合同的真实性、有效性和合理性，重点调查核实是否存在"阴阳"合同或其他协议，并告知承租人有关事实和义务。商业银行应将租赁合同交由抵押人和承租人当面确认签章，防范抵押人和承租人采取倒签方式编造"阴阳"合同。同时，要求抵押人出具相关事项的书面承诺。

第三，对未出租的财产，应要求抵押人出具书面承诺，保证该财产在抵押前没有任何处置的协议。

（二）在抵押物上设定租赁权

1. 租赁权不得对抗抵押权的情形

前面谈到，当租赁权成立在先，抵押权设定在后时，"买卖不破租赁"。那么，当抵押权设定在先，租赁权成立在后时，"买卖不破租赁"的规则可否继续适用？

《担保法》对设定抵押权后成立租赁权的情况未作规定，但大多数学者认为，抵押物出租不适用"买卖不破租赁"规则，租赁关系因抵押权的实行而解除。理由有两个：

第一，就权利属性而言，租赁权属于债权，抵押权为物权，根据物权优于债权的原则，承租人不得以租赁合同对抗抵押权人行使权利。

第二，即便租赁权被赋予了物权属性，那也是后于抵押权设立的用益权。根据前手权利优于后手权利的原则，承租人不得对抗因抵押权实行而取得抵押物的买受人。

笔者理解，也许正是基于上述认识与理由，所以最高人民法院在《关于适用〈担保法〉若干问题的解释》第六十六条作出了这样的规定："抵押人将已抵押的财产出租的，抵押权实现后，租赁合同对受让人不具有约束力。抵押人将已抵押的财产出租时，如果抵押人未书面告知承租人该财产已抵押的，抵押人对出租抵押物造成承租人的损失承担赔偿责任；如果抵押人已书面告知承租人该财产已抵押的，抵押权实现造成承租人的损失，由承租人自己承担。"《物权法》对在抵押物上设定租赁权的关系作出了明确规定："抵押权设立后抵押财产出租的，该租赁关系不得对抗已登记的抵押权"（第一百九十条）。《房屋租赁纠纷若干解释》第二十条进一步明确了"买卖不破租赁"的例外情形：

（1）房屋在出租前已设立抵押权，因抵押权人实现抵押权发生所有权变动的；

（2）房屋在出租前已被人民法院依法查封的；

（3）当事人另有约定。

根据上述条款的规定，在不良资产处置中，贷款银行应仔细审查抵押物上租赁权的设立时间，如果该租赁权在抵押权设立之后或者抵押物被司法查封之后，那么，在抵押物被依法以拍卖等方式处置前，该租赁合同可以依法被终止或解除。

2. 对在抵押物上设定租赁权的建议

银行同意在抵押物上设定租赁权的，建议应当采取以下措施控制风险：

第一，签订抵押人（出租人）、承租人和抵押权人三方协议，或由出租人（抵押人）、承租人共同向抵押权人出具书面承诺。三方协议或书面承诺应当包括以下内容：

（1）租赁双方对抵押权人的义务；

（2）承租人不得转租；

（3）抵押权人自主决定抵押权实现的时间和方式，出租人（抵押人）、承租人应无条件配合，自接到抵押权人的书面通知后，应当及时搬离、腾空租赁房屋、拆除装修物，结清相关费用；

（4）租金预收不得超过一定时间段（例如三个月、六个月、一年等），承租人违反约定提前预付的，因债权人实现抵押权而导致的多付租金损失，由承租人自行承担；

（5）租金支付至抵押权人指定的抵押人账户，作为抵押人履行抵押合同的履约保证金，未经债权银行同意，抵押人不得支用、划转或作其他任何处分。租赁双方不得变更租金收取方式和账户；

（6）出租人（抵押人）与承租人有责任共同保持抵押财产的完好，并接受抵押权人对抵押财产的检查。若租赁期间由于承租人原因导致抵押物毁损、灭失，视为抵押人违约，抵押权人有权采取抵押合同约定的违约救济措施或其他法律规定的措施；

（7）明确租赁期间抵押物维修的责任人；

（8）因承租人故意或过失导致抵押物毁损灭失的，承租人在抵押物价值减少的范围内对主债务承担连带清偿责任；

（9）违约责任。

第二，审查租赁物用途，并限制承租人的装修行为，对可能导致抵押物价值明显贬损的，不宜同意出租。

第三，加强对租赁使用的检查，督促租赁双方严格履行对抵押权人的义务。包括对抵押物是否正常合理使用、是否转租、是否妥善维修、是否进行了损害抵押物价值的装修等。

（三）抵押权与用益权的对抗

用益权，指对他人的物享有占有、使用、收益的权利。用益权包括基于物权关系而产生的物权用益权和基于债权关系而产生的债权用益权。

物权的用益权，指对他人的物直接享有占有、使用、收益的物权性权利。例如，土地使用权、水资源使用权、采矿权、渔业权等。

债权的用益权，指根据债权合同就他人的物享有占有、使用、收益的债权性权利。例如，基于租赁合同而产生的对他人的物享有占有、使用、收益的权利。

关于抵押权与用益权两者的关系，根据《关于适用〈担保法〉若干问题的解释》第六十五条、第六十六条的规定和上述第（一）、（二）项分析，同一物上并存抵押权与用益权（如租赁权）时，两者的对抗关系原则上可以依照两项权利成立的先后顺序来确定，成立在前的权利可以对抗成立在后的权利。例如，若用益权成立在先，抵押权设定在后，先行成立的用益权不受后成立的抵押权影响；反之，若抵押权设定在先，用益权成立在后，用益权不应妨碍抵押权的行使。当用益权影响抵押物的交换价值时，抵押权人可以向人民法院申请撤销用益权。

第四节 抵押权的效力范围

抵押权的效力范围,包括抵押权所担保债权的范围和抵押权效力所及于标的物的范围。

一、抵押权所担保债权的范围

抵押权担保的债权范围,应当以当事人在抵押合同中约定的范围为限。如果当事人在抵押合同中没有约定,则依照《担保法》第四十六条的规定,包括主债权及利息、违约金、损害赔偿金和实现抵押权的费用。

"主债权"指抵押登记时主合同的债权,又称为原本债权、原债权。

"利息"指主债权产生的孳息(法定利息或约定利息)。若当事人约定主债权有利息的,应在抵押登记中予以记明。未经登记的约定利息,不具有优先受偿权利。

"违约金"指债务人不履行或不完全履行债务时,依法律规定或合同约定应支付给债权人(贷款银行)一定数额的金钱。

"损害赔偿金"指债务人不履行或不完全履行债务时,为补偿债权人的损失而应向债权人支付一定数额的金钱。

"实现抵押权的费用"指债权人在债务人债务履行期届满而不履行或不完全履行债务时,为实现抵押权而支出的合理费用。一般包括诉讼费、鉴定评估费、公证费、拍卖费、变卖费、执行费等费用。

"违约金"、"损害赔偿金"、"实现抵押权的费用",不以抵押登记为限,抵押权人对抵押标的物的价值具有优先受偿权利。

二、抵押权效力所及于标的物的范围

抵押权效力所及于标的物的范围,又称抵押权标的物的范围,是抵押权人实现抵押权时可以依法予以变价的标的物的范围,而不是可用于设定抵押的财产范围。关于抵押权标的物的范围,一般而言,除当事人另有约定外,抵押权的效力应与抵押物的所有权效力范围一致。我国法律规定的所有权效力范围,通常包括所有物的从物、从权利、附合物、孳息等。《担保法》仅规定了抵押权对抵押物孳息的效力,其他均未涉及,但《关于适用〈担保法〉若干问题的解释》规定,还包括抵押物的从物、从权利、附合物、代位物。

(一)抵押物的从物

抵押物的从物,指必须与抵押物同时使用并为抵押人所有的物品。《关于适用〈担保法〉若干问题的解释》第六十三条规定:"抵押权设定前为抵押物的从物的,抵押权的效力及于抵押物的从物。但是,抵押物与其从物为两个以上的人分别所有时,抵押权的效力不及于抵押物的从物。"可见,抵押权效力及于抵押物的从物的含义是:不论该从物是否为抵押设定时存在,也不论其是动产还是不动产,只要是与抵押物同时使用并为抵押人所有的物品,均属于抵押物的从物,都为抵押权效力所及。

应当指出的是，抵押后而成为抵押物从物的物品，抵押权人虽然可以将其随同抵押物一并变价，但在法律法规有特别规定或抵押权人优先受偿影响到一般债权人的利益时，抵押权人无优先受偿的权利。例如，抵押人以汽车抵押后又购汽车备用轮胎一只，该备用轮胎即为抵押物汽车的从物，在拍卖汽车时可一并变价。若一般债权人主张抵押权人对备用轮胎的价款无优先受偿的权利，则抵押权人不能从中优先受偿。

（二）抵押物的从权利

抵押物的从权利，指从属于抵押物的所有权或使用权，为抵押物效用发挥所必要的权利。例如，建筑物的土地使用权是建筑物这一抵押物的从权利。抵押权效力及于抵押物的从权利，并不是基于抵押关系而产生的直接效力，而是因为抵押权的设立，限制或影响了相关当事人的其他权利，是一种间接效力。抵押物的从权利也为抵押权效力所及。因为，从权利与抵押物具有不可分性，不能与抵押物相分离，在抵押物实现变价时，从权利必须随抵押物的转让而转移。例如，张三以其所有的私房抵押，房屋的宅基地使用权便成为抵押物的从权利。如果房屋离开宅基地使用权，房屋也就不存在了，房屋的使用价值和经济价值也随之消失。所以，宅基地的使用权应当在抵押权的效力范围之内。然而，依据《担保法》第三十七条、《物权法》第一百八十四条的规定，宅基地使用权不得设定抵押权，显然，宅基地使用权不能成为抵押物。虽然如此，宅基地使用权仍然为房屋抵押权效力所及，在实现抵押权时，宅基地使用权必须随房屋一并转移。

（三）抵押物的附合物

抵押物的附合物，指因附合而与抵押物构成一体的物品。从理论上说，抵押权效力及于抵押物的附合物，是因为抵押物所有权扩展导致抵押权支配抵押物的价值随之扩张，因而，不以登记为必要条件。而在实务中，抵押物附合物的所有权并不当然地归抵押物的所有人，所以，抵押权也就并不当然地及于抵押物的附合物。根据《关于适用〈担保法〉若干问题的解释》第六十二条的规定，附合物所有权可以分别归属第三人、抵押人和共有人。在不同所有权人情形下，抵押权的效力范围也不同："抵押物因附合、混合或者加工使抵押物的所有权为第三人所有的，抵押权的效力及于补偿金；抵押物所有人为附合物、混合物或者加工物的所有人的，抵押权的效力及于附合物、混合物或者加工物；第三人与抵押物所有人为附合物、混合物或者加工物的共有人的，抵押权的效力及于抵押人对共有物享有的份额。"

必须指出的是，地上建筑物是独立的不动产，不是土地的构成部分，不应将其理解为土地使用权抵押的附合物。《城市房地产管理法》第五十二条规定："房地产抵押合同签订后，土地上新增的房屋不属于抵押财产。需要拍卖该抵押的房地产时，可以依法将土地上新增的房屋与抵押财产一同拍卖，但对拍卖新增房屋所得，抵押权人无权优先受偿。"依此规定，土地使用权设定抵押后，在该地上新增的建筑物，不属于抵押财产，不为抵押权效力所及。法律之所以允许将新增的房屋与抵押财产一同拍卖，这是因为：若在实现抵押权时，不允许将新增的建筑物与抵押的房地产一并出卖变价，则会影响抵押物实现价值；若将新增的建筑物拆除，则会造成社会财富损失。因此，法律在权衡利弊之后还是认同抵押权人有权将该建筑物与抵押物一并变价，而无权从建筑物的变价款中优先受偿。

如何认定房屋为"新增的建筑物"？有观点认为，应以抵押登记内容为依据。抵押登记中有记载的，不论其在抵押合同签订时是否建成，都不应视为新增建；抵押登记中没有记载而在抵押权实现时存在的，应视为新增建的房屋。笔者赞同这种观点。

（四）抵押物的代位物

抵押物的代位物，指抵押物因灭失而转化为他种的价值形态。由于抵押权具有物上代位性，因此，在抵押物因灭失而转化为他种的价值形态时，抵押权的效力可及于抵押物的代位物。《担保法》第五十八条规定："抵押权因抵押物灭失而消灭。因灭失所得的赔偿金，应当作为抵押财产。"第四十九条第三款规定："抵押人转让抵押物所得的价款，应当向抵押权人提前清偿所担保的债权或者向与抵押权人约定的第三人提存……"《关于适用〈担保法〉若干问题的解释》第八十条规定："在抵押物灭失、毁损或者被征用的情况下，抵押权人可以就该抵押物的保险金、赔偿金或者补偿金优先受偿。"根据《担保法》及其司法解释的规定，抵押权的效力可及于赔偿金、补偿金、保险金和转让所得价款等抵押物的代位物。

（五）抵押物的孳息

抵押物的孳息，包括天然孳息和法定孳息。天然孳息又称为自然孳息，指基于物的自然属性而产生的孳息，如牲畜产下的幼仔。法定孳息，指基于一定的法律关系由原物而产生的孳息，如房屋的租金。《担保法》第四十七条规定："债务履行期届满，债务人不履行债务致使抵押物被人民法院依法扣押的，自扣押之日起抵押权人有权收取由抵押物分离的天然孳息以及抵押人就抵押物可以收取的法定孳息。抵押权人未将扣押抵押物的事实通知应当清偿法定孳息的义务人的，抵押权的效力不及于该孳息。"《物权法》第一百九十七条也作出了同样的规定。根据此规定，贷款银行应当注意以下两点：

第一，抵押权效力及于抵押物扣押后的孳息，而不是抵押物在抵押期间的全部孳息，抵押物在扣押之前所生的孳息，不在抵押权的效力范围内。因为，抵押权不以转移抵押物占有为要件，抵押物的用益权仍归抵押人拥有，抵押人有权利使用抵押物和收取抵押物的孳息。若抵押权效力及于该孳息，无疑等同于剥夺了抵押人收取孳息的权利。抵押物被扣押后，抵押权处于实现之中，为保障债权人的利益，应当不允许抵押人再占有孳息。

第二，抵押权效力及于法定孳息并非当然所及，而以抵押权人通知为条件。因为，法定孳息不同于天然孳息，它为第三人给付。若抵押权人未将扣押抵押物的事实通知应当清偿法定孳息的义务人，义务人仍可以依照合同的约定，将法定孳息支付给抵押物所有人，此时，抵押权效力不及于法定孳息。例如，抵押物为出租的房屋，在该房屋被扣押后，若抵押权人将扣押房屋的事实通知了房屋承租人，则抵押权效力及于承租人交付的租金，承租人仍向抵押人交付租金的，其交付行为无效；若抵押权人未将扣押房屋的事实通知房屋承租人，承租人向抵押人交付租金的，其清偿行为有效。

第五节　依法实行抵押权

一、抵押权实行的条件

抵押权的实行，指抵押权人行使抵押权实现抵押物的价值，并从中优先受偿的法律现象。抵押权的实行，既是抵押权目的的达到，又是抵押权的行使，是抵押权行使中一项根本性的内容。

抵押权人对抵押物享有变价权，可以通过处分抵押物以回收价款实现债权，这是法律对债权人合法权益的保护。但是，如果抵押权人可以任意地处分抵押物，必然会伤害到抵押人的合法权益。因此，法律必须对抵押权人行使抵押权作出限制，只有具备一定的条件时，抵押权人才可以实行抵押权。《担保法》第五十三条第一款对抵押权的实行做了规定："债务履行期届满抵押权人未受清偿的，可以与抵押人协议以抵押物折价或者以拍卖、变卖该抵押物所得的价款受偿；协议不成的，抵押权人可以向人民法院提起诉讼。抵押物折价或者拍卖、变卖后，其价款超过债权数额的部分归抵押人所有，不足部分由债务人清偿。"根据《担保法》上述规定，抵押权人实行抵押权应当具备以下三项条件：

（一）债务履行期限届满债务人未履行债务

债务人的债务履行期限是衡量债务人是否履行责任的时间标准，债务履行期限未届满，不能确定债务人不履行债务，而抵押权的实行则是以债务人未履行债务为前提的，所以此时，债权人无权要求债务人履行债务，也无权请求实行抵押权，更不能擅自折价或变卖抵押物。否则，属于侵权行为，抵押人有权要求债权人承担相应的赔偿责任。债务履行期限届满，债务人以主观无过错等主观因素抗辩履行债务不能成立，因此而给债权人造成损失的，也应承担相应的赔偿责任。

（二）债权人的债权未受清偿

债务履行期限届满，债务人应当履行债务。若债权人的债权未得以清偿，包括全部或部分未得以清偿，表明债务人未依约定履行债务。此时，债权人有权要求债务人履行债务，同时，也有权行使抵押权以实现债权。若债务人不履行债务是因债权人原因造成，例如，债权人拒绝债务人适当履行，此时，抵押权人不得实行抵押权。除此之外，债权人因自身原因致使债务人不能履行债务而造成损失的，债权人还应承担相应的赔偿责任。

（三）抵押权有效存在并不受限制

实行抵押权的目的就是清偿债权，以抵押权人支配的抵押物价值清偿债务人所欠的债务，而抵押权的实行，又依赖于抵押权的行使。因此，抵押权人实行抵押权，首先要求抵押权所担保的债权必须合法有效，也就是主债权合同已经有效成立，债权人与债务人之间的债权债务关系确立并存在；其次要求其抵押权也必须有效存在，也就是抵押合同已经有效成立并生效，无效或已被撤销的抵押权不得实行。实行受限制的抵押权，也须具备不受限制的条件后方可实现。

应当注意，《物权法》第一百九十五条对《担保法》第五十三条第一款的规定作了修改，增加了允许当事人对实行抵押权的条件作出约定的内容（详见第九章第五节"四、允许当事人对实行抵押权的条件作出约定"）。

二、抵押权实行的途径与方式

（一）抵押权实行的途径

根据《担保法》第五十三条第一款的规定，抵押权的实行途径有协议和诉讼两种。

有人认为，债务履行期限届满，抵押权人应当与抵押人协议处分抵押物，协商不成的，才可向人民法院提起诉讼。笔者认为，协议和诉讼为并列关系，除非抵押合同另有约定，不存在谁为前提条件问题，抵押权人可任选其中一种方式实行抵押权。抵押合同双方当事人协商，并不是抵押权人采取诉讼途径的必经程序。不过，从节约成本、提高效率的角度考虑，抵押权人在行使诉权前，最好还是先与抵押人协商，协商不成后再诉请人民法院裁决。

应当注意，《物权法》第一百九十五条修改了《担保法》的抵押权实行程序，允许抵押权人在协商不成的情况下，可以直接申请人民法院拍卖、变卖抵押财产（详见第九章第五节"五、抵押权人可直接申请人民法院拍卖、变卖抵押财产"）。

（二）抵押权实行的方式

抵押权实行无论选择何种途径，抵押物都必须通过折价或出卖的方式实现其价值。其中，出卖又包括拍卖和变卖。在实践中采用何种方式实行抵押权，由抵押权人与抵押人协商而定。若抵押合同对抵押权的实行方式有约定的，应从约定；若抵押合同没有约定的，抵押权人既可以与抵押人协商，也可以向人民法院提起诉讼，由人民法院裁决处理。

1. 抵押物折价

折价是指当事人双方协议将抵押物折合成一定数额的金钱用来清偿债务，债权人依有关规定取得抵押物的所有权。折价实际上是债权人依当事人双方协议的价格购买抵押物，抵押人以变卖抵押物所得价款清偿所欠债务，是买卖关系与信贷关系的融合。

折价虽然是当事人双方意思的自治行为，但是，该行为也应以不损害公共利益和他人利益为有效要件。因此，采用折价方式实行抵押权，商业银行在操作时应当注意防范风险：

（1）当事人协议抵押物的价格应当公平合理，不得损害抵押人其他债权人的利益。如果折价明显低于市场价格的，抵押人的其他债权人有权请求人民法院撤销折价行为。

（2）抵押物为国有资产时，应委托具有合法资格的资产评估机构对抵押物进行估价，不宜双方协议定价。因为，如果采用双方协议方式定价，有可能会引起国有资产管理部门对价格提出质疑，甚至导致诉请人民法院撤销折价行为的风险。

（3）《商业银行法》第四十二条第二款规定："商业银行因行使抵押权、质权而取得的不动产或者股权，应当自取得之日起二年内予以处分。"据此规定，商业银行以折价方式取得抵押物的，应尽快予以变卖，以实现的价值回补信贷资金。

（4）如果当事人在抵押合同中约定："债务履行期限届满，债务人不履行或不能履行债务时，抵押人将抵押物以若干价格出卖给抵押权人"类似条款的，抵押权人也不应理所当然地依合同约定的价格折价。因为，这类条款与约定抵押物归抵押权人所有在本质上没有区别，类似于"流质契约"，侵害了抵押人及其他债权人的利益，抵押合同约定的价格应为无效。约定价格的无效性，也包括约定的价格高于实行抵押权时市场价格的情形。当然，若约定的价格与实行抵押权时的市场价格相差无几，当事人对抵押物的价格无争议，以此价格折价又不损害其他债权人利益的，当事人以抵押合同设定时的"估价"对抵押物折价，也并非完全不可以。

(5) 区分"折价"与"抵债"两种行为的差异,既要依法维护银行自身的合法权益,又不应侵害抵押人的利益。抵押物抵债是指抵押人以抵押财产抵偿债务人的全部债务,"抵债"行为完成,债务人的债务视为清偿完毕,债权人的权利也就归于终结,而不论抵押物的价格如何。"折价"行为则不然,若抵押物的折价金额高于所欠的债务,债权人应将超出部分的金额返还给抵押人,债权人占有则构成侵权;若抵押物的折价金额不足以清偿所欠的债务,债务人对余下债务仍然负有清偿责任,贷款银行应及时行使债权。

2. 出卖抵押物

出卖包括拍卖与变卖,是实行抵押权的主要方式,也是商业银行在实践中采用较多的方式。拍卖是指通过公开竞价的形式出卖拍品,将抵押物转让给最高应价者,以拍卖所得价款使债权优先受偿。变卖是指除以拍卖方式之外的其他任何一种买卖方式出卖抵押物,使抵押财产的价值变现,以出卖所得价款优先受偿担保债权。在实践中,以拍卖方式还是变卖方式出卖抵押物,应以抵押合同约定或当事人协议为依据,抵押权人不可任意为之。从有利于维护各方当事人利益和保护其他债权人合法权益角度而言,拍卖方式应该是抵押物变价较好的方式。

(三) 抵押物的拍卖

拍卖抵押物是实行抵押权的重要环节,也是容易产生争议的环节。抵押关系当事人尤其是债权人,在运用拍卖方式对抵押物变价时,应当注意以下问题:

1. 拍卖与优先购买权的关系

优先购买权,指特定的当事人依法或依约定,对财产所有人出卖的财产在同等条件下,享有优先于他人购买的权利。优先购买权通常存在于按份共有财产共有人之间。例如,《民法通则》第七十八条第三款规定:"按份共有财产的每个共有人有权要求将自己的份额分出或者转让。但在出售时,其他共有人在同等条件下,有优先购买的权利。"特殊情况下,优先购买权在共同共有财产的共有人之间也有出现。例如,《关于贯彻执行〈民法通则〉若干问题的意见(试行)》第九十二条规定:"共同共有财产分割后,一个或者数个原共有人出卖自己分得的财产时,如果出卖的财产与其他原共有人分得的财产属于一个整体或者配套使用,其他原共有人主张优先购买权的,应当予以支持。"至于当事人约定的优先购买权,在公司章程或合同协议中更是屡见不鲜。可见,优先购买权普遍存在于经济活动之中。

拍卖是通过公开竞价的形式出卖拍品,"价高者得"是拍卖的本质。抵押物在拍卖的条件下,是否存在侵害特定当事人优先购买权的嫌疑?

笔者认为,采用拍卖方式对抵押物变价,有利于保护抵押权人、抵押人和其他债权人等大多数人的利益。同时,抵押物在拍卖条件下,事实上也没有排除特定当事人行使优先购买权的可能,当事人的优先购买权并没有受到实质性的侵害。

首先,优先购买权是在同等条件下享有优先于他人购买的权利,是一种相对优先而并非绝对优先的权利。"同等条件下"的优先,表明参与购买不只是优先购买权人,还应该有其他参与者,优先者在同等条件相比较之下胜出。拍卖是一种公开买卖方式,优先购买权人可以参加竞买,与他人公平竞争,在参与竞买的过程中,体现其在同等条件下的优先权利。为了保护优先购买权人的利益,最高人民法院在《关于人民法院民事执行中拍卖、变卖财产的规定》(法释[2004]16号)第十六条规定:"拍卖过程中,有最高应价时,优先购买权人可以表示以该最高价买受,如无更高应价,则拍归优先购买权人;如有更高应价,而优先购买权人不作表示的,则拍归该应价最高的竞买人。顺序相同的多个优先购买权人同时表示买受的,以抽签方式决定买受人。"

其次,优先购买权是一种相对优先权利,优先购买权人欲行使其权利,应当也只有在与他人相比较中才可能实现。若优先购买权人不参与竞买活动,优先权利也就无从谈起。此时权利的丧失不是因为拍卖行为所致,而是由于权利人对权利的放弃。因此,《关于人民法院民事执行中拍卖、变卖财产的规定》第十四条规定:"人民法院应当在拍卖五日前以书面或者其他能够确认收悉的适当方式,通知当事人和已知的担保物权人、优先购买权人或者其他优先权人于拍卖日到场。优先购买权人经通知未到场的,视为放弃优先购买权。"

最后,拍卖是竞争买卖,出价最高者取得买受权利,这是拍卖方式与一般买卖的本质区别。如果在拍卖中出价最高者不能买得拍品,而是允许优先购买权人行使优先权取得拍卖财产,则有悖于拍卖本质,最终会因参与竞买的人数锐减而导致抵押物的变价降低,损害抵押权人、抵押人和其他债权人的利益。

综上所述,采用拍卖方式对抵押物变价并没有侵害到特定当事人的优先购买权,而恰恰相反,这正是优先购买权人实现其优先权的重要方式,除非法律有特别规定,优先购买权不得对抗拍卖权。

在拍卖实务中,对存在优先购买权的抵押物,可以采用"询价法"方式拍卖。即一般竞买人经过竞价产生最高价后,经拍卖师三次确认无人加价的情况下,拍卖师询问优先购买权人是否愿意在最高价表示买定,如优先购买权人表示买定,拍卖师落槌,标的成交给优先购买权人;如果优先购买权人表示放弃,拍卖师落槌,标的成交给出价最高竞买人;其他竞买人不得再加价。

2. 拍卖的有权机构(主体)

根据《物权法》第一百九十五条、《担保法》第五十三条第一款的规定,当债务人不履行到期债务或者发生当事人约定实现抵押权的情形时,抵押权人可以与抵押人协议以拍卖抵押物所得的价款受偿。可见,"拍卖"这种具有浓重公法色彩的抵押物变价方式当事人也可以自行约定,表明"拍卖"行为不完全是公法行为,也可以是私法行为。因此,有学者将拍卖划分为两类:一类是依《民事诉讼法》而进行的强制拍卖,有权机关为各级人民法院,其性质属于公法行为,为诉讼事件,是因公法行为而发生私法上的权利后果;另一类是依《中华人民共和国拍卖法》(以下简称《拍卖法》)而进行的自愿拍卖,由非人民法院的其他机构执行,通常是出卖人委托拍卖企业对拍品进行拍卖,属于私法行为范畴,为非诉讼事件。笔者赞同上述观点,认为:"拍卖"一般应由人民法院执行,但当事人也可以约定具有合法资格的其他机构执行,例如,办理抵押登记的公证机构。如果拍卖不会损害第三人权益的,当事人经协商一致,甚至可以直接委托依《拍卖法》设立的拍卖机构对抵押物进行拍卖变价。

3. 抵押物的拍卖程序

抵押物的拍卖程序依拍卖的执行机构不同而有所差异，但一般而言，拍卖应遵守以下程序：

（1）抵押权人向拍卖有权机构提出拍卖申请并提供相关文件。若当事人自愿拍卖，由拍卖有权机构作出拍卖决定；若当事人约定应由人民法院执行拍卖，或当事人协议不成，抵押权人要求人民法院执行拍卖的，由人民法院作出拍卖抵押物的裁定。抵押人对拍卖抵押物裁定不服的，可以依法提出上诉。

（2）拍卖有权机构清查核实抵押物情况，委托评估机构对抵押物价值进行估价，确定拍卖底价。

（3）拍卖有权机构发出拍卖公告，并应通知债权人、债务人、抵押人以及利害关系人。

（4）拍卖公告期间，若出现第三人对抵押物所有权提出异议，或债务人清偿债权，或抵押权人申请中止拍卖等情形，拍卖程序应当中止。

（5）拍卖有权机构委托拍卖机构组织拍卖活动。

（6）拍卖成交后，买受人应在规定的期限内向拍卖机构交足抵押物价款，否则，构成违约，应承担违约责任。根据《拍卖法》第三十九条的规定，拍卖机构解除合同后，经委托人同意后可再次拍卖抵押物。若重新拍卖所得价款少于上一次拍卖价款的，其差额即为原买受人违约所造成的损失，应由违约人承担。同时，原买受人应当支付上一次拍卖中本人及委托人应当支付的佣金。

根据最高人民法院《关于人民法院委托评估、拍卖和变卖工作的若干规定》（法释〔2009〕16号），评估、拍卖机构应当在人民法院委托评估、拍卖机构名册内采取公开随机的方式选定（第七条）。此规定表明，强制拍卖取消了当事人协商选择拍卖机构的权利。

三、抵押物变价款的清偿顺序

（一）单一抵押权人的情形

抵押物折价或者拍卖、变卖所得价款，依当事人的约定处分。若当事人没有约定的，依据《关于适用〈担保法〉若干问题的解释》第七十四条的规定，按下列顺序清偿：

（1）实行抵押权的费用；

（2）主债权的利息；

（3）主债权。

处分抵押物所得的价款不足以偿还债务或偿债后还有剩余的，根据《担保法》第五十三条第二款和《物权法》第一百九十八条的规定："价款超过债权数额的部分归抵押人所有，不足部分由债务人清偿。"

（二）多个抵押权人的情形

同一抵押财产向多个债权人抵押担保（重复抵押）后，必然产生抵押物变价款如何清偿债务的问题。根据《担保法》第五十四条和《物权法》第一百九十九条的规定，同一财产重复抵押的，拍卖、变卖抵押物所得的价款按照下列顺序清偿：

（1）抵押权已登记的，按照抵押登记的先后顺序清偿；顺序相同的，按照债权比例清偿。

（2）抵押权已登记的先于未登记的受偿。

（3）抵押权未登记的，按照债权比例清偿。

在实际工作中，同一抵押物担保数个债权，一般债务履行期限届满的时间并不一致，此时，抵押物变价款的清偿顺序，适用《关于适用〈担保法〉若干问题的解释》第七十八条的规定，即"同一财产向两个以上债权人抵押的，顺序在后的抵押权所担保的债权先到期的，抵押权人只能就抵押物价值超出顺序在先的抵押担保债权的部分受偿。顺序在先的抵押权所担保的债权先到期的，抵押权实行后的剩余价款应予以提存，留待清偿顺序在后的抵押担保债权"。

第六节　共同抵押与最高额抵押

一、共同抵押

（一）共同抵押概述

1. 共同抵押的含义

共同抵押又称总标抵押、聚合抵押，指为担保同一项债权而于数项财产上设定抵押权。

《担保法》对共同抵押没有明确规定，但《关于适用〈担保法〉若干问题的解释》第七十五条有所涉及，该条第二款规定："同一债权有两个以上抵押人的，当事人对其提供的抵押财产所担保的债权份额或者顺序没有约定或者约定不明的，抵押权人可以就其中任一或者各个财产行使抵押权。"此外，《担保法》第三十四条和《物权法》第一百八十条在列举可以抵押的财产之后，在该条第二款规定："抵押人可以将前款所列财产一并抵押"，据此可以认为，我国允许共同抵押存在。因此，共同抵押在实际工作中，还是可以加以运用的。

2. 共同抵押的特征

共同抵押有三个特征：

第一，共同抵押的抵押物一般是两项或两项以上的财产，数项财产并不是集合物，而是各个独立的财产；

第二，共同抵押人对被担保债权的清偿，其负的是物上的连带责任，这与连带债务有明显的区别；

第三，共同抵押是在不同财产上设立的数个抵押权来担保同一债权。

3. 共同抵押的意义

共同抵押的意义在于：一是可以聚集多项财产的价值来确保债权受偿；二是可以有效地分散抵押物的风险。因为，共同抵押中的抵押权各自独立存在，若其中某一抵押物因发生灭失、毁损而导致该抵押权的灭失时，其他抵押物上的抵押权并不会因此也发生灭失，这些抵押权的存在确保了债权得以清偿。

4. 共同抵押与财团抵押的区别

所谓财团，指企业的整体财产，即全部财产集合而成的整体，既不是单独的不动产，也不是单独的动产或单独的财产权利。财团抵押，指为担保债权而将属于企业的不动产、动产和知识产权等财产集合成一个整体，在该整体财产上设定抵押权。

共同抵押不同于财团抵押。表现在：

第一，财团抵押是在企业的整体财产上设定一个抵押权，而共同抵押则是在多项财产上设定多项抵押权。

第二，共同抵押的抵押财产是确定的，而财团抵押的抵押财产则是不确定的。因为，财团抵押设定后，抵押人仍然需要利用抵押财产进行生产经营活动，企业的总资产必然处于不断变动之中，抵押财产的价值总额也随之上下浮动。也正是因为这一特点，英美法系把这种抵押称为浮动担保，而不同于大陆法系称为财团抵押。

第三，在我国，共同抵押为法律所允许，而财团抵押至今未得到法律所认可。

（二）共同抵押的成立

共同抵押成立，以设定时间的先后可划分为：创设的共同抵押与转变的共同抵押；以抵押人的单复数可划分为：一人的共同抵押与多人的共同抵押。

创设的共同抵押，指设定抵押权之初即为共同抵押。数项财产设定共同抵押时，若抵押登记部门不同，则应分别办理抵押登记；若抵押登记部门相同，则只需办理一个抵押登记。若抵押人为同一人，也只需签订一个抵押合同；若抵押人不是同一人，则应分别签订抵押合同。

转变的共同抵押，指原非共同抵押，后因抵押的不动产分割或合并等而转变为共同抵押。《关于适用〈担保法〉若干问题的解释》第七十一条第二款规定："抵押物被分割或者部分转让的，抵押权人可以就分割或者转让后的抵押物行使抵押权。"可见，共同抵押的方式包括转变的共同抵押。

抵押物同属于一人的共同抵押，抵押权的设定不必在数项财产上同时一次性设定，当事人可以在某项财产设定抵押权后，又以其他财产为同一债权担保而设定抵押权，债权人在各个抵押物上成立的抵押权是复数并各自独立，这与多个财产打包成一体的财团抵押有着明显的区别。

抵押物分属于多人的共同抵押，可以是既有债务人又有第三人提供抵押物的共同抵押，也可以是仅由第三人提供抵押物的共同抵押；抵押权的设定，可以是同时完成，也可以追加设定。

（三）共同抵押权的实行

共同抵押权的实行，主要是指抵押权人如何就数个抵押权而受偿债权。关于这个问题，《关于适用〈担保法〉若干问题的解释》第七十五条第二款规定："同一债权有两个以上抵押人的，当事人对其提供的抵押财产所担保的债权份额或者顺序没有约定或者约定不明的，抵押权人可以就其中任一或者各个财产行使抵押权。"这一规定表明，共同抵押权的行使，首先取决于当事人的约定。如果对于多项抵押物所担保的债权份额或者顺序没有约定或者约定不明的，可以推定共同抵押中的每一个抵押权，其担保的范围均为全部债权金额。抵押权人在实行抵押权时，有权同时行使各个抵押权，也可以就任意其中某抵押物行使抵押权。

二、最高额抵押

(一) 最高额抵押概述

1. 最高额抵押的含义

最高额抵押，指抵押人与抵押权人协议，在最高债权额限度内以抵押物对一定期间内连续发生的债权作担保。

2. 最高额抵押的特殊性

最高额抵押与普通抵押相比，具有一定的特殊性，主要表现在以下四个方面：

第一，被担保债权的不确定性。这是最高额抵押的本质特征。我们知道，普通抵押的抵押物是特定的，抵押担保的债权也是特定的，两者之间有着一一对应关系。而最高额抵押则不然，虽然抵押物特定，可抵押担保的债权是未来的，将来是否会发生，发生的数额多少，都不确定。它仅是限定了在一定期限、一定范围内发生的债权，其特定性表现为担保债权范围的特定，而不是债权数额的特定，抵押物与抵押担保债权的数额并没有一一对应关系。

第二，债权发生适用上的限制性。最高额抵押权的设立对基础法律关系有特殊的限制，仅适用于连续发生债权的法律关系，如票据贴现贷款、短期贷款等。《担保法》第六十条规定："借款合同可以附最高额抵押合同。债权人与债务人就某项商品在一定期间内连续发生交易而签订的合同，可以附最高额抵押合同。"基础法律关系不具有连续性的债权，不得设定最高额抵押权。

第三，最高额抵押权具有相对独立性。我们知道，普通抵押权具有典型的从属性，主债权存在方可设定抵押权，主债权消灭，抵押权也随之消灭。而最高额抵押权的设定，则不必以主债权的存在为前提，也不会因某一具体债权的消灭而消灭。

第四，最高额抵押权的实行，以对担保债权进行决算为必须。最高额抵押所担保债权的不确定性，决定了在抵押权实行时，必须对债权进行决算，这是实行最高额抵押权的必备条件。

(二) 最高额抵押的设定

最高额抵押也是抵押，其抵押权的设定与普通抵押无多大差异，也需要当事人双方签订最高额抵押合同，也需要依据《物权法》、《担保法》及其相关规定办理抵押登记。不过，最高额抵押也有其自身特点，在设定抵押权时，最高额抵押合同除应具备普通抵押合同的内容外，还应当增加以下内容：

1. 约定最高额抵押所担保的债权范围和最高限额

所谓担保的债权范围，指在最高限额内优先受偿的范围。《物权法》和《担保法》对此未作出特别规定，一般理解应参照普通抵押，适用《担保法》第四十六条的规定，即抵押合同当事人对担保的债权范围未作约定时，应包括主债权、利息、违约金、损害赔偿金和实现抵押权的费用。若抵押合同对此已有约定则依其约定。然而，最高额抵押权毕竟不同于普通抵押权，能否完全适用该条款还有待司法实践检验。笔者认为，意思自治是民法的基础，也是平等主体之间在处理财产关系时应当遵循的一项基本原则。抵押关系当事人在抵押合同中，约定担保的债权范围包括上述五项内容，为当事人的意思表示，只要不为法律所禁止，其效力应当不会被否定。

"最高限额"究竟是指本金最高限额，还是指债权最高限额？《物权法》和《担保法》对此也未作出特别规定。有观点认为，最高限额应为本金最高限额。所谓本金最高限额，指贷款本金（主债权）就抵押物价值优先受偿的最高限额，本金以外的利息、违约金、损害赔偿金等，为抵押权效力当然所及，只要本金未超过最高限额，本金以外的这部分债权即可有优先受偿的权利。也有观点认为，最高限额应为债权最高限额。所谓债权最高限额，指担保债权的范围，不仅包括贷款本金（主债权），同时也包括本金以外的利息、违约金、损害赔偿金等，担保范围内的这些债权以最高限额为限，对抵押物价值具有优先受偿权利。即使本金（主债权）未超过最高限额，但本金、利息、违约金、损害赔偿金之和超过最高限额，则超出最高限额部分不具有优先受偿的权利。笔者认为，就实务工作而言，本金最高限额也好，债权最高限额也罢，对当事人并不重要，重要的是当事人应在抵押合同中对"最高限额"的理解协商一致，并作出具体明确的约定。同时，在达成共识的"最高限额"范围内，测算好最高额抵押的最高限额数值。对于债权人（贷款银行）而言，采用"本金最高限额"的约定也许更为有利于债权的清收。但是，根据物权公示的原理，最高额抵（质）押采用本金最高限额的方式，不能确定担保人的实际责任限额，其效力容易被人质疑，存在法律风险。

另外，当事人在约定最高限额时，还应当关注"实现抵押权的费用"这项支出，是否包括在最高限额之内。一般而言，抵押权人行使抵押权，是因为债务人不履行债务所致。如果将该项支出纳入最高限额范围之内，对债权人有失公平，债权人实际上也并没有获得该笔款项以偿债权。依照普通抵押有关抵押物变价清偿的相关规定，抵押物折价或者拍卖、变卖所得价款，除非当事人另有约定，否则应按实现抵押权的费用、担保债权的顺序清偿。在最高额抵押中，若把实现抵押权的费用纳入最高限额的范围，显然也与《关于适用〈担保法〉若干问题的解释》第七十四条规定的精神不符。因此，笔者认为，实现抵押权的费用不应纳入最高限额的范围，而应从拍卖、变卖抵押物所得价款中扣除。当事人在抵押合同中，一般无须对"实现抵押权的费用"这项费用是否纳入最高限额作出特别约定，若需要作出约定时，债权人应坚持该项费用不纳入最高限额的范围。

2. 约定最高额抵押权所担保债权的决算期

决算期，指最高额抵押权所担保的主债权（贷款本金）实际数额的确定日期，也就是抵押物对一定期间内连续发生的债权担保的截止时间。最高额抵押具有决算期，是由于被担保债权的不确定性而引起的。最高额抵押合同约定的最高额，并非是主债权实际发生的数额，也不是抵押权所担保债权的实际数额，抵押权担保的实际数额只有等到债权担保的截止日期，才可以最后确定。因此，最高额抵押合同应当规定决算期，应就抵押担保债权的截止日期作出明确约定。

当事人在抵押合同中，对抵押担保债权的截止日期未予以明确的，此时最高额抵押的决算期，则应以最高额抵押所担保债权的基础法律关系而定，例如，借款合同等债权债务关系。一般的，债权的基础法律关系终结之时，即为决算期届满之日；最高额抵押合同订有存续期间并已登记的，存续期间届满之日，即为决算期债权担保的截止日期。

3. 最高额抵押应当注意的问题

关于最高额抵押，还有以下几点应当注意：

（1）最高额抵（质）押是对一定期间内连续发生的债权作担保，抵（质）押权一经设定，在债权担保的截止日期前，不因债务人履行债务和债权的消灭而消灭，对其后发生的债权，仍然具有担保作用。

（2）最高额抵（质）押，一般是在所担保的债权债务关系发生前设定，也可以在债权已经发生后设定。总之，最高额抵（质）押在债权担保的截止日期前，均可依法设定。也就是说，最高额抵（质）押原则上适用于未来发生的债权，但已经存在的债务也可以纳入最高额担保范围。如果把既有债务纳入最高额担保范围，在操作的时候，要在其他条款中对此作出补充约定，比如"本最高额担保合同签订前已经发生的某某借款合同项下的债权也属于本次最高额担保的债权。"

（3）最高额担保可以适用于银行表内、表外所有的授信业务。《物权法》出台之前，主流观点认为，最高额担保仅适用于借款合同、商品交易合同的担保。《物权法》修正《担保法》某些表述上的不严谨后，一般认为银行的表内、表外授信业务均可以适用最高额担保。

应当指出的是，表外授信业务适用最高额担保存在风险点，表现在如何确认债权发生在债权确定期间内。若超出债权确定期间后才发生的债权，最高额担保人当然不应为之承担担保责任。

在表外授信业务中，银行债权主要有手续费债权和垫款追偿权两项。对于手续费债权，通常发生在债权确定期间内。而垫款追偿权就不好控制了，事先很难确保其发生在债权确定期间之内。例如，保函业务，银行可以将委托出具保函协议和对外出具保函，控制在债权确定期间内，但是，银行绝不能保证垫款最终发生在债权确定期间内。这就是保函业务适用最高额担保的风险点。笔者认为，可以采取以下对策控制风险：

第一，委托出具保函协议和对外出具保函必须在债权确定期间内订立和出具，同时，淡化垫款发生在债权确定期间内的提法。

第二，在合同中约定，垫款及利息实际"形成"时间即使超出债权确定期间，仍属于最高额担保范围。

第三，把最高额担保债权解释为既包括"确定债权"，也包括"或有债权"。

（4）不同债务人的未来债务也能纳入同一个最高额担保范围。最高额担保通常是为同一个债务人的债务作担保，但是，法理并不排斥同一最高额担保为不同债务人的债务提供担保，不过，在这种情形下，债权人应该为同一人。在实践中，房地产开发商提供的最高额担保，往往就是为购买其商品房的不同购房人在同一家银行的购房贷款提供的担保。

（5）与普通的担保相比，最高额担保在签订最高额担保合同时，主合同还没有订立。而在办理最高额担保登记时，登记机构又往往要求提供主合同，否则，不予办理登记。此时，银行可以采取变通做法，即银行与借款人签订一份授信合同，约定授信金额和授信有效期,并在合同中明确,将来办理具体授信业务的合同也为主合同。这虽是无奈之举,但也不可马虎,应注意防范风险。

(三)最高额抵押权的实行

最高额抵押权与普通抵押权,在实行方式上没有任何区别,有区别的是在实行条件上。普通抵押权在债务履行期届满抵押权人未受清偿时,便可行使抵押权。而最高额抵押权则不同,抵押权的实行除应具备普通抵押权的实行条件之外,还须具备抵押权所担保的债权数额已经确定,即最高额抵押决算期已至,可以对担保的债权进行决算。

抵押权人在实行最高额抵押权时,需要特别注意债权清偿期限与决算期的区别。决算期是确定抵押权所担保债权数额的截止日期,而并非债权清偿期限。债权的清偿期限在通常情况下,习惯在债权债务关系发生的相关合同中约定,清偿期限是否届满,以担保债权的基础法律关系相关合同为依据。若当事人在最高额抵押合同中,除了约定担保债权的起止日期(决算期间),还约定了债权清偿期限的,则以最高额抵押合同约定的期限为准;也有当事人未约定清偿期限,而约定了抵押权的存续期间,则抵押权的存续期间届满,即为债权清偿期限开始。

第七节 特殊财产抵押

一、在建工程抵押

(一)在建工程及其抵押

在建工程,通常指正在建设中的固定资产或改造工程,包括成套或单项建设的生产性和非生产性固定资产,以及维护、安装、改建、扩建和大修理工程等。商业银行接受抵押的在建工程,主要是城市房屋在建工程。所谓城市房屋在建工程,有广义与狭义之分:广义的房屋在建工程,指房屋自主体工程动工建设至房地产主管部门颁发权属证书止所处的状态;狭义的房屋在建工程,指房屋工程自主体工程动工建设至房屋达到竣工验收条件前所处的状态。可见,狭义的房屋在建工程主要是指建筑物建设过程中的状态,而广义的房屋在建工程不仅包括狭义的房屋在建工程,还包括房屋整体工程达到竣工验收条件未取得"房屋所有权证书"的情形,是一种在法律上未完成的状态。这里讨论的在建工程指广义的在建工程。

建设部《城市房地产抵押管理办法》(建设部令[1997]第56号,建设部令[2001]第98号修正)第三条规定:"在建工程抵押,指抵押人为取得在建工程继续建造资金的贷款,以其合法方式取得的土地使用权连同在建工程的投入资产,以不转移占有的方式抵押给贷款银行作为偿还贷款履行担保的行为。"根据上述规定可知:

第一,在建工程抵押所担保的主债权限于银行贷款,也即抵押权人只能是银行。

第二,在建工程抵押取得的贷款,只能用于在建工程的继续建造。换言之,开发企业不得以在建工程为他人债务担保,也不得为自身其他性质的债务担保,而只能为取得在建工程继续建造资金的贷款担保。但是现实中,在建工程抵押已经突破上述法规的限制。

最高人民法院《关于适用〈担保法〉若干问题的解释》第四十七条规定:"以依法

获准尚未建造的或者正在建造中的房屋或者其他建筑物抵押的，当事人办理了抵押物登记，人民法院可以认定抵押有效。"最高人民法院在上述规定中，只强调合法的在建工程和抵押登记对在建工程抵押效力的影响，对其他因素并没有作出限制性规定。据此，合法的在建工程抵押具有合法性。

关于在建工程可否抵押问题，《物权法》第一百八十条第（五）项给予了明确结论：在建工程可以抵押。

综上所述，我们可以将在建工程抵押表述为：债务人或者第三人以其享有的合法在建工程，以不转移占有的方式抵押给债权人作为履行债务的一种担保方式。

（二）在建工程抵押的合法性要求

1. 在建工程合法合规

抵押的在建工程必须合法，这是最高人民法院《关于适用〈担保法〉若干问题的解释》第四十七条对在建工程设定抵押权的前提条件。所谓合法的在建工程，指工程建设项目依法获准建造。未获准建造的工程项目为非法建筑物或违章建筑，这些建筑工程即使建成，也不可能取得房地产主管部门颁发的"房屋所有权证"，不能在市场上流通转让。因而，商业银行在受理在建工程抵押时，应当审查在建工程的立项批准文件和"四证"，即"国有土地使用权证"、"建设用地规划许可证"、"建设工程规划许可证"、"建设工程施工许可证"，以及经环境保护行政主管部门批准的"环境影响报告书"等能够证明在建工程合法性的文件。对于国家重大建设工程，还应当审查其是否按照国家的规定履行了报批和审批手续。审查在建工程的合法性，还应注意在建工程项目本身是否有超越或者违反审批文件要求建设施工的情形。

2. 抵押人对在建工程享有处分权

抵押人以在建工程作为履行债务的担保，当债务人不履行到期债务或者发生当事人约定实现抵押权的情形时，需要变价抵押物以清偿债务。若抵押人对该抵押物不享有处分权，依据物权的排他性原则，抵押人必定侵害了抵押物所有权人的权益。根据最高人民法院《关于贯彻执行〈民法通则〉若干问题的意见（试行）》第一百一十三条第一款的规定，以自己不享有所有权或者经营管理权的财产抵押无效。因此，为了确保抵押有效，商业银行应当审查在建工程项目文件，以有权机关的批准文件和相关证书为依据，确认在建工程的所有人。商业银行只应接受在建工程的所有人为抵押人的抵押。

3. 在建工程抵押必须签订书面合同

根据《担保法》第三十八条和《物权法》第一百八十五条的规定，抵押不允许当事人口头约定而必须签订书面合同。当事人未采用书面形式的，抵押合同不成立。建设部《城市房地产抵押管理办法》对在建工程抵押合同的内容提出了具体要求。该管理办法第二十八条规定，以在建工程抵押的，抵押合同应当载明以下内容：

（1）"国有土地使用权证"、"建设用地规划许可证"和"建设工程规划许可证"编号；

（2）已缴纳的土地使用权出让金或需缴纳的相当于土地使用权出让金的款额；

（3）已投入在建工程的工程款；

（4）施工进度及工程竣工日期；

(5) 已完成的工作量和工程量。

4. 在建工程抵押必须办理抵押登记

根据《物权法》第一百八十七条和《担保法》第四十二条的规定，在建工程属于法律规定强制登记的抵押财产，依法必须办理抵押物登记，抵押合同自成立之日起生效，抵押权自登记之日起设立，取得公信力，产生对抗第三人的法律效力。建设部《城市房地产抵押管理办法》第三十条对抵押登记的时限提出了具体要求：房地产抵押合同自签订之日起三十日内，抵押当事人应当到房地产所在地的房地产管理部门办理抵押登记。

在建工程与一般的房地产不同：一方面，在建工程的实物形态没有最终确定，还不完全具备使用功能；另一方面，在建工程尚未依法进行权属登记，还没有取得法定的所有权证书。所以，在建工程尚未具备法律意义上的所有权特性，基于所有权而产生的抵押权也就无法形成。因此，在建工程抵押登记还不是法律意义上的抵押登记，它只是在登记部门备案登记，属于预登记性质。建设部《城市房地产抵押管理办法》第三十四条规定，以预售商品房或者在建工程抵押的，登记部门应当在抵押合同上做记载。抵押的房地产在抵押期间竣工的，当事人应当在抵押人领取房地产权属证书后，重新办理房地产抵押登记。

备案登记虽然不具备抵押登记的效力，但其在登记公示的价值范围内，排斥其他债权再行登记抵押权利；在建工程竣工验收合格取得"房屋所有权证"后，未经抵押权人（严格地说是准抵押权人）同意，也不能变更所有权登记，不能进行过户转让。这使得在建工程抵押备案登记具有一定限制物权变动的效力和部分对抗第三人的效力。

但是，备案登记这种限制物权变动和对抗第三人的效力，与抵押登记的抵押权效力相比，是有限和不完整的。例如，在建工程的准抵押权人还不能直接依据法律或合同行使优先受偿权。因此，在建工程竣工验收并取得"房屋所有权证"后，贷款银行应当及时督促抵押合同当事人重新办理房地产抵押登记，领取"他项权利证书"。

必须注意，在建工程抵押备案登记的效力是有期限的，自在建工程抵押备案登记之日起至建设工程竣工验收合格时止。抵押备案登记期限过后，抵押备案登记就失去其应有的功能作用。在建工程竣工验收后，如果不及时重新办理房地产抵押登记，抵押人有可能利用备案登记失效而抵押登记尚未进行的时机，出售房地产或者设立新的抵押，从而给贷款银行带来巨大风险。因此，在建工程竣工验收后，银行应当及时要求、督促抵押人办理"房屋所有权证"，并重新办理房地产抵押登记。如果抵押人拒绝办理抵押登记，银行可以请求人民法院强制抵押人办理。因此给抵押权人造成损失的，银行也可要求抵押人予以赔偿。

在建工程抵押备案登记的做法，在一定程度上得到了司法实践的认同。最高人民法院《关于适用〈担保法〉若干问题的解释》第四十九条规定："以尚未办理权属证书的财产抵押的，在第一审法庭辩论终结前能够提供权利证书或者补办登记手续的，可以认定抵押有效。"

(三) 在建工程抵押登记

1. 在建工程抵押财产的范围

（1）在建工程抵押中的抵押财产，包括建设用地使用权以及房屋已经建造完成的部分，但并不包括尚未建造的部分。因此，在建工程抵押后建造部分未办理抵押登记的，应继续申请在建工程抵押登记。

（2）《物权法》第二百条规定，建设用地使用权抵押后，该土地上新增的建筑物不属于抵押财产。因此，如果贷款银行是国有建设用地使用权抵押权人，可在工程（房屋）建成后办理在建工程（房屋）抵押，以充分保障债权安全。

2. 在建工程抵押登记应当提交的材料

（1）登记申请书；

（2）申请人的身份证明。企业需提交营业执照，机关、事业单位需提交组织机构代码证（副本），及单位介绍信或法人授权委托书；

（3）抵押合同和主债权合同；

（4）建设用地使用权证或者记载土地使用权状况的房地产权证书；

（5）建设工程规划许可证；

（6）其他必要材料，包括：股份制企业需提供股东会或董事会决议；全民所有制企业需提供上级主管部门批文；集体所有制企业需提供职工代表大会决议；在建工程贷款资金专款专用承诺书。该承诺书可以是抵押权人出具对在建工程贷款进行资金监管的承诺书，也可以是抵押权人和债务人签订的资金监管协议。

3. 在建工程抵押后续登记

（1）抵押当事人如果需要价值持续增加的在建工程作为融资担保的标的，必须适时做好抵押物的变更登记手续，以登记在后的在建工程，替代之前登记的在建工程。

（2）已经登记的在建工程抵押权变更、转让或者消失的，当事人应当申请变更登记、转移登记、注销登记。

（3）在建工程竣工并经房屋所有权初始登记后，当事人应当申请将在建工程抵押权登记转为房屋抵押权登记。

（四）在建工程抵押的法律风险控制

1. 在建工程违反规划许可建设的风险及其控制

如前所述，具备立项批准文件和"四证"，是房地产项目合法合规的前提，也是开发项目办理销售证和产权证的依据。银行在贷款发放前，应当对这些项目文件进行认真审核。但是，笔者认为，仅此还不能够确保在建工程合法合规。因为：立项批文和"四证"齐全只能说明项目本身合法，而项目建设是个动态过程，实物形态随着工程的建设过程不断变化。如果项目在建设过程中，超越或者违反规划许可和设计文件的要求，将可能造成建设项目部分或全部违规，形成违章建筑。在现实中，因违反规划许可和设计文件而不能通过竣工验收的建筑物并不罕见。在建工程沦为违法、违章建筑，受害者不仅仅是业主和施工方，融资银行也将因失去物权担保而使债权遭受损失。

因此，为了共同防范违章建筑发生，商业银行应当在抵押合同中约定以下内容：

（1）贷款银行有权对在建工程建设施工的合法合规性进行检查监督，并就如何行使检查监督的具体事项作出约定。

（2）抵押人应当为贷款银行行使检查监督提供方便，对银行的检查监督建议认真研究并及时反馈处理意见。

（3）抵押人应当严格执行国家有关项目开发的法律法规和政策规定。违反规划许可和设计文件的施工行为，无论抵押人主观上是否故意，都视为抵押人违约，贷款银行有权追究抵押人的违约责任。

（4）必要时，贷款银行可以采取救济措施，行使不安抗辩权和违约救济权等。

2. 在建工程变现的风险及其控制

抵押是以抵押物的价值担保债权，当债务人不履行到期债务或者发生当事人约定实现抵押权的情形时，债权人有权依照法律规定对抵押物行使变价权，以所得的价款优先清偿债务。在建工程的变现能力也即其交换价值和可变价性，直接关系债权的实现。

（1）在建工程的可变价风险。这是影响在建工程变现能力的重要因素之一。抵押的在建工程应当具备较强的流通性，能够在市场中实现其交换价值。否则，抵押权人以变价所得优先受偿就无从谈起。商业银行应当选择通用功能较强、流通性好、易变现的在建工程项目作为抵押担保物。对于专属特殊行业生产经营的在建工程，以及市场需求量不大、风险程度高的在建工程，如商业店铺、高档住宅等，不适宜作为抵押物。

（2）在建工程的交换价值风险。这是影响在建工程变现能力的又一重要因素。在建工程的价值评估方法很多，不同评估方法对同一物品的评估结论迥然不同。笔者认为，在建工程抵押价值的评估应当接近市场，真实地反映其交换价值，能够被市场接受。任何背离市场价值认可的评估方法，都不是抵押物价值评估的最佳选择。例如，成本法就不宜应用于在建工程抵押的价值评估。因为，在建工程的交换价值并不完全等同于项目工程各项资本投入的简单累加。

此外，在建工程的土地来源对抵押物的变现能力也有影响，商业银行应当加以关注：

第一，以划拨方式取得的国有土地使用权，其抵押价值应为评估价值扣除应支付的土地使用权出让金。

第二，以转让方式取得的国有土地使用权，应审查核实其是否足额缴纳了土地使用权出让金。若存在有欠缴情形，应把欠缴数额从评估价值中扣除。

第三，若系集体土地使用权，应审查取得的合法性，尤其需要审查其是否履行了法定的审批手续，以及可否依法转让和转让变现的可能性等。

3. 在建工程抵押权实行的风险及其控制

最高人民法院、国土资源部、建设部《关于依法规范人民法院执行和国土资源、房地产管理部门协助执行若干问题的通知》（法发〔2004〕5号，以下简称《规范执行和房地产部门协助执行若干问题》）规定，人民法院可以对某些特殊财产进行预查封。所谓"预查封"，指对尚未进行产权登记，但又在登记部门履行了一定的批准或者备案等预登记手续的房地产所采取的控制性措施。预查封在限制标的物转让方面的效力等同于正式查封，即在人民法院预查封期间，任何单位和个人不得擅自处分预查封的财产，有关部门也不得办理转让、抵押手续。

根据《规范执行和房地产部门协助执行若干问题》的相关规定，人民法院可以依法对下列未进行权属登记的房地产采取预查封措施：

（1）被执行人已全部缴纳土地使用权出让金，但尚未办理权属登记的土地使用权（第十三条）；

（2）被执行人部分缴纳土地使用权出让金，但尚未办理权属登记的土地使用权（第十四条）；

（3）已办理了商品房预售许可证且尚未出售的房屋［第十五条第（一）项］；

（4）被执行人购买的已由房地产开发企业办理了房屋权属初始登记的房屋［第十五条第（二）项］；

（5）被执行人购买的办理了商品房预售合同登记备案手续或者商品房预告登记的房屋［第十五条第（三）项］。

从上述规定可以看出，预查封制度适用的对象是权属尚未最终确定的土地使用权和房产。在建工程最显著的特征是权属尚未最终确定的房地产，这与预查封适用对象的特征正好相符。如果抵押人的其他债权人先于抵押权人申请查封在建工程，抵押权人的查封申请便处于"轮候"状态，在建工程抵押权实行存在重大风险隐患。因此，为了避免在建工程因被他人申请查封而引发的风险，贷款银行应密切关注抵押人的经营状况，一旦发现抵押人卷入重大纠纷，立刻采取措施保全在建工程。在司法实践中，人民法院对在建工程抵押权的实行，大多也是先采取预查封措施，待在建工程的权属登记在被执行人名下后才予以实体处理。

4. 建设工程价款优于抵押权实现的风险及其控制

工程建设项目通常不是建设单位（房地产开发企业）自行施工建设，而是将工程建设项目发包给建筑施工企业，由施工企业负责施工建设。房地产项目开发资金投入大，开发企业拖欠施工企业的工程款时有发生。《合同法》第二百八十六条规定："发包人未按照约定支付价款的，承包人可以催告发包人在合理期限内支付价款。发包人逾期不支付的，除按照建设工程的性质不宜折价、拍卖的以外，承包人可以与发包人协议将该工程折价，也可以申请人民法院将该工程依法拍卖。建设工程的价款就该工程折价或者拍卖的价款优先受偿。"按照上述规定，施工企业的工程价款优先于抵押权担保的债权受偿。最高人民法院《关于建设工程价款优先受偿权问题的批复》第一条明确规定，建筑工程承包人的优先受偿权优于抵押权和其他债权。可见，在建工程抵押存在建设工程价款优于抵押权实现的风险。

由于法律和司法解释并没有要求施工企业公示其建设工程价款优先权，所以，商业银行在接受在建工程抵押时，无从知晓是否存在施工企业工程价款优先权，这给风险防范与控制增加了难度。在实践中，甚至出现开发企业与施工企业恶意串通，虚构"发包人未按照约定支付价款"的事实，将在建工程抵押权推至"有名无实"的窘境。

为了防范与控制在建工程抵押风险，商业银行可以采取以下措施：

（1）收集建筑工程承包合同及相关资料。商业银行应当在贷款发放前，要求抵押人提供工程项目建筑工程承包合同及相关资料，审查、了解合同约定的工程总价款、支付条件、支付方式、竣工期限、已经支付的价款以及是否存在施工企业垫资建设的情况。

（2）建设工程价款应从在建工程交换价值中剔除。商业银行在评估、确定在建工程的抵押价值时，应从在建工程交换价值中扣除拖欠的工程价款。不过，建设工程价款通常处于滚动状态，数额也不太好确定。而且，开发企业支付施工企业工程价款后，施工企业的优先权自行释放。所以，银行应当对工程价款数额作出合理评估并做相应扣除，同时争取在建工程整体抵押，以便在工程价款优先权终止后获得优先于其他债权受偿的效力。

（3）要求抵押人提供施工企业放弃工程价款优先权的承诺。法律赋予施工企业的建设工程价款优先权属于授权性权利，施工企业可以行使也可以放弃，法律并不禁止施工企业的选择。因此，商业银行可以要求抵押人与施工企业协商，请求施工企业放弃工程价款优先权。施工企业若无异议，应向在建工程抵押权人出具放弃工程价款优先权的书面承诺。

应当注意，施工企业放弃优先权的承诺，并不能必然消除抵押权实现的风险，施工企业在工程价款被大量拖欠的情况下，有可能依据《合同法》第五十四条的规定，以意思表示不真实为由，请求人民法院撤销承诺或协议。

（4）要求借款人提供施工企业连带责任保证。商业银行在接受在建工程抵押的同时，可以要求借款人提供施工企业连带责任保证。施工企业同意为借款提供担保的，商业银行应当在保证合同中约定以下内容：

第一，保证人放弃《担保法》第二十八条规定的抗辩权，即"物保优于人保"的抗辩权。

第二，保证人在贷款银行开立工程价款专用账户，开发企业支付的工程价款包括优先受偿的工程价款全额存于专用账户。

第三，在借款人不偿还贷款本息时，保证人授权贷款银行从其工程价款专用账户直接扣收贷款本息。

（5）要求抵押人及时通报涉及在建工程权属变更的相关事项。根据现行法律规定，施工企业行使工程价款优先权，并不需要通知在建工程抵押权人，开发企业与施工企业可以在贷款银行毫不知情的情况下将建设工程折价或拍卖。因而，银行应当在抵押合同中约定，抵押人在抵押期间，有义务将可能涉及在建工程权属变更的相关事项及时通知抵押权人。贷款银行应当积极参与开发企业、施工企业双方当事人的协商。双方发生诉讼时，及时以第三人申请参加诉讼。银行参与协商或诉讼过程，主要是对工程价款优先权行使抗辩权。具体内容包括：

第一，建设工程价款范围抗辩。根据《关于建设工程价款优先受偿权问题的批复》第三条的规定，建设工程价款的范围限于施工企业为建设工程应当支付的工作人员报酬、材料款等实际支出，不包括因开发企业违约所造成的损失。

第二，行使优先权期限抗辩。最高人民法院《关于建设工程价款优先受偿权问题的批复》第四条规定："建设工程承包人行使优先权的期限为六个月，自建设工程竣工之日或者建设工程合同约定的竣工之日起计算。"据此规定可知：

①施工企业行使优先权必须在规定期限内行使，超过法定期限不得行使。六个月的法定期限属于除斥期间，不因任何事由而中止、中断和延长。

②优先权行使期限的起算日分为两种情形：若建设工程实际竣工日先于或等于工

承包合同约定竣工日的，起算日为"建设工程竣工之日"。所谓"建设工程竣工之日"即施工企业实际完成工程施工建设之日，而不是建设工程"竣工验收合格"或"交付使用"之日；若建设工程实际竣工日晚于工程承包合同约定竣工日的，起算日为合同约定的建设工程竣工之日。

5. 税款优于抵押权实现的风险及其控制

《税收征收管理法》第四十五条第二款规定："纳税人欠缴的税款发生在纳税人以其财产设定抵押、质押或者纳税人的财产被留置之前的，税收应当先于抵押权、质权、留置权执行。"根据上述规定，房地产开发企业拖欠的税款发生在抵押之前的，税收实现优先于银行抵押权，税务机关有权先于银行处置抵押物并就所得价款优先受偿，银行只能对追缴所欠税款之后的剩余部分行使优先受偿权。如果贷款银行私自处置抵押物实现债权，税务机关发现后有权在抵押物价值范围内向银行追偿欠税企业应缴的税款。可见，在建工程抵押权存在税款优先的风险，银行处置抵押物受到限制。

《税收征收管理法》第四十六条规定："纳税人有欠税情形而以其财产设定抵押、质押的，应当向抵押权人、质权人说明其欠税情况。抵押权人、质权人可以请求税务机关提供有关的欠税情况。"商业银行在接受抵押担保时，应当掌握抵押人的纳税情况，尤其需要查清抵押人是否欠税以及欠税的时间和金额。如果存在欠税情形，商业银行应要求缴清税款后方可设定抵押权。抵押权设定后抵押人拖欠的税款，不再具有优先于抵押权的效力。

6. 商品房预售对抵押权实现的风险及其控制

建设部《城市商品房预售管理办法》（建设部令［1994］第40号发布，建设部令［2001］第95号修改）对"商品房预售"做了如下定义：商品房预售，指房地产开发企业将正在建设中的房屋预先出售给承购人，由承购人支付定金或房价款的行为（第二条）。根据《城市房地产管理法》第四十四条的规定，商品房预售应当向县级以上人民政府房产管理部门办理预售登记，取得"商品房预售许可证"。商品房预售合同应报房产管理部门和土地管理部门登记备案，预售所得款项必须用于有关的工程建设。换言之，商品房预售人取得商品房预售许可证，可以进行商品房预售。

但是，由于在建工程抵押或土地使用权已经抵押给了贷款银行，并且办理了抵押备案登记或抵押登记。商品房预售后，作为抵押物的在建工程或土地使用权，其变现能力将受到商品房预售合同的限制，银行几乎不可能再就抵押物行使变价权而优先受偿。这是问题的一方面。问题的另一方面是，银行发放给开发企业的贷款，通常又依赖于商品房的销售收入清偿，若不允许预售商品房，开发企业偿还开发贷款又几乎不可能。可见，银行陷入两难选择，抵押权面临实行风险。为了控制风险，贷款银行可以采取以下措施：

（1）要求抵押人将预售款全额存入商品房销售专用账户。《担保法》第四十九条规定："抵押期间，抵押人转让已办理登记的抵押物的，应当通知抵押权人并告知受让人转让物已经抵押的情况；抵押人未通知抵押权人或者未告知受让人的，转让行为无效。"据此规定，已设定了抵押权的在建工程或土地使用权，抵押人在抵押期间销售商品房的，应当通知贷款银行并取得银行的书面同意。银行应就商品房预售与抵押人签订预售款监管协议，约定：开发企业（抵押人）应当在贷款银行开立商品房销售专用账户，保证将商品房预售款全额交存专用账户并做到专款专用，自觉接受开户银行的监管等。若双方达不成协议，贷款银行应当拒绝为抵押人出具同意预售的书面证明，并及时向房地产管理部门反映，反对开发企业申办"商品房预售许可证"。

《物权法》对《担保法》第四十九条的规定作了修改。"抵押期间，抵押人未经抵押权人同意，不得转让抵押财产，但受让人代为清偿债务消灭抵押权的除外"（第一百九十一条第二款）。据此，贷款银行要求抵押人将预售款全额存入商品房销售专用账户于法有据。

（2）争取承办个人住房按揭贷款。开发贷款依赖于商品房销售收入清偿，而销售收入大部分又来自银行个人住房按揭贷款。如果预售商品房属于设定了抵押权的在建工程，或者是在设定了抵押权的土地上建设的房屋，此时，个人住房贷款与开发贷款的担保物同为一物。为了简化各种关系，保障各方合法权益，降低纠纷发生几率，在实践中绝大多数银行都选择相同的运作模式，即开发贷款与个人住房贷款为同一贷款银行。这种运作模式的特点在于，随着商品房售出，开发贷款逐步回收，在建工程或土地使用权的抵押也在逐渐解除，继而转为个人住房贷款抵押。

（3）要求抵押人为个人住房按揭贷款提供担保。商品房预售后，贷款银行不仅不能行使抵押物变价权优先受偿，而且也不能以抵押权对抗消费者的商品房期待权。因为，最高人民法院《关于建设工程价款优先受偿权问题的批复》第二条规定："消费者交付购买商品房的全部或者大部分款项后，承包人就该商品房享有的工程价款优先权不得对抗买受人。"据此规定，具有特别优先权的工程价款尚不能对抗消费者的商品房期待权，处于工程价款优先权之后的抵押权，自然就更不能对抗了。可见，商品房预售后，贷款银行的抵押权变现能力相当弱。因而，银行应当要求抵押人为个人住房按揭贷款提供阶段性连带责任保证。这既是确保开发贷款安全的要求，也是确保个人住房按揭贷款安全的要求。

（4）及时行使诉权主张权利。抵押期间，抵押人未经抵押权人同意，不得转让抵押财产，但受让人代为清偿债务消灭抵押权的除外（《物权法》第一百九十一条第二款）。据此规定，若抵押人在未获得抵押权人同意的情况下预售商品房的，贷款银行应当及时行使诉权主张权利。

二、海关监管货物抵押

（一）海关监管货物及其抵押

《中华人民共和国海关法》（以下简称《海关法》）第二十三条规定："进口货物自进境起到办结海关手续止，出口货物自向海关申报起到出境止，过境、转运和通运货物自进境起到出境止，应当接受海关监管。"第一百条第四款规定："海关监管货物，是指本法第二十三条所列的进出口货物，过境、转运、通运货物，特定减免税货物，以及暂时进出口货物、保税货物和其他尚未办结海关手续的进出境货物。"根据上述规定，所谓"海关监管货物"，指尚未办结海关手续，即未完税或未提交有关许可证件等，仍存放于海关监管场所的进出口货物，或者已办理海关进口放行手续但仍处于海关监管的进境货物。后者主要包括保税进口、暂时进口和特定减免税进口等货物。

海关监管的货物尽管种类繁多、名称各异，但都具有"尚未办结海关手续"的共同特点，在一定期限内仍然必须接受海关监管。《海关法》第三十七条规定："海关监管货物，未经海关许可，不得开拆、提取、交付、发运、调换、改装、抵押、质押、留置、转让、更换标记、移作他用或者进行其他处置。"任何擅自处置海关监管货物的行为，都属于违反海关监管规定的走私行为，依法将承担相应的刑事和民事责任。

《物权法》第一百八十四条和《担保法》第三十七条都规定，依法被监管的财产不得抵押。最高人民法院《关于适用〈担保法〉若干问题的解释》第五条第一款明确规定："以法律、法规禁止流通的财产或者不可转让的财产设定担保的，担保合同无效。"为了鼓励外国公司、企业和其他经营组织或个人来我国举办中外合资经营企业、中外合作经营企业和外资企业（简称外商投资企业），海关总署会同国务院特区办、财政部、经贸部、国家税务局，于1992年7月颁布了《中华人民共和国海关对外商投资企业进出口货物监管和征免税办法》（署监一〔1992〕1099号）。该办法第二十八条规定："外商投资企业以海关监管货物向国内外的金融机构作贷款抵押的，必须事先向主管海关申请，经核准后方可办理抵押手续。上述抵押物实际处理时，企业应当按其使用年限折旧补税并办结海关手续。"以上规定表明，海关监管货物不得擅自设定抵押权。外商投资企业以海关监管货物抵押的，经海关核准后方可办理抵押手续。未经海关核准的，抵押合同无效。

（二）海关监管货物抵押的合法性要求

1. 监管货物抵押必须经海关核准

根据海关总署《中华人民共和国海关对外商投资企业进出口货物监管和征免税办法》第二十八条第一款的规定，外商投资企业以海关监管货物抵押的，必须事先经海关核准。因此，外商投资企业以机器设备为抵押物申请贷款，商业银行应当审查该机器设备是否属于海关监管货物。如果机器设备属于海关特许减免税进口等海关监管物资，且该物资还在监管年限内的，银行应当要求抵押人到海关补缴剩余差额税款或者提供海关同意抵押的证明；监管年限届满的，抵押人应当向银行提供海关核发的《中华人民共和国海关对外商投资企业减免税进口货物解除监管证明》。

根据海关总署《关于对〈汕头海关关于国家鼓励发展的内资项目进口的减免税物资可否用于贷款抵押的请示〉的批复》（署法〔1999〕505号）和海关总署《关于〈杭州海关关于要求明确特定减免税货物抵押贷款金融机构的请示〉的批复》（署法〔2000〕623号）的规定，有以下情形之一的，可以批准申请人以海关监管的机器设备抵押：

（1）企业提供税款保证金的；

（2）企业就应缴税款向海关提供境内金融机构担保的。

2. 监管货物抵押必须签订书面合同并办理抵押登记

《担保法》第三十八条和《物权法》第一百八十五条规定，抵押人和抵押权人应当以书面形式订立抵押合同。因此，以海关监管的机器设备抵押的，当事人应当订立书面抵押合同。未采用书面形式的，抵押合同不成立，不能认定抵押关系存在。

以海关监管货物抵押的，当事人应当根据国家工商行政管理总局《动产抵押登记办法》的规定，共同向抵押人住所地的县级工商行政管理部门提出抵押登记申请。抵押合同自成立之日起生效，抵押权人自抵押登记机构出具"动产抵押登记书"之日起获得对抗第三人的效力。

(三) 海关监管货物抵押权的实行

1. 监管期限内抵押权的实行

根据海关总署《中华人民共和国海关对外商投资企业进出口货物监管和征免税办法》第二十八条第二款的规定，在监管期限内对海关监管的机器设备进行实际处理时，抵押人应当按其使用年限折旧补税并办结海关手续。也就是说，补缴税款和办结海关手续，是处置抵押物的前置程序。任何未办结海关手续的抵押物，不得进行实体处置。这一制度的设定，主要是确保在任何情况下，国家税款都得到优先保障。

2. 监管期限届满抵押权的实行

海关总署《中华人民共和国海关对外商投资企业进出口货物监管和征免税办法》第十八条第三款规定："对超过海关监管年限的减免税货物，企业可以向海关提出解除监管申请，经主管海关核准后发给'中华人民共和国海关对外商投资企业减免税进口货物解除监管证明'。"据此规定，若处置抵押物时，机器设备的监管年限已经完成，此时，抵押人仍应办结海关手续，申领"中华人民共和国海关对外商投资企业减免税进口货物解除监管证明"。取得解除监管证明后，抵押的机器设备按常规程序处置即可。

三、土地使用权抵押

(一) 我国的土地制度

1. 土地所有权制度

《中华人民共和国土地管理法》（以下简称《土地管理法》）规定，我国的土地所有权分为国家所有和集体所有。国家所有土地的所有权由国务院或国务院授权地方各级人民政府代表国家行使（第二条）。集体所有的土地依法属于村农民集体所有的，由村集体经济组织或者村民委员会经营、管理；属于村内两个以上农村集体经济组织的农民集体所有的，由村内各该农村集体经济组织或者村民小组经营、管理；属于乡（镇）农民集体所有的，由乡（镇）农村集体经济组织经营、管理（第十条）。

《土地管理法》第八条第二款规定："农村和城市郊区的土地，除由法律规定属于国家所有的以外，属于农民集体所有；宅基地和自留地、自留山，属于农民集体所有。"

国务院《土地管理法实施条例》（国务院令［1998］第256号）第二条对国家所有土地的范围进行了界定，规定下列土地属于国家所有：

(1) 城市市区的土地；

(2) 农村和城市郊区中已经依法没收、征收、征购为国有的土地；

(3) 国家依法征用的土地；

(4) 依法不属于集体所有的林地、草地、荒地、滩涂及其他土地；

(5) 农村集体经济组织全部成员转为城镇居民的，原属于其成员集体所有的土地；

(6) 因国家组织移民、自然灾害等原因，农民成建制地集体迁移后不再使用的原属于迁移农民集体所有的土地。

在我国，土地不得买卖，但国家可以依法征收或者征用。《土地管理法》第二条规定："任何单位和个人不得侵占、买卖或者以其他形式非法转让土地。土地使用权可以依法转让。国家为了公共利益的需要，可以依法对土地实行征收或者征用并给予补偿。"

2. 土地使用权制度

《土地管理法》规定，国有土地和农民集体所有的土地，可以依法确定给单位或者个人使用（第九条）。单位和个人依法使用的国有土地，由县级以上人民政府登记造册，核发证书确认使用权；农民集体所有的土地依法用于非农业建设的，由县级人民政府登记造册，核发证书确认建设用地使用权（第十一条）。依法登记的土地的所有权和使用权受法律保护，任何单位和个人不得侵犯（第十三条）。

土地使用权是土地使用者在法律允许的范围内依法享有使用土地的占有、使用和收益的权利，它是一种受限制的物权，可否用于抵押，取决于土地使用者对其是否享有处分的权利。

土地使用权抵押，指土地使用权人以其享有的土地使用权在不转移土地占有的情况下作为债权的担保，当债务人不履行到期债务或者发生当事人约定实现抵押权的情形时，债权人有权依法处分土地使用权并从变价款中优先受偿。

(二) 国有土地使用权抵押

1. 国有土地使用权取得方式

目前，国有土地使用权取得方式主要有三种：

第一，无偿划拨方式，即县级以上人民政府依法批准将国有土地使用权无偿交付使用者使用。

第二，有偿出让方式，即县级以上人民政府以协议、招标、拍卖方式将国有土地使用权在一定年限内出让给使用者，使用者缴纳了土地出让金后取得土地使用权。

第三，转让方式，即土地使用者将以出让方式取得的国有土地使用权转让给他人使用，或者将以转让方式取得的国有土地使用权再转让给他人使用。转让方式包括出售、交换和赠与。

2. 国有土地使用权抵押的合法性要求

(1) 土地使用权取得应为出让或转让方式。《城市房地产管理法》第四十八条第二款规定："以出让方式取得的土地使用权，可以设定抵押权。"国务院《城镇国有土地使用权出让和转让暂行条例》（国务院令［1990］第55号）第四条规定，以出让或者转让方式"取得土地使用权的土地使用者，其使用权在使用年限内可以转让、出租、抵押或者用于其他经济活动。"第四十四条明确规定，划拨土地使用权，除非经县级以上人民政府土地管理部门和房产管理部门批准，否则，不得转让、出租、抵押。

(2) 地上建筑物与土地使用权一并抵押。《担保法》第三十六条第二款规定："以出让方式取得的国有土地使用权抵押的，应当将抵押时该国有土地上的房屋同时抵押。"法律之所以作出这样的规定，是因为土地使用权与地上建筑物虽为独立的不动产，但不可分离，土地是建筑物的基础，所以，土地使用权的地上建筑物，一般不能单独设定抵押权，而是应当与土地使用权一并设定抵押权。只有这样，才能保证实行抵押权时，土地使用权和地上建筑物可以同时转让。为了防止因单独设定抵押而导致抵押权实现困难，《物权法》进一步明确，以建筑物抵押的，该建筑物占用范围内的建设用地使用权一并抵押。以建设用地使用权抵押的，该土地上的建筑物一并抵押，抵押人未按规定将房产与地产一并抵押的，未抵押的财产视为一并抵押（《物权法》第一百八十二条）。

（3）土地使用权抵押必须签订书面合同并办理抵押登记。根据《物权法》第一百八十五条、《担保法》第三十八条和《城镇国有土地使用权出让和转让暂行条例》第三十四条的规定，土地使用权抵押，抵押人和抵押权人应当订立书面抵押合同。同时，还应根据国家土地管理局《关于土地使用权抵押登记有关问题的通知》第一条第二款的规定，到土地所在地的原土地使用权登记部门（土地管理部门）办理抵押登记。抵押合同自成立之日起生效，抵押权自登记时设立，不登记的，抵押权不生效（《物权法》第一百八十七条）。土地管理部门颁发的"土地他项权利证明书"是抵押权的唯一合法凭证。

如果土地使用权属于城市规划区范围内的国有土地且地上有附着物的，抵押当事人可以依据建设部《城市房地产抵押管理办法》的规定，到房地产项目所在地的房地产管理部门办理抵押登记。

（三）国有土地使用权抵押登记

1. 国有土地使用权抵押登记部门

国家土地管理局《关于土地使用权抵押登记有关问题的通知》（国土［籍］字［1997］第2号）第一条第二款规定，土地使用权抵押登记由县级以上地方人民政府土地管理部门负责，并以土地使用权登记为基础，遵循登记机构一致的原则。异地抵押的，必须到土地所在地的原土地使用权登记机构办理抵押登记。土地使用权抵押权的合法凭证是"土地他项权利证明书"，"国有土地使用证"、"集体土地所有证"和"集体土地使用证"不能作为抵押权的法律凭证。抵押权人扣押的土地证书无效，土地使用权人可以申请原土地证书作废，并办理补发新证手续。中华人民共和国国土资源部《土地登记办法》（国土资源部令第40号，2007年12月30日）第三条重申上述精神，规定：土地抵押权、地役权由县级以上人民政府国土资源行政主管部门登记，核发土地他项权利证明书。

2. 国有土地使用权抵押登记应当提交的材料

《土地登记办法》第三十六条规定，依法抵押土地使用权的，抵押权人和抵押人应当持土地权利证书、主债权债务合同、抵押合同以及相关证明材料，申请土地使用权抵押登记。由于《土地登记办法》没有具体列出应提交材料的清单，各地国土资源行政主管部门在办理土地使用权抵押登记时，要求提交的材料会有所不同，但一般应包括下列材料：

（1）抵押人和抵押权人"土地登记申请书"、土地登记法人代表身份证明书、土地登记委托书及身份证复印件；

（2）"国有土地使用证"原件；

（3）抵押权人的"土地地价确认函"；

（4）土地抵押合同、借（贷）款合同；

（5）抵押权人"中华人民共和国金融许可证"、"营业执照"（复印件）；

（6）抵押人"营业执照"副本（验原件收复印件）；

（7）房屋所有权抵押、部分土地抵押、混合宗地抵押、划拨土地使用权抵押、变更抵押等特殊情况需要提供的其他材料。

3. 国有土地使用权抵押变更登记

已经抵押的土地使用权转让后，当事人应当持土地权利证书和他项权利证明书，办理土地抵押权变更登记（《土地登记办法》第四十三条）。

经依法登记的土地抵押权因主债权被转让而转让的，主债权的转让人和受让人可以持原土地他项权利证明书、转让协议、已经通知债务人的证明等相关证明材料，申请土地抵押权变更登记（《土地登记办法》第四十四条）。

（四）集体土地使用权抵押

1. 集体土地概述

《土地管理法》第四条规定，"国家实行土地用途管制制度"。依据该条款对土地用途分类的规定，集体土地可以大体分为农用地、农村建设用地、未利用地。农用地，指直接用于农业生产的土地，包括耕地、林地、草地、农田水利用地、养殖水面等以及可以用于农业开发的荒山、荒沟、荒丘、荒滩等农村集体荒地；农村建设用地，指建造建筑物、构筑物的土地，包括宅基地、农村公共设施和公益事业用地、乡镇企业用地等。未利用地是指农用地和农村建设用地以外的土地。

与国有土地使用权不同，集体土地使用权原则上不允许交易转让。《土地管理法》第六十三条规定："农民集体所有的土地的使用权不得出让、转让或者出租用于非农业建设；但是，符合土地利用总体规划并依法取得建设用地的企业，因破产、兼并等情形致使土地使用权依法发生转移的除外。"

集体土地原则上不允许直接用于建设，建设需要使用土地的，必须依法申请使用国有土地。《土地管理法》第四十三条规定："任何单位和个人进行建设，需要使用土地的，必须依法申请使用国有土地；但是，兴办乡镇企业和村民建设住宅经依法批准使用本集体经济组织农民集体所有的土地的，或者乡（镇）村公共设施和公益事业建设经依法批准使用农民集体所有的土地的除外。"

建设必须占用农村集体土地的，应当办理农用地转为建设用地审批手续，由国家依法对土地实行征收或者征用并给予补偿，将该集体土地转变为国家所有后，再由政府将该国有土地使用权出让给建设单位或个人（《土地管理法》第二条、第四十四条）。即使是村农民集体的建设用地，例如乡镇企业、乡（镇）村公共设施、公益事业、农村村民住宅等乡（镇）村建设用地，或者以土地使用权入股、联营等形式开办企业的，都必须经县级以上地方人民政府土地行政主管部门批准（《土地管理法》第六十条、第六十一条）。

可见，农村集体土地未经政府批准，不得擅自改变用途，土地使用权也不得转让，土地的"所有权"不具备所有权的全部权能，所有权人对其所有的土地，只享有占有、使用、收益的权利。

2. 可以抵押的集体土地使用权

我们知道，判断某标的物可否设定抵押权，其主要标准是处分权和转让性。集体土地使用权可否设定抵押权，同样取决于该土地使用权是否同时具备以下两项条件：

其一，抵押人有权依法处分土地使用权；

其二，土地使用权依法可以转让。

我国现行法律严格限制集体土地使用权的流转，故符合抵押条件者为数不多。根据《担保法》第三十四条、第三十六条和《中华人民共和国农村土地承包法》（以下简称《农村土地承包法》）第四十九条的规定，可以抵押的集体土地使用权限于两种特定情形：

（1）抵押人依法承包并经发包方同意抵押的荒山、荒沟、荒丘、荒滩等农村集体荒地的土地使用权，简称"四荒"土地使用权［第三十四条第（五）项］。

（2）乡（镇）村企业以厂房等建筑物抵押的，其占用范围内的土地使用权同时抵押，简称乡村企业集体土地使用权（第三十六条第三款）。《物权法》第一百八十三条重申："以乡镇、村企业的厂房等建筑物抵押的，其占用范围内的建设用地使用权一并抵押。"

《担保法》还特别列举了两种情形的集体土地使用权不得抵押：

（1）耕地、宅基地、自留地、自留山等集体所有的土地使用权［第三十七条第（二）项］。

（2）乡（镇）村企业的集体土地使用权不得单独抵押（第三十六条第三款）。

上述不得抵押的集体所有的土地使用权，《物权法》第一百八十三条、第一百八十四条予以了重申。

3. 集体土地使用权抵押的合法性要求

（1）集体土地的使用权经核准登记。根据国家土地管理局《农村集体土地使用权抵押登记的若干规定》（国土［籍］字［1995］第134号）第一条的规定，农村集体土地使用权抵押，应当以土地使用权登记为前提。经县级以上人民政府土地管理部门登记的"四荒"土地和乡村企业集体土地的使用权可以设定抵押权，其他类型的集体土地使用权不得抵押。

（2）土地使用权抵押须经集体土地所有者同意。农村集体土地归村民集体所有，以集体土地使用权抵押，必须经村民会议三分之二以上成员或者三分之二以上村民代表同意，并出具同意抵押的书面证明（《土地管理法》第十五条第二款）。根据《农村集体土地使用权抵押登记的若干规定》第四条的规定，集体土地所有者同意抵押的证明应当表明以下内容：

第一，抵押人同意以乡村企业集体土地使用权或"四荒"土地使用权为借款人履行债务提供担保；

第二，当借款人不履行债务时，抵押人同意按法律规定的土地征用补偿标准将土地转为国有土地；

第三，抵押人同意以征地费作为清偿资金偿还债务人所欠借款。

(3) 评估土地使用权地价并经土地管理部门确认。国家土地管理局在《农村集体土地使用权抵押登记的若干规定》中要求，"抵押当事人应当委托具有土地估价资格的评估机构对其抵押土地使用权进行地价评估，其评估结果需报经土地管理部门确认"（第五条）；"以乡村企业集体土地使用权抵押的，土地管理部门还应核定实行抵押权时应补交的土地出让金数额"（第六条）。

(4) 土地使用权抵押必须签订书面合同并办理抵押登记。根据《物权法》第一百八十五条、《担保法》第三十八条和《农村集体土地使用权抵押登记的若干规定》第二条的规定，集体土地使用权抵押应当订立书面抵押合同。同时，还应到土地所在地的原土地使用权登记部门（土地管理部门）办理抵押登记。抵押合同自成立之日起生效，抵押权自抵押登记时设立，不登记的，抵押权不生效（《物权法》第一百八十七条）。土地管理部门核发的"土地他项权利证明书"是抵押权唯一合法凭证。

4. 集体土地抵押权的实行

国家土地管理局《农村集体土地使用权抵押登记的若干规定》对抵押权的实行程序作出了规定："因处分抵押财产转移乡村企业集体土地使用权的，应当由土地管理部门依法先办理征地手续，将抵押土地转为国有，然后再按抵押划拨国有土地使用权的办法进行处置。"（第十三条）"处置抵押土地使用权的受让人、抵押人、抵押权人在抵押土地使用权处置后三十日内，持有关文件到土地管理部门申请办理土地权属变更登记。"

(五) 农村土地承包经营权抵押

根据《物权法》第二百零一条和农业部《农村土地承包经营权流转管理办法》（农业部令第47号，2005年1月19日）第三条的规定，以农村土地承包经营权（农村土地经营权）抵押的，其地上附着物一并抵押，抵押期间不得改变土地所有权的性质和农业用途。

农村土地承包经营权（农村土地经营权）抵押应当办理登记，抵押合同自成立之日起生效，抵押权自抵押登记时设立。抵押登记由登记部门在抵押的"农村土地承包经营权证"或"农村土地经营权证"的"变更登记"栏内载明抵押登记的主要内容，并向抵押权人颁发"农村土地承包经营权（农村土地经营权）抵押登记证"。

1. 农村土地承包经营权抵押登记部门

《农村土地承包经营权流转管理办法》第三十四条规定："通过招标、拍卖和公开协商等方式承包荒山、荒沟、荒丘、荒滩等农村土地，经依法登记取得农村土地承包经营权证的，可以采取转让、出租、入股、抵押或者其他方式流转，其流转管理参照本办法执行。"第五条规定："县级以上人民政府农业行政主管（或农村经营管理）部门依照同级人民政府规定的职责负责本行政区域内的农村土地承包经营权流转及合同管理的指导。"可见，农村土地承包经营权登记部门为县级以上人民政府农业行政主管（或农村经营管理）部门。

2. 农村土地承包经营权抵押应具备的条件

最高人民法院《关于审理涉及农村土地承包纠纷案件适用法律问题的解释》（法释[2005]6号）第二十一条规定，"承包方未依法登记取得土地承包经营权证等证书，即以转让、出租、入股、抵押等方式流转土地承包经营权,发包方请求确认该流转无效的,应予支持。但非因承包方原因未登记取得土地承包经营权证等证书的除外"。可见,农村土地承包经营权的抵押,必须以拥有土地承包经营权证为前提。

承包人将承包经营权转包或者出租给他人,其与发包人的承包关系不变,并不发生权利主体的更迭,故不要求对转包和出租进行变更登记。因此,通过转包或出租方式获取土地承包经营权的承包人或承租人,因没有取得土地承包经营权证书而无权抵押。

转包是指承包方将部分或全部土地承包经营权以一定期限转给同一集体经济组织的其他农户从事农业生产经营。

出租是指承包方将部分或全部土地承包经营权以一定期限租赁给他人从事农业生产经营。

3. 农村土地承包经营权抵押登记应当提交的材料

由于《农村土地承包经营权流转管理办法》没有具体列出农村土地承包经营权抵押登记应提交材料的清单,各地在抵押登记时,要求提交的材料有所不同,但一般应包括下列材料:

(1) 农村土地承包经营权(农村土地经营权)抵押登记申请书;

(2) 申请人有效身份证明;

(3) 贷款合同和抵押合同;

(4) 抵押人是承包方农户的,需出具"农村土地承包经营权证"和其他共有人同意抵押的书面证明;抵押人是规模经营业主的,需出具农村土地承包经营权流转合同、"农村土地经营权证"和其他共有人同意抵押的书面证明;

(5) 发包方同意抵押、处置的证明;抵押人是规模经营业主的,还需出具承包方农户同意抵押、处置的证明;

(6) 拟抵押农村土地承包经营权(农村土地经营权)价值证明文件(价值评估报告);

(7) 登记机关规定的其他资料。

4. 农村土地承包经营权抵押期限

(1)《物权法》第一百二十六条规定,耕地的承包期为三十年。抵押期限不得超过土地承包经营权(农村土地经营权)的剩余使用年限。

(2) 抵押登记时间不得晚于抵押贷款的实际发放时间(追加抵押品的情形除外)。

(3) 登记部门要求明确登记期限的,登记届满期限原则上不得早于授信到期期限,若登记部门要求登记期限短于授信期限的,贷款银行在登记期限届满前应及时办理展期登记或重新办理登记。

四、采矿权抵押

(一) 采矿权及其抵押

1. 采矿权概述

《中华人民共和国矿产资源法》(以下简称《矿产资源法》)第三条规定:"矿产资源属于国家所有,由国务院行使国家对矿产资源的所有权。地表或者地下的矿产资源的国家所有权,不因其所依附的土地的所有权或者使用权的不同而改变。""勘察、开采矿产资源，必须依法分别申请、经批准取得探矿权、采矿权，并办理登记"。国务院《矿产资源法实施细则》（国务院令［1994］第152号）第五条进一步明确："开采矿产资源，必须依法申请登记，领取采矿许可证，取得采矿权。"可见，我国开采矿产资源实行许可制度，任何未依法取得采矿许可证的组织或个人，不得从事矿产资源开采工作。

采矿权，指在依法定程序取得的采矿许可证规定的范围和有效期内，开采矿产资源和获得所开采的矿产品的权利。依法取得采矿许可证的企业称为采矿权人。根据国土资源部《矿业权出让转让管理暂行规定》（国土资发［2000］309号）第十九条第二款的规定，采矿权人应为企业法人，个体采矿的应依法设立个人独资企业。

国家实行探矿权、采矿权有偿取得的制度，开采矿产资源，必须按照国家有关规定缴纳资源税和资源补偿费（《矿产资源法》第五条）。

探矿权，指在依法定程序取得的勘察许可证规定的范围和有效期内，勘察矿产资源的权利。

探矿权和采矿权统称为矿业权。矿业权，指探采人依法在许可证规定的范围内勘探、开采矿产资源，取得矿产品，排除他人干涉的权利。

2. 采矿权抵押

国土资源部《矿业权出让转让管理暂行规定》规定："探矿权、采矿权为财产权，统称为矿业权，适用于不动产法律法规的调整原则……矿业权人依法对其矿业权享有占有、使用、收益和处分权。"（第三条）"矿业权人可以依照本规定，采取出售、作价出资、合作勘察或开采、上市等方式依法转让矿业权……矿业权人可以依照本规定出租、抵押矿业权。"（第六条）笔者认为，上述规定表明，包括采矿权在内的矿业权，具有财产性和可让与性，基本具备了抵押标的物的要件，应该属于《物权法》第一百八十条第（七）项规定"法律、行政法规未禁止抵押的其他财产"范围，可以设定抵押权。

采矿权抵押，指采矿权人依照有关法律作为债务人以其拥有的矿业权在不转移占有的前提下，向债权人提供担保的行为（《矿业权出让转让管理暂行规定》第五十五条）。

应当指出的是，目前，矿业权制度正处在转型期，探矿权、采矿权正逐步从行政无偿授予向有偿取得过渡，相关的规定也在变化当中。例如，对于矿业权的转让，国家《矿产资源法》和《探矿权采矿权转让管理办法》（国务院令［1998］第242号）严格限制，它们分别在第六条和第三条作出了以下相同规定：

除按下列规定可以转让外，探矿权、采矿权不得转让：

（1）探矿权人有权在划定的勘察作业区内进行规定的勘察作业，有权优先取得勘察作业区内矿产资源的采矿权。探矿权人在完成规定的最低勘察投入后，经依法批准，可以将探矿权转让他人。

（2）已取得采矿权的矿山企业，因企业合并、分立，与他人合资、合作经营，或者因企业资产出售以及有其他变更企业资产产权的情形而需要变更采矿权主体的，经依法批准可以将采矿权转让他人采矿。

可见，法律法规与后来颁布实施的《矿业权出让转让管理暂行规定》有较大的差异。由于《矿业权出让转让管理暂行规定》属于部门规章，而采矿抵押权是一种担保物权,根据物权法定原则,依据部门规章设定抵押权存在无效的法律风险。银行在实务操作中应当谨慎采用,一般宜将采矿权抵押作为补充性担保措施。

(二)采矿权抵押法律风险控制

1. 抵押人与借款人应当是同一主体

根据国土资源部《矿业权出让转让管理暂行规定》第五十五条的规定,采矿权抵押人必须是债务人。换言之,采矿权人只可以采矿权为自身债务提供抵押担保,而不能为他人债务担保,也不能以他人享有的采矿权为自身债务担保。

2. 评估国有采矿权的价值并经地质矿产主管部门确认

国土资源部《矿业权出让转让管理暂行规定》第五十六条规定:"债权人要求抵押人提供抵押物价值的,抵押人应委托评估机构评估抵押物。"国务院《探矿权采矿权转让管理办法》第九条规定:"转让国家出资勘察所形成的探矿权、采矿权的,必须进行评估。探矿权、采矿权转让的评估工作,由国务院地质矿产主管部门会同国务院国有资产管理部门认定的评估机构进行;评估结果由国务院地质矿产主管部门确认。"据此,采矿权抵押尤其是国有采矿权抵押,其价值必须经地质矿产部门认定的评估机构评估,且评估结果必须得到地质矿产部门确认。

3. 采矿权抵押必须签订书面合同并办理抵押登记

根据《物权法》第一百八十五条、《担保法》第三十八条和《矿业权出让转让管理暂行规定》第五十七条的规定,抵押当事人应当订立采矿权抵押书面合同,并应持抵押合同和采矿权许可证到原发证机关办理抵押登记,抵押合同自成立之日起生效。采矿权抵押解除后二十日内,采矿权人应书面告知原发证机关,办理抵押登记注销手续。

4. 采矿抵押权的实行

国土资源部《矿业权出让转让管理暂行规定》第五十八条规定,债务人不履行债务时,债权人有权申请处分采矿权,并从处置采矿权所得价款中优先受偿。转让合同当事人应当依法到原发证机关办理采矿权转让、变更登记。新的采矿权申请人(受让人)应符合国家规定的资质条件。

五、船舶抵押

(一)船舶登记制度

船舶登记,指船舶登记部门根据船舶所有人申请,为确认船名、船舶所有权和船舶国籍,依法定程序对船舶进行登记注册的行为。国务院《船舶登记条例》(国务院令〔1994〕第155号)第二条规定,下列船舶应当依照本条例规定进行登记:

(1)在境内有住所或者主要营业所的中国公民的船舶。

(2)主要营业所在境内的企业法人或者中资出资额不低于50%(含50%)的中外合资(合作)企业法人的船舶。

(3)公务船舶和事业法人的船舶。

(4)港务监督机构认为应当登记的其他船舶。

军事船舶、渔业船舶和体育运动船艇的登记依照有关法规的规定办理。

船舶依法通过登记始可获得所有权确认和航行权,受到中国法律的保护。任何未经登记的船舶，不得对抗第三人，不得航行国际航线和在国内航行。

根据国务院《船舶登记条例》的规定，我国船舶登记包括：船舶所有权登记、船舶国籍登记、船舶抵押权登记、光船租赁登记以及变更和注销登记等。

我国的船舶登记，不区分海船和内河船，统一适用《船舶登记条例》和交通部海事局《船舶登记工作规程》（海船舶字［2003］276号），由船舶登记部门具体实施。船籍港船舶登记机构核准登记后，向船舶所有人颁发"船舶所有权登记证书"和"船舶国籍证书"，授予船舶登记号码（第十四条、第十六条）。

渔业船舶登记适用农业部《渔业船舶登记办法》（农渔发［1996］2号，农业部令［1997］第39号修正），由渔政渔港监督管理局渔业船舶登记部门具体实施。登记机构核准登记后，向船舶所有人颁发"渔业船舶所有权登记证书"，授予或核定船名，并向从事远洋航行和作业的渔业船舶签发"渔业船舶国籍证书"；向在其他航区作业的渔业船舶签发"渔业船舶登记证书"（第十三条第二款、第十五条第二款）。

（二）船舶抵押与抵押的不同点

船舶抵押，指债务人不转移对船舶的占有而将其作为债权担保的行为。

船舶抵押权，指抵押权人对于抵押人提供的作为债权担保的船舶，在抵押人不履行债务时，有权依照法律规定拍卖、变卖，从所得的价款中优先受偿的权利。

我国船舶抵押的主要法律依据有《物权法》、《担保法》、《海商法》、《船舶登记条例》、《渔业船舶登记办法》等，而《船舶登记条例》是依据《海商法》制定，《渔业船舶登记办法》的内容与《船舶登记条例》大同小异。我国船舶抵押法律规定中，《海商法》与《担保法》的规定不完全一致，商业银行在实务操作时应加以区别。

1. 抵押人转让船舶须经抵押权人同意

《担保法》第四十九条第一款规定："抵押期间，抵押人转让已办理登记的抵押物的，应当通知抵押权人并告知受让人转让物已经抵押的情况；抵押人未通知抵押权人或者未告知受让人的，转让行为无效。"此规定表明，抵押人在抵押期间转让抵押物，以通知抵押权人为有效要件。而《海商法》则不然，它以抵押权人同意为有效要件。《海商法》第十七条规定："船舶抵押权设定后，未经抵押权人同意，抵押人不得将被抵押船舶转让给他人。"可见，两部法律关于抵押人在抵押期间转让抵押物的规定并不一致。为了解决法律适用矛盾，《担保法》第九十五条规定："《海商法》等法律对担保有特别规定的，依照其规定。"据此，以海上船舶设定抵押权的，当《海商法》与《担保法》有不同规定时，优先适用《海商法》规定。

海船抵押优先适用《海商法》的规定，《担保法》对此已经有了明确规定。内河船舶抵押是否也优先适用《海商法》规定呢？

《海商法》第三条规定，"本法所称船舶，是指海船和其他海上移动式装置"。显然，内河船不属于《海商法》调整的范围，应当适用《担保法》。但是，由于《船舶登记条例》、《渔业船舶登记办法》和《船舶登记工作规程》对海船和内河船没有区别对待，船舶登记部门在船舶登记时也没有作出区分，实务中确实也难以完全分清某船舶是属于海船还是属于内河船，故船舶抵押统一优先适用《海商法》规定。因此，如果抵押人在抵押期间转让船舶的，须经抵押权人同意，否则，转让行为无效。

《物权法》对《担保法》第四十九条的规定作了修改。根据《物权法》第一百九十一条的规定，船舶抵押期间，抵押人未经抵押权人同意，不分海上船舶与内河船舶，一律不得转让。

2. 出租人在出租船舶上设定抵押须征得承租人同意

《担保法》第四十八条规定："抵押人将已出租的财产抵押的，应当书面告知承租人，原租赁合同继续有效。"此规定表明，出租人在出租物上设定抵押权，只需向承租人履行通知义务。然而，《海商法》则要求出租人应事先征得承租人书面同意。《海商法》第一百五十一条规定："未经承租人事先书面同意，出租人不得在光船租赁期间对船舶设定抵押权。出租人违反前款规定，致使承租人遭受损失的，应当负赔偿责任。"所谓光船租赁，指船舶出租人向承租人提供不配备船员的船舶，在约定的期间内由承租人占有、使用和营运，并向出租人支付租金。

（三）船舶抵押特有的风险

船舶抵押与一般抵押相比，存在以下特有风险：

1. 船舶优先权风险

《海商法》第二十五条第一款规定："船舶优先权先于船舶留置权受偿，船舶抵押权后于船舶留置权受偿。"所谓船舶优先权，指海事请求人依照法律规定，向船舶所有人、光船承租人、船舶经营人提出海事请求，对产生该海事请求的船舶具有优先受偿的权利。

《海商法》第二十二条规定，下列五项海事请求具有优先权：

（1）船长、船员和在船上工作的其他在编人员，根据劳动法律、行政法规或劳动合同产生的工资、其他劳动报酬、船员遣返费用和社会保险费用的给付请求；

（2）在船舶营运中发生的人身伤亡的赔偿请求；

（3）船舶吨税、引航费、港务费和其他港口规费的交付请求；

（4）海难救助的救助款项的给付请求；

（5）船舶在营运中因侵权行为产生的财产赔偿请求。

船舶为抵押人所占有，因船舶而产生具有优先权的海事请求，非抵押权人所能控制。而且，船舶优先权具有隐秘性，外人一般不易觉察发现。这种优先权的存在，增大了银行贷款的风险。

2. 船舶留置权风险

船舶留置权，指造船人、修船人在合同另一方未履行合同时，可以留置所占有的船舶，以保证造船费用或者修船费用得以偿还的权利。根据《海商法》第二十五条第一款的规定，船舶留置权优先于船舶抵押权受偿。

3. 船舶油污损害风险

船舶油污损害，指船舶在营运中或发生事故时，因排放或逸出油类货物、油类混合物等造成污染而产生的财产损害或人身伤亡，包括事故发生后，为防止或减轻此种损害而采取合理措施的费用。根据《海商法》第二十二条第二款的规定，油污损害赔偿请求，除该船舶已经进行油污损害民事责任保险或者具有相应财务保证者外，具有优先受偿的权利，抵押船舶存在发生油污损害而产生的巨额赔偿风险。

（四）船舶抵押法律风险控制

1. 抵押人与借款人应当是同一主体

《海商法》第十一条规定："船舶抵押权，是指抵押权人对于抵押人提供的作为债务担保的船舶，在抵押人不履行债务时，可以依法拍卖，从卖得的价款中优先受偿的权利。"该条款"在抵押人不履行债务时"的表述表明，船舶抵押人必须是债务人（借款人）。也就是说，船舶所有人只可以船舶为自身债务提供抵押担保，而不能为他人债务担保，也不能以他人的船舶为自身债务担保。

根据《海商法》第十六条的规定，船舶共有人可以就共有船舶设定抵押权，但应当取得持有三分之二以上份额的共有人的同意，共有人之间另有约定的除外。抵押权设定后，不因共有权的分割而受影响。

2. 要求抵押人办理船舶相关保险

贷款银行应当根据《海商法》第十五条的规定，要求抵押人办理船舶保险，若抵押船舶为运输油轮，还应办理油污损害责任保险。如果抵押人未办理船舶相关保险的，抵押权人可以为抵押船舶投保，保险费用由抵押人承担。船舶发生保险事故后，抵押人获得的保险赔偿金为抵押品代位物，抵押权人有权优先于其他债权人受偿。

3. 要求抵押人结清船舶优先受偿费用

《海商法》第二十二条规定的海事请求权，具有优先于船舶抵押权受偿的权利。因此，商业银行在受理船舶抵押时，应当认真审查该船舶是否存在优先受偿费用。若发现存在拖欠情形的，应当要求抵押人及时结清，否则，不予接受抵押。在实务中，可以要求抵押人交付一定数目的保证金，用于保证附在抵押船舶之上的优先受偿费用已经结清。当发生他人行使船舶优先权时，可首先从保证金中支付。交付船舶优先受偿费用保证金，对于中、小型航运企业尤为必要。

应当注意，根据《海商法》的规定，行使船舶优先权受期间限制。若权利人在规定期限内不主张权利的，船舶优先权消灭：

（1）具有船舶优先权的海事请求，自优先权产生之日（即有关债权产生之日）起一年内不行使的，船舶优先权消灭。该期间为除斥期间，不因任何事由中止或者中断（第二十九条）。

（2）船舶优先权不因船舶所有权的转让而消灭。但是，船舶转让时，自人民法院应购船人申请予以公告之日起满六十日不行使的，船舶优先权消灭（第二十六条）。

4. 签订书面合同并办理抵押登记

根据《物权法》、《担保法》的相关规定和《海商法》第十二条及《船舶登记条例》第二十条的规定，船舶抵押应当签订书面合同，当事人持船舶抵押合同和相关资料到船籍港船舶登记部门申请办理船舶抵押登记，抵押合同自成立之日起生效，抵押权自抵押合同生效时设立，未经登记，不得对抗善意第三人（《物权法》第一百八十八条）。船舶登记部门核发的"船舶抵押权登记证书"是抵押权的唯一合法凭证。

此外，交通部海事局《船舶登记工作规程》要求，抵押合同当事人申请抵押登记时，应提交船舶资产评估机构出具的船舶价值评估报告，确保被抵押船舶所担保的债权数额不超过其船舶价值。

(五) 船舶抵押权登记

1. 船舶抵押权登记应当提交的材料

《船舶登记条例》第二十条和《船舶登记工作规程》规定，对 20 总吨以上的船舶设定抵押权时，抵押权人和抵押人应当持下列文件到船籍港船舶登记机关申请办理船舶抵押权登记：

（1）抵押权登记申请书；

（2）2/3 以上份额或约定份额的共有人同意设定抵押的证明文书（适用于多人共有情况）；

（3）抵押人和抵押权人的合法身份证明文件；

（4）委托书和受委托人身份证明文件（适用于委托他人办理）；

（5）船舶所有权登记证书，或船舶建造合同及船舶所有权归属证明文书（适用于在建船舶）；

（6）抵押合同及其主合同；

（7）承租人同意船舶设定抵押的文书（适用于已办理光船租赁登记的船舶）；

（8）船舶抵押权转移合同、抵押权人通知抵押人的证明文书、原抵押权登记证书（适用于船舶抵押权转移）；

（9）资产评估机构出具的船舶价值评估报告；

（10）登记机关要求的其他材料。

2. 船舶抵押权转移登记

船舶抵押权转移时，抵押权人应当通知抵押人，抵押权人和承转人应当持船舶抵押权转移合同到船籍港船舶登记机关申请办理抵押权转移登记。对经审查符合规定的，船籍港船舶登记机关应当将承转人作为抵押权人载入船舶登记簿和船舶所有权登记证书，并向承转人核发船舶抵押权登记证书，封存原船舶抵押权登记证书（《船舶登记条例》第二十三条）。

3. 船舶重复抵押

同一船舶设定二个以上抵押权的，船舶登记机关应当按照抵押权登记申请日期的先后顺序进行登记，并在船舶登记簿上载明登记日期。登记申请日期为登记日期；同日申请的，登记日期应当相同（《船舶登记条例》第二十四条）。

(六) 船舶抵押权的实行

《海商法》第十一条规定，抵押权人可以采用"依法拍卖"的方式实行船舶抵押权。所谓依法拍卖，笔者理解应该包括两种形式：一是当事人委托拍卖机构依法拍卖；二是人民法院委托拍卖机构依法拍卖。在实践中，人民法院委托拍卖是实行船舶抵押权的基本方式。

《中华人民共和国海事诉讼特别程序法》第六条第（六）项规定，因船舶抵押纠纷提起的诉讼，由船舶所在地、被告住所地、船籍港所在地海事法院管辖。贷款银行实行船舶抵押权，可以本着方便诉讼的原则，选择有管辖权的海事法院提起诉讼。

根据最高人民法院《印发〈关于海事法院诉讼前扣押船舶的规定〉、〈关于海事法院拍卖被扣押船舶清偿债务的规定〉的通知》（法发〔1994〕14 号），贷款银行实行船舶抵押权应重点抓好两项工作：

1. 申请诉前财产保全

船舶是运输工具，其流动性很大。为了确保诉讼文书得以执行，贷款银行在起诉之前，应当向海事法院申请诉前财产保全，采取强制措施扣押抵押船舶。具体要求如下：

（1）向海事法院提交查封抵押船舶申请并提供相关的证据。这些证据包括：借款合同、船舶抵押合同、借款人未能履行债务的证据等。

（2）按照海事法院决定的担保方式和金额提供扣押担保。否则，海事法院将驳回诉前财产保全申请。

（3）海事法院经审查，认为申请符合扣押船舶条件的，则在四十八小时内作出准予扣船的裁定，同时发布扣押船舶命令，并责令船舶所有人提供担保。在这段时间内，贷款银行应积极配合海事法院审查，协助做好扣押船舶各项工作。

（4）按照海事法院的通知要求支付扣船申请费，执行扣船的其他费用由借款人支付。

2. 及时提起诉讼和申请拍卖船舶

（1）贷款银行应当在法定期限内提起诉讼。《民事诉讼法》第九十三条、第二百五十条规定，诉前财产保全申请人在人民法院采取保全措施后十五日内，涉外案件在三十日内，必须提起诉讼。逾期不起诉的，人民法院应当解除财产保全。据此，贷款银行必须在法定期限内向扣押船舶的海事法院提起诉讼。银行在该期限内起诉的，已扣押的船舶由诉前财产保全转为诉讼财产保全。

（2）贷款银行提起诉讼时，若船舶所有人没有按海事法院裁定的担保方式和金额提供担保的，可以同时提交拍卖船舶申请书，申请拍卖船舶。

（3）贷款银行应按照海事法院的通知要求预付拍卖船舶费用，不预付拍卖的，法院将不准许申请。拍卖船舶费用由被申请人支付。

（4）海事法院经审查，作出准予拍卖或不准予拍卖的裁定书，当事人对此裁定不服的，可以申请复议一次，复议期间，不停止裁定的执行。贷款银行提出拍卖船舶申请后又申请终止拍卖船舶的，由法院裁定是否准许。

（5）船舶拍卖程序启动后，贷款银行应协助法院做好通知、公告、估价、拍卖等工作。

（6）按照海事法院要求参加诉讼活动，及时主张优先受偿权利。

（七）在建船舶抵押

在建船舶抵押，指以建造中的船舶作为抵押物为债权提供担保。

我国立法对在建船舶设定抵押一直持肯定的态度，1993年生效的《海商法》和2007年实施的《物权法》，均明确规定在建船舶可以作为抵押物设定抵押权，但是，两部法律都没有就"在建船舶"抵押作出具体明确的规定。2009年6月9日，交通运输部海事局颁布了《建造中船舶抵押权登记暂行办法》。

1. 抵押人的条件

《建造中船舶抵押权登记暂行办法》第四条规定，抵押人应满足以下两个条件：

（1）抵押人应为满足国家或有关主管部门资质要求的船舶建造企业；

（2）抵押人须独立拥有被抵押船舶的所有权。

2. 在建船舶应满足的条件

作为适格抵押物的在建船舶，应当满足以下条件（第四条）：

如果该在建船舶为分段建造，应该已经完成至少一个以上的船舶分段并处于建造阶段；

如果该在建船舶为整体建造，应该已经安放龙骨并处于建造阶段。

3. 在建船舶抵押权登记

第一，对建造中船舶设置抵押，抵押人和抵押权人应当到船舶建造企业住所地经授权的船舶登记机关办理抵押权登记（第三条）。

第二，建造中船舶抵押权登记，申请人应当向船舶登记机关提交下列材料（第五条）：

（1）船舶抵押权登记申请书；

（2）抵押人和抵押权人合法身份证明；

（3）授权委托书和受委托人身份证明（适用于委托办理）；

（4）抵押人独立拥有船舶所有权的证明，该证明可以是船舶所有权登记证书或船舶建造合同（船舶建造合同中对建造中船舶所有权归属约定不明的，还应提交船舶建造合同各方共同签署的建造中船舶所有权归属证明）；

（5）抵押合同及其主合同；

（6）船舶检验机构出具的船舶建造阶段证明；

（7）经船舶检验机构认可的5张以上从不同角度拍摄且能反映船舶已建成部分总体状况的照片；

（8）经抵押人和抵押权人书面确认的具备相应资质的资产评估机构出具的船舶价值评估报告；

（9）抵押人、抵押权人共同出具的船舶未在其他登记机关办理过所有权、抵押权登记并且不存在中国法律、法规和抵押合同适用国法律禁止设置抵押权情况的声明；

（10）船舶登记机关要求提交的其他材料。

第三，建造中船舶价值大于所担保的债权，或随着工程进展船舶价值显著增加而再次设置抵押，并申请办理建造中船舶抵押权登记的，船舶登记机关可以办理登记（第十条）。也就是说，建造中船舶抵押担保的债权，不得超过其申请抵押权登记时的评估价值，对于超出部分，不予办理登记。抵押当事人如果需要价值持续增加的在建船舶作为融资担保的标的，必须适时做好抵押物的变更登记手续，以登记在后的在建船舶，替代之前登记的在建船舶。

第四，以正在建造的船舶抵押的，抵押权自抵押合同生效时设立；未经登记的，不得对抗善意第三人（《物权法》第一百八十八条）。

第三章 按揭贷款的法律风险控制

第一节 按揭概述

一、"按揭"的本义

"按揭"最早起源于18世纪英国人创办的建筑社团和1831年英国移民在美国宾夕法尼亚州建立的牛津节俭会。建筑社团或节俭会的成员,按月向组织交存一定数量的存款作为成员间的互助基金。当成员购买或建造房屋需要资金时,可申请互助基金借款,并按规定期限分期偿还。若不按期偿还,则该房屋归建筑社团或牛津节俭会所有。这种以房地产作为保证分期偿还借款的信贷方式,便是最初的按揭雏形。"按揭"在英美法系中主要是指房地产等不动产抵押,其含义是指按揭人在贷款时将按揭的房地产的所有权转让给按揭权人,而在还款后按揭解除时将所有权从按揭权人那里赎回。"按揭"一词是英语"Mortgage"的粤语音译,中文意思为抵押,是一种履行债务的担保方式。

二、内地关于按揭的含义

在我国,"按揭"一词并非法律用语,而是实务操作中的一种习惯性称谓,其法律含义不完全等同于抵押。它是由银行、商品的卖方(供应商)和买方(消费者)三方共同参加的买卖商品的一种融资活动。《担保法》没有按揭担保方式,现有的法律法规及有关司法解释也都未使用"按揭"一词。最高人民法院在《关于审理商品房买卖合同纠纷案件适用法律若干问题的解释》(法释〔2003〕7号,以下简称《商品房纠纷若干解释》)中,也避开了使用"按揭"一词,笼统地称为"商品房担保贷款"。最高人民法院就《商品房纠纷若干解释》答记者问时答复,"商品房担保贷款"也就是人们通常所说的商品房按揭。在司法实践中,通常把按揭视同抵押,适用有关抵押的法律规定。

在我国内地,按揭的含义描述较为复杂,通常是下列行为的总称:消费者在购买商品时,不能或不希望一次性支付货款而向商业银行申请部分借款,并以其在商品买卖合同中享有的所有权益抵押于银行,或者将其在商品买卖合同中所取得物品的所有权抵押于银行,作为偿还银行贷款的担保;若消费者所购商品尚不具备办理所有权登记手续时,由该商品的卖方(供应商)为买方偿还银行贷款提供阶段性保证担保,对消费者的借款承担连带保证责任;银行将一定数额的款项贷给消费者,并以消费者的名义将款项交由商品买卖合同的卖方;当消费者不返还或不能返还借款时,银行可以按揭人的期待权及以后取得的物权变价优先受偿。

三、按揭产品的分类

按揭融资担保最初是以"楼花按揭"融资购楼形式，由香港传入深圳、广州等沿海地区房地产金融市场。因其将购房人、银行、开发企业三方利益形成最佳组合，显示了独特的功能和优势，很快地在全国各地得到迅猛发展。住房按揭贷款引进初期，其范围仅限于一手楼特别是预售楼（楼花），随后逐渐扩大到二手房和现房。目前，按揭贷款已不再限于住房，商铺、厂房、写字楼甚至土地使用权也有使用，并向汽车消费、个人耐用消费品等个人消费领域延伸。人们有理由相信，随着银行按揭产品的不断丰富，其影响范围将会越来越大，对经济发展的促进作用也日益为人们所重视。目前，银行按揭产品分类主要有：

以按揭标的物为标准，分为个人住房按揭、汽车按揭、个人商业用房（商铺）按揭、写字楼按揭、装修按揭、消费按揭等。

以房屋交易形态为标准，分为一手房按揭、二手房按揭等。所谓"二手房"，通常是指取得房屋所有权证，具有完全处分权的商品房、经济适用住房或单位自建住房。在一手房按揭中，依据按揭房屋的状况，又可以分为现楼按揭、"楼花按揭"。现楼按揭，指借款人为购买现楼而借款，并以购得的现楼为借款抵押。所谓"楼花"，指尚未竣工交付的商品房。楼花按揭，指商业银行对购买楼花的置业者提供以借款人依据商品房预售合同具有的权利作为抵押的贷款。现楼按揭的本质是不动产抵押贷款，其理论依据和操作风险控制与不动产抵押要求无特别之处，在此无须赘述。

第二节 按揭贷款的法律关系

一、按揭贷款的当事人

按揭贷款法律关系复杂，当事人在不同的法律关系中，其主体身份不同，称谓也较多，但就按揭贷款法律关系的当事人而言，其基本主体通常有三个，即开发企业、银行和买方。在某些特别情况下，保险公司也可以成为按揭贷款法律关系的当事人。现简述如下：

按揭人，即申请银行贷款的借款人，也就是商品买卖关系中的买方（业主）。

贷款人，即发放按揭贷款的商业银行，也就是按揭关系中的按揭权人（抵押权人）。

保证人，即与商业银行达成商品销售贷款合作协议，为其客户（买方）借款提供阶段性担保的开发企业或者经销企业，也就是按揭贷款关系中的保证担保人。

保险人，即为按揭贷款借款人办理所购商品承保的保险公司，或者是为按揭贷款借款人提供保证保险的保险公司。

二、按揭贷款的法律关系

按揭贷款包括了商品买卖、借款、抵押、保证、保险等一系列民事法律行为，所涉及的法律关系比较复杂，通常包括以下法律关系：

（一）买卖关系

消费者与开发企业或经销企业签订商品买卖合同，约定购买特定的商品，并以银行按揭的方式付款。在商品买卖关系中，开发企业或经销企业为出卖人，消费者为买受人。

（二）借贷关系

商品买受人签订商品买卖合同后，为了支付所购商品的货款，向银行申请按揭贷款。银行经审查同意后，双方签订按揭贷款合同。在借贷关系中，商品买受人为借款人，银行为贷款人。

（三）抵押关系

借款人在向银行申请借款的同时，需要将其在商品买卖合同项下的所有权益或所购物品抵押给银行，作为偿还借款的担保。在抵押关系中，借款人因以所购物品为自身借款设定抵押担保而成为按揭人（抵押人），银行则为按揭权人（抵押权人）。

（四）保证关系

在期房按揭过程中，按揭人虽然将其所购的房屋抵押给了银行，但是，由于所抵押的为"楼花"，在房屋所有权证尚未取得之前，无法办理抵押登记手续，而房屋抵押又以登记为生效要件。因此，为了确保信贷资金安全，银行通常会要求"楼花"的销售方也即开发企业为按揭人的借款提供阶段性的保证担保，即在购房人所购房屋办理抵押登记之前，开发企业为购房人的借款担保。在保证担保关系中，开发企业为保证人，购房人为债务人（又称被保证人），银行是债权人。

（五）保险关系

为了降低按揭财产的损失风险，银行通常要求按揭人在借款期间，为按揭财产投保财产险。在保险关系中，商品买受人为投保人，同时也是被保险人，保险公司为保险人，银行仍然为按揭权人。保险事故发生后，保险公司支付的保险赔偿金成为按揭财产的代位物，按揭权人可以从中优先受偿。

（六）回购关系

银行在与房地产开发企业或商品经销企业的按揭合作协议中，有时会要求开发企业或经销企业承担售出商品的回购义务。当按揭人不能按合同的约定返还银行借款时，由开发企业或经销企业按商品原价一定比例的价格回购，按揭人以回购价款清偿银行贷款本息。这种由原卖方向原买方收购已售出商品的行为，称为回购行为。因回购行为而产生的法律关系，简称回购关系。在回购关系中，开发企业或经销企业为回购人，按揭人为出让人。

商品房按揭回购存在两种情形：若回购行为发生在所购房屋尚未取得产权证之前，此时回购行为实质是开发企业解除与购房人的买卖合同，而并非为法律意义上的回购；若回购行为发生在所购房屋取得产权证之后，开发企业的回购行为导致发生房屋所有权人的变更，即通常所说的"过户"，此时才是真正法律意义上的回购。

按揭贷款的上述六种法律关系，是理论上所有可能的概括，并非所有按揭贷款都会发生。前四种法律关系，按揭贷款通常都会涉及，而后两种法律关系，只在特别情况下涉及。它们彼此互相联系、相互影响，共同构成了按揭贷款的法律关系体系。在上述六种法律关系中，买卖关系和借贷关系处于核心地位，对按揭贷款关系影响最大。同时，两者之间的关系也较容易发生争议,导致按揭贷款纠纷发生。

三、按揭贷款法律关系当事人的权利义务

(一) 按揭人(借款人)的主要权利义务

1. 按揭人的权利主要有:

(1) 有权了解、咨询、知悉按揭贷款的有关事项。

(2) 有权要求银行按合同约定的时间、金额、方式发放贷款。

(3) 有权占有、使用按揭财产。

(4) 征得按揭权人(银行)同意后,有权将按揭(抵押)房产出租、转让、赠与或以其他方式处分。

(5) 因商品买卖合同无效、被撤销而导致贷款目的无法实现时,有权要求解除借款合同(借款合同另有约定的除外)。

(6) 结清全部借款本息后,有权要求银行返还按揭财产相关权证及其他有关文件,并办理抵押登记注销手续。

(7) 有权要求违反合同约定的银行支付违约金。

2. 按揭人的义务主要有:

(1) 提交的按揭申请资料应当真实、准确,不得弄虚作假。

(2) 按照借款合同约定的期限、金额偿还贷款本息。

(3) 妥善保管、使用按揭财产。按揭财产发生毁损事故时,应及时向保险公司申请理赔,并依合同的约定处分保险赔偿金。若保险赔偿金不足以清偿所欠贷款本息,对不足清偿欠款部分,仍然负有清偿责任。

(4) 未经银行同意,不得擅自将按揭财产出租、转让、赠与或以其他方式处分。

(5) 签订按揭合同后,应按要求及时办理按揭登记手续。按揭财产取得权属证书后,应及时将按揭登记转办成为抵押登记。按揭人应按合同约定将按揭财产相关权证及其他有关文件、保险单正本等资料交银行保管。

(6) 与第三人发生与按揭财产相关的纠纷,或按揭财产被司法机关依法采取强制措施的,应将情况及时通知银行。

(7) 变更住所、联系方式、通信地址的,应及时通知银行。

(二) 按揭权人(银行)的主要权利义务

1. 按揭权人的主要权利有:

(1) 审查按揭人提交的资料,有权自行决定是否接受按揭人的申请。

(2) 有权要求按揭人依合同的约定,将按揭财产的相关权证及其他有关文件、保险单正本等资料交银行保管。

(3) 有权监督按揭人合理地使用按揭财产。若按揭财产发生毁损时,有权要求按揭人及时向保险公司申请理赔,并从保险金中优先受偿,或者要求按揭人恢复按揭财产的价值或补充提供其他相当价值的担保财产。

(4) 有权主张未经其同意而擅自处分按揭财产的行为无效。

(5) 当按揭人不返还或不能返还借款时,按揭权人有权依法处分按揭财产,并从

所得价款中优先受偿。

（6）当按揭人不返还或不能返还借款时，在保证人（开发企业或经销企业）的保证期间内，有权要求保证人对按揭人的债务依合同约定承担连带清偿责任或补充清偿责任，并有权依照合同的约定，从保证人的保证金账户扣收款项以偿还贷款本息。

2. 按揭权人的主要义务有：

（1）依照合同约定的时间、金额和方式发放贷款。

（2）当按揭人结清全部借款本息时，将按揭财产的相关权证及其他有关文件、保险单正本等资料返还按揭人。

（3）应按揭人的要求，出具贷款本息结清的证明文件，协助按揭人办理抵押登记注销手续。

（三）保证人（开发企业或经销企业）的主要权利义务

1. 保证人的主要权利有：

（1）有权督促按揭人按合同的约定向银行支付借款本息。

（2）有权直接取得银行向按揭人发放的按揭款。

（3）代为清偿按揭人拖欠的全部借款本息后，即取得银行对按揭人享有的包括抵押权在内的全部权益，有权依法处置按揭财产并从所得价款中受偿。

2. 保证人的主要义务有：

（1）当按揭人不返还或不能返还借款时，有代其向银行清偿所欠借款本息的义务。

（2）保证将银行转入其账户的按揭款，专项用于按揭财产的生产营运，不得挪作他用。

（3）按揭财产验收合格后，在合理期限内，完成按揭财产相关权证的办理工作，并依合同的约定，将按揭财产相关的权证交付银行保管。

（四）保险人（保险公司）的主要权利义务

1. 保险人的主要权利有：

（1）有权依保险合同的约定收取保费。

（2）有权对按揭财产的安全状况进行检查，提出消除不安全因素和隐患的建议。

（3）按揭人未按约定履行对按揭财产的安全应尽责任的，有权要求增加保费或者解除保险合同。

2. 保险人的主要义务有：

（1）订立合同时，应当向按揭人说明保险合同的条款内容。

（2）合同订立后，应当及时向按揭人出具保单或其他保险凭证。

（3）对因保险事故所造成的财产损失，承担赔偿保险金的责任。

第三节　按揭与抵押的区别

一、按揭的法律性质

如前所述，按揭是指买方在支付商品首期价款后，由贷款银行代其支付剩余的购货款，买方以其在商品销售合同中享有的权利抵押，作为偿还银行贷款本息的担保。由于内地的法律制度不同于中国香港地区，内地的"按揭"操作并不完全照搬香港的模式。在内地，按揭商品的所有权或期待权并没有像在中国香港地区那样，在贷款时将其转让给按揭权人，还款后解除按揭时再将其从按揭权人那里赎回，而是采取在按揭商品上设定抵押权的方式。在"楼花按揭"期间，楼房实际上并没有建成，按揭人尚未取得所有权，按揭标的是非现实存在的期待权，因而，按揭权人为确保债权的安全，通常要求开发企业为借款提供担保。楼房建成后，经过房屋权属登记，按揭人取得了房屋所有权，期待权抵押转化为房屋抵押，此时的抵押权才具有法律效力。也就是说，内地的按揭贷款，其担保实际上分成第三人担保和抵押担保两个阶段。在开发企业或者经销企业担保阶段，按揭并不构成真正意义上的抵押，它仅仅具有准抵押的性质，那时的所谓"抵押登记"，说它是抵押的预登记也许更为恰当。

之所以说按揭具有准抵押的性质，主要是与抵押相比较而言。首先，按揭的标的物与抵押的标的物一样，不为按揭权人占有和使用；其次，按揭权的实行方式与抵押权的实行方式相同，当按揭人不履行或不能履行到期债务或者发生当事人约定实现抵押权的情形时，按揭权人对按揭财产享有变价权，可以通过处分按揭财产或财产权利，以所得价款优先受偿，从而实现按揭权；最后，按揭人以其在商品销售合同中享有的权利抵押，这有别于抵押人以现存的实物为抵押标的物的抵押。按揭权人在按揭物如楼宇未建成之前，所享有的按揭权利为准抵押权。

抵押的预登记所登记的不是不动产物权，而是将来发生不动产物权变动的请求权。预告登记使被登记的请求权具有了物权的效力。未经预告登记的权利人同意处分该不动产的，不发生物权效力。

二、按揭与抵押的相同之处

按揭虽然不是抵押，但其与抵押具有很多相似之处：

1. 按揭和抵押都不转移对担保标的物的实际占有

按揭和抵押都是为履行主债务而设定的一种担保方式，两者都不需要转移对按揭标的或抵押物的实际占有与使用，抵押权人或按揭银行对担保标的物（例如房屋），具有一定支配力和物上请求权，或称之为变价权，并从所得变价款中优先受偿。具体表现在：

（1）抵押人或按揭人变卖担保标的物的价金，或提前清偿担保的债权，或交抵押权人或按揭银行同意的第三人提存。

（2）在抵押或按揭的存续期间，抵押人或按揭人应妥善保管担保标的物，并负责维修、保养。如果由于自身过错或其他原因导致担保标的物的价值减少，抵押权人或按揭银行有权要求其限期恢复担保标的物价值，或向抵押权或按揭银行人提供与减少价值相当的担保。

（3）抵押或按揭期间，未经抵押权人或按揭银行书面同意，抵押人或按揭人不得将担保标的物出售、变卖、赠与、出租、重复抵押等。

2. 按揭和抵押标的物的抵押权因担保债务履行而解除

债务人履行约定还款义务，例如，按期归还贷款的本金、利息及支付其他费用等，是解除按揭和抵押标的物上抵押权，恢复担保物圆满权利状态的法定条件，也是唯一条件。

3. 按揭和抵押经登记设立

按揭和抵押都要求签订书面合同，按揭或抵押合同自成立时生效。设立按揭和抵押的抵押权，必须经过法定登记部门登记，抵押权经登记后生效。

三、按揭与抵押区别

按揭可以说是最为复杂的抵押担保之一，它与一般的抵押担保有所不同，主要区别有：

1. 法律关系的内容不同

抵押的法律关系较为简单，它仅有一份合同即抵押贷款合同，一个法律关系即抵押担保关系。抵押法律关系由担保法所调整，而其基础法律关系，即债务人与债权人的债权债务法律关系，则由合同法调整。

按揭的法律关系较抵押的法律关系复杂得多，它有两份合同，三个法律关系。

两份合同是指商品买卖合同（例如商品房买卖合同）和按揭贷款合同。按揭贷款合同因商品买卖合同而发生，没有商品买卖合同，则必然不会有按揭贷款合同。按揭贷款合同则是商品买卖合同得以履行的保证，没有按揭贷款合同，商品买卖合同就成为履行不了的合同。因此，商品买卖合同和按揭贷款合同两者密不可分，相互作用，相互依存，任何一个合同的违约行为，都可能导致另一合同的履行成为不可能或者不必要，这是按揭区别于其他民事经济法律关系的一个突出特征。

三个法律关系是：其一，按揭人与开发企业或经销企业之间的商品买卖法律关系，双方的权利义务在商品买卖合同中约定；其二，银行与按揭人的关系。这种关系包含两层法律关系：一是债权债务法律关系，按揭人为支付购买商品的部分货款而向银行借款；二是抵押担保法律关系，按揭人以其在商品销售合同中享有的权利或物品抵押，银行与按揭人双方的权利义务在抵押贷款合同中体现；其三，银行与经销企业或开发企业的关系。这种关系也包含两层法律关系：首先是保证担保关系。经销企业或开发企业为促销商品，为消费者以融资方式支付货款而提供阶段性保证担保。保证担保关系是银行与经销企业或开发企业关系中最为重要的法律关系。其次是商品回购关系。准确地说，商品回购关系的出让方并非是银行，而应是按揭人。银行之所以与商品回购挂上关系，是基于银行与按揭人的抵押关系。商品回购关系可以认为是按揭人与银行之间抵押担保关系的延伸，是因银行依法处分抵押物所派生出来的法律关系。商品回购关系，实际上是银行、按揭人、经销企业或开发企业三方，就处分抵押物达成协议并因此而产生的一种法律关系。

2. 法律关系的主体不同

抵押的主体涉及两方当事人：一是抵押人即借款人或者第三人；二是抵押权人即贷款人（债权人）。按揭的主体涉及三方当事人：一是按揭人即借款人；二是按揭权人即贷款人；三是保证人即开发企业或经销企业。

3. 贷款用途与目的不同

抵押中，借款人的目的是为了融入资金，既可以用于购买原材料或商品（例如购买商品房或汽车），也可以用于其他项目的投资，不一定必须用于购买房屋或从事工程建设；按揭中，借款人向银行所借款项，只能是专款专用，其目的是为了购买特定商品（例如购买商品房或汽车），按揭银行的目的是为了贷出款项、取得利润并保证资金安全，开发（经销）商参与借贷活动并提供担保，其目的是为了卖出特定商品（例如购买商品房或汽车）。

4. 担保合同的标的物不同

按揭中，担保合同的标的物与商品买卖合同的标的物具有同一性，即所购特定商品与给银行提供按揭的担保物是同一物，并且，按揭人就是借款人；抵押合同中的抵押物范围较广，没有特定的限制，现存具有一定交换价值的财产或未来的动产，都可以设定抵押。同时，抵押人可以是借款人，也可以是借款人之外的第三人。

5. 法律关系的客体不同

在抵押法律关系中，抵押的客体是抵押人有权处分、具有一定交换价值的财产。这些财产，必须是现存的，产权清晰、权属证明完备，例如，房屋已经建成并交付使用，办妥了房地产权证。抵押是一种既得权。在按揭法律关系中，按揭的客体是所购的买方所购的特定商品。这些商品不仅包括现存的有形财产，而且还包括正在建设尚未竣工的期房（楼花）。"楼花按揭"期间，也即自合同成立生效至房屋办理产权登记之前，商品房的预购人（按揭人）对楼花尚无现实的支配权，即不具有预购房屋的所有权，其具有的仅是在合同约定日到来时，请求开发企业交付房屋的权利。商品房预售合同中，预购人享有的权利仅是针对特定对象的请求权和获得将来利益（房屋）的期待权，而并非为物权。商品房按揭人向银行提供的还款担保，其实只是房屋的期待权。这是商品房按揭标的物不同于商品房抵押标的物的重要特征。

四、期房按揭的条件

按揭标的物范围包括房屋的期待权，但并非所有的期房都可以按揭。由于按揭贷款是银行、开发企业和购房人三方共同参加买卖商品房的一种融资活动，所以，就商品房买卖而言，期房按揭必须符合一定条件：

（一）商品房预售行为合法有效

根据建设部《城市商品房预售管理办法》（［1994］建设部令第40号发布，［2001］建设部令第95号修正，［2004］建设部令第131号修正）第六条、第九条的规定，商品房预售实行许可证制度，未取得"商品房预售许可证"的，不得进行商品房预售。该办法第五条规定，商品房预售应当符合下列条件：

（1）已交付全部土地使用权出让金，取得土地使用权证书；

（2）持有建设工程规划许可证和施工许可证；

（3）按提供预售的商品房计算，投入开发建设的资金达到工程建设总投资的25%以上，并已经确定施工进度和竣工交付日期。

这就是说，只有符合上述条件并领取了"商品房预售许可证"的期房，其预售行为才为法律所保护。

(二) 商品房预售行为合规

《城市商品房预售管理办法》规定，房地产开发企业应当诚信经营，遵守国家的法律、法规。在未取得商品房预售许可证之前，开发企业不得以收受预付款、诚意金、订立借款合同或会员卡等方式变相预售商品房。违反《城市商品房预售管理办法》规定进行的商品房预售，属于违规行为，不仅存在被监管当局处罚的风险，而且还会因预售条件不完备而存在纠纷隐患。商业银行对于违规预售的商品房发放按揭贷款，极易被卷入商品房买卖纠纷。因此，就商品房按揭贷款而言，期房按揭不得违反中国人民银行、中国银行业监督管理委员会和国家住房和城乡建设部相关规定。例如，依据中国人民银行《关于进一步加强房地产信贷业务管理的通知》（银发〔2003〕121号）第四条的规定，"商业银行只能对购买主体结构已封顶住房的个人发放个人住房贷款"。

五、抵押的预登记

(一) 预告登记的含义

商业银行在发放个人住房按揭、商业用房（商铺）按揭、写字楼按揭和在建工程抵押等贷款前，通常须办理抵押的预登记，也就是抵押预告登记。此外，购买预售房产，为防止开发商"一房二卖"，预购人通常也须办理预购商品房预告登记。抵押的预登记和预购商品房的预登记，二者统称为不动产预告登记。

不动产预告登记，指为保全一项请求权而进行的不动产登记。当事人签订房屋买卖合同或者其他不动产物权协议，可以依约定向登记机构申请不动产预告登记，以保障物权在将来得以实现。

上述所称不动产物权协议，包括现房买卖协议、预购商品房及其转让协议、房地产抵押协议、在建工程抵押协议等。这些不动产物权协议产生的是债权请求权，并不具备《物权法》意义上的物权效力。

预告登记制度对商业银行购买预售房产、进行现房买卖、接受不动产抵押以及对外签订其他不动产买卖协议等方面具有重大影响。

(二) 预告登记的特征

1. 预告登记使债权具备了物权的某些效力

根据《物权法》第二十条第一款的规定，不动产物权变动请求权经预告登记公示后，未经预告登记的权利人同意，处分该不动产的行为无效。预告登记能够对抗第三人，使被登记的请求权具备了物权的效力，也即"债权物权化"。

2. 预告登记遵循自愿原则

《物权法》第二十条并未强制当事人必须进行预告登记，而是依当事人的意愿自行衡量决定是否办理预告登记。但是，如果不动产物权协议有约定，当事人就必须按照约定向登记机构申请预告登记。义务人拒绝配合的，权利人有权申请进行强制预告登记。

3. 预告登记从属于其保全对象

预告登记的设立，以其保全对象的存在为前提，即只有存在对不动产的请求权，才能进行预告登记。当债权请求权因履行、免除、丧失诉讼时效、债权合同无效或被撤销等原因而消灭时，预告登记也依法消灭。

（三）预告登记的效力

1. 担保的效力

非经预告登记的权利人同意，妨害或者损害所担保的请求权的处分行为无效，这种对债权请求权的是担保效力，是预告登记的首要功能。

2. 保全顺位的效力

登记顺位是判断不动产物权之间优先效力的重要标准。取得了优先顺位，就取得了优先效力，即"先登记者比后登记者有优先权"。经过预告登记，被保全的权利顺位便被确定在预告登记之时，有效地防止了第三人的介入。

3. 完善权力的效力

完善权力的效力是指预告登记的请求权具有物权的特征，表现出将来物权的某种效力，在一定场合可被当做将来产生的不动产物权来看待，也称之为增强权力的效力。

（四）预告登记的失效

《物权法》第二十条第二款规定："预告登记后，债权消灭或者自能够进行不动产登记之日起三个月内未申请登记的，预告登记失效。"据此，导致预告登记失效的原因有二：一是债权消灭，二是债权实现且能够进行登记。此外，预告登记还可因权利人的放弃而失效。

（五）预告登记实践中应注意的问题

预告登记可以担保债权请求权，保全其顺位，商业银行在实践中，要准确把握预告登记的"债权物权化"特征，科学运用相关规定维护自身的合法权益。具体地说，应当注意：

第一，在对外签订不动产协议中约定预告登记条款，并按约定办理预告登记。

第二，注意审查拟购或拟作为贷款抵押的不动产是否设立了预告登记。

第三，办理抵押预告登记的不动产，要随时关注工程建设进度，在工程完工、验收合格后，督促按揭（抵押）人及时办理不动产权属登记，并在抵押物完成权属登记后，按照法定时限及时申请办理抵押登记。

第四，运用更正登记或异议登记，排除妨害或损害贷款银行利益且确有错误的预告登记。根据《物权法》第十九条的规定，若贷款银行为登记权利人的预告登记有误的，应申请登记机构进行更正登记；若第三人为登记权利人的登记确有错误的，贷款银行可以作为利害关系人申请更正登记，登记权利人不同意更正的，贷款银行可以申请异议登记。

第四节　个人住房贷款

一、个人住房贷款概述

（一）个人住房贷款的含义

个人住房贷款，指商业银行向在中国大陆境内城镇购买、建造、大修各类型住房的自然人发放的贷款。

（二）个人住房贷款用途

个人住房贷款用于支持个人在中国大陆境内城镇购买、建造、大修住房。

（三）个人住房贷款对象

具有完全民事行为能力的中国公民、在中国大陆有居留权的具有完全民事行为能力的港澳台自然人、在中国大陆有居留权的具有完全民事行为能力的外国人，均可向商业银行申请个人住房贷款。

（四）个人住房贷款种类

1. 按照贷款的资金来源划分

按照贷款的资金来源划分，个人住房贷款可以划分为自营性个人住房贷款、公积金个人住房委托贷款和个人住房组合贷款。

（1）自营性个人住房贷款，指商业银行用信贷资金向在中国大陆境内城镇购买、建造、大修各类型房屋的自然人发放的贷款。

（2）公积金个人住房委托贷款，指商业银行受地方住房基金管理部门委托，利用委托人提供的资金发放的个人住房贷款，贷款风险由委托人承担。

（3）个人住房组合贷款，指对按时足额缴存住房公积金的职工在购买、建造、大修各类型住房时，商业银行同时为其发放公积金个人住房委托贷款和自营性个人住房贷款而形成的特定贷款组合。鉴于个人住房组合贷款是由公积金个人住房委托贷款和自营性个人住房贷款两个独立的贷款品种组成，抵押物相同，但贷款人、资金来源、利率不同，需要分别签订借款合同。

2. 按住房交易形态划分

（1）个人（首次交易）住房贷款，指商业银行向在中国大陆境内住房一级市场购买各类型住房（含商业用房）的自然人发放的贷款，俗称"一手房"个人住房贷款或称新建房个人住房贷款。

（2）个人再交易住房贷款，指商业银行向在中国大陆境内城镇住房二级市场购买住房（含商业用房）的自然人发放的贷款，俗称"二手房"个人住房贷款。

（3）个人住房转让贷款，指当尚未结清个人住房贷款的客户出售用该贷款购买的住房（含商业用房）时，商业银行向购买该住房的自然人发放的个人住房贷款。所交易住房称为转让住房，出售转让住房的贷款客户称为住房转让人，向银行申请个人住房贷款用于购买转让住房的自然人称为借款人，住房转让人尚未结清的个人住房贷款称为原借款。个人住房转让贷款俗称"转按贷款"。

3. 按贷款的用途划分

（1）个人住房贷款，指商业银行向在中国大陆境内城镇购买各类型住房（不含商业用房）的自然人发放的贷款。

（2）个人商业用房贷款，指商业银行向在中国大陆境内城镇购买各类型商业用房的自然人发放的贷款。所称商业用房是指借款人购置的用于盈利的经营性房屋。

（3）个人自建房贷款，指商业银行向在中国大陆境内城镇自行建造各类型房屋的自然人发放的贷款。

(4) 集资建房个人住房贷款，指商业银行向参加单位集资建房的职工发放的住房贷款。

(5) 个人组合贷款，指个人在申请购买住房贷款时，同时申请其他品种的个人贷款。个人组合贷款主要有：住房与购车组合贷款、住房与装修组合贷款等。个人组合贷款中不同贷款品种参照相应的贷款办法，按照不同的期限、金额、利率等规定执行。

（五）个人住房贷款条件

借款人必须同时具备下列条件：

(1) 有合法的身份。

(2) 有稳定的经济收入，信用良好，有偿还贷款本息的能力。

(3) 有合法有效的购买、建造、大修住房的合同、协议以及贷款行要求提供的其他证明文件。

(4) 有所购住房全部价款30%以上的自筹资金（对购买自住住房且套型建筑面积在90平方米以下的，自筹资金比例为20%），并保证用于支付所购住房的首付款。

(5) 有贷款银行认可的资产进行抵押或质押，或（和）有足够代偿能力的法人、其他经济组织或自然人作为保证人。

(6) 贷款银行规定的其他条件。

（六）个人住房贷款额度

(1) 借款人申请个人住房贷款购买或集资建造第一套自住住房，且以所购住房或以其他住房作抵押的，贷款金额最高不超过购房款个人实际应出资部分（集资建房）或者住房评估价值（以两者较低额为准）的80%；对贷款购买第二套以上（含第二套）住房的，应当提高首付款比例。

(2) 借款人申请个人商业用房贷款用于购买商业用房，贷款金额最高不得超过购房款或评估价值（以两者较低额为准）的60%。

(3) 借款人申请个人住房贷款用于自建、大修住房的，贷款金额一般不超过建造（修理）费用的70%。

(4) 以符合条件的有价证券（包括财政部发行的凭证式国债、国家重点建设债券、金融债券、AAA级企业债券、个人定期储蓄存款存单）质押的个人住房贷款，贷款金额最高不得超过质押权利凭证票面价值的90%。

(5) 以贷款银行认可的除住房和有价证券以外的其他财产抵押的个人住房贷款，贷款金额最高不得超过抵押物价值的70%。

(6) 委托性个人住房贷款的金额，按照当地住房资金管理中心的有关规定执行。

（七）个人住房贷款期限

(1) 以房产抵押方式发放的贷款，贷款期限不得超过所抵押房产的使用年限。

(2) 用有价证券质押的，贷款期限最长不得超过有价证券的到期日。若用不同期限的有价证券作质押，以距离到期日最近者确定贷款期限。

(3) 对借款人已离退休或即将离退休的，贷款期限不应过长，一般男性自然人，其还款年限不能超过65岁，女性自然人，其还款年限不能超过60岁。

(4) 借款人申请贷款的金额较大的，贷款期限一般不宜采用 1 年或 1 年以下的贷款期限。

(5) 个人商业用房贷款，贷款期限最长为 10 年。

(6) 委托性个人住房贷款期限，按照当地住房资金管理中心的有关规定执行。

（八）申请个人住房贷款应提交的资料

(1) 身份证件复印件（居民身份证，户口簿，军官证，在中国大陆有居留权的境外、国外自然人为护照，探亲证，返乡证等居留证件或其他身份证件）。

(2) 贷款银行认可的借款人偿还能力证明资料。

(3) 合法有效的购买（建造、大修）住房合同、协议及相关批准文件。

(4) 借款人用于购买（建造、大修）住房的自筹资金的有关证明。

(5) 房屋销（预）售许可证或楼盘的房地产权证（现房）（复印件）。

(6) 贷款银行要求的其他文件和资料。

二、个人住房按揭贷款抵押登记风险分析

（一）购房人与开发商签订"商品房买卖合同"阶段

购房人与开发商签订的"商品房买卖合同"是一份债权合同，是一份要求对方当事人按约定交付房款和物权的债权，购房人获得的是"商品房买卖合同"指定房屋的期待权，但尚未取得该房屋的物权，不能对抗善意第三人，不具有排他性。

（二）预购商品房预告登记阶段

为防止开发商将"商品房买卖合同"已经售出的房产再售与第三人，购房人应当与开发商到房地产主管部门（房管部门）办理预购商品房预告登记，取得"预购商品房预告登记证"。依据《物权法》第二十条的规定，购房人在预告登记期间，对房产物权变动的请求权具备了对抗第三人的效力，具有排他性。

（三）预购商品房抵押权预告登记阶段

购房人向银行申请按揭贷款，银行与购房人共同到房地产主管部门（房管部门）办理预购商品房抵押权预告登记。由于购房人未取得房屋所有权，故该登记并非是在所有权上设定抵押权的登记，而是抵押权的预告登记，银行取得了一份对未来房屋所有权上设定抵押的请求权。在预告登记有效期间，能够对抗第三人，具有排他性。

应当注意，《房屋登记办法》第七十一条规定，申请预购商品房抵押权预告登记，应当提交抵押合同、主债权合同、预购商品房预告登记证明等材料。可见，预购商品房预告登记是办理抵押权预告登记的前提。

（四）房屋所有权和抵押权登记阶段

1. 预告登记失效风险

房屋竣工验收合格后，根据权利人（购房人）的申请，房地产主管部门（房管部门）在不动产登记簿中对该所有权进行记载，并向权利人出具"房屋所有权证"。至此，购房人取得了房屋所有权。

购房人取得房屋所有权后，银行应当在《物权法》第二十条规定的期限内，与购房人（按揭人即借款人）共同向房地产主管部门（房管部门）申请抵押权登记，否则，

预告登记失效。贷款银行自房地产主管部门（房管部门）出具"房屋他项权证"之日起取得抵押权。

《物权法》第二十条要求预告登记的当事人，应当在"能够进行不动产登记之日起三个月内"申请正式登记，但并未对"能够进行不动产登记之日"作更多的解释。对于所有权登记申请，一般认为应该是房屋竣工验收合格之日，权利人未在验收合格三个月内向房管部门申请登记，则预告登记失效。抵押权预告登记建立在购房预告登记的前提下，购房预告登记失效，抵押权预告登记是否随之失效？可见，贷款银行的抵押权预告登记面临不确定风险。

对于抵押权登记申请的起始日，应该是房屋竣工验收合格之日，还是购房人取得"房屋所有权证"之日？笔者理解，所有权和抵押权分属于两个不同的权利主体，而且，两者在取得的时间上有先后之分，要求它们在同一时间点前进行确权登记并不合理，故笔者认为，抵押权登记申请的期限，应该是自购房人取得"房屋所有权证"之日起三个月内。不过，在国家对此尚未作出明确规定之前，贷款银行还应本着审慎经营原则，在房屋竣工验收合格之日起三个月内，向房地产主管部门（房管部门）申请抵押登记，领取"房屋他项权证"。

2. 房产被二次抵押的风险

购房人以所购期房作抵押（预告登记）向银行申请贷款，在进行所有权登记取得"房屋所有权证"后，又将该房产抵押给第三人。依据《物权法》第一百九十九条，同一财产向两个以上债权人抵押的，抵押权已登记的，按照登记的先后顺序清偿；抵押权已登记的先于未登记的受偿。若贷款银行在规定的期间内未将预告登记转为抵押权登记，而又被第三人设定了抵押权的，贷款银行将失去第一顺序的受偿权。

3. 房产被人民法院查封的风险

购房人由于债务纠纷被人民法院查封了所购房产，该房产虽然进行了抵押预告登记，但若未能在法律规定的期限内向房地产主管部门（房管部门）申请所有权登记和抵押权登记，及时将预告登记转为抵押权登记，那么，保全申请人对查封的房产取得优于贷款银行的受偿权。

4. 开发商阶段性保证责任免除的风险

商业银行在办理按揭贷款时，通常要求开发商或担保机构为尚未办理正式抵押登记的贷款提供阶段性保证，并在保证合同中约定，保证期间至"办理抵押登记并将他项权利证书交付银行之日止"。因此，贷款银行往往会认为，在正式办理抵押登记之前，贷款都是有着阶段性保证予以担保的。其实，这种认识并不正确，极有可能造成抵押和保证双双落空的风险。因为：

第一，如果按揭的房屋具备了"能够进行不动产登记"的条件，例如，取得能够办理抵押正式登记的全部材料，而贷款银行怠于行使抵押登记权利，不合理地延长了开发商的保证期间，甚至因为预告登记超过法定期限失效而加重了开发商的担保责任。在此情形下，要求开发商承担责任的诉讼请求，很可能得不到人民法院的支持。

第二，如果按揭的房屋具备了"能够进行不动产登记"的条件，贷款银行没有在"能够进行不动产登记之日起三个月内"申请抵押登记，依据《物权法》第二十条的规定,预告登记失效。若此时该房屋又恰好被第三人设定了抵押权,则按揭银行的贷款将失去抵押权的担保。

为防范抵押和保证双双落空的风险,贷款银行切不可将抵押预告登记等同于抵押登记,也不可盲目认为虽然抵押登记没有办理,但贷款仍有阶段性保证而怠于办理抵押登记。应当重视并做好贷后跟踪检查和管理工作,及时掌握楼盘项目的销售、办证情况,与房地产主管部门(房管部门)保持密切沟通;对竣工验收合格的项目,督促开发商和购房人及时申办"房屋所有权证";已办妥"房屋所有权证"的楼盘,督促开发商和借款人(购房人)尽快办结符合当地登记部门要求的抵押登记材料,并及时向房地产主管部门(房管部门)申请抵押登记,领取"房屋他项权证";如果借款人不配合办理抵押登记,应按照借款合同、抵押合同的约定,主张其违约责任。情节严重的,还可宣布贷款提前到期,要求其归还欠款,并向开发商主张保证责任。

三、个人住房贷款迟延放款风险分析

购房人向银行申请贷款或贷款审批通过后,银行迟延放款的现象并不少见。对于此种现象,商业银行应当引起重视,避免发生迟延放款的风险。

(一)借款申请至合同生效前阶段

1. 借款申请至合同生效前迟延放款风险分析

通常情况下,客户向商业银行申请个人住房贷款,除了提交相关申请材料并落实担保条件外,还需要在商业银行尚未签字盖章的空白或填写有关要素后的借款合同上签字。此时,从合同法角度看,客户向商业银行提出了借款要约,借款合同尚未生效。该借款要约主要有两项内容:一是向银行申请住房贷款,二是委托贷款银行将贷款作为购房款支付给卖房人。

商业银行受理客户的借款申请后,即对申请内容和相关情况的真实性、准确性、完整性进行调查核实,然后进入贷款审批程序,决定是否发放贷款。"对未获批准的个人贷款申请,贷款人应告知借款人"(《个人贷款管理暂行办法》第二十一条)。关于商业银行应当何时答复客户,《个人贷款管理暂行办法》未作出规定,依据中国人民银行《个人住房贷款管理办法》(银发〔1998〕190号)第七条的规定,商业银行"应在三周内向借款人正式答复"。如果商业银行迟迟没有对客户的借款申请作出答复,导致购房人不能及时支付房款而违约,借款申请人极有可能以违反诚实信用原则为由,向商业银行主张缔约过失责任。因此,对于未获审批同意的个人住房贷款,商业银行应及时将结果告知借款申请人,并保留告知的相关证明材料。

2. 抗辩借款申请人缔约过失主张的对策

为抗辩借款申请人缔约过失的主张,商业银行应当做好以下告知工作,并保留告知的相关证明材料。

(1)受理贷款申请时,告知借款申请人贷款是否发放取决于审批结果;

(2)房屋买卖合同约定的付款期间及违约责任并非银行所认可,如果放款时间超过该期间所发生的风险,由借款申请人自行承担;

(3)贷款未获审批通过时,及时告知借款申请人;

（4）贷款虽获审批通过但暂时不能发放的，告知借款申请人原因，并请其自行决定选择继续等待还是撤销贷款申请。

（二）借款合同生效后阶段

1. 借款合同生效后迟延放款风险分析

贷款审批通过，商业银行在借款合同上签字盖章之后，构成了借款承诺，借款合同生效，贷款银行应当按照合同约定的时间、金额、对象发放贷款。

关于贷款的发放时间，借款合同除了约定借款期限外，还针对因办理按揭登记等手续而造成实际放款时间与借款期限起始日不一致的问题，特别约定："本合同所载的借款期限起始日与贷款支付凭证所载日期不一致的，借款期限起始日（即起息日）以首次划款时的贷款支付凭证所载实际放款日期为准"。笔者认为，该条款并不能构成贷款银行不及时发放贷款的理由。因为：

第一，根据借款合同的约定，只要贷款发放与支用的前提条件具备，借款人便有权要求贷款银行按合同的约定发放贷款，除借款人原因造成迟延外，贷款银行应按合同约定及时足额发放贷款。

借款合同约定的贷款发放与支用的前提条件，通常主要包括：担保已生效且持续有效；借款人未发生任一违约事项；法律、法规、规章或有权部门不禁止且不限制贷款银行发放本合同项下的借款；借款人已向售房人支付首付款等。在这些发放与支用的条件中，一般不包括有贷款银行自身原因导致迟延的条款。

第二，即便借款合同约定有贷款银行可因自身原因迟延放贷的条款，贷款银行也应按照诚实信用原则以及银行业操作惯例，把实际放款日与合同约定的借款期限起始日的差异，控制在合理期限之内。

第三，借款人与卖房人达成的房屋买卖合同，已经作为个人住房贷款申请必备材料，贷款银行对于房屋买卖双方约定的房屋价款支付时间及违约责任，应该是知道并清楚的。贷款银行迟迟不发放贷款，有滥用权力致客户形成损失之嫌，也使客户失去了向其他银行及时获得贷款的机会。

贷款银行不按照生效借款合同约定的时间、金额、对象发放贷款，借款人很可能以银行不按合同约定及时发放贷款以及未履行向卖房人支付房款为由，向商业银行主张违约责任。

2. 抗辩借款人违约主张的对策

为抗辩借款人违约的主张，商业银行应当做好以下各项工作：

（1）按照生效借款合同约定的时间顺序发放贷款，优先发放较早签订的合同贷款。

（2）当发生借款人向贷款银行主张违约纠纷时，贷款银行应当积极应对，及时邀请法律人员参加纠纷处理，在合同生效与否、贷款条件落实情况、借款人自身原因等方面，寻求迟延发放贷款的理由。

（3）对于迟延放款理由不充分又难与借款人协商沟通的，可考虑通过中介机构介入等方式协助借款人与卖房人协商，避免购房人发生实际损失。

四、第三人代为履行债务风险分析

（一）第三人代为履行的含义、条件与后果

1. 第三人代为履行的含义

第三人代为履行，指债权人与债务人双方当事人约定由第三人代替债务人履行合同债务，第三人并没有因履行债务而成为合同当事人。

通常情况下，合同义务应由债务人向债权人履行，即合同履行中的亲自履行原则，这是由合同目的决定的。但亲自履行原则并不排斥由第三人代为履行债务。第三人替代债务人履行债务，只要不违反法律规定和合同约定，且未给债权人造成损失或增加费用，这种履行在法律上是有效的。

2. 第三人代为履行的条件

第三人代为履行必须符合一定的条件：

（1）第三人代为履行中的第三人并没有成为合同当事人，合同当事人仍然是原债权人和债务人。这是第三人代为履行与债务转让的本质区别。债务转让是指债权人或债务人与第三人之间达成债务转让的协议，由第三人代替原债务人承担全部债务。在债务转让中，合同主体发生变更，原债务人退出合同关系，第三人取代成为债务人。此外，根据法律规定，债务转让应当取得债权人的同意，未经债权人同意，债务不发生转让。而第三人代为履行，并不一定需经债权人的同意，例如，在法定代理人作为代为履行第三人时，其代为履行债务是根据法律规定而直接发生。

（2）债权人与债务人约定，由第三人向债权人履行债务或者第三人向债权人出具承诺由该第三人向债权人履行债务。也就是说，合同当事人经过协商一致同意，由第三人代替债务人履行合同义务。

（3）对债权人没有不利的影响，即第三人代为履行义务不能损害债权人利益。

3. 第三人代为履行的法律后果

（1）在债权人与债务人有明确约定的前提下，或者第三人向债权人出具代为履行债务的承诺时，债权人应当接受第三人的履行。由于债务人已经与债权人约定由第三人履行债务或者债权人已接受第三人代为履行的承诺，在此种情况下如果债权人不接受第三人的履行，视为债务人已经履行了债务而导致债权人违约。

（2）第三人违约时，债务人应当向债权人承担违约责任，因为第三人只是替代债务人履行债务，并不是合同当事人。

（二）第三人履行债务后反悔风险分析

第三人代为履行债务后反悔，这种情况在个人住房贷款实务中并不少见。笔者认为，对此问题，应分为不同情况区别对待：

如果债权人与债务人约定由第三人代为履行，并且第三人也向债权人书面承诺同意代为履行，例如，个人住房贷款业务中的共同还款人。在这种情况下，第三人不能反悔或者说无权反悔，即使反悔，该反悔也无效，法律是不予支持的。

反之，如果债务人与债权人没有约定，第三人也没有同意代为履行的承诺等意思表示，只是第三人事实上代债务人履行还款行为。在这种情况下，第三人有权反悔且通常会获得法律支持。第三人反悔一般是以结算纠纷或重大误解为由,要求债权银行返还第三人已支付的款项。根据《民事诉讼法》谁主张谁举证的规则,第三人对返还诉求应当承担举证责任。

(三) 第三人的债权人行使撤销权风险分析

第三人代为履行债务后,不仅存在第三人反悔的风险,而且,还存在第三人的债权人对第三人的代偿行为行使撤销权,请求人民法院撤销第三人代为履行债务行为的风险。第三人的债权人行使撤销权,其结果将可能导致债权银行返还第三人已支付款项,使银行债权实现落空。

撤销权是指因债务人放弃其到期债权或者无偿转让财产,对债权人造成损害的,债权人可以请求人民法院撤销债务人的行为。债务人以明显不合理的低价转让财产,对债权人造成损害,并且受让人知道该情形的,债权人也可以请求人民法院撤销债务人的行为。

例如,某银行与张三签订金额为50万元的借款合同。借款到期后,双方约定由李四代张三偿还该笔贷款,李四也书面同意,并于2010年7月1日将欠款支付给某银行。2011年2月,王五以李四欠其60万元一直不偿还为由诉至法院,请求人民法院依据《合同法》第七十四条的规定,撤销李四代张三偿还某银行贷款的行为。对此,有三种观点:

一种观点认为王五享有撤销权,法院应该支持。因为:第一,李四代张三偿还某银行贷款的行为,从外延讲可以看做是一种变相的无偿转让财产的行为;第二,李四不欠某银行的债务,而欠王五的债务,李四替张三偿还债务而不偿还自己的债务,显然,李四的代偿行为是为了逃避王五的债务而变相的转让财产行为。

另一种观点认为:王五提起撤销权之诉与某银行无关。李四作为第三人代张三履行债务后,李四取得了向原债务人张三要求追偿的权利,如果第三人李四放弃对原债务人张三的追偿权利,王五有权向李四行使撤销权,与银行无关。

还有一种观点认为:李四代为履行行为不构成行使撤销权的条件。撤销权是指债务人放弃其到期债权或者无偿转让财产,本案中,李四的代为履行行为,既不是债务人放弃其到期债权,也不是无偿转让财产(因为其同时取得追偿权),更不是低价转让财产,所以,不符合撤销权的条件,不适用撤销权。

笔者认为,本案中,王五对债务人李四的代偿行为是否享有撤销权,取决于对李四代偿行为的认定。若该行为是无偿的,债务人李四的代偿行为,减少或减弱了其责任财产或偿债能力,使得到期债务不能清偿,从而危害到债权人的债权,最终损害了债权人的利益。在这种情形下,王五当然可以申请撤销债务人李四的代偿行为。由于案情介绍没有明确李四的代偿行为是无偿的,我们也可以设想是有偿的,现实中有偿代偿的确也不少见,而且往往给付了对价。从法律关系上说,第三人李四代为履行张三的债务后,便对张三享有了债权,只要李四不放弃债权,王五就不能依据《合同法》第七十四条的规定提起撤销权之诉。

在司法实践中,人民法院将会作出何种认定,需要根据案件的具体情况分析。如果人民法院认定撤销权成立,贷款银行在没有任何过错的情况下,其权益应当如何保护,值得思量。

（四）第三人代为履行被撤销后的诉讼时效风险分析

在上述案例中，如果李四代为履行债务的行为，因被认定为无偿转让财产的行为而被撤销，则受益人某银行无论其主观意愿如何、是否知情，都必须返还财产，恢复原状。关于这一点，无须疑义。但是，李四代为履行债务的行为被撤销后，该笔借款的诉讼时效如何计算？是从第三人代为还款之日重新起算，还是从人民法院撤销法律文书生效之时重新起算，还是该还款行为根本不能引起诉讼时效中断？笔者认为，首先应该肯定该还款行为能引起诉讼时效中断，因为：法律规定并不禁止第三人可以代为履行，在第三人代为履行时，债权人无法预见该行为是否会被撤销，债权人也没有义务了解该行为将来可能被撤销，所以，如果代为履行行为不能引起中断，对债权人是不公平的。至于诉讼时效的起算点，笔者认为，应该为撤销法律文书生效之日，这样更合理一些。

（五）贷款银行在第三人代为还款中应注意的问题

1. 谨慎接受第三人代为还款

法律虽然不排斥第三人代为履行债务，但是，法律也没有对第三人代为履行债务作出明确规定，在这种情况下，根据商业银行审慎经营原则，贷款银行应当谨慎接受第三人代为还款。如果明知第三人代为履行是为了逃避其他债务的，贷款银行应该予以拒绝。如果需要采用第三人代为还款方式的，应当正确理解掌握第三人代为履行的相关知识，落实好相关措施，避免因操作不当产生不必要的纠纷。

2. 完备第三人代为履行法律手续

（1）债务人与贷款银行签订第三人代为履行委托协议，约定由委托协议指定的第三人代为归还借款人所欠贷款银行的本息。

（2）代为履行债务的第三人与贷款银行签订代为还款协议，或由代为履行债务的第三人向贷款银行出具单方承诺书，防范第三人或其债权人日后以结算纠纷或重大误解为由变更或撤销该代为履行债务行为。代为还款协议或还款承诺书应明确第三人自愿代为债务人履行某合同项下的债务，以及代为履行债务的金额、时间要求、还款方式等内容。

为防范诉讼时效风险，代为还款协议或第三人出具的承诺书，贷款银行应尽可能争取借款人签章确认。

（3）第三人代为履行应由第三人主动办理划款手续，即使第三人与贷款银行有约定，也应慎用银行扣款方式，减少第三人主张反悔的证据。

3. 适时变更债务偿还主体

贷款银行与债务人签订代为履行协议或接受第三人代为履行的承诺后，表明其已经同意第三人代为履行贷款本息偿还义务，此时，贷款银行就应接受第三人的代为履行行为，否则，视为债务人已经履行，债权人违约。如果发生第三人不履行或第三人履行不适当的情况，或第三人代为履行的行为被依法撤销等情况，贷款银行无权要求第三人继续履行，而应及时要求原债务人履行债务，防止因诉讼时效期间届满而丧失权利。

4. 正确返还相关权利证书

代为履行的第三人，通常与债务人有着某种特殊的关系，所以，当代为履行完毕后，代为履行的第三人一般都会要求银行将房屋他项权证、房屋所有权证等相关权利证书交还给他，这在个人贷款业务中尤为明显。此时，贷款银行应予以拒绝，绝对不可以将相关权利证书交给第三人，而应返还给原债务人。

五、按揭贷款诉讼时效风险分析

诉讼时效是指权利人在法定的时效期间内不行使权利，即丧失请求人民法院依诉讼程序强制义务人履行其义务的民事法律制度。在诉讼时效期间内，如果义务人不履行义务，权利人可以请求司法机关强制义务人履行其义务。超过诉讼时效，权利人丧失依诉讼程序强制义务人履行其义务的权利。《民法通则》第一百三十五条规定："向人民法院请求保护民事权利的诉讼时效期间为二年，法律另有规定的除外。"第一百三十七条又规定："诉讼时效期间从知道或者应当知道权利被侵害时起计算。"依据这些规定，银行因信贷业务而形成的债权，其诉讼时效均为两年，从债务履行期届满之时或债务人不履行债务而侵犯银行债权之时起计算。

对于一次性还本付息的贷款，诉讼时效的起算日比较好掌握，借款合同期限届满之日就是诉讼时效起算之时。而分年分期偿还借款的按揭贷款业务，其诉讼时效是分期分别计算还是整体计算呢？对此，众说纷纭，正所谓见仁见智，各有不同，在实务中也出现不同甚至大相径庭的判例。

按揭贷款合同诉讼时效争议的主要观点有：

第一种观点认为，每一分期偿还借款的义务为一个独立的债务，应以其独立计算诉讼时效。按揭贷款合同虽然表现形式上为整体合同，但是，其对履行债务的约定，是在一定的期间内分期履行还款义务。因此，每个分期付款义务实际上构成了一个独立的债务，应以其独立计算诉讼时效。如果按揭人对其中任意一期不能按时履行付款义务，贷款银行又未在诉讼时效期间主张权利的，则认为该期债务的诉讼时效已过，银行对该债权丧失了胜诉权。而对于其他债务，不能认定为也已经超过了诉讼时效。主张分期计算诉讼时效观点的学者，还引用《民事诉讼法》关于申请执行期间的规定作为旁证。《民事诉讼法》第二百一十五条第二款规定，"前款规定的期间，从法律文书规定履行期间的最后一日起计算；法律文书规定分期履行的，从规定的每次履行期间的最后一日起计算。"可见，《民事诉讼法》对于分期履行义务的申请执行期间，以"每次履行期间的最后一日起计算"。申请执行期间如此，分期履行付款义务的诉讼时效也应如此。

第二种观点认为，按揭贷款合同是整体合同，诉讼时效也应该整体统一，从合同期限届满之日起计算。从表面上看，按揭贷款合同按揭人履行还款义务是分年分期进行，但是，按揭贷款合同的义务是整体的，按揭贷款合同的诉讼时效起始日应为整个还款期的终止日。

第三种观点认为，按揭贷款合同诉讼时效，应从按揭借款人造成根本违约的时间开始计算。虽然，诉讼时效属于强制性规定，不允许当事人约定，但应允许按揭贷款合同当事人约定在何种情况下按揭人的行为构成根本违约。例如，某按揭贷款合同约定，当按揭人在还款期内累计超过六期不能供款时，贷款人可以依法处置按揭房产。当事人的这种约定，不属于对诉讼时效的直接约定，而是间接造成诉讼时效起算的基础因素，并不违反诉讼时效法律规定。

第四种观点认为，按揭贷款合同的诉讼时效，应从按揭借款人首次未能还款时起算。超过两年未主张权利的，按揭贷款人丧失胜诉权。持这种观点属于个别。

笔者认为，第二种观点表面上符合诉讼时效的一般规定，但其实质上却违背了诉讼时效的基本原则。因为，按揭贷款的期限一般都较长，少则三年五年，多则十年、二十年，甚至三十年。经过这么长的时间，人们对许多东西的记忆已经模糊，相关资料的查找也很困难，容易造成当事人之间的纠纷。而且，还会伴随产生当事人取证、举证困难，增加解决纠纷的成本，不利于及时、公正地解决纠纷。同时，在经过漫长的市场大浪淘沙之后，按揭贷款保证人的偿债能力是否还能依然如故，无论何人对此都难以把握，这在相当程度上增大了债权人的风险。综上可见，以合同期限届满之日起算按揭贷款诉讼时效这种观点，其实是与建立诉讼时效制度的立法思想相悖的。第三种观点有规避法律强制性规定之嫌疑，笔者也不敢苟同。目前，法学界对按揭贷款的诉讼时效并无定论，银行在办理业务过程中，应持较为谨慎的态度。有鉴于此，笔者倾向于第一种观点，认为按照第一种方法计算诉讼时效较为稳妥。如果借款人不按期返还借款，则每期欠款的诉讼时效从该时起计算，银行应及时采取有效措施中断诉讼时效，避免分期履行还款义务的部分债权因超过诉讼时效而造成损失。

第五节　开发（经销）企业的保证担保

一、房地产开发企业的阶段性担保

（一）开发企业阶段性担保的必要性

在"楼花按揭"贷款中，按揭人以商品房预售合同项下的全部权益作为借款的抵押。在商品房未竣工和未进行房产登记之前，这种抵押只具有准抵押特征，按揭权人只享有准抵押权，抵押登记也只是一种预登记，抵押可能因无法律依据而被认定无效。不仅如此，"楼花按揭"贷款还存在商品房建设与质量风险、一套房屋被多次售卖风险、房屋所有权证办理风险以及抵押登记风险等诸多风险。这些风险的存在与发生，与房地产开发企业密切相关，其能否得以有效控制，取决于房地产开发的配合程度。因此，在"楼花按揭"贷款中，要求开发企业对按揭人的借款承担阶段性担保义务，可以督促其全力以赴做好工作，化解银行"楼花按揭"阶段性风险。

（二）开发企业阶段性担保责任

房地产开发企业的阶段性担保责任主要有两种：

一是代为清偿责任。在商品房取得房屋所有权证之前，若按揭人不履行偿还借款义务，开发企业具有代为按揭人清偿债务的责任。开发企业代按揭人清偿债务之后，按揭权因主债权得以清偿而解除，开发企业重新享有按揭房屋的权益。

二是办理抵押登记责任。开发企业在办妥房产登记取得"房屋所有权证"之后，有义务协助银行与按揭人办理房屋抵押登记手续。自贷款银行取得房地产抵押登记部门颁发的"房屋他项权证"之日起，开发企业的阶段性担保责任结束。

（三）商品房销售贷款合作协议

开发企业的阶段性担保责任，一般是在商品房销售贷款合作协议书中约定，有的还需要在按揭贷款合同中进一步明确与细化。商业银行与开发企业订立的合作协议，通常应包括以下主要内容：

（1）合作双方的名称。

（2）双方合作的房地产项目名称。

（3）银行提供商品房销售贷款的规模、期限与成数，以及贷款的使用计划。

（4）开发企业同意为购房者的按揭贷款提供阶段性连带责任担保及担保期限（保证期间），并保证在为购房者办理"房屋所有权证"之后，及时协助银行办理房屋抵押登记手续。

（5）开发企业在贷款银行开立保证金专用账户，并交存一定比例的保证金。当借款人未能按时返还借款时，开发企业同意贷款银行可依合同约定，从保证金专用账户扣收借款人欠付的贷款本息。

（6）开发企业在贷款银行开立商品房结算专用账户归集全部销售收入，保证专用账户资金用于项目建议，并接受贷款银行的监督。

（7）违约责任及争议解决方法。

商业银行与开发企业的合作协议内容，应注意与商品房买卖合同、按揭贷款合同的条款内容保持联系与衔接，避免顾此失彼，更不能相互冲突。商品房买卖合同、按揭贷款合同、合作协议，是商品房按揭三方当事人重要的法律文件，三者之间的关系，既相互独立，又相互作用、相互依存、密不可分。商业银行在实务操作中应当予以特别关注。

二、阶段性担保应注意的问题

（一）关注按揭人资料的真实性和有效性

如果借款人的签名或者提供的资料不真实，可能会导致按揭贷款合同无效，继而又将导致保证合同无效，如此环环相扣，开发企业或经销企业可能因保证合同无效而无须承担保证责任。在司法实践中，银行因"假按揭"而被迫承担全部风险责任的判例屡见不鲜。为了避免这种风险，一方面，银行在与开发企业或经销企业签订合作协议时，应加大开发企业或经销企业审核按揭人资料的责任，要求其对按揭人提交资料及签名的真实性和有效性负责。因审核原因导致"假按揭"发生的，开发企业或经销企业应当承担相应民事责任。另一方面，对开发企业或经销企业转交的按揭人资料，银行经办人员应按照操作规程要求严格审查，并坚持面谈和面签制度。这对于识别与防范"假按揭"至关重要。银行应加强经办人员的责任感教育，加大对失职违规行为的查处。

（二）关注开发（经销）企业的保证期间

银行在与开发企业或经销企业签订合作协议时，对开发企业或经销企业提供的阶段性保证担保，除了约定连带责任保证方式之外，还必须约定保证期间。保证期间约定应当明确具体，不宜使用模糊性词语，如"保证期间直至主债务本息还清之日为止"。类似这样的约定，在司法实践中将被视为保证期间约定不明。

另外，合作协议约定的合作期限，有时会短于开发企业或经销企业承担阶段性保证的担保期间。因而，有必要在合作协议中对合作期限届满后保证人的责任进行约定，以避免开发企业或经销企业在合作期限届满后，对是否继续承担保证责任发生争议。例如，可以在合作协议中约定："合作期限届满后，贷款银行依合作协议约定发放的按揭贷款，开发企业或经销企业的保证担保责任不因合作期限届满而免除，保证人应继续承担保证责任。"

（三）关注开发（经销）企业的保证责任

开发企业或经销企业的保证责任是否存在，直接与保证期间相关。保证期间届满，保证人的责任即消灭。影响保证期间的因素有二：其一，合同对保证期间的约定；其二，保证期间的起算时点。

首先，确认保证的期限（保证期间）。合同对保证期间有约定的，开发企业或经销企业在约定的保证期间承担保证责任；合同对保证期间没有约定的，根据《担保法》第二十五条第一款和第二十六条第一款的规定，开发企业或经销企业在主债务履行期届满之日起六个月内承担保证责任；合同对保证期间约定不明的，根据《关于适用〈担保法〉若干问题的解释》第三十二条的规定，开发企业或经销企业在主债务履行期届满之日起2年内承担保证责任。

其次，确定保证期间的起算时点。保证期间的起算时点，应为按揭人违反合同约定的还款之日。按揭贷款采用分期还款方式，每一分期返还借款的义务为一个独立的债务，故保证期间的起算时点，与诉讼时效起算时点相同，以义务人违约之日起算。换言之，开发企业或经销企业承担保证责任的期限，自按揭人违约之日起算，最短为六个月，最长为2年，贷款银行应在此期间内向按揭人（在一般保证情况下）或者开发企业或经销企业（在连带保证情况下）主张权利。根据《担保法》第二十五条第二款的规定，贷款银行主张权利的方式，必须为提起诉讼或申请仲裁。

（四）关注保证人担保与保证金账户之间的关系

如前所述，开发企业或经销企业为借款提供的担保，通常为连带责任保证方式。为了确保债权安全，贷款银行同时要求担保人将一定比例（比如20%）的资金交存保证金专用账户，当借款人不依合同约定返还欠款时，银行有权从担保人的保证金专用账户扣款以回收贷款本息。这种债权担保操作模式较为经典，被广泛运用于各种担保场合。开发企业或经销企业为借款提供的担保，是连带责任保证，还是保证金质押，或是两者兼有之？笔者在第一章第十节"担保公司担保"中已作分析，在此不再赘述。

三、贷款银行对开发企业行使担保权的效力评析

某房地产开发企业为了开发和销售某商品房楼盘，与银行签订了商品房销售贷款合作协议书，约定：某商品房楼盘可以采用按揭贷款方式销售，银行为符合借款条件的购房人提供不超过商品房售价70%的按揭贷款；开发企业为购房人的借款提供阶段性担保，同时在贷款银行开立保证金专户并交存一定数额的保证金。如果购房人不按合同约定偿还贷款本息，银行有权从开发企业保证金专用账户扣收贷款本息。不久，有一借款人不按合同约定还贷，银行依合同约定通知开发企业并从其保证金账户扣收贷款本息。

事后，开发企业以"物保优于人保"，银行扣款违反法律规定为由诉至人民法院，要求银行返还已扣款项。

开发企业诉称：借款人已经为其借款提供了房产抵押，而开发企业提供的是保证担保责任。房产抵押属于"物保"，开发企业保证担保属于"人保"，根据《担保法》第二十八条的规定，同一债权既有保证担保又有物的担保的，保证人对物的担保以外的债权承担保证责任。因此，银行应当先处理借款人的房屋，开发企业对银行处理抵押物仍不足偿还部分承担连带清偿责任。

在开发企业阶段性担保期间，商业银行的贷款存在两种担保形式，即开发企业的保证担保与借款人的按揭担保。当借款人违约不返还欠款时，银行直接向开发企业行使担保权是否违反《担保法》的规定？在回答这个问题之前，我们有必要先了解《担保法》及其司法解释的相关规定。

（一）保证与按揭为同一债权担保的法律规定

1. "物保优先于人保"

在实务中，有的债权不但有抵押权、质权等担保物权担保，同时还有保证担保。保证方式为人的担保，性质上属于债权担保，它在担保的现实性、债权实现的可靠性等方面，逊色于抵押权、质权等物权担保。大陆法系国家的民法，通常都奉行物权担保先于债权担保实现的原则，我国也不例外。《担保法》第二十八条第一款规定："同一债权既有保证又有物的担保的，保证人对物的担保以外的债权承担保证责任。"就是说，同一债权若既有保证人担保，又有抵押权、质权等物权担保的，无论物权担保的是债权的全部还是部分，在债权未受清偿时，均应首先以物权担保实现债权。只有当担保物权不足以清偿债权时，保证人才对未得以清偿的债权承担保证担保责任。例如，借款人向银行借款200万元，以价值150万元的自有财产设定抵押，同时由第三人对借款人的借款提供保证担保。债务履行期限届满后，借款人未能依合同约定偿还借款，借款本息合计共250万元。在这种情形下，银行若要实现债权，须首先以担保物权实现债权，即以担保物变价所得款项受偿。假如担保物变价所得款为180万元，那么，保证人应对借款人尚未返还的70万元债权承担保证责任。银行不能首先要求保证人在总债权范围内承担保证责任。

应当注意，《物权法》第一百七十六条对《担保法》的上述规定作了修改。《物权法》对人保和物保并存时，实行约定优先原则。即当事人对物的担保和人的担保的关系有约定的，按约定实现债权，而不是必须先执行债务人的物保（详见第九章第四节"二、担保物权规定的主要变化"中的"（二）人保和物保并存时不必先执行债务人的物保"）。

2. 保证人因债权人放弃"物保"而免责

同一债权既有保证又有物的担保时，基于物权担保先于债权担保实现的原则，若债权人放弃部分或全部物权担保，无论该放弃是在债务履行期限届满之前或之后，这种放弃必然对保证人的利益带来损害。因为，保证人代为债务人清偿债务后，原债权人对债务人的债权，以及该债权的附属权利（如担保物权），依法当然地转移给了保证人，而无须债权人的转让行为。《担保法》第三十一条对此作了规定："保证人承担保证责任后，有权向债务人追偿。"显而易见，债权人放弃担保物权，导致保证人在向债务人行使追偿权时，丧失了债权的物上担保权利，加重了保证人的负担。依据公平原则和过错责任原则，在立法上应免除保证人对这部分债权的保证责任。因此，《担保法》第二十八条第二款规定："债权人放弃物的担保的，保证人在债权人放弃权利的范围内免除保证责任。"

需要特别指出，保证人在债权人放弃物权担保的范围内免除保证责任，并不需要担保物权必须在保证合同订立时就已设定，也不论该担保物权是债务人还是第三人所设定，更不必过问债权人出于何种原因而放弃担保物权，只须有债权人放弃担保物权的事实就足矣。

在实践中，债权人明确放弃担保物权的情况十分罕见，更多是因债权人不作为而导致担保物权在事实上不可能实现。通常认为，债权人的下列行为属于放弃担保物权的行为：

（1）债权人明示放弃担保物权的行为。

（2）债权人怠于行使担保物权，致使权利归于消灭的行为。例如，抵押期间，抵押权人对抵押人转让抵押物所得的价款未能及时行使抵押权，要求抵押人提前清偿债务或向约定的第三人提存。

（3）债权人虽无放弃担保物权的意思表示，但其行为足以使担保物权的实行变为不可能或困难。这种行为也应视为放弃担保物权的行为。例如，同一抵押物上设有多个抵押权时，抵押物变价所得的价款依法应按抵押权设立的先后顺序进行清偿，而债权人却放弃了这种顺序权利，使本应得以清偿的债权而未能得到清偿。

（4）债权人的原因导致担保物毁损、灭失或者价值减少的行为。例如，因抵押权人未尽保管义务导致抵押物毁损、灭失。

3. 第三人提供的"物保"不再优先于"人保"

《担保法》第二十八条规定了在同一债权上人的保证与物的担保并存时的一般处理原则，也即物权担保先于债权担保实现的原则。在实务中，"物保"中"物"的提供者，既可以是债务人，也可以是第三人。当"物"的提供者为债务人本人时，要求债务人首先以自己抵（质）押的财产满足债权，无疑是应当的。因为，债务人是本位上的债务承担者，第三人仅是债务承担的替代者，债务人"借债还钱"天经地义。

但是，当"物"的提供者为第三人时，如果仍然坚持"物保优先于人保"，明显对物上保证人不公平。因此，《关于适用〈担保法〉若干问题的解释》第三十八条第一款对"物保优先于人保"作了限制性解释："同一债权既有保证又有第三人提供物的担保的，债权人可以请求保证人或者物的担保人承担担保责任。当事人对保证担保的范围或者物的担保的范围没有约定或者约定不明的，承担了担保责任的担保人，可以向债务人追偿，也可以要求其他担保人清偿其应当分担的份额。"据此条款规定，当债务人不依合同约定履行债务时，债权人可以行使担保物权，也可以行使担保债权，而不必在行使担保物权后才能要求保证人履行保证责任。

最高人民法院《关于适用〈担保法〉若干问题的解释》第三十八条第一款，将"物保"与"人保"并存区分成两种情况：一是债务人提供的"物保"与保证人的

"人保"并存,在这种情况下,物权担保先于债权担保实现,即"物保优先于人保";二是第三人提供的"物保"与保证人的"人保"并存,在这种情况下,第三人提供的物上担保与保证处于同一地位,此时"物保"不再优于"人保"。

4. 保证人不因"物保"的消失而免责

同一债权既有保证又有物的担保,若物的担保合同被确认无效或者被撤销,担保物权因担保关系的无效或撤销而不存在了,因而,保证人此时应当对债权承担保证责任,而不能以只对担保物权不足以清偿的债权承担保证责任为由,拒绝履行担保责任。

同理,同一债权既有保证又有物的担保,若担保物因不可抗力的原因灭失而无代位物时,保证人仍应当对债权承担保证责任。

因此,《关于适用〈担保法〉若干问题的解释》第三十八条第二款规定:"同一债权既有保证又有物的担保的,物的担保合同被确认无效或者被撤销,或者担保物因不可抗力的原因灭失而没有代位物的,保证人仍应当按合同的约定或者法律的规定承担保证责任。"

应当指出:第一,当物的担保无效、撤销、灭失时,保证人承担的保证责任是当然的,而不论物的担保是债务人提供还是第三人提供;第二,若债权人对物的担保无效、撤销、灭失具有过错,如应当登记而未办理登记,应承担相应的过错责任。关于这一点,商业银行务必引起重视,应严格依法依制度程序办理抵(质)押业务。

(二) 优先对开发企业的保证金行使担保权的效力评析

我们了解《担保法》及其司法解释有关"人保"与"物保"的法律规定后,对前面提出的案例进行评析,也即当按揭人不能依约定返还借款时,银行依合同的约定从开发企业保证金账户扣收贷款本息的行为是否属于侵权行为?

笔者认为:这个案例不能适用"物保优先于人保"的法律制度,银行应该有权依据约定从开发企业的保证金账户扣收贷款本息,优先对开发企业的保证金行使担保权。理由如下:

1. 期权登记并不构成"物保"

《城市房地产管理法》第四十九条规定:"房地产抵押,应当凭土地使用权证书、房屋所有权证书办理。"《关于贯彻执行〈民法通则〉若干问题的意见(试行)》第一百十三条明确规定:"以自己不享有所有权或者经营管理权的财产抵押的,应当认为抵押无效。"可见,抵押权设定以抵押人对抵押物享有所有权或经营管理权为要件。而在按揭贷款中,由于按揭房屋尚未竣工,还不能办理房屋权属登记,按揭人在尚未取得所有权证之前办理的抵押,实际上是以商品房预售合同的全部权益抵押,也即房屋的期待权或称之为期房抵押。期房的抵押登记,实质上只是一种期权合同登记或称之抵押预登记,而并非为法律意义上的房屋抵押登记,还不能构成真正意义上的物权担保。

2. "楼花按揭"登记属于期权登记

如上所述,"楼花按揭"期间,按揭人向银行抵押的不是物权而是权益,是房屋的期待权抵押;所谓"抵押登记"也只是预售合同抵押登记或称为预登记,而并非房屋抵押登记。只有当按揭人取得房屋所有权证,并与银行依法办理抵押登记,取得登记部门颁发的房屋他项权证后,才发生抵押权的法律效力。"楼花按揭"的法律性质有别于我国法律规定的抵押担保方式，属于一种特殊的房屋抵押贷款方式，不能简单地套用《担保法》的规定来调整"楼花按揭"关系。

3. 开发企业承诺承担连带责任保证并不违背意思自治原则

房地产开发属于资金密集型行业，资金投入量大且占用时间长。房地产开发项目的生产周期，从立项开工建设到竣工投入使用通常需要三年左右时间。同时，房地产开发项目的产品作为一种商品，其生产、消费环节不确定因素较多，稍有不慎就可能形成巨额资金积压。尤其是在消费环节，商品房若不能顺利销售就会形成空置，最终将造成资金损失。"楼花按揭"贷款将购房者、开发企业、银行三方的需求与利益融合在一起，解决了购房者当前资金不足的困难，促进了开发企业的商品房销售，加速了开发企业的资金回笼与周转，扩大了银行的贷款业务。在按揭贷款销售模式中，房地产开发企业获得的利益最多，是最大的受益者。正因为如此，在现实生活中，开发企业常常是按揭贷款销售模式的组织者和推动者。开发企业为了加速楼盘销售，防止商品房空置而为购房者借款提供连带责任保证，符合其根本利益，是其真实意思表示。

4. 开发企业自愿放弃"物保优先于人保"的抗辩

退一步说，即使在按揭贷款销售模式中存在"物保"与"人保"并存的情形，开发企业自愿为购房者借款承担连带保证责任，意味着其放弃了"物保优先于人保"的抗辩理由。

5. "物保优先于人保"不适用于第三人

如前所述，根据《关于适用〈担保法〉若干问题的解释》第三十八条第一款的规定，当"物保"和"人保"均为第三人提供时，"物保"不再优于"人保"。开发企业为按揭人借款提供阶段性保证担保和保证金质押担保，显然属于最高人民法院司法解释限制的情形，不能再适用"物保优先于人保"。

综上所述，在按揭贷款销售这种特定融资模式下，按揭人在尚未取得房屋所有权证之前，不存在"物保"与"人保"并存的情形，开发企业主张"物保优先于人保"没有客观基础，因而，也就不能适用《担保法》第二十八条的规定。

第六节　按揭贷款的保险机制

一、按揭贷款中的保险品种

（一）建立按揭贷款保险机制的必要性

按揭贷款是银行获取长期稳定收入的信贷品种，收益也颇为丰厚。但与此同时，按揭贷款的风险点多面广，救济成本相当高。表现在：

第一，按揭贷款通常涉及买方、开发企业或经销企业、贷款银行三方当事人，法律关系复杂，潜在的不确定因素多。

第二，按揭贷款期限长，尤其是住房按揭贷款，长达二三十年，各种不可预测的事件随时都可能发生。

第三，按揭贷款的风险发生后，银行面对千家万户，救济力不从心，成本也高。

面对纷繁复杂的社会环境，以及随时都可能来自自然的、社会的各种风险威胁，银行除了自身努力防范与控制风险事故发生之外，还应当重视建立与运用按揭贷款的保险机制，转移与分散风险损失。

保险的稳压功能与减震功能，在西方发达国家被发挥得淋漓尽致，保险公司参与房地产金融市场的程度相当高，已经成为了按揭贷款一个必不可少的主体。它们在房地产保险市场主要开展三个方面的业务：一是为房地产业办理财产保险；二是为抵押的房地产办理抵押保险；三是为房地产金融机构发放抵押贷款办理贷款保险。在住房按揭贷款业务领域，保险公司主要开展后两种保险业务。保险公司的参与与介入，推进了这些国家住宅金融市场的发展，为居民住宅消费提供了政策上的便利，并鼓励和刺激了住宅消费，促进了房地产住宅市场的发展。

（二）按揭贷款中的保险品种

借鉴西方发达国家的成功经验，我国毫无疑问需要保险公司参与房地产金融市场。根据按揭贷款中存在的风险因素并从商业银行角度考虑，笔者认为，至少需要三类风险转移与分散保险：

1. 抵押房屋的财产保险

房屋财产保险是保险公司的传统业务品种。建立按揭贷款的房屋财产保险机制，主要是为了分散可能遭受意外事故和自然灾害而造成房屋毁损的风险。房屋财产保险可以发挥两方面的作用：一是当保险事故发生后，房屋所有人（按揭人）依保险合同的约定，可以获得相应赔偿，减轻财产损失，起到稳定社会的作用；二是按揭房屋因意外事故和自然灾害遭受毁损时，保险公司须依据约定进行理赔，其支付的保险赔偿金便成为按揭房屋的代位物，贷款银行可从中实现债权。

根据《中华人民共和国保险法》（以下简称《保险法》）第二十四条和第二十二条的规定，在房屋财产保险合同中，当保险事故发生后，索赔权利归被保险人行使。所谓被保险人，指其财产受保险合同保障，享有保险金请求权的人，投保人可以成为被保险人。而所谓受益人，是指在人身保险合同中由被保险人或者投保人指定的享有保险金请求权的人。也就是说，受益人只存在于人身保险合同中，财产保险合同并没有专门的受益人的规定。所谓"贷款银行为财产保险第一受益人"的提法并无法律依据。当然，法律并不禁止在某些特殊情况下，财产保险合同的当事人约定由第三人享有优先受领保险赔偿的权利，这个第三人一般是被保险人的债权人，而并非保险法意义上的受益人。

保险公司在房屋财产保险中的责任，是依据保险合同对保险事故理赔，它与投保人（按揭人）返还银行贷款没有任何法律关系，保险金也不当然地等于欠款金额。若投保人存在违约行为，保险公司则不承担任何责任。发生保险事故后，若保险公司未能依照保险合同履行赔付义务，贷款银行可以被保险人的债权人的名义，向保险公司主张优先受领保险赔偿金的权利。

2. 按揭人的人寿保险

人寿保险也是保险公司的传统业务品种，但应用到按揭贷款中却是一种创新之举。建立按揭贷款的人寿保险机制，主要是为了避免按揭人因丧失工作能力或死亡，造成偿债能力降低或丧失而引发的风险，其实质是一种风险救济补偿方式。

按揭贷款期限长达二三十年，在这段时间内，存在各种可能导致按揭人偿债能力降低的风险。如果按揭人因自然灾害、意外事故等原因丧失工作能力或死亡，不能偿还贷款本息，银行债权将面临一定风险。但是，银行的风险通常可以通过处置抵押物而得以化解。然而，按揭人不仅承受因房屋被拍卖造成的经济损失，而且还承受伤残或失去亲人之后又流离失所的心灵悲痛与伤害，可谓天灾人祸之后又雪上加霜，这显然不利于社会稳定。为了避免这种悲剧发生，荷兰国际集团（ING）在国家发展计划委员会举办的"住房融资与寿险联合运营机制研讨会暨商业住房融资模式介绍会"上，向我国推介了"ING 模式"，即"荷兰模式"。"荷兰模式"要求按揭人在办理按揭贷款的同时，向保险公司购买相应年限和金额的人寿保险（如生存保险、两全保险）作为借款的另一种担保，按揭人只需要支付全部房款的 15%～20% 的"首付款"即可实现购房的愿望。

建立按揭贷款的人寿保险机制，是一件利国利民的大好事，"ING 模式"的结局将是多方"共赢"：

第一，按揭人的经济负担大为减轻，其每月仅需支付贷款的利息。人寿保险期限届满后，保险公司支付的保险金数额与按揭人的借款金额一致，恰好可以清偿贷款本金，按揭人不会因天灾人祸而陷入窘境。

第二，贷款银行的债权得到了保障，即使按揭人因遭遇不幸而丧失或降低还款能力，商业银行的贷款回收也有保障。

第三，开发企业的商品房销售因购房款"首付"的降低和后顾之忧的解除，提升了买房人的购房欲望，进而促进了房地产行业的发展。

第四，保险公司的业务范围得以拓展，有利于其更好地发挥社会的稳压器与减震器功能。

第五，房地产行业的发展有利于拉动国民经济快速增长，改善国民居住条件，提升居民生活品质，建设和谐社会。

在按揭贷款的人寿保险中，保险公司支付的保险金额虽然等于按揭人的借款金额，但是，保险公司与返还银行贷款还是没有法律上的关系，保险公司的责任范围仍然是依据保险合同对保险事故进行理赔。保险事故发生后，贷款银行只能督促按揭人或按揭人的继承人向保险公司索赔，以所得保险赔偿金清偿债务。

理论上，"ING 模式"中的人寿保险金额与投保人的借款金额是配套的，因而，按揭人购买人寿保险的行为通常应当与按揭贷款行为保持一致。另外，在"ING 模式"中，人寿保险的主要功能是分散按揭人的风险，为按揭人的借款提供担保只是其辅助功能。因为，当保险事故发生时，按揭房屋依然存在，银行通过处分按揭房屋，基本可以实现债权。所以，笔者认为，按揭贷款的人寿保险受益人，不应要求必须指定为贷款银行。若按揭人在办理按揭贷款之前，就已经购买了人寿保险且保险金额与借款金额配套的，银行也不应要求按揭人必须重新购买人寿保险。无论是原来已经购买还是重新购买的人寿保险，根据《保险法》第十四条的规定，除《保险法》另有规定或者保险合同另有约定外，"投保人可以解除保险合同"，因此，贷款银行应注意采取有效措施，防范按揭人提前解除保险合同。

3. 按揭人履约保证保险

按揭人履约保证保险是保险公司开办的一项新的业务品种，它是按揭贷款中争议较大的一种保险方式。建立按揭贷款的履约保证保险机制，主要是为了分散按揭人因偿债能力降低而给贷款银行带来的风险。

履约保证保险，指保险公司（保险人或称保证人）向履约保证保险的债权人（被保险人）承诺，如果被保证人（投保人或称债务人）不按合同约定或法律规定履行义务的，由保险公司承担赔偿责任的一种保险形式。

在按揭贷款的保证保险中，保险公司承担赔偿责任以发生保险事故为条件。也就是说：按揭人因死亡、失业等约定原因导致不能偿还银行贷款时，视为保险事故发生，贷款银行经索赔申请，保险公司代为清偿所欠银行借款。保险公司清偿债务后，银行的债权依法转为保险公司享有，其对债权享有追偿权利，可以从按揭房屋的变价款中优先受偿，也可以向按揭人追偿。

履约保证保险是保险公司向贷款银行作出按期返还贷款本息的承诺，它与财产保险、人寿保险不同的地方是当保险事故发生时，银行可以直接向保险公司提出索赔申请，而前两项保险却是不可能的。因为，根据《保险法》第二十四条的规定，当保险事故发生后，索赔权利原则上归被保险人或受益人行使，即在财产保险合同中，索赔权利人为被保险人。所谓被保险人，指"其财产或者人身受保险合同保障，享有保险金请求权的人，投保人可以为被保险人"（《保险法》第二十二条）。在人身保险合同中，索赔权利人为受益人。所谓受益人，指"人身保险合同中由被保险人或者投保人指定的享有保险金请求权的人，投保人、被保险人可以为受益人"（《保险法》第二十二条）。贷款银行在财产保险、人寿保险合同中并非保险关系的被保险人或受益人，当然无权向保险人提出索赔要求（在人身保险合同中，若贷款银行被约定为受益人除外）。

二、按揭贷款中关于保险的争议

（一）有观点认为："强制保险"既违法又违反自由竞争准则

A市周某在购买商品房时，选择了银行按揭付款方式。在办理按揭贷款中，银行要求其对按揭房屋购买财产保险。周某认为，商业银行要求其购买财产保险带有强制性，违反了保险自愿原则，遂将银行与保险公司告上法庭。该案为全国首例房屋按揭保险诉讼案件，经媒体报道后，颇受社会各界关注，在全国引起强烈反响。虽然人民法院在一审、二审的判决中，均没有支持周某的诉讼请求，但此案反映出来的诉求，却值得商业银行反思。

商业银行要求按揭人办理商品房财产保险，其依据源于中国人民银行《个人住房贷款管理办法》（银发［1998］190号）。《个人住房贷款管理办法》第二十五条规定："以房产作为抵押的，借款人需在合同签订前办理房屋保险或委托贷款人代办有关保险手续。抵押期内，保险单由贷款人保管。"

有观点认为，中国人民银行《个人住房贷款管理办法》第二十五条要求"借款人需在合同签订前办理房屋保险"，将房屋财产保险列为订立借款合同的前提条件，违反了合同自愿原则，属于"强制保险"，涉嫌违反《中华人民共和国反不正当竞争法》（以下简称《反不正当竞争法》）。其主要理由为：

1. "强制保险"违反保险法规定

《保险法》第十一条规定:"投保人和保险人订立保险合同,应当遵循公平互利、协商一致、自愿订立的原则,不得损害社会公共利益。除法律、行政法规规定必须保险的以外,保险公司和其他单位不得强制他人订立保险合同。"据此可知,中国人民银行关于"借款人需在合同签订前办理房屋保险"的规定,明显违反了《保险法》保险自愿原则,应属无效的部门规章。

2. "强制保险"违反了自由竞争的商业准则

按揭贷款属于一种商业行为,应当遵循自由竞争的商业准则。《反不正当竞争法》第七条规定:"政府及其所属部门不得滥用行政权力,限定他人购买其指定的经营者的商品,限制其他经营者正当的经营活动。"中国人民银行作为政府职能部门,以部门规章方式强制按揭人购买按揭房屋财产保险,违反了《反不正当竞争法》的规定,应属无效规章。同时,商业银行利用其独断专营的地位,强迫按揭人购买其指定的保险公司产品,既剥夺了按揭人的选择权,又排除了其他保险公司的参与权,妨害了保险市场的有序发展,违反了《反不正当竞争法》第六条规定:"公用企业或其他依法具有独占地位的经营者,不得限定他人购买其指定的经营者的商品,以排挤其他经营者的公平竞争。"

(二)笔者认为:保险业介入住房按揭贷款利大于弊

笔者认为,上述观点对商业银行要求借款人办理保险提出质疑有一定道理,尤其是在尊重按揭人的选择权和保障保险公司的参与权方面,商业银行应当反思并改进。但是,笔者认为,保险业介入住房按揭贷款,有利于集合同类危险聚资建立基金,对特定危险的后果提供经济保障,发挥保险的危险财务转移机制功能,帮助不幸者渡过难关。总之,保险业介入住房按揭贷款利大于弊。

第一,人的一生要面临许多不确定性。例如,生、老、病、残、亡,以及各种自然灾害、意外事故或人为灾害等。这些危险的发生及其导致的财产、精神损失,无论对自然人或法人都是难以承受的,迫切需要得到社会的援助。保险正是诸多社会援助方式中非常重要的一种。它建立在"我为人人,人人为我;一家有损,大家分摊"的社会互助基础之上,需要得到全社会的支持、理解与参与。否则,就不可能实现"将少数人不幸的意外损失分散于社会大众"的目的。

第二,财产保险的最终受益者为投保人。住房按揭贷款中的财产保险、人寿保险,其表现形式容易使人认为银行是最大的获利者,但就实质而言,保险的最终受益者均为按揭人。房屋按揭是借款人履行债务的一种担保形式,但并非是借款人履行债务的唯一担保物,根据《民法通则》的相关规定,借款人应以其所有或家庭所有的全部财产对外承担民事责任。当按揭房屋发生毁损或者被征用时,银行的债权不会因担保物的毁损而丧失,银行仍然可以通过借款人的其他财产得以实现债权。假如按揭人为按揭房屋购买了保险,由于抵押权及于房屋的保险金,因而,《关于适用〈担保法〉若干问题的解释》第八十条第一款规定:"在抵押物灭失、毁损或者被征用的情况下,抵押权人可以就该抵押物的保险金、赔偿金或者补偿金优先受偿。"据此规定,银行可以优先就保险赔偿金实现债权。也许正是这种优先受偿权利使得按揭人认为,财产保险是投保人花钱银行获益。殊不知，如果因没有投保而没有了保险赔偿金，银行还是会依法处置借款人的其他财产而实现债权，最终受损失的还是按揭人。同理，人寿保险也是如此。

第三，银行也是财产保险的受益者。不可否认，贷款银行也是住房按揭贷款财产保险、人寿保险的受益者。这主要体现在：当按揭人遭遇天灾人祸等不幸时，保险的社会化危险分散与控制机制使危险的后果得以分散与转移，按揭人的偿债能力不会因此而受到严重伤害，商业银行的信贷风险在一定程度上得到控制。

第四，中国人民银行有权采取措施确保金融稳定。中国人民银行是我国的中央银行，《中华人民共和国中国人民银行法》（以下简称《中国人民银行法》）第二条第二款规定，"中国人民银行在国务院领导下，制定和执行货币政策，防范和化解金融风险，维护金融稳定"。据此可见，"防范和化解金融风险"是中国人民银行非常重要的职责，中国人民银行有权采取强制措施乃至非常规措施确保国家金融稳定。

第五，商业银行采取措施防范风险系其经营要求。商业银行经营信贷产品属于高风险业务，审慎经营、确保安全始终是银行坚持的理念。稍有不慎，则有可能给银行招来毁灭性灾难。我国某商业银行在其信贷手册里有一段名言："我们收取的利息再高，也难以弥补贷款本金的损失"，以此警示全行要时刻高度重视信贷风险的防范与控制。事实也确实如此，例如，银行的贷款收益，理论上应为贷款利率与存款利率之差扣除经营管理成本，一般年收益率约为2%。发放贷款100万元，年收益为两万元。若该笔贷款发生风险形成了坏账，银行使用净收益来冲销坏账100万元需要时间长达50年。如果把时间价值、通货膨胀等因素考虑在内，需要的时间则更长。这道算题虽然简单，计算也不够精细，但至少能告诉我们这样一个事实：银行信贷业务是高风险业务，银行应当采取有力措施防范风险，社会对银行采取的防范措施也应给予多一些理解与支持。

第六，商业银行要求保险抵押财产并无不当。《商业银行法》第三十六条、《贷款通则》第十条规定："商业银行贷款，借款人应当提供担保"，同时要求：商业银行应当对"实现抵押权、质权的可行性进行严格审查"；《贷款通则》第十九条还规定：借款人"应当如实提供贷款人要求的资料（法律规定不能提供者除外）"。根据上述规定，商业银行要求按揭人为按揭房屋投保并将保险单交由贷款银行保管，完全是依法行事，并无不当之处。因为，首先，按揭房屋若不投保，当抵押物发生毁损等情形时，银行的抵押权也随之灭失，贷款也就没有了担保，银行债权安全无法保障；其次，银行要求提供房屋保险单并没有违反法律禁止性规定，按揭人应当提供；最后，银行要求借款人为按揭房屋投保，这是银行方提出的要约，借贷双方签订合同，表明双方已经达成合意。

虽然，笔者认为保险业介入住房按揭贷款利大于弊，办理保险是住房按揭贷款业务的必然要求。但是，笔者还是建议商业银行慎重对待保险纠纷：一是在中央银行和监管当局尚未明确之前，银行不宜要求按揭人必须办理人寿保险、保证保险，应充分与之协商沟通，争取得到理解和支持；二是在要求按揭人办理财产保险时，银行应允许按揭人自行选择保险公司，不应要求按揭人必须到银行指定的保险公司办理保险。若为了减少保费支出而须与保险公司合作的，银行应尽可能与多家保险公司商谈，让更多的保险公司参与竞争，为按揭人选择保险公司创造更好的条件。

第七节 保险公司履约保证保险

一、消费贷款履约保证保险

随着按揭贷款的余额与笔数的增加，贷款银行的抵押权难以实现的案例也随之增多，银行债权的安全受到了一定程度的威胁。同时，由于消费贷款不同于住房贷款，推行财产保险这种补充担保方式有一定障碍，消费贷款发展因此受到了限制。消费贷款履约保证保险应运而生，并逐步成为各保险公司争夺的新业务。消费贷款履约保证保险逐渐成为消费贷款常见的风险责任分担方式。

如前所述，所谓履约保证保险，指保险公司（保证人）向履约保证保险的债权人承诺，如果被保证人（债务人）不按合同约定或法律规定履行义务的，则由保险公司承担赔偿责任的一种保险形式。在消费贷款履约保证保险中，保险公司承担赔偿责任同样须以保险事故发生为条件，即发生保险合同约定的债务人不能按期偿还债务的情形。

履约保证保险最早出现在英国。1901年，美国马里兰州的诚实存款公司首次在英国提供合同保证担保。随后，英国多家公司相继开展此项业务，并逐渐推向欧洲市场。保证保险从起源至今已达百余年历史，但在我国尚属一项新业务，其合法性还存在瑕疵，需要从立法上加以完善。《保险法》第九十二条规定，保险公司经营财产保险的业务范围包括："财产损失保险、责任保险、信用保险等保险业务"，没有提及保证保险业务。然而，中国保险监督管理委员会《保险公司管理规定》（[2004]保监会令3号）第四十七条规定的财产保险业务却包括信用保险和保证保险。有学者认为，《保险公司管理规定》允许保险公司经营保证保险业务没有法律依据，同时，违反了《保险法》第一百零五条关于保险资金运用的规定。该条款规定："保险公司的资金运用必须稳健，遵循安全性原则，并保证资产的保值增值。保险公司的资金运用，限于银行存款、买卖政府债券、金融债券和国务院规定的其他资金运用形式。"

保证保险存在的法律障碍并不能阻止市场对保证保险的迫切需求。开展保证保险业务其依据最早源于中国人民银行《关于保证保险业务的批复》（银复[1997]48号）。该批复认为，鉴于保证保险是信用保险业务种类之一，同意中国人民保险（集团）公司所属中保财产有限责任公司开办保证保险业务。目前，保险公司开办的保证保险主要有个人住房贷款、个人消费贷款等业务，以消费贷款居多，如大额耐用消费品贷款和汽车消费贷款等。

二、保证保险合同性质的争议

保证保险合同是保险合同还是保证合同？对保证保险合同性质的不同认定，将会导致保险公司承担不同的责任。如果认定保证保险合同为保险合同，则保险公司只有在发生保险合同约定的保险事故，即借款人确实不能返还银行贷款时，才承担补充赔偿责任，也就是我们通常所说的一般保证责任；如果认定保证保险合同为保证合同，是一种连带责任保证，则借款人只要有不返还银行贷款的事实存在，保险公司就应当对欠款承担连带清偿责任。可见,保证保险合同性质的认定,与当事人的利害攸关。

(一) 实务界和理论界对保证保险合同性质的争议

我国实务界和理论界关于保证保险合同性质之争,主要存在两种观点:

1. 有观点认为:保证保险合同为保险合同

持这种观点的人认为:履约保证保险是保险险种之一,属于保险的范畴,与其保险关系并无不同之处,理应运用《保险法》调整其中权利义务关系。其主要理由是:

(1) 从保证保险的经营主体看,履约保证保险属于保险公司的经营范围,而保险公司不能从事保证业务。

(2) 从保证保险的业务性质看,履约保证保险遵从保险业务的相关规定,不受其他相关业务合同效力的影响,为独立的商事合同。例如,汽车消费贷款履约保证保险合同的效力,独立于汽车买卖合同和汽车消费贷款合同的效力,这就好比按揭业务中的财产保险合同效力独立于按揭贷款合同一样。

(3) 从保证保险的业务过程看,履约保证保险有"投保人"、"保险人"和"受益人"三方当事人,保证保险合同约定了保险事故、保险责任和责任免除、保险金额、费率及保险期限、理赔等,这些都是保险合同必备的内容,而并非保证合同所必需。

(4) 从保证保险的业务结果看,保险期限内,投保人因未能按借款合同的约定履行还款义务而给被保险人造成的损失,由保险公司负责偿还投保人尚欠余款及利息。这是保险而不是担保的责任承担方式。

2. 有人却认为:保证保险合同为保证合同

持这种观点的人认为:履约保证保险就其本质而言是一种保证担保责任,应运用担保法调整其中权利义务关系。在保证保险关系中,借款人为被保证人,保险公司为保证人,银行为债权人。主张保证保险合同为保证合同的主要理由是:

(1) 保证保险合同若为保险合同,其应为独立的商事合同,但实际上,保证保险合同具有明显的从属性。因为,从合同产生过程看,买卖合同、借款合同与履约保证保险合同,在时间上存在先后关系,在逻辑上存在因果关系,在从属上存在主从关系。买卖合同、借款合同是主合同,履约保证保险合同是从合同。

(2) 在履约保证保险关系中,投保人、保险人、被保险人三者之间的法律关系,具备担保法中关于债务人、保证人、债权人的法律关系特征。

(3) 履约保证保险在形式上为保险,但其内容所反映的权利义务实质上是一种保证责任。只不过因为是保险公司提供的保证,所以才以保险的形式出现。当被保证人(借款人)不依借款合同的约定履行还款义务,致使银行遭受经济损失时,保险公司承担赔偿责任。这与《担保法》中保证责任的承担和免除在实质上并无两样,是名为保险实为保证。

(二) 保险业监管机关对保证保险合同性质的看法

最高人民法院告申庭曾就工商银行与中保财产保险公司保证保险合同纠纷一案,向中国保险监督管理委员会征求意见。保监会在《关于保证保险合同纠纷案的复函》(保监法〔1999〕16号)中认为:保证保险是财产保险的一种,是指由作为保证人的保险人,为作为被保证人的被保险人向权利人提供担保的一种形式。如果由于被保险人的作为或不作为致使权利人遭受经济损失,保险人向被保险人或受益人承担赔偿责任。据此可知,保监会主张保证保险既是一种财产保险,又是一种债的担保形式。最高人民法院告申庭认同保监会保监法〔1999〕16号文的观点,在《对湖南省高级人民法院关于〈中国工商银行郴州市苏仙区支行与中保财产保险有限公司湖南省郴州市苏仙区支公司保证保险合同纠纷一案的请示报告〉的复函》(〔1999〕经监字第266号)中认为:"保证保险是由保险人为投保人向被保险人(即债权人)提供担保的保险,当投保人不能履行与被保险人签订合同所规定的义务,给被保险人造成经济损失时,由保险人按照其对投保人的承诺向被保险人承担代为补偿的责任。因此,保证保险虽是保险人开办的一个险种,其实质是保险人对债权人的一种担保行为……适用有关担保的法律。"

(三)审判机关对保证保险合同性质的评析

最高人民法院在审理中国银行湖南省分行与湖南湘信进出口公司、中保财产保险有限公司湖南省长沙市朝阳支公司、湖南国信租赁公司、湖南省国际房地产实业开发公司借款保证合同纠纷案(〔1997〕经终字第349号民事判决书),对履约保险的法律关系进行了分析,认为,履约保险实际是保证保险,其法律关系从本质上分析是一种保证法律关系,与单纯的保险法律关系不同:

首先是主体法律关系不同。一般保险的法律关系只有投保人和保险人两方当事人,而保证保险法律关系却存在债权人、债务人、保证人三方当事人。

其次是合同性质不同。履约保证保险合同具有从属性,它是从属于主合同(借款合同)的民事合同,而保险合同是独立的商事合同。

最后是承担责任的方式和对象不同。履约保证保险的赔偿不是针对投保人的损失,而是对投保人的债权人的赔偿。当被保证人(投保人)不履行或不能履行债务时,保证人(保险人)负履行之责。而保险理赔是保险人对投保人的直接的和无任何阻隔的赔偿。

最高人民法院认为:保证保险法律关系,既包含有保证法律关系,又包含有保险法律关系;保证保险合同项下的承诺还款保证书,来源于借款合同的担保条款,从属于借款合同。

最高人民法院的上述观点,在最高人民法院《关于审理保证保险纠纷案件若干问题的解释》(征求意见稿)中得到了肯定。该"意见稿"第三十四条规定:"保证保险合同是为了债务的履行而订立的合同,具有担保合同性质。"第三十六条规定:"人民法院审理保证保险合同纠纷确定当事人的权利义务时,适用《保险法》;《保险法》没有规定的,适用《担保法》。"

笔者赞同最高人民法院关于履约保证保险合同性质之分析认定,即保证保险具有保证、保险双重性质。履约保证保险是具有担保性质的信用保证保险,保险公司对借款人违反合同约定还款义务的债务承担连带担保责任。

(四)保证保险的特征

消费贷款履约保证保险具有以下法律特征:

1. 买卖关系和借贷关系是履约保证保险的基础关系,是履约保证保险建立的基础和前提;

2. 消费贷款履约保证保险是经监管部门批准的保险险种；
3. 消费贷款履约保证保险通常设定了保险最高限额；
4. 消费贷款履约保证保险既具有保险的特征又具有保证担保的特征。

三、消费贷款履约保证保险的主要法律风险

商业银行发放消费贷款采取保险公司履约保证保险的担保方式，虽然在一定程度上降低了银行的风险，但是，应当看到，保证保险毕竟不是担保法规定的担保方式，它与一般意义上的连带责任保证还是有区别的，如果在实务中不注意两者在操作要求与法律责任上的区别，很可能事与愿违，发生保险公司履约保证保险不"保险"的后果。例如，借款人、银行、保险公司三方约定，借款人贷款15万元用于购买汽车，借款期限三年，保险公司以履约保证保险为借款提供担保。合同签订后，银行将贷款发放给了借款人。借款人偿还部分本息后就不再还款，银行多次催收毫无效果，向保险公司索赔也无功而返。无奈之下，银行将借款人与保险公司告上法庭，请求法院判令借款人返还借款，保险公司对借款承担连带清偿责任。

按理说，保险公司为借款人提供了担保，无论如何也是应该承担责任的。但是，人民法院的裁决却令银行大为惊讶。法院认为，当事人未按借款合同的约定办理合同公证，合同约定的生效条件未成就。而且，借款也未按合同约定用于购买汽车。因此，法院认定借款合同未生效，保险公司不承担赔偿责任。这个案例告诉我们：银行切不可因为保险公司为借款提供了履约保证保险，就错误地认为贷款进入了"保险箱"。银行如果在贷款发放过程中存在过错，保险公司可以基于保险合同的约定或以银行存在过错为由，主张免除保险责任。

此外，保险公司在设计保证保险产品时，同样会采取措施降低其自身的风险。它们通常在保证保险合同以及与银行签订的合作协议中，对所承担的赔偿责任作较多的限制。由于保证保险合同是格式合同，合同条款是按保险公司的思路拟定，投保人很难对合同作大幅度修改，存在一些遗憾甚至法律障碍也并非不可以。况且，贷款银行非合同当事人，对保证保险合同也不宜要求过高，而应把精力集中在与保险公司签订的消费贷款合作协议上，并在操作中控制好以下法律风险：

（一）保险赔偿金额风险

保险公司为了控制赔偿责任，一般都在合同中约定赔偿金额，对发生保险事故后的赔偿责任作了严格限制。赔偿范围通常只包括本金、债务履行期限内的利息及债务到期后一定期限（一般为三个月）内的利息，不包括罚息、复利、违约金、赔偿金及其他银行为实现债权所支付的费用。

（二）保险索赔期限风险

履约保证保险的索赔期限，保险合同限定为保险事故发生后半年内，而连带责任保证的保证期间为二年，保险索赔期限明显短于保证期间，这对商业银行及时行使权利提出了更高要求。在实务中，为确保保险索赔得以顺利进行，银行应当注意：

一是收集并妥善保管索赔所需资料。银行在办理贷款时，应要求借款人及经销企业提交将来向保险公司索赔时所需的有关资料。

二是对借款人的还款情况进行严密监控,发现借款人有不还款行为的,应及时将情况通知保险公司并作好记录。

三是若发生保证保险合同约定的保险事故,应在规定期限内向保险公司主张权利。否则,保险公司因索赔期限届满而免责。

(三) 保险免责条款风险

对保险公司而言,免责条款是降低或化解风险最为重要的一项措施。保险公司的格式合同,对其免除保证保险责任的约定非常广泛。在实务中,保险公司的免责条款通常有两种类型:

1. 法律规定的免责条款

根据《民法通则》、《保险法》的相关规定,因下列事由导致被保险人损失的,保险公司不承担赔偿责任:

(1) 战争、恐怖事件、地震等不可抗力因素;

(2) 借款合同当事人采取欺诈、串通等恶意手段订立合同;

(3) 借款合同当事人变更合同未征得保险公司书面同意。

2. 保险公司提出并经合同当事人认可的免责条款

例如,保险公司在与银行签订的合作协议中约定:银行若未能按有关规定对借款人进行资信调查,或未按有关规定程序审批贷款的,保险公司免责。又如,保险公司在与投保人(借款人)签订的保险合同中约定:消费贷款合同被依法认定无效、投保人未向保险公司连续投保车辆损失险的,保险公司免责。

可见,保险公司的免责条款,不仅包括战争、自然灾害等天灾人祸不可预测的事件,而且还包括银行与投保人恶意串通等情况,甚至因合同纠纷引起的偿还贷款争议,也列入了保险公司的免责范围。因此,银行应尽量通过自身的努力,减少或避免发生人为的免责事件。比如,核实借款人身份并要求借款人当场签订借款合同、抵押合同等合同文本,不允许委托经销企业代办合同签订手续等。

第八节 汽车消费贷款

一、汽车消费贷款的模式

(一) 汽车消费贷款

汽车消费贷款指商业银行对在其特约经销企业处购买汽车的借款人发放的人民币担保贷款。借款担保包括抵押、质押、第三方保证等担保方式。

汽车消费贷款的借款期限,通常为一年至三年,最长不得超过五年(含五年)。若所购车辆用于出租营运、汽车租赁、客货运等商务用途,借款期限最长不得超过三年(含三年)。不同品牌的汽车,允许的最长贷款期限也有所不同。

(二) 汽车消费贷款运作模式

当前,汽车消费贷款的运作模式,依照客户与银行的接触情形,分为"间客模式"和"直客模式"。

所谓"间客模式",指借款人(购车人)在商业银行确认的经销企业处选定车型后,通过经销企业办理借款手续。汽车经销企业或者第三方(如保险公司、担保公司)负责对贷款购车人的资信情况进行调查,协助购车人申请借款并为借款提供连带责任担保,提供代办车辆保险等服务。汽车经销企业或者第三方提供的服务与担保是有偿的,通常需要收取一定比例的管理费或担保费。借款人在贷款过程中,不直接与银行接触,故称之为"间客模式"汽车消费贷款。

所谓"直客模式",指借款人亲自到银行办理借款手续,银行负责对贷款购车人的资信情况进行调查审核,经综合评定后授予该客户一定的贷款额度。客户到银行确认的经销企业处选定车型后,与银行办理借款手续并将首付款交付贷款银行,由银行代客户结清货款、代理提车、协助办理抵押登记等手续。汽车经销企业或者第三方为借款提供连带责任担保。

随着汽车市场的变化发展,"间客模式"和"直客模式"两种汽车消费贷款运作模式,也在不断地发展变化,相互影响和渗透,逐步趋于成熟。

(三)汽车消费贷款模式比较

从有利于银行控制信贷风险的角度而言,"直客模式"优于"间客模式"显而易见:

首先,在"间客模式"中,银行对借款人(购车人)的资信了解,完全依赖于汽车经销企业或者第三方收集并提供的资料。这种以间接方法获取的资讯,其真实性与完整性往往存在瑕疵,银行据此很难作出符合实际的准确判断。

其次,资信调查与判断是一项专业性非常强的工作,在这方面,商业银行的能力远胜于汽车经销企业或者第三方,"间客模式"并非用人之长。

最后,商品销量是经销企业追逐利润的重要途径,经销企业为提高销量不择手段的案例在现实生活中屡有发生。"间客模式"汽车消费贷款为不法经销企业实施"假按揭"提供了方便与可能。

"间客模式"虽在风险控制方面存在不足,但却具有手续简便、成本较低等优点。"间客模式"趋利避害的关键在于选择经销企业。尽职诚信的经销企业,可以协助银行有效地控制信贷风险。

一般而言,"直客模式"中的商业银行事必躬亲,要求配备较为充足的业务人员,这种模式比较适宜在商业银行消费信贷中心推行。在"间客模式"下,经销企业承担了借款人的资料收集、资信审查等工作,减少了商业银行的工作量,这种模式比较适合在人员相对紧张的基层营业网点推行。

二、汽车消费贷款应注意的问题

就担保方式而言,汽车消费贷款与一般的贷款并无本质区别,抵押、质押、保证三种担保方式既可以单独运用,也可以混合使用。不同之处是,汽车消费贷款保证担保运作模式有别于一般保证担保,具有自身的特点。因而,商业银行在接受汽车消费贷款履约保证保险时,还应注意以下三个问题:

（一）商业银行应谨慎选择汽车经销企业

1. 谨慎选择汽车经销企业的必要性

汽车经销企业在贷款发放过程中，负有推荐客户并协助银行收集客户有关资料之责。有的经销企业为了招揽客户、扩大销售业绩，故意降低或放宽资信审查要求。对于不符合贷款条件的借款人，个别汽车经销企业甚至帮助其编造虚假的收入证明；有的经销企业与客户恶意串通，故意抬高车价，套取银行贷款；有的经销企业以无真实交易背景的购车合同骗取银行贷款。比如，伪造购车发票和车辆登记证等资料，以同一辆车多次办理借款，等等。汽车经销企业这些不诚信行为和涉嫌违法犯罪行为，都可能成为保险公司主张免除保证保险责任的事实与理由，最终导致银行债权风险。因此，银行在选择合作伙伴时，应对汽车经销企业的经营情况、资信能力等作细致的调查，选择资金实力强、市场信誉度高的经销企业合作。

2. 锁定汽车经销企业的尽职调查责任

商业银行选定汽车经销企业后，应与经销企业签订"汽车消费贷款合作协议书"，约定经销企业应当保证其提交给银行的有关资料真实无误。否则，因此导致银行贷款损失的，经销企业负责赔偿。经销企业的赔偿责任，不因合作协议期限届满而免除。同时，要建立经销企业准入、退出制度，对新进入市场的经销企业，在经过充分评估后方可与之合作。对合作的经销企业也应加强沟通联系，发现风险隐患及时排除，必要时中止或终止合作，将经销企业清退出市场。

3. 监督汽车经销企业尽职调查

为了防范汽车经销企业利用"假按揭"套（骗）取银行资金，银行要重点审查以下内容，发现疑点及时排查：

（1）借款人的经济状况是否足以购车和养车；

（2）借款人与经销企业相关人员的关系是否非同一般，如同乡、同学、故友等；

（3）车辆价格与市场价相比是否畸高；

（4）经销企业是否在一段时间内销售量激增、销售车辆品种是否单一，等等。

（二）商业银行应深入调查借款人的资信和还款能力

1. 调查借款人资信和还款能力的主要障碍

汽车消费贷款风险控制措施非常重要的一条，是全面掌握并准确评价借款人的资信和还款能力，商业银行在这方面还需改进和加强。

（1）客观条件对银行全面了解借款人缺乏支持。商业银行对借款人资信和还款能力的判断，其依据主要来自两方面：一是借款人工作的稳定性及其所在单位提供收入证明的真实性；二是人民银行个人信用信息基础数据库所提供的个人资信状况。目前，这两个渠道的信息在及时性、完整性乃至真实性方面，还有不少地方亟待改进，这在一定程度上影响了银行对借款人资信和还款能力的判断。例如，由于全社会个人信用体系尚未建立，银行很难掌握个体经营户和私营企业主的实际收入。又如，借款人所在单位出具的个人收入证明，明显地带有随意性，但银行缺乏有效的调查核实手段，等等。

（2）商业银行主观上对借款人的资信调查缺乏重视。表现在：银行对本应亲自负责的贷款调查，简化为对保险公司提供的调查材料进行形式审查。银行由调查者变成审

查人,其所造成的后果极其严重:

第一,贷款调查是《商业银行法》第七条、《贷款通则》第十条赋予商业银行的一项义务,商业银行应当履行这一义务。贷款银行不履行或者不完全履行法定义务,将承担相应的刑事和民事责任。

第二,贷款调查是贷款流程中最为基础的一环,其材料的真实性、完整性、合法性将直接关系贷款的安全性。

第三,商业银行不作为导致的损失,保险公司依合同约定免除赔偿责任。

第四,保险公司收集的材料不真实,并不能成为其承担赔偿责任的理由。因为,根据《保险法》第十七条的规定,投保人(借款人)负如实告知的义务,而保险公司并没有审核并确保投保人资料真实性的义务。如果事后证实投保人没有如实履行告知义务,比如,提供的资料不真实,保险公司不仅无须承担赔偿责任,相反,保险公司还可以依据《保险法》第十七条第二款的规定,有权解除保险合同。

2. 调查借款人资信和还款能力的主要内容

商业银行应当从材料的真实性、信用状况两方面入手,调查借款人的资信状况并评估其还款能力。

(1)调查核实借款人申请材料的真实性。银行对借款人提交的身份证件、收入状况证明、婚姻状况证明、房屋所有权证、房屋他项权证、抵押房屋状况等材料,应审核其真实性、合法性和有效性。同时,银行还应通过审查购车合同、购车发票、车辆登记证等资料,核实购车交易行为的真实性。

(2)调查评估借款人的信用状况。商业银行要善于利用公共信息资源提高调查评估的效率与质量,如中国人民银行的个人信用信息数据库和公安机关的个人信息系统等。收入状况调查应坚持客观性原则,依据事实确认借款人的收入。评价信用要重点考察借款人信用记录,包括有无贷款违约、拖欠记录等。调查评估要注意运用关联事实求证相关事项的真实性。例如,收入状况可通过查询公积金交缴情况验证,还款能力可通过分析行业前景、单位景气程度、借款人及其家庭成员的工作职业、收入水平等确认。

(三)商业银行应全面履行合同义务

在汽车消费贷款中,借款合同因购车合同而发生,没有购车合同,必然不会有借款合同。同样地,没有借款合同,购车合同就成为不能履行的合同。借款合同与购车合同两者密不可分,相互依存,其中任何一个合同的违约行为,均可能导致另一个合同的履行成为不可能或者不必要。因此,银行签订合同之后,应依约定履行合同义务。

1. 依约定履行借款的支付义务

银行应按借款合同及合作协议的约定,接受借款人的委托,将借款划转入借款人指定的汽车经销企业账户。银行不宜将借款直接支付给借款人,以避免借款人挪作他用。

2. 督促尽快办妥车辆抵押与保险

借款划转入借款人指定的汽车经销企业账户后,银行应督促经销企业按合同约定将车辆交付购车人或银行,共同到车辆管理部门办理车辆入户与抵押手续,并及时到保险公司为车辆投保。

购车人既可以将汽车抵押给银行,也可以抵押给保险公司。抵押权设定不同,其法律后果也截然不同：

假如汽车抵押给银行，汽车作为购车人偿还贷款本息的担保。此时，汽车消费贷款同时存在债务人的物权担保和保险公司的保证保险担保，也就是通常所说物保与人保并存的情况。根据《担保法》第二十八条第一款的规定，当银行债权未受清偿时，应当首先以债务人抵押的汽车变价实现债权，不足部分由保险公司承担补充赔偿责任。保险公司在与投保人签订的机动车辆消费贷款保证保险合同，一般也有类似内容的约定。在实务中，若借款人不依约定返还欠款，银行实现债权将十分困难。一方面，银行向保险公司主张权利被应首先行使抵押权而遭拒绝；另一方面，银行客观上又因汽车的流动性难以对抵押车辆实行抵押权。银行陷入了一种极其尴尬的局面，债权实际上已经被悬空。

假如汽车抵押给保险公司，此时，汽车消费贷款只有保险公司的保证保险担保，投保人抵押给保险公司的汽车具有反担保的特性。当银行债权未受清偿时，银行可以直接向保险公司主张权利，要求其赔偿经济损失。这种抵押权设定方式，简化了银行实现债权的程序性要求。但是，保险公司在机动车辆消费贷款保证保险合同中，通常设置了许多保险人免责条款，银行向保险公司主张权利实际上受到了很大限制。银行若得不到保险公司的理赔，债权又因不拥有汽车抵押权而失去财产担保，银行所承担的风险也是相当大的。

综上分析，银行在策划汽车抵押权设定方式时，应结合实际情况，充分评估不同方式的风险，两者相比取其优。

银行督促借款人办理车辆保险须注意以下三点：

第一，车辆续保约定。保险公司与投保人签订的保证保险合同，一般约定投保人在保证保险合同有效期内，必须连续投保规定的险种，否则，保险公司免责。当初，借款人投保保证保险并非完全出于自愿，而是为了借款不得不为之，与借款期限届满后的利益没有直接关联，因而，投保人取得借款后一般都不关心借款的担保问题，自然也就不愿意花钱继续投保了。在实务工作中，银行为了避免续保风险，通常要求投保人一次性缴讫借款期限内的保费。这种做法也许增加了借款人的负担，但银行也是无可奈何的选择。

第二，保险金额。保险公司为借款提供的保证保险属于财产保险范畴，根据《保险法》第四十条第二款规定，"保险金额不得超过保险价值；超过保险价值的，超过的部分无效。"第四十一条第二款又规定，"重复保险的保险金额总和超过保险价值的，各保险人的赔偿金额的总和不得超过保险价值。"据此可知，我国法律不禁止重复保险，投保人可以就同一财产标的物重复保险，但重复保险的保险金额总和超过保险价值的，保险人仅在保险价值范围内承担赔偿责任。也就是说，财产保险不同于人身保险，保险人的赔偿责任与投保人购买保险的份数无关，借款人办理多份保险并不会使银行债权更安全。因此，银行只需要求借款人购买一份保险金额为贷款本息总额的保证保险即可。

第三，共同亲临现场办理。商业银行在办理机动车辆抵押登记、保险等手续时，须要求银行信贷人员亲临现场办理，并注意验证各种印章的真伪，不允许借款人独自或委托他人代为办理。

3. 严密监控经销企业销售专用账户

在车辆未办妥抵押登记手续之前,严禁汽车经销企业将指定账户内的款项转出;发现销售专用账户有异常大额资金转出等情况时,应采取非常措施,防止汽车经销企业利用"假按揭"套取银行资金后携款潜逃。

4. 附条件的合同应成就条件

如果借款合同、抵押合同、买卖合同、保险合同为附条件生效的合同,比如,需要经过公证机构公证方可生效等,必须使合同有关条件成就,以避免因合同未生效而导致借款利息损失和保险公司免责。

三、汽车消费贷款的法律风险控制

(一)权属不明而导致抵押无效的风险控制

在汽车消费贷款中,所购车辆有相当部分用于商业营运。根据相关规定及行业惯例,商业营运车辆一般须挂靠在运输公司名下,造成车辆的所有权名义上为运输公司所有,而实际上却属个人所有。从法律上说,机动车辆的权属采取登记主义,即车辆的所有人为车辆管理机关登记注册的权利人,而并非车辆的实际占有人。为了控制车辆因权属瑕疵可能带来的抵押风险,银行不管是与借款人还是与挂靠公司签订抵押协议,都应当取得另一方同意办理车辆抵押的书面意见,避免抵押权无效的情形发生。

(二)价格纷争影响抵押权实行的风险控制

实行抵押权通常有折价、变卖、拍卖三种方式,其中,变卖、拍卖抵押物多为强制执行,抵押人以自愿委托方式出卖抵押物以偿还借款并不多见。而对抵押物采取强制执行措施,其权力专属于人民法院,其他任何组织和个人以强制措施处置抵押物都是非法的。银行如果以非诉手段实行抵押权,在抵押物出卖价格上很难与抵押人取得一致意见。为了尽快实行抵押权,银行可以在借款合同和抵押合同中约定抵押权的实行方式。例如,当事人可以在合同中约定以下内容:"借款期限届满,借款人未能依合同约定返还贷款本息的,银行有权依法拍卖抵押物以实行抵押权,抵押人应予以充分配合。抵押人对依法拍卖成交的价格予以认可。"

(三)汽车抵押物贬值影响债权实现的风险控制

新车销售价格不断下跌,势必造成汽车抵押物贬值,从而导致汽车消费贷款风险增大。银行对此应当未雨绸缪,充分做好风险防范与控制工作。例如,银行可以在借款合同或抵押合同中约定以下内容:"机动车辆抵押期间,如果抵押车辆价值明显减少,不足以清偿借款合同项下所欠借款本息及相关费用时,银行有权要求借款人提供与抵押车辆减少价值相当的其他担保,借款人应当补充其他财产担保。否则,银行有权提前解除合同,要求借款人提前返还全部欠款。若借款人不能提前返还全部欠款的,银行有权依法处分抵押车辆。"

此外,新车销售价格下跌,也容易诱发购车人心理失衡,从而导致借款人因车辆贬值而拖欠贷款。银行信贷人员对不按时偿还贷款本息的借款人,要加强催收联系,分析拖欠成因。当催收效果不佳或毫无效果时,银行应当机立断运用法律手段依法收贷,防止损失进一步扩大。

（四）经销企业挪用借款人资金的风险控制

有的银行与汽车经销企业在合同中约定，借款人拖欠贷款的，由汽车经销企业负责催收。这种操作模式好处在于，可以充分利用经销企业的人力、物力和人脉资源，减轻银行催收的工作压力。与此同时，也为经销企业挪用借款人还贷资金提供了可乘之机。为了防范与控制风险，银行应在与经销企业签订的合作协议中明确以下两项内容：

1. 明确汽车经销企业代理银行收款的时点

通常，借款人偿还银行贷款本息是通过委托扣款的方式进行，即委托银行从其指定账户中扣收贷款本息。当银行不能从借款人指定的账户扣收贷款本息时，银行可以委托经销企业向借款人催收并承担还款责任。也就是说，汽车经销企业代理银行收款的时点，应当自银行正式委托之日起。之前，经销企业无权向借款人催收贷款本息。与之相配套，银行还应在借款合同中约定，借款人应当依合同约定直接向银行返还欠款，除非经银行授权或认可，借款人不得向经销企业或其他单位或个人还款。否则，视为借款人未履行还款义务。

2. 明确经销企业向银行交还款项的时点

为了防范经销企业占用借款人还贷资金，银行应在与经销企业签订的合作协议中，约定经销企业催收到贷款后交还给银行的具体时间要求以及违约责任。如果经销企业违约不按时将款项归还银行的，经销企业应承担较高比例的违约金责任，以此督促经销企业及时向银行交还款项。

（五）保证保险索赔的风险控制

借款人以向保险公司购买保证保险的方式担保的，当借款人不能按约定返还欠款时，依保证保险合同的约定为保险事故发生，银行可以被保险人（被保证人）的身份向保险公司申请索赔。由于保险公司在保险合同中为自身设置了许多免责条款，银行申请索赔一般都会遇到不少问题，甚至遭到拒绝赔付。因此，银行必须认真细致地做好索赔的各项准备工作，包括作好保险公司拒绝赔付的预案。

在"假车贷"中，保险公司拒绝赔付的依据是《保险法》第十七条第二款的规定，即"投保人故意不履行如实告知义务的，保险人对于保险合同解除前发生的保险事故不承担赔偿或给付保险金的责任"。保险公司通常主张的理由有：其一，投保人没有履行告知义务，在签订保险合同时使用了虚假信息；其二，银行在汽车消费贷款中没有履行尽职调查和谨慎审查的义务，这是导致"假车贷"发生的根本原因，商业银行应当对因自身过错行为造成的损失承担责任。

客观地说，保险公司拒绝赔付的理由有一定道理，值得商业银行反思。同时，这也是银行控制保证保险风险必须关注的问题。为此，商业银行应当坚持"面谈"、"面签"制度，严格审查核实借款人相关材料的真实性，避免发生"假车贷"，这是控制保证保险风险根本所在。

第九节 "假按揭"风险的防范与化解

一、"假按揭"的含义与分类

（一）"假按揭"的含义

"假按揭"又称按揭欺诈或恶意按揭，是指开发企业或经销企业以虚假借款人的名义签订商品买卖合同进行虚假交易，或恶意串通无真实交易意愿的买受人订立商品买卖合同虚构交易事实，或与买受人恶意串通以明显高于同类商品的价格订立商品买卖合同，然后以支付商品买卖合同的货款为由向银行申请借款，办理银行按揭贷款，套取银行信贷资金的行为。"假按揭"通常发生在商品房预售或耐用消费品买卖中，它是开发企业或经销企业与买受人恶意串通，套取银行贷款挪作他用的非法融资行为。这种融资行为具有金融欺诈性质，一般而言，该行为属于民事欺诈范围。如果开发企业和买受人的上述非法融资行为以非法占有银行贷款为目的，则构成刑事诈骗。

（二）"假按揭"的分类

"假按揭"根据实施目的的不同，可以分为诈骗型"假按揭"和融资型"假按揭"。

1. 诈骗型"假按揭"

诈骗型"假按揭"指开发企业或经销企业以虚假借款人的名义签订商品买卖合同和按揭贷款合同，骗取银行贷款并将资金挪作他用或携款潜逃的行为。诈骗型"假按揭"行为人，主观上具有非法占有贷款的故意，客观上具有转移、侵占贷款的事实。在诈骗型"假按揭"中，借款人绝大多数是虚构的，买卖合同、个人资料也不真实，按揭贷款合同等法律文件上的签名均为伪造。这类"假按揭"行为人，为了逃避刑事打击，往往制造民事纠纷假象以掩盖其诈骗目的，他们通常会在骗取贷款之后，以借款人的名义偿还部分借款，然后以各种名目拒不履行还款义务。对这类诈骗型"假按揭"，银行一定要擦亮眼睛，及时识破他们的伎俩，毫不犹豫地采取有力措施查封与保全资产。同时，可根据《中华人民共和国刑法》（以下简称《刑法》）的相关规定，报请司法机关追究相关责任人的刑事责任。

2. 融资型"假按揭"

融资型"假按揭"指开发企业或商品经销企业与买受人恶意串通，虚构交易事实或以明显高于同类商品的价格订立商品买卖合同，套取银行资金以解决经营资金短缺困难，并代借款人统一归还贷款的非法融资行为。融资型"假按揭"行为人，主观上无占有贷款的故意，客观上也没有转移侵占资金的事实，其实施"假按揭"的目的，只是为了解决经营过程中的资金不足或资金周转困难。在融资型"假按揭"中，借款人真实、其签名也真实，而且，买卖合同、个人资料、按揭贷款合同等法律文件，在内容和形式上均符合法律要求。这种类型"假按揭"多为开发企业或经销企业串通内部员工及其亲属所为，当开发企业或经销企业不能以借款人名义偿还贷款时，借款人通常拒绝返还欠款，并以没有真实买卖为由主张合同无效。银行发现"假按揭"之后，应区别不同情况采取不同措施化解风险，提前收回全部贷款。

3. "销售返租"模式

在商品房销售尤其是商铺销售中，有的开发企业采用"销售返租"营销模式，即开发企业在与购房人签订商品房（商铺）买卖合同的同时，又与购房人签订房屋租赁合同。约定商品房（商铺）竣工交付使用后，开发企业向购房人承租该房屋，由其指定物业公司统一经营并向购房人支付租金。在租赁期内，开发企业取得房屋的使用权，购房人以出租房屋获取的租金偿还按揭贷款。"销售返租"营销模式实质是非法融资，带有"假按揭"的某些特征。例如，某房产售价180万元，高出周边同类房价80万元，实际价值仅为100万元。购房人首付房款五成共90万元，然后，向银行办理五成按揭贷款共90万元并交付给开发企业。在"销售返租"营销模式中，购房人实际上已经支付了全部房款，开发企业以提高房价的方式通过购房人在银行获得贷款，然后分期返还给购房人，购房人在扣除贷款本息后也获得了高息收益。应当指出，开发企业返租房屋的期限与按揭贷款期限相比要短得多，在房屋不能出租时，业主便失去了租金收入。因而，就整个贷款期限而言，业主的收益不一定是高收益，也不定是一个正值。

另外，在"销售返租"营销模式下，借款人偿还贷款的资金大多依赖于开发企业支付的租金。若开发企业出现资金周转困难或携款潜逃或房地产价格下跌，则存在借款人不能返还银行贷款的风险，银行对此应予以充分重视并采取必要措施加以防范。

二、"假按揭"商品买卖合同效力评析

（一）恶意串通的合同

《合同法》第五十二条第（二）项规定，"恶意串通，损害国家、集体或者第三人利益的合同无效。"所谓恶意串通的合同，指合同的双方当事人非法勾结，为牟取私利而共同订立损害国家、集体或者第三人利益的合同。恶意串通而订立的合同具有以下三个特征：

第一，双方当事人出于故意。这种故意的本质是通过损害他人的利益来获取自己的非法利益，主观上具有违法性。故意并不以行为人已经或必然取得非法利益为必要，只要具有恶意串通、危及他人利益的故意就可认定。

第二，双方当事人相互串通。这种串通表现为具有共同目的并实施了损害他人利益的非法行为。

第三，双方当事人恶意串通是为了获得非法利益。

（二）"假按揭"商品买卖合同系恶意串通的合同

在"假按揭"中，无论其为诈骗型"假按揭"还是融资型"假按揭"，商品买卖合同当事人或是没有商品买卖的真实意思表示，或是故意抬高商品的价格，他们主观上都具有通过损害他人利益来获取自己非法利益的故意，客观上实施了恶意串通套（骗）取银行贷款的行为，依据《民法通则》第五十八条第（四）项规定，"恶意串通，损害国家、集体或者第三人利益的"，该民事行为无效。无效的民事行为不产生预期的法律后果。也就是说，买卖合同当事人订立合同的行为，属于无效民事行为，其所签订的合同应属无效合同。

三、"假按揭"借款合同效力评析

（一）借款合同在银行行使变更或撤销权前应属有效合同

"假按揭"借款合同的效力如何，其评判依据仍然还是合同的有效要件。如前所述，合同当事人订立合同的行为是一种民事行为。当事人的民事行为欲产生预期的法律后果，必须符合民事法律行为的有效要件。即行为人具有相应的民事行为能力、行为人的意思表示真实、行为的内容合法，即不违反法律和行政法规的强制规定。这就是说，有效的按揭贷款合同，应当同时具备上述三项要件，违反上述规定之一的，合同无效。

在"假按揭"中，一方以欺诈、胁迫的手段或者乘人之危，使对方在违背真实意思的情况下所为的行为，显然不是行为人的真实意思表示。但是，这种意思表示不真实，并非必然导致借款合同无效。根据《合同法》第五十四条第二款规定"一方以欺诈、胁迫的手段或者乘人之危，使对方在违背真实意思的情况下订立的合同，受损害方有权请求人民法院或者仲裁机构变更或者撤销。"这就是说，在不损害国家利益的前提下，受欺诈、胁迫的一方当事人可以自主地决定该合同是否有效或者撤销。笔者认为，若借款人真实存在，借款合同相关资料上的签名也确系借款人所为，合同的形式要件完备，内容不违反法律和行政法规的强制规定，没有损害国家利益的，根据《合同法》第五十四条第二款的规定，该按揭贷款合同并非为无效合同，而是可撤销合同，在银行行使变更或撤销请求权之前应属有效合同。

（二）银行明知"假按揭"仍为之的借款合同原则上无效

必须指出，"假按揭"的借款合同有效以银行对"假按揭"毫不知情为前提。假如银行系非善意当事人，借款合同原则上无效。在实务工作中，"假按揭"发生或多或少地与银行有关联，表现为：一是银行明知开发企业或经销企业、按揭人的"假按揭"意图，但没有表示反对；二是银行不仅明知开发企业或经销企业、按揭人的"假按揭"意图，而且还参与了"假按揭"的操作过程。银行是否"明知"不以负责人或法定代表人所获知的信息为必须，信贷人员知晓的信息应视为银行获知。因为，《民法通则》第四十三条规定："企业法人对它的法定代表人和其他工作人员的经营活动，承担民事责任。"银行信贷人员在信贷活动中，对开发企业或经销企业和按揭人的资信审查行为，属于信贷人员的职责职权，毫无疑问地属于银行的经营行为，信贷人员的意思表示自然可以视为银行的意思表示。

银行明知开发企业或经销企业、按揭人实施"假按揭"，仍与之订立按揭贷款合同的，在这种情况下，银行的行为显然不是受欺诈、胁迫而实施，不应属于《合同法》第五十四条规定的可变更、可撤销合同，故银行不得行使变更或撤销请求权。此时，合同效力如何？《民法通则》和《合同法》均无明确规定，在实务中争议较大，人民法院的主流观点认为应当认定为无效合同，其理由有三：其一，合同当事人恶意串通，损害了国家、集体或者第三人的利益；其二，合同当事人以合法形式掩盖非法目的；其三，"假按揭"违反了行政规章的规定。但是，也有学者认为应为有效合同。他们认为："串通"其实也是当事人的协商过程，若银行明知开发企业或经销企业、按揭人实施"假按揭"的事实，但愿意承担此后果的，依据合同自由原则，应视为当事人意思表示真实，只要其内容不违反法律和行政法规的强制规定，应认定为有效合同。

（三）虚假借款人订立的借款合同无效

开发企业或经销企业为了骗取银行资金，他们虚构借款人，伪造个人身份资料、买卖合同、贷款法律文件及借款人签名等，与银行签订按揭贷款合同，非法占有信贷资金。这种行为属违法行为，有触犯《刑法》的嫌疑，属于诈骗型"假按揭"。因此，无论银行对"假按揭"是否知情，按揭贷款合同应为无效合同。

（四）买卖合同无效并非必然导致借款合同无效

开发企业或经销企业与买受人恶意串通，他们订立的合同因损害国家、集体或者第三人利益被认定为无效合同后，按揭人与银行订立的按揭贷款合同是否还有效？

有观点认为：商品买卖合同与按揭贷款合同，两者的关系为主从关系，商品买卖合同为主合同，按揭贷款合同为从合同。商品买卖合同也即主合同无效后，根据《担保法》第五条"主合同无效，担保合同无效"的规定，按揭贷款合同应为无效合同。

有学者不同意上述观点，认为：不可否认，商品买卖合同与按揭贷款合同关系密切，后者因前者而发生，没有前者则必然不会有后者。但是，两者绝非主从关系。后者是前者的补充，没有后者，前者将成为履行不能的合同。两者密不可分，是一种相互作用、相互依存的关系，简单地套用《担保法》第五条规定认定按揭贷款合同无效缺乏令人信服的理由。

笔者赞同后一种观点，认为：商品买卖合同虽然是引发按揭贷款合同的原因，但是，按揭贷款合同的成立和生效，并不以商品买卖合同的成立和生效为条件。两份合同当事人权利义务关系的确立，也不以另一合同为前提，两者相互独立，它们之间不是主从关系。商品买卖合同无效与解除，并不必然导致按揭贷款合同无效与解除。

（五）买卖合同无效对按揭条款的影响

按揭贷款合同包含有两种法律关系，一种是借贷法律关系，它依按揭贷款合同中的借款条款而产生；另一种是按揭担保法律关系，它依按揭贷款合同中的按揭条款而设立。所说按揭贷款合同有效，应包含借款条款和按揭条款均有效。关于按揭条款的效力，有观点认为，当商品买卖合同无效或解除后，按揭人对所购的商品并不享有所有权和处分权，依据《担保法》第三十三条、第六十三条的规定，抵（质）押人以自己不享有处分权的财产设定抵（质）押权的，抵（质）押合同无效。笔者对此观点不敢苟同，认为按揭条款应该有效。理由是：

第一，买卖合同无效或解除后，商品依法返还开发企业或经销企业。而开发企业或经销企业对按揭人与银行订立按揭贷款合同明知，有的甚至是在其参与协助下完成。就主观意愿而言，他们希望并追求这种法律关系的发生。因为，在开发企业或经销企业、按揭人、银行三方当事人当中，开发企业或经销企业是最大的赢家，他们不仅募集到低成本的开发资金，而且还营销了商品或者尚在施工中的楼花，赢得了丰厚的利润。正是这种利益驱动，开发企业或经销企业明知按揭人无权处分的事实也不提出异议。依据《合同法》第五十一条"无处分权的人处分他人财产，经权利人追认……的，该合同有效"的规定，应认定按揭贷款合同中的按揭条款有效。

第二，买卖合同无效或解除后，按揭人基于所有权而设立的抵押权归于消灭，损害了善意第三人（贷款银行）的利益。因为，银行作为贷款人，其无法准确判断买卖合同的效力，更不能预测到买卖合同的当事人将来会解除合同。若因买卖合同无效或解除而导致抵押无效，银行因此要承担抵押无效的后果，这对银行是不公平的，银行作为善意第三人的合法权益得不到应有的保护，恶意策划并实施"假按揭"的开发企业或经销企业却可以从中渔利，这与法律所追求的公平、正义的宗旨相悖。显而易见，所有权丧失必然导致抵押权归于消灭这个结论过于绝对化，不利于保护第三人善意取得的物权。

第三，在"楼花按揭"中，购房人已经将首期款交付开发企业，银行也将购房余款贷给购房人并代其交付开发企业，开发企业、购房人、银行三方当事人依法办理了房屋的预售登记和按揭登记。虽然，楼花买卖是一种附期限的交易行为，在期限到来之前，购房人用于按揭的是房屋的期待权。但是，这种期待权利因登记而物权化了，法律对此应加以保护，以维护交易秩序和交易安全。若按揭条款被认定无效，其后果不仅使银行依法设立的物权变得虚无缥缈，债权在一系列的返还财产中归于悬空，而且，还将直接地伤害房地产金融市场，间接地影响社会诚信建设。

四、"假按揭"各方当事人责任评析

（一）按揭人和开发企业或经销企业的责任评析

"假按揭"发生后，按揭人和开发企业或经销企业的责任认定，主要依据当事人的主观意思和客观事实。

若按揭人明知"假按揭"并予以配合协助，且其提供的相关资料包括按揭人的签名真实，根据《合同法》第五十四条第二款的规定，按揭人与开发企业或经销企业相互串通，并不足以构成按揭贷款合同无效，在银行行使可撤销或可变更请求权之前，按揭人应按合同的约定清偿所欠借款；开发企业或经销企业应按商品销售贷款合作协议和按揭贷款合同的约定，对按揭人的借款承担清偿责任。

若按揭人并非真实存在，而是开发企业或经销企业虚构，并伪造按揭贷款合同等相关资料包括按揭人签名的，该合同无效，开发企业或经销企业对借款承担还款责任。

若开发企业或经销企业虚构事实，以骗取和非法占有资金为目的，这是违法行为，有触犯《刑法》的嫌疑，属于诈骗型"假按揭"，依法应当追究相关人员的刑事责任。开发企业或经销企业起着组织、策划和骨干作用，是共同犯罪的主犯。按揭人明知开发企业或经销企业实施"假按揭"，并通过签订合同的方式协助实施"假按揭"，是从犯。银行信贷人员明知"假按揭"，不但不予以制止甚至参与操作，如果有证据证明其主观上有诈骗银行资金故意的，该工作人员也构成共同犯罪的共犯。

（二）贷款银行的责任评析

"假按揭"就本质而言是借款用途不真实，它或是被挪作他用，或是被非法占有。《商业银行法》第三十五条规定，商业银行"应当对借款人的借款用途、偿还能力、还款方式等情况进行严格审查。"由此可见，审查借款人的借款用途，是法律赋予商业银行的一项权利，同时，也是一项法定义务，银行应当全面履行义务。所谓全面履行，既包括贷前的审查，也包括贷款发放和贷中阶段的审查。若银行因疏忽大意使本应可以避免的"假按揭"得以发生,或者明知"假按揭"而不加制止任其发生或协助其发生的,银行应当承担相应责任。

应当指出,银行对借款用途的审查,仅限于对借款人提交材料包括支付结算凭证进行形式审查,而无法进行实质审查。事实上,贷款划转到开发企业或经销企业的基本结算账户之后,银行对借款用途的审查,其依据是开发企业或经销企业的支付结算凭证,这样的审查对存心要做"假按揭"的人而言,很难从形式上审查出借款的真实用途,审查的约束作用非常有限。同时,我国现行法律也没有要求银行必须对借款用途进行实质审查。

五、"假按揭"风险的防范

"假按揭"的出现与蔓延,不仅危害我国房地产金融市场和社会诚信,而且危及银行信贷资金安全。银行可采取以下措施识别与防范楼花"假按揭":

(一)审查开发企业的资信及开发项目的合法性

"假按揭"发生的直接动因源于开发企业,其与开发企业的经营状况及法定代表人的诚信品质密切相关,银行应通过审查开发企业的资信和项目的合法性与可行性,谨慎选择按揭业务合作伙伴。

1. 审查开发企业的资信

(1)公司是否依法设立,企业法人营业执照是否年检合格并在有效期限内;

(2)公司是否具有房地产企业开发资质,资质等级证书是否合法有效;

(3)公司注册资金来源是否正当、足额,资信等级证书是否合法有效,财务会计报表是否真实完整,税务登记证是否合法有效、是否有拖欠税款记录;

(4)公司借款和为其他债权人提供担保的情况,贷款证(卡)是否合法有效;

(5)公司的组织机构、管理机构是否健全等。

2. 论证项目的合法性与可行性

(1)开发企业是否合法取得土地使用权,该土地使用权能否自由转让。

(2)土地用途与项目实际用途是否相符,建设项目是否经合法程序审批报建。

(3)商品房是否具备预售或者销售条件,即"五证"是否齐全,若为现房销售,还应当具备合格证。这些证件包括:

①土地使用权证;

②建设用地规划许可证;

③建设工程规划许可证;

④建设工程开工证;

⑤商品房销(预)售许可证;

⑥工程竣工验收合格证(现楼)。

(4)实地考察情况与相关资料是否相符,项目市场前景是否符合要求。

3. 评价开发企业法定代表人的诚信品格

(1)法定代表人的履历、学历、资信状况、以往经营业绩等;

(2)法定代表人及公司管理层的凝聚力、决策能力、诚信品格等;

（3）法定代表人及公司管理层相关人员的社会评价。

（二）审查按揭申请人的资料与身份的真实性

"假按揭"须依赖按揭人的参与才得以实现，这种参与有时是真实的，有时却是开发企业虚构的，但无论何种情形，离开按揭人这一载体，"假按揭"就不可能得逞。因此，严格认真地审查按揭申请人的资料与身份，可以有效地识别"假按揭"并防止其发生。

开发企业用于实施"假按揭"的借款人，通常情况下为开发企业内部职工及其亲友，也有雇佣外来务工者。而且，"假按揭"具有开发企业统一申办按揭贷款手续、一人购买多套房屋、房价偏高和按揭贷款成数高等特点。因而，银行可从以下几方面审查识别"假按揭"：

1. 审查按揭人的主体资格与资信

（1）审查按揭人的身份证件，核实签约人的身份、年龄、健康状况，判断按揭人是否具有完全民事行为能力；

（2）审查按揭人的收入证明材料的真实性，判断按揭人是否具有提供虚假材料的故意，是否存在欺诈行为的可能；

（3）考察按揭人的长期偿债能力以及个人信用与品行。

2. 审查按揭人的行为动机

（1）比较房屋的销售价格。即比较按揭商品房与同类型其他商品房的销售价格，若前者的价格远高于后者，则应引起怀疑。

（2）关注按揭人的购房情况。若一人购买同一楼盘多套房屋的情形比较普遍，开发企业非法融资的可能性就比较大。对于那些贷款量大且比例统一、贷款年限长的购房人，尤须特别注意。

（3）关注按揭贷款的办理形式。若同一楼盘普遍采用代理或集体代理方式办理按揭，应当警惕是否存在按揭欺诈，即便是单位员工集体购房，也不可排除存在按揭欺诈的可能。

（三）坚持"面谈"和"面签"制度

经验告诉我们，商业银行逐一与按揭人当面洽谈，可以增加借贷双方当事人的相互了解，方便银行掌握购房人办理按揭贷款的真实意图。银行应当认真作好谈话记录，对面谈中发现的疑点要及时进行调查核实。如果按揭人对楼盘的质量、位置以及周边配套设施建设等情况不关心的，银行应当警惕是否存在"假按揭"的可能。

借款申请人在银行信贷人员的指导下，当场完成按揭贷款合同等相关资料的填写与签名工作，是防范"假按揭"发生的又一重要举措。

"面谈"和"面签"是银行在实践中总结出来的两项重要制度，对于识别和防范"假按揭"行之有效，商业银行只要持之以恒地坚持，定能有效地遏制"假按揭"发生与蔓延。

六、"假按揭"风险的化解

"假按揭"的成因与情况因项目而异，银行应区别不同情况，分别采取以下方式处

置"假按揭":

（一）符合按揭贷款条件的，办理"转按揭"

开发企业因自有资金不足而实施的"假按揭"，若项目自身质量良好，房屋在市场上销售不错的，可以采取"转按揭"的方式处置，变"假按揭"为真按揭。这是现有处置"假按揭"方式中法律保障力最大的一种，可以使银行权益得到最好的保护。

（二）与开发企业或经销企业协商，要求其回购售出的商品

"假按揭"是开发企业或经销企业实施的非法行为，银行应严肃指出其违法性及其法律后果，并通过协商要求其承担回购义务，集中归还"假按揭"借款人所欠贷款。对经营状况良好但无法一次性支付回购款项的企业，经资信审查确认具有还款能力的，可以考虑给予适当的信贷支持。

回购的具体操作：首先，银行、卖方、买方三方当事人，协商解除"假按揭"的商品买卖合同、按揭贷款合同，将房屋或汽车等回归卖方名下。然后，银行与开发企业或经销企业订立借款合同，并以原有的房屋或汽车抵押。抵押物不足值的，要求借款人提供其他担保。

（三）提起民事诉讼，必要时向司法机关报案

对于经营状况不好或具有诈骗嫌疑的开发企业或经销企业，银行应果断地采取法律救济措施。例如，申请诉前财产保全，及时提起民事诉讼，依法处置按揭财产等。经验表明，"假按揭"的实施者多为经营状况不佳、自有资金规模较小、负债较大的开发企业或经销企业。为避免合作楼盘（财产）被其他债权人先行查封，银行发现"假按揭"后，应当及时向人民法院申请诉前财产保全，这是减少损失最为有效的措施之一。诉前财产保全，不应仅对按揭财产采取保全措施，对开发企业或经销企业、借款人的其他财产也有必要采取保全措施。同时，银行还应密切监控企业高层管理人员的去向，以及资产分布与变动情况，严防其转移财产或携款潜逃。

对涉嫌经济犯罪的，银行应及时向司法机关报案，通过追究企业刑事责任的方式寻求解决方案。这种方式主要适用于诈骗型"假按揭"。因为，诈骗型"假按揭"大多都涉嫌诈骗，若不及时寻求司法机关介入，银行仅依靠自身力量要寻觅到不法企业和借款人的财产几乎是不可能的。例如，在汽车消费"假按揭"中，若汽车经销企业潜逃失踪，按揭汽车又找不着，那么，银行也只能干着急却无可奈何。这时，寻求司法力量介入是唯一有效的办法。银行可以利用国家司法手段将犯罪分子绳之以法，并借助司法手段追回被骗的资金或抵押物。

向司法机关报案要重点收集开发企业或经销企业"犯罪故意"与"以非法占有为目的"的证据，协助警方尽快将犯罪嫌疑人抓捕归案。

第十节 "转按揭"

"转按揭"指在按揭贷款期间，按揭人将其按揭房屋的产权和按揭贷款的余额同时转让给他人，贷款银行为其办理按揭贷款转移手续的行为。可见，"转按揭"从法律角度看，其实就是按揭人将其尚未清偿完毕的借款和已设定抵押权的抵押房屋同时转让给

受让人。在这个过程中,主要涉及债务转移、抵押物转让两个法律问题,附随债务转移、抵押物转让还派生被保证人变更、抵押物保险两个法律问题。

一、"转按揭"的主要步骤

目前,我国对于"转按揭"尚无统一的操作规范,各地房地产登记部门和各家商业银行,都有各自的操作要求与习惯。归纳起来,"转按揭"通常须经过以下五个主要步骤才得以完成:

1. 原按揭人与房屋的受让人就房屋的转让达成意向;
2. 原按揭人与房屋的受让人共同向银行提出转按揭的书面申请;
3. 贷款银行对转按揭申请进行审查;
4. 受让人(新按揭人)与银行签订按揭贷款合同;
5. 原按揭人、新按揭人、贷款银行共同到房地产登记部门办理房屋产权过户和抵押登记手续。

二、"转按揭"中债务转移的合法性评析

《合同法》第八十四条对债务转移提出了明确要求:"债务人将合同的义务全部或者部分转移给第三人的,应当经债权人同意。""转按揭"是在贷款银行的同意和协助下,原按揭人将其尚未清偿完毕的贷款本息转移给房屋的受让人,并由新按揭人继续履行债务清偿义务,符合《合同法》第八十四条的规定,"转按揭"的债务转移不存在法律障碍。

三、"转按揭"中抵押物转让的合法性评析

抵押物在抵押期间,抵押人的所有权并没有转移,抵押人仍有权在法律允许的范围内处分抵押物。为了保障抵押权人和受让人的权益不受侵害,《担保法》第四十九条对转让抵押物作出了明确规定:"抵押期间,抵押人转让已办理登记的抵押物的,应当通知抵押权人并告知受让人转让物已经抵押的情况;抵押人未通知抵押权人或者未告知受让人的,转让行为无效。"据此规定,抵押人转让抵押物,只需履行通知或告知抵押权人与受让人的义务,转让行为即为有效。《物权法》第一百九十一条第二款虽然对《担保法》第四十九条作了修改,规定"抵押期间,抵押人未经抵押权人同意,不得转让抵押财产"。然而,"转按揭"得以实现,是以贷款银行的同意和协助为前提的,所以,"转按揭"中的抵押物转让,也不存在法律障碍。

四、"转按揭"中被保证人变更的合法性评析

因债务人转让债务,导致在保证担保关系中被保证人也发生变化,若处置不当,保证人可能因此而免除担保责任。《担保法》第二十三条规定:"保证期间,债权人许可债务人转让债务的,应当取得保证人书面同意,保证人对未经其同意转让的债务,不再承担保证责任。"据此规定,贷款银行在保证期间许可债务人转让债务,只需取得保证人书面同意,保证人对原担保的债务仍然承担担保责任。因此,若开发企业提供的是阶

段性担保，如果在办理"转按揭"时按揭的商品房尚未竣工，原按揭人还没有取得"房屋所有权证"的，贷款银行应将债务人转让债务的情况通知开发企业，并取得其同意的书面意见；若开发企业提供的是全过程担保，贷款银行在任何阶段办理"转按揭"业务，均应取得开发企业书面同意。

五、"转按揭"中抵押物保险变更的合法性评析

按揭人转让抵押物，同样导致保险关系中的投保人也发生变化，原投保人的保险利益因转让保险标的而丧失，新按揭人是否可以因续交保费而继续享有投保人的保险利益？

《保险法》第三十四条规定："保险标的的转让应当通知保险人，经保险人同意继续承保后，依法变更合同。"《保险法》第二十一条又规定："在保险合同有效期内，投保人和保险人经协商同意，可以变更保险合同的有关内容。变更保险合同的，应当由保险人在原保险单或者其他保险凭证上批注或者附贴批单，或者由投保人和保险人订立变更的书面协议。"据此规定可知，转让已经投保的抵押物，若将转让通知保险人并征得其同意，可以依法变更合同。也就是说，保险标的的转让虽为保险合同主体的变更，但法律并不禁止。原投保人转让抵押物经保险人同意并办理合同变更的，受让人或称新投保人仍可依法享有原保险合同的权利并承担合同的义务。

有人认为，根据中国人民银行《个人住房贷款管理办法》第二十六条"抵押期内，借款人不得以任何理由中断或撤销保险"的规定，"转按揭"的原投保人，不得中断或撤销保险合同。受让人应当与保险人签订新的保险合同，重新为抵押物办理保险。

笔者对此观点不敢苟同。第一，就法律效力等级而言，《保险法》的规定显然高于《个人住房贷款管理办法》的规定，《保险法》既然规定转让保险标的可以依法变更保险合同，银行就没有必要要求房屋的受让人重新办理保险。第二，就本质而言，中国人民银行要求"不得中断或撤销保险合同"，是不允许抵押物在抵押期间中断保险。而受让人通过变更合同的形式继续为抵押物投保，并没有违反中国人民银行《个人住房贷款管理办法》的立法本意，银行不应要求受让人必须采用指定投保方式。第三，受让人重新办理保险，属于重复投保行为，增加了按揭人的经济负担，不符合经济原则。

六、"转按揭"的风险防范

贷款银行办理"转按揭"，法律层面不存在障碍，风险主要源于操作层面。比如，征求保证人意见、办理房屋保险与抵押登记等。所以，银行应着重从规范操作入手，采取有效措施防范"转按揭"的风险。

（一）落实法律对债务转移与抵押物转让的相关要求

首先，在保证担保的保证期间内，贷款银行必须将债务人转移债务的情况通知开发企业，要求其对新债务人的债务继续提供保证担保。在未取得担保人书面同意继续担保前，银行不得办理"转按揭"。其次，督促出让人、受让人共同到保险公司办理保险合同变更，将受让人变更为保险合同的投保人。若保险人不同意办理保险合同变更，则应要求受让人重新为按揭房屋办理保险。

(二) 落实房屋抵押登记

"转按揭"办理期间,银行需将房屋产权与抵押等相关文件交还给原按揭人,以便其办理房屋抵押登记注销与产权过户。经验告诉我们,当银行失去对这些产权文件控制时,最容易发生道德风险。例如,原按揭人利用这一机会注销抵押登记,将房屋转让给他人。为了防范此类事件发生,银行可采取以下措施:

第一,银行工作人员应全程参与房屋产权过户与抵押重新登记,尽最大可能使房屋产权等相关文件不脱离或少脱离银行的控制。

第二,银行工作人员若不能参与产权过户与抵押重新登记工作,可以要求原按揭人、受让人提供担保,保证在规定期限内将新的产权文件和抵押登记文件送回银行。

第十一节 按揭贷款回收若干问题

一、借款人死亡问题

借款人在贷款尚未还清之前死亡,贷款银行应如何追偿其所欠贷款?借款人死亡后的贷款偿还通常有四种情形,银行应区别情况采取不同对策。

(一) 借款人死亡但其配偶生存的,由借款人的配偶承担清偿责任

首先,根据《婚姻法》的规定,婚姻关系存续期间的举债属于夫妻共同债务,由夫妻双方共同偿还。即使是以夫妻一方的名义对外举债,也应当按照夫妻共同债务处理,除非债权人明知夫妻实行约定财产制,或者事先与债务人明确约定为个人债务(《婚姻法若干解释(二)》第二十四条)。

其次,最高人民法院《关于适用〈婚姻法〉若干问题的解释(二)》第二十六条明确规定:"夫或妻一方死亡的,生存一方应当对婚姻关系存续期间的共同债务承担连带清偿责任。"

因此,贷款银行可以要求已经死亡的借款人的配偶,清偿借款人尚未还清的贷款本息。若借款人的配偶不按合同约定归还欠款的,银行可以将已经死亡的借款人的配偶列为被告,要求其承担清偿责任。

(二) 借款人及其配偶均已死亡但有继承人、受遗赠人的,由继承人、受遗赠人用其所得遗产清偿债务

根据《中华人民共和国继承法》(以下简称《继承法》)第三十三条的规定,继承人"继承遗产应当清偿被继承人依法应当缴纳的税款和债务,缴纳税款和清偿债务以他的遗产实际价值为限"。因此,若借款人死亡后,其遗产由继承人继承的,银行可以要求继承人清偿被继承人的债务,归还借款人所欠银行贷款。继承人清偿债务以继承遗产的实际价值为限。继承人不归还贷款本息的,银行可以依法处置抵押财产或债务人的其他财产,用所得价款清偿借款人所欠债务。

在实践中,借款人及其配偶死亡后,有的继承人既不表示放弃继承遗产,也不偿还银行贷款。根据《继承法》第二十五条的规定,继承人在不表示放弃继承权利的情况下,应认定继承人继承了借款人的权利和义务;受遗赠人在知道受遗赠后两个月内不表

明接受遗赠的，视为放弃受遗赠。所以，借款人及其配偶死亡后，若继承人没有向银行明确表示放弃遗产继承权的，银行有理由相信继承人已经继承了借款人的财产，并同意清偿借款人的债务；若遗产受遗赠人明确表示接受遗赠的，也表明了其同意清偿借款人的债务。因此，银行在依法收贷中，可以将他们列为被告，要求他们用继承或遗赠所得财产偿还借款人的贷款本息。

当遗产已被分割而债务未得以清偿时，如果既有法定继承又有遗嘱继承或遗赠的，根据《继承法》第五条和最高人民法院《关于贯彻执行〈继承法〉若干问题的意见》总则部分第5点解释的规定，应当首先由法定继承人用其所得遗产清偿债务，不足偿还时，剩余的债务由遗嘱继承人和受遗赠人按比例用所得遗产清偿。如果只有遗嘱继承和遗赠的，则由遗嘱继承人和受遗赠人按比例用所得遗产清偿。

（三）继承人明确表示放弃继承的，银行可以要求遗产实际管理人和控制人以借款人的遗产清偿债务

借款人死亡后，银行债权的实现限于借款人的遗产，若继承人在法律规定的时间内明确表示放弃继承权的，继承人对借款人所欠债务无法定清偿义务，银行不能要求继承人承担还款责任。在实务中，当抵押财产不足以清偿债务时，继承人通常向银行表示放弃对借款人遗产的继承，贷款本息的偿还也就因此中断了。但是，继承人是否真正放弃了对借款人遗产的继承，贷款银行不得而知。因为，现实社会中，大多数人的财产是多样化的，一般都不仅仅限于已经抵押的财产，继承人向银行表示放弃继承的，通常是指抵押财产，借款人的其他遗产实际上还是在继承人的控制之中。笔者认为，借款人死亡后，其继承人放弃继承且在尚未指定遗产管理人的情形下，贷款银行可以要求遗产实际管理人和控制人清理死者的遗产，以清理遗产的变价款清偿所欠贷款本息。所谓遗产实际管理人和控制人，通常包括法定继承人，如父母、兄弟姐妹等。死者生前所在单位或所在居民委员会、村民委员会或主要遗产所在地的基层组织等，虽然不是遗产的实际控制人，我国继承法也无明文规定其为遗产处理人，但民间约定俗成由他们负责保管死者的遗产，故银行也可以要求他们清理遗产。

（四）借款人及其配偶均死亡又无继承人、受遗赠人的，银行应当向人民法院提起确认之诉

借款人死亡后无继承人、受遗赠人的，贷款银行通常自行处置抵押物，以抵押物或抵押物变价款抵销借款人的债务。笔者认为，这种做法欠妥。银行应当向人民法院提起确认之诉，依法处置抵押物和实现债权。

第一，借款人死亡后，其所负债务毫无疑问应当用其遗产清偿。死者的遗产不仅包括其生前抵押的财产，也包括其生前取得和应当取得的财产。若抵押物不足以清偿所欠债务时，贷款银行还应当要求遗产的实际管理人和控制人，以借款人的遗产清偿其所欠的债务。

第二，《继承法》第三十二条规定，借款人死亡后没有继承人和受遗赠人，也没有签订遗赠扶养协议的，其遗产归国家所有；死者生前是集体所有制组织成员的，归所在集体所有制组织所有。因此，抵押物清偿死者所欠贷款本息后仍有剩余的，贷款银行不得占有，应当收归国家或集体所有。

第三，根据《物权法》第一百九十五条、《担保法》第五十三条第一款的规定，借款人到期不能归还贷款的，贷款银行可以与抵押人协议处分抵押物，协议不成可以向人民法院提起诉讼，但法律并没有规定银行可以未经抵押人同意而自行处分抵押物。因此，贷款银行应当向人民法院提起确认之诉，请求法院确认抵押优先权并以抵押物变价款清偿贷款本息。

二、借款人与实际用款人不一致问题

他人利用借款人名义申请贷款，造成了借款人与实际用款人不一致，当贷款不能归还时，银行应当向实际用款人还是借款人追收拖欠贷款？

案例分析：某单位为筹集资金建设综合楼，以职工的名义购买尚在建设中的商铺，然后通过个人按揭方式从银行共取得贷款100万元，此个人按揭贷款全部被单位用于综合楼建设。此后，单位又将以职工名义购买的商铺转售给了他人。起初，单位还以借款人的名义向银行偿还贷款本息。一年后，新上任的领导认为，职工借款应由职工个人归还，单位不应代职工履行还贷义务，故不再归还银行贷款。而借款人则认为，按揭贷款是单位要求职工以个人名义办的，所借款项实际上也全部归单位使用，借款人没有得到任何利益，因此拒绝向银行还贷。贷款逾期后，银行多次交涉未果，于是向人民法院提起诉讼，将借款职工和用款单位告上法庭。

一审法院审理认为，银行与借款人签订的借款合同，其形式和手续都符合法定要求，而且，贷款已实际发放，该借款合同应认定有效。借款人由于没有使用借款，也没有取得商铺房产，其是借款合同的名义借款人，借款应当由实际用款人即某单位承担名义借款人的还款责任。借款职工作为知情的名义借款人，其主观上存在过错，应承担相应的民事责任。因此，一审法院判决如下：解除银行与借款人签订的个人住房借款合同，判令某单位一次性归还银行剩余的借款本金及利息，名义借款人对借款承担补充清偿责任。

实际用款单位不服一审判决，向市中级人民法院提出上诉。市中院经审理，对这一起"假按揭"贷款案件作出维持原判的终审判决。

这个案例告诉我们，他人利用借款人名义贷款的，银行可以将名义借款人和实际用款人列为共同被告，要求他们归还所欠贷款。

在实务中，贷款银行可以首先依据合同关系对名义借款人提起诉讼。庭审中，如果名义借款人陈述并证明自己并非实际用款人，贷款是他人利用其名义而进行的融资活动，银行可以就此申请追加实际用款人为共同被告；如果贷款银行诉前已经掌握冒名贷款的相关证据，也可以直接将名义借款人和实际用款人列为共同被告提起诉讼。

司法实践发现，相当部分冒名贷款是名义借款人与他人共同实施的民事欺诈。根据《合同法》第五十四条第二款的规定，以欺诈手段使对方在违背真实意思的情况下订立的合同，受损害方有权请求人民法院或者仲裁机构变更或者撤销。因此，对于冒名贷款，银行具有选择变更或撤销该借款合同的权利。贷款银行如果认为实际用款人具有较强还款能力的，可以请求人民法院或者仲裁机构变更其为借款合同的债务人，由其继续履行还款义务；贷款银行如果认为实际用款人的还款能力不足，或者其诚信度太差而不足以使银行信赖的,可以行使撤销权,请求人民法院或者仲裁机构解除借款合同,判令实际用款人返还贷款本息并承担赔偿责任,要求名义借款人对偿还贷款本息承担连带责任。

三、购房人诉求解除商品房买卖合同问题

（一）购房人可以诉求解除商品房买卖合同的情形

案例分析：吴女士等五十余人通过银行按揭,购买房地产公司开发的商品房。交房时,房地产价格下滑,购房人账面投资收益出现亏损。为了挽回损失,吴女士等五十余人以房屋面积误差比绝对值超过3%为由,向人民法院提起诉讼,请求解除商品房买卖合同,要求房地产开发企业返还全部购房款。

最高人民法院《关于审理商品房买卖合同纠纷案件适用法律若干问题的解释》第十四条规定,对于合同约定面积与实际交付面积不符的纠纷,合同有约定的,按合同约定处理。合同没有约定或者约定不明确,面积误差比绝对值超过3%的,购房人可以请求解除合同、返还已付的购房款及利息,人民法院应予支持。本案例中,合同当事人对合同约定面积与实际交付面积不符的情形没有约定,依据最高人民法院的规定,吴女士等人对面积误差比绝对值超过3%的商品房有权要求解除合同。购房人的诉求并无不当,应当得到人民法院的支持。

根据《关于审理商品房买卖合同纠纷案件适用法律若干问题的解释》的相关规定,购房人有权要求解除合同不局限于实际交付面积与合同约定面积不符,包括以下十一种情形在内的,购房人均可申请人民法院或者仲裁机构确认合同无效或者撤销、解除合同：

1. 商品房买卖合同订立后,开发企业未告知购房人又将该房屋抵押给第三人的（第八条）；

2. 商品房买卖合同订立后,开发企业又将该房屋出卖给第三人的（第八条）；

3. 开发企业故意隐瞒没有取得商品房预售许可证明的事实或者提供虚假商品房预售许可证明的（第九条）；

4. 开发企业故意隐瞒所售房屋已经抵押的事实的（第九条）；

5. 开发企业故意隐瞒所售房屋已经出卖给第三人或者为拆迁补偿安置房屋的事实的（第九条）；

6. 开发企业与第三人恶意串通,另行订立商品房买卖合同并将房屋交付使用,导致购房人无法取得房屋的（第十条）；

7. 房屋主体结构质量不合格不能交付使用,或者房屋交付使用后,房屋主体结构质量经核验确属不合格的（第十二条）；

8. 因房屋质量问题严重影响正常居住使用的（第十三条）；

9. 开发企业交付使用的房屋套内建筑面积或者建筑面积与商品房买卖合同约定误差比绝对值超出3%的（第十四条）；

10. 开发企业迟延交付房屋,经催告后在三个月的合理期限内仍未履行的（第十五条）；

11. 商品房买卖合同约定或者《城市房地产开发经营管理条例》第三十三条规定的办理房屋所有权登记的期限届满后超过一年，由于开发企业的原因，导致购房人无法办理房屋所有权登记的（第十九条）。

（二）商品房买卖合同解除对银行债权的影响

最高人民法院《关于审理商品房买卖合同纠纷案件适用法律若干问题的解释》，强调保护购房人的利益，这对于减少房地产开发企业侵犯购房人合法权益的现象具有积极意义，特别是其中的前五项，对开发企业严重违反诚实信用原则、恶意违约、欺诈等行为，明确规定可以适用惩罚性赔偿原则，购房人可以要求开发企业双倍赔偿，最大限度地维护了购房人的合法权益。但是，与此同时，银行个人按揭贷款的风险增大、安全性降低。因为：

第一，购房人请求人民法院或者仲裁机构解除商品房买卖合同，贷款银行不是当然的诉讼当事人，购房人、开发企业或人民法院无义务必须通知银行参加诉讼，银行在该诉讼中属于第三人，必须主动申请才能参加诉讼。然而，由于银行发放的贷款笔数众多以及信息的不对称，银行极有可能因为没有得到信息而错过申请参加诉讼的机会。如果银行没有参加诉讼或者参加诉讼不提出诉讼请求的，人民法院将支持购房人解除合同的请求，判令开发企业将购房款直接返还购房人（第二十五条），从而导致银行债权悬空。

第二，商品房买卖合同被确认无效或者被撤销、解除后，致使按揭贷款合同的目的无法实现，当事人可以请求人民法院或者仲裁机构解除按揭贷款合同（第二十四条）。

商品房买卖合同被确认无效或者被撤销、解除后，按揭贷款合同也被解除的，开发企业应当将收取的购房贷款和购房款的本金及利息分别返还贷款银行和购房人（第二十五条第二款）。但是，由于开发企业收取的购房贷款和购房款已用于房地产开发项目建设，盘活和变现这些资产需要时间与投入，如果开发企业没有足够的现金，其在短时间内很难筹集到巨额资金返还给贷款银行和购房人，银行贷款回收的难度可想而知。

第三，商品房买卖合同无效或者被撤销、解除，同样也会导致商品房按揭（抵押）合同的解除。购房人返还商品房给开发企业后，其与银行签订的抵押合同也因物权的转移而解除，银行的债权因此由担保债权转变成为普通债权，贷款的安全性降低、风险增大。

（三）贷款银行应对商品房买卖合同解除的措施

商品房买卖合同被确认无效或者被撤销、解除，从合同角度看，与贷款银行无直接关系，因为商品房买卖关系与借款关系是两个独立的法律关系。但是，商品房买卖关系是否成立，的确又会对银行贷款的安全和期望利益的实现产生影响。因此，对购房人与开发企业因商品房买卖合同发生纠纷而请求确认合同无效或者撤销、解除合同的，银行切不可以漠然置之。

笔者认为，贷款银行可以作为有独立请求权的第三人主动申请参加诉讼。在购房人诉开发企业的商品房买卖合同纠纷中，购房人已经将商品房抵押给银行，银行对该商品房享有优先受偿权。根据《民事诉讼法》第五十六条第一款的规定，贷款银行作为对商品房买卖合同纠纷当事人双方的诉讼标的认为有独立请求权的第三人，可以当事人双方为共同被告向人民法院提起诉讼。人民法院对银行提出的诉讼请求，应当合并审理，即将按揭贷款合同纠纷与商品房买卖合同纠纷合并审理（《商品房纠纷若干解释》第二十五条）。

当然，贷款银行也可以选择另行提起诉讼要求借款人归还欠款。但是，银行选择另行起诉需要预交全额诉讼费用，这在一定程度上会增加维权成本。因为，根据国务院《诉讼费用缴纳办法》（国务院令[2006]第481号）第十八条规定，"被告提起反诉、有独立请求权的第三人提出与本案有关的诉讼请求，人民法院决定合并审理的分别减半缴纳案件受理费。"

更为重要的是，银行若没有参与到商品房买卖合同纠纷诉讼中，人民法院依法仅审理商品房买卖合同纠纷，并判令开发企业将购房款返还购房人。借款人领到全部退房款后，若不主动归还欠款，银行的贷款将成为毫无担保的高风险债权。相反，如果银行以有独立请求权的第三人参与商品房买卖合同纠纷的诉讼活动，若商品房买卖合同被确认无效或者被撤销、解除后，按揭贷款合同也被解除的，开发企业应当将收取的购房贷款和购房款的本金及利息分别返还贷款银行和购房人。可见，贷款银行以有独立请求权的第三人参与购房人诉开发企业的诉讼，更有利于维护银行的合法权益。

商品房买卖合同被确认无效或者被撤销、解除所导致的风险，其应对之策在于防范，贷款银行应采取以下措施防范风险发生：

1. 选择好按揭楼盘的合作伙伴。商业银行应重视房地产开发企业的调查评估，选择实力雄厚、经营诚信、管理规范的开发企业作为合作伙伴，积极稳健地开展个人住房按揭贷款业务，从而最大限度地减少因开发企业原因造成商品房买卖合同被确认无效或者被撤销、解除的情况发生。

2. 加强按揭贷款管理。贷前应加强合作楼盘的审查，对楼盘项目以及项目报建、预售（销售）手续严格调查评估；贷中要密切关注项目工期进度及办理产权证书的进展；贷后应当关注商品房买卖合同的履行情况，加强风险的识别和控制。当发生批量性、群发性的风险时，贷款银行至少应当做好两件事情：一是在事件发生初期，清晰掌握事件的详尽情况，尽量协调各方利益，力争消化矛盾，和平解决事态。二是如果诉讼无法避免，也不应回避矛盾，要主动积极参与诉讼。

3. 强化对开发企业的追偿措施。随着我国房地产市场日趋成熟，银行对开发企业的谈判地位得到有效改善，银行应当抓住这一机遇，平等地与开发企业商谈合作条件，适时提出共同防范与承担风险的合理要求。比如，要求开发企业建立还款准备金，发生商品房买卖合同纠纷及时通知贷款银行等。

四、抵押房屋的执行问题

（一）普通债权人申请查封、执行已经抵押的房屋

案例分析：刘某以按揭方式购得商品房一套，并与贷款银行办理了抵押登记手续，房地产抵押登记部门向抵押权人核发了"房屋他项权证"。一年后，刘某因拖欠债务被张某告上法庭，某基层人民法院应原告张某的申请，查封了该商品房。判决生效后，原告张某又申请人民法院执行该商品房。面对这种情况，贷款银行该如何应对？

《民事诉讼法》第九十二条规定:"人民法院对于可能因当事人一方的行为或者其他原因,使判决不能执行或者难以执行的案件,可以根据对方当事人的申请,作出财产保全的裁定;当事人没有提出申请的,人民法院在必要时也可以裁定采取财产保全措施。"最高人民法院《关于人民法院执行工作若干问题的规定(试行)》(法释〔1998〕15号,以下简称《执行工作若干规定》)第四十条又规定:"人民法院对被执行人所有的其他人享有抵押权、质押权或留置权的财产,可以采取查封、扣押措施。财产拍卖、变卖后所得价款,应当在抵押权人、质押权人或留置权人优先受偿后,其余额部分用于清偿申请执行人的债权。"据此可知,原告张某申请人民法院查封、执行已经抵押给银行的商品房并无不当,人民法院拍卖该商品房也于法有据。笔者认为,在这种情形下,贷款银行要维护好自身的合法权益,其关键在于适时主张权利:

第一,在人民法院采取查封措施时,向法院声明查封的财产已全额抵押给了银行,抵押权人依法享有优先受偿权,法院的查封行为并不能为申请人带来实际利益,建议法院解除查封。

第二,在人民法院拍卖抵押物后,向法院主张抵押优先权,请求用拍卖所得价款优先清偿抵押物所担保的债权。

第三,如果拍卖抵押物没有通知抵押权人,银行应当依法主张转让行为无效。因为,《物权法》规定:"抵押期间,抵押人未经抵押权人同意,不得转让抵押财产,但受让人代为清偿债务消灭抵押权的除外"(第一百九十一条第二款)。

(二)抵押权人申请查封、执行抵押的房屋

《物权法》和《担保法》规定,债务履行期届满,债务人不履行债务的,银行有权依照法律的规定以抵押的商品房折价或以拍卖、变卖该商品房所得的价款优先受偿。根据《民事诉讼法》第九十二条的规定,银行可以向人民法院申请查封抵押的商品房,法院要求银行提供担保的,银行应当提供。否则,人民法院不予查封。

为了进一步规范执行程序中的查封、扣押、冻结措施,依法保护当事人的合法权益,最高人民法院颁布了《关于人民法院民事执行中查封、扣押、冻结财产的规定》(法释〔2004〕15号,以下简称《查、扣、冻规定》)。该司法解释第六条规定:"对被执行人及其所扶养家属生活所必需的居住房屋,人民法院可以查封,但不得拍卖、变卖或者抵债。"此规定的依据源于宪法"公民的居住权应受法律保护",其用意在于保护被执行人的生存权。因为,如果借款人除了抵押的房产之外再也没有其他居所的,拍卖、变卖房产无疑使其生存权失去基本保障。

但是,如果不允许处分抵押人的房屋,抵押权将无法实现,债权人的合法权益又得不到保护。这是个两难问题,需要用非常智慧加以解决。2005年12月,最高人民法院出台了《关于人民法院执行设定抵押的房屋的规定》(法释〔2005〕14号,以下简称《执行抵押房屋规定》)。该司法解释第一条对《查、扣、冻规定》第六条进行了修正,明确抵押的房屋可以拍卖、变卖或者抵债:"对于被执行人所有的已经依法设定抵押的房屋,人民法院可以查封,并可以根据抵押权人的申请,依法拍卖、变卖或者抵债。"

最高人民法院执行办公室的官员解释,《查、扣、冻规定》第六条规定的原则并无不当,其体现了人权高于债权的理念。《执行抵押房屋规定》是针对已经设定抵押的房屋应当如何执行所作的规定，属于特殊情形，二者之间是一般规定和特殊规定的关系。最高人民法院认为，有抵押担保的债权比普通债权的安全性更高，更应当加以周到保护，无论是诉讼程序还是执行程序都应当尽可能地维护和实现有抵押担保的债权，这是维护社会交易秩序和交易安全的需要。

最高人民法院《执行抵押房屋规定》在允许对抵押的房屋拍卖、变卖或者抵债的同时，又对适用条件和程序作出了严格的规定："人民法院对已经依法设定抵押的被执行人及其所扶养家属居住的房屋，在裁定拍卖、变卖或者抵债后，应当给予被执行人六个月的宽限期。在此期限内，被执行人应当主动腾空房屋，人民法院不得强制被执行人及其所扶养家属迁出该房屋"（第二条），"上述宽限期届满后，被执行人仍未迁出的，人民法院可以作出强制迁出裁定，并按照《民事诉讼法》第二百二十六条的规定执行。强制迁出时，被执行人无法自行解决居住问题的，经人民法院审查属实，可以由申请执行人为被执行人及其所扶养家属提供临时住房"（第三条）。这些规定体现了这样一种理念，即当被执行人的财产只有一处已设定抵押的房屋时，人民法院在执行中可"以小换大、以差换好、以远换近，但不能从有到无"。

第四章 动产质押担保的法律风险控制

第一节 质押与动产质押概述

一、质押担保

（一）质押的含义

质押指债务人或第三人将其动产移交债权人占有，或将其财产权利出质，以该动产或财产权利作为债权的担保。当债务人不履行到期债务或者发生当事人约定实现质权的情形时，债权人有权依照法律的规定，以其占有债务人或第三人的动产或财产权利折价，或者拍卖、变卖动产或财产权利所得价款优先受偿的担保制度。质押是抵押之外又一重要的物权担保方式。

在质押担保法律关系中，为提供担保而设定质押的人（即债务人或第三人）为出质人，享有质权的人（即债权人）为质权人，为债权担保的担保物为质物（标的物）。

质权指债权人享有占有担保物并以担保物的价值优先受偿的权利。

（二）质权的法律特征

质权作为担保物权的一种，具有以下四个法律特征：

1. 质权具有从属性

质权具有从属性，指质权与所担保的债权形成主从关系。质权的从属性体现在三个方面：一是存在上的从属性，质权的存在以被担保的主债权存在为前提条件；二是转让上的从属性，主债权转让质权也随之转让；三是消灭上的从属性，主债权消灭质权也随之消灭。

2. 质权具有不可分性

质权具有不可分性，指质权标的物的全部价值担保债权的全部，不因债权的部分清偿而受影响，也不因质物部分灭失而缩减质权的担保范围。

3. 质权具有物上代位性

质权具有物上代位性，指质物发生毁损灭失而得到赔偿时，质权人可以对赔偿金行使优先权利。

4. 质权具有优先受偿性

质权具有优先受偿性，指质权人就质物的价值优先受偿的权利。

质押是以转移占有动产或财产权利，从而保证债权实现的一种担保方式，质权人基于质押对质物、财产权利的实现享有法定优先受偿权。根据《中华人民共和国破产法》

(以下简称《破产法》)的有关规定,质权人在出质企业破产时对质物享有优先受偿的权利。

质押与抵押的区别在于:质押转移标的物的占有,抵押则不必转移占有;质押的客体是动产或权利,而抵押的客体可以是动产,更多的是不动产或不动产权利。

质押因标的物的不同,一般分为动产质押和权利质押。

二、质押担保应注意的问题

(一) 出质人的主体资格

银行对出质人的审查要求与抵押担保相同,主要是对主体资格的审查,即审查

1. 出质人是否具有相应的民事行为能力;

2. 有限责任公司和股份有限公司以自有的财产或财产权利提供质押的,是否已经公司有权机关决议通过;

3. 以共有财产或财产权利质押的,是否已征得有关共有人的书面同意;

4. 出质人与权利凭证、证书或权利批准文件确定的权利主体是否相一致等。

如果出质人以没有明确法律依据的权利申请质押贷款,银行应严格客户准入条件。这类出质人的资信状况应当良好,信用评级达到规定的等级,在商务活动中没有重大的不良信誉记录,申请的贷款用途应当符合要求。特别是收费权质押贷款,贷款用途应当与收费权有密切联系。

(二) 质押标的必须合法

出质人提供的动产、财产权利必须是客观存在的,不为法律法规所禁止,且出质人拥有完整的所有权。银行接受的质物,应为国家法律法规明确规定可以质押的财产或财产权利。任何以"金融创新"名义提出无法律依据的其他权利质押,都存在较大的法律风险。因为,如果出质的权利未得到法律明确认可,在处理出质权利实现债权时,极可能产生法律上的障碍。因此,在接受未得到法律认可的权利出质时,必须慎重从事。

(三) 质押合同生效

质押担保不允许当事人口头约定,必须签订书面合同,质押合同自成立之时起生效(《物权法》第二百一十条)。未办理质押登记或不交付质物的,不影响质押合同的效力。

(四) 质权成立条件

质权成立以质物的交付和登记为生效要件。动产质权自出质人将质物移交质权人占有时生效(《物权法》第二百一十二条),法律规定质押登记为生效要件的,例如仓单,自登记机构办理质押登记之日起生效(《物权法》第二百二十四条)。

(五) 妥善保管好质物

质押不同于抵押,用于质押的质物交付给了质权人(银行)之后,银行对质物负有法律规定的保管义务;因保管不善致使质押财产毁损、灭失的,应当承担赔偿责任。质权人的行为可能使质押财产毁损、灭失的,出质人可以要求质权人将质押财产提存,或者要求提前清偿债务并返还质押财产(《物权法》第二百一十五条)。

如何衡量质权人是否尽到自己应尽的"妥善保管义务",多数观点认为,该义务是

指质权人应以善良管理人的注意对质物进行保护和管理。在市场经济条件下，该义务应当以一般的社会观念作衡量，即以一般社会观念所确认的具有相当知识、经验和诚意的人所尽到的注意程度为标准。

三、动产质押

动产质押指债务人或者第三人将其动产移交给债权人占有，用做债权担保。当债务人不履行到期债务或者发生当事人约定实现质权的情形时，质权人有权依照法律的规定以该动产折价，或者以拍卖、变卖该动产所得价款优先受偿的法律制度。

所谓动产是与不动产相对应的财产分类，指不动产即土地以及房屋、林木等地上定着物以外的其他有体物。通俗地说，动产是可以移动的财产，其移动并不会损害物的实体或减损物的价值。

（一）动产质押标的物要件

动产质权在实行时，需要对质物进行变价。所以，动产质权的标的物应为可让与的动产。笔者认为，动产质押标的物应当具备以下两个要件：

1. 法律不禁止流通的动产

质权也称为变价权，以不可转让或不能转让的动产为质押标的物，质权人就无法实行权利。所以，不可转让的动产或者法律禁止流通的动产，都不能成为动产质押的标的物。法律限制流通的动产可以成为质押标的物，但在实行质权时，质权人不能以拍卖的方式实现质物的变价，而只能将质物交有权部门收购，从所得价款中优先受偿。

2. 特定的财产

在动产质押中，质权人对质物拥有占有权，质物的所有权仍归出质人所有。若动产质押标的物为非特定财产，当债务人履行债务完毕时，质权人返还出质人的财产，就很难确认是出质人出质的财产了。因此，不特定物不能成为动产质押标的物。金钱属于不特定物、可代替物和种类物，若其不被特定化，则不能成为质押标的物。因为，金钱交付后所有权就发生了转移，质权人无法将设定质权的金钱与自己的金钱区分开。但是，金钱也并非不能特定。如果将一定量的金钱包封，或者将一定量的金钱存放于指定地点，例如，专用的保管箱，也就特定化了，则可以成为质押标的物。用这种方法特定的金钱，质权人在实行质权时可以直接从质物中优先受偿，而无须变价。

有观点认为，质押标的物的特定化不是绝对意义上的特定，不一定必须在设定质权时就是特定，而只要在实行时特定即可。例如，当事人就一定仓库中的商品设定质权，该商品于质权设定时至实行前，可以随时变动，只要在实行时是特定的，质权仍然成立。

（二）动产质押的效力范围

动产质押的效力范围，包括质押担保的债权范围和质押效力所及于标的物的范围。

1. 质押担保的债权范围

动产质押担保的债权范围，应当以当事人在质押合同中约定的范围为限。如果当事人在质押合同中没有约定，则依照《担保法》第六十七条的规定，包括主债权及利息、违约金、损害赔偿金、质物保管费用和实行质权的费用。这里所指的"损害赔偿金"

包括两方面的内容：其一，因债务人不履行债务而产生的损害赔偿金；其二，因质物瑕疵而产生的损害赔偿金。应当注意，依据《关于适用〈担保法〉若干问题的解释》第九十条的规定，因质物瑕疵而产生的损害，必须具备以下三个要件才可以获得损害赔偿金：

（1）质物必须有瑕疵；

（2）质物瑕疵是隐蔽性的，不为质权人明知；

（3）质物瑕疵造成实际损害，两者具有因果关系。

2. 质押效力所及于标的物的范围

质押效力所及于标的物的范围，包括标的物的从物、孳息、代位物等。

（1）质物的从物

依据《关于适用〈担保法〉若干问题的解释》第九十一条的规定，动产质权除当事人另有约定外，及于标的物的从物。但是，如果从物未随同质物移交给质权人占有的，质权的效力不及于从物。

（2）质物的孳息

依据《担保法》第六十八条第一款的规定，质权人有权收取质物所生的孳息，但是，质押合同另有约定的除外。这里"孳息"所指的内容，法律并没有明确。专家学者认为，"孳息"不仅指天然孳息，也应该包括法定孳息。因为，法律并未将法定孳息排除在外。例如，质权人经征得出质人的同意出租质物，所收取的租金即为质物的法定孳息，该收益应属于质权的范围，质权人有权收取并在抵冲收取孳息费用后，可用之清偿债务。

（3）质物的代位物

依据《关于适用〈担保法〉若干问题的解释》第六十二条的规定，动产质押的质物，因附合、混合、加工等原因，致使质权因质物的所有权消灭而灭失时，质权人可依不当得利的规定，对取得合成物、混合物、加工物的所有权人，请求赔偿金，并可以获得赔偿金实现债权。相反，质物的所有人成为合成物、混合物、加工物的单独所有权人时，质押的质权存续于合成物、混合物、加工物之中。若质物所有人与他人为共有人的，质押的质权存续于其应有份额之中。

（三）动产质权的实行

动产质权的实行，指质权人在债权期限已届满而未受清偿时，以拍卖、变卖质物所得价款受偿的法律现象。《担保法》第七十一条第二款、第三款对质权的实行作了规定："债务履行期届满质权人未受清偿的，可以与出质人协议以质物折价，也可以依法拍卖、变卖质物。""质物折价或者拍卖、变卖后，其价款超过债权数额的部分归出质人所有，不足部分由债务人清偿。"《物权法》第二百一十九条、第二百二十一条也规定："债务人履行债务或者出质人提前清偿所担保的债权的，质权人应当返还质押财产。债务人不履行到期债务或者发生当事人约定的实现质权的情形，质权人可以与出质人协议以质押财产折价，也可以就拍卖、变卖质押财产所得的价款优先受偿。""质押财产折价或者拍卖、变卖后，其价款超过债权数额的部分归出质人所有，不足部分由债务人清偿。"

根据《物权法》和《担保法》的规定，动产质权的实行方式有折价和出卖两种，其中，出卖又包括拍卖和变卖。实行质权应当具备三项条件：

1. 债务履行期限届满，债务人未履行债务或者发生当事人约定的实现质权的情形，而不论债务人主观上有无过错。

2. 质权人的债权未受清偿，并且未受清偿的原因不在债权人一方。若因债权人原因造成债务人不履行债务，债权人应当承担民事责任而不能实行质权。

3. 质权人占有质物。质权人在实行质权时，若与他人共同占有质物时，质权人有单独占有质物的权利，可向共同占有质物的他人行使单独占有的请求权。

（四）仓储公司参与的货物质押贷款操作要点

1. 质押货物的交付

动产质押的质物直接交付银行占有和保管并不现实，可不交付质权又不生效。实际业务中，以银行委托第三方仓储公司保管质物的方式实现质押财产的交付。

根据最高人民法院《关于适用〈担保法〉若干问题的解释》第八十八条的规定，出质人以间接占有的财产出质的，质押合同自书面通知送达占有人时视为移交。因此，货物质押中，为确保质权有效，应确认质物已交由仓储公司保管，且仓储公司已签收确认出质通知书。

2. 货物质押的类型

在实际操作中，仓储公司参与的货物质押分为两种类型：

第一种是对具体货物的实体进行的质押，类似于冻结，仓储公司替银行对相应货物进行特别的监管（冻结），质押货物需要银行解冻或部分解冻的指令才可以提货。

第二种模式是在保持质物的名称、质量、状况不变，而且在保持一定的总量的前提下，货物可以正常的进出库，相当于用名称、质量、状况、数量相同的物品来替换标的物品。

相比而言，第一种对具体货物实体进行的质押，质押业务对质物的监管更为严格，质物的安全更有保障，但同时，物资的流动性也受到了限制，不利于融资企业物资的销售。

而第二种以相当于用名称、质量、状况、数量相同的物品来替换标的物的业务模式，不仅对物资实施了有效的监控，而且在总体平衡的前提下，允许物资保持动态的流动状态，从而有力地支持了融资企业的经营活动。当然，第二种模式对物流企业的管理水平和信用资信有更高的要求。

3. 货物质押贷款流程

（1）借款人、银行、仓储公司三方签署协议；

（2）借款人将动产（货物）存放在银行指定的仓储公司；

（3）仓储公司承诺保证货物完好并依银行指令行事；

（4）银行接受质物并向借款人发放贷款；

（5）质押货物的销售收入汇入指定账户；

（6）打入款项或交存保证金赎货；

（7）借款人归还银行的贷款本息。

（五）动产质押的法律风险及其控制

1. 动产权属存在瑕疵的风险

适用质押的动产，应为出质人合法拥有的财物。所谓合法拥有，一是该动产为出质人完税后合法拥有的动产；二是该动产权属明晰，能够依法转让和强制执行。海关监管货物、未完税货物等，由于存在被海关依法查封、强制拍卖和补交关税的风险；法定特殊用途的国家储备物资、军用物资、赈灾救援物资、捐赠物资等，存在难以转让变现的风险。

为了控制因权属瑕疵产生的风险，贷款银行应审查出质人的相关购销合同、付款凭证、货物完税证明和增值税发票，确认其合法来源及权属关系。对于来路不明或非法渠道购进的走私货物、违禁货物，以及其他无法证明其合法来源和权属关系的动产，均不宜接受为质物。

2. 动产未特定化的风险

动产质押品种除了传统的机器设备等以外，更多的是原材料等生产资料，例如，钢材、有色金属、化工原料等货物。这些动产货物用于质押时，容易出现实际质物品名不清、规格不一、清点不易等问题，可能导致质押动产未特定化，致使质押关系存在法律风险。此外，还容易发生账实不符，质物不足值、量少、质量不符等混乱现象，以及质物无明显标识、质押合同及相关文件对质物记载不明等。这些问题的存在，使得质物与质押合同的内容难以一一对应，也容易被认为质物未特定化。

动产货物质押特定化体现在质押合同中的要素包括质物的名称、规格、数量、质量、价值、状况、仓库号、货物存放具体位置等。尤其对质物的描述要明确、具体，不能笼统、简单地注明为钢材、原材料、矿产品等通用名称。所有的质物存放保管，应当使用相应的质押专用标识。

3. 动产质权未生效的风险

根据《物权法》、《担保法》的规定，动产质权自质物移交质权人占有时生效。质物交付后，贷款银行必须及时取得能够证明质物已被银行占有的凭据，且必须实际控制该质物。对于签订了质押合同、取得了质物的仓单，在形式上取得占有权的，若没有实质上控制质物，任由借款人提供质押的原材料、半成品、产成品在其厂区自有仓库内存放，任由借款人自行出入调出调进，该质物仍不符合动产交付质权人的法定要求，仅凭纸质凭据还不足以证明质押有效。

为防范质权无效的风险，银行在办理动产质押时，必须实际占有质物。首先，贷款银行须将质物存入第三方仓储公司或银行租用的仓库，要求仓储公司或仓库出具仓单，及时取得动产质物已交付贷款银行占有的法律凭据。其次，贷款银行须对质押动产实施有效监管，能够对质押动产的出入库进行管制，非经同意不许借款人或第三方随意出入库。最后，贷款银行须对质物进行定期检查，做好动产质押台账登记，督促仓储公司或仓库认真做好货物出入库登记簿的实时登记，确保账账相符、账证相符、账物相符。

第二节 保证金质押

一、保证金质押的法律依据

保证金质押指出质人将金钱交存于其在银行开立的专用账户，并承诺以该账户中的款项作为偿还借款的保证。当债务人不履行债务时，债权银行有权在保证金专用账户中直接扣划保证金用于偿还欠款的担保方式。

保证金是信贷业务广泛采用的一种担保方式，是银行控制风险的重要的手段。保证金质押，通常适用于商业银行表外授信业务，即开立保函、信用证、银行承兑汇票等业务。保证金能否作为借款的担保，却存有争议。有人认为，借款业务收取保证金或者定金，是一种变相提高利率的行为。现行法律没有明确规定保证金质押担保方式，最高人民法院的司法解释是此种担保方式的主要依据。司法解释中涉及保证金质押的内容有：

1. 最高人民法院《关于适用〈担保法〉若干问题的解释》第八十五条："债务人或者第三人将其金钱以特户、封金、保证金等形式特定化后，移交债权人占有作为债权的担保，债务人不履行债务时，债权人可以以该金钱优先受偿。"

2. 最高人民法院《关于人民法院能否对信用证开证保证金采取冻结和扣划措施问题的规定》（法释〔1997〕4号）第一条："人民法院在审理或执行案件时，依法可以对信用证开证保证金采取冻结措施，但不得扣划。如果当事人认为人民法院冻结和扣划的某项资金属于信用证开证保证金的，应当提供有关证据予以证明……"

3. 最高人民法院、中国人民银行《关于依法规范人民法院执行和金融机构协助执行的通知》（法发〔2000〕21号）第九条："人民法院依法可以对银行承兑汇票保证金采取冻结措施，但不得扣划。如果金融机构已对汇票承兑或者已对外付款，根据金融机构的申请，人民法院应当解除对银行承兑汇票保证金相应部分的冻结措施；银行承兑汇票保证金丧失保证功能时，人民法院可以依法采取扣划措施。"

最高人民法院上述司法解释表明，我国审判机关对特定化后的保证金质押，例如，信用证开证保证金、银行承兑汇票保证金等持肯定态度，保证金可以出质。

二、保证金质押的法律风险

保证金质押的法律风险主要来源于两方面：一是由于法律规定不完善而导致的风险，二是由于操作不规范而导致的风险。具体表现为：

（一）法律规定不完善的风险

最高人民法院作出的与保证金质押内容相关的司法解释，仅仅是明确了质权人对保证金享有优先受偿的权利，而对保证金的特定化、交付方式以及占有公示等质押要件，均未予以明确，从而导致在适用上认识不一、发生争议甚至出现纠纷。另外，这些司法解释只明确了信用证开证保证金、银行承兑汇票保证金，其他形式的保证金质押还缺乏直接的法律依据，存在不确定性风险。

（二）保证金未特定化的风险

质物的特定化是动产质押有效至关重要的条件，尤其是金钱这些种类物，特定化的要求就更显得重要。未曾特定化的金钱不能成为质押标的物。如果出质人以基本账户（一般存款账户）或者基本账户下设保证金子账户的资金作为保证金，出质人仍然可以自由地使用该账户办理结算和存取款业务，这种做法很难让人信服质押的保证金处于"特定化"状态，很可能被人民法院认定质押无效。

（三）质押约定不具体的风险

长期以来，借款担保通常被认为是一种从属行为，对其缺乏足够重视。担保合同常常被简化成业务协议当中的条款，如保函业务、银行承兑业务、信用证业务等。正因为如此，有的银行在办理保证金质押时，也习惯在业务协议中约定保证金质押条款，而未能与出质人签订"保证金质押合同"，就保证金质押作出详尽约定。例如，在个人住房贷款中，银行仅与开发企业在"商品房销售贷款合作协议书"中，约定开发企业为借款人提供阶段性担保并在贷款银行开立保证金账户，而对于质押保证金特定化等关键性问题都没有作出具体的约定。有的银行甚至简化到仅开立保证金专户，把至少应当具备的质押条款都省了，保证金专户质押与被担保的债权之间，没有建立起书面的对应关系，假如发生纠纷，银行将面临举证不能的法律风险。

（四）保证金来源不规范的风险

当保证金出质人与借款人同为一主体时，出质人通常要求从所借款中扣付保证金。银行在实际操作中，又大多是在贷款未到达借款人账户之前将部分贷款直接转入保证金专用账户。这种操作方式的后果极其严重：银行未能按借款合同约定履行足额发放贷款的义务，构成了违约，隐藏借款人对贷款本息抗辩以及要求返还多付利息的风险。

（五）质押未获得有权人批准的风险

出质人为他人提供保证金质押未依照公司章程规定，经由董事会或者股东会、股东大会批准，违反了《公司法》第十六条的规定，存在质押无效的风险。例如，个人住房贷款、汽车消费贷款中，开发企业、经销企业等为个人债务提供质押担保未取得董事会或者股东会、股东大会决议同意，可能被人民法院认定为无效质押。

三、保证金质押的合法性要求

动产质权以转移占有为生效要件，它并不需要转移所有权。而金钱是种类物，是一种特殊的物，取得占有即取得了所有权。金钱质押在转移占有的同时转移了所有权，显然有悖于动产质押的原则。但是，如果将金钱特定化，如以"特户"、"封金"等形式使之成为"特定物"，金钱便可以成为质权的标的物了。所以，保证金质押除了应具备民事法律行为的一般要件外，还应满足以下条件：一是作为保证金的金钱必须特定化；二是存放在账户内的金钱必须移交债权银行占有。质权自质物转移质权人占有时设立。

（一）保证金出质应符合公司章程的规定

《公司法》第十六条规定，公司为他人提供担保应依照公司章程的规定，由董事会或者股东会、股东大会决议。保证金质押属于担保的方式之一，当然应当遵守《公司法》相关规定。如果公司章程明确规定，担保行为无须经董事会或者股东会、股东大会决议,则公司可以直接提供担保;如果公司章程没有规定或规定不明确的,或者公司章程明确规定担保行为必须经董事会或者股东会、股东大会决议的,出质人均应向商业银行出具公司同意担保的决议。

(二) 开立保证金专用账户并由债权银行托管

出质人应当在债权银行开立保证金专用账户,并将保证金交存入该账户。保证金质押期间,出质人不得使用保证金账户进行收付结算,且应当将保证金专用账户交由债权银行托管。

(三) 签订书面的质押合同并办理质押公证

根据《担保法》第六十四条和《物权法》第二百一十条的规定,以保证金出质担保,出质人与质权人应当订立书面质押合同,对保证金专用账户的开户行、专户户名、账号、子账户号等进行明确约定。质押合同自成立时生效,质权自保证金交存债权银行且将保证金专用账户交银行托管之日起设立。

《担保法》第四十三条规定,当事人以其他财产抵押的,可以自愿办理抵押物登记。因此,保证金质押合同的当事人可以根据司法部《公证机构办理抵押登记办法》的规定,向所在地的公证机构共同提出保证金质押登记,债权银行自公证机构出具"质押登记证书"之日起获得对抗第三人的权利。

四、保证金质押的合规性要求

(一) 保证金质押材料完整

以保证金质押担保,商业银行应当收集但不限于以下材料:

1. 出质人、债务人的主体资格证明文件。包括营业执照、法人代码证书、税务登记证和贷款证等。
2. 出质人经有权机关批准质押的决议。
3. 出质人开立保证金专用账户的相关资料。
4. 出质人将保证金专用账户交债权银行托管文件等。

(二) 保证金质押操作要求

商业银行在办理保证金质押担保中,应认真审核出质人、债务人提交的材料,确保质押合法、有效。

1. 审查出质人主体资格证明文件,确认出质人的资质
2. 开立保证金专用账户

保证金专用账户应当一笔担保债权开立一个专户,撤销保证金时也应与每笔业务相对应,专用账户与被担保债权应当随时保持一一对应关系。同一保证人的多个保证金专用账户,在同一营业柜台可共用一套印鉴,但应分别注明启用日期。对于个人住房贷款、汽车消费贷款等小额贷款,如果不方便为每一笔债权开立一个保证金专用账户的,也可以与担保人就某特定项目一定金额债权担保协商一致,参照最高额抵押相关规定处理,即开立一个总保证金专用账户,以该专用账户内的保证金担保一定金额债权。

3. 专户存储出质人交存的保证金

出质人交存的保证金,原则上应从其基本账户(结算存款户)划转,债权银行不

应接受出质人之外的其他渠道来源款。例如，担保人的销售回笼款不经其结算存款户直接划转入保证金账户。在划转保证金时，债权银行应要求出质人在转账凭证及相关会计凭证上注明"保证金质押"字样。

4. 托管保证金专用账户

质押期间，保证金专用账户应处于类似"冻结"状态，不允许款项进出。欠款期限届满，若债务人未能偿还欠款，债权银行可以从债务人质押的专用账户中直接扣款用于偿还欠款；对于第三人出质的保证金，银行在保证金专用账户上扣收本息时应谨慎，扣收后应及时书面通知出质人。

五、注意事项

（一）签订专门的保证金质押合同

保证金质押必须签订书面质押协议。保证金质押协议不宜采用在相关的业务协议中约定保证金质押条款的方式，而应尽可能签订专门的"保证金质押合同"，对保证金质押相关事项作出详尽的约定。保证金质押合同除应具备担保法要求的基本条款外，商业银行应在质押合同中约定以下内容：

1. 担保事项、金额，保证金专用账户的开户行、户名、账号、资金数额。

2. 出质人应按质押合同的约定，按时如数将保证金交存保证金专用账户。若被保证人为若干人时，交存的保证金应当分别存入不同的保证金专用账户，形成一一对应关系，体现保证金"特定化"的特征，一般不宜将担保若干人的保证金捆绑存放于同一保证金专用账户。

3. 质押期间，保证金专用账户应交债权银行托管，出质人应予以配合。

4. 质押期间，出质人不得使用保证金专用账户进行收付结算，既不得将保证金专用账户内的资金转出，也不能将其他款项转入该专用账户。

5. 债权银行对质押专用账户内的保证金享有优先受偿的权利，有权扣收账户内款项以偿还欠款本息。若出质人发生违约行为，债权银行可以扣收保证金提前收回贷款。

（二）确保保证金的特定化

1. 保证金特定化的做法

（1）对于一次性交足的单笔保证金，债权银行在操作上，应即时冻结保证金专用账户，且将该账户设置为"不收不付"静止状态。

（2）对于不能一次性交足保证金的，应在协议中明确分期交付的方式。如果保证金的实际交付方式与约定不符，应重新签订质押协议并重新开立保证金账户。

（3）需要频繁补交保证金的，可以使用最高额保证金质押方式，分期交付保证金。应当指出，允许出质人补交或支用保证金，可能成为出质人占用与使用"质押保证金专户"的证据，其后果是因保证金未特定化因而导致质押无效。

2. 保证金支用风险防范

质押期间，保证金专用账户是不允许任何款项进出的，更不允许出质人在约定担保期限届满前，支用保证金专用账户内的款项。如果质权人允许出质人在担保期限届满前或届满后支用保证金的，必须做好风险防范工作：

第一,质权人与出质人应当重新建立保证金质押关系,签订保证金质押协议,开立新的保证金专用账户。

第二,出质人将保证金交存重新开立的保证金账户。注意:不能把原保证金账户内的剩余资金直接划转入重新开立的保证金账户,而是把这部分款项退回出质人的基本账户后,再按要求把款项从基本账户转入重新开立的保证金账户。

第三,妥善处理与第三方的保证关系。如果贷款还存在第三方保证人担保的,银行在同意释放原保证金之前,应征得保证人同意,并要求其重新出具担保函,或与银行重新签订保证合同。

(三) 防范保证金被有权机关扣划

对于个人住房贷款、汽车消费贷款等小额贷款,开发(经销)商交存的保证金被有权机关扣划,主要原因有二:一是开发(经销)商交存的保证金与个人按揭贷款未能一一对应,从而被有权机关认定为担保的主债权不明确;二是保证金余额处于浮动变化状态,从而被有权机关认定为不符合特定化要求。为此,债权银行可采取以下措施防范保证金被有权机关扣划:

第一,在接受保证金质押担保时,应与借款合同对应分别开立保证金账户存入保证金,或单一保证金账户下设立册号、笔号与主债权对应。每笔保证金余额应固定不变,或保证金账户只进不出。

第二,定额交存保证金不能对应主债权的,贷款发放后,通过汇总借款合同相关信息、签订补充协议或确认清单等形式,对"保证金质押合同"进行完善。此外,还可通过将保证金转为存单质押的方式防范扣划风险。与开发商签订"个人住房按揭贷款合作协议"时,尽量争取约定以定额保证金或存单质押作为担保。

第三节 出口退税专用账户质押

一、出口退税专用账户质押的法律依据

(一) 出口退税及其专用账户质押

出口退税,指国家税务机关在货物报关出口销售并实现交易换汇后,依照国家出口退税政策规定,将其在国内已征收的增值税和消费税的税款退还给出口企业或给予免税的一项税收制度。

出口退税专用账户质押,又称出口退税托管账户质押,指借款人将出口退税专用账户托管给贷款银行,并承诺以该账户中的退税款作为偿还贷款的保证。当借款人不履行债务时,银行有权在出口退税专用账户直接扣划兑现的出口退税款用于偿还贷款的担保方式。

(二) 出口退税专用账户质押的依据

《物权法》、《担保法》及《关于适用〈担保法〉若干问题的解释》对出口退税专用账户质押无明确规定。这种质押方式的合法性得以认可,源于最高人民法院《关于审理出口退税托管账户质押贷款案件有关问题的规定》(法释〔2004〕18号)。在该规

定中，最高人民法院明确出口退税专用账户质押具有优先受偿权和对抗第三人的法律效力，即"出口退税专用账户质押贷款银行，对质押账户内的退税款享有优先受偿权"（第三条），"人民法院审理和执行案件时，不得对已设质的出口退税专用账户内的款项采取财产保全措施或者执行措施"（第四条），"借款人进入破产程序时，贷款银行对已经设质的出口退税专用账户内的款项享有优先受偿权，但应以被担保债权尚未受偿的数额为限"（第五条）。根据这些规定，出口退税专用账户可以作为质押标的物出质。

（三）出口退税专用账户质押的限制

最高人民法院在确认出口退税专用账户质押合法性的同时，又在该规定第六条对出口退税专用账户质押作出限制性规定。据第六条的规定，有下列情形之一的，人民法院可以采取财产保全或者执行措施：

（1）借款人将非退税款存入出口退税专用账户的；

（2）贷款银行将出口退税专用账户内的退税款扣还其他贷款，且数额已经超出质押贷款金额的；

（3）贷款银行同意税务部门转移出口退税专用账户的；

（4）贷款银行有其他违背退税账户专用性质，损害其他债权人利益行为的。

上述四种情形中，第（1）、第（2）种是针对在实践中比较常见的规避行为所作出的规定；第（3）种是贷款银行实际放弃质权的情形；第（4）种为授权性条款，即人民法院在审理具体案件时，可根据案件的具体事实予以认定。这是对滥用出口退税专用账户质押作出的限制性规定，其目的是为了防止借款人假借出口退税专用账户质押逃避对第三人所应承担的民事责任，以及质权人违背诚实信用原则挪用质押退税款。

可见，出口退税专用账户质押虽然可行，但还是存在一定的操作风险，稍有不慎就会导致质权难以实行。因此，以出口退税专用账户质押的，应当遵守《关于审理出口退税托管账户质押贷款案件有关问题的规定》等规定，从严控制操作风险。

二、出口退税专用账户质押的合法性要求

（一）出质人与借款人为同一主体且具有进出口经营权

最高人民法院《关于审理出口退税托管账户质押贷款案件有关问题的规定》第一条第二款规定："本规定所称出口退税专用账户质押贷款，是指借款人将出口退税专用账户托管给贷款银行，并承诺以该账户中的退税款作为还款保证的贷款。"依据该条款规定，出口退税专用账户的出质人，必须是出质担保贷款的借款人，换而言之，出质人与借款人必须为同一主体（法人）。出质人以出口退税专用账户质押为他人提供担保，或借款人以第三人的出口退税专用账户为借款担保，均不属于最高人民法院所称的出口退税专用账户质押贷款，不能适用《关于审理出口退税托管账户质押贷款案件有关问题的规定》。同时，我国目前对外贸易经营实行许可制度，只有享有对外贸易经营权的企业，才可以从事进出口贸易业务，也只有从事了进出口贸易业务，才有可能享有出口退税的权利。出质人与借款人的同一性以及具有出口经营权，是出口退税专用账户质押贷款不可或缺的两项条件。

（二）出口退税权应当真实、合法、有效

真实、合法、有效的出口退税权应当满足以下条件：

1. 出口的货物属于出口退税的货物范围

根据国家出口退税政策的相关规定，出口企业享有出口退税权利的前提条件，是所出口的货物必须属于增值税或消费税征税范围的货物，否则，企业不可能享有出口退税权。有些货物是国家禁止或限制出口的货物（如天然牛黄、麝香、白金），即使符合货物出口条件，也不予以办理退税；有些指定货物的出口，只能由指定企业出口才能办理退税，其他非指定企业出口此类货物不能办理退税。

2. 出口的货物已缴纳了增值税或消费税并持有符合要求的纳税凭证

按国家出口退税政策的相关规定，在国内流转环节已经免税的货物，出口时免税，不办理退税；出口企业从小规模纳税人购进并持普通发票的货物，出口时不得退税。

3. 出口的货物必须经我国海关报关离境

4. 出口企业对出口货物在财务上已作销售处理并已办理结汇

（三）开立出口退税专用账户并由贷款银行托管

出质人应当在贷款银行开立出口退税专用账户，且该账户是经过税务机关认可的唯一办理出口退税的专用账户。出口退税专用账户质押期间，出质人应当将出口退税专用账户交由贷款银行托管，银行有权对专用账户内的款项收支进行监督。

（四）签订书面质押合同

最高人民法院《关于审理出口退税托管账户质押贷款案件有关问题的规定》第二条规定："以出口退税专用账户质押方式贷款的，应当签订书面质押贷款合同。"质押贷款合同自成立时生效，质权自贷款银行实际托管借款人出口退税专用账户时设立。

三、出口退税专用账户质押的合规性要求

（一）出口退税专用账户质押材料完整

以出口退税专用账户质押担保，商业银行应当收集但不限于以下材料：

1. 出质人（借款人）的主体资格证明文件。包括营业执照、法人代码证书、商务部门批准企业拥有出口经营权的批文、进出口经营权许可证书、特殊出口货物的出口许可证、税务登记证和退税登记证、贷款证等。

2. 出口货物销售明细账、货物已缴纳了增值税或消费税的完税凭证、货物已报关离境的相关证明文件等。

3. 当地税务部门审核后确认并出具出口退税专用账户证明。

（二）出口退税专用账户质押操作要求

商业银行办理出口退税专用账户质押，应当认真审核借款人提交的材料，确保出口退税专用账户质押合法、有效。

1. 审查出质人主体资格证明文件，确认出质人的资质

（1）审查借款人主体资格证明文件是否真实、合法、有效；

（2）审查借款人资信是否优良，信用等级是否符合商业银行规定，有无不良融资记录和不良信誉记录；

（3）审查借款人近三年来是否有逃套汇和偷骗税或涉嫌骗税等非法行为，是否被税务、工商、海关、外汇等行政机关列入违规行为通报名单等。

2. 审核出质人出口退税权，确认出口退税权的真实、合法、有效

（1）向进出口管理部门了解出口退税政策，调查借款人以往出口业务运作情况；

（2）向外汇管理部门调查了解借款人以往收汇核销记录，核实出口退税权利项下出口业务的收汇情况和外汇核销单的真实性；

（3）向税务部门发出查询函件，了解借款人上一年度出口退税款实际到位情况，确认借款人应收出口退税款额的准确性、真实性及出口退税款的余额情况，并取得税务部门的书面回执；

（4）向海关核查出口货物报关单，确认出口货物的真实性。

3. 调查出口退税款退回时间，确认贷款发放的时间与期限

为了确保银行的债权能及时从退税款中优先受偿，商业银行应当调查借款人申请贷款的时间和期限是否与退税时间相匹配，并根据出口企业生产经营状况、现金流量和退税资金到位的时间，合理确定出口退税权利质押贷款的贷款期限和贷款发放具体时间。在一般情况下，贷款期限届满时间应当晚于出口退税款项退回的时间。

4. 合理确定质押率

商业银行应综合考虑进出口企业所在地的经济环境、当地政府对出口退税金额的进度安排、客户上一年度退税的实际情况等因素，合理确定贷款的质押率。

5. 托管出质人出口退税专用账户

贷款银行应按质押合同约定托管出质人的出口退税专用账户。托管前，银行应向税务机关征询，确认托管账户是经税务机关认可的唯一办理出口退税的专用账户。在实际工作中，有的地方办理出口退税的专用账户可能不是唯一的，存在多个专用账户并存的情况。此时，商业银行应注意审核专用账户与出口退税款的一一对应关系，确认托管账户对应出口退税款的唯一性，确保贷款银行能有效地对出口退税款项的控制、占有，体现"质押"的担保作用。

四、出口退税专用账户质权的实行方式

根据相关法律规定，贷款银行实行出口退税专用账户质权有两种方式：

第一，如果出口退税资金先于贷款到期日到达，贷款银行应与出质人协商退税款项的处理，或用于提前偿还贷款本息，或转为保证金存入出口退税专用账户继续作为贷款担保。当然，出口退税款继续作为贷款担保的形式不局限于保证金，也可以转为定期存款以存单质押担保。出口退税款也可以向与质权人约定的第三人提存。

第二，如果出口退税资金后于贷款到期日到达，贷款期限届满后，若债务人未能偿还贷款，贷款银行应当督促借款人返还贷款，并加大出口退税款项的催办力度。出口退税资金到账后，银行可以从专用账户中扣款用于偿还贷款；若债务人履行了债务，银行应将出口退税专用账户相关凭证返还出质人。

五、注意事项

1. 完善出口退税专用账户质押合同条款

质押合同的内容，除应具备《物权法》、《担保法》和《合同法》要求的基本条款之外，还应在合同中约定以下内容：

（1）质押期间，出口退税专用账户由贷款银行托管，出质人应配合银行做好专用账户托管工作。银行有权对专用账户内的款项进出实行监督。

（2）贷款银行对出口退税款享有优先受偿权利，有权扣收账户内款项以偿还贷款本息。

（3）出质人不得将非出口退税款存入该专用账户，也不得将出口退税款用于偿还贷款之外的其他目的。

（4）如果出口退税款不能及时到账，贷款银行有权要求出质人另行提供其他合法有效且价值足额的担保方式，出质人应当予以配合。

（5）如果出质人涉嫌发生税收违法行为，贷款银行有权提前收回或停止发放全部或部分贷款。

2. 谨防出质人骗取国家出口退税款

质押贷款的主要还款来源是出口企业的应退税款，落实应退税款的合法性、真实性是把握出口退税专用账户质押贷款风险的关键。因此，商业银行应当调查出口企业提供材料的真实性，必要时，应该到有关国家机关或部门进行核实。如果发现出口企业有以下骗取税款嫌疑时，应及时采取措施保全资产：

（1）伪造或者签订虚假的买卖合同。

（2）以伪造、变造或者其他非法手段取得出口货物报关单、出口收汇核销单、出口货物专用缴款书等有关出口退税单据、凭证；虚开、伪造、非法购买增值税专用发票或者其他可以用于出口退税的发票。

（3）骗取出口货物退税资格。

（4）将未纳税或者免税货物作为已纳税货物出口。

（5）虽有货物出口，但虚构该出口货物的品名、数量、单价等要素，骗取未实际纳税部分出口退税款。

（6）有进出口经营权的公司、企业，违反国家有关进出口经营的规定，允许他人自带客户、自带货源、自带汇票并自行报关。

3. 对托管的出口退税专用账户实施严格监管

贷款银行应严格按照中国人民银行《人民币账户管理办法》的相关规定，对出口退税专用账户的使用实施有效监督，杜绝各种违反专用账户规定的操作，严格做到：

（1）禁止借款人将任何非退税款存入出口退税专用账户。对已开通了网上银行的借款人，银行应采取措施防范通过网上转账的方式将非退税款存入出口退税专用账户。

（2）出口退税专用账户退税款担保的是特定贷款，只有被担保的债权才享有优先受偿的权利，其他贷款即使是同一银行的其他贷款也不具有优先受偿权，不能从专用账户扣收贷款本息。如果确有必要采取紧急救济措施，在扣收顺序上应注意规避风险。在实务操作上，一般是设法使特定的贷款提前到期先行扣收，然后再从专用账户扣收其他贷款本息。

（3）银行不应以任何方式同意税务部门转移、变更出口退税专用账户。

4. 及时行使出口退税专用账户质押的优先受偿权

借款人不履行或不能履行清偿借款义务时，银行应及时对质押账户的退税款行使优先受偿权。同时，对于不符合法定限制条件的保全措施或执行措施，要积极行使抗辩权。

第四节　银行账户质押

银行账户质押，指借款人以其在银行用于办理资金收付结算的人民币活期存款账户或外汇账户出质，向账户开户行申请贷款的一种担保方式。

人民币活期存款账户，指银行为存款人开立的办理资金收付结算的人民币账户，按使用目的不同可分为基本账户、专用账户、辅助账户三大类。

外汇账户，指境内机构、驻华机构、个人及来华人员以可自由兑换货币在开户银行设立的账户，包括经常项目外汇账户和资本项目外汇账户。

一、银行账户质押的法律风险分析

近年来，随着金融实践的不断创新，一些新的质押方式诸如基本存款账户质押、专用存款账户质押、外汇存款账户质押等，开始在银行信贷担保中出现。这些银行账户质押方式由于法律无明确规定，其质押效力具有不确定性。

最高人民法院《关于审理出口退税托管账户质押贷款案件有关问题的规定》第三条规定："出口退税专用账户质押贷款银行，对质押账户内的退税款享有优先受偿权。"该规定明确出口退税专用账户质押，具有优先受偿权和对抗第三人的法律效力，因此，有人据此认为，银行账户也具有物权的性质，应当可以出质担保。

笔者认为，就银行账户质押而言，银行账户本身并没有价值，其价值在于账户内的资金，银行账户质押，实际上是以账户内的资金质押。根据《关于适用〈担保法〉若干问题的解释》第八十五条的规定，金钱以特户、封金、保证金等形式特定化以后，可以移交债权人占有作为债权的担保。所以，如果质押的银行账户符合"特定化"的要求，具有"特户"的性质，即该账户不能供出质人自由使用，账户内资金数额特定，且在出质后不能浮动，处于类似"冻结"的状态，那么，这样的银行账户质押实际上构成了金钱质押，是动产质押的一种特殊形式，具有物权担保的效力。如果质押的银行账户不具有"特定化"的特点，账户质押后，出质人对账户内的资金仍然可以使用，资金处于浮动状态，就不符合质押的"金钱特定化"要求。由于我国法律目前不承认浮动担保制度，因而，这样的银行账户质押不具有物权担保的效力。

银行账户质押方式目前尚无法律明确规定，依据"物权法定"的原则，以其出质存在质押无效的法律风险，质权对抗第三人的效力存在争议，不具有对抗司法机关扣划存款的效力，银行在实务操作中应审慎采用，一般将其作为补充性担保措施为妥。银行不宜接受收入不稳定、还款得不到切实保障、资金无法监控的银行账户质押，也应避免银行账户质押为贷款唯一担保方式。

二、银行账户质押法律风险控制

银行账户质押方式虽然在法律上存在瑕疵风险，可能会对贷款担保的有效性产生一定影响。但是，银行是高风险的行业，零风险的经营行为在市场经济条件下几乎不存在。面对经营风险，银行当然可以选择回避或不作为，但与此同时，也失去了盈利的机会。放弃经营机会，从银行生存角度看，意味着在选择更大的风险。笔者认为，银行应当理智地面对风险，在风险与收益之间选择最佳平衡点，并努力控制好经营风险，从而使经营收益最大化。银行账户质押担保仅是银行控制贷款风险的措施之一，而并非是银行决策贷款与否的关键性因素。若借款人的资信良好、信用等级高、第一还款来源充足可靠，银行账户质押仍然可以作为贷款的补充性担保措施。银行在接受银行账户质押担保时，可以采取以下措施防范与控制风险：

（一）严格客户准入条件

第一，出质人与借款人应当是同一主体（客户），借款人对出质的银行账户具有独立的占有、使用、收益、处分权利，银行不应接受以第三人的银行账户出质为借款担保。

第二，借款人的资信良好，在商务活动中没有重大不良信誉记录，没有违法违规行为处罚记录，信用等级达到规定要求，符合信用贷款放款条件，是贷款银行的优质客户。

（二）选择合适的出质账户

出质的银行账户，必须是在贷款银行开立的账户，且应当是预期资金收入稳定、较长时间内保持一定存款余额的账户。一般而言，银行不宜接受临时性存款账户、社会保障基金专用账户等不稳定或公益性的银行账户质押。

（三）托管出质人质押的账户

贷款银行应按合同的约定托管借款人质押的银行账户，确保银行能有效地控制、占有质押账户的款项，体现"质押"的担保作用。

（四）拟定周密的质押合同

银行账户质押合同除应具备《物权法》、《担保法》和《合同法》要求的基本条款之外，还应在合同中约定以下内容：

1. 质押期间，出质的银行账户由贷款银行托管，出质人应配合银行做好账户的托管工作。贷款银行有权对账户内的款项进出实行监督。

2. 贷款银行对质押账户的款项享有优先受偿的权利，有权扣收账户款项以偿还贷款本息。

3. 出质人不得将经营收入存入质押账户之外的其他账户，未经贷款银行同意，也不得将质押账户的资金用于偿还质押贷款之外的其他目的。

4. 质押账户应保持一定存款余额作为贷款偿还的担保，当账户资金低于一定数额时，贷款银行有权要求出质人另行提供其他合法有效且价值足额的担保，出质人应当予以配合。

三、基本存款账户质押

基本账户是独立经济核算单位和独立预算会计单位在银行开立的主要账户，是开户人办理日常转账结算和现金收付的账户。中国人民银行《银行账户管理办法》规定，企、事业单位和个体经营者，只能在银行开立一个基本账户。依据开户单位资金性质不同，基本账户又分为不同的类别。可以用于出质的账户，仅限于基本存款账户。此类账户是企、事业单位和个体经营者将资金交存银行所设立的一种账户，用于办理日常的转账结算和现金收付。该类账户质押，贷款银行能够较好地监督、控制账户的资金流向。

四、专用存款账户质押

专用存款账户是指存款人按照法律、法规的规定，对其特定用途资金进行专项管理而开立的银行账户。专用存款账户的资金具有特定用途，银行能够十分方便地监督、控制账户的资金流向，故此类账户可以出质。但是，对于某些具有法定用途或社会公益性质的专用存款账户，商业银行则不应接受为质押账户。例如，基本建设资金、社会保障基金、技术项目改造资金、赈灾、扶贫等专用存款账户。因为，假如借款人违约不返还或不能返还贷款本息，贷款银行行使质权会遇到很多麻烦，或是依约定扣划质押账户的资金偿还债务引起社会不安，或是因为改变了专项资金用途而受到行政、司法部门的干预，等等。

五、外汇存款账户质押

外汇存款账户的管理机关是国家外汇管理局及其分、支局。外汇存款账户的开立、使用都必须经外汇管理当局的审核、批准。外汇存款账户因存款人不同，分为甲种外币存款账户（法人）、乙种外币存款账户（非境内个人）和丙种外币存款账户（境内个人）三类。

质押的外汇存款账户主要指甲种外币存款账户。乙种和丙种外币存款账户，其表现形式通常为存单（折），故可参照存单（折）质押要求办理。外汇存款账户的使用通常具有一定的使用期限，以及外汇管理当局核定的最高额度。同时，外汇还存在汇率风险等。所以，外汇存款账户质押不仅存在质押无效的法律风险，还存在其他不确定因素，商业银行一般不宜接受此类账户质押。如果需要办理外汇存款账户质押的，也应当把它作为补充性担保措施，参照银行账户质押的要求做好风险防范与控制工作，并在操作中注意以下两点：

第一，借款人的借款期限、借款金额，不能超过外汇管理当局核定的外汇存款账户使用期限与最高金额。

第二，外汇存款账户质押，应取得外汇管理当局的批准，并办理质押登记手续。

第五章　权利质押担保的法律风险控制

第一节　权利质押概述

权利质押，指债务人或者第三人以所有权之外的可让与的财产权利为债权设立担保。当债务人不履行到期债务或者发生当事人约定实现质权的情形时，债权人有权依照法律的规定就该项财产权利拍卖、变卖所得价款优先受偿，或者直接行使权利而实现债权的法律制度。

应当注意，根据《涉外民事关系法律适用法》第四十条的规定，"权利质权，适用质权设立地法律。"对于已含涉外因素的权利质押的情形，应尽量确保权利凭证交付或质权登记在境内进行，使国内成为质权设立地，以适用我国法律。

一、权利质押标的要件

权利质押是质押担保的另一种形式，它与动产质押共同构成质押。两者的区别主要在于质押标的：动产质押标的是有形的动产，而权利质押标的是无形的财产权利。根据法理，笔者认为，判定一项权利能否设定质权，取决于该权利是否具备以下两个要件：

（一）权利质押标的必须是私法上的财产权利

财产权利是相对于人身权利的一种民事权利，它可以用金钱来估价，具有价值，质权人能从其价值中受偿，主要包括物权、债权、知识产权等。权利质押标的并不是权利凭证单据本身，而是凭证单据所载明的权利，以及这些权利可以实现的财产价值。因此，权利质押仅以财产权利为限，不具有经济价值的公民与法人享有的人身权利，如生命权、名誉权等人格权以及与身份有关的亲属权、继承权不得作为质押标的出质。

（二）权利质押标的必须是可让与的财产权

质权以对质物或出质权利的价值具有优先受偿权来实现担保债权，如果出质权利不得转让、不能变现，则无法对债权实现提供担保。因此，可以出质的权利必须具有让与性。同时，可以转让的财产权利应当是私法上的权利，即可由平等主体之间通过平等协商，自愿交换以实现其财产价值的权利；而公法上的某些权利，如行政性收费权、公益性收益权，虽然也具有一定的财产内容，但由于只能由特定的公法主体享有，无法实现自由转让，故不能成为权利质押标的。

法律法规规定不得转让或当事人约定不得转让或依权利性质不能转让的债权或权利，不得作为权利质押标的。只能代位行使而无法通过折价或者以拍卖、变卖方式实现其价值的权利，也不得作为质押标的。

二、权利质押标的转移占有或控制的公示方式

是否占有或控制标的物是质押与抵押的显著区别。当事人之间设立质权,须由出质人转移出质标的的占有或控制,由质权人对出质财产直接占有或控制,并且这种转移占有或控制应当经过公示并取得公信效力,否则,不能产生质押的法律效力,也不能对抗第三人。由于权利的表现形式不同,转移占有或控制的方式也不同,其公示方式也有所不同。权利质押标的转移占有或控制的公示方式包括:

(一) 交付权利凭证

质权是以质物的占有为成立要件,并以继续占有为要素。所以,质权人有权要求出质人交付权利凭证,并在债权清偿期内享有留置这些权利凭证的权利。留置的目的在于督促债务人继续履行债务,同时,还能间接地限制出质人对出质标的行使处分权。

质押权利依其性质可以移转占有(交付)的,应当以移转占有进行公示。权利凭证是权利的有形物质载体。如果某项权利的发生和行使必须以权利凭证的存在为前提,此时,权利凭证的转移和交付,即视为权利的转移和交付,对权利凭证的占有即为对权利的占有。根据《担保法》第七十六条和《物权法》第二百二十四条的规定:以汇票、支票、本票、债券、存款单、仓单、提单等出质的,以交付权利凭证(即有关票据及单、证)作为生效条件,质权自权利凭证原件交付质权人之日起设立。

(二) 办理出质登记

质押权利依其性质不能移转占有的,应当以出质登记进行公示。如果某项权利的发生、行使必须以特定机构的登记注册为准,则对权利的转移占有或控制也应当经过该特定机构的登记注册。此时,办理出质登记即视为权利转移占有,出质登记是占有的公示方式。根据《物权法》的规定:

1. 以依法可以转让的商标专用权、专利权、著作权等知识产权中的财产权出质的,质权自有关主管部门(商标专用权为商标局、专利权为专利局、著作权中的财产权为版权局)办理出质登记时设立(第二百二十七条)。

2. 以基金份额、证券登记结算机构登记的股权出质的,质权自证券登记结算机构办理出质登记时设立;以其他股权出质的,质权自工商行政管理部门办理出质登记时设立(第二百二十六条)。

3. 以应收账款出质的,质权自信贷征信机构办理出质登记时设立(第二百二十八条)。

(三) 办理质押公证

司法部《公证机构办理抵押登记办法》第十八条规定:"以承包经营权等合同权益、应收账款或未来可得权益进行物权担保的,公证机构办理登记可比照本办法执行。"据此,当事人以其他权利出质的,除法律、法规有明文规定的登记部门外,可参照《公证机构办理抵押登记办法》的规定,到公证机构办理登记手续。

(四) 通知有付款义务或交货义务的第三人

质押权利除了应当办理出质登记进行占有公示之外,由于在权利项下存在一个有付款义务或交货义务的第三人,例如,存单的存款银行、提单的承运人、仓单的交货仓

库、应收账款的付款人等,因此,还必须将权利质押的事实告知第三人。否则,该第三人就不当然负有协助和交付的义务。例如,若没有告知,应收账款的应付款人就不可能知道也不可能将款项交付债权银行。事实上,质权人实现质权,需要向该第三人提出请求,而质权人主张被质押的债权,无异于因为质押而受让了债权。转让债权尚需要通知债务人,转让后才对债务人生效,质押作为一种潜在的、可能的转让,当然也应如此。

此外,质权人还应要求出质人保证有付款义务或交货义务的第三人不会主张抵销、留置或任何其他抗辩,出质人与该第三人之间不存在限制银行行使质权的约定。

在实务中,一般要求出质人通知有付款义务或交货义务的第三人,并向质权人提交已经通知的书面证据和出质人的书面承诺。若有可能,取得有付款义务或交货义务的第三人出具不主张抵销、留置或任何其他抗辩内容的书面承诺,以其取代出质人的书面承诺,就更有利于银行的风险控制。

三、权利质押标的范围

(一) 法律明确规定可以质押的权利范围

《担保法》第七十五条和《物权法》第二百二十三条对可以质押的权利范围作出了规定。根据《物权法》第二百二十三条的规定,可以质押的权利范围包括:

1. 汇票、支票、本票;
2. 债券、存款单;
3. 仓单、提单;
4. 可以转让的基金份额、股权;
5. 可以转让的注册商标专用权、专利权、著作权等知识产权中的财产权;
6. 应收账款;
7. 法律、行政法规规定可以出质的其他财产权利。

(二) 司法解释规定可以质押的权利范围

最高人民法院司法解释涉及"法律、行政法规规定可以出质的其他财产权利"内容的,现阶段主要有公路收费权质押。《关于适用〈担保法〉若干问题的解释》第九十七条规定:"以公路桥梁、公路隧道或者公路渡口等不动产收益权出质的,按照《担保法》第七十五条第(四)项的规定处理。"

(三) 其他法规、规章或规范性文件规定可以质押的权利范围

法规、规章或规范性文件规定涉及"法律、行政法规规定可以出质的其他财产权利"内容的,现阶段主要有农网电费收费权和学生公寓收费权两项:

1. 农网电费收费权

国家发展计划委员会、中国人民银行《关于印发农村电网建设与改造工程电费收益权质押贷款管理办法的通知》(计基础〔2000〕198号)规定:"农村电网建设与改造工程电费收费权可以设定质押。"

2. 学生公寓收费权

中国人民银行、教育部《关于进一步解决学生公寓等高校后勤服务设施建设资金问题的若干意见》(银发〔2002〕220号)规定:"商业银行要积极开展学生公寓收费

权质押贷款业务，应与借款人签订书面质押合同。质押合同必须经省级教育行政部门审批和统一登记，自登记之日起生效。"

此外，涉及"法律、行政法规规定可以出质的其他财产权利"内容的还有两个规范性文件：国务院《关于实施西部大开发若干政策措施的通知》（国发［2000］33号）和国务院西部开发办《关于西部大开发若干政策措施的实施意见》。上述两个文件规定，"扩大以基础设施项目收益权或收益权为质押发放贷款的范围。继续办好农村电网收益权质押贷款业务，开展公路收费权质押贷款业务，创造条件逐步将收费权质押贷款范围扩大到城市供水、供热、公交、电信等城市基础设施项目。对具有一定还贷能力的水利开发项目和城市环保项目（如城市污水处理和垃圾处理等），探索逐步开办以项目收益权或收费权为质押发放贷款的业务。"

（四）银行可以接受的其他质押权利

有些权利质押标的，法律法规和规章或规范性文件虽然未明确规定可以质押，但在银行业务实践中会经常遇见，这些质押权利通常有：除农村电网建设与改造工程电费收费权之外的其他电费收费权、污水处理费收费权、其他基础设施项目收费权或收益权、景点门票收费权、人寿保单、应收账款等。

上述权利，有的具备权利质押标的要件，如电费收费权、景点门票收费权、应收账款等，在符合一定贷款风险控制条件的基础上，可以接受为质押担保。而有的则不具备权利质押标的要件，如污水处理费收费权等，如果接受为质押担保，则可能存在一定的法律风险，但可以与其他有效担保措施搭配作为贷款风险的控制措施使用。

第二节　凭证式国债质押

一、凭证式国债及其质押

国债是以国家信用为偿还保证的具有法律效力的债权债务关系证明书，是广义上的证券，是证明持有者享有一定权益的凭证。国债分为凭证式国债和记账式国债两种。根据中国人民银行、财政部《凭证式国债质押管理贷款办法》（银发［1999］231号）的规定，可以用于质押的凭证式国债是指1999年（含1999年）后财政部发行，各承销银行以"中华人民共和国凭证式国债收款凭证"方式销售的国债，不包括1999年以前发行的凭证式国债。

根据《担保法》第七十五条第（一）项和《物权法》第二百二十三条的规定，凭证式国债可以出质设定质权，其质押的合法性有保障。凭证式国债质押，指债务人或第三人以其所有的凭证式国债作为履行债务的担保方式。办理凭证式国债质押，应当遵守《物权法》、《担保法》和《关于适用〈担保法〉若干问题的解释》及《凭证式国债质押管理贷款办法》等规定。

二、凭证式国债质押的合法性要求

（一）签订书面的质押合同并办理质押登记

根据《担保法》第六十四条的规定，以依法可以转让的凭证式国债出质的，"出质人和质权人应当以书面形式订立质押合同"。

《物权法》第二百二十四条规定："以汇票、支票、本票、债券、存款单、仓单、提单出质的，当事人应当订立书面合同。质权自权利凭证交付质权人时设立；没有权利凭证的，质权自有关部门办理出质登记时设立。"《担保法》第四十三条规定："当事人以其他财产抵押的，可以自愿办理抵押物登记，抵押合同自签订之日起生效。当事人未办理抵押物登记的，不得对抗第三人。当事人办理抵押物登记的，登记部门为抵押人所在地的公证部门。"据此，当事人以依法可以转让的凭证式国债质押的，当事人应当订立书面合同，可以向所在地的公证机构共同申请质押登记，贷款银行自公证机构出具"质押登记证书"之日起获得对抗第三人的权利。

（二）出质人向贷款银行交付凭证式国债

根据《担保法》第七十六条和《物权法》第二百二十四条的规定，以汇票、支票、本票、债券、存款单、仓单、提单出质的，应当在合同约定的期限内将权利凭证交付质权人。贷款银行应当要求出质人按合同的约定交付凭证式国债权利凭证，质权自权利凭证交付贷款银行时设立。

（三）已经质押的凭证式国债不能转让或者再质押

最高人民法院《关于适用〈担保法〉若干问题的解释》第一百零一条规定："以票据、债券、存款单、仓单、提单出质的，质权人再转让或者质押的无效。"凭证式国债属于债券中的一种，因此，凭证式国债出质后，质权人转让或者再质押的行为无效。

三、凭证式国债质押的合规性要求

凭证式国债质押是保证程度相当高的担保方式，其质押风险主要集中在权利凭证的真实性上。如果能够确认权利凭证的真实性，并在必要时能有效地止付凭证式国债，质押的风险相当低。

（一）银行可以接受质押的凭证式国债

凭证式国债出质能否被银行所接受，主要取决于银行是否能够核实权利凭证的真实性并能及时有效地止付。例如，建设银行《关于进一步加强贷款权利质押管理的通知》（建总发〔2003〕211号）规定，建设银行仅对1999年以后发行的，由同城建设银行承销的凭证式国债办理质押贷款。其他银行承销的凭证式国债以及记账式国债，由于办理登记、过户及转让手续困难，存在一定的风险隐患，故暂不宜接受质押。一般地说：

1. 同城同系统金融机构承销的凭证式国债可以接受质押

同城同系统金融机构承销的凭证式国债，银行可以有效地甄别出质凭证式国债的真伪并能有效地止付，故可以接受质押。同城不同系统金融机构承销的凭证式国债，如果不方便甄别真伪的，暂不宜接受质押。

2. 实现数据集中的不同城同系统金融机构承销的凭证式国债可以接受质押

已经实现数据集中的不同城同系统的金融机构，如果计算机系统能够在不同城市之间确认凭证式国债的真实性并能及时有效地办理存款止付的，不同城同系统金融机构承销的凭证式国债，可以接受质押。

3. 其他情形的凭证式国债暂不宜接受质押

（二）凭证式国债质押材料完整

出质人以凭证式国债出质，商业银行应当收集但不限于以下材料：

1. 出质人的主体资格证明文件。包括营业执照、法人代码证书和税务登记证、贷款证等。如果出质人是自然人的，则应提供个人身份证件、婚姻状况证明材料等。已婚的出质人还应当提供其配偶同意质押的书面材料。

2. 出质人有权决策机关同意质押的书面决议文件。

3. 出质的凭证式国债权利凭证原件。

4. 凭密码、印鉴支取的凭证式国债，银行应要求出质人提供密码、印鉴并按要求验证密码、印鉴。

（三）凭证式国债质押操作要求

商业银行办理凭证式国债质押应当注意以下几个问题：

1. 凭证式国债质押材料真实、合法、有效

银行应当认真审核出质人提交的材料。对已婚的出质人，要重点关注其配偶是否同意质押，以及出具同意质押的书面材料是否真实、有效。如果出质人为第三人的，应当审查第三人的签名是否真实、有效，质押是不是其真实意思表示等。

2. 办理核押与止付手续

为了避免接受伪造、变造的凭证式国债质押，银行应当通过计算机系统确认出质凭证式国债的真实性，查询该权利凭证是否已经出质、挂失或被冻结止付。银行应当在核押和国债承销兑付银行承诺或办理止付手续后，方可办理质押贷款。

3. 妥善保管质押凭证式国债权利凭证

贷款银行对出质人交付的凭证式国债权利凭证负有保管义务。若权利凭证发生灭失、毁损或被提前支取的，所造成损失由银行承担（《物权法》第二百一十五条、《担保法》第六十九条）。

四、凭证式国债质权的实行方式

《担保法》第七十七条规定："以载明兑现或者提货日期的汇票、支票、本票、债券、存款单、仓单、提单出质的，汇票、支票、本票、债券、存款单、仓单、提单兑现或者提货日期先于债务履行期的，质权人可以在债务履行期届满前兑现或者提货，并与出质人协议将兑现的价款或者提取的货物用于提前清偿所担保的债权或者向与出质人约定的第三人提存。"《物权法》第二百二十五条也作出了同样的规定。据此规定，贷款银行可以通过处分凭证式国债来实现质权。质权人处分凭证式国债主要有两种形式：

第一，如果凭证式国债到期日先于贷款到期日，贷款银行应当及时办理凭证式国债兑付，并与出质人协议将款项或用于提前偿还贷款本息，或者向与出质人约定的第三人提存。贷款期限届满后，若债务人未履行债务，银行对提存的款项行使优先受偿权；若

债务人履行了债务的,提存的款项返还出质人。

第二,如果凭证式国债到期日后于贷款到期日,贷款期限届满后债务人未能偿还贷款,银行应当于凭证式国债到期日办理兑付,以实现的款项偿还贷款;若债务人履行了债务,银行应将凭证式国债权利凭证返还出质人。

第三节 存单(折)质押

一、存单(折)及其质押

存单(折)是受理存款的银行向存款人签发的一种存款单据,其票面载明了存款人与银行之间的债权债务关系,是银行约定按期还本付息的有价证券。存单(折)同时又是银行与存款人确立存款合同关系的凭证,记载了两者之间的权利义务,是银行凭此办理存款,存款人(储户)办理取款的一种信用凭证。存单多用于一次存入、一次支取的整存整取存款。而存折则多用于收付次数较多,具有连续性的存款种类。

根据《担保法》第七十五条第(一)项和《物权法》第二百二十三条的规定,存单(折)可以设定质押权。存单(折)质押,指债务人或第三人以其所有的存单(折)作为履行债务的担保方式。办理存单(折)质押应当遵守《物权法》、《担保法》、《关于适用〈担保法〉若干问题的解释》、国务院《储蓄管理条例》(国务院令第107号[1992])和《个人存款账户实名制规定》(国务院令第285号[2000])、中国人民银行《单位定期存单质押贷款管理规定》(银发[1999]302号)等规定。

银行存单(折)种类繁多,主要有活期储蓄存单(折)、定活两便储蓄存单(折)、个人通知储蓄存单(折)、整存整取定期储蓄存单(折)、零存整取定期储蓄存单(折)、教育储蓄定期存单(折)、存本取息定期储蓄存单(折)、单位定期存单(折)等。目前,可以用于质押的存单主要包括个人整存整取定期储蓄存单(折)和单位定期存单(折)两种。

单位定期存单(折),指借款人为办理质押贷款而委托贷款人依据开户证实书向接受存款的金融机构申请开具的人民币定期存款权利凭证。单位定期存单(折)只能为质押贷款的目的而开立和使用。单位在金融机构办理定期存款时,金融机构为其开具的"单位定期存款开户证实书"不得作为质押的权利凭证(《单位定期存单质押贷款管理规定》第三条)。

二、存单(折)质押的合法性要求

(一)签订书面的质押合同并办理质押登记

存单(折)质押与凭证式国债质押一样,出质人与贷款银行应当根据《担保法》第六十四条和《物权法》第二百二十四条的规定,以书面形式订立质押合同。根据《担保法》第四十三条的规定,合同当事人可以自愿向所在地的公证机构提出质押登记,贷款银行自公证机构出具"质押登记证书"之日起获得对抗第三人的权利。

（二）出质人向贷款银行交付存单（折）

贷款银行应当根据《担保法》第七十六条和《物权法》第二百二十四条的规定，要求出质人按合同的约定交付存单（折），质权自存单（折）权利凭证交付之日起设立。

（三）已经质押的存单（折）不能转让或者再质押

根据最高人民法院《关于适用〈担保法〉若干问题的解释》第一百零一条的规定，存单（折）出质后，贷款银行不得转让或者再质押存单（折），转让或者再质押的行为无效。

三、存单（折）质押的合规性要求

（一）银行可以接受质押的存单（折）

金融机构出具的真实、合法、有效的存单（折）依法都可以出质，不存在任何法律障碍。但是，由于存单（折）可以通过挂失制度重新补领或者支取存款，以其出质只有经过开具存单（折）的金融机构确认并办理存款止付后，才能够起到质押担保的作用。因此，银行是否能够核实权利凭证的真实性并能及时有效地止付存款，是存单（折）出质能否被接受的前提。例如，建设银行《关于进一步加强贷款权利质押管理的通知》（建总发〔2003〕211号）规定，建设银行可受理出质的存单（折）限于建设银行系统开具的个人定期储蓄存单。一般地说，商业银行可以接受下列存单（折）出质：

1. 同城同系统金融机构开具的个人整存整取定期储蓄存单（折）和单位定期存单（折）。

2. 实现数据集中的不同城同系统金融机构开具的个人整存整取定期储蓄存单（折）和单位定期存单（折）。

已经实现通存通兑的金融机构，可以通过计算机系统确认不同城市之间存单（折）的真实性，并能及时有效地办理存款止付。因而，这类金融机构开具的个人整存整取定期储蓄存单（折）和单位定期存单（折），可以视为同城同系统出具的存单（折）。

3. 负有核实与止付义务的不同系统金融机构开具的个人整存整取定期储蓄存单（折）和单位定期存单（折）。

不同系统的其他金融机构开具的存单（折），如果金融机构省级分行之间已经签订了合作协议，能够核实存单（折）的真实性且能及时有效地办理存款止付的，也可以视为同城同系统开出的存单（折）。

4. "定期一本通"存折。个人"定期一本通"存折，可视为个人定期存单。

（二）存单（折）质押材料完整

出质人以存单（折）出质，商业银行应当收集但不限于以下材料：

1. 出质人的主体资格证明文件。具体要求详见本章第二节凭证式国债质押，下同。

2. 出质人有权决策机关同意质押的书面决议文件。

3. 出质的存单（折）权利凭证原件。

4. 凭密码、印鉴支取的存单（折），银行应要求出质人提供密码、印鉴并按要求验证密码、印鉴。

(三) 存单 (折) 质押操作要求

商业银行办理存单 (折) 质押应当注意以下几个问题:

1. 存单 (折) 质押材料真实、合法、有效

银行应当认真审核出质人提交的材料。具体要求详见本章第二节凭证式国债质押,下同。

2. 办理核押与止付手续

银行应通过计算机系统确认出质存单 (折) 的真实性,查询该权利凭证是否已经出质、挂失或被冻结止付。如果出质的存单 (折) 系非同城同系统金融机构出具的,银行还应依双方合作协议的约定,请求出具存单 (折) 的金融机构确认存单 (折) 的真实性并办理止付。银行应当在核押和止付手续办妥后,方可办理质押贷款。根据《关于适用〈担保法〉若干问题的解释》第一百条的规定,存单 (折) 签发银行核押后又受理挂失并造成存款流失的,应承担民事责任。

3. 妥善保管质押存单 (折) 权利凭证

根据《物权法》第二百一十五条、《担保法》第六十九条的规定,贷款银行对出质人交付的存单 (折) 权利凭证负有保管义务。若权利凭证发生灭失、毁损或被提前支取的,所造成损失由银行承担。

四、存单 (折) 质权的实行方式

根据《物权法》第二百二十五条和《担保法》第七十七条的规定,质权人可以通过处分存单 (折) 来实现质权。贷款银行处分存单 (折) 有两种形式:

1. 如果存单 (折) 到期日先于贷款到期日,贷款银行应当及时办理兑付,并与出质人协议将款项或用于提前偿还贷款本息,或者向与出质人约定的第三人提存。贷款期限届满后,若债务人未履行债务,银行对提存的款项行使优先受偿权;若债务人履行了债务,提存的款项返还出质人。

2. 如果存单 (折) 到期日后于贷款到期日,贷款期限届满后债务人未能偿还贷款,贷款银行应当于到期日行使存单 (折) 权利,以实现的款项偿还贷款;若债务人履行了债务,银行应将质押的存单 (折) 返还出质人。

第四节 票据质押

一、票据与票据质押

票据,指以约定一定日期及地点,由出票人或者委托他人无条件支付一定金额为目的的有价证券。《中华人民共和国票据法》(以下简称《票据法》) 规定的票据分为汇票、本票、支票三种。

汇票,指由出票人签发的,委托付款人在见票时或者在指定的日期,无条件支付确定金额给收款人或者持票人的票据。汇票依据不同的划分标准,可以分为不同种类:依据出票人不同,分为银行汇票、商业汇票。在商业汇票中,又可依据承兑人不同,分为

银行承兑汇票和商业承兑汇票；依据汇票指定付款期间不同，分为即期汇票（见票即付汇票）、远期汇票；依据汇票付款是否需要附随其他单据，分为光票汇票、跟单汇票，等等。

本票，指由出票人签发的，承诺自己在指定日期或者见票时，无条件支付确定金额给收款人或者持票人的票据。《票据法》对本票的使用作了较为严格的限制，规定本票仅为银行本票，不允许商业本票存在，禁止非银行机构签发本票。

支票，指由出票人签发的，委托办理支票存款业务的银行或者其他金融机构，在见票时无条件支付确定金额给收款人或者持票人的票据。根据《票据法》的规定，支票分为普通支票、转账支票、现金支票三种。

根据《物权法》第二百二十三条、《担保法》第七十五条第（一）项和《票据法》第三十五条第二款的规定，票据可以质押。票据质押，指债务人或第三人以其所有的票据作为履行债务的担保方式。办理票据质押应当遵守《物权法》、《担保法》、《票据法》、《关于适用〈担保法〉若干问题的解释》和《关于审理票据纠纷案件若干问题的规定》（法释［2000］32号）以及中国人民银行《支付结算办法》（银发［1997］393号）等规定。目前，可以用于质押的票据主要是汇票。

应当指出，《担保法》与《票据法》在票据质押成立条件上存在立法冲突：

《担保法》并未明文规定票据设质背书是质权生效的要件。《担保法》第七十六条规定："以汇票、支票、本票、债券、存款单、仓单、提单出质的，应当在合同约定的期限内将权利凭证交付质权人。质押合同自权利凭证交付之日起生效"。可见，《担保法》只是把权利凭证交付作为质权生效的要件，而并未将票据设质背书作为质权生效的要件之一。《关于适用〈担保法〉若干问题的解释》第九十八条虽然规定了没有背书记载"质押"字样不能对抗第三人，但是也没有把背书质押作为票据质押的生效要件："以汇票、支票、本票出质，出质人与质权人没有背书记载'质押'字样，以票据出质对抗善意第三人的，人民法院不予以支持。"

然而，《票据法》却明确规定票据质押应当以质押背书为生效要件。《票据法》第三十五条第二款规定："汇票可以设定质押；质押时应当以背书记载'质押'字样。被背书人依法实现其质权时，可以行使汇票权利。"

笔者认为，票据质押的生效要件应当以《票据法》规定为准，即票据质押应当在票据上背书"质押"字样。理由有三：

其一，从法律的位阶角度看，《票据法》是民法的特别法，而《担保法》为一般法，按特别法优于一般法的法理原则，在票据上设定质权应当适用《票据法》的规定。

其二，从票据的特征角度看，票据为文义证券，票据的权利内容，完全依票据上所载文义确定，而不能进行任意解释或者依据票据以外的其他文件确定。背书人在票据上进行质押背书并将票据交付被背书人，而被背书人受领票据，这些行为即能表示双方已经达成质押的合意，而无须另行签订质押合同。

其三，从票据权利实现角度看，如果票据质押仅有书面质押合同并交付票据便能生效，在实践中质权人将难以实行质权。因为，质权人不能以未记载自己姓名的票据来实现债权，当质权人提示付款时，付款人完全可以背书不连续为由而拒绝付款。

二、票据质押的合法性要求

(一) 质押票据应当合法有效且可以背书转让

票据是要式证券,票据的格式、记载事项、记载方式都由《票据法》加以明确规定。合法有效的票据,应当记载事项齐全、记载方式符合规定、背书连续。金额大小写不一致的票据,金额、日期、收款人名称更改的票据,都是无效票据(《票据法》第八条、第九条)。无效票据、被拒绝承兑和拒绝付款的票据、超过付款提示期限的票据,由于票据权利不能实现,商业银行不应接受这些票据质押。

出质的票据应当是依法可以背书转让的票据。不能背书转让的票据,由于不具有让与性,不应设定质押。《票据法》第二十七条第二款规定:"出票人在汇票上记载'不得转让'字样的,汇票不得转让。"《票据法》第三十四条还规定:"背书人在汇票上记载'不得转让'字样,其后手再背书转让的,原背书人对后手的被背书人不承担保证责任。"最高人民法院《关于审理票据纠纷案件若干问题的规定》第五十三条规定:"依照《票据法》第二十七条的规定,出票人在票据上记载'不得转让'字样,其后手以此票据进行贴现、质押的,通过贴现、质押取得票据的持票人主张票据权利的,人民法院不予以支持。"第八条第(五)项也明确规定,人民法院可以对记载有"不得转让"字样而用于质押的票据采取保全措施或执行措施。最高人民法院上述规定表明,我国审判机关对记载有"不得转让"字样的票据质押持否定态度。

根据《票据法》的规定,不能背书转让的票据包括:

1. 出票人在票据上记载有"不得转让"字样的票据

《票据法》第二十七条第二款规定:"出票人在汇票上记载'不得转让'字样的,汇票不得转让。"出票人在票据上记载"不得转让"字样,实质是其在创设票据权利时就禁止背书行为,即排除了票据的流通性,因而任何背书都不发生相应的法律效力。这种由出票人记载"不得转让"的票据,由于排除了持票人背书转让,质权人以质押方式取得的票据无法实现票据权利。

如果是背书人在票据上记载"不得转让"字样,虽然仍然可背书转让或者出质担保,但质权人不能对该背书人行使追索权,增加了票据质押的风险。

2. 票据上记载有"委托收款"字样的票据

根据法律规定,票据背书可分为转让背书和非转让背书。以转让票据权利为目的背书为转让背书;以授予他人行使一定的票据权利为目的背书为非转让背书。根据《票据法》第三十五条第一款的规定,持票人可以在票据上记载"委托收款"的方式委托被背书人代理取款。这种背书属于非转让背书,背书人与被背书人仅是一种代理委托收款的关系,并非实际占有票据权利。因此,被背书人不得再以背书方式转让或出质票据权利,否则便构成越权代理。

3. 填明"现金"字样的票据

中国人民银行《支付结算办法》第二十七条规定:"票据可以背书转让,但填明'现金'字样的银行汇票、银行本票和用于支取现金的支票不得背书转让。"根据该条款规定,填明"现金"字样的票据,由于不能背书转让,因而也不能背书质押。

4. 票据上记载"质押"字样的票据

最高人民法院《关于审理票据纠纷案件若干问题的规定》第四十七条规定："因票据质权人以质押票据再行背书质押或者背书转让引起纠纷而提起诉讼的，人民法院应当认定背书行为无效。"据此规定，已经背书质押的票据，质权人不得以该票据再次背书质押或背书转让。

（二）签订书面的质押合同并办理质押登记

以依法可以转让的票据出质的，出质人与贷款银行应当订立书面质押合同。合同当事人可以自愿向所在地的公证机构申请质押登记，贷款银行自公证机构出具"质押登记证书"之日起获得对抗第三人的权利。

质押合同除应具备《物权法》、《担保法》、《合同法》要求的基本条款外，还应在合同中明确约定担保主债务的金额、期限；质押票据的号码、金额、出票人名称、付款人名称、出票日期；质押担保的范围，票据交付的时间及方式等条款。由于票据付款期限通常较短，如果票据付款期限先于债务履行期限时，合同中还应当明确约定票据权利实现方式，所实现的票据权利是否用于提前清偿所担保的债务等条款。

（三）出质人在票据上背书"质押"字样并签章

根据《票据法》第三十五条第二款和《关于审理票据纠纷案件若干问题的规定》第五十五条的规定，以票据设定质押的，出质人应当在票据上记载"质押"字样，并分别在票据背书人栏与被背书人栏上签章和记载被背书人即贷款银行的名称。《关于审理票据纠纷案件若干问题的规定》第五十五条规定："出质人未在汇票、粘单上记载'质押'字样而另行签订质押合同、质押条款的，不构成票据质押。"可见，出质票据的文义记载与签章符合法律规定，是票据质押关系成立不可或缺的两个形式要件。

（四）出质人向贷款银行交付票据

根据《物权法》第二百二十四条和《担保法》第七十六条的规定，贷款银行应当要求出质人交付票据，质权自票据权利凭证交付之日起设立。

（五）已经质押的票据不能再背书转让或者背书质押

最高人民法院《关于审理票据纠纷案件若干问题的规定》第四十七条规定："因票据质权人以质押票据再行背书质押或者背书转让引起纠纷而提起诉讼的，人民法院应当认定背书行为无效。"根据该条款以及《关于适用〈担保法〉若干问题的解释》第一百零一条的规定，贷款银行不得再行背书质押或者背书转让已经质押的票据权利，转让或者再质押的行为无效。

（六）公示催告的票据不能质押

最高人民法院《关于审理票据纠纷案件若干问题的规定》第三十四条规定："依照民事诉讼法第一百九十五条第二款的规定，在公示催告期间，以公示催告的票据质押、贴现，因质押、贴现而接受该票据的持票人主张票据权利的，人民法院不予支持，但公示催告期间届满以后人民法院作出除权判决以前取得该票据的除外。"据此，在公示催告期间，公示催告的票据不能质押。

三、票据质押的合规性要求

（一）出质的票据为本行制度所接受

从法律角度上说，汇票、本票、支票三种票据依法都可以出质，不存在任何法律障碍。但是，就合规性而言，银行是否接受或接受何种票据出质，应严格遵守本商业银行关于票据质押的相关规定。目前，商业银行一般都可以接受汇票出质，但对于本票与支票质押，各商业银行则有所不同。

（二）票据质押材料完整

出质人以票据质押，商业银行应当收集但不限于以下材料：

1. 出质人的主体资格证明文件。
2. 出质人有权决策机构同意质押的书面决议文件。
3. 出质的票据权利凭证原件。
4. 票据项下的商品、劳务交易合同文本，以及票据项下的交易确已履行的相关凭证。例如，出质人与出票人或其直接前手之间的增值税发票，或者其他能够证明持票人合法持有票据的其他证明材料。

（三）票据质押操作要求

商业银行办理票据质押应当注意以下几个问题：

1. 票据质押材料真实、合法、有效
2. 出质人是票据的合法持有人

银行应从以下方面审查出质人是否为票据的合法持有人：

（1）交易合同是否确已经履行，增值税发票与票据项下商品交易合同是否一致；

（2）出质人是否为票据所记载的收款人或最后被背书人，或者是否具有取得票据的合法证明，如判决、裁定等法律文书；

（3）持票人有无偷盗、伪造或是胁迫取得票据的嫌疑，或者明知有欺诈、偷盗或是胁迫等情形而出于恶意取得的票据；

（4）债务人或者出票人与出质人之间是否存在抗辩事由。

3. 票据真实、合法、有效

银行应从以下方面审查票据是否真实、合法、有效：

（1）票据格式是否为中国人民银行规定的统一式样；

（2）票据上记载要素是否完整、规范、合法；

（3）签章是否符合规定，印模是否清晰；

（4）记载事项是否齐全，是否表明不得记载事项，票据金额是否以中文大写与阿拉伯数字同时记载，票据金额、日期、收款人名称是否有更改，其他事项更改时是否有原记载人签章证明；

（5）票据背书是否连续，背书使用粘单的是否按规定在黏结处签章。

4. 票据是可以出质的票据

银行应从以下方面审查票据是否可以出质：

（1）票据上是否注明有"不得转让"、"委托收款"、"现金"或"质押"等不宜设质的字样；

(2) 票据是否处于公示催告期间。

5. 票据的出票人和承兑人符合商业银行相关规定

为了防范票据风险，各商业银行对票据的出票人、承兑人或付款人一般都提出了要求，银行应当审查出质票据的出票人、承兑人或付款人是否符合本商业银行的相关规定：

(1) 银行承兑汇票的承兑银行是否属于本商业银行可接受的承兑银行；

(2) 商业承兑汇票的承兑企业是否为符合本商业银行规定条件的企业；

(3) 银行汇票与银行本票的出票人和付款人是否属于本商业银行认可的签发和兑付银行。

6. 查询核实出质票据

(1) 以商业汇票（银行承兑汇票、商业承兑汇票）出质的，商业银行应向承兑人查询核实，取得承兑人的书面回复；

(2) 以银行汇票、银行本票出质的，商业银行应同时向出票行和代理付款行查询，并取得代理付款行同意付款的书面意见。

7. 妥善保管质押票据权利凭证

四、票据质权的实行方式

根据《物权法》第二百二十五条和《担保法》第七十七条的规定，贷款银行实行票据质权有以下三种方式：

1. 如果票据到期日先于贷款到期日，贷款银行应当在法定付款提示期内行使票据权利，办理收款手续，并与出质人协议将款项或用于提前偿还贷款本息，或者向与出质人约定的第三人提存，防止因票据期限届满而付款请求权不能得以实现。贷款期限届满后，若债务人未履行债务，银行对提存的款项行使优先受偿权；若债务人履行了债务，提存的款项返还出质人。

2. 如果票据到期日后于贷款到期日，贷款期限届满后，若债务人未能偿还贷款的，贷款银行应当于到期日行使票据权利，以实现的票据款项偿还贷款本息；若债务人履行了债务，银行应将票据权利凭证返还出质人。

3. 如果票据付款请求权被拒绝，贷款银行应及时行使追索权。追索权行使的对象可以是出票人、背书人以及票据的其他债务人，银行可以对其中任何一人、数人或全体债务人行使追索权。追索权必须在法定期限内行使，否则，票据权利因不行使而消灭。根据《票据法》第十七条的规定，票据权利在下列期限内不行使而消灭：

(1) 持票人对票据的出票人和承兑人的权利，自票据到期日起 2 年；见票即付的汇票、本票，自出票日起 2 年；

(2) 持票人对支票出票人的权利，自出票日起 6 个月；

(3) 持票人对前手的追索权，自被拒绝承兑或者被拒绝付款之日起 6 个月；

(4) 持票人对前手的再追索权，自清偿日或者被提起诉讼之日起 3 个月。

票据的出票日、到期日由票据当事人依法确定。

五、注意事项

(一) 票据上记载有"不得转让"字样的票据并非绝对不能出质

出票人在票据上记载"不得转让"字样，表明其在创设票据权利时限制了票据的流通，这类票据是绝对不可以设定质权的。但是，并非所有记载"不得转让"字样的票据都不能出质。《票据法》第三十四条规定："背书人在汇票上记载'不得转让'字样，其后手再背书转让的，原背书人对后手的被背书人不承担保证责任。"《关于审理票据纠纷案件若干问题的规定》第五十四条规定："依据《票据法》第三十四条和第三十五条的规定，背书人在票据上记载'不得转让'字样，其后手以此票据进行贴现、质押的，原背书人对后手的被背书人不承担票据责任。"根据上述规定，笔者认为：背书人在票据上记载"不得转让"字样，只是排除了背书人对其后手的被背书人的票据责任，并不会因此影响出票人、承兑人以及背书人之前手的票据责任，更不会影响质押的效力。持票人以该票据出质的，银行在行使票据质权时只能向出票人、承兑人以及原背书人之前手主张票据权利，而不能向原背书人及其后手主张票据权利。这类票据可以质押但存在一定风险，是否接受质押取决于贷款银行对风险的判断与控制能力。

(二) 票据到期日影响着贷款的期限

如前所述，贷款银行应当在票据到期日持票向承兑银行提示付款，行使票据权利。如果票据到期日后于贷款到期日，债务人到期不偿还贷款的，贷款自期限届满至票据到期日便处于逾期状态，兑现票据的款项也就有可能不足以清偿全部贷款本息；如果票据到期日先于贷款到期日，银行应当在法定付款提示期内行使票据权利。否则，待到贷款期限届满时，票据权利可能已经丧失。因此，商业银行在受理票据质押时，应充分关注质押票据的到期日，做好票据到期日与贷款到期日的匹配工作。一般地说，由于票据期限相对较短，以票据出质大多适合短期融资或期限较短的流动资金贷款。

(三) 质权消灭后质权人如何将质押票据返还出质人

票据质权因所担保的主债权得到清偿等原因而消灭时，质权人应以何种方式将质押票据退还出质人。关于这个问题，我国的法律、法规与规章并没有明确规定。在实务中，可供质权人选择的处理方式有：

1. 以背书转让的方式退还

最高人民法院《关于审理票据纠纷案件若干问题的规定》第四十七条规定："因票据质权人以质押票据再行背书质押或者背书转让引起纠纷而提起诉讼的，人民法院应当认定背书行为无效。"据此，已经背书质押的票据，质权人再次背书转让票据权利的，背书行为无效。因此，采取此种方式将质押票据退还给出质人，出质人会因质权人的背书行为无效而不享有票据权利。

2. 直接将票据退还并出具质权消灭书面证明

首先，票据是一种文义证券，票据上的权利和义务以票据上所记载的文义决定其效力。票据由出质人背书质押后，票据权利就转移由质权人享有和行使，不能以票据之外的任何理由来变更它的效力。

其次，票据是一种无因证券，票据行为以签名及交付而完成，不问其行为有无原因或其原因是否正当。票据债务人自票据行为完成之时起,就要对善意人承担票据责任。而对于持票人来说,行使权利也不必证明取得票据的原因,只要根据票面记载的内容,就可以请求支付票据金额,票据债务人不能以缺少票据接受的原因而拒绝持票人的请求。

因此,质权人出具票据质权消灭的书面证明不能起到证明出质人享有票据权利的作用。

3. 票据到期解付后将款项退归出质人

质权人与出质人协商一致,由质权人继续保管票据,待票据到期解付后再将款项退归出质人。这种方式的操作风险与法律风险都很小,应该说是可行的。但是,这种方式没有考虑到资金的机会成本,影响了票据的流通,妨碍票据融资功能的发挥。

4. 直接将票据退还不作任何记载和说明

这种处理方式在理论和制度上具有一定依据。

第一,从理论上说,享有质权以占有票据为要件,质权人将票据返还出质人后,质权因票据的占有丧失而消灭,出质人行使票据权利或再背书转让时,只以持有票据为必要条件而无须证明票据质押是否解除。持反对意见的人认为,采用单纯交付的方式退还质押票据,因出质人不是票据最后的被背书人,其在行使票据权利或再背书转让时,会因背书不连续而遇到障碍。这种意见源于对"背书连续"的一种误解。根据票据法理论,背书连续是指转让背书的连续,并不包括非转让背书在内。如果在各项背书中存在委托收款背书或质押背书的,并不影响背书连续的认定。《票据法》第三十一条规定,"背书连续是指在票据转让中,转让汇票的背书人与受让汇票的被背书人在汇票上的签章依次前后衔接"。可见,背书连续的界定限定在票据转让,质权人以单纯交付的方式将质押票据退还出质人,并不影响背书的连续性,也不会影响质权人行使票据权利或再背书转让。

第二,从制度上说,中国人民银行《关于完善票据业务制度有关问题的通知》(银发〔2005〕235号)第二条第(二)项规定:"主债务履行完毕,票据解除质押时,被背书人应以单纯交付的方式将质押票据退还背书人。票据到期时,由持票人按支付结算制度的有关规定行使票据权利。"中国人民银行上述规定为采用单纯交付的方式退还质押票据提供了制度依据。

第五节 仓单、提单质押

一、仓单、提单及其质押

(一) 仓单的含义

仓单,指仓库保管人在收到仓储物时应寄托人(存货人)的请求而填发,以给付一定物品为内容的物品证券。根据《合同法》第三百八十六条的规定,仓单应当记载下列事项:寄托人的名称或者姓名和住所,储存场所,仓储物的品种、数量、质量、包装、标记,仓储物的损耗标准,储存期间,仓储费用,仓储物保险金额、期间以及保险人名称，仓单填发人、填发地和填发日期等内容。行使仓单上记载的权利或对权利进行处分，以占有仓单为要件；请求保管人交回寄托物品，必须向保管人交还仓单。仓单可以通过背书方式转让给受让人。

（二）提单的含义

提单，指用于证明海上货物运输合同和货物已经由承运人接受或者装船，以及承运人保证据以交付货物的单证。提单中载明向记名人交付货物，或者按照指示人的指示交付货物，或者向提单持有人交付货物的条款，构成承运人据以交付货物的保证。常见的提单有三种，不同种类提单的转让性是有区别的：记名提单不得转让；指示提单经过记名背书或者空白背书转让；不记名提单无须背书即可转让（《海商法》第七十一条、第七十九条）。

仓单和提单都是以给付一定物品为内容的物品证券，它们与票据、凭证式国债、存单（折）一样，是以有价证券表示的债权，属于证券债权，与证券不可分离，持有证券才能享有权利和行使权利。仓单与提单的证券性质，赋予持有人占有货物的权利，谁持有仓单或提单，谁就有权要求义务人交付仓单或提单项下的货物，而不必证明取得仓单或提单的原因，仓单或提单的义务人也不能以缺少仓单或提单接受的原因而拒绝持有人的请求。

（三）仓单、提单质押

根据《担保法》第七十五条第（一）项和《物权法》第二百二十三条的规定，仓单、提单可以质押。仓单、提单质押，指债务人或第三人以其所有的仓单、提单作为履行债务的担保方式。办理仓单、提单质押应当遵守《物权法》、《担保法》、《合同法》、《海商法》和《关于适用〈担保法〉若干问题的解释》等规定。

二、仓单、提单质押的合法性要求

（一）仓单记载事项齐全并由保管人签章

仓单是要式有价证券，其格式与记载内容均有法律明确规定。合法有效的仓单应当符合《合同法》第三百八十六条的规定，记载事项齐全，并经保管人签字盖章。

（二）提单格式与记载事项符合国际惯例要求

提单是要式有价证券，其格式与记载内容应当符合国际惯例，符合《海商法》第七十一条、第七十三条的规定。提单必须是承运人或承运人的授权人签发。提单由载货船舶的船长签发的，视为代表承运人签发。

（三）仓单质押应经保管人签字或者盖章

《合同法》第三百八十七条规定："存货人或者仓单持有人在仓单上背书并经保管人签字或者盖章的，可以转让提取仓储物的权利。"据此，仓单质押应经保管人签字或者盖章。

（四）提单质押应由出质人在提单背书"质押"字样并签章

提单作为物品证券，其在转让时应当遵守证券转让的一般规定。即以提单设定质权的，出质人应当在提单上记载"质押"字样，并分别在提单背书人栏与被背书人栏上签章和记载被背书人即贷款银行的名称。未经背书"质押"字样的提单，不得对抗第三人。

（五）仓单的转让背书应当连续

（六）记名提单不能质押

承运人在签发提单的同时限定提货人的，形成记名提单。记名提单是承运人在创设提单权利时禁止背书转让的一种行为，即排除了提单的流通性，因而任何背书都不发生相应的法律效力。记名提单由于排除了持单人背书转让的可能，质权人以质押方式取得的记名提单无法实现提单权利。

（七）已经质押的仓单、提单不能转让或者再质押

根据《关于适用〈担保法〉若干问题的解释》第一百零一条的规定，仓单、提单出质后，质权人转让或者再质押仓单、提单的行为无效。

（八）签订书面的质押合同并办理质押登记

仓单、提单质押与凭证式国债、存单（折）等权利质押一样，出质人与质权人应当订立书面质押合同。合同当事人可以自愿向所在地的公证机构申请质押登记，贷款银行自公证机构出具"质押登记证书"之日起获得对抗第三人的权利。

出质人以仓单质押的，银行还应当与仓储方、出质人签订质押监管协议书，约定仓储方的义务。例如，在质押监管协议书中约定以下内容：自三方签订质押监管协议书之日起至贷款银行发出解除质押通知书期间，未经贷款银行书面同意，仓储方不得以任何理由接受出质人对仓单的挂失、更改、注销等申请。在贷款银行依法或依其与出质人之间的协议，要求处分质押仓单项下的货物以实行质权时，仓储方有义务予以协助、配合。

如果仓单项下的货物采用浮动质押方式，允许出质人在一定范围内处分货物的，应当在合同中明确约定：质押仓单项下货物的销售款必须回笼到贷款银行指定的账户；当价格波动导致质押仓单项下的货物价值下跌达到一定幅度时，出质人、借款人应当依贷款银行的要求补货、补款。否则，银行有权平仓抛售或转让该货物。

（九）出质人向贷款银行交付仓单、提单

贷款银行应当根据《物权法》第二百二十四条和《担保法》第七十六条的规定，要求出质人在合同约定的期限内交付仓单、提单，质权自仓单、提单交付银行之日起设立。

三、仓单、提单质押的合规性要求

（一）仓单、提单质押为本行制度所允许

从法律角度上说，仓单、提单依法都可以出质，不存在任何法律障碍。但是，就合规性而言，银行是否接受仓单、提单质押，应遵守本商业银行的相关规定。

（二）仓单、提单质押材料完整

出质人以仓单、提单质押，商业银行应当收集但不限于以下材料：

1. 出质人的主体资格证明文件。
2. 出质人有权决策机构同意质押的书面决议文件。
3. 出质的仓单、提单权利凭证原件。承运人签发提单以外的单证，有的是承运人

用于证明收到待运货物，系承运人订立海上货物运输合同的凭证，不具有提单性质。此类单证不得转让，因此也不得质押。

4. 仓单、提单项下货物权属证明文件、货物交易背景资料、货物清单、货物保险单证等。

5. 能够证明质物原值、现值的资料及其初步估价报告。

（三）仓单、提单质押操作要求

商业银行办理仓单、提单质押应当注意以下几个问题：

1. 仓单、提单质押材料真实、合法、有效

2. 出质人是仓单、提单的合法持有人

银行应当认真审核出质人的主体资格证明文件，确认出质人与仓单、提单持有人一致，是仓单、提单的合法持有人。

3. 仓单、提单的签发人资信优良

银行应当认真审核仓单仓储人（保管人）和提单承运人的资信，选择资信良好、实力雄厚、履约能力强的企业出具或签发的仓单、提单。

4. 仓单、提单项下的货物具有良好的流通性

仓单、提单质押实质是以仓单、提单项下的货物作为履行债务的担保，当债务人不履行到期债务或者发生当事人约定实现质权的情形时，贷款银行通过处分货物以所得价款实现债权。如果货物不能流通或被限制流通，银行通过处分货物实现债权将变得非常困难。因此，商业银行应当对仓单、提单项下货物的流通性进行审查，选择流通性良好的货物仓单、提单质押，不应接受法律法规禁止或限制流通的货物仓单、提单出质。

5. 仓单、提单真实、有效

商业银行应当向仓单的保管人、提单的承运人核实仓单、提单的真实性和有效性，谨防出质人以伪造、变造、失效的仓单、提单质押骗取银行贷款。

6. 妥善保管质押仓单、提单权利凭证

四、仓单、提单质权的实行方式

根据《担保法》第七十七条和《物权法》第二百二十五条的规定，贷款银行实行仓单、提单质权有以下三种方式：

1. 如果仓单、提单提货日期先于贷款到期日，贷款银行可以在规定期间内办理提货手续，并与出质人协议变卖货物以所得货款提前偿还贷款本息，或者向与出质人约定的第三人提存货物，防止质押权利灭失或货物毁损。贷款期限届满后，若债务人未履行债务，银行依法拍卖、变卖提存的货物，以所得款项实现债权；若债务人履行了债务，提存的货物归还出质人。如果提存的货物在保管或价格方面出现问题，银行应及时与出质人协商处理，避免损失进一步扩大。

2. 如果仓单、提单提货日期后于贷款到期日，贷款期限届满后，若债务人未能偿还贷款的，银行应当及时行使仓单、提单质权，依法拍卖或变卖仓单、提单，或者于仓单、提单到期日提取货物依法拍卖或变卖，以所得款项实现债权；若债务人履行了债务，银行应将仓单、提单权利凭证返还出质人。

3. 如果因保管人或承运人原因导致银行质权无法实行，贷款银行应及时向保管人或承运人主张权利，要求保管人或承运人承担损害赔偿责任。

五、注意事项

（一）关注质押仓单、提单项下货物的流通性

以仓单、提单质押，债权人并不是为了取得仓单、提单权利凭证本身，也不是为了取得仓单、提单项下的货物，而是为了在债务人不履行债务时，将仓单、提单项下的货物转让变现，以实现担保价值。所以，如果仓单、提单项下货物不能流通、转让，不易变现或保值，质权人的利益将不能或很难得以实现。因此，商业银行应当关注质押仓单、提单项下货物的流通性，充分评估货物的变现能力。

（二）关注质押仓单、提单的其他担保权利

《担保法》第八十四条规定："因保管合同、运输合同、加工承揽合同发生的债权，债务人不履行债务的，债权人有留置权。"第八十二条又规定："本法所称留置，是指依照本法第八十四条的规定，债权人按照合同约定占有债务人的动产，债务人不按照合同约定的期限履行债务的，债权人有权依照本法规定留置该财产，以该财产折价或者以拍卖、变卖该财产的价款优先受偿。"《物权法》第二百三十条规定："债务人不履行到期债务，债权人可以留置已经合法占有的债务人的动产，并有权就该动产优先受偿。"依据上述规定，在保管、运输合同中，如果仓单、提单的债务人（货主）不履行债务，仓单的仓储人（保管人）、提单的承运人有留置货物的权利。留置权是法定担保物权，不需要当事人约定，当法律规定的条件具备时，留置权便自行产生，这点与抵押权、质权不同。如果债务人在一定期限内仍不履行债务，留置权人（债权人）即可以将留置物折价，或者拍卖、变卖留置物，以其变价款优先受偿。留置权人这项权利，对抗债务人的其他债权人例如抵押权、质权等债权人，具有优先受偿的特权。因此，银行在受理仓单、提单质押时，应当审查仓单、提单项下的货物是否存在留置权和将来是否会产生留置权，评估留置权对银行质权实行的影响。

第六节 股份、股票质押

一、股份、股票及其质押

（一）股份、股票的含义

股份是股份有限公司中均分公司全部资本的最基本的计量单位。股份有限公司的每一股份都代表一定的资本额，每股资本额都相等，每股资本额乘以股份总数便构成了股份有限公司的资本总额。因此，股份是股份有限公司资本和股东权利的抽象含义，具有财产价值，可以转让。

股票是由股份有限公司签发、证明股东所持股份的凭证，代表股东对股份有限公司的所有权。股票代表一定的财产权利，是一种有价证券。同时，股票票面上记载的内容具有法律效力，它又是一种要式证券。

一般而言，股票具有六个特征，即

风险性——预期收益不确定；

收益性——可定期获取红利；

流动性——持有人可自由转让股票；

参与性——股东可参与公司的经营决策；

波动性——股票的实际交易价格波动不定。

股份与股票都代表股东对公司拥有的所有权，具有财产价值，可以转让。一定量的股票代表一定份额的股份，但并不是所有股份都以股票形式表现。

（二）有限责任公司和股份有限公司

根据《公司法》的规定，我国的公司以股东对公司承担责任的不同，分为有限责任公司和股份有限公司两种类型。

有限责任公司，指由一定人数的股东组成，股东只以其出资额为限对公司承担责任，公司以其全部资产对公司债务承担责任的公司。其主要特点是：股东以其对公司的出资额对公司承担有限责任；公司以其全部资产对公司债务承担有限责任。

股份有限公司，指由一定人数以上的股东组成，公司全部资本分为等额股份，股东以其所认购股份为限对公司承担责任，公司以其全部资产对公司债务承担责任的公司。其主要特点是：公司全部资本分为等额股份；股东以其认购的股份对公司承担有限责任；公司以其全部资产对公司债务承担有限责任。

（三）股份、股票质押

根据《担保法》第七十五条第（二）项和《物权法》第二百二十三条的规定，"依法可以转让的股份、股票"可以质押。股份、股票质押，指债务人或第三人以其所有的股份、股票作为履行债务的担保方式。股份、股票出质后，除非经质权人同意，否则，出质人不得将质押股份、股票转让（《担保法》第七十八条第二款、《物权法》第二百二十六条）。办理股份、股票质押应当遵守《物权法》、《担保法》、《公司法》、《中外合资经营企业法》、《中外合作经营企业法》、《关于适用〈担保法〉若干问题的解释》，以及国家国有资产管理局、国家经济体制改革委员会《股份有限公司国有股权管理暂行办法》（国资企发[1994]81号）、国家国有资产管理局《关于加强企业国有产权转让监督管理工作的通知》（国资产发[1995]54号）、财政部《关于股份有限公司国有股权管理工作有关问题的通知》（财管字[2000]200号）和《关于上市公司国有股质押有关问题的通知》（财企[2001]651号）等规定。

有限责任公司的股东可否以其股权（出资）质押？《公司法》第七十二条规定："有限责任公司的股东之间可以相互转让其全部或者部分股权。股东向股东以外的人转让股权，应当经其他股东过半数同意……公司章程对股权转让另有规定的，从其规定。"可见，有限责任公司股东的股权是可以转让的，但其转让受到一定限制。所以，除非公司章程对股权转让另有规定，有限责任公司股东可以以其股权（出资）向其他股东质押；股东以其股权（出资）向股东以外的人质押，应当经其他股东过半数同意，否则质押无效。

二、股份、股票质押的合法性要求

在我国，有限责任公司包括依据《公司法》、《中华人民共和国中外合资经营企业法》（以下简称《中外合资经营企业法》）和《中华人民共和国中外合作经营企业法》（以下简称《中外合作经营企业法》）的规定设立的有限责任公司，而股份有限公司则包括股票上市交易的股份有限公司和非上市交易的股份有限公司。由于法律对上述公司股权转让有不同规定，因此，股权类型不同，其质押的条件和要求也不同，银行在信贷业务中应注意区别。

（一）有限责任公司股权质押的合法性要求

依据《公司法》设立的有限责任公司的股权出质，应当符合以下条件：

1. 出质的股权依法可以转让

有限责任公司的股权并非都能设定质权，可以用于出质的股权必须是依法可转让的，那些被限制转让和流通的股权不得设定质押。目前，法律法规并不禁止或限制有限责任公司的股东转让股权，如果公司章程也未加以禁止或限制，股东以其持有的股权出质担保不存在法律障碍。

依据《公司法》第二十六条的规定，股东出资可以在公司成立后两年内分期缴纳。因此，银行在接受有限责任公司的股东以其持有的股权出质前，应审查股权的实际出资，未实际缴纳出资所形成的股权不得用于质押。

2. 股权质押应当取得股东同意

股权质押应当取得符合公司章程规定比例的大多数股东同意，否则无效。这是由有限责任公司的特点所决定的。有限责任公司是人合公司，其经营活动的信用基础在于股东个人的信用。如果以股权出质，就有可能更换股东，损害公司的信用基础。根据《担保法》第七十八条第三款"以有限责任公司股份出质的，适用公司法股份转让的有关规定。质押合同自股份出质记载于股东名册之日起生效"，以及《公司法》第七十二条"股东向股东以外的人转让股权，应当经其他股东过半数同意"的规定，依据《公司法》设立的有限责任公司的股东以其持有的股权出质，该股东并不能独立作出决定，必须经过股东会讨论决定，并获得全体股东过半数同意。

3. 国有股权质押应当经有权主管机关批准

国家国有资产管理局《关于加强企业国有产权转让监督管理工作的通知》规定："转让股份有限公司和有限责任公司国有股权的，应根据《股份有限公司国有股权管理暂行办法》的规定报批。"据此，国有企业或国有独资公司以其持有的国有股权质押的，必须经过审批程序。

国家国有资产管理局、国家经济体制改革委员会《股份有限公司国有股权管理暂行办法》第二十九条第三项规定："转让国家股权的申请报国家国有资产管理局和省级人民政府国有资产管理部门审批。"

财政部《关于股份有限公司国有股权管理工作有关问题的通知》第一条规定："国有股权管理工作的职能划分，按照国家所有、分级管理的原则，地方股东单位的国有股权管理事宜一般由省级（含计划单列市）财政（国有资产管理）部门审批批准；国务院有关部门或者中央管理企业的国有股权管理事宜由财政部审核批准。但发行外资股（B股、H股等），国有股变现筹资，以及地方股东单位的国家股权、发起人国有法人股权发生转让、转划、质押担保等变动（或者或有变动）的有关国有股权管理事宜，须报财政部审核批准。"

根据以上规定，地方国有股东以其持有的公司股权质押的，由省级财政或国有资产管理部门审批；中央国有股东以其所持有的公司股权质押，以及地方国有股东以其所持有的发起人股权质押，应当由财政部审批。

4. 签订书面的质押合同并到股权登记机构办理出质登记

根据《担保法》第七十八条和《物权法》第二百二十六条的规定，以依法可以转让的有限责任公司的股权出质的，出质人与质权人应当订立书面合同，并向股权登记部门办理出质登记。股权出质登记，适用《公司法》股权转让的有关规定。《公司法》第七十四条规定："……转让股权后，公司应当注销原股东的出资证明书，向新股东签发出资证明书，并相应修改公司章程和股东名册中有关股东及其出资额的记载。"据此，有限责任公司的股东以其持有的股权出质时，应将质权人的姓名、住所、质权额记载于公司股东名册。同时，出质人应将出资证明书交与质权人占有，并到工商行政管理部门办理登记手续。质押合同自成立时生效，质权自办理出质登记时设立。

出资证明书是有限责任公司根据《公司法》的规定，向认缴出资的股东签发的出资证明。出资证明书通常记载有以下内容：公司名称、公司登记日期、公司注册资本、股东姓名或者名称、股东缴纳的出资额和出资日期、出资证明书编号和核发日期等。出资证明书上记载的内容由有限责任公司盖章确认。应当注意，公司的出资证明书仅是股东出资的证明文件，不是流通证券，不具有经济价值。

（二）外商投资企业股权质押的合法性要求

外商投资企业的股权质押，除应遵守相关的法律法规之外，还应遵守原对外贸易经济合作部、国家工商行政管理总局颁布的《外商投资企业投资者股权变更的若干规定》（外经贸法发［1997］第267号）。以外商投资企业的股权出质应当符合以下条件：

1. 出质的股权依法可以转让

2. 股权质押应当取得全体股东同意

《外商投资企业投资者股权变更的若干规定》第六条第一款规定："经企业其他投资者同意，交付出资的投资者可以依据《担保法》的有关规定，通过签订质押合同并经审批机关批准将其已交付出资部分形成的股权质押给质权人。投资者不得质押未交付出资部分的股权。投资者不得将其股权质押给本企业。"据此规定，投资者以其外商投资企业股权出质的，应当经企业其他投资者同意，并且只能将其已交付出资部分形成的股权质押给质权人。可见，外商投资企业的股权质押不同于内资公司，其股权质押仅有过半数股东同意还不够，而必须是全体股东同意，否则，股权质押无效。

3. 股权质押应当报经原批准设立外资企业的审批机关批准

根据《外商投资企业投资者股权变更的若干规定》第六条第一款和第七条第一款的规定，投资者以其外商企业股权出质的，应报经原批准设立该外资企业的审批机关（外经贸部门）审批同意，未经原审批机关批准的股权质押无效。

4. 签订书面的质押合同并到股权登记机构办理出质登记

根据《担保法》第七十八条和《物权法》第二百二十六条的规定，以依法可以转让的股权出质的，出质人与质权人应当订立书面合同，并持批准文件到原股权登记部门（工商行政管理部门）办理质押登记，质押合同自成立时生效，质权自办理出质登记时设立。

（三）股份有限公司股份（股票）质押的合法性要求

以股份有限公司的股份（股票）出质应当符合以下条件：

1. 出质的股份（股票）依法可以转让

出质的股份（股票）依法可以转让，不能转让或转让受限的股份不能出质。《公司法》对股份有限公司的股份（股票）转让限制较多，相当多的股份（股票）不能质押。根据《公司法》第一百四十二条和第一百四十条的规定，下列股份（股票）不能转让或者转让受限制，商业银行不应接受这些股份（股票）质押：

（1）发起人持有的本公司股份（股票），自公司成立之日起一年内不得转让。

（2）公司公开发行股份前已发行的股份，自公司股票在证券交易所上市交易之日起一年内不得转让。

（3）公司董事、监事、高级管理人员所持有本公司的股份，自公司股票上市交易之日起一年内不得转让；在任期间每年转让的股份不得超过其所持有本公司股份总数的百分之二十五；离职后半年内不得转让其所持有的本公司股份；公司章程对公司董事、监事、高级管理人员转让其所持有的本公司股份的其他限制性规定。

（4）记名股票于股东大会召开前二十日内或者公司决定分配股利的基准日前五日内，不得进行股东名册的变更登记，因而不宜接受股份（股票）出质。

（5）《公司法》生效（1994年7月1日）以前以募集方式成立的股份有限公司的内部职工股，根据1993年7月3日国家体改委发布的《定向募集股份有限公司内部职工持股管理规定》第二十二条的规定，"内部职工持有的股份在公司配售三年内不得转让，三年后也只能在内部职工之间转让，不得在社会上转让交易"，故内部职工股也不能作为质物出质。

2. 出质的股份（股票）符合转让的要求

以依法可以转让的股份有限公司的股份（股票）质押，还应符合以下转让要求：

（1）用于质押的股份（股票）应不违反公司章程对公司股份质押（转让）的限制规定。

（2）根据《公司法》第一百四十三条的规定，"公司不得接受本公司的股票作为质押标的"。

（3）国有股份质押应不违反国家对担保对象、担保数额的限制。根据财政部《关于上市公司国有股质押有关问题的通知》（财企〔2001〕651号）的规定，"国有股东授权代表单位持有的国有股只限于为本单位及合资或控股子公司提供质押"（第三条），"国有股东授权代表单位用于质押的国有股数量不得超过该上市公司国有股总额的50%"（第四条）。因此，国有企业或国有独资公司以其所持有的股份有限公司的股份用于质押的，还应当受到担保对象、担保数额的限制，不符合上述担保对象和担保数额规定的，质押担保无效。

（4）根据《公司法》第一百四十条和第一百四十一条的规定，以记名股票质押，出质人应当在股票上背书，并将质押权人的名称和住所记载于公司股东名册；以不记名股票质押，出质人应当向质权人交付股票。

3. 国有股权质押应当经有权主管机关批准

如前所述，以国有股权（国家股、国有法人股）出质，须经省级或国家国有资产管理部门批准。所谓国家股，指国家授权投资的机构或部门，以国有资产向上市公司出资而拥有的、在股份公司股权登记上记名为该部门或机构持有的股份，包括公司现有国有资产折算成的股份。所谓国有法人股，指具有法人资格的国有企业、事业及其他单位以其依法占有的法人资产投资形成或依法取得的上市公司的股份。

此外，根据财政部《关于上市公司国有股质押有关问题的通知》，国有股东授权代表单位持有的国有股，只限于为本单位及其全资或控股子公司提供质押，且质押的国有股数量不得超过其所持有数量的50%。

4. 签订书面的质押合同并到股权登记机构办理出质登记

根据《物权法》第二百二十六条、《担保法》第七十八条、《公司法》第一百三十九条的规定，以依法可以转让的股票出质的，出质人与质权人应当订立书面合同，并向有关主管部门办理出质登记。即上市公司的股票质押，应到中国证券登记结算公司上海分公司或深圳分公司办理出质登记，质权自证券登记结算机构办理出质登记时设立；非上市公司股份（股票）质押，应到工商行政管理部门办理质押登记，质权自办理出质登记时设立。

（四）有限公司和非上市股份公司的股权出质登记

根据《物权法》第二百二十六条的规定，以有限公司和非上市股份公司的股权出质的，应当到工商行政管理部门办理出质登记。国家工商行政管理总局《工商行政管理机关股权出质登记办法》（国家工商行政管理总局令第39号），对股权出质登记作出了以下规范：

第一，申请股权出质设立登记、变更登记和注销登记，应当由出质人和质权人共同提出。申请股权出质撤销登记，可以由出质人或者质权人单方提出（第六条）。

第二，申请股权出质设立登记，应当提交下列材料（第七条）：

（1）申请人签字或者盖章的"股权出质设立登记申请书"；

（2）记载有出质人姓名（名称）及其出资额的有限责任公司股东名册复印件或者出质人持有的股份公司股票复印件。复印件均需加盖股权所在公司的印章；

（3）质权合同；

（4）出质人、质权人的主体资格证明或者自然人身份证明复印件；

（5）国家工商行政管理总局要求提交的其他材料。

第三，出质股权数额变更，以及出质人、质权人姓名（名称）或者出质股权所在公司名称更改的，应当申请办理变更登记（第八条）。申请股权出质变更登记，应当提交下列材料（第九条）：

（1）申请人签字或者盖章的"股权出质变更登记申请书"。

（2）有关登记事项变更的证明文件。属于出质股权数额变更的，提交质权合同修正案或者补充合同；属于出质人、质权人姓名（名称）或者出质股权所在公司名称更改的，提交姓名或者名称更改的证明文件和更改后的主体资格证明或者自然人身份证明复印件。

（3）国家工商行政管理总局要求提交的其他材料。

第四，申请人的主体资格证明或者自然人身份证明复印件，属于自然人的，必须由本人签名；属于法人的，必须加盖法人印章（第七条）。

三、股份、股票质押的合规性要求

依法可以质押的股份、股票是商业银行接受质物的前提条件，但不是唯一条件。商业银行作为市场的主体，在法律法规允许的范围内，有权依据市场情况选择是否接受股份、股票质押，以及从中挑选出符合本行要求的质物。因而，股份、股票质押，不仅要求合法，也要求合规。

（一）股份、股票质押为本行制度所允许

从法律角度上说，依法可以转让的股份、股票都可以出质，不存在任何法律障碍。但是，就合规性而言，银行是否接受股份、股票质押，应严格遵守本商业银行的相关规定。例如，中国建设银行《关于进一步加强贷款权利质押管理的通知》（建总发〔2003〕211号）规定，公司持有的股票和个人持有的上市流通股股票，各行一律不得接受作为个人住房贷款的质物。各行拟以上市公司可转让国有股、法人股作为质物的，应事先报总行批准；上市公司转配股、内部职工股、管理人员所持股份、《公司法》规定的其他不可转让股份，以及被PT、ST的上市公司的国有股、法人股，非上市股份公司股权、有限责任公司股权，各行不得接收作为质物。

（二）股份、股票质押材料完整

出质人以股份、股票质押，商业银行应当收集但不限于以下材料：

1. 出质人的主体资格证明文件。
2. 出质股份、股票的权属证明材料。
3. 出质人有权决策机关同意质押的书面决议文件。出质人同意出质的意思表示由公司章程规定的主体作出，并应提供相应的会议决议。
4. 有权主管机关批准外商投资企业股权、国有股权质押的文件。
5. 出质股权所属公司的主体资格证明材料、工商登记材料、公司章程、验资报告，以及公司其他股东同意质押的书面证明材料等。

（三）股份、股票质押操作要求

商业银行办理股份、股票质押应当注意以下几个问题：

1. 股份、股票质押材料真实、合法、有效
2. 出质人、出质股权所属公司主体合法

银行应当认真审核出质人、出质股权所属公司的主体资格证明文件，确认主体资格真实、合法、有效。

3. 股份、股票具有良好的流通变现性

银行应当认真审查评估出质股份、股票的可转让性及变现能力。对于限制转让和不可转让的股份、股票，不应接收作为质物。

4. 查询核实出质的股份、股票

出质股份、股票的真实性，可以通过公司章程、验资报告、出资证明书、股东名册和证券登记公司的股东登记加以核实。同时，还应查询股东名册或登记结算公司的记录，掌握股份、股票质押或其他担保情况；审查出质股权的实际缴纳出资，是否有验资报告证实等。

5. 出质人是股份、股票的合法持有人

银行应当认真审核出质人是否为股份、股票的合法持有人，对出质的股份、股票是否具有所有权和处分权，股份、股票的共有人是否同意质押。出质人若为已婚的自然人，还要重点关注其配偶是否同意以共有的股份、股票质押。

6. 股份、股票出质已获得批准

银行应当认真审查股份、股票出质是否经出质人有权决策机关同意，应当报经政府主管部门批准或登记部门备案的，是否已经履行了相关手续。

7. 合理确定质押率

银行应依据借款人的信用状况、贷款风险程度以及股份、股票所属公司的经营、财务状况，科学合理地确定质押率。

8. 妥善保管质押股份、股票权利凭证

贷款银行对出质人交付的股份、股票权利凭证负有保管义务。若权利凭证发生灭失、毁损，所造成损失由银行承担。

四、股份、股票的实行方式

贷款银行实行股份、股票质权主要有两种方式：

第一，贷款期间，出质人经质权人同意转让股份、股票所得的价款应当向质权人提前清偿所担保的债权，或者向与质权人约定的第三人提存。贷款期限届满后，若债务人未履行债务，贷款银行可以对提存的款项行使优先受偿权；若债务人履行了债务的，提存的款项返还出质人。

第二，贷款期限届满后，若债务人未能偿还贷款，贷款银行应当及时按合同约定行使股份、股票质权，依法拍卖、变卖股份、股票，以转让所得的款项实现债权；若债务人履行了债务，银行应将质押的股份、股票权利凭证返还出质人。

五、注意事项

（一）关注股份、股票价值评估风险

股份、股票的价值随着公司经营状况及证券市场的变化，将会产生较大的波动，因此，银行应对公司的经营状况作出评估，从而准确认定股份、股票的经济价值。同时，还应对公司的经营前景与发展趋势作出判断，参考公司的成长性等因素合理地确定质押率，尽可能降低因股份、股票价值的不确定性带来的风险。

(二) 关注股份、股票价格变动风险

加强股份、股票的动态管理，跟踪了解和及时掌握公司的经营动态，收集、分析公司的财务报告，如果出现经营异常或者每股净资产下降达一定比例时，应当及时采取有效的控制措施化解风险，如要求出质人补足相应的价值，或提供其他合法有效的担保措施等。

第七节 知识产权质押

一、知识产权及其质押

知识产权是民事主体对智力劳动成果依法享有的专有权利，包括商标专用权、专利权、著作权。知识产权中包含有人身权利和财产权利两项内容，我们通常说"知识产权质押"是指以知识产权中的财产权利质押。知识产权中的人身权利，因与特定的人身相关联，具有不可让与性，不可以用于质押。

商标专用权又叫注册商标专用权，指注册商标所有人依法对其所有的注册商标享有的独占使用权利。商标专用权属于纯粹的财产权利，可以依法转让。

专利权，指国家专利主管机关依法授予专利申请人或其继受人在一定期限内实施发明创造的专有权。专利权包括发明专利权、实用新型专利权和外观设计专利权。

在专利文件中载明发明人或设计人，是与特定人身相关联的人身权利，具有不可转让性，因此专利权中的署名权不能用于质押。除专利署名权利之外的其他权利，例如专利申请权、专利特许实施权、专利许可使用权等权利属于财产性权利，可以成为权利质押标的物。

著作权，指作者对其作品享有的发表权、署名权、修改权、保护作品完整权、使用权和获得报酬权。

著作权中的发表权、署名权、修改权、保护作品完整权等属于人身性权利，具有与权利主体不可分割的属性，因此不可以用来质押。而著作权中的使用权和获得报酬权则属于财产性权利，可以成为权利质押标的物。

根据《担保法》第七十五条第（三）项的规定，"依法可以转让的商标专用权、专利权、著作权中的财产权"可以质押。《物权法》第二百二十三条也作出了同样的规定。知识产权质押，指债务人或第三人以其所有的知识产权中的财产权作为履行债务的担保方式。商标专用权、专利权、著作权出质后，除非经质权人同意，否则，出质人不得转让或者许可他人使用（《担保法》第八十条）。办理商标专用权、专利权、著作权质押，应当遵守《物权法》、《担保法》、《中华人民共和国商标法》（以下简称《商标法》）、《中华人民共和国专利法》（以下简称《专利法》）、《中华人民共和国著作权法》（以下简称《著作权法》）和《关于适用〈担保法〉若干问题的解释》等规定。

二、知识产权质押的合法性要求

（一）出质的知识产权应当合法有效

《商标法》第三十条规定："对初步审定的商标……公告期满无异议的，予以核准

注册，发给商标注册证。"《专利法》第三十九条规定："发明专利申请经实质审查没有发现驳回理由的，由国务院专利行政部门作出授予发明专利权的决定，发给发明专利证书。"第四十条规定："实用新型和外观设计专利申请经初步审查没有发现驳回理由的，由国务院专利行政部门作出授予实用新型专利权或者外观设计专利权的决定，发给相应的专利证书。"根据《商标法》、《专利法》的上述规定，出质的商标专用权、专利权应当经过国家有关主管部门登记注册，并取得商标注册证书或专利证书。

另外，知识产权的保护具有一定的地域性和期限性，出质的知识产权应当受我国知识产权法律保护，并在规定的保护期限内，超过期限的知识产权不再受法律保护。

（二）出质人应为知识产权的合法权利人

知识产权的出质人应当是依法持有知识产权的法人或自然人，也就是商标注册证书或专利证书载明的权利人。以著作权出质的，出质人应提供有权机关证明著作权权属的相关文件。

（三）限制转让的专利权应经有权机关批准

《专利法》第十条第二款规定："中国单位或者个人向外国人转让专利申请权或者专利权的，必须经国务院有关主管部门批准。"第十四条规定："国有企业事业单位的发明专利，对国家利益或者公共利益具有重大意义的，国务院有关主管部门和省、自治区、直辖市人民政府报经国务院批准，可以决定在批准的范围内推广应用。"据此，中国单位或者个人向外国人转让专利，必须经国务院有关主管部门批准；国有企业事业单位转让专利权或者专利申请权，应当报经上级主管部门批准。

（四）签订书面的质押合同并办理出质登记

《物权法》第二百二十七条和《担保法》第七十九条对知识产权质押作了原则性规定：以依法可以转让的商标专用权、专利权、著作权等知识产权中的财产权出质的，当事人应当订立书面合同。质权自有关主管部门办理出质登记时设立。

知识产权质押登记，应区别不同种类分别向不同行政主管机关办理出质登记：以商标专用权质押的，依据《注册商标专用权质权登记程序规定》（工商标字［2009］182号）第一条的规定，向国家工商行政管理总局商标局申请登记；以专利权质押的，依据《专利权质押登记办法》（国家知识产权局令第56号，2010年8月26日）第二条的规定，向国家知识产权局申请登记；以著作权（含计算机软件著作权和其他作品著作权）质押的，依据《著作权质押合同登记办法》（国家版权局令第1号，1996年9月23日）第四条的规定，国家版权局是著作权质押合同登记的管理机关，著作权质押登记由国家版权局指定中国版权保护中心负责办理。

三、知识产权质押的合规性要求

（一）知识产权质押符合本行制度规定

从法律角度上说，依法可以转让的商标专用权、专利权、著作权等知识产权中的财产权都可以质押。但是，就合规性而言，银行是否接受知识产权质押或者接受何种知识产权质押，应当遵守本商业银行的相关规定。

（二）知识产权质押材料完整

出质人以商标专用权、专利权、著作权等知识产权中的财产权质押，商业银行应当收集但不限于以下材料：

1. 出质人的主体资格证明文件。
2. 知识产权权属证明文件。包括商标注册证书、专利证书、著作权权属证明等文件。
3. 出质人有权决策机关同意质押的书面决议文件。
4. 知识产权权利人转让或许可他人使用知识产权等相关法律文件。
5. 有权主管机关对限制转让的专利权批准出质的文件。

（三）知识产权质押操作要求

商业银行办理知识产权质押应当注意以下几个问题：

1. 知识产权质押材料真实、合法、有效
2. 出质的知识产权应当合法有效

银行应当认真审查出质的知识产权是否为我国法律所保护，是否在法律保护有效期内。审查时注意贷款期限与知识产权有效期的配套协调，并使贷款到期日早于知识产权有效期限截止日。

3. 出质人是知识产权的合法持有人

银行应当认真审核出质人是否为知识产权的合法持有人，对出质的知识产权是否享有完整的处分权，共有人是否同意质押等，确认出质人的出质资格。

4. 准确评估知识产权的价值

知识产权属于无形资产，准确评估其价值存在一定难度，且科学技术更新周期趋短，容易导致知识产权的财产价值贬值。为了控制价值风险，银行可以要求出质人提供经双方认可的评估机构出具的价值评估报告，并以此报告为基础认定知识产权的财产价值和确定贷款的质押率。

5. 要求出质人交付知识产权权利凭证

以知识产权中的财产权利质押，出质人是否应当将商标注册证书、专利证书或著作权登记证等权利凭证交付质权人，法律对此没有明确规定。但是，从防范风险的角度考虑，笔者认为银行应当要求出质人交付质押的权利凭证原件。贷款银行对出质人交付的权利凭证负有保管义务。若权利凭证发生灭失、毁损，所造成损失由银行承担。

（四）知识产权质押登记应提交的材料

1. 注册商标专用权质权登记应提交的材料

根据《注册商标专用权质权登记程序规定》第四条的规定，申请注册商标专用权质权登记应提交下列文件：

（1）申请人签字或者盖章的"商标专用权质权登记申请书"。
（2）出质人、质权人的主体资格证明或者自然人身份证明复印件。
（3）主合同和注册商标专用权质权合同。
（4）直接办理的，应当提交授权委托书以及被委托人的身份证明；委托商标代理机构办理的，应当提交商标代理委托书。

(5) 出质注册商标的注册证复印件。
(6) 出质商标专用权的价值评估报告。如果质权人和出质人双方已就出质商标专用权的价值达成一致意见并提交了相关书面认可文件，申请人可不再提交。
(7) 其他需要提供的材料。

上述文件为外文的，应当同时提交其中文译文。中文译文应当由翻译单位和翻译人员签字盖章确认。

2. 专利权质押登记应提交的材料

根据《专利权质押登记办法》第七条的规定，申请专利权质押登记应当提交下列文件：

(1) 出质人和质权人共同签字或者盖章的专利权质押登记申请表；
(2) 专利权质押合同；
(3) 双方当事人的身份证明；
(4) 委托代理的，注明委托权限的委托书；
(5) 其他需要提供的材料。

专利权经过资产评估的，当事人还应当提交资产评估报告。

除身份证明外，当事人提交的其他各种文件应当使用中文。身份证明是外文的，当事人应当附送中文译文；未附送的，视为未提交。

3. 著作权质押登记应提交的材料

根据《著作权质押合同登记办法》第七条的规定，申请著作权质押合同登记应当提交下列文件：

(1) 按要求填写的著作权质押合同申请表；
(2) 出质人、质权人合法身份证明或法人注册登记证明；
(3) 主合同及著作权质押合同；
(4) 作品权利证明；
(5) 以共同著作权出质的，共同著作权人的书面协议；
(6) 向外国人质押计算机软件著作权中的财产权的，国务院有关主管部门的批准文件；
(7) 授权委托书及被委托人合法身份证明；
(8) 著作权出质前该著作权的授权使用情况证明文件；
(9) 其他需要提供的材料。

四、知识产权质权的实行方式

根据《商标法》、《专利法》、《著作权法》的有关规定，贷款银行实行知识产权质权有两种方式：

第一，贷款期间，出质人经质权人同意转让或者许可他人使用商标专用权、专利权、著作权所得的价款，应当向质权人提前清偿所担保的债权，或者向与质权人约定的第三人提存。贷款期限届满后，若债务人未履行债务，贷款银行可以对提存的款项行使优先受偿权；若债务人履行了债务，提存的款项返还出质人。

第二，贷款期限届满后，若债务人未能偿还贷款，贷款银行应当及时行使质权；或依法拍卖、变卖商标专用权、专利权、著作权，将知识产权转让给他人，以转让费清偿所担保的贷款本息。或者转让商标专用权、专利权、著作权的使用权，许可他人使用知识产权，以许可费清偿所担保的贷款本息；若债务人履行了债务，银行应将权利凭证返还出质人。

五、注意事项

（一）关注知识产权质押风险

根据《物权法》第二百二十三条和《担保法》第七十九条的规定，可以质押的知识产权，仅限于可以依法转让的商标专用权、专利权、著作权中的财产权，而并非所有的知识产权都适宜质押。例如，国家已经实施强制许可的专利权、被国家禁止出版的著作权等，因其财产权基本消失，不再具有担保功能。除此之外，知识产权质押还存在价值风险。例如，盗版泛滥导致版权转让价格急剧下降、商标权因仿冒而被撤销、专利权或商标专用权因未按规定缴纳年审费用而被注销等。

（二）关注出质人处分出质权利风险

《物权法》第二百二十七条第二款规定："知识产权中的财产权出质后，出质人不得转让或者许可他人使用，但经出质人与质权人协商同意的除外。出质人转让或者许可他人使用出质的知识产权中的财产权所得的价款，应当向质权人提前清偿债务或者提存。"《担保法》第八十条规定："……权利出质后，出质人不得转让或者许可他人使用，但经出质人与质权人协商同意的可以转让或者许可他人使用。出质人所得的转让费、许可费应当向质权人提前清偿所担保的债权或者向与质权人约定的第三人提存。"依上述规定，贷款银行接受质押后，应对出质人处分出质权利予以关注。

一方面，贷款银行对出质人擅自处分出质权利应予以制止，避免知识产权因严重贬值而失去质押担保的意义。

另一方面，贷款期间，出质人要求转让或许可他人使用知识产权的，贷款银行应予以考虑，并要求出质人将所得款项提前清偿债务，或者将所得款项向与质权人约定的第三人提存。出质人不同意的，银行可以拒绝出质人转让或许可他人使用的要求。如果银行无正当理由拒绝出质人要求的，人民法院可以应出质人的请求，依据既不损害质权人利益又能发挥权利效用的原则，作出许可转让或许可他人使用质押知识产权的裁决。

第八节　公路收费权质押

一、公路收费权及其质押

（一）收费公路与公路收费权

1. 收费公路

《中华人民共和国公路法》（以下简称《公路法》）第五十九条规定，符合国务院交通主管部门规定的技术等级和规模的下列公路，可以依法收取车辆通行费：

（1）由县级以上地方人民政府交通主管部门利用贷款或者向企业、个人集资建成的公路；

(2) 由国内外经济组织依法受让前项收费公路收费权的公路；

(3) 由国内外经济组织依法投资建成的公路。

根据国家交通运输部、国家发展和改革委员会和财政部联合颁布《收费公路权益转让办法》（交通运输部令 2008 年第 11 号）第三条的规定，收费公路，指按照《公路法》和《收费公路管理条例》（国务院令第 417 号）的规定，经批准依法收取车辆通行费的公路（含桥梁和隧道）。收费公路包括政府还贷公路和经营性公路。

政府还贷公路，指县级以上地方人民政府交通运输主管部门利用贷款或者向企业、个人有偿集资建成的收费公路。

经营性公路，指国内外经济组织依法投资建设或者依法受让政府还贷公路收费权的收费公路。

2. 公路收费权

公路收费权，指政府交通主管部门或公路经营企业在国家允许依法设立的收费公路上对过往车辆收取通行费的权利。

公路收费权是公路经营权中的重要组成部分，它与公路沿线规定区域内的餐饮、加油、车辆维修、广告、旅馆、商店等服务设施的经营权共同构成了公路经营权。也就是说，公路经营权包括收费公路收费权、广告经营权、服务设施经营权。

公路收费权既不是一种行政权力和行政行为，也不是一种纯粹的盈利行为，而是国家依法赋予投资建设公路的投资人，请求使用公路的车辆通行者缴纳一定费用的一种特殊民事权利。公路收费权在性质上属于不动产收益权。公路收费权是一种特许权利，须经过省级人民政府或国务院交通主管部门批准方可取得，并且具有一定的期限。公路收费权的收费期限，由收费权审批机关依据投资回收期来确定，一般都在五年以上。

（二）公路收费权质押

公路收费权作为一种可转让的财产权利，其质押的合法性已经得到法律明确认可。国务院《关于收费公路项目贷款担保问题的批复》（国函〔1999〕28 号）规定："公路建设项目法人可以用收费公路的收费权质押方式向国内银行申请抵押贷款，以省级人民政府批准的收费文件作为公路收费权的权利证书，地市级以上交通主管部门作为公路收费权质押的登记部门。质权人可以依法律和行政法规许可的方式取得公路收费权，并实现质押权。"《关于贯彻执行〈担保法〉若干问题的解释》第九十七条规定："以公路桥梁、公路隧道或者公路渡口等不动产收益权出质的，按照《担保法》第七十五条第（四）项的规定处理。"

公路收费权质押应当遵守《物权法》、《担保法》、《公路法》、《关于贯彻执行〈担保法〉若干问题的解释》、国务院《收费公路管理条例》、国务院《关于收费公路项目贷款担保问题的批复》、交通部《收费公路权益转让办法》等规定。

二、公路收费权质押的合法性要求

（一）公路收费权的出质人与借款人应为同一主体

根据《公路法》第五十九条的规定，享有公路收费权的主体为利用贷款或者向企业、个人集资建设公路的县级以上地方政府交通主管部门,或者是受让收费公路收费权或依法投资建成公路的国内外经济组织。

借款人以公路收费权质押取得的贷款,应当投资于收费公路的建设或受让,不得挪作他用。而且,收费公路收费权所收取的款项,只能用于偿还贷款或集资款。因此,借款人只能使用自己享有的公路收费权出质,而不能使用第三人的公路收费权为其他目的贷款出质担保。换而言之,公路收费权的出质人与借款人应为同一法人或其他经济组织。

(二) 收费公路应当符合规定的技术要求

收费公路应当符合规定的技术要求,否则不得对过往车辆收取通行费。根据国务院《收费公路管理条例》第十八条的规定,收费公路须符合以下技术等级和规模:

1. 高速公路连续里程30公里以上(城市市区至本地机场的高速公路除外);
2. 一级公路连续里程50公里以上;
3. 二车道的独立桥梁、隧道,长度在800米以上;四车道的独立桥梁、隧道,长度在500米以上。

投资上述技术等级标准以外的公路,包括技术等级为二级以下(含二级)的公路,不得对过往车辆收取通行费。但是,在国家确定的中西部省、自治区、直辖市建设的二级公路,其连续里程超过60公里的,经批准可以收取车辆通行费。

(三) 公路收费权已经获得省级人民政府审批

根据《收费公路管理条例》的规定,收费公路的规划建设、收费站点、收费期限、收费标准等由省级人民政府审核批准。有效的公路收费权应当持有省级人民政府颁发的收费批准文件,该批文即为公路收费权的合法权利证书。

(四) 签订书面的质押合同并办理出质登记

根据《物权法》第二百一十条和《担保法》第六十四条的规定,以依法可以转让的公路收费权出质的,出质人与质权人应当订立公路收费权质押合同,并依据国务院《关于收费公路项目贷款担保问题的批复》的规定,到地市级以上交通主管部门办理公路收费权出质登记。质押合同自成立之日起生效,质权自办理出质登记时设立。

允许以在建的公路项目收费权出质的地区,在未获得正式的公路收费权批准文件前,可按当地公路收费权质押登记相关规定实施预登记,由相应交通主管部门核发预质押登记证。项目建成并获得公路收费权批准文件后,当事人应尽快办理换发正式的公路收费权质押登记证手续。

三、公路收费权质押的合规性要求

(一) 公路收费权质押应当遵守本行相关制度

从法律角度上说,依法可以转让的公路收费权质押并无法律障碍。但是,这并不表示没有风险。公路收费权质押存在以下风险:

一是公路建设项目影响建成通车的不确定因素多,存在建设风险;

二是公路收费权的特许性容易导致转让困难,存在变现风险;

三是公路收费权的财产价值受收费年限、收费标准、收费前景以及车辆流量等不确定因素影响大，存在估值风险；

四是限制出质人处分收费权的措施有限、可控度差，存在诚信风险。

在通常情况下，公路收费权质押贷款，其第一还款来源与第二还款来源重合，均是公路收费权及其产生的收益。借款人偿还贷款本息依靠经营公路所产生的收益，而这收益的绝大部分又来自公路的收费收入。如果借款人不能偿还贷款本息，一般而言是其经营的收费公路出现了问题，收费收入不足以偿还贷款。在此情形下，处置公路收费权所获得的价款通常不足以清偿债务。因此，公路收费权质押虽然合法，但存在风险，商业银行是否应该接受该权利质押，应当遵守本商业银行关于公路收费权质押的相关规定。

（二）公路收费权质押材料完整

出质人以公路收费权质押，商业银行应当收集但不限于以下材料：

1. 出质人的主体资格证明文件。

2. 借款合同项下公路建设经营项目有关批复文件，包括项目建议书、工程可行性报告、环保、征用土地、开工等批复文件，以及项目资金承诺文件与计划安排等。

3. 省级人民政府及其职能部门批准的公路收费权文件。包括省级人民政府或国务院交通主管部门出具的公路收费站数量、站点的批文，省级人民政府交通主管部门会同同级物价行政主管部门出具的公路收费标准批文或意向性承诺。如果收费公路属于政府还贷公路，收费收入需要统一上划财政再返还的，还应要求财政提供返还的承诺。

4. 公路建设经营项目各投资人同意公路收费权质押的决议。

5. 省级人民政府及其职能部门同意公路收费权质押的批文（省级人民政府及其职能部门规定无须经其批准的除外）。

6. 有关各方签署的建设承包合同、融资协议、技术咨询合同、原材料供应合同、保险合同、经营承包合同及其相应的担保合同等。

（三）公路收费权质押操作要求

商业银行办理公路收费权质押应当注意以下几个问题：

1. 公路收费权质押材料真实、合法、有效

2. 公路收费权的出质人资格合法

商业银行应当认真审核出质人主体相关证明文件，确认出质人的资格。

（1）审查公路的性质。收费公路应为经营性公路或政府还贷公路。

（2）审查公路收费权的出质主体。公路收费权出质主体应当是公路建设经营项目批准文件中的项目主体，或者是省级人民政府及其职能部门批准的公路收费权的权利人，并且，项目主体或权利人与借款人为同一主体。

（3）审查出质人的借款资格。出质人应当具备中国人民银行核发的贷款证。

（4）审查财务收支方式。如果收费权主体是县级以上地方政府交通主管部门，还应审查评估收费公路的财务收支方式对贷款银行质权实行的影响。例如，车辆通行费是否纳入政府财政预算外资金收入，公路收费营运机构是否实行并能够做到收支两条线等。

3. 贷款期限届满日在收费期限之内

商业银行应当审查公路收费权的收费期限和贷款的期限，确认收费期限的截止日晚

于贷款的到期日。否则，应要求借款人提供其他附加担保，或督促出质人向审批机关申报延长收费权期限。在一般情况下，商业银行不应接受收费期限届满日早于贷款期限届满日的公路收费权质押。

如果该收费公路的经营效益不佳，商业银行的债权有可能需要通过转让公路收费权的方式实现的，贷款银行必须确保贷款的到期日未超过批准收费期限的2/3。换而言之，已经收费的时间加上借款期满之日的时间点，必须落在批准收费期限2/3的时段内。否则，当借款人无力偿还贷款，银行在实现质权时就会面临公路收费权无法转让的窘境，导致自身质押权益落空。《收费公路权益转让办法》第十三条详细规定了各类公路的最高收费期限，商业银行在确定贷款期限时，应当予以充分注意：

（1）政府还贷公路累计收费期限的总和最长不得超过20年。国家确定的中西部省、自治区、直辖市政府还贷公路累计收费期限的总和，最长不得超过25年；

（2）经营性公路累计收费期限的总和最长不得超过25年。国家确定的中西部省、自治区、直辖市经营性公路累计收费期限的总和，最长不得超过30年。

4. 准确评估公路收费权的财产价值并合理确定质押率

评估公路收费权的财产价值是一项专业性很强的工作，一般由有资质的评估机构独立完成，也可以由当事人双方和交通主管部门共同协商确定。在公路收费权质押中，被质押的是收费权利而非财产本身。收费权是一种请求权，其财产权利的实现影响因素很多。因此，为了降低收费权不确定因素对债权实现的影响，同时考虑到收费专用账户资金浮动的风险以及实现债权时发生的费用，收费权的质押率不宜过高，一般以该收费权在贷款期内预期收入可用于还贷的资金和出质人的资信来确定，最高不应超过70%。

5. 要求出质人开立收费专用账户并对其账户实施监控

公路收费权的财产权与一般权利的财产权相比，其实行方式有所不同，既可以通过转让方式一次性实行，也可以通过行使收费权逐步实行。在正常情况下，公路收费权的出质人通常是以公路收费所得逐步偿还银行贷款本息。收费权的财产价值随着时间的流逝，也在逐渐降低直至因期满而消失。因此，商业银行应按质押合同的约定，督促借款人及时在贷款银行开立收费专用账户，并加强对出质人行使收费权利所获款项的监控，尤其要加强收费专用账户款项收付的监督。当借款人违约不按时或不能按时偿还贷款本息时，贷款银行应及时从收费专用账户扣收资金用于实现债权。

四、公路收费权质权的实行方式

根据《物权法》、《担保法》、《公路法》和《关于贯彻执行〈担保法〉若干问题的解释》，贷款银行实行公路收费权质权有两种方式：

第一，贷款期间，出质人转让公路收费权应当征得质权人同意，转让所得款项用于提前偿还贷款本息，或者向与质权人约定的第三人提存。贷款期限届满后，若债务人未履行债务，贷款银行可以对提存的款项行使优先受偿权；若债务人履行了债务，提存的款项返还出质人。

第二，贷款期限届满后，若债务人未能偿还贷款，贷款银行应当及时行使质权；或依法采取协议转让、拍卖等方式处分公路收费权，以转让所得价款实现贷款债权；或代位行使收费权,直接到收费公路的收费站收取车辆通行费,以收费收入偿还贷款本息。若债务人履行了债务,银行应将质押的相关权利凭证返还出质人。

五、注意事项

(一) 严格审核借款人的主体资格

《公路法》规定,国内外经济组织投资建设公路,必须按国家有关规定办理审批手续;公路建成后,由投资者收费经营。县级以上政府交通主管部门利用贷款或集资建成的收费公路的收费期限,按照收费偿还贷款、集资款的原则,由省级人民政府依照国务院的有关规定确定。据此,公路收费权的主体与借款人和出质人直接相关,商业银行应当依据批准文件的收费权主体来确定质押合同中的出质人,并以此确定借款主体。凡以公路经营企业的名义借款的,除要审查其是否在有权机关办理了投资建设公路的审批手续外,还要审查其设立法人企业的手续是否齐全、资本金是否足额到位等;凡以交通主管部门为借款人的,既要审查省级以上政府交通主管部门是否同意其利用贷款修路的相关手续,还要审查有权机关是否赋予该借款人享有公路收费权利,是否具备中国人民银行核发的贷款证和事业法人证书等。若借款人不具备上述条件,银行则不应为其发放贷款。

在公路转让项目中,有的借款人会以受让的公路收费权作质押,向银行申请贷款以支付转让金。为了限制此类现象,《收费公路权益转让办法》第十二条规定,受让方企业财务状况良好,企业所有者权益不低于受让项目实际造价的35%。对不符合上述要求的受让方,商业银行不应为其提供融资支持。

此外,根据《收费公路权益转让办法》第九条的规定,在拟转让的公路项目中,如果受让方没有全部承继转让方对政府和社会公众的义务,或者存在将政府还贷公路权益无偿划转给企业法人情形的,该转让行为的合法性将受到质疑,商业银行也不宜为这样的受让方融资。

(二) 完善公路收费权质押合同内容

公路收费权质押合同除应具备《物权法》、《担保法》、《合同法》要求的基本条款外,还应在合同中约定以下内容:

1. 出质人在贷款银行开立收费专用账户条款。包括开立收费专用账户、车辆通行费收入全额存入专用账户、贷款银行有权监督专用账户资金专款专用、专用账户的存款余额应保持一定的沉淀量作为贷款偿还担保等内容。

2. 贷款银行行使抵销权条款。当借款人违约不按时偿还贷款本息时,银行有权从借款人的收费专用账户、基本结算账户或其他账户扣收资金,必要时也可以直接到收费站收取车辆通行费,以扣收或收取的款项抵销借款人所欠的贷款本息。

(三) 并非所有的公路收费权都可以质押

财产性与让与性是权利质押的两大要件。可以质押的公路收费权,不仅应当具有财产性,而且还必须可以让与,不能转让的公路收费权由于不能实现变价,所以不能出质。根据《收费公路管理条例》第二十二条的规定,有下列情形之一的收费公路权不得转让:

1. 长度小于1 000米的二车道独立桥梁和隧道;

2. 二级公路；

3. 收费时间已超过批准收费期限的 2/3。

此外，《收费公路权益转让办法》第九条还明确禁止将一个依法批准的收费公路项目分成若干段转让收费权。据此，若接受一个收费公路项目中的部分路段的收费权质押，贷款银行在实现质权时同样会面临法律上的障碍，无法通过转让该质押权益的价值实现优先受偿。因此，商业银行不宜接受分段的公路收费权作为质押标的，即使在作为共同贷款人的情形下，例如银团贷款和联合贷款，也应谨慎对待公路收费权分段质押问题，并在合同中对各贷款人处置质押权益的一致性作出明确具体的安排。

（四）借款只能用于建设经批准的收费公路

根据《公路法》的规定，只有经过批准利用贷款建成的公路或由公路经营企业投资建设经营的公路，才能收取车辆通行费。因此，公路项目贷款只能用于建设经批准的收费公路。也只有把贷款投向收费公路项目，以公路收费收入作为还款来源才有保证。为此，银行应严格监控贷款资金流向，防止借款人或其主管部门挪用贷款或擅自改变贷款用途，增大信贷资产风险。

第九节 农网电费收益权质押

一、农网电费收益权及其质押

电费收益权，指电网经营企业按国家有关规定，经国家有关主管部门批准，以售电收入方式获取一定收益的权利。

农网电费收益权质押，指电网经营企业以其拥有的电费收益权作担保，向银行申请贷款用于农村电网建设与改造的一种担保方式。

农网电费收益权质押并不是《物权法》、《担保法》及《关于适用〈担保法〉若干问题的解释》明确规定的权利质押种类。不过，《物权法》第二百二十三条第（七）项规定有"法律、行政法规规定可以出质的其他财产权利"兜底条款。目前，国家发展计划委员会、中国人民银行《关于印发〈农村电网建设与改造工程电费收益权质押贷款管理办法〉的通知》（计基础［2000］198号）对电费收益权质押作出规定，通常认为属于《物权法》"法律、行政法规规定可以出质的其他财产权利"。该管理办法第二条第一款规定："电费收益权质押，是指电网经营企业以其拥有的电费收益权作担保，向银行申请贷款用于农村电网建设与改造的一种担保方式。"第十六条又规定："……如借款人已无力偿还贷款，贷款人可以根据质押合同的约定，将借款人经营的电网委托其他有资格的单位经营管理，直至收回贷款，或将经营的电网拍卖或变卖收回贷款。"上述规定表明，农村电网改造工程电费收益权可以质押。

农网电费收益权质押应当遵守《物权法》,《担保法》,《关于贯彻执行〈担保法〉若干问题的解释》，国务院办公厅《关于农村电网建设与改造工程贷款担保和贷款偿还期限问题的复函》（国办函［1999］64号），国家发展计划委员会、中国人民银行《关于印发〈农村电网建设与改造工程电费收益权质押贷款管理办法〉的通知》等规定。

二、农网电费收益权质押的合法性要求

(一) 出质人与借款人应为同一主体且具有电网经营权

根据《农村电网建设与改造工程电费收益权质押贷款管理办法》的规定,农网电费收益权的出质人,必须是出质担保贷款的借款人(第二条第四款)。换而言之,出质人与借款人必须为同一法人主体,也就是农村电网建设与改造工程项目的电网经营企业。出质人以农网电费收益权为他人质押担保,或借款人以第三人的农网电费收益权为借款担保,都不属于《农村电网建设与改造工程电费收益权质押贷款管理办法》所称的农网电费收益权质押贷款,不能适用该管理办法的规定。

同时,我国对电网经营实行许可制度,只有具备国家有关部门批准的电网经营许可证的电网经营企业才可以从事电力销售业务。所以,《农村电网建设与改造工程电费收益权质押贷款管理办法》第三条第(一)项把"出质人须有国家有关部门批准的电网经营许可证和工商行政管理部门颁发的营业执照"作为电费收益权质押贷款四项条件之一。

(二) 开立电费收费专用账户并委托贷款银行代收电费

根据《农村电网建设与改造工程电费收益权质押贷款管理办法》第三条第(二)、第(三)项的规定,出质人应当在贷款银行开立电费收费专用账户,用于归集电费收入。若出质人为地方电力企业的,开立的账户必须是基本账户。如果出质人在贷款银行开立的是非基本账户的,出质人、基本账户银行、贷款银行三方还应签订电费划转协议。同时,农网电费收益权质押期间,出质人、电力用户、贷款银行三方应当签订代收电费协议,委托贷款银行代收电费,以确保电费收入能及时、足额用于偿还银行贷款本息。

(三) 签订书面质押合同并办理出质登记

国家发展计划委员会《农村电网建设与改造工程电费收益权质押贷款管理办法》第四条规定:"借款人和贷款人应以书面形式订立电费收益权质押合同,并于合同签订后十日内到登记部门办理登记手续。"据此,农网电费收益权质押,出质人与质权人应当订立质押合同,并根据《农村电网建设与改造工程电费收益权质押贷款管理办法》第九条的规定,到省、自治区、直辖市计委(计经委)办理出质登记。质押合同自成立之日起生效,质权自办理出质登记时设立。

三、农网电费收益权质押的合规性要求

(一) 农网电费收益权质押材料完整

出质人以农网电费收益权质押,商业银行应当收集但不限于以下材料:

1. 出质人的主体资格证明文件。
2. 国家有权机关销售电价批文。省级及以上电网应提交国家计委批准的销售电价批文;省级以下独立电网应提交省级物价部门批准的销售电价批文。
3. 电力供应和电力销售的相关法律文件。包括电网经营企业与电力供应企业签订的供电合同、电网经营企业与电力用户签订的售电合同等。

4. 电网建设与改造的相关法律文件。包括电网管理部门关于电网建设与改造的批文、电网经营企业与有关各方签署的建设承包合同、融资协议、技术咨询合同、原材料供应合同、保险合同、经营承包合同及其相应的担保合同等。

（二）农网电费收益权质押操作要求

商业银行办理农网电费收益权质押应当注意以下几个问题：

1. 农网电费收益权质押材料真实、合法、有效

2. 农网电费收益权的出质人资格合法

商业银行应当认真审核出质人主体相关证明文件，确认出质人的资格。

（1）审查出质人的经营资格。出质人应为具有电网经营许可证和企业法人营业执照或营业执照的企业。

（2）审查农网电费收益权的出质主体。农网电费收益权的出质主体，应当是电网建设项目批准文件中的项目主体，并且与借款人为同一主体。

（3）审查出质人的借款资格。出质人应当具备中国人民银行核发的贷款证。

3. 电网建设与改造工程项目合法

银行应当认真审核电网建设与改造工程项目的相关法律文件，确认电网建设的合法性。包括审查借款人投资的电力建设项目是否符合电力发展规划、是否符合国家电力产业政策，电力建设经营项目立项、可行性研究报告、开工等是否已经获得有权电力管理部门的批准，电网经营企业与有关各方签订的电网建设相关合同协议是否合规合法、是否使用了国家明令淘汰的电力设备和技术等。

4. 准确评估农网电费收益权的财产价值并合理确定质押率

根据《农村电网建设与改造工程电费收益权质押贷款管理办法》第六条的规定，农网电费收益权的财产价值，一般由销售电量和销售电价确定。省级及以上电网销售电价以国家计委批准的电价为准，省级以下独立电网销售电价以省级物价部门批准的电价为准；销售电量以现有售电量为基础，按借、贷双方共同认可的增长率逐年增加。商业银行应当与借款人和电力主管部门共同商定农网电费收益权的价值。

在农网电费收益权质押中，被质押标的是收益权利而非财产本身。收益权是一种请求权，其财产权利的实现影响因素很多。因此，为了降低电费收益权不确定因素对债权实现的影响，其质押率不宜过高，一般以该收益权在贷款期内预期收入可用于还贷的资金和出质人的资信来确定，最高不应超过70%。

5. 要求出质人开立收费专用账户并对其账户实施监控

农网电费收益权的财产价值，通常通过行使收益权逐步得以实现，出质人也是以行使收益权收费所得逐步偿还贷款本息。收益权收费作为贷款的第一还款来源，其经过的环节比较多，稍有不慎还款资金就会被分流挪用。因此，贷款银行应按合同约定督促各方当事人履行相关义务：

（1）按电费收益权质押合同的约定，督促借款人及时在贷款银行开立基本账户或收费专用账户。

（2）按委托合同（代收电费协议）的约定，督促电网用户及时在贷款银行开立电费缴费专用账户。

(3) 按电费划转协议的约定，督促借款人基本账户开户银行及时将电费收入划转贷款银行指定账户。

贷款银行应当加强对出质人行使农网电费收益权所获款项的监控，尤其要加强收费专用账户款项收付的监督，当借款人违约不按时或不能按时偿还贷款本息时，银行应及时从收费专用账户扣收资金用于实现债权。

6. 农网电费收益权质押贷款期限不得超过二十年

根据《农村电网建设与改造工程电费收益权质押贷款管理办法》第八条、第十四条的规定，农网建设与改造工程贷款的贷款期限最长不得超过 20 年；贷款可以办理展期一次，但展期后贷款总期限不得超过 20 年。

四、农网电费收益权质权的实行方式

根据《农村电网建设与改造工程电费收益权质押贷款管理办法》等规定，贷款银行实行农网电费收益权质权有两种方式：

第一，贷款期间，如果借款人转让农网电费收益权或经营的电网，应当征得贷款银行同意，转让所得款项用于提前偿还贷款本息，或者向与贷款银行约定的第三人提存。贷款期限届满后，若借款人未履行债务，银行可以对提存的款项行使优先受偿权；若借款人履行了债务，提存的款项返还出质人。

第二，贷款期限届满后，若借款人未能偿还贷款，贷款银行应当及时行使质权。根据《农村电网建设与改造工程电费收益权质押贷款管理办法》第十六条的规定，银行可以依法采取协议转让、拍卖等方式处分农网电费收益权或经营的电网，以所得价款优先受偿；也可以将借款人经营的电网委托其他有资格的单位经营管理，以所得收益偿还贷款本息。若借款人如约还清贷款，根据《农村电网建设与改造工程电费收益权质押贷款管理办法》第十七条的规定，"借款人按借款合同规定全部偿还贷款人的贷款本息后，电费收益权质押担保自动终止"，银行应将农网电费收益权相关凭证返还出质人。

五、注意事项

（一）关注农网电费收益权的实行风险

农网电费收益权是基于电力销售合同而产生的债权，它依附于特定电力电网等不动产，是不动产物权产生的债权。电力销售合同是双务有偿合同，电费收益权产生的前提是电网经营企业为电网用户提供了一定数量的电力产品，实际履行了合同。如果电网用户已经购买并使用了电力产品而未支付电费，电网用户便成为电网经营企业的债务人，则电费收益权是现实的权利，电网经营企业在实现债权时一般不会受到债务人的抗辩。但是，如果仅仅签订了电力销售合同，而电力产品尚未供应，则电费收益权属于未来的权利，它的成立和存续依赖三方面因素：

第一，电力销售合同持续有效；

第二，电力销售合同当事人任何一方都不得解除合同；

第三，电网经营企业全面履行供电义务。

如果电力销售合同无效，或者合同被解除，或者电网经营企业未能全面履行供电义务，或者电网用户未能依约购买电力产品与支付电费，电费收益权就难以成立和存续，电费收益权质权也就失去了基础。因此，商业银行应当充分关注农网电费收益权的实行风险，对电力销售合同条款的效力及其履行的可行性作出考察、判断。

此外，农网电费收益权质押贷款，其贷款用途指定用于正在建设与改造中的电网电力项目，贷款发放时电网的供电能力尚未形成或正在形成中，电费收益权所依附的不动产物权尚未存在，收益权还只是一种期待的权利。如果使用该项目建成后的收益权为借款担保，其实质是以一种将来不确定的债权质押，收益权质押实行的风险很大。如果电网电力项目最终因种种原因无法建成使用，则该电网经营企业就不可能真正拥有电费收益权。

正因为农网电费收益权质押是以一种将来不确定的债权为借款担保，存在电费收益权实行的风险。所以，银行在农网建设与改造项目建设阶段，应当要求借款人提供其他合法有效的担保。比如，项目投资人的保证、土地使用权抵押、在建工程抵押等。

（二）完善农网电费收益权质押贷款相关合同的内容

农网电费收益权质押贷款相关的合同，除应具备《物权法》、《担保法》、《合同法》要求的基本条款外，还应在合同中约定以下内容：

1. 在质押合同中，约定借款人在贷款银行开立电费收费专用账户条款。包括开立电费收费专用账户、电费收费收入全额存入收费专用账户、银行有权监督专用账户资金专款专用、专用账户的存款余额应保持一定的沉淀量作为贷款偿还担保等内容。

2. 在质押合同中，约定贷款银行行使抵销权条款。当借款人违约不能或不按时偿还贷款本息时，银行有权从借款人的收费专用账户、基本账户或其他账户扣收资金，以扣收的款项抵销借款人所欠的贷款本息。

3. 在委托合同（代收电费协议）中，约定借款人有义务督促电网用户在贷款银行开立电费缴费账户条款。

4. 在电费划转协议中，约定借款人有义务督促其基本账户开户行及时将电费收入划转贷款银行指定账户的条款。

第十节　学生公寓收费权质押

一、学生公寓收费权及其质押

学生公寓收费权，指高等学校、高校后勤服务实体或其他有关企业以其投资建设的学生公寓，向高校学生提供房屋租赁服务获取租赁费用收入的权利。学生公寓收费权是基于房屋租赁合同而形成的债权，即请求承租人支付房屋租赁费用的请求权。

学生公寓收费权质押，指高等学校、高校后勤服务实体或其他有关企业以其享有的学生公寓收费权作担保，向银行申请贷款用于学生公寓建设项目的一种担保方式。

学生公寓收费权质押并不是《物权法》、《担保法》及《关于适用〈担保法〉若干问题的解释》明确规定的权利质押种类，但可以认为是属于《物权法》第二百二十三条第（七）项规定"法律、行政法规规定可以出质的其他财产权利"。因为，中国人民银行、教育部关于《关于进一步解决学生公寓等高等学校后勤服务设施建设资金问题的若干意见》（银发［2002］220号）第一条规定："……各商业银行对学生公寓等高校后勤服务设施建设提供贷款，可采用信用贷款或担保贷款方式。担保贷款可采用保证、抵押、质押等多种形式。各商业银行应将学生公寓贷款纳入住房开发贷款管理。商业银行要积极开展学生公寓收费权质押贷款业务……"第三条又规定："……高等学校应为发放学生公寓收费权质押贷款的商业银行，出具贷款年限内学生公寓月平均入住率不低于90%的保函，并承担相应的责任。"根据上述规定，学生公寓收费权可以出质为贷款提供担保。

学生公寓收费权质押应当遵守《物权法》，《担保法》，《关于贯彻执行〈担保法〉若干问题的解释》，国务院办公厅《转发教育部等部门关于进一步加快高等学校后勤社会化改革意见的通知》（国办发［2000］1号），中国人民银行、教育部关于《关于进一步解决学生公寓等高等学校后勤服务设施建设资金问题的若干意见》等规定。

二、学生公寓收费权质押的合法性要求

（一）学生公寓建设项目合法且项目法人资本金已经到位

1. 学生公寓建设项目合法

合法的学生公寓建设项目应当符合以下条件：

（1）建设项目具备合法、完整的批准文件。包括学生公寓建设项目立项批文、建设用地规划许可、建设工程规划许可、建设工程施工许可等在内的项目文件。

（2）建设项目用地权属明晰。项目法人持有政府行政划拨或有偿转让取得的土地使用权证。

2. 项目法人资本金到位率达到规定要求

根据《关于进一步解决学生公寓等高等学校后勤服务设施建设资金问题的若干意见》第一条的规定，申请学生公寓收费权质押贷款的建设项目，必须是项目法人（出质人）已经投入一定比例自有资金的项目，且已经达到国家规定的项目建设所需资本金的要求。否则，商业银行不得对该学生公寓建设项目发放收费权质押贷款。

（二）学生公寓收费权已经获得有权主管部门批准

学生公寓收费权的出质人应当持有省级教育行政主管部门批准的学生公寓项目收费文件，以及省级教育行政主管部门会同同级物价行政主管部门出具的学生公寓收费标准批文。

（三）签订书面质押合同并办理出质登记

根据《关于进一步解决学生公寓等高等学校后勤服务设施建设资金问题的若干意见》第一条的规定，以依法可转让的学生公寓收费权出质的，商业银行与借款人应当签订书面质押合同，并到省级教育行政主管部门办理学生公寓收费权质押合同审批和质押登记手续。质押合同自成立之日起生效，质权自办理出质登记时设立。

三、学生公寓收费权质押的合规性要求

（一）学生公寓收费权质押材料完整

出质人以学生公寓收费权质押，商业银行应当收集但不限于以下材料：

1. 借款人的主体资格证明文件。
2. 借款合同项下学生公寓建设项目的批准文件。
3. 学生公寓收费文件和收费标准文件。
4. 学生公寓建设项目各投资人同意以学生公寓收费权质押的决议。
5. 学生公寓建设项目所在高等学校出具的月平均入住率不低于90%并承担相应责任的承诺（保函）。
6. 学生公寓建设项目相关的法律文件，包括建设承包合同、投资协议、经营协议及其他有关文件等。

（二）学生公寓收费权质押操作要求

商业银行办理学生公寓收费权质押应当注意以下几个问题：

1. 学生公寓收费权质押材料真实、合法、有效
2. 学生公寓收费权的出质人资格合法

商业银行应当认真审核出质人主体相关证明文件，确认出质人的资格。

（1）审查学生公寓收费权的出质主体。学生公寓收费权的出质主体，应当是学生公寓建设项目批准文件中的项目主体，并且与借款人为同一主体。根据《关于进一步解决学生公寓等高等学校后勤服务设施建设资金问题的若干意见》第一条的规定，借款人可以是高等学校、高校后勤服务实体或其他有关企业。

（2）审查出质人的借款资格。出质人应当具备中国人民银行核发的贷款证。

3. 准确评估学生公寓收费权的财产价值并合理确定质押率

学生公寓收费权的财产价值评估，一般由有资质的评估机构独立完成，也可以由当事人双方和教育行政主管部门共同商定。学生公寓收费权质押中，被质押的是收益权利而非财产本身，其财产权利的实现受多种因素影响。因此，为了降低不确定因素对债权实现的影响，学生公寓收费权质押率不宜过高，一般以该收费权在贷款期内预期收入可用于还贷的资金和出质人的资信来确定，最高不应超过70%。

4. 要求出质人开立收费专用账户并对其账户实施监控

学生公寓收费权与公路收费权类似，收费权的财产价值通常通过行使收费权逐步得以实现，出质人也是以收费收入逐步偿还银行贷款本息。学生公寓收费权的财产价值随着时间的流逝，也在逐步降低直至因期满而消失。因此，银行应督促借款人在贷款银行开立收费专用账户并及时将收费收入归集于专用账户。同时，加强专用账户的监控，尤其是学生开学缴费期间更要加强款项收付监督。当借款人违约不按时或不能按时偿还贷款本息时，银行应及时从收费专用账户扣收资金用于实现债权。

四、学生公寓收费权质权的实行方式

贷款银行实行学生公寓收费权质权有两种方式：

第一，贷款期间，如果借款人转让学生公寓收费权或经营的学生公寓，应当征得贷款银行同意，转让所得款项用于提前偿还贷款本息，或者向与贷款银行约定的第三人提存。贷款期限届满后，若借款人未履行债务，银行可以对提存的款项行使优先受偿权；若借款人履行了债务，提存的款项返还出质人。

第二，贷款期限届满后，若借款人未能偿还贷款，贷款银行应当及时行使质权。可以采取协议转让、拍卖等方式处分学生公寓收费权，以所得价款优先受偿；也可以将借款人经营的学生公寓委托他人经营管理，以所得收益清偿贷款本息。

五、注意事项

（一）关注学生公寓收费权的实行风险

学生公寓收费权是基于学生公寓租赁合同而产生的一项债权，或称做租赁费用请求权，它依附于特定的学生公寓，是不动产物权产生的债权。学生公寓租赁合同是双务有偿合同，学生公寓租赁费用请求权产生的前提，是学生公寓的项目法人向学生提供了公寓租赁服务。然而，借款人以学生公寓收费权向银行申请质押贷款，通常在学生公寓的开发建设阶段，此时，收费权所依附的不动产物权尚未存在，既不存在学生公寓租赁合同，也不存在学生实际租赁公寓的事实，学生公寓收费权或称租赁费用请求权，还只是一种期待的权利。如果以该项目建成后的收费权为借款担保，其实质是以一种将来不确定的债权质押，质权实行的风险很大。

正因为学生公寓收费权质押是以一种将来不确定的债权为借款担保，所以，中国人民银行《关于进一步解决学生公寓等高等学校后勤服务设施建设资金问题的若干意见》第三条明确规定："高等学校可以凭非教育设施，以保证担保的方式，或将非教育设施作为抵押物，以抵押担保的方式，为承担本校学生公寓等后勤服务设施建设的高等学校后勤服务实体和其他有关企业提供项目建设贷款担保。"因此，贷款银行在学生公寓项目建设阶段，应当要求借款人提供其他合法有效的担保。比如，项目投资人的保证、土地使用权抵押、在建工程抵押等。

（二）借款只能用于建设经批准的学生公寓

根据《关于进一步解决学生公寓等高等学校后勤服务设施建设资金问题的若干意见》的规定，学生公寓收费权质押贷款，应当用于经过批准的学生公寓建设项目，不得用于其他目的。因此，贷款银行应参照封闭式贷款管理规定，对学生公寓收费权质押贷款实行封闭式管理，严格监控贷款资金的流向，防止借款人或其主管部门挪用贷款或擅自改变贷款用途。

第十一节 收费权质押

一、收费权及其质押

（一）收费权及其分类

收费权，指权利主体依法或依合同约定，要求相对人履行相应付款义务人的权利。

收费权按性质可划分为行政性收费权和经营性收费权。行政性收费权，指国家权力机关赋予特定主体依法向义务人征缴规定费用的权利。它既是国家权力机关行使国家权力的体现，也是国家权力机关管理国家的一种途径。经营性收费权，指经营企业因提供商品或服务，依合同约定获取请求受益人支付相应价款的权利。

行政性收费权的权利主体与收费收入的用途，通常由法律法规明文规定，具有特定性。如果银行接受以行政性收费权作为贷款质押担保，当债务人不能偿还到期债务时，质权人代为行使收费权或者将收费权拍卖转让，其结果必然导致收费权利主体和收入用途不符合法律法规的规定，使国家对这类关系国计民生产业的控制减弱甚至丧失，从而导致社会秩序混乱。因而，行政性收费权不具有可让与性，不能作为质押标的。

经营性收费权包含金钱给付关系，即收费权人收取费用的权利和交费主体给付金钱的义务。这种金钱给付关系是两个平等主体之间依合同约定而产生的，也可以依《合同法》规定转让。因此，经营性收费权既具有财产性，也可以让与，符合权利质押的基本要求。

（二）收费权质押

收费权质押，指借款人以其拥有的某项收费权作为债务履行的担保，向银行申请贷款的一种担保方式。当债务人不能履行债务时，债权人有权依据合同的约定，以转让该收费权所得价款或直接获取收费款项实现债权。

目前，我国法律法规明文规定可以出质的收费权，仅有公路收费权、农网电费收益权和学生公寓收费权三种，除此之外的其他收费权质押尚无法律明示。本节讨论的收费权质押，指法律法规明文规定之外的其他收费权质押。

二、收费权质押与银行账户质押的区别

银行控制收费权质押风险，其主要措施是全额归集收费收入和监控收费专用账户收支。即要求出质人在贷款银行或者贷款银行指定的银行开立收费专用账户，将收费收入全额存入该专用账户，并使得该专用账户处于银行有效监管之内，直至债务人还清全部债务。在收费权质押中，被质押的是收费权利，而并非账户本身。这种权利具有延续性，不因收费权利主体的变更而丧失。新收费主体在依法承接原收费主体全部权利义务的同时，当然地成为收费权质押的出质人，承担原债务人的债务，有义务向银行清偿债务直至还清为止。

银行账户质押是借款人以其指定银行账户（存款户或结算户）出质，以此作为向账户开户银行借款的担保。在银行账户质押中，被质押的是账户内的资金。贷款银行由于实际占有并可以有效地控制质押账户的资金，当借款人违约不履行或不能履行债务时，可以用质押账户的资金抵销债务人所欠债务，债务人不得抗辩贷款银行行使抵销权。

三、收费权质押法律风险分析

随着金融创新力度加大，一些新的权利质押方式，诸如电费收费权质押、水费收费权质押等，开始出现在信贷担保业务中。这类收费权质押因法律并无明确规定，其效力存在不确定性。

法律法规明示可以质押的公路收费权、农网电费收益权和学生公寓收费权，其共同点是依附特定不动产的收益权，因此有人认为这是我国法律创设并予以保护的准物权。而电费收费权、水费收费权等其他收费权，是一项基于合同而产生的债权，也就是请求

权。这种权利可否成为权利质押标的，关键在于其是否具有财产性，能否通过市场交易实现其价值，以及能否实现占有公示等。

有观点认为，收费权质押标的物是拟制财产，应当属于《担保法》第七十五条第（四）项规定"依法可以质押的其他权利"，可以作为质押标的物。其理由是：

首先，收费权质押标的为请求相对人支付相应价款的权利，性质上是财产性权利。

其次，收费权是一项基于合同而产生的债权，是合同之债，根据《合同法》第七十九条的规定，当事人可以转让其债权，因而收费权具有可转让性。

最后，《合同法》第八十条规定，债权转让经通知债务人后即对债务人发生转让的法律效力，据此，出质人经通知债务人后，质权人可以直接要求债务人向其履行债权，从而实际占有或控制该债权。换而言之，收费权也具有可以由他人占有或控制的属性。此外，质权人还可以通过监控出质人的收费权专用账户，或参照《公证机构办理抵押登记办法》的规定到公证机构办理质押登记等方式，取得占有的公示效力。

笔者认为，商业银行在实务操作中对《担保法》及其相关规定应作谨慎理解，对于法律、法规或规范性文件未明示可以质押的权利，在实践中应谨慎采用。在一般情况下，商业银行不宜接受法律没有明示的权利出质，除非借款人第一还款来源可靠，该权利质押仅作为第二还款来源，是贷款债权的补充担保方式。

《物权法》公布施行后，有专家学者认为，收费权应当属于《物权法》第二百二十八条规定的"应收账款"，可以设定质权（详见第九章第六节"二、扩大了权利质物的范围"中的"（二）应收账款可以出质"）。

四、收费权质押法律风险控制

银行是高风险的行业，经营风险与经营利润（回报）如同一枚硬币的正反两面，彼此不可分离，零风险的经营行为在市场经济条件下几乎不存在。面对经营风险，银行需要在风险与收益之间选择最佳平衡点，并努力控制经营风险，从而使经营收益最大化。收费权质押虽然在法律上存在瑕疵风险，可能会对贷款担保产生一定影响。但是，质押担保仅是银行控制贷款风险的措施之一，而并非是银行决策贷款与否的关键性因素。若借款人资信良好、信用等级高、第一还款来源充足可靠，收费权质押可以作为补充性担保措施。银行在接受收费权质押时，可以采取以下措施防范与控制风险：

（一）出质人与借款人是同一主体且资信良好

第一，出质人与借款人应当是同一主体（客户），出质人对出质的收费权利具有独立的占有、使用、收益、处分权利，银行不应接受以第三人享有的收费权利出质为借款担保。

第二，借款人资信良好，在商务活动中没有重大不良信誉记录，没有违法违规行为处罚记录，信用等级达到规定要求，符合信用贷款放款条件，是贷款银行的优质客户。

（二）准确评估收费权的财产价值并合理确定质押率

收费权的财产价值与提供商品或服务的数量、价格以及收费年限等因素密切相关，其市场价值如何，通常参考评估机构作出的价值评估报告，由商业银行与出质人双方共同商定。商业银行应审查评估机构出具的评估报告。在审查中，尤其要注意审查评估机构的评估资格和估价师的执业资格、评估方法与评估价值的客观合理性。

在收费权质押中,被质押的是基于合同而产生的债权或者说是请求权,而并非财产本身,其财产权利的实现受诸多因素影响。因此,为了减少收费权不确定因素对债权实现的影响,收费权的质押率一般不宜过高,以该收费权在贷款期内预期收入可用于还贷的资金和出质人的资信状况确定,最高不应超过70%。

(三)办理出质审批和质押登记

出质的收费权利通常属于政府专营、控制或特许经营的权利,具有不同程度的垄断性。质押时,商业银行应要求出质人提供政府有权管理部门同意质押的批文,并向银行交付收费权利证书(如管理部门批准收费的文件等)。收费权质押合同签订后,应及时办理质押登记。有关规范性文件已明确质押登记机构的,必须到该指定机构办理;没有明确质押登记机构的,参照司法部《公证机构办理抵押登记办法》第十八条的规定,以应收账款、未来可得收益作为物权担保的,可由公证机构办理登记。为了取得对抗第三人的效力,办理公证登记是必须采取的措施。

应当注意,根据《物权法》第二百二十八条和《应收账款质押登记办法》的规定,因销售产生的债权、出租产生的债权、提供服务产生的债权、不动产收费权、提供贷款或其他信用产生的债权等应收账款的质押登记,由人民银行信贷征信机构办理。因此,当信贷征信机构受理此类应收账款质押登记,应及时前往办理。

(四)周密拟定质押合同及相关协议

质押贷款相关的合同除应具备《物权法》、《担保法》、《合同法》要求的基本条款外,还应在合同中约定以下内容:

1. 在质押合同中,约定借款人(出质人)在贷款银行开立收费专用账户条款。包括:

(1)收费收入全额归集存入收费专用账户,不得以任何理由分流到其他账户或者与其他账户并户使用。

(2)收费专用账户资金在贷款银行监督下使用,专款专用,除收费运转必要的日常开支外,其余款项应当用于偿还贷款。

(3)当收费专用账户资金低于一定数额或者单笔开支数额较大的,款项支付应当征得贷款银行同意。

(4)收费专用账户的存款余额应保持一定的沉淀量作为贷款偿还担保。

2. 在质押合同中,约定贷款银行行使抵销权条款。当借款人违约不能或不按时偿还贷款本息时,银行有权从借款人的收费专用账户、基本账户或其他账户扣收资金用于实现债权。

3. 在质押合同中,约定收费权处分条款。当借款人违约不能或不按时偿还贷款本息时,银行有权向管理部门提出通过依法拍卖或者变卖方式处置收费权的要求,有权诉请人民法院通过拍卖或者变卖方式处置收费权,以转让收费权所得款项清偿担保的贷款本息,出质人应当配合做好收费权处分工作。

4. 在委托合同(代收费协议)中,约定借款人有义务督促其用户在贷款银行开立缴费账户条款。

(五) 要求出质人开立收费专用账户并对其账户实施监控

收费权的财产价值实行方式，既可以通过转让方式一次性实行，也可以通过行使收费权逐步实行。在正常情况下，收费权的出质人通常以收费收入逐步偿还银行贷款本息。收费权的财产价值随着时间流逝逐渐降低直至消失。因此，银行应督促借款人在贷款银行开立收费专用账户并及时将收费收入全额归集于专用账户。同时，加强收费专用账户的监控，尤其要加强收费收入归集和大额款项支付的监督。当借款人不按时或不能按时偿还贷款本息时，银行应及时从收费专用账户扣收资金用于实现债权。

(六) 借款只能用于经批准的建设项目

收费权产生的前提是收费权利主体向收费对象提供了商品或服务。在通常情况下，收费权利主体申请贷款是在其开发建设阶段，此时，收费权的出质人尚未具备提供商品或服务的能力，收费权还是一种将来不确定的债权。若建设项目不能按期建成或不能建成，收费权就无从谈起，质权实现存在非常大的风险。因此，收费权质押贷款只能用于经过批准的建设项目，而不能用于与收费权无关的其他目的。贷款银行可以参照封闭式贷款管理规定，对收费权质押贷款实施封闭式管理。

(七) 贷款期限届满日应在收费权有效期内

银行应审核收费期限与贷款期限，并使贷款期限届满日在收费期限之内。否则，或是缩短贷款期限，或是督促借款人向审批机关申报延长收费期限，或是要求借款人提供其他附加担保。在一般情况下，商业银行不应接受收费期限届满日早于贷款期限届满日的收费权质押。

五、电费收费权质押

(一) 电费收费权及其质押

电费收费权，指电力企业因销售了电力而获得请求购电单位或个人支付相应价款的权利。电费支付请求权实质上是基于当事人双方的电力销售合同而产生的债权，它是电力企业的主要经营收入来源。

我国电力市场实行"厂网分开、竞价上网"的体制，发电企业与电网企业各自独立经营，因而，电费收费权既包括电力发电企业向电网经营企业销售电力而获得的收费权利，也包括电网经营企业向电力用户销售电力而获得的收费权利。

电费收费权质押，指电力发电企业以其享有的电费收费权出质，向银行申请贷款用于电力发电项目建设与改造的一种担保方式。

(二) 电费收费权质押风险控制

电费收费权具有财产权利的属性，并且可以转让和公示占有，符合权利质押标的要件，理论上可以作为权利质押标的物。但是，由于现行法律法规对电费收费权出质未作明示，以其设定质权存在法律风险，商业银行应谨慎采用，一般将其作为补充性担保措施为妥。电费收费权质押的风险防范与控制，可参照收费权质押要求办理，并重点做好以下两项工作：

第一，履行出质批准和质押登记手续。电力供应直接涉及公共生活，受政府监管程度高。因而，为了避免政府否定电费收费权质押，电费收费权质押必须到电力行政主管机关履行出质审批和质押登记手续。未经出质审批和质押登记的，银行不应发放质押贷款。履行出质审批和质押登记手续，其实也是收集信息的过程。如果行政主管机关明确否定电费收费权质押，不仅质押效力难获认可，而且今后实行质权也会受到来自行业主管部门的阻力，银行不应接受此类电费收费权质押。

第二，取得电网经营企业或电力用户的书面承诺。电费收费权财产价值的实现，最终取决于电费债务人的财务能力和履行意愿。在电力发电企业与电网经营企业或电力用户的供电法律关系中，由于合同的相对性，其效力及于合同当事人而不及于第三人，贷款银行不能直接对出质人的债务人提出要求。因此，为了确保电费收费权质权得以顺利实行，银行应要求出质人提供电费债务人的书面承诺。

电费债务人书面承诺的内容包括：

（1）已经知悉银行电费收费权质权的存在，认可银行质押贷款依法享有优先受偿权；

（2）保证遵守购电合同的约定，全面履行购电义务；

（3）保证将应付电费划转到供电方（借款人）在贷款银行开立的电费专用账户。当借款人不清偿贷款时，根据银行的通知，将应付电费直接划汇到贷款银行指定的账户。

六、水费收费权质押

水费收费权，指城市自来水供水企业因供应了生活或工业用水而获得请求用水单位或个人支付相应价款的权利。

水费收费权质押，指城市自来水供水企业以其享有的水费收费权作担保，向银行申请贷款用于城市自来水管网建设与改造的一种担保方式。

水费收费权与电费收费权相似，理论上可以作为权利质押标的物，但法律法规未作明示，以其设定质权存在法律风险，可以作为贷款的补充性担保措施。水费收费权质押的风险防范与控制，参照收费权和电费收费权质押要求办理。

七、污水处理费、垃圾处理费、防洪建设费收费权质押

（一）"三费"收费权

污水处理费、垃圾处理费和防洪建设费简称"三费"。

污水处理费收费权是城市污水集中处理设施营管人，按照国家规定向排放污水的企业或单位、个人提供污水处理有偿服务，收取污水处理费用的权利。它是一项政府强制收费。

垃圾处理费收费权是政府或政府指定代理人，按照国家规定向城市范围内生产垃圾的企业或单位、个人提供垃圾处理有偿服务，收取垃圾处理费用的权利。它也是一项政府强制收费。

防洪建设费收费权是政府为保证江河堤防建设，维护堤防安全而向所在地企业或单位、个人征收费用的一项权利。它也是一项政府强制收费。

"三费"从本质上看，收费项目、权利主体和收费收入的用途均由法律法规规定，

具有明显的行政性收费特征。但从其表现形态上看，权利主体向义务人收取费用是因为提供了服务，因而又具有某些经营性收费色彩。例如，《水污染防治法》第十九条第三款规定："城市污水集中处理设施按照国家规定向排污者提供污水处理的有偿服务，收取污水处理费用，以保证污水集中处理设施的正常运行……收取的污水处理费用必须用于城市污水集中处理设施的建设和运行，不得挪作他用。"可见，污水处理费是为保证污水集中处理设施的正常运行而向排污者收取的费用。污水处理服务是有偿的，具有经营特性。与经营性收费不同的是，污水处理费收费提供的服务，是一种带有公益性质的强制服务。污水处理服务收取的费用必须专款专用，不得用于城市污水集中处理设施建设和运行之外的其他用途。

（二）"三费"收费权质押风险

为了筹集城市基础设施建设资金，目前全国有不少城市在尝试以"三费"收费权质押向银行申请贷款。这种改革探索，在一定程度上得到了国务院及相关部委的认可。国务院《关于实施西部大开发若干政策措施的通知》（国发［2000］33号）中提出，要"扩大以基础设施项目收费权或收益权为质押发放贷款的范围"［第二条第（四）项］。建设部、国家环境保护总局转发的《福建省关于推进城市污水处理产业化发展的暂行规定》（建城［2001］223号）一文，也认同了福建省利用污水处理费收费权质押贷款的做法："各级政府可用污水处理费收费权抵押贷款，筹措部分城市污水管网建设、改造资金……"

虽然如此，但是到目前为止，我国尚未有任何法律和司法解释明确规定"三费"收费权可以质押。因而，在现有的法律环境下，以"三费"收费权质押在法律上仍然存在不确定性风险：

1. "三费"收费权质押存在让渡风险。"三费"收费权的权利主体由行政法规和地方性法规规定，"三费"收费权是行政授权许可的权利，转让该权利应当征得授权部门批准同意，否则，转让行为无效。"三费"收费权利主体的这种特定性，使得贷款银行企求通过转让收费权，以转让所得价款实行质权的愿望不可能实现。

2. "三费"收费权质押存在优先权实行风险。目前，我国行政法规和地方性法规对"三费"收费权出质批准机关、质押登记部门均没有具体的规定，收费权质押状况无法定公示形式，出质人也不能向质权人交付相应权利凭证。因此，"三费"收费权质押一般不会产生对抗第三人的法律效力。而且，行政法规和地方性法规对"三费"的收费用途有明确规定，银行即便取得了收费权利，以所收取的款项实现优先受偿权还存在相当大的风险。

综上所述，从法律层面看，"三费"收费权质押法律依据不足，质押的效力待定；从政策层面看，国务院及相关部委鼓励和推进城市基础设施项目收费权质押贷款，"三费"收费权质押贷款有政策依据。"三费"收费权的质押效力正处在法律与政策博弈之中。因此，笔者认为，"三费"收费权质押存在法律风险，商业银行应谨慎采用，一般宜将其作为补充性担保措施。"三费"收费权虽然是一种值得尝试的融资担保方式，但也并非所有建设项目或项目的所有阶段都适合采用。银行应根据所在城市和项目的实际情况，具体分析、区别对待，既不宜全盘否定，也不可以"照单全收"。银行接受"三费"收费权质押的前提条件是，收费收入能够满足运行费用并略有微利。"三费"收费权质押的风险防范与控制，参照收费权质押要求办理。

八、学校、医院收费权质押

学校、医院收费权，指学校、医院在经营过程中，通过提供教育、医疗服务向学生、患者收取一定费用的权利。

学校、医院收费权是基于合同而产生的债权，是权利人为义务人提供了合同约定的服务或商品后，依合同向义务人收取相应价款的请求权。学校、医院收费权与水费、电费收费权相似，具有财产价值，但法律法规未明示其可以出质，以其设定质权存在法律风险。

首先，学校、医院收费权是受到限制的收费权利。学校、医院是专门为了社会公共利益而设立的公益法人，即使是为了营利目的而设立的私立学校和医院，其客观上也起到了为社会公共利益服务的作用，显示出公益性的特点。公益法人的经费主要依靠财政预算拨款，部分来源于服务收费。为了限制学校、医院的服务收费，国家对公益法人的收费项目、收费标准实行主管部门核准制。未经核准的收费项目、收费标准不得对外收费。在这种制度下安排的收费权利内容，并不能完全地反映对价关系，而更多体现的是主管部门对收费权利的限制和对公益功能的强调。

其次，学校、医院的收费权可转让性差，不适合通过拍卖变现。学校、医院提供的是特殊服务，需要由有专业资格的专家群体来完成，而不具有资格的群体，即使取得了学校、医院收费权，依照法律规定也不能经营学校、医院。因此，当债务人不偿还或不能偿还债务时，质权人很难通过拍卖、变卖学校和医院的收费权来实现优先权。

最后，学校、医院的收费收入具有特定用途，不能挪作他用。服务收费收入作为学校、医院经费来源渠道之一，如果该项资金被挪作他用或用于还贷，学校、医院就有可能因为经费问题而影响正常的公益服务。

此外，学校、医院收费权质押状况无法定公示形式，出质人不能向质权人交付相应权利凭证，收费权质权对抗第三人的效力存在争议，这也是学校、医院收费权不宜出质的原因之一。

笔者认为，鉴于现行法律法规以及规范性文件对学校、医院收费权设质未作明确公示，以其设定质权存在较大的法律风险，商业银行应当谨慎采用，一般将其作为补充性担保措施为妥。学校、医院收费权质押的风险防范与控制，参照收费权质押要求办理。

九、旅游景点（门票）收费权质押

旅游景点（门票）收费权，指经营者因投资建设旅游景点的服务设施并提供相应的旅游服务，而形成向旅游参观人收取一定金额景点门票费用的权利。旅游景点（门票）收费权是一项特许权利，行使收费权及收费标准均应当经过政府有关主管部门的审核批准。

毫无疑问，旅游景点（门票）收费权具有财产性内容。但是，该收费权出质的法律效力，至今尚未得到法律法规和规范性文件确认。旅游景点（门票）收费权能否质押,关键在于收费权是否具有可转让性。

有观点认为:旅游景点(门票)收费权是一项独立的权利,与景点经营者的经营权是可以分离的,目前也尚未有法律法规对旅游景点经营者的主体资格作出禁止性规定,任何依法成立的企业法人,经有关旅游主管部门审核批准,都可以成为旅游景点的经营者。同时,收费权既然是经营权中的一项权利,旅游景点经营者当然可以自由处分其经营权。因此,旅游景点(门票)收费权可以实现转让。

持不同观点认为:一方面,旅游景点(门票)收费权是企业经营权的一项重要内容,与经营权密不可分,旅游景点(门票)收费权的拍卖、变卖、折价等转让行为,将会影响经营者的经营权,甚至会使得经营者因此而失去经营权。另一方面,我国虽然目前尚未有法律法规对旅游景点经营者的主体资格作出禁止性规定,但是,旅游景点经营依托的自然资源和人文景观属于稀缺资源,为国家所有并受国家或其代理人管理,旅游景点经营者的主体通常是特定的,其收益往往与当地财政发生直接或间接的联系。主体资格的非禁止性仅仅表明了参与主体的广泛性,是对参与者的最低要求但不是唯一要求。在实际工作中,也并非任何依法成立的企业法人都可以从事旅游景点经营,旅游主管部门对旅游景点经营主体资格是有限制要求的。就现状而言,我国目前大多数旅游景点均是由政府授权的国有企业经营。所以,旅游景点(门票)收费权虽在一定范围内可以转让,但其受让的主体范围受到限制,可转让性差。

笔者认为,旅游景点(门票)收费权虽然具有财产性权利的内容,但因其转让受到限制,收费权的财产价值不容易实现,质权人很难通过转让方式实现旅游景点(门票)收费权的财产价值并从中优先受偿。同时,现行法律法规对旅游景点(门票)收费权设质未予以明确,以其质押存在法律风险,商业银行应谨慎采用,一般作为补充性担保措施为妥。旅游景点(门票)收费权质押的风险防范与控制,参照收费权质押的要求办理。

十、移动电信收费权质押

移动电信收费权,指移动电话通信运营商在经营过程中,通过提供移动通信服务向用户收取一定费用的权利。移动电信收费权同样是基于合同而产生的债权,是权利人为义务人提供了合同约定的服务后,依合同向义务人收取相应价款的请求权。移动电信收费权与水费、电费收费权等其他收费权相似,具有财产价值,但尚未被法律法规明示可以质押,因其设定质权存在法律风险。

目前,我国政府许可的移动电话通信运营商只有中国移动、中国联通、中国网通、中国电信等为数不多的几家。移动电信收费权质押贷款,主要发生在中国移动、中国联通及其授权经营 GSM 项目的电信有限公司。移动电信收费权质押贷款通常的做法是,移动电信运营商以一定数量的移动电话号码收费权出质,为借款人向银行借款提供质押担保。

移动电信收费权虽然具有财产价值,但其转让性极差,质权人几乎不可能通过转让的方式实现优先受偿权。同时,现行法律法规对移动电信收费权设质未予以明确,因该收费权质押存在法律风险。但是,笔者认为,移动电话通信运营基础设施投资巨大,技术含量高，替代成本也很高，经营权具有很强的专营性和垄断性，当前以致在今后相当长的时间内，被他人取代的几率很低。移动电信收费权出质虽然存在质押无效的法律风险，但由于通信运营商第一还款来源稳定可靠，中国移动、中国联通、中国网通、中国电信四大运营商又是各商业银行争夺的优质客户，移动电信收费权作为贷款的补充性担保措施并不会加大信贷经营风险。办理移动电信收费权质押，可参照收费权质押要求做好风险防范与控制工作。

第十二节　人寿保险单质押

一、人寿保险单及其质押

人寿保险，简称寿险，是以被保险人的生命作为保险标的，以被保险人的生存或死亡作为保险事故，并在保险期间发生保险事故时，依照保险合同给付一定保险金额的一种人身保险形式。

人寿保险单，又称人寿保单，是保险人与投保人之间订立人身保险合同的书面文件，是投保人与保险人履行义务、享有权利的依据。

人寿保险采用"均衡保险费"的方法收取保险费，这一缴费方法使投保人实缴保费高于危险保费，超出部分由保险人代为保管，并通过保险基金的投资运作生息增值。同时，在人寿保险中，生存或死亡都视为保险事故发生，保险人都需要给付保险赔偿金。正是上述两种原因，使得人寿保险具有储蓄的一般特征，即资金返还性及收益性，人寿保险单具有现金价值。

人寿保险单质押，指债务人以具有一定现金价值且未到给付期的人寿保险单中的财产权作为履行债务的担保方式。人寿保险单质押贷款，指借款人以未到期的人寿保险保单作质押，从银行取得一定金额人民币贷款，并按期偿还贷款本息的一种个人质押贷款。

二、人寿保险单质押法律风险分析

（一）人寿保险单基本具备质押标的要件

人寿保险单是基于人身保险合同而产生的债权，也就是请求权。这种权利可否成为质押标的，关键在于其是否具有财产性，能否通过市场交易实现其价值，以及能否实现占有公示等。

笔者认为，人寿保险单质押标的物是拟制财产，应当属于《物权法》第二百二十三条第（七）项规定"法律、行政法规规定可以出质的其他财产权利"，可以作为质押标的物。

首先，人寿保险单具有现金价值和可返还性，其质押标的为请求保险人支付相应价款的权利，性质上属于财产性权利。

其次，人寿保险单是基于人身保险合同而产生的债权，是合同之债。根据《合同法》第七十九条的规定，当事人可以转让其债权，因而人寿保险单具有可转让性。应当指出，人寿保险单有两种转让方式：一种是将保单所有权完全转让，称为绝对转让；另一种是将保单的部分权利转让，称为质押转让，即把一份具有现金价值的保单作为被保险人的信用担保或者贷款的质押品，受让人（质权人或称贷款银行）得到保单的部分权利。在质押转让状态下，如果被保险人死亡，受让人得到的是已转让权益的那一部分保险赔偿金，其余仍然归受益人所有。一般认为，保单转让包括质押转让，保单所有人（出质人）应当书面通知保险人，由保险人加注或加批单生效，同时取得占有的公示效力。

最后，《合同法》第八十条规定，债权转让经通知债务人后即对债务人发生转让的法律效力。据此，出质人经通知保险人后，贷款银行可以直接要求保险人向其履行债权，从而实现占有或控制该债权。换而言之，人寿保险单也具有可以由他人占有或控制的属性。

综上所述，人寿保险单基本符合质押标的要件的要求，可以出质设定质权。《保险法》第五十六条第二款规定："依照以死亡为给付保险金条件的合同所签发的保险单，未经被保险人书面同意，不得转让或者质押。"如果对该条款作反向理解，可以认为《保险法》准许人寿保险单质押。

（二）人寿保险单质押存在的法律风险

目前尚无法律法规和规范性文件明确规定人寿保险单可以质押，按照"物权法定"的原则，人寿保险单的质押效力仍然存在不确定性，主要表现在：

1. 质押标的风险

依据人寿保险单贷款条款的约定，用于申请质押贷款的出质保单应当具有现金价值，而依据《保险法》相关规定，只有保费缴费满2年的人寿保险单才具有现金价值。另外，出质的保单必须是清洁件。所谓清洁件是指保单质押时为正常保单，不存在向保险公司借款的记录，不存在失效的情形且在缴费期内，不属于挂失后又复得或选择了保费自动垫缴条款的保单。上述条件出现任何瑕疵，都可能导致人寿保险单质押风险。

2. 主体资格风险

人寿保险关系涉及投保人、保险人、被保险人、受益人和保单所有人五个主体。保单所有人又称保单持有人，拥有保单的各种权利，包括变更受益人、领取退保金、领取保单红利、放弃或出售保单权利、指定新的所有人等。保单所有人在投保人与保险人订立人身保险合同时产生。目前，我国人身保险合同没有保单所有人这一概念，保单所有人拥有的权利由投保人、被保险人或受益人单独或分别享有。例如，分红保单的被保险人可领取保单红利，投保人可要求退保，获得退保金等。可见，在人寿保险关系中，有权处分人寿保险单权利的主体非常复杂，稍有不慎就会出现无权或越权处分的情形。目前，依据人身保险合同的约定，人寿保险单的现金价值所有权和保险合同解除权归投保人。因此，人寿保险单的出质人必须是人寿保险的投保人，且人寿保险单质押贷款的借款人与出质保单的投保人应当一致，避免采用第三人的人寿保险单质押担保。如果保单出质主体和借款主体不符合上述要求，都可能产生质押无效的风险。

3. 借款人变更保单的风险

根据《保险法》的有关规定，投保人有权向保险人提出变更保单的要求。在人寿保险单质押期间，投保人（借款人）仍有依人身保险合同的约定，继续履行缴纳保费等义务。如果投保人自行退保，或者变更保单相关信息，将会造成人寿保险单现金价值的减少甚至流失。另外，由于人寿保险单具有保费自动垫缴等现金价值的衍生功能，一旦投保人不按时或无力缴纳保费，保险人会依人身保险合同的约定，自动以保单积存的现金价值为投保人垫缴保费使保单继续有效。投保人也可以把出质保单积存的现金价值作为重新建立保险关系的保费，采取趸缴方式缴纳保费，将原保单改为相同种类的小额保单或者改为展期保单，改变原保单的保险期限。诸如此类变更保单的做法，其后果是减少或改变了出质保单的现金价值，使贷款银行的权益受到危害。

三、人寿保险单质押法律风险控制

人寿保险单质押，不仅存在因法律法规未有明示而被认定无效的法律风险，还存在因质押条件要求复杂而产生的操作风险，商业银行在实务中应当谨慎采用，一般将其作为补充性担保措施为妥。银行在接受人寿保险单质押时，可以采取以下措施防范与控制风险：

（一）与出具保单的保险公司协商一致

开展人寿保险单质押贷款业务，受益者不仅是借款人和贷款银行，保险公司也是获益者。因为，人身保险期限长，投保人或被保险人若急需款项，就有可能办理退保，以退保金应付资金不足。然而，投保人退保便意味着终止保险合同，减少保险人的业务量。所以，保险公司与贷款银行应当协商一致、互惠互利，共同开展人寿保险单质押贷款业务。

为了控制质押风险，商业银行对出质的人寿保险单通常有所选择，一般是选择与本行有合作关系的保险公司出具的保单。银行与保险公司的合作关系，通过订立银保合作协议来明确双方的权利义务。银保合作协议除应具备《合同法》要求的基本条款外，双方还应在合同中约定以下内容：

1. 未经贷款银行同意，保险公司不得为已经质押的人寿保险单变更保单内容。

2. 未经贷款银行同意，保险公司不得为已经质押的人寿保险单办理退保、挂失和理赔手续。

3. 贷款银行已经质押的人寿保险单，保险公司不得再为之办理质押登记。

4. 保险公司对借款人（投保人）享有的其他债权，在贷款银行的债权未得以清偿之前，不得对已经质押的人寿保险单行使抵销权。

（二）严格限制质押人寿保险单的范围

保险公司提供的人寿保险品种繁多，笔者认为，商业银行可以接受质押的人寿保险单应当同时满足以下条件：

1. 具有现金价值且现金价值在有效期内稳健上升的保单，例如人寿保险、年金保险、分红保险等人寿保险单。而投资连结保险、万能保险等，由于现金价值波动不可控制，故不宜接受。意外伤害保险、短期健康保险等人身保险保单因无现金价值不得用于质押。

2. 采取趸缴方式缴费的保单。可用于质押的人寿保险单，原则上保费缴纳应采取趸缴方式；若采取分期缴费方式的，该保单保费缴纳应连续两年（含）以上，且申请质押贷款时无拖欠保费情形。

3. 与本行有合作关系的保险公司出具的保单。出质的保单应当是与商业银行订立有银保合作协议的保险公司出具的保单。该保单的现金价值、保险期限、有效止付、保单及其记载内容的真实与有效性等事项，已经出具保单的保险公司核实。

（三）出质人与借款人是同一主体且对质物独享处分权

第一，出质人与借款人应当是同一主体。出质人只能以自己享有处分权的人寿保险单申请质押贷款，银行不应接受以第三人的人寿保险单出质为借款担保。

第二，出质人应当对出质的人寿保险单享有独立的收益、处分权利。贷款银行应依据人身保险合同来审查确认出质人的主体资格。在一般情况下，对人寿保险单享有独立收益、处分权的是投保人。因此，出质人必须是人寿保险的投保人。银行为了降低因确认出质人不当而产生风险的几率，也可以采取比较保守的做法，即当人寿保险单的投保人、被保险人、受益人并非同一人时，出质应征得被保险人、受益人的书面同意。若被保险人、受益人为未成年人的，按照《民法通则》第十八条的规定，监护人除为被监护人的利益外，不得处理被监护人的财产。因而，以该人寿保险单质押的，应当特别注意防范出质人主体资格的风险。

（四）审核保单完善质押手续

银行办理人寿保险单质押贷款，应当严格审查审核保单相关内容，并按规定办理质押手续。

1. 查询核实保单的相关事项。银行应当向出具保单的保险公司查询核实保单的相关内容，例如，保单的真实性，保单是否已经挂失、失效，或者已经被止付或被依法冻结，保单是否已经设定担保等。

2. 确认保单的财产价值。如前所述，保单在质押转让状态下，如果被保险人死亡，质权人得到的是已转让权益的那一部分保险赔偿金，其余仍然归受益人所有。因此，银行评估保单的财产价值，应仅限于贷款申请当日保单所对应的现金价值，保单所附加的其他价值不应作为质押标的。此外，贷款的质押率也应严格限定在商业银行规定范围之内。

3. 签订书面质押合同并办理质押登记。商业银行与出质人应当签订书面的人寿保险单质押合同，并督促出质人及时将人寿保险单出质情况书面通知出具保单的保险公司，由保险人在保单上加注或加批单。质押合同自保险人加注或加批单时生效。

4. 书面通知保险公司冻结止付质押的保单并取得回执。

（五）及时行使人寿保险单质权

借款人未能按约定归还贷款本息，或者发生其他可能导致债权实现受到威胁或遭受损失的情形，贷款银行应及时提请保险公司处置质押的人寿保险单，请求减保或退保。为维护各方当事人的合法利益，银行行使质权通常以减保为先，无法办理减保时才选择退保。所谓减保，指投保人在保险合同有效期间内，要求修改合同，降低保险金额的行为。保险公司支付的减保金或退保金应优先用于清偿借款人所欠的贷款本金、利息、罚息及其他实现债权的费用，余款由银行返还给保单出质人。

在实践中，有的贷款银行与出质人签订保险权益转让书，约定：债务履行期限届满，质权人未受清偿时，质押保单为贷款银行所有。质权人与出质人约定这类条款属于流质契约，有违反法律规定之嫌。《担保法》第四十条明确规定："订立抵押合同时，抵押权人和抵押人在合同中不得约定在债务履行期届满抵押权人未受清偿时，抵押物的所有权转移为债权人所有。"人寿保险单质押虽非抵押，笔者认为这一立法精神同样适用于质押，当事人不宜在债务履行期限届满前约定保单的全部权利归贷款银行。当然，如果保险权益转让书在债务履行期限届满后签订，就不属于流质契约而是双方就质物折价达成合意。

第十三节　应收账款质押

一、应收账款及其质押

应收账款，指企业因销售商品或提供劳务等原因而应向购货或接受劳务的客户收取的款项。

"应收账款"这一含义，会计学与法学各自有着不同的外延内容。会计学意义的"应收账款"，特指因销售活动而形成的应收客户的款项，不包括非销售活动而形成的应收款项或企业支付出去的应收款项。法学意义的"应收账款"，实质是指付款请求权，即因销售商品或提供劳务等原因而形成的请求他人给付一定款项的权利。它不仅包括已经形成的现存债权，也包括尚未产生的将来债权，如公路、桥梁收费权等。付款请求权的本质是债权，从这个意义上说，应收账款反映的是当事人之间的债权债务关系。

根据《物权法》第二百二十八条的规定，应收账款可以出质设定质权，其质押的合法性不存在疑义。应收账款质押，指借款人以其所有并经付款人确认的应收账款质押，向银行申请融通资金的一种担保方式。应收账款质押实质上是借款人以享有的债权，也就是请求给付一定款项的权利质押。办理应收账款质押，应当遵守《物权法》、《担保法》和《关于适用〈担保法〉若干问题的解释》及中国人民银行《应收账款质押登记办法》（中国人民银行令［2007］第4号）等规定。

二、应收账款质押法律风险分析

（一）应收账款基本具备质押标的要件

《物权法》颁布之前，应收账款质押存在争议。应收账款能否成为质押标的物，关键在于其是否具有财产性，能否通过市场交易实现其价值，以及能否实现占有公示等。

笔者认为，应收账款是债权人对其债务人享有的债权，具有财产性，以其出质即构成普通债权质押，应当属于《担保法》第七十五条第（四）项规定"依法可以质押的其他权利"，可以出质担保。

首先，应收账款是请求债务人支付相应价款的权利，其内容直接反映出确定数额的金钱，是一项财产性权利。

其次，应收账款是一项基于购销、运输、承揽、仓储等合同而产生的债权，是合同之债，根据《合同法》第七十九条的规定，该债权可以转让。

最后，《合同法》第八十条规定，债权转让经通知债务人后即对债务人发生转让的法律效力。据此，出质人经通知债务人后，应收账款的付款请求权即转为受让人（贷款银行）享有，贷款银行可以实现对应收账款的占有和控制。贷款银行还可以通过监督管理出质人的应收账款回笼专用账户，达到控制应收账款的目的。

综上所述，应收账款基本符合质押标的要件的要求，以其出质不存在明显的法律障碍。

关于应收账款能否成为质押标的物的争论，《物权法》作了肯定性的规定："以应收账款出质的，当事人应当订立书面合同。质权自信贷征信机构办理出质登记时设立。""应收账款出质后，不得转让，但经出质人与质权人协商同意的除外。出质人转让应收账款所得的价款，应当向质权人提前清偿债务或者提存。"（《物权法》第二百二十八条）。

（二）应收账款质押存在法律风险

应收账款的质押效力虽已得到了法律的认同，但因应收账款的复杂性，仍然存在诸多不确定性，主要表现在：

1. 应收账款坏账风险

应收账款可能因债务人资信状况不良，或者市场风险导致债务人财务状况恶化等原因，使之回收困难或不能回收。

2. 应收账款无效风险

应收账款可能因债权人与债务人之间存在关联关系，或者债权人与债务人之间恶意串通，或者债权人与债务人之间交易违法等原因，导致应收账款关系无效。

3. 应收账款争议风险

应收账款可能因债权人与债务人之间产生合同纠纷，或者存在其他债权债务关系导致对应收账款发生争议，或被抵销、或被撤销、或被宣布无效等。

三、应收账款质押法律风险控制

应收账款质押存在因应收账款自身固有的某些特点而带来的经营风险，商业银行在实务中应当谨慎采用，一般将其作为补充性担保措施为妥。银行在接受应收账款质押时，可以采取以下措施防范与控制风险：

（一）严格客户准入条件

1. 出质人与借款人应当是同一主体，银行不应接受以第三人的应收账款出质为借款担保。

2. 出质人应当对出质的应收账款具有独立的处分权利，贷款银行应依据购销、运输、承揽、仓储等应收账款产生的基础合同来审查确认出质人的主体资格。

3. 出质人的银行信用记录较好，财务制度健全规范且具有完善的催收应收账款政策。

4. 出质人与债务人之间不存在关联关系，交易业务稳定，无长期拖欠款项事项。

5. 应收账款债务人资信状况良好，财务制度健全规范。

6. 借款人和债务人所从事的行业应当是市场前景良好的行业，或者是商业银行确定的重点支持行业。

（二）严格限制质押应收账款的范围

商业银行可以接受质押的应收账款，应当同时满足以下条件：

1. 具有真实贸易背景的应收账款

可用于质押的应收账款应当具有真实的贸易背景，并能提供出质人已经履行合同项下义务的相应证明，例如，购销、运输、承揽、仓储等应收账款产生的基础合同、应收账款债权凭证、货运单据、提单或包单、增值税发票等。

2. 无瑕疵的应收账款

出质的应收账款应当是无任何瑕疵的债权。所谓无任何瑕疵是指：

（1）应收账款的基础关系合法，不存在欺诈、胁迫、恶意串通、以合法形式掩盖非法目的等导致无效的情形。

（2）应收账款的金额真实、确定，交易双方不存在商业纠纷和债权相互抵销的情形，债务人未对应收账款设定任何形式的限制或担保等。

（3）应收账款出质时，距商务合同项下的应收款到期日不应超过90日，特殊情况不得超过一年。

（4）应收账款的诉讼时效尚未届满。

3. 可依法转让的应收账款

（1）应收账款所依据的合同不存在限制或禁止合同权利转让的情形。

（2）应收账款不属于法律法规禁止转让或者限制转让的特殊款项。

中国人民银行《应收账款质押登记办法》第四条对质押的应收账款范围作了界定：本办法所称的应收账款是指权利人因提供一定的货物、服务或设施而获得的要求义务人付款的权利，包括现有的和未来的金钱债权及其产生的收益，但不包括因票据或其他有价证券而产生的付款请求权。

本办法所称的应收账款包括下列权利：

（1）销售产生的债权，包括销售货物、供应水、电、气、暖，知识产权的许可使用等；

（2）出租产生的债权，包括出租动产或不动产；

（3）提供服务产生的债权；

（4）公路、桥梁、隧道、渡口等不动产收费权；

（5）提供贷款或其他信用产生的债权。

（三）取得应收账款债务人的书面承诺

债务人的书面承诺应当包括以下内容：

1. 同意债权人以该应收账款质押。

2. 应收账款的金额、履行期明确，不存在争议。

3. 应收账款可以转让，不存在抵销及费用、税务等扣减情形，同时声明对应收账款放弃行使抵销权。

4. 若应收账款的履行期先于被担保债务的履行期，承诺在征得质权人书面同意后方可履行。

5. 声明与事实不符或者违反声明内容，承担相应赔偿责任，等等。

（四）办理质押登记并通知应收账款债务人

根据《物权法》第二百二十八条的规定，以应收账款出质的，当事人应当订立书面合同。质押合同自成立之日起生效，质权自信贷征信机构办理出质登记时设立。

中国人民银行《应收账款质押登记办法》规定，中国人民银行信贷征信中心是应收账款质押的登记机构，负责建立应收账款质押登记公示系统和对质押登记有关活动进行管理（第二条、第三条），应收账款质押登记由质权人通过登记公示系统办理，质权人也可以委托他人办理登记（第六条、第七条）。质押登记期限由质权人自行确定，登记期限以年计算，最长不得超过 5 年。登记期限届满，质押登记失效。在登记期限届满前 90 日内，质权人可以申请展期。展期不受次数限制，但每次展期期限不得超过 5 年。办理展期、变更登记的，应当提交与出质人就展期、变更事项达成的协议（第十二条、第十三条、第十六条）。

有下列情形之一的，质权人应自该情形产生之日起 10 个工作日内办理注销登记（第十七条）：

（1）主债权消灭；

（2）质权实现；

（3）质权人放弃登记载明的应收账款之上的全部质权；

（4）其他导致所登记质权消灭的情形。

应当注意，应收账款质押除应签订质押合同外，质权人办理质押登记前还应与出质人签订协议。协议应载明如下内容（第八条）：

（1）质权人与出质人已签订质押合同；

（2）由质权人办理质押登记。

应收账款质押合同既可以由借款人与贷款银行两方共同签订，也可以由借款人、贷款银行、应收账款债务人三方共同签订。

如果质押合同由借款人、贷款银行、应收账款债务人三方共同签订，可以在合同中约定债权转让通知条款内容。应收账款债务人在质押合同上签字盖章，即视为其已获得应收账款债权转让通知，质押合同自生效之日起，债务人清偿债务只能将款项转入指定的应收账款专用账户。否则，其清偿行为视为无效。

如果质押合同由借款人、贷款银行签订，应收账款债务人不是质押合同当事人，贷款银行应在质押合同签订生效后督促出质人以书面方式通知债务人。自债权质押通知送达之日起，应收账款的债务人清偿债务应将款项转入指定的应收账款专用账户。

（五）托管应收账款专户并及时行使抵销权

贷款银行应督促借款人及时在本行开立应收账款专用账户，并授权银行托管。贷款银行应当加强专用账户的监督，确保能有效地控制、占有应收账款专用账户的回笼款项，体现"质押"的担保作用。当借款人违约不按时或不能按时偿还贷款本息时，贷款银行应及时从专用账户扣收资金用于实现债权。

四、注意事项

应收账款属于一般债权，其真实性、合法性、有效性不易判断。同时，应收账款的价值实现须依靠债务人的信用能力，而判断债务人的信用能力并非易事。因此，商业银行受理应收账款出质应当谨慎，尤其在办理质押时，不仅要认真核实债权相关凭证的真实性、合法性和有效性，详细了解债务人的信用状况与履行债务能力，而且还要严格依法合规行事，确保应收账款质权合法有效。

办理应收账款质押贷款，银行还应当注意以下几点：

第一，应收账款质押贷款的贷款期限不宜太长，应与应收账款的回收周期相匹配。

第二，评估应收账款价值时，应该扣除现金折扣、商业折扣和相关手续费等费用。贷款额度最高不应超过应收账款净额的70%。

第三，关注应收账款诉讼时效的变化，如果出现诉讼时效即将届满的情形，应当及时会同出质人采取措施中断诉讼时效。

第四，关注应收账款债务人偿债能力变化情况，如果债务人财务状况出现恶化，可能导致债务不能履行时，应当要求出质人采取有效措施保全应收账款债权，或者重新提供其他合法有效的担保措施。

第五，应收账款出质后，不得转让，除非经出质人与质权人协商同意。出质人转让应收账款，应当向质权人提前清偿债务或者提存（《物权法》第二百二十八条第二款）。

第六，防控好应收账款质押登记操作风险。一是认真履行登记职责，将应收账款的种类、支付期限、相关主体以及主债权的内容、金额和债务人等重要信息登记公示；二是建立动态的贷后监管体系，及时办理登记的变更、展期和注销等事宜；三是制定有效的操作规程，例如内部审批、双人操作、定期查询等，防范银行内部工作人员与外部串通，在登记及变更、注销时徇私舞弊，杜绝道德风险。

第六章 贷款债权管理的法律风险控制

第一节 企业改制中的贷款债权管理

一、改制企业逃废银行债务的基本手法

企业在改制过程中逃废银行债务的基本手法有：

（一）利用破产并购方式逃废银行债务

即债务人（又称目标企业）向人民法院申请破产，在破产宣告后，目标企业以较低的价格将其资产整体或大部分变卖给收购方（又称兼并方），以所得价款清偿债务，从而达到低成本并购，逃废银行债务的目的。

（二）组建新公司转移原企业有效资产

即债务人首先注册成立一家与原企业无任何法律关系的新公司，然后以合法交易方式低价收购原企业的有效资产，把企业的资产转移到新企业，而由继续保留的原企业承担所欠银行债务。

（三）通过出卖有效资产逃废银行债务

即债务人擅自转让或低价转让企业的主要生产设备、厂房、办公楼等资产，把企业的有效资产处置得所剩无几，留下一个空壳企业，以严重资不抵债的企业承担所欠银行债务。

（四）虚设债权债务关系进行自我"诉讼保全"

即债务人在经营困难或者了解到金融机构要对其采取法律手段前，策划由其能控制的关联企业或者其他关系人先行对其提起诉讼并查封债务人的有效资产，从而使银行无法实施强制措施保全财产。

以上所列借款企业逃废银行债务的形式，可以说仅是债务人悬空银行债权的几种基本手法。不过，我们从中还是可以体会到，在诚信体系缺失的转型阶段，借款企业的组织结构变更以及经营状况的变化，都会对银行贷款的回收产生直接的影响。因此，商业银行必须跟踪与监测借款企业的经营管理情况，发现企业发生改组、兼并、分立、承包、租赁、破产等情形时，应及时主张权利或采取相应的对策，防范企业借机逃废银行债务。

二、企业改制后的权利义务承继

我国法律对企业法人重组改制后的权利义务承继有明确规定。《民法通则》第四十

四条第二款规定:"企业法人分立、合并,它的权利和义务由变更后的法人享有和承担。"《公司法》秉承了《民法通则》这一观点,分别在第一百七十五条、第一百七十七条,就企业法人合并、分立的权利和义务承继作出了规定。《合同法》对合同当事人分立、合并后的权利义务承继也有明确规定。《合同法》第九十条规定:"当事人订立合同后合并的,由合并后的法人或者其他组织行使合同权利,履行合同义务。当事人订立合同后分立的,除债权人和债务人另有约定的以外,由分立的法人或者其他组织对合同的权利和义务享有连带债权,承担连带债务。"

借款企业因改变资产经营形式、重组和产权变动等重大事项,导致与债权人的债权债务关系发生变化的,商业银行应根据上述法律规定的原则,区别不同的改制形式,要求存续的企业或者新设立的企业承担偿还贷款本息的义务。

三、企业公司制（股份合作制）改造与银行的债权管理

最高人民法院《关于审理与企业改制相关的民事纠纷案件若干问题的规定》（法释〔2003〕1号）,对审理企业改制中发生的民事纠纷案件做了规定。依据该司法解释第四条至第十一条的规定,企业公司制改造或者股份合作制改造后的民事权利与义务,原则上由改造或变更后的企业法人承继,原企业所欠银行的贷款本息,由改造或变更后的企业法人负责偿还。具体的责任承担,因改造形式不同而有所区别。

（一）整体改造为有限责任公司

国有企业依公司法整体改造为国有独资有限责任公司,或者借款企业法人变更法人名称的,企业法人对外的权利和义务关系并没有发生实质性的变化,原企业的债务,由改造后的有限责任公司或者变更后的企业法人承担（第四条）。

（二）改造为有限责任公司或者股份有限公司

企业通过增资扩股或者转让部分产权的形式吸纳新股东,实现他人对企业的参股,将企业改造成为有限责任公司或者股份有限公司的,原企业债务由改造后的新设公司承担（第五条）。

（三）以部分财产和相应债务与他人组建新公司

企业以其部分财产和相应债务与他人组建新公司,若所转移的债务已取得债权人认可的,该债务由新组建的公司承担偿还责任；若所转移的债务未通知债权人,或者虽通知债权人但未取得债权人认可的,该债务仍应由原企业承担归还责任。如果原企业无力偿还债务,债权人可以向新设公司主张债权,新设公司在所接收的财产范围内与原企业共同承担连带清偿责任（第六条）。

（四）以优质财产与他人组建新公司

企业以其优质财产与他人组建新公司,而将债务留在原企业的,债权人可将新设公司和原企业列为共同被告,向人民法院提起诉讼主张债权,新设公司在所接收的财产范围内与原企业共同承担连带清偿责任（第七条）。

（五）改造为股份合作制企业

1. 企业职工出资买断企业产权,将原企业改造成为股份合作制企业的,原企业的债务由改造后的股份合作制企业承担（第八条）。

2. 企业向其职工转让部分产权,由企业与职工共同组建股份合作制企业的,原企业的债务由改造后的股份合作制企业承担(第九条)。

3. 企业通过其职工投资增资扩股,将原企业改造为股份合作制企业的,原企业的债务由改造后的股份合作制企业承担(第十条)。

4. 企业在进行股份合作制改造时,参照《公司法》的有关规定将改制公告通知债权人。企业股份合作制改造后,债权人就原企业资产管理人(出资人)隐瞒或者遗漏的债务起诉股份合作制企业的,如果债权人在公告期内申报过该债权,股份合作制企业应当对该债务承担清偿责任。股份合作制企业承担民事责任后,可再向原企业资产管理人(出资人)追偿;如果债权人在公告期内未申报过该债权,则股份合作制企业对该债务不承担民事责任,债权人应另行起诉原企业资产管理人(出资人),要求其承担债务清偿责任(第十一条)。

四、企业分立与银行的债权管理

(一) 企业分立及其分类

借款企业分立,指一个企业依法定程序分为两个或两个以上企业的法律行为。"分立"把一个企业分为多个独立承接民事责任的企业,具有迅速扩大经营和分散经营风险的功用,因此,成为现代企业调整组织结构、提高市场竞争力的重要手段。企业分立有解散分立和存续分立之分。

解散分立,指企业将其全部资产分割,重新注册登记设立两个或两个以上企业的法律行为。在新设分立情形中,原企业解散,需要到工商行政管理部门办理企业注销登记;新企业设立,需要办理工商登记始才取得营业资格。例如,A企业将其全部资产按4:6分为两份,分别设立B、C两个企业,在B、C企业诞生之时,A企业归于消灭。

存续分立,指企业以其部分资产另行设立一个企业的法律行为。在派生分立情形中,原企业虽然仍然存续,偿债能力却减弱了,注册资本也可能减少,须依法办理工商变更登记,派生的企业则应办理设立登记。例如,A公司以其部分资产另行设立B公司,A公司不因B公司的成立而消灭。

(二) 企业分立的程序

借款企业无论以何种方式分立,都必须依照法定程序进行。《公司法》第一百七十六条规定:"公司分立,其财产作相应的分割。公司分立,应当编制资产负债表及财产清单。公司应当自作出分立决议之日起十日内通知债权人,并于三十日内在报纸上公告。"根据本条规定,企业分立通常需要经过以下四项程序:编制资产负债表及财产清单、股东(大)会作出分立决议、通知债权人并公告、分立登记。

(三) 分立企业的银行债权管理

为了更好地保护债权人的利益,《公司法》第一百七十七条规定:"公司分立前的债务由分立后的公司承担连带责任。但是,公司在分立前与债权人就债务清偿达成的书面协议另有约定的除外。"根据本条规定,分立后的企业对分立前的企业债务承担无限连带责任,商业银行可以在诉讼时效内,向分立后任何一企业主张权利,请求偿还贷款本息。同时,本条还规定,如果银行在分立之前与借款企业就债务清偿达成书面协议,同意免除其他分立企业的清偿责任的，银行不能再要求其他分立企业承担清偿责任。因此，贷款银行不应同意由借款企业承担全部债务，以避免企业以分立为名逃废银行债务。

另外，在存续分立情形中，如果伴随发生注册资本减少，贷款银行还可以要求企业清偿债务或者提供相应担保。《公司法》第一百七十八条规定，"公司需要减少注册资本，必须编制资产负债表及财产清单。公司应当自作出减少注册资本决议之日起十日内通知债权人，并于三十日内在报纸上公告。债权人自接到通知书之日起三十日内，未接到通知书的自公告之日起四十五日内，有权要求公司清偿债务或者提供相应的担保。公司减资后的注册资本不得低于法定的最低限额"。

五、企业合并与银行的债权管理

（一）企业合并及其分类

借款企业合并，指两个或两个以上的企业通过订立合并合同，依法定程序合并为一个企业的法律行为。企业合并的法律后果，是参加合并的企业其主体资格发生变更或消灭。因合并而消灭的企业，其权利义务一并移转给合并后仍然存续的企业或者新设立企业。这些企业所承受的权利义务，不仅包括实体法上的权利义务，而且还包括程序法上的权利义务。企业之间的合并，可以强化原企业的竞争能力，扩大生产（经营）规模，促进社会化大生产。企业合并可以采取吸收合并或新设合并方式。

吸收合并，又称存续合并或兼并，指两个或两个以上的企业合并时，其中一个或者一个以上的企业并入另一个企业的法律行为。在吸收合并中，吸收方存续，被吸收的企业解散。吸收方应于企业合并后到工商行政管理部门办理企业变更登记，继续享有企业法人地位。被吸收方的企业法人资格消灭，成为兼并企业的组成部分，应当办理企业注销登记。

吸收合并的方式有两种：一是现金吸收方式。即吸收方（兼并企业）用现金购买被吸收方（被兼并企业）的全部资产或股份，被吸收方以转让所得现金清偿股东权益。换言之，被兼并企业的股东以股份换取兼并企业的现金，从而丧失股东资格。二是股份吸收方式。即吸收方发行股份以换取被吸收方全部资产或股份，被兼并企业的股东获得兼并企业的股份，从而成为兼并企业的股东。

新设合并，指两个或两个以上的企业组合成为一个新企业的法律行为。新设合并以原有企业的法人资格消灭为前提，参与这种合并的各方均归于消灭（解散）。在新设合并中，原企业应当到工商行政管理部门办理企业注销登记，新设立的企业应当办理企业设立登记，取得法人资格。

（二）企业合并的程序

企业合并同样也必须依照法定程序进行。《公司法》第一百七十四条规定："公司合并，应当由合并各方签订合并协议，并编制资产负债表及财产清单。公司应当自作出合并决议之日起十日内通知债权人，并于三十日内在报纸上公告。债权人自接到通知书之日起三十日内，未接到通知书的自公告之日起四十五日内，可以要求公司清偿债务或者提供相应的担保。"根据本条规定，企业合并通常需要经过以下五项程序：合并各方签订合并协议、编制合并企业资产负债表及财产清单、合并企业股东（大）会作出合并决议、通知债权人并公告、合并登记。

与此同时，《公司法》第一百七十四条还赋予了企业债权人对企业合并的异议权。根据本条规定，借款企业无论是兼并企业还是被兼并企业，贷款银行自接到企业合并通知书之日起三十日内，未接到通知书自公告之日起四十五日内，可以要求企业清偿债务或者提供相应的担保。银行如果在法定时间内不提出异议，则视为对企业合并的默认、对债务人的默认。

（三）合并企业的银行债权管理

《公司法》第一百七十五条规定："公司合并时，合并各方的债权、债务，应当由合并后存续的公司或者新设的公司承继。"根据本条规定，合并后的企业有权对合并前合并企业的债权予以清收，同时，也必须承接这些企业的债务，有义务向债权人清偿。因此，贷款银行在借款企业发生合并之后，有权向合并后存续的企业或者新设立的企业主张权利，要求它们清偿合并企业所欠贷款本息。

应当注意的是，借款企业被他人以收购方式实现对企业控股的，根据《关于审理与企业改制相关的民事纠纷案件若干问题的规定》第三十五条的规定，借款企业所欠的债务，仍由借款企业自行承担，控股企业并没有偿还借款的义务。但是，如果因控股企业抽逃资金，致使借款企业无力偿还债务的，贷款银行可以向控股企业主张债权，要求其对借款企业的债务承担连带清偿责任。

六、企业解散、破产与银行的债权管理

（一）企业解散

1. 企业解散及其原因

企业解散，指已经成立的企业因公司章程或者法定事由而停止经营活动，并开始企业的清算，使企业法人资格消灭的法律行为。解散企业需要履行一系列法律程序和完成一系列的法律行为，包括依法清算、了结债权债务、分配财产、注销登记等，是一个时间过程。在这期间内，企业法人的资格并没有消灭，它只是最终消亡的前置步骤。但是，它的行为能力受到了限制，只能进行与清算有关的活动，而不得开展与清算无关的经营活动。

根据《公司法》第一百八十一条的规定，企业解散的原因包括：公司章程规定的营业期限届满或者公司章程规定的其他解散事由出现、股东会或者股东大会决议解散、因企业合并或者分立需要解散、依法被吊销营业执照或者被责令关闭或者被撤销、企业经营管理发生严重困难被人民法院依照《公司法》第一百八十三条的规定予以解散。

2. 解散企业的清算

除合并或者分立以外的其他企业解散，均应在解散事由出现之日起十五日内成立清算组对解散企业进行清算。逾期不成立清算组的，贷款银行可以申请人民法院指定有关人员组成清算组进行清算。清算组应当自成立之日起十日内通知债权人申报债权，并于六十日内在报纸上公告（《公司法》第一百八十四条、第一百八十六条）。

企业清算通常包括普通清算和特别清算。所谓普通清算，指由企业自行组织清算机

构依法进行的清算，一般适用于自愿解散且企业资产能够抵偿债务的情况。所谓特别清算，指由有关政府部门或者人民法院介入进行的清算，一般适用于强制解散的情况。贷款银行遇到的企业清算，绝大多数属于特别清算。也有学者以企业破产为标准而将企业清算分为破产清算与非破产清算。所谓破产清算，指企业被依法宣布破产后依照破产法律规定进行的清算。所谓非破产清算，指破产清算以外的其他清算。根据《公司法》第一百八十八条、第一百九十一条的规定，清算组在清理公司财产、编制资产负债表和财产清单后，发现公司财产不足以清偿债务的，应当依法向人民法院申请宣告破产。人民法院裁定宣告公司破产后，清算组应当将清算事务移交给人民法院，由人民法院依照企业破产的法律实施破产清算。

3. 解散企业的银行债权管理

贷款银行发现借款企业进入解散清算程序后，应当自接到清算组通知书之日起三十日内，未接到通知书自公告之日起四十五日内，向清算组申报债权，说明债权的有关事项，特别应当说明债权的产生日期、性质、数额和到期日、债权担保等事项，并提供如借款合同、抵（质）押合同、房屋他项权证、借款借据或者其他债权凭证等证明材料（《公司法》第一百八十六条）。

（二）企业破产

1. 企业破产及其基本条件

企业破产，指债务人不能清偿到期债务的事实状态，通常称为事实上的破产。贷款银行在债权管理中所遇到的企业破产，一般指人民法院依法对不能清偿到期债务的债务人实施清算的法律程序。

企业破产因当事人的申请而开始，人民法院不依职权而主动开始破产程序。根据《破产法》第七条的规定，企业破产申请，既可以由债权人提出，也可以由债务人提出。当事人申请破产和人民法院宣告破产的基本条件有二：一是企业严重亏损，亏损额已经达到甚至超过企业资产的总额；二是企业无力清偿到期债务，包括资不抵债且信用失灵和资产虽然大于债务但实际已陷入破产境地两种情况。

2. 申报破产债权

贷款银行无财产担保的债权，或虽有财产担保但放弃优先受偿权的债权，或担保财产价款未能清偿的债权，都属于破产债权。所谓破产债权，指债权人对破产企业享有但只能通过破产程序才可以受偿的债权。

人民法院裁定宣告企业进入破产还债程序后，应在十日内通知债务人和已知的债权人，并发布公告。贷款银行应当自收到通知书之日起三十日内，未收到通知书自公告之日起三个月内，向人民法院申报债权，逾期未申报债权视为放弃债权。申报债权应说明债权的有关事项，特别应当说明债权的产生日期、性质、数额和到期日、债权担保等事项，并提供如借款合同、抵（质）押合同、房屋他项权证、借款借据或者其他债权凭证等证明材料（《破产法》第四十五条）。

3. 主张优先受偿权

贷款银行发现借款企业进入破产还债程序后，除应及时申报破产债权外，还应及时向人民法院（清算组）主张担保物权的优先受偿权利（《破产法》第一百零九条）。但是，应当注意，新修订的《破产法》为了尽最大限度地保护破产企业职工的权益，同时又不与《担保法》的相关规定相冲突，采用了"新老划断"的方式来平衡职工合法权益和担保债权人的利益。根据《破产法》第一百三十二条的规定，破产人在新修订的《破产法》公布之日前，所欠职工的工资和应当支付给职工的补偿金，依照《破产法》第一百一十三条的规定清偿后不足以清偿的部分，以《破产法》第一百零九条规定的特定财产优先于对该特定财产享有担保权的权利人受偿，即2006年8月27日前所欠的职工工资及补偿金优先于银行担保债权受偿，之后，银行的担保债权仍然可优先于职工工资及补偿金受偿。

4. 破产财产清偿顺序

《破产法》第一百一十三条规定，破产财产在优先清偿破产费用和共益债务后，依照下列顺序清偿：

（1）破产人所欠职工的工资和医疗、伤残补助、抚恤费用，所欠的应当划入职工个人账户的基本养老保险、基本医疗保险费用，以及法律、行政法规规定应当支付给职工的补偿金；

（2）破产人欠缴的除前项规定以外的社会保险费用和破产人所欠税款；

（3）普通破产债权。

破产财产不足以清偿同一顺序的清偿要求的，按照比例分配。

破产企业的董事、监事和高级管理人员的工资按照该企业职工的平均工资计算。

破产企业以其所有的破产财产承担破产还债的民事责任，破产程序终结，债权人未得以清偿的债权不再清偿。

5. 警惕企业借假破产逃废债务

贷款银行应当密切关注借款企业的改制情况，注意防止企业利用破产逃避债务。根据最高人民法院《关于当前人民法院审理企业破产案件应当注意的几个问题的通知》（法发［1997］2号），对于破产企业以逃避债务为目的从事的隐匿、私分或者无偿转让财产、压价出售财产、对未到期债务提前清偿及放弃债权等行为，人民法院应依法确认该行为无效并追回财产。对于破产企业对外所享有的债权，要依法予以追回，纳入破产财产。因此，银行发现借款企业有逃避债务行为的，应及时请求人民法院依法确认该行为无效并追回财产。

七、企业转移资产与银行的债权管理

（一）企业恶意转移资产的行为无效

最高人民法院《关于审理与企业改制相关的民事纠纷案件若干问题的规定》，对企业恶意转移资产、逃废银行债务的行为明确予以否定，并作出了以下具体规定：

1. 损害国家利益的企业转让行为无效

在企业出售中，当事人双方恶意串通，以协议转让形式低价出售企业或企业有效资产，恶意转移资产，损害国家利益、集体或者第三人利益的，依据《民法通则》第五十八条和《合同法》第五十四条的规定，该民事行为无效。贷款银行发现借款企业以上述行为逃废银行债务，应当及时提起诉讼。人民法院在审理此类民事纠纷案件时，应当确认该企业出售行为无效（第十八条）。

2. 企业买受人对原企业的债务承担民事责任

企业售出后，该企业的股东发生了变化，企业名称、法定代表人、经营范围与经营地址等，也许会发生变化。但是，因企业法人的民事主体资格，与组成法人的自然人的民事主体彼此独立。所以，法人组织成员（股东）的变更，不会影响法人的存续，企业法人作为独立民事主体的地位并没有发生变化，原企业的权利义务仍然归属存续的企业法人享有和承担。因此，借款企业整体转让后，贷款银行可以向企业买受人主张债权，要求其对所购企业所欠贷款本息承担清偿责任。

（1）企业售出后，买受人将所购企业资产纳入本企业或者将所购企业变更为所属分支机构的，所购企业的债务，由买受人承担。但买卖双方另有约定，并经债权人认可的除外（第二十四条）。

（2）企业售出后，买受人将所购企业资产作价入股与他人重新组建新公司，所购企业的法人资格已被注销的，债权人对售出企业出售前享有的债权，依法可以向买受人主张权利，要求买受人承担清偿责任。买受人应当以其所有财产包括在新组建公司中的股权承担民事责任（第二十五条）。

（3）企业售出后，买受人将所购企业重新注册为新的企业法人，所购企业的法人资格已被注销的，债权人对售出企业出售前享有的债权，依法可以向新注册的企业法人主张权利，要求买受人承担清偿责任。但买卖双方另有约定，并经债权人认可的除外（第二十六条）。

（4）出售企业时，出卖人参照《公司法》的有关规定公告通知了债权人。企业售出后，债权人就出卖人隐瞒或者遗漏的原企业债务起诉买受人的，如果债权人在公告期内申报过该债权，买受人应当对该债务承担清偿责任。买受人承担民事责任后，可再向出卖人追偿；如果债权人在公告期内未申报过该债权，则买受人对该债务不承担民事责任，债权人应另行起诉出卖人，要求其承担债务清偿责任（第二十八条）。

（二）债权人对恶意转移资产的行为可以行使撤销权

借款企业违反法律规定，通过不合理分割企业、无偿或者以明显不合理的低价转让企业或企业的有效资产、违法处分担保物、隐匿或私分财产等手段，转移企业资产，逃废银行债务的，贷款银行可以依据《合同法》第五十四条、第七十四条的规定，请求人民法院撤销债务人的行为（第二十九条）。撤销权的行使范围，以债权人的债权为限。债权人行使撤销权的必要费用，由债务人负担。贷款银行主张撤销权应当及时，依据《合同法》第五十五条、第七十五条的规定，银行应当自知道或者应当知道债务人恶意转移资产事由之日起一年内，或者自债务人恶意转移资产的行为发生之日起五年内行使撤销权。如果银行没有在法定期限内行使撤销权的，该撤销权消灭。

八、债务转移与债权转让的管理

（一）债务转移与债权转让的含义

借款企业的公司制改造、分立、合并，或者商业银行本身的重组改制，都涉及债务转移与债权转让问题。所谓借款债务转移，指经债权人同意，债务人将其借款债务全部或部分转移给第三人。所谓贷款债权转让,指债权人将其贷款债权全部或部分转让给第三人并通知债务人。债务转移与债权转让属于债的移转范畴,故应遵守其相关规定。所谓债的移转,指债的主体发生变更,即由新的债权人、债务人替代原债权人与债务人,而债的内容却保持同一性的一种法律制度。广义而言,债的移转也是合同变更的一种原因。不过,《合同法》所称的合同变更,是指当事人在原合同的基础上对合同内容进行修改或者补充,包括合同的标的、数量、履行地点、履行方式、担保方式等内容的变更,但并不包括合同主体的变更。合同主体的变更,系通过债务转移与债权转让的制度调整。债的转让是一种合同行为,故应适用《民法通则》关于意思表示的规定,当事人双方应当就债的移转达成一致意见,也就是通常所说签订债务(权)转移(让)协议书。

(二)银行办理债务转移与债权转让须注意的问题

根据《合同法》、《担保法》的规定,商业银行在办理债务转移与债权转让时须注意以下问题:

1. 债权转让应当通知债务人

债权人转让债权应当通知债务人,未经通知,该转让对债务人不发生法律效力,债务人可以拒绝向债权转让的受让方承担义务,而继续向原债权人履行义务。债权人转让权利的通知送达债务人后不得撤销,但经受让人同意的除外(《合同法》第八十条)。

2. 债权的从权利随债权一并转让

债权人转让权利的,受让人取得与债权有关的从权利,但该权利从属于债权人自身的除外(《合同法》第八十一条)。例如,银行转让贷款债权,依附于贷款债权的担保物权、保证债权、利息债权等从权利也随之让与,让与人不再享有这些权利,受让人在取得贷款债权的同时也取得了这些权利。

3. 债务人的权利不因债权转让而丧失

债务人接到债权转让通知后,债务人对让与人的抗辩,不因债权转让而丧失,债务人仍然可以向受让人主张抗辩。这是因为,债权转让是债的主体变更,而不改变债的内容,债权原有的瑕疵随同债权移转于受让人,债务人当然可以对抗原债权人的事由对抗新的债权人(《合同法》第八十二条)。例如,债权的诉讼时效期间已经完成的,债务人不因债权转让而丧失诉讼时效已过的抗辩权。

同理,债务人接到债权转让通知时,债务人对让与人享有债权的,债务人仍然可以依法向受让人主张抵销(《合同法》第八十三条)。债务人向受让人主张抵销权,对受让人而言也许不够公平,但因债务人的抵销利益发生在前,受让人的利益发生在后,法律优先保护债务人的利益并无不当。况且,受让人的损失,还可以通过请求让与人赔偿而获得补偿。有鉴于此,为防范债权转让风险,贷款银行在受让债权时,应当审查债务人与让与人之间是否存在抵销的情形。

4. 债权转让成立可以引起诉讼时效中断

债权转让成立是否构成诉讼时效中断,《合同法》对此未做规定。笔者认为,债权转让成立,应当引起诉讼时效中断。因为,根据《民法通则》第一百四十条的规定,诉讼时效中断的事由有三种:提起诉讼、权利人主张权利、义务人同意履行义务,它们的共同特征是权利人主张权利并让相对人知晓。债权转让成立,表明债权人已经依据

《合同法》第八十条的规定，将债权转让通知送达了债务人，否则，债权转让不可能生效。虽然，债权转让通知的目的在于指示债务人向新债权人履行债务，但其中也包含有向债务人主张债权的意思，故债权转让成立能够产生诉讼时效中断的效力，自债权转让通知送达债务人之日起，诉讼时效中断。

5. 债务转移应当经债权人同意

债务人将合同义务全部或部分转移给第三人的，应当经债权人同意（《合同法》第八十四条）。因为，债务人的偿债能力尤其是支付能力，对于债权人实现债权至关重要。如果债务人转移债务未经债权人同意，债权人的权益将因受让人的偿债能力不足而被悬空，不能得到有效的保护。因此，借款企业因公司制改造、分立、合并等事由，需要转移借款债务、变更债务承担主体的，应当征得贷款银行同意。未经同意的债务转移，银行应及时依法主张权利。必须指出的是，债务转移不是债务人独自享有的权利，债权人也可以转移债务，第三人可以与债权人通过订立债务承担合同进行债务的转移。

6. 从债务随主债务一并转移

债务人转移债务的，新债务人应当承担与主债务有关的从债务，但该从债务专属于原债务人自身的除外（《合同法》第八十六条）。例如，借款合同中附随于借款的利息，随着借款的转移而转移给了新债务人，而专属于债务人的保证债务，并不当然转移给新债务人，除非保证人同意。

7. 债务转让应当取得保证人同意

在保证期间内，债权人许可债务人转让债务的，应当取得保证人同意。保证人对未经其同意转让的债务，不再承担保证责任（《担保法》第二十三条）。这是因为，保证人为债务人履行债务提供保证，基于保证人对债务人偿债能力的了解与判断，债务人的偿债能力对于保证人是否实际承担债务责任关系密切。如果债务人与债权人协商一致而未取得保证人同意，便将债务转移给第三人，新的债务人在债务履行期限届满能否履行债务，保证人毫无了解。如果因为新的债务人不能履行债务而要求保证人承担保证责任，对于保证人是不公平的。因此，在有保证人担保的情况下，贷款银行许可债务人转让债务给新的债务人，必须取得保证人书面同意，否则，保证人对债务不再承担保证责任。

8. 依法办理审批登记手续

《合同法》第八十七条规定："法律、行政法规规定转让权利或者转移义务应当办理批准、登记手续的，依照其规定。"根据本条规定，若法律法规对债权债务转让有特别要求的，商业银行应依法办理相关手续，合同自办理手续后生效；若当事人约定须履行特定形式的，例如公证，合同在履行相关手续后生效。

第二节　诉讼时效与逾期贷款的催收

一、诉讼时效

(一) 诉讼时效的含义

诉讼时效，指权利人在法定期间内不行使权利，则丧失请求人民法院依诉讼程序予以强制保护权利实现的民事法律制度。这里所说的法定期间内提起诉讼，即为诉讼时效期间。权利人在该期间内，有权请求人民法院强制义务人履行其义务。超过诉讼时效期间或称诉讼时效已过，权利人则不再享有请求人民法院保护的权利。

正确理解诉讼时效这一概念还须注意：

第一，诉讼时效已过，权利人丧失的是实体意义上的胜诉权。诉讼时效期间届满后，权利人不再享有请求人民法院保护的权利，并不是说权利人不能向人民法院提起诉讼，权利人仍然可以提起诉讼。不过，那只是程序意义上的起诉权，权利人所主张的权利不能得到法律上的保障，丧失了实体意义上的胜诉权。胜诉权丧失或称胜诉权消灭，也不是说权利人的权利归于消灭。

第二，诉讼时效已过的债权，其实体权利仍然存在。胜诉权消灭后，实体权利本身并没有消灭（丧失），只不过是该权利失去了国家强制力的保护而成为一种自然权利。例如，超过诉讼时效期间的债权，成为一种自然债权，不再受国家强制力保护。此时，依据《民法通则》第一百三十八条"超过诉讼时效期间，当事人自愿履行的，不受诉讼时效限制"的规定，债务人自动履行债务的，债权人可以接受。如果债务人履行债务后又以超过诉讼时效为由，要求债权人返还的，人民法院不予支持。

法律关于诉讼时效的规定属于强制性规定，不允许当事人以协议排除，不允许当事人以协议延长或者缩短时效期间，不允许当事人预先抛弃时效利益。最高人民法院《关于审理民事案件适用诉讼时效制度若干问题的规定》（法释〔2008〕11号，以下简称《诉讼时效制度若干问题的规定》）第二条对此有明确规定："当事人违反法律规定，约定延长或者缩短诉讼时效期间、预先放弃诉讼时效利益的，人民法院不予认可。"

（二）诉讼时效期间的起算

1. 诉讼时效的分类

诉讼时效期间按其适用范围和时效期间长短不同，可分为普通诉讼时效和特殊诉讼时效。普通诉讼时效，指在一般情况下普遍适用的诉讼时效。《民法通则》第一百三十五条对普通诉讼时效作出了规定。根据该条规定，当事人"向人民法院请求保护民事权利的诉讼时效期间为两年，法律另有规定的除外"。特殊诉讼时效，指法律规定仅适用于某些特殊民事法律关系的诉讼时效，包括短期诉讼时效（1年）、长期诉讼时效（2年至20年）和最长诉讼时效（20年）。凡是法律没有规定特殊诉讼时效的，都适用普通诉讼时效。按照普通诉讼时效的规定，商业银行向人民法院请求保护其民事权利的诉讼时效期间为2年。

2. 诉讼时效期间起算

诉讼时效期间从知道或者应当知道权利被侵害时起计算，但是，从权利被侵害之日超过20年的，人民法院不予保护。所谓"应当知道"是一种法律推定，不管当事人实际上是否知道受到侵害，只要客观上存在知道的条件和可能，即使当事人因主观过错，应当知道而没有知道其权利受到侵害，也应当开始计算诉讼时效期间。

起算时间是计算诉讼时效期间的关键，通常有以下几种计算方法：

（1）借款合同约定有还款期限的，诉讼时效期间从合同约定的还款期限届满的次日起计算。

(2) 借款合同约定同一债务分期履行的，诉讼时效期间从最后一期履行期限届满之日起计算（《诉讼时效制度若干问题的规定》第五条）。

(3) 借款合同没有约定还款期限的，依照《合同法》第六十一条、第六十二条的规定，可以确定履行期限的，诉讼时效期间从履行期限届满之日起计算；不能确定履行期限的，诉讼时效期间从贷款银行要求债务人履行义务的宽限期届满之日起计算，但债务人在债权人第一次向其主张权利之时明确表示不履行义务的，诉讼时效期间从债务人明确表示不履行义务之日起计算（《诉讼时效制度若干问题的规定》第六条）。

(4) 合同被撤销，返还财产、赔偿损失请求权的诉讼时效期间从合同被撤销之日起计算。享有撤销权的当事人一方请求撤销合同的，应适用《合同法》第五十五条关于一年除斥期间的规定。对方当事人对撤销合同请求权提出诉讼时效抗辩的，人民法院不予支持（《诉讼时效制度若干问题的规定》第七条）。

(5) 返还不当得利请求权的诉讼时效期间，从当事人一方知道或者应当知道不当得利事实及对方当事人之日起计算（《诉讼时效制度若干问题的规定》第八条）。

(6) 管理人因无因管理行为产生的给付必要管理费用、赔偿损失请求权的诉讼时效期间，从无因管理行为结束并且管理人知道或者应当知道本人之日起计算；本人因不当无因管理行为产生的赔偿损失请求权的诉讼时效期间，从其知道或者应当知道管理人及损害事实之日起计算（《诉讼时效制度若干问题的规定》第九条）。

(7) 附条件或附期限的债权，从条件成就或期限到达时起算。

如果期限届满最后一日是节假日的，以节假日后的第一日为期限届满的日期。例如，还款期限最后一日是星期六，则下周的星期一是期限届满日。如果星期日或其他法定休假日有变通的，从实际休假日的次日起计算。例如，还款期限最后一日是10月1日，"十一"放假七天，那么，10月8日才是期限届满日。银行应当在法定期间内，向人民法院提起诉讼，请求法院判令债务人履行还本付息义务。否则，银行债权将无法获得法律的保护。

(三) 诉讼时效抗辩权

1. 诉讼时效抗辩权的含义

诉讼时效抗辩权，指当事人享有对债权请求权提出诉讼时效抗辩的权利。通俗地说，诉讼时效抗辩权，就是债权人在诉讼时效完成后向人民法院提起诉讼主张债权，义务人可以以诉讼时效已过为理由，对抗对方要求履行义务的请求。

法律赋予当事人诉讼时效抗辩权利，有利于敦促权利人及时行使自己的权利，在最有利的时间内保护自己的权益。同时，由于距权益受侵害时间不长，便于证据的取得和确认，有利于人民法院准确作出裁决。

2. 诉讼时效抗辩权行使的限制

(1) 对行使阶段的限制

为有效发挥人民法院一审事实审的功能，固定诉争焦点，最高人民法院《关于审理民事案件适用诉讼时效制度若干问题的规定》第四条，对当事人行使诉讼时效抗辩权的审理阶段作出了限制，以维护司法程序的安定性、司法裁决的权威性和社会秩序的稳定性。根据该条款的规定，诉讼时效抗辩应当在人民法院一审期间提出，当事人在二审期间提出的，人民法院不予支持，但基于新的证据能够证明对方当事人的请求权已过诉讼时效期间的情形除外。当事人未按规定提出诉讼时效抗辩，又以诉讼时效期间届满为由申请再审或者提出再审抗辩的，人民法院不予支持。

(2) 对债权请求权的限制

当事人对支付存款本金及利息请求权，兑付国债、金融债券以及向不特定对象发行的企业债券本息请求权，基于投资关系产生的缴付出资请求权，其他依法不适用诉讼时效规定的债权请求权提出诉讼时效抗辩的，人民法院不予支持（《诉讼时效制度若干问题的规定》第一条）。

3. 诉讼时效抗辩权的其他规定

(1) 人民法院不能代行时效抗辩权

诉讼时效完成后，并不使权利人的权利当然归于消灭，而是使义务人伴生一种时效利益，即履行抗辩权。这种因权利的时效完成而派生的权利，必须明示并积极主张，否则，即可视为放弃。人民法院是独立的审判机关，中立性是其本质特征，若其主动依职权适用时效制度，而驳回权利人的诉讼请求，实质上是充当了义务人的代言人，代行抗辩权，有失司法公正。因此，最高人民法院《关于审理民事案件适用诉讼时效制度若干问题的规定》第三条规定："当事人未提出诉讼时效抗辩，人民法院不应对诉讼时效问题进行释明及主动适用诉讼时效的规定进行裁判。"

(2) 保证人享有主债务人的诉讼时效抗辩权

主债务诉讼时效期间届满，保证人享有主债务人的诉讼时效抗辩权。保证人未主张前述诉讼时效抗辩权，承担保证责任后向主债务人行使追偿权的，人民法院不予支持，但主债务人同意给付的情形除外（《诉讼时效制度若干问题的规定》第二十一条）。

(3) 当事人放弃诉讼时效抗辩权后不得反悔

诉讼时效期间届满，当事人一方向对方当事人作出同意履行义务的意思表示或者自愿履行义务后，又以诉讼时效期间届满为由进行抗辩的，人民法院不予支持（《诉讼时效制度若干问题的规定》第二十二条）。

二、诉讼时效中止

(一) 诉讼时效中止的含义

诉讼时效可因一定法律事实的发生而中止。所谓诉讼时效中止，指在诉讼时效进行中，因法定事由的发生而使权利人无法行使请求权，暂时停止计算诉讼时效期间。《民法通则》第一百三十九条规定："在诉讼时效期间的最后六个月内，因不可抗力或者其他障碍不能行使请求权的，诉讼时效中止。从中止时效的原因消除之日起，诉讼时效期间继续计算。"

(二) 诉讼时效中止的法定事由

根据《民法通则》第一百三十九条的规定，能够引起诉讼时效中止的法定事由有两项：

1. 不可抗力。例如，地震、洪水、战争等天灾人祸。
2. 其他障碍。所谓"其他障碍"，根据《关于贯彻〈民法通则〉若干问题的意见

（试行）》第一百七十二条和《关于审理民事案件适用诉讼时效制度若干问题的规定》第二十条的规定以及司法实践，包括以下事由：

（1）权利人为无民事行为能力人或限制民事行为能力人，而又无法定代理人，或者代理人死亡、丧失代理权，或者代理人丧失行为能力。

（2）权利人死亡，继承人或者遗产管理人尚未确定。

（3）因义务人原因使权利人无法主张权利。例如，借款人营业场所或居住所变更，或者债务人下落不明（失踪）、死亡，借款企业合并、分立等，致使权利人一时无法确定诉讼对象而不能主张权利。

（4）其他导致权利人不能主张权利的客观情形。

凡在诉讼时效期间最后六个月内，发生上述事实的，诉讼时效中止。例如，当时效期间进行到一年零七个月时，发生中止诉讼时效法定事由，该事由延续一个月。这一个月的时间不计入时效期间，待法定事由消除之日起，时效期间接着一年零七个月计算。如果上述事由发生在时效期间进行到一年零五个月时，则不产生诉讼时效中止的效果。因为，该事由不是发生在时效期间的最后六个月内。

三、诉讼时效中断

（一）诉讼时效中断的含义

诉讼时效中断，也是因一定法律事实的发生。所谓诉讼时效中断，指在诉讼时效进行中，因法定事由的发生致使已经进行的诉讼时效期间全部归于无效，诉讼时效期间重新计算。《民法通则》第一百四十条规定："诉讼时效因提起诉讼，当事人一方提出要求或者同意履行义务而中断。从中断时起，诉讼时效期间重新计算。"可见，诉讼时效中断是因当事人某些主观行为而引起的。比如，贷款方提起诉讼、借款方部分归还本息，等等。它们的共同特征是权利人主张权利并让相对人知晓。因此，银行在贷款债权管理中，可以通过采取某些措施来中断诉讼时效，以延长债权的法律保护时间。这种方法在银行依法维护自身权益中具有十分重要的现实意义。

（二）法律、司法解释明文规定可以中断时效的事由

1. 诉讼时效中断的法律依据

我国现行法律和最高人民法院司法解释涉及诉讼时效中断的规定主要有：

《民法通则》第一百四十条规定："诉讼时效因提起诉讼、当事人一方提出要求或者同意履行义务而中断。从中断时起，诉讼时效期间重新计算。"

最高人民法院《关于贯彻〈民法通则〉若干问题的意见（试行）》第一百七十三条规定："诉讼时效因权利人主张权利或者义务人同意履行义务而中断后，权利人在新的诉讼时效期间内，再次主张权利或者义务人再次同意履行义务的，可以认定为诉讼时效再次中断。权利人向债务保证人、债务人的代理人或者财产代管人主张权利的，可以认定诉讼时效中断。"

最高人民法院《关于贯彻〈民法通则〉若干问题的意见（试行）》第一百七十四条规定："权利人向人民调解委员会或者有关单位提出保护民事权利的请求，从提出请求时起，诉讼时效中断。经调处达不成协议的，诉讼时效期间即重新起算；如调处达成

协议,义务人未按协议所定期限履行义务的,诉讼时效期间应从期限届满时重新起算。"

最高人民法院《关于在审理经济纠纷案件中涉及经济犯罪嫌疑若干问题的规定》(法释〔1998〕7号)第九条规定:"被害人请求保护其民事权利的诉讼时效在公安机关、检察机关查处经济犯罪嫌疑期间中断,如果公安机关决定撤销涉嫌经济犯罪案件或者检察机关决定不起诉的,诉讼时效从撤销案件或决定不起诉的次日起重新计算。"

最高人民法院《关于审理民事案件适用诉讼时效制度若干问题的规定》第十条至第十九条的规定。

2. 中断诉讼时效的事由

根据上述条文内容,笔者认为,可以中断诉讼时效的事由有:

(1) 权利人向人民法院提起诉讼;
(2) 权利人向义务人主张权利(当事人一方提出要求);
(3) 债务人向债权人履行债务(义务人同意履行义务);
(4) 权利人向债务保证人主张权利;
(5) 权利人向债务人的代理人主张权利;
(6) 权利人向债务人的财产代管人主张权利;
(7) 权利人向人民调解委员会提出保护民事权利的请求;
(8) 权利人向有关单位提出保护民事权利的请求;
(9) 公安机关、检察机关查处涉嫌经济犯罪期间。

3. 关于"当事人一方提出要求"的认定

根据最高人民法院《关于审理民事案件适用诉讼时效制度若干问题的规定》第十条,具有下列情形之一的,应当认定为《民法通则》第一百四十条规定的"当事人一方提出要求",产生诉讼时效中断的效力:

(1) 直接将主张权利文书送达对方当事人的;
(2) 以发送信件或者数据电文方式主张权利,信件或者数据电文到达或者应当到达对方当事人的;
(3) 依照法律规定或者当事人约定从对方当事人账户中扣收欠款本息的;
(4) 在国家级或者下落不明的当事人一方住所地的省级有影响的媒体上刊登具有主张权利内容的公告的(法律和司法解释另有特别规定除外)。

4. 关于"送达"的认定

根据最高人民法院《关于审理民事案件适用诉讼时效制度若干问题的规定》第十条,贷款银行向对方当事人送达主张权利文书,应当取得对方当事人在文书上签字、盖章。

若对方当事人为法人或者其他组织的,签收人可以是其法定代表人、主要负责人、负责收发信件的部门或者被授权主体;对方当事人为自然人的,签收人可以是自然人本人、同住的具有完全行为能力的亲属或者被授权主体。

如果未取得对方当事人在文书上签字、盖章,但能够以其他方式证明该文书到达对方当事人的,亦可视为主张权利文书已经送达对方当事人。

(三) 商业银行常用中断诉讼时效的方式

根据《民法通则》第一百四十条和最高人民法院《关于审理民事案件适用诉讼时效制度若干问题的规定》的相关规定，商业银行可以采用以下方式中断诉讼时效：

1. 发送逾期贷款催收通知书

发送逾期贷款催收通知书（《关于审理民事案件适用诉讼时效制度若干问题的规定》第十条第一项），是债权人直接向义务人主张权利的一种主要形式。银行采取此方式中断诉讼时效，应在贷款逾期之日起两年内进行。债权人向债务人发送逾期贷款催收通知书，可以每间隔一定时间发送一次，这样可使诉讼时效期间随着催收通知书的发送而不断重新计算。采用发送催收通知书的方式中断诉讼时效应当注意：

（1）催收必须在诉讼时效进行中发生。即逾期贷款通知书应当在贷款逾期之日起两年内送达借款人。贷款到期前发出的贷款到期通知书不能视做催告。

（2）催收通知必须采用书面形式。

（3）催收通知必须以适当形式送达。笔者认为，"送达"可以比照《民事诉讼法》第七十八条关于受送达人范围的规定，即公司类逾期贷款催收通知书应送交收件人的法定代表人、主要负责人、负责收发信件的部门或者被授权主体签收并加盖单位公章，银行应当取得催收通知书回执单；个人类贷款由借款人本人或者被授权主体签收。

根据中国人民银行《关于印发〈加强金融机构依法收贷、清收不良资产的法律指导意见〉的通知》（银办发〔2000〕170号）第一条第（二）项的规定，"财务部门负责人"也可以作为有权签字人，签收逾期贷款催收通知书。应该说，法律法规以及商业银行的规章制度，对催收通知书送达要求是明确的。可是，笔者在实务工作中发现，银行收回的催收通知书回执单不甚规范，有门卫、收发室、财务室签收，也有身份不明的人签收。总之，形式五花八门。这些催收回执单的效力在司法实践中存在争议，不容易被人民法院采信。

在没有明确授权的情况下，借款人配偶代签收逾期贷款催收通知书，是否可以起到中断诉讼时效的法律后果？有观点认为，根据民法理论，夫妻在一定范围内可以相互代理。因此，如果借款用于夫妻共同生活（例如购买共同居住的房屋），或者债务属于夫妻共同债务，借款人配偶代签收逾期贷款催收通知书可以起到中断诉讼时效的法律后果。否则不能。笔者认为，由于夫妻之间如何代理以及代理范围如何确定，目前法律无明文规定。因而，在没有明确授权的情况下，借款人配偶能否代签逾期贷款催收通知书存在争议。最高人民法院《关于审理民事案件适用诉讼时效制度若干问题的规定》第十条第二款认为，债权人主张权利的文书，签收人可以是本人、同住的具有完全行为能力的亲属。笔者认为，商业银行经营应坚持审慎原则，在法律没有明确规定及借款人没有明确授权的情况下，银行不宜接受借款人配偶代借款人签收"催收逾期贷款通知书"，而应坚持由借款人本人当面签收。

（4）借款合同有第三方保证的，必须同时向保证人催收。不过，债权人第一次向保证人发送逾期贷款催收通知书的时点，会因保证方式不同而有所区别。

在连带责任保证中，保证人与债务人不存在承担责任的顺序问题，债权人可同时向保证人和债务人发送催收通知书，并应在合同约定的保证期间内发送。保证期间未约定的,应在借款期限届满六个月内发送。保证期间约定不明的,应在借款期限届满 2 年内发送。自此以后,保证期间作用完结,诉讼时效制度开始作用,债权人向保证人发送催收通知书适用诉讼时效中断的规定。

在一般保证中,保证人享有先诉抗辩权,债权人不可以未经法定程序便向保证人主张债权。债权人应在保证期间内对债务人提起诉讼或申请仲裁,自法院判决或者仲裁裁决生效之日起,诉讼时效期间开始计算,此时,债权人才可以向保证人发送催收通知书,债权人向保证人催收适用诉讼时效中断的规定。

(5) 分期还款按每笔到期债务催收。借款合同约定分期还款的,根据最高人民法院《关于审理民事案件适用诉讼时效制度若干问题的规定》第五条,贷款银行可以在最后一期还款期限届满之日起两年内,向借款人发出逾期贷款催收通知书。为慎重起见,确保债权安全,笔者不主张采用此方式,建议债权人还是应在每笔贷款逾期之日起 2 年内,逐笔或若干笔合并发送逾期贷款催收通知书。最后一笔贷款到期后,借款人仍不归还贷款本息的,债权人可就全部欠款发送逾期贷款催收通知书,或采取提起诉讼的方式,集中中断诉讼时效。

有人认为,银行向企业发出的"对账单"也能起到中断诉讼时效的效力。笔者对此观点不敢苟同。首先,银行向企业发出"对账单"是银行作为结算中介向其客户核对结算结果的一种行为,其功能更多的是结算服务。其次,"对账单"不具有主张权利的意思表示,不符合《民法通则》有关诉讼时效中断的共同特征。最后,银行发送"对账单"通常是单向的,企业不是必须给银行回执单,在这种情况下,银行不易取得债务人知晓债权人主张权利的证据。

2. 借款人同意履行还款义务

借款人在贷款逾期之日起至两年内,通过一定形式向银行表示愿意返还贷款,从而构成诉讼时效中断(《关于审理民事案件适用诉讼时效制度若干问题的规定》第十六条)。

- 借款人同意履行还款义务的形式有:
(1) 在贷款到期后部分归还所欠贷款本息;
(2) 为履行还款义务提供新的担保,例如,财产抵押、质押担保或者第三方保证;
(3) 承认债务,出具书面还款承诺,如承诺书、还款计划书等;
(4) 请求债权人给予延期偿还借款等。
- 银行在运用借款人同意履行还款义务的方式中断诉讼时效时应注意:
(1) 借款人同意履行还款义务的意思表示必须采用书面形式;
(2) 借款合同有第三方保证的,银行应要求保证人在借款人出具的还款承诺书面材料中签章认可。

3. 从借款人的银行账户扣收贷款本息

依据《商业银行法》第七条和《贷款通则》第二十二条的规定,如果借款合同有约定,银行可在贷款逾期 2 年内,按合同约定从借款人的银行账户扣收贷款本息。银行通过扣收贷款本息这一行为,表明要求借款人归还贷款的意愿,改变了银行不行使权利的事实状况,同样也可以达到中断诉讼时效的目的。最高人民法院《关于审理民事案件适用诉讼时效制度若干问题的规定》第十条第三项确认了该方式具有中断诉讼时效的效力。

笔者认为，从借款人的银行账户中扣收贷款本息以中断诉讼时效这种方式，虽然得到了最高人民法院的认同，但是，如果银行操作不得当，仍然会存在风险。所谓操作得当，一是采用这种方式中断诉讼时效，扣收对象应限于借款人；二是要求合同对银行行使抵销有约定；三是要求扣收账户的资金必须是到期债权，未到期限的定期存款不能实施扣收；四是要求实施扣收前应把主张抵销的通知送达债务人并取得相关证明，扣收后应将扣收贷款本息的事实通知借款人。

4. 公证送达逾期贷款催收文书

对于某些不愿意签收逾期贷款催收通知书，或者不肯与债权人谋面的"赖账户"，债权人可以采用公证送达方式，向公证机构申请公证送达（《关于审理民事案件适用诉讼时效制度若干问题的规定》第十条第一项）。公证送达逾期贷款催收文书这种方式能否被人民法院采信，起到中断诉讼时效的效果，关键是能否证明贷款银行主张权利的通知已经送达对方当事人。因此，银行办理公证送达后，应将逾期贷款催收通知书、公证送达文书等资料整理归档，作为中断诉讼时效的书证。

5. 以数据电文、邮寄（包括特快专递）方式送达催收文书

债权人采用数据电文、挂号信或特快专递等邮寄方式，向债务人发送逾期贷款催收文书，一般认为，如果这些电文、邮件能够送达债务人，应该是符合《民法通则》诉讼时效中断事由的共同特征，即权利人主张权利并使相对人知晓，能够产生中断诉讼时效的效力（《关于审理民事案件适用诉讼时效制度若干问题的规定》第十条第二项）。但是，由于受证据收集以及证据的证明力等因素影响，其效力在司法实践中仍然是仁者见仁、智者见智，在相当程度上取决于审判人员的认识与判断。因此，银行应尽量避免采用此种方式。如果使用此种方式中断诉讼时效，必须注意收集证据，并取得债务人签收回执。为避免债务人以邮件内容与权利主张无关为由抗辩，银行在邮寄时应详细写明债务人的地址、名称，并标注内装文件的内容等。以传真、短信以及电子邮件等方式向债务人发送催收文书，因证明债务人知晓债权人主张权利较为困难，银行应慎重采用，不宜作为中断诉讼时效的主要手段。

6. 在媒体上发布催收公告

债务人下落不明的，贷款银行在国家级或者下落不明的当事人一方住所地的省级有影响的电视、报纸等媒体上，发布具有主张权利内容的逾期贷款催收公告，可以起到中断诉讼时效的效力。但是，法律和司法解释另有特别规定的，适用其规定（《关于审理民事案件适用诉讼时效制度若干问题的规定》第十条第四项）。催收公告可以公布拖欠贷款的借款人名单及金额，但不应公布与催收贷款无关的其他信息，不得侵犯债务人的隐私与商业秘密。

7. 向公安机关、检察机关、人民法院报案并取得相关证明材料

债权人向公安机关、人民检察院、人民法院报案或者控告涉嫌经济犯罪，请求保护其民事权利的，诉讼时效从其报案或者控告之日起中断。

上述机关决定不立案、撤销案件、不起诉的，诉讼时效期间从权利人知道或者应当知道不立案、撤销案件或者不起诉之日起重新计算；刑事案件进入审理阶段，诉讼时效期间从刑事裁判文书生效之日起重新计算（《关于审理民事案件适用诉讼时效制度若干

问题的规定》第十五条)。

8. 向仲裁机关申请仲裁或向人民调解委员会请求调解

债权人向仲裁机关申请仲裁或向人民调解委员会以及其他依法有权解决相关民事纠纷的国家机关、事业单位、社会团体等社会组织提出保护相应民事权利的请求,诉讼时效从提出请求之日起中断(《关于审理民事案件适用诉讼时效制度若干问题的规定》第十四条)。

9. 提起诉讼

这是中断诉讼时效最无争议的方式,也是债权人保护债权最彻底、最有效的方法。提起诉讼,即债权人向人民法院提起诉讼。诉讼时效从提交起诉状或者口头起诉之日起中断(《关于审理民事案件适用诉讼时效制度若干问题的规定》第十二条)。

根据最高人民法院《关于审理民事案件适用诉讼时效制度若干问题的规定》第十三条的规定,下列事项与提起诉讼具有同等效力,都会导致诉讼时效中断:

(1) 申请支付令;
(2) 申请破产、申报破产债权;
(3) 为主张权利而申请宣告义务人失踪或死亡;
(4) 申请诉前财产保全、诉前临时禁令等诉前措施;
(5) 申请强制执行;
(6) 申请追加当事人或者被通知参加诉讼;
(7) 在诉讼中主张抵销。

提起诉讼欲达到中断诉讼时效的目的,必须符合法律要求。所谓符合法律要求,指符合《民法通则》第一百四十条的规定精神。根据该条规定,诉讼时效中断的事由有三种,它们的共同特征是权利人主张权利要让相对人知晓。因此,如果债权人提起诉讼后又撤诉,或者因起诉、申请支付令不符合法律要求而被裁定驳回的,因原告的起诉状副本没有送达相对人,相对人对权利人主张权利不知情,故裁定生效但不能引起诉讼时效中断;如果债权人提起诉讼后又撤诉,起诉状副本已经送达相对人的,应当能够引起诉讼时效中断。因为,债权人提起诉讼后又撤诉,虽然在法律上视为未起诉,但是事实上相对人已经知道权利人主张权利了,视为债权人已向相对人提出了主张权利要求,符合诉讼时效因主张权利而中断的法定事由的特征,故能够引起诉讼时效中断,诉讼时效期间从裁定准许撤诉之日起重新计算。

(四) 中断诉讼时效时应注意的问题

1. 正确理解"同一债务分期履行"诉讼时效期间起算点的规定

最高人民法院《关于审理民事案件适用诉讼时效制度若干问题的规定》第五条规定,"当事人约定同一债务分期履行的,诉讼时效期间从最后一期履行期限届满之日起计算"。正确理解本条款应注意以下三点:

第一,本条是对给付分期履行债务中的某一笔债务请求权的诉讼时效期间起算点的规定,而非对给付全部债务请求权的诉讼时效期间起算点的规定,后者当然应从最后一期履行期限届满之日起算诉讼时效期间。

第二,本条适用的情形是对同一笔债务约定分期履行。所谓"同一笔债务",指源于同一标的、同一法律关系等而产生的债务。该债务具有整体性和唯一性的特征。

第三，"同一笔债务约定分期履行"，使每一期债务具有相对的独立性，但该独立性不足以否定同一笔债务的整体性。给付每一期债务请求权的诉讼时效期间，从最后一期履行期限届满之日起算，是同一笔债务具有整体性和唯一性的根本要求。

2. 额度借款与个人住房（消费）借款诉讼时效期间起算点的确定

在商业银行信贷业务中，涉及债务分期履行的合同，主要有人民币额度借款合同和个人消费借款合同、个人住房（商用房）借款合同两大类。

额度借款本质上是在一定期限内循环使用借款的行为，即借款人在合同约定的期限和额度内，分次使用借款，每笔借款具有独立的金额、还款期限、贷款利率。可见，额度借款合同只是为以后使用单笔借款而签订的合同，每笔借款构成了独立的债务。因此，额度借款合同虽然也构成了分期履行合同，但并非基于同一债务履行的分期还款义务，单笔借款诉讼时效的起算时间，应该为每笔借款逾期之日。

个人消费借款合同、个人住房（商用房）借款合同，不仅明确约定了借款金额、借款起止日期，符合同一债务整体性和唯一性的特征。同时，合同还约定了每期的还款日和还款金额。因此，每期还款构成了对总的借款金额的分期履行，应视为对同一债务的分期履行。因此，给付每一期债务请求权的诉讼时效期间，应从最后一期履行期限届满之日起算。

3. 连带债务与连带债权诉讼时效中断的效力及于其他连带人

根据最高人民法院《关于审理民事案件适用诉讼时效制度若干问题的规定》第十七条，连带债务人中的一人发生诉讼时效中断的事由，对其他连带债务人也发生诉讼时效中断的效力；连带债权人中的一人发生诉讼时效中断效力的事由，对其他连带债权人也发生诉讼时效中断的效力。

4. 同一债权中的部分债权诉讼时效中断的效力及于剩余债权

根据最高人民法院《关于审理民事案件适用诉讼时效制度若干问题的规定》第十一条，除非权利人明确表示放弃，否则，权利人对同一债权中的部分债权主张权利，诉讼时效中断的效力及于剩余债权。

5. 因代位权诉讼导致诉讼时效中断的效力及于债权人的债权和债务人的债权

最高人民法院《关于审理民事案件适用诉讼时效制度若干问题的规定》第十八条规定，"债权人提起代位权诉讼的，应当认定对债权人的债权和债务人的债权均发生诉讼时效中断的效力"。

6. 债权转让和债务承担的诉讼时效自意思表示到达对方当事人之日起中断

最高人民法院《关于审理民事案件适用诉讼时效制度若干问题的规定》第十九条规定，"债权转让的，应当认定诉讼时效从债权转让通知到达债务人之日起中断。债务承担情形下，构成原债务人对债务承认的，应当认定诉讼时效从债务承担意思表示到达债权人之日起中断"。

四、保证合同的诉讼时效

在有第三人保证的债权中，不仅借款合同存在诉讼时效，保证合同也存在诉讼时效。

(一) 保证合同的诉讼时效起算时点

保证合同的诉讼时效起算时点与保证方式有关。

1. 一般保证合同的诉讼时效起算时点

在一般保证中，根据《担保法》第二十五条第二款的规定，债权人在保证期间届满前对债务人提起诉讼或申请仲裁的，从判决或者裁决生效之日起，开始计算保证合同的诉讼时效。也就是说，一般保证的债权人只要在保证期间内对债务人提起诉讼或者申请仲裁，则保证期间的作用结束，诉讼时效制度开始发生作用。此后，债权人只需遵守诉讼时效相关规定，便可以依法保护自己的权利。依据《关于适用〈担保法〉若干问题的解释》第一百二十五条的规定，一般保证的债权人，也可以在保证期间内对债务人和保证人一并提起诉讼，人民法院可以将保证人与债务人列为共同被告参加诉讼。从提起诉讼之日起，保证合同的诉讼时效开始计算。

2. 连带责任保证合同的诉讼时效起算时点

在连带责任保证中，根据《担保法》第二十六条第二款的规定，保证人不具有先诉抗辩权，债权人既可以要求债务人履行债务，也可以要求保证人履行债务，而不必像一般保证那样，须先对债务人提起诉讼或者仲裁。因此，连带责任保证合同的诉讼时效，应当以债权人要求保证人承担保证责任的通知书送达日的次日起计算。

(二) 保证合同与借款合同的诉讼时效关系

保证合同与借款合同的诉讼时效关系，仍然是以主从关系为原则，以各自独立为补充。《关于适用〈担保法〉若干问题的解释》第三十六条规定："一般保证中，主债务诉讼时效中断，保证债务诉讼时效中断；连带责任保证中，主债务诉讼时效中断，保证债务诉讼时效不中断。一般保证和连带责任保证中，主债务诉讼时效中止的，保证债务的诉讼时效同时中止。"这是因为：

在一般保证中，依据《担保法》第十七条的规定，保证人享有先诉抗辩权，债权人不能直接向保证人主张债权，而必须首先向借款人提起诉讼或申请仲裁。债权人以诉讼或仲裁方式向借款人主张权利后，依据《民法通则》第一百四十条和《担保法》第二十五条的规定，此时，借款合同诉讼时效中断，保证合同的保证期间作用消灭，诉讼时效制度开始作用。因而，保证合同诉讼时效也随借款合同诉讼时效的中断而中断。

在连带保证中，连带保证责任与一般保证责任相比，具有很大的独立性。依据《担保法》第十八条的规定，债权人可以要求借款人履行债务，也可以直接要求保证人履行债务。债权人向借款人主张权利，借款合同诉讼时效中断。但是，依据《担保法》第二十六条的规定，债权人只有向保证人主张债权，才可以产生保证合同保证期间作用消灭、诉讼时效制度开始作用的效果。因此，债权人向借款人主张权利，借款合同诉讼时效中断，保证合同诉讼时效并不随之中断。

诉讼时效中止因非当事人所能控制的客观原因而产生，如不可抗力或者其他障碍等。因此，无论一般保证还是连带保证，也无论主债务还是保证债务，借款合同诉讼时效中止，保证合同诉讼时效也应当同时中止。

五、逾期贷款催收

（一）催收逾期贷款常用方法

贷款回收是银行信贷业务最后一个环节，其顺利与否直接关系到信贷资金安全和银行利益的实现。当债务人不依借款合同约定偿还贷款时，银行应及时向债务人催收贷款。"催收"是银行根据法律规定和合同约定，向债务人发出要求履行债务的单方行为，不以债务人同意为条件。"催收"不仅是银行实现债权的一种手段，某些催收方法甚至还可以起到中断诉讼时效的作用。因而，逾期贷款催收在商业银行贷后管理中占据着重要的位置。为了提高贷款催收的效果，银行信贷人员在实践中不断探索，总结出许多行之有效的方法。笔者撷取其中几种常用方法如下：

1. 信函催收法

对于初次拖欠贷款本息的借款人，银行可以选择相对较为温和的信函催收方法，比如，向借款人邮寄"给客户的一封信"，动之以情，晓之以理，善意提醒借款人依约偿还贷款本息，阐明拖欠借款的利害关系等，敦促借款人及时还款。

2. 电话催收法

这种方法对于因资金周转暂时困难或者工作繁忙而造成的善意拖欠，具有较好的催收效果。对于恶意拖欠者，催收效果就不太理想了，不过，可以通过增加催收频率和加重催收内容等，提高催收的影响力。

3. 手机短信催收法

商业银行可以利用移动通信营运商的短信平台，向拖欠贷款本息的借款人发送短信，提示归还银行欠款。当然，短信提示也可作为一种常规手段，在每期还款日前为借款个人发送还款提示信息。

4. 委托扣收法

对于借款人工作单位集中的个人住房贷款业务，贷款银行可以与借款人及其所在单位签订委托扣款协议，委托借款人所在单位代为扣收贷款本息。例如，可以约定："如果借款人不能按时偿还贷款本息的，借款人所在单位有权依照银行的请求，从借款人的工资中扣划款项用于偿还银行到期本息。"采取这种方式收贷，应当注意完善相关委托手续，避免发生侵权事件。

5. 诚信回归疗法

对于具有偿债能力但不愿意偿还贷款本息的借款人，银行可以借助有关部门的影响力，重新唤起借款人已经缺失的诚信，从而达到催收欠款的目的。比如，银行可以请求借款人所在单位、上级部门、党组织等，采取合适的方式转达逾期贷款催收通知书，协助银行催收贷款。这些单位和人员所起到的作用，有时是不可估量的。

6. 公告催收法

对于恶意拖欠贷款本息的借款人，贷款银行应依据中国人民银行《关于加强金融债权管理，建立防范和制裁逃废金融债务行为制度的通知》（银发［1999］10号），将其列入"逃废债企业名单"，并定期向辖区内金融机构通报，实行同业联合制裁。对于"赖账户"甚至可以考虑在媒体上进行公告催收，曝光借款人不诚信行为。这种方法在一定范围内、一定程度上对被公告对象的信誉、经营和融资产生不利影响，比较有震撼力，可以有效地敦促债务人履行债务。

（二）公告催收逾期贷款

贷款银行在电视、报纸等媒体发布逾期贷款催收公告，公布拖欠贷款的借款人名单及金额，督促借款人及时偿还所欠贷款本息。这种公告催收的做法，收到了一定效果，引起了业界的关注，也有人提出质疑，认为有侵犯借款人隐私或商业秘密之嫌。

1. 公告催收可能涉及的法律问题

公告催收除具有一般的催收功能之外，还具有另外一个衍生功能，即公告曝光了义务人的不诚信行为，客观上起到动用社会舆论监督和道德评价的力量，造成借款人一定的心理压力，增强其归还欠款的意愿。与此同时，公告催收对借款人的社会信用产生不良影响，存在引发新的矛盾与冲突风险。公告催收可能涉及的法律问题有：

（1）名誉权问题。在媒体公告催收逾期贷款，将借款人的违约与欠债事实公之于众，是否侵犯了被公布人的名誉权？

（2）隐私权问题。贷款逾期状况是否属于个人隐私，这些信息在多大范围内由谁来公开披露等，都需要法律予以明确。

（3）商誉权问题。贷款法律关系是平等民事主体之间的民事法律关系，银行作为与借款人法律地位平等的民事主体，是否可以在未征得借款人同意的情况下将他们的欠债与违约事实公布于世，银行的公告催收行为是否构成商业侵权？

（4）商业秘密权问题。借款人欠债与违约事实是否属商业秘密？银行的公告催收行为是否侵犯了他人的商业秘密权？这无疑也是一个必须予以明确的法律问题。

2. 公告催收的相关规定

（1）最高人民法院关于审理金融资产管理公司案件的司法解释

目前，我国法律对公告催收还没有明确规定。最高人民法院《关于审理涉及金融资产管理公司收购、管理、处置国有银行不良贷款形成的资产的案件适用法律若干问题的规定》（法释［2001］12号），在规定诉讼时效中断的事由中，有条款涉及公告催收的内容："第十条债务人在债权转让协议、债权转让通知上签章或者签收债务催收通知的，诉讼时效中断。原债权银行在全国或者省级有影响的报纸上发布的债权转让公告或通知中，有催收债务内容的，该公告或通知可以作为诉讼时效中断证据。"最高人民法院《关于审理民事案件适用诉讼时效制度若干问题的规定》将上述精神扩展至民事案件审理。该司法解释第十条第四项规定：当事人一方下落不明，对方当事人在国家级或者下落不明的当事人一方住所地的省级有影响的媒体上刊登具有主张权利内容的公告的，诉讼时效中断。

据此，笔者认为，既然最高人民法院认可公告催收债务可以作为中断诉讼时效的证据，这至少能够说明公告催收逾期贷款的做法并不违法。

（2）国务院及其相关部委关于加强金融债权管理的有关规定

国务院及其相关部委多次发文要求有关部门和商业银行要建立防范和制裁逃废金融债务行为制度，加强金融债权管理。例如，国务院《关于在国有中小企业和集体企业改制过程中加强金融债权管理的通知》（国发明电［1998］4号）、中国人民银行《关于加强金融债权管理，建立防范和制裁逃废金融债务行为制度的通知》、国务院办公厅《转发中国人民银行关于企业逃废金融债务有关情况报告的通知》（国办发［2001］27号），等等。中国人民银行在《关于贯彻〈国务院办公厅转发中国人民银行关于企业逃废金融债务有关情况报告的通知〉的通知》中明确规定："要利用新闻媒介披露各种逃废金融债务典型案例，对恶意逃废悬空银行债务的企业以及地方保护行为予以公开曝光。"

(3) 最高人民法院关于审理名誉权案件的司法解释

最高人民法院《关于审理名誉权案件若干问题的解释》（法释［1998］26号）中规定："新闻单位根据国家机关依职权制作的公开的文书和实施的公开的职权行为所作的报道，其报道客观准确的，不应当认定为侵害他人名誉权。"

3. 公告催收的法律障碍与对策

障碍之一：现行的规范性文件适用范围过窄。前面列举的国务院及其相关部委关于加强金融债权管理的规范性文件，其适用范围限于改制企业逃废金融债务的借款人，而并非指逾期贷款借款人。

障碍之二：现行的规范性文件法律位次低。前面列举的通知或者司法解释，虽然从广义上说，它们都属于法律的范畴。然而，国务院的通知，其效力仅近似于行政法规，国务院办公厅或中国人民银行的通知，其效力仅近似于行政规章，即便是最高人民法院的司法解释，虽然其对审判实践具有很强的指导作用，但它毕竟不是严格意义上的法律规范，只是对如何适用有关法律所作的解释。可见，现行有关公告催收逾期贷款的有关规定，其法律位次比较低。

障碍之三：公告催收的法律空白多。目前，与公告催收关联的名誉权、隐私权、商誉权或商业秘密权等均存在法律空白。例如，按照法学原理，名誉权在一定条件下可以受到限制（即克减），而法律在如何体现名誉权的可克减性方面并没有作出相应的规定。例如，《贷款通则》规定了贷款人有对借款人的债、财务、生产、经营情况保密的义务，而未规定贷款人有对债务人拖欠贷款予以公开曝光的权利。

笔者认为，公告催收方式虽然在当前法律环境下存在一定障碍与风险，但是，公告催收还是可以尝试的。因为，银行是在借款人违约的情况下，不得已才采取公告的方式主张权利。只要公告的内容符合事实，即便涉及向公众透露借款人借款或违约的情况，亦是因为借款人的过错在先造成的。

为了将公告催收的法律风险降至在可承受范围之内，银行应当周密考虑、谨慎操作。公告催收之前，银行应尽量将采取公告催收的方式告知被公布人，公告的内容、措辞等应严格审查核实，以确保公告内容客观、真实。当然，最稳妥的方法还是在订立借款合同时，在合同中约定贷款银行有权在媒体上公告催收逾期贷款。例如，可以在合同中约定以下条款："借款人及其担保人逾期不返还借款的，贷款人有权在报纸、电视等媒体上，公布借款人及其担保人拖欠贷款的情况，公告催收逾期贷款。"

值得注意的是，《关于审理涉及金融资产管理公司收购、管理、处置国有银行不良贷款形成的资产的案件适用法律若干问题的规定》第十条的规定，仅适用于资产管理公司，即便是《关于审理民事案件适用诉讼时效制度若干问题的规定》第十条第四项的规定，也只是明确了当债务人下落不明时，债权人刊登具有主张权利内容的公告，可以中断诉讼时效。至于公告主张权利能否扩展至商业银行及非银行金融机构的日常贷款催收（公告催收），司法解释并未明确。

第三节 超诉讼时效债权的拯救

民事权利在诉讼时效期间届满后，权利人即丧失了胜诉权。权利人提起诉讼的，人民法院经审理查明不存在能够引起诉讼时效中止、中断的法定事由，也不存在可以延长时效期间的正当理由，诉讼时效期间确已届满的，应当依法驳回权利人的诉讼请求。简单地说，诉讼时效期间届满后的债权，不再受国家强制力保护。

《民法通则》第四条规定："民事活动应当遵循自愿、公平、等价有偿、诚实信用的原则。"第九十条规定："合法的借贷关系受法律保护。"依据《民法通则》规定的精神，最高人民法院认为，超过诉讼时效期间的债权，当事人双方就原债务还款达成协议，或者债务人对原债务的确认，并没有违反法律规定，应当视为对原债务的重新确认，该债权债务关系应受法律保护。最高人民法院这一观点在该院的两个批复中有所体现，即《关于超过诉讼时效期间当事人达成还款协议是否应当受法律保护问题的批复》（法复［1997］4号）和《关于超过诉讼时效期间借款人在催款通知单上签字或者盖章的法律效力问题的批复》（法释［1999］7号）。根据这两个司法解释，某些超过诉讼时效期间的债权可以重新取得国家强制力保护。

我国的诉讼时效期间与其他国家相比明显偏短，这对于债权保护有一定的负面影响。笔者认为，最高人民法院根据法理和司法实践所作的两个司法解释，在一定程度上起到了弥补的作用。

一、当事人就超过诉讼时效期间的债权重新达成还款协议

最高人民法院《关于超过诉讼时效期间当事人达成还款协议是否应当受法律保护问题的批复》规定："根据《民法通则》第九十条规定的精神，对超过诉讼时效期间，当事人双方就原债务达成还款协议的，应当依法予以保护。"根据该批复精神，当事人之间就自然债权达成还款协议的，重新取得了国家强制力保护。债权人在运用该司法解释时，需要注意以下相关问题：

（一）还款协议的诉讼时效期间起算问题

当事人双方就原债务达成的还款协议，表明当事人重新确立了债权债务关系。既然是一份重新确立债权债务关系的合同，当然存在诉讼时效期间以及时效期间的起算时点问题。根据《民法通则》关于诉讼时效期间的规定，还款协议的诉讼时效期间，仍然是从知道或应当知道权利被侵害时起计算。在一般情况下，还款协议都约定有还款期限，诉讼时效期间应当是从约定的还款期限届满的次日起计算。也就是说，诉讼时效期间的起算时点，应当是还款协议约定还款日的次日，而不是还款协议订立日的次日。

（二）还款协议的违约责任问题

当事人双方就原债务达成的还款协议，是新的债权债务合同，它并不是原借款合同

的补充协议。因此，原借款合同中的相关约定，除非还款协议有约定，否则，并不当然地适用于还款协议。例如，原借款合同约定的违约金，如果还款协议对此没有约定，则不能适用还款协议。假如当事人违反还款协议的约定，违约责任的承担不再适用违约金，可以选择承担损害赔偿责任的方式。

（三）还款协议的债务并不当然及于原债务的担保人

借款人与债权人就超过诉讼时效期间的债权达成还款协议的，该还款协议的债务对原借款合同担保人并不当然发生作用。因为，当事人双方就原债务达成的还款协议并不是原借款合同的补充协议，而是一份新的债权债务合同。担保人所担保的是借款合同项下的债务，而不是还款协议项下的债务。这两份合同项下的债务，也许在数量上没有区别，但它们处在不同的法律关系之中，是两个不同法律关系的两个不同客体。所以，担保人对债权人要求其承担责任的主张，仍然可以行使主债权诉讼时效期间届满产生的抗辩权。只有担保人与债权人就还款协议的债务担保达成协议，重新建立担保法律关系之时，担保人才对还款协议的债务承担担保责任。

二、借款人在超过诉讼时效期间的债权催款通知书上签章

最高人民法院《关于超过诉讼时效期间借款人在催款通知单上签字或者盖章的法律效力问题的批复》规定："根据《民法通则》第四条、第九十条规定的精神，对于超过诉讼时效期间，信用社向借款人发出催收到期贷款通知单，债务人在该通知单上签字或者盖章的，应当视为对原债务的重新确认，该债权债务关系应受法律保护。"根据该批复精神，借款人在超过诉讼时效期间的债权催款通知书上签字或者盖章，表明借款人放弃因诉讼时效期间届满而产生的抗辩权，债权重新获得了国家强制力保护。债权人在运用该司法解释时，需要注意以下相关问题：

（一）借款人在催款通知书上签章表明其放弃了抗辩权

最高人民法院在批复中使用了"对原债务的重新确认"的表述，这在理论界引起了一些歧义。这样的表述是确认原债务继续存在，还是确认债务人已放弃因诉讼时效期间届满而产生的抗辩权？正确理解"对原债务的重新确认"的含义，对于我们掌握批复的精神、认识行为的实质具有重要的现实意义。

最高人民法院认为，把"对原债务的重新确认"理解为确认原债务的继续存在，这在逻辑上不能自圆其说。因为，诉讼时效并不具有消灭债权的效力。诉讼时效期间届满消灭的是胜诉权，债权本身并没有消灭，它仍然以自然债权形态存在；把"对原债务的重新确认"理解为确认债务人已放弃因诉讼时效期间届满而产生的抗辩权，比较符合我国有关诉讼时效的理论。因为，根据诉讼时效届满债权人丧失胜诉权通说，债权人丧失胜诉权意味着债务人对债权人的请求产生抗辩权。这种抗辩权因债权诉讼时效期间届满而产生，可以有效地对抗债权人的请求权，故债权人不能胜诉。

所谓抗辩权，依据《担保法》第二十条第二款的规定，是指债权人行使债权时，债务人根据法定事由对抗债权人行使请求权的权利。

（二）行为人放弃抗辩权不代表他人也放弃抗辩权

在债权债务关系中，债务人享有某些可以对抗债权人行使请求权的权利。例如，对

已过诉讼时效的债权、履行期限未到的债权，债务人都可以行使抗辩权。保证人在某种程序上也是债务人，所以，属于债务人享有的抗辩权，保证人也同时享有。保证人享有的抗辩权虽然源于债务人，但是，该项权利并不属于债务人专有，保证人独立享有并行使主债务人的各种抗辩权。

借款人在逾期贷款催收通知书上签字或者盖章，表明借款人放弃因诉讼时效期间届满而产生的抗辩权。但是，保证人的抗辩权不因借款人的放弃而丧失，保证人仍然可以行使抗辩权，仍然可以诉讼时效期间届满对抗债权人的请求，拒绝承担担保责任。所以，《担保法》第二十条规定："一般保证和连带责任保证的保证人享有债务人的抗辩权。债务人放弃对债务的抗辩权的，保证人仍有权抗辩。"

同样道理，如果保证人在逾期贷款催收通知书上签字或者盖章，也不能视为债务人放弃因诉讼时效期间届满而产生的抗辩权和"对原债务的重新确认"。

三、超诉讼时效担保债权的拯救

诉讼时效期间届满后的担保债权是否也与主债权一样，可以通过某种方式拯救，重新取得国家强制力保护？回答是肯定的，贷款银行可以根据主债权的时效期间是否届满，分别采取不同的风险化解措施。

（一）主债权诉讼时效期间尚未届满的情形

如果主债权的诉讼时效期间尚未届满，或者虽已届满但借款人对原债务重新确认的，贷款银行可以通过与保证人重新达成协议的方式拯救担保债权。保证人与债权人就原担保债权重新达成协议，根据《关于超过诉讼时效期间当事人达成还款协议是否应当受法律保护问题的批复》的规定，视为保证人对主债权重新提供担保，因担保行为发生的担保民事法律关系受法律保护。

（二）主债权诉讼时效期间已经届满的情形

如果主债权的诉讼时效期间已经届满，借款人未重新确认债务的，贷款银行也可以通过与保证人重新达成协议的方式来拯救担保债权。但是，应当注意，该拯救方式并非万能，会因保证人的保证方式不同而产生不同的法律效果。根据保证人的保证方式不同，可分为以下三种情况：

1. 保证人是一般保证责任的情况

在这种情况下，如果主债权的诉讼时效期间已经届满，即使保证人重新确认保证责任，其仍然不需再承担保证责任。这是因为：

第一，根据《担保法》第十七条第二款的规定，一般保证人在借款人未履行债务前（包括借款人未自愿履行和采取强制措施仍不能履行债务前），对债权人的请求权可以行使先诉抗辩权，拒绝承担保证责任。

第二，根据《担保法》第二十五条第二款的规定，在一般保证中，债权人必须在保证期间内对借款人提起诉讼或申请仲裁，否则，保证人免除保证责任。

总之，一般保证人承担保证责任，无论何种原因都后于借款人。如果主债权的诉讼时效期间已经完成，债权人对借款人就丧失了胜诉权，不能通过国家司法强制力要求借款人履行债务。在借款人未履行债务前，债权人当然不能要求一般保证人承担保证责任。

2. 保证人是连带保证责任的情况

在这种情况下，如果保证人对超过诉讼时效期间的债务重新确认保证责任的，保证人应当承担保证责任。这是因为：借款合同规定的债务履行期届满，借款人没有履行债务的，债权人既可以要求借款人也可以要求保证人偿还贷款本息，两者不存在先后顺序。连带责任保证人在超过时效期间后又重新确认保证责任的行为，是放弃因诉讼时效期间届满而产生的抗辩权，法律对此不予干涉，已过时效期间的债权因此得以行使。

最高人民法院《关于适用〈担保法〉若干问题的解释》第三十五条规定："保证人对已经超过诉讼时效期间的债务承担保证责任或者提供保证的，又以超过诉讼时效为由抗辩的，人民法院不予支持。"此规定明确了两点：一是保证人在主债务超过诉讼时效后为该债务清偿的，不得再以主债务已过时效为由要求返还；二是保证人对债权提供保证后，不得又以该债权超过诉讼时效为由，要求不承担保证责任。

应当注意的是，保证人在债权人的逾期贷款催收通知书上签字或者盖章，不能视为保证人对主债权重新提供担保，保证人并不因此承担保证责任。最高人民法院在《关于人民法院应当如何认定保证人在保证期间届满后又在催款通知书上签字问题的批复》（法释[2004]4号）中认为："根据《担保法》的规定，保证期间届满债权人未依法向保证人主张保证责任的，保证责任消灭。保证责任消灭后，债权人书面通知保证人要求承担保证责任或者清偿债务，保证人在催款通知书上签字的，人民法院不得认定保证人继续承担保证责任。但是，该催款通知书内容符合《合同法》和《担保法》有关担保合同成立的规定，并经保证人签字认可，能够认定成立新的保证合同的，人民法院应当认定保证人按照新保证合同承担责任。"这是因为：主债权诉讼时效届满的，保证期间也必然已届满，无论一般保证还是连带保证，保证人的保证责任均已免除。此时，保证人同时拥有两种抗辩权，即因保证期间届满而产生的免责抗辩权和因诉讼时效期间届满产生的抗辩权。保证人仅在逾期贷款催收通知书上签字或者盖章的行为，并不足以成为承担保证责任的理由。对于一个已经免责的保证人，若要其重新承担保证责任，必须重新达成担保协议。

3. 保证人是物上保证人的情况

《物权法》第二百零二条规定："抵押权人应当在主债权诉讼时效期间行使抵押权；未行使的，人民法院不予保护。"根据此条规定，在保证人提供担保物担保债务履行的情况下，贷款银行应当在主债权诉讼时效期间行使抵押权。主债权诉讼时效期间已经届满的，物上保证人不再承担保证责任。

应当注意的是，《物权法》第二百零二条规定，修改了最高人民法院《关于适用〈担保法〉若干问题的解释》第十二条第二款"担保物权所担保的债权的诉讼时效结束后，担保权人在诉讼时效结束后的二年内行使担保物权的，人民法院应当予以支持"的规定，缩短了担保物权的行使期限。

四、依据司法解释衍生的其他补救措施

笔者认为，《关于超过诉讼时效期间当事人达成还款协议是否应当受法律保护问题

的批复》和《关于超过诉讼时效期间借款人在催款通知单上签字或者盖章的法律效力问题的批复》，其实质是以一个新的债权取代已超过诉讼时效的债权。根据这一思想，笔者认为还可以衍生出债权拯救的其他措施：

（一）当事人签订还款协议

签订还款协议意味着当事人对原债权债务进行了调整、确认，从而改变了当事人之间原有的法律关系，其诉讼时效当然应当独立计算。还款协议的表现形式可以多种多样，例如，还款计划、债务减免协议、履行方式约定、债权债务的转让协议、债权重组协议等。

（二）当事人双方更新合同

合同更新是当事人签订一个全新的合同来取代原合同，借新还旧行为是典型的合同更新。新债权产生，其诉讼时效当然也应当独立计算。合同更新与签订还款协议的区别在于，还款协议只改变了债权债务的部分内容，而合同更新则完全改变了原来合同关系。

（三）债务人行使抵销权

超过诉讼时效的债权，已经成为自然债权，除非债务人自愿履行，债权人不能强制债务人履行。所以，超过诉讼时效的债权，贷款银行不得主张抵销，否则，无异于强迫债务人履行自然债务。但是，若债务人行使抵销权的，可以用于抵销，因为借款人放弃诉讼时效抗辩权利法律并不禁止。

（四）债务人对债权人的主张未作抗辩

债权已经超过诉讼时效是债权人不能胜诉的法定事由，无论当事人是否就此应答，人民法院在查明债权已经超过时效的，应依法驳回债权人的诉讼请求。但是，如果债权人提出在诉讼时效期间已经向债务人"主张过债权"，而债务人对债权人的主张不作"未主张过债权"抗辩的，则视为债务人默认债权人的主张，该债权应当认为未超过诉讼时效期间。

第四节　贷款展期与贷新还旧

一、贷款的展期

（一）贷款展期的含义与条件

1. 贷款展期的含义

贷款展期，指借款人在借款合同约定的借款期限不能偿还贷款，在征得贷款银行同意的情况下，延长原借款的还款期限，使借款人得以继续使用借款。贷款展期实际上是对借款合同还款期限的变更，属于借款合同变更的范畴。《合同法》第七十七条第一款规定："当事人协商一致，可以变更合同。"第二百零九条规定："借款人可以在还款期限届满之前向贷款人申请展期。贷款人同意的，可以展期。"根据《合同法》的上述规定，借款合同当事人协商一致，可以变更借款合同还款期限。贷款展期应当以商业银行同意为前提，银行不同意贷款展期的，即便借款人提出了展期申请，不按时归还贷款仍然构成违约,应承担相应的违约责任。

中国人民银行《贷款通则》第十二条对贷款展期作出了具体规定。根据该条规定,借款人申请贷款展期,应当在贷款到期前向商业银行提交"借款展期申请书"。保证贷款、抵押贷款、质押贷款的借款人在提出展期申请时,还应当向银行提交保证人、抵押人、出质人同意展期的书面证明。银行可以根据借款人的申请,对借款人不能依合同约定归还贷款的情况进行调查了解,重新评估借款人的偿债能力,从而决定是否同意展期。

2. 贷款展期的条件

借款人申请贷款展期需符合一定条件。否则,贷款银行不予受理。各家银行的贷款展期条件会有一些差异,但通常认为凡符合下列条件之一的,银行可受理借款人提出的借款展期申请:

(1) 因受国家价格、税率、利率等因素调整的影响,借款人的经济效益明显降低,从而造成还款能力下降不能按期归还贷款的;

(2) 因不可抗力或意外事故导致不能按期偿还贷款的;

(3) 因受国家经济、金融、财政、信贷政策的影响,商业银行未能按借款合同约定发放贷款,从而影响借款人的生产经营致使其不能按期还款的;

(4) 原定贷款期限过短,不能适应借款人正常生产经营周期需要的;

(5) 借款人按借款合同约定返还借款,本金无逾期。

(二) 贷款展期应注意的问题

1. 贷款展期应当签订展期协议

银行经审查同意贷款展期的,应及时与借款人签订"展期还款协议书"。展期还款协议,不能仅仅表达银行准许展期的意向,还应当明确约定展期期限。展期期限的约定,应符合法律法规及中国人民银行和中国银行业监督管理委员会规章的规定。根据《贷款通则》第十二条的规定,除国家另有规定之外,短期贷款展期期限累计不得超过原贷款期限,中期贷款展期期限累计不得超过原贷款期限的一半,长期贷款展期期限累计不得超过三年。并且,每笔贷款只允许展期一次,不得多次展期。贷款新规对《贷款通则》关于展期的规定进行了一些修订:《个人贷款管理暂行办法》第三十九条规定,一年以内(含)的个人贷款,展期期限累计不得超过原贷款期限;一年以上的个人贷款,展期期限累计与原贷款期限相加,不得超过该贷款品种规定的最长贷款期限。《流动资金贷款管理暂行办法》第三十五条规定,流动资金贷款需要展期的,贷款人应审查贷款所对应的资产转换周期的变化原因和实际需要,决定是否展期,并合理确定贷款展期期限,加强对展期贷款的后续管理。

因此,在签订展期协议时,应根据贷款期限的长短,结合上述期限的限制,定出一个合理的展期期限。

展期协议签订后,除还款期限和贷款利率外,原合同的其他条款仍然有效。依据现行信贷制度规定,展期后的贷款基准利率,执行原贷款期限加上展期期限的利率。若该年限达到新的利率期限档次时,从展期之日起,贷款利息应按新的期限档次利率计收。关于这一点,应在展期还款协议中加以明确,避免产生不必要的争议。

2. 贷款展期应当重新落实借款担保措施

在有第三人担保的情况下，贷款银行与借款人签订展期还款协议应当征得担保人同意。除非原担保合同约定担保随借款自动展期，否则，贷款银行应当与担保人重新签订担保合同，或者由保证人、抵押人、出质人单方面出具同意贷款展期的书面证明。总之，银行须重新落实借款担保措施。《担保法》第二十四条规定："债权人与债务人协议变更主合同的，应当取得保证人书面同意，未经保证人书面同意的，保证人不再承担保证责任。保证合同另有约定的，按照约定。"贷款展期使得原借款合同归还借款的期限延长，变更了借款人履行债务的期间，显然属于变更借款合同的行为。银行若要求保证人继续承担保证责任，就应当取得保证人同意。如果保证人不同意贷款展期，或者不愿作出继续保证的书面承诺，甚至声明不再承担保证责任的，银行应慎重签订展期还款协议。在这种情况下，如果银行仍然同意展期的，应当要求借款人重新提供借款担保，或增加符合银行要求的担保物，或更换符合银行要求的担保人。

3. 保证人对未经其同意的展期贷款并非当然免除保证责任

《担保法》第二十四条规定，债权人与债务人协议变更主合同的，应当取得保证人书面同意，未经保证人书面同意的，保证人不再承担保证责任。该规定是否可以理解为：任何未经保证人同意的主合同变更，均必然导致保证人免责的法律后果？

从合同相对性原理而言，担保人不是主合同的当事人，主合同的任何变更，仅需主合同当事人协商一致，而无须征得担保人的同意。主合同的变更之所以需要担保人同意，是因为主合同变更可能引起担保责任的变化。如果主合同的变更加重了担保人的担保责任，此时，只有征得同意，担保人才应该承担因主合同变更而引起的加重责任，否则，担保人的担保责任不受主合同变更的影响。简言之，"保证人书面同意"不是对主合同变更的同意，而是对主合同变更引起担保责任变化的同意。

最高人民法院的专家学者认为，主合同的变更对保证人的利益有着重大影响，这毋庸置疑。也正因为如此，《担保法》才规定债权人与债务人协商变更主合同，应当征得保证人同意。但是，也应当看到，主合同变更对保证人利益的影响，既有不利方面，也有有利方面，有的甚至对保证人的利益没有任何影响。例如，债权人与债务人协商，免除债务人部分复利。主合同这些内容变更，并没有对保证人产生不利影响，相反地还减轻了保证人的责任。此时，如果因为主合同内容变更未经保证人同意，而完全免除保证人的担保责任，则是不公平的。因此，未经保证人同意的主合同变更，不应一律认定保证人因此免责，而是应当具体问题具体分析。分析的重点是区分主合同变更是否加重了保证人的责任，是否超出了保证人所承诺的范围。保证人对加重部分不承担保证责任。

最高人民法院《关于适用〈担保法〉若干问题的解释》第三十条规定："保证期间，债权人与债务人对主合同数量、价款、币种、利率等内容作了变动，未经保证人同意的，如果减轻债务人的债务的，保证人仍应当对变更后的合同承担保证责任；如果加重债务人的债务的，保证人对加重的部分不承担保证责任。债权人与债务人对主合同履行期限作了变动，未经保证人书面同意的，保证期间为原合同约定的或者法律规定的期间。"据此规定，贷款银行与借款人协议变更借款合同的还款期限，并不必然导致保证人免除担保责任的法律后果。

笔者建议，贷款银行如果与借款人协商变更借款合同（包括贷款展期），还是应征得担保人同意为妥。因为：变更借款合同，有可能加重了保证人的责任，例如，延长还款期限增加了借款人的利息支出，保证人对利息增加部分不承担保证责任。更为重要的是，变更借款合同还款期限（展期）后，银行有可能在保证合同约定的保证期间内，不依《担保法》第二十五条、第二十六条规定的方式主张权利。这样，保证人便因保证期间届满而免除保证责任。例如，贷款银行与借款人协商延长还款期限九个月，而保证合同约定的保证责任期间为借款合同履行期届满后六个月。由于保证期间的起算时点是从借款合同履行期届满的次日开始计算的，当变更后的还款期限届满时，保证人承担保证责任的期间已经超过三个月了，保证人的保证责任因保证期间届满而免除。如果银行与借款人协商延长还款期限征得担保人的同意，保证期间的起算时点，则从变更后的还款期限届满的次日开始计算，银行债权可以得到有效保护。

4. 依法办理相关审批登记手续

《合同法》第四十四条规定："依法成立的合同，自成立时生效。法律、行政法规规定应当办理批准、登记等手续生效的，依照其规定。"根据本条规定，合同生效有两种情形：

其一，成立时生效。所谓合同的成立，指合同当事人就合同的主要内容达成一致意见，或称之为形成合意。合同成立的时间，《合同法》第二十五条、第二十六条有明确规定，或是"承诺生效时合同成立"，或是"承诺通知到达要约人时生效。承诺不需要通知的，根据交易习惯或者要约的要求作出承诺的行为时生效"。换言之，在一般情况下，当事人就合同的主要内容达成一致时，合同就成立并生效。

其二，批准登记生效。法律、行政法规规定合同需要经过特别程序后，如应当办理批准、登记，才产生法律效力，这是合同生效的特别要件。例如，《中外合资经营法》、《中外合作经营法》都规定，中外合资经营合同、中外合作经营合同必须经有关部门审批后，才具有法律效力。在这种情况下，合同成立与合同生效是不一致的。合同也许成立，但并不一定生效。因此，贷款银行在变更合同（包括贷款展期）时，如果原担保合同须经有关部门批准或登记生效的，变更时还须取得原批准机关的同意，或者到原登记部门办理相关手续。否则，保证人因担保合同未生效而不再承担担保责任。

二、贷新还旧

（一）贷新还旧的含义

"贷新还旧"，又称"借新还旧"或"以贷还贷"，指贷款到期后不能按时收回，又重新发放贷款用于归还部分或全部原贷款的行为。借新还旧有利于商业银行盘活存量贷款，克服诉讼时效的法律限制，明确债权债务关系，完善担保措施，弱化即期贷款风险。因此，借新还旧这种操作方式，普遍存在于贷款的发放与回收过程中，广泛地被商业银行和借款人所运用。应当指出的是，借新还旧方式在有利于借款合同当事人摆脱困境的同时，也隐藏着一些风险因素。例如，弱化了借款人"有借有还"的信用观念，模糊了信贷资产质量，沉积了信贷风险，等等。可见，借新还旧方式是一把"双刃剑"，使用不当可能会危及商业银行自身权益。所以，从金融监管当局到各商业银行，无一例外都强调必须加强借新还旧的风险控制。例如，中国人民银行《关于固定资产贷款管理有关问题的通知》（银发［2001］331号）、中国建设银行《关于加强贷款"借新还旧"规范管理的指导意见》（建总发［2000］98号）等。这些规范性文件规定，符合条件的流动资金贷款和固定资产贷款，原则上可以进行一次贷新还旧。但是，借新还旧的贷款期限应从严控制，流动资金贷款期限不得超过原贷款期限，固定资产贷款期限不超过三年。

（二）借新还旧的认定

借新还旧是合同当事人的一种民事行为，因而，贷款银行与借款人之间的借贷是否属于借新还旧，应当从以下两个方面进行分析判断：一是在客观上，借款人有将新贷用于偿还旧贷的行为；二是在主观上，银行和借款人有借新还旧的共同意思表示或者意思联络。上述两个主客观条件，缺少其中任何一个均不可能构成借新还旧。在实践中，借款人借新还旧的行为较为明显，查证起来比较简单，一般对此争议都不多。然而，主观上的意思表示查证比较困难，除非当事人有明示，如借款合同上载明借新还旧，否则，要证明银行与借款人主观上有借新还旧的共同意思表示非常困难。最高人民法院有关专家认为，可以依据以下事实，推定当事人之间有借新还旧的共同意思表示。

1. 借款合同项下的资金没有实际转出，只是更换贷款凭证；

2. 借款人在较短时间内返还所欠借款，比如，上午取得贷款，下午便返还了所欠借款；

3. 新贷款恰好是旧贷款本息之和，借款人又在较短时间内归还旧贷款。

共同意思表示是借新还旧成立的要件。如果当事人之间没有借新还旧的共同意思表示，即便有用新贷偿还旧贷的事实，也不能认定为借新还旧。例如，借款人单方面将借款用于偿还旧贷，或是商业银行单方面扣收借款用于偿还旧贷。

（三）借新还旧的效力

借新还旧行为的效力如何，不仅关系到借新还旧借款合同的效力，而且还关系到借新还旧担保合同的效力，是贷款银行和借款人普遍关心的问题。我国现行法律对借新还旧的行为既没有明令禁止与限制，也没有明确规定其效力。笔者查询到涉及借新还旧效力内容的规定有两个：

其一，中国人民银行《不良贷款认定暂行办法》（银发［2000］303号）。该暂行办法第九条认可了借新还旧的做法："贷款到期（含展期后到期）后未归还，又重新贷款用于归还部分或全部贷款的，应依据借款人的实际还款能力认定不良贷款。对同时满足下列四项条件的，应认定为正常贷款：（1）借款人生产经营活动正常，能按时支付利息；（2）重新办理了贷款手续；（3）贷款担保有效；（4）属于周转性贷款。"

其二，最高人民法院《关于适用〈担保法〉若干问题的解释》。该解释第三十九条间接地确认了借新还旧的合法性。最高人民法院的专家学者认为，从实际效果看，借新还旧对借款人的实际利益并没有不利影响，也没有事实证明其具有社会危害性；从法律上看，借新还旧是当事人之间的真实意思表示，且法律、行政法规并没有禁止性规定，认定借新还旧借款合同无效没有法律依据。

综上所述，借新还旧这种操作方式已不存在法律障碍，其效力已经得到认可，贷款银行依法合规操作借新还旧应该不存在效力风险。

（四）借新还旧的类型及条件

1. 因贷款期限不匹配而发生的借新还旧

贷款期限不匹配的借新还旧，指借款人具有较强的还款能力，但由于原贷款期限或还款方式设定不合理，造成借款人不能依合同约定归还欠款的借新还旧。此种类型的借新还旧，必须同时满足以下三个条件：

（1）贷款期限调整至与借款人的生产周期、经营周期或现金流量相符后，借款人能够偿还所欠贷款本息；

（2）借款人的信用评级符合银行的要求，如信用等级在A级以上，还款来源充足有保障，能够按时还本付息，无不良还款记录；

（3）贷款风险分类结果为正常类或关注类。

2. 因清收贷款利息而发生的借新还旧

清收贷款利息的借新还旧，指借款人生产经营基本正常，具备一定的还款能力，但还款的意愿一般，不太愿意主动偿还贷款本息，借贷双方当事人为清偿部分利息或全部利息而发生的借新还旧。此种类型的借新还旧，必须同时符合以下条件：

（1）借款人生产经营正常；

（2）借款人应当先行归还部分或全部欠息；

（3）借款人在借新还旧之后，能逐步归还剩余的欠息，并能按时归还新贷款本息。

3. 因保全资产而发生的借新还旧

以保全资产为目的的借新还旧，指为实施信贷资产保全措施而发生的借新还旧，如完善抵押、质押和保证手续，拯救超诉讼时效的债权或担保债权，中断诉讼时效等。此种类型的借新还旧，必须符合以下条件：

（1）借款合同或保证合同、抵押合同、质押合同存在法律缺陷，银行信贷资产面临较大的现实风险或潜在风险，需要采取措施予以弥补；

（2）信贷资产面临诉讼时效风险，需要采取措施予以中断或拯救。

（五）借新还旧保证人的保证责任

如前所述，借新还旧这种操作方式已不存在法律障碍，其效力已经得到认可。但是，这并非说这种操作方式不存在任何法律风险。借新还旧行为不仅关系到借款合同的效力，还影响着保证合同中保证人的担保责任。这里所说的保证人的担保责任，指借新还旧保证合同中保证人的责任。因为原（旧）借款合同的债务已经履行完毕，保证人的责任自然也就随之消灭。借新还旧保证人的责任，《关于适用〈担保法〉若干问题的解释》第三十九条作出规定："主合同当事人双方协议以新贷偿还旧贷，除保证人知道或者应当知道的外，保证人不承担民事责任。新贷与旧贷系同一保证人的，不适用前款的规定。"根据本条规定，借新还旧借款合同保证人的保证责任，依据保证人事先是否知道借新还旧的事实而区别不同情况承担不同的责任。

1. 旧贷与新贷为同一保证人的情形

旧贷与新贷为同一保证人的，无论保证人是否知道或者应当知道借新还旧的事实，借新还旧借款合同的保证人，都必须承担借新还旧借款的保证责任。这是因为，在借新还旧中，借款人用新贷款偿还了旧贷款，从而消灭了保证人对旧贷款的保证责任，保证人转而为新贷款承担保证责任。新贷款的保证责任与旧贷款的保证责任在数量上是相同的，这对保证人而言，并无不公平之处。即便保证人不知道借新还旧的事实，或者说借款人没有按照合同约定的用途使用借款，而是将贷款用于归还旧贷款。在这种情况下，保证人承担的保证责任，较之借款人按照合同约定用途使用贷款的责任，仍然要小得多，不仅没有增加保证人的责任，反而避免了保证人可能要承担新旧两笔贷款保证责任的风险。因而，无论保证人是否知道借新还旧的事实，保证合同均为合法有效，保证人应当承担借新还旧借款合同的保证责任。

2. 旧贷与新贷不为同一保证人的情形

（1）保证人对借新还旧毫不知情

旧贷无保证人或者旧贷与新贷不为同一保证人的，借新还旧借款合同的保证人如果不知道借新还旧事实的，保证人不承担民事责任。因为，在这种情况下的借新还旧，保证人承担了原本没有担保的债务保证责任，或者承担了原保证人的保证责任。这对于保证人而言，显然是不公平的。债权人与债务人恶意串通欺骗保证人，根据《合同法》第五十二条的规定，保证合同无效，保证人不应承担任何责任。

（2）保证人明知借新还旧事实

借款合同的保证人如果知道贷款的用途是用于偿还旧贷款的，例如，借款合同载明是"借新还旧"，或者银行、借款人能够提供证据证明保证人已经知道贷款的真实用途，保证人应当承担保证责任。因为，保证人明知借新还旧事实仍然愿意提供担保，不存在对保证人欺诈，保证合同合法有效，保证人应该承担保证责任。

3. 贷款经转借后被用于偿还旧贷款的情形

借款人把借款合同项下的部分或者全部款项转借给第三人后，该第三人将借款用于偿还其所欠贷款的，保证人是否可以拒绝承担保证责任？笔者认为，贷款被转借他人用于还贷，不能就此简单地认定保证人不应当承担保证责任。因为，《关于适用〈担保法〉若干问题的解释》第三十九条以新贷偿还旧贷的规定，适用于新旧借款合同双方当事人相同不变的情况，所谓借新还旧特指借款合同当事人双方协议以新贷偿还旧贷，并不包括第三人用他人贷款偿还其欠款的情形。所以，不可据此认定保证人不应当承担保证责任。当然，如果保证人确有证据证明贷款银行、新借款人、原借款人恶意串通，根据《合同法》第五十二条的规定，保证合同无效，保证人不应承担保证责任。

综上所述，在借新还旧中，保证人是否应当承担新贷的保证责任，主要取决于保证人事前是否知道或者应当知道以新贷偿还旧贷的事实。如果借款合同已经载明，或者有证据证明保证人知道的，保证人应当承担保证责任。否则，保证人不承担保证责任。商业银行办理借新还旧应当坚持诚实信用原则，如实将情况告知保证人，并在借款合同和保证合同中予以载明。

（六）借新还旧的担保物权风险及其防范

借款合同当事人协议借新还旧，以新贷偿还旧贷，建立了新的债权债务关系。当中，借款人的信用规模与信用风险都没有发生变化，唯一变化的是借款担保，并且这些变化可能隐藏着新的风险。因此，贷款银行办理借新还旧要注意重新落实债权担保，防范发生担保物权风险。

1. 贷款的物权担保从有变为无的风险

如前所述，借新还旧后，原来的担保物权随着债权的实现而消灭。因此，新贷款必须重新落实债权担保，重新签订为新债权设立物权担保的抵（质）押合同，并依法办理抵（质）押登记备案手续，而不能以原债权的担保合同和担保手续所代替。否则，新债权将面临无物权担保的风险。

2. 抵押权的实行顺序由前变为后的风险

根据《物权法》第一百九十九条、《担保法》第五十四条、《关于适用〈担保法〉若干问题的解释》第七十八条的规定，同一财产向两个或两个以上债权人抵押的，在实现债权时，按照抵押登记或抵押合同生效的先后顺序清偿；顺序相同的，按照债权比例清偿。由于借新还旧必须重新办理抵押登记，这就使得本来排序在前的抵押权，因借新还旧行为而排序靠后了，失去了先行受偿的权利，只能等候顺序在前的抵押权人实现抵押权后，才可能获得清偿，抵押权实行存在风险。因此，贷款银行在决定借新还旧之前，务必查清抵押物的抵押情况。在尚未落实新贷款担保之时，谨慎办理借新还旧。

3. 担保物权失去对抗税款优先权的风险

根据《税收征收管理法》第四十五条的规定，纳税人欠缴的税款发生在纳税人以其财产设定抵押、质押之前的，税收应当先于抵押权或质权执行。换言之，担保物权设定先于欠缴税款发生之前的，该担保物权具有对抗税款优先权的效力。借新还旧重新设立的物权担保，有可能使原本具有对抗税款优先权的权利失去。因此，贷款银行在办理借新还旧之前，应当了解借款人的纳税情况。如果发现借款人存在欠缴税款的情况，应当认真评估借新还旧得与失，谨慎决策是否应当借新还旧。如果不宜办理借新还旧的，可给予借款人一定的还款宽限期，或者处置担保物以实现债权。

4. 抵押权存在被撤销的风险

最高人民法院《关于适用〈担保法〉若干问题的解释》第六十九条规定："债务人有多个普通债权人的，在清偿债务时，债务人与其中一个债权人恶意串通，将其全部或者部分财产抵押给该债权人，因此丧失了履行其他债务的能力，损害了其他债权人的合法权益，受损害的其他债权人可以请求人民法院撤销该抵押行为。"根据本条规定，债务人与债权人恶意串通而设定的事后抵押，其他债权人可以请求人民法院撤销该抵押。

所谓事后抵押，指债权成立在先，抵押权设定在后的抵押。与事后抵押相对应的另一种抵押称为同时抵押。所谓同时抵押，指抵押权的设定与债权成立同时进行的抵押。我国现行法律并没有规定抵押权设定必须与债权成立同时进行，因而，事后抵押并不违反法律规定，应该是被允许的。但是，如果事后抵押当事人恶意串通，损害其他债权人利益的，根据《民法通则》第五十九条、《合同法》第五十四条的规定，该抵押为可撤销行为。若其他债权人行使撤销权的，抵押无效。依现行法律，以下两种事后抵押存在被撤销的风险：

第一，人民法院在受理破产案件前六个月至破产宣告之日，破产企业对原来没有财产担保的债务提供财产担保的行为。

第二，债务人存在有多个普通债权人且其财产又不足以清偿全部债务时，债务人对原来没有财产担保的债务提供财产担保的行为。

贷款银行为保全资产而实施的借新还旧，如果存在增加借款人财产担保情形的，依据最高人民法院上述司法解释，该抵押极有可能被撤销。因此，银行在办理借新还旧时，务必注意事后抵押操作的合法性。笔者认为，最高人民法院上述司法解释中"在清偿债务时"的表述，可以理解成为债务清偿期限已经届满。也就是说，在多个债务履行期限到期情况下，借款人不能将其全部或者部分财产抵押给其中某一债权人，借款人的抵押行为受到一定限制。然而，如果借款人虽然有多个普通债权人，但是，在这些债务不到期的情况下，抵押人将大部分资产抵押给一个债权人并不违反最高人民法院上述司法解释的规定。所以，贷款银行应当掌握借款人的财产状况和债务到期情况及其担保方式，抵押人用于办理新贷款事后抵押的财产，不应包括到期债务分享的份额。

第七章 风险债权的法律救济

第一节 行使抵销权与解除权

一、抵销权的行使

借款人不按借款合同的约定履行债务、偿还贷款本息的，贷款银行可以依据《合同法》第九十九条、第一百条和《贷款通则》第二十二条的规定，行使抵销权，直接从借款人的银行账户扣收款项以冲抵贷款本息。

（一）抵销与抵销权

抵销，指两人互负到期债务时，各以其债权清偿其债务，使其债务与对方的债务在对等额度内消灭。抵销是在一定条件下，当事人双方互负到期债务在对等额度内相互消灭的法律制度。若把主动采取抵销行为的当事人定义为债权人，则债权人的债权，称为被抵销债权；债务人的债权，称为抵销债权。

抵销依产生的根据不同而分为法定抵销和约定抵销。所谓法定抵销，指由法律规定抵销条件，当条件具备时，依当事人一方的意思表示即可发生抵销的效力。依当事人一方的意思表示即可发生抵销效力的权利，称为抵销权。所谓约定抵销，指不受法律规定的抵销条件的限制，当事人意思表示一致即可发生抵销的效力。

抵销权是一种形成权，其行使不需要经对方当事人同意，而由一方当事人单方意思表示即可成立，但是，应当通知对方当事人。当事人主张抵销的，应当把抵销的意思表示通知对方，通知送达时发生效力。若对方为无行为能力人或者限制行为能力人，通知送达其法定代理人时发生效力。

抵销的意思表示不得附条件或附期限。因为，附条件的抵销，只有条件成就时才能实行，而条件有可能不成就；附期限的抵销，在期限尚未到来时也不能实现。所以，抵销附条件或附期限，均使得抵销不确定，不符合抵销制度设立的本意，故抵销不得附条件或附期限。

抵销使双方债权按照抵销数额而消灭。如果当事人双方的债权债务互为相等，抵销产生合同关系消灭的法律后果，债的关系也就不存在了。但是，如果债务的数额大于抵销额，抵销不能消灭合同关系，而只是减少与抵销额相等的债权。例如，某公司欠银行贷款本息50万元，该贷款已到期，某公司在银行的50万元存款也到期了，银行依借款合同的约定，从某公司的银行存款账户扣收贷款本息50万元，贷款法律关系即归于消灭。如果某公司在银行的存款只有30万元，银行扣收30万元后，某公司仍欠银行贷款本息 20 万元，贷款法律关系不能消灭。

(二) 法定抵销的要件

《合同法》第九十九条规定："当事人互负到期债务，该债务的标的物种类、品质相同的，任何一方可以将自己的债务与对方的债务抵销，但依照法律规定或者按照合同性质不得抵销的除外。当事人主张抵销的，应当通知对方，通知自到达对方之日起生效。抵销不得附条件或者附期限。"据此规定，法定抵销必须具备以下条件：

1. 当事人双方互负债务、互享债权

抵销的发生在于当事人双方既互负债务，又互享债权。只有债务而无债权，或者只有债权而无债务，均不能发生抵销。当事人双方的债权债务必须合法有效，其中任何一个债权债务不成立或者无效的，抵销行为都无效。

超过诉讼时效的债权，已经成为自然债权，除非债务人自愿履行，债权人不能强制债务人履行。所以，超过诉讼时效的债权，不得作为被抵销债权（债权人的债权）而主张抵销，否则，无异于强迫债务人履行自然债务。不过，超过诉讼时效的抵销债权（债务人的债权），则可用于抵销，因为债务人放弃诉讼时效抗辩权利法律并不禁止。例如，某公司欠银行贷款本息 50 万元，该笔贷款的诉讼时效期间已经完成，某公司在银行有存款 50 万元，因银行的债权（被抵销债权）已经超过诉讼时效，故银行不能主张抵销。但是，如果该抵销是某公司主张的，银行的债权（抵销债权）则可用于抵销。

同理，附有同时履行抗辩权的债权，也不得作为被抵销债权而主张抵销，否则即为剥夺对方的抗辩权，但可作为抵销债权用于抵销。例如，某公司欠银行贷款本息 50 万元，该贷款已到期。某公司与银行同时签订有电子设备购销合同，标的金额 70 万元，已供货货款 40 万元，尚有 30 万元货款未履行。此时，银行和某公司均有权对 40 万元债权债务主张抵销，但是，某公司对尚未供货的 30 万元不得主张抵销，因为银行对此债权享有同时履行抗辩权。

第三人的债权，即使取得该第三人同意，也不得作为抵销债权用于抵销。例如，银行对担保人不可以主张抵销。因为：第一，银行与担保人之间不存在互负债务、互享债权，此时仅有银行能够主张抵销，而担保人则无此权利，对担保人有失公平。第二，即使担保人同意，银行主张抵销后可能会危及担保人的债权人利益。因此，贷款银行不宜向担保人主张抵销，但可以通过接受担保人授权付款方式实现债权。

2. 当事人双方互负债务清偿期均已届满

在通常情况下，债权人在债务清偿期届满时才可以请求债务人清偿。抵销是一种相互清偿，当然也必须在债务清偿期届满时才可以主张抵销，否则，无异于强制债务人提前履行债务，损害其期限利益。因此，贷款银行行使抵销权时，除了要求贷款清偿期届至之外，债务人的债权清偿期限也必须届满。例如，定期存单已经到期，或者无期限的活期存款等。对于双方互负到期的债务，银行可以依合同约定，在通知债务人后直接扣收以抵偿贷款本息。对于债务人尚未到期的定期存款，银行则不能对其主张抵销，否则构成侵权，应承担相应的赔偿责任。

3. 双方互负债务标的物的种类、品质相同

所谓种类相同，指合同标的物本身的性质和特点一致，比如，都是支付金钱，或者

交付人民币。种类不相同的债务不能抵销，比如，支付金钱与给付货物不能抵销。即便是支付金钱，币种不相同如支付人民币与支付港元，也不能抵销。

所谓品质相同，指合同标的质量、规格、等级无差别。品质不相同的债务原则上不能抵销，比如，交付特级白砂糖和一级白砂糖，但允许以高品质抵销低品质，如以特级白砂糖的给付抵销一级白砂糖的给付。

一般而言，双方互负到期债务，任何一方均可以行使抵销权，但下列情况例外：

（1）法律规定不得抵销的债务，即使当事人协商一致也不得抵销。例如，债权人对债务人的生活必需费用不得主张抵销，下岗工人的生活保障金不得用以抵销工人欠企业的债务。

（2）具有特定人身性质，或者依赖特定技能完成的债务不得抵销。例如，甲工厂派张三技师到乙工厂工作2个月，乙工厂派李四技师到甲工厂工作1个月，两者虽然是同种类债务，但张三、李四各自具有特定技能，双方的工作债务不能抵销。

（三）债务抵销与合同解除的异议期

当事人可以对《合同法》第九十六条、第九十九条规定的合同解除或者债务抵销约定异议期，相对人对合同解除或者债务抵销有异议的，应当在异议期内向对方提出。若虽有异议，但在约定的异议期限届满后才提出异议并向人民法院起诉的，人民法院不予支持；当事人没有约定异议期间，在解除合同或者债务抵销通知到达之日起三个月以后才向人民法院起诉的，人民法院不予支持（《合同法若干解释（二）》第二十四条）。

（四）约定抵销与法定抵销的区别

《合同法》第一百条规定："当事人互负债务，标的物种类、品质不相同的，经双方协商一致，也可以抵销。"这一规定表明，对于标的物种类、品质不相同的互负债务，并非绝对不能抵销，当事人协商一致，也可以抵销。约定抵销与法定抵销相比，具有以下区别：

1. 抵销的依据不同

法定抵销基于法律规定，只要具备法定条件，任何一方均可以主张抵销；约定抵销当事人双方必须协商一致，任何一方均不得单方决定抵销。

2. 抵销的债务要求不同

法定抵销要求双方互负债务标的物的种类、品质相同；约定抵销则不然，标的物的种类、品质可以不相同，例如，可以约定以物抵债，以抵押物、质押物等资产折价抵销所欠贷款本息。

3. 抵销的期限要求不同

法定抵销要求双方互负债务的履行期限必须均已届满；约定抵销对此不作强制要求，当事人双方只要协商一致，债务履行期限尚未届满也可以抵销。

4. 抵销的程序要求不同

法定抵销的当事人主张抵销，必须将抵销的意思表示通知对方，抵销自通知送达时生效；约定抵销的当事人双方协商一致，达成抵销合同，便发生抵销的法律效力，不必履行通知程序。

二、解除权的行使

借款人在贷款期间发生违约行为,严重危及贷款安全,如挪用贷款(改变贷款用途)、不按约定偿还贷款本息等,贷款银行根据《合同法》第九十三条、第九十四条的规定,可以解除借款合同,提前收回全部贷款。

(一)借款合同解除的含义与条件

1. 借款合同解除的含义及其分类

借款合同的解除,指借款合同有效成立后,当解除的条件具备时,因当事人一方或双方的意思表示而使合同关系归于消灭的行为。

借款合同解除有约定解除与法定解除两种。

所谓约定解除,指当事人以合同形式约定借款合同的解除。约定解除既可以在借款合同期限届满前通过借贷双方协商解除,也可以事先在借款合同中约定解除权,当约定的情况出现后,享有解除权的银行,可以通过行使借款合同解除权,提前收回未到期的贷款,使合同关系消灭。

所谓法定解除,指借款合同生效后,未履行或者未履行完毕前,当事人在法律规定的解除条件出现时,通过行使借款合同解除权,使合同关系消灭。

2. 法定解除的条件

《合同法》第九十四条规定,有下列情形之一的,当事人可以解除合同:

(1)因不可抗力致使不能实现合同目的;

(2)在履行期限届满之前,当事人一方明确表示或者以自己的行为表明不履行主要债务;

(3)当事人一方迟延履行主要债务,经催告后在合理期限内仍未履行;

(4)当事人一方迟延履行债务或者有其他违约行为致使不能实现合同目的;

(5)法律规定的其他情形。

(二)行使借款合同解除权的程序

1. 借款合同解除权及其解除情形

解除权,指合同当事人可以单方面意思表示将借款合同解除的权利。例如,在借款合同期限届满前,如果借款人的行为已经表明其在贷款到期时将不履行或者不能履行偿还贷款本息义务,贷款银行又有确凿证据证实的,可以行使合同解除权,单方面解除借款合同。

在实际工作中,可以解除借款合同的情形比较复杂,但是,商业银行行使解除权解除合同的情形并不多,通常认为,出现以下三种情形之一,银行便可以行使解除权将借款合同解除,而不必经借款人同意:

(1)银行行使不安抗辩权中止履行合同,借款人在宽限期未能恢复履行能力,也未提供担保的。

(2)借款合同约定有解除权且约定解除的情况出现的。

(3)在履行期限届满之前,借款人明确表示或者以自己的行为表明不履行主要债务的。此情形称为预期违约。明确表示不履行债务的,为明示违约;以自己的行为表明不履行债务的,为默示违约。

2. 解除借款合同的程序

行使合同解除权,将发生借款合同解除的法律后果,影响合同目的的实现,因此,解除合同应当遵守下列程序:

(1) 解除合同的条件成就,银行依法或者依约定享有合同解除权。这是行使合同解除权的前提。

(2) 银行行使合同解除权前必须按照法律规定进行催告,这是行使合同解除权的必要条件。未经催告程序的,解除借款合同的行为无效(《合同法》第九十四条)。

(3) 银行行使解除权主张解除借款合同的,应当通知借款人。合同自通知到达借款人时解除。借款人有异议的,可以请求人民法院或者仲裁机构确认解除合同的效力(《合同法》第九十六条)。

(4) 银行应当在法律规定或者当事人约定的期限内行使解除权,期限届满不行使解除权的,该权利消灭;法律没有规定或者当事人没有约定解除权行使期限,经对方催告后在合理期限内不行使的,该权利消灭(《合同法》第九十六条)。

(5) 法律、行政法规规定解除合同应当办理批准、登记等手续的,银行行使解除权解除借款合同,应当依规定办理有关手续,合同自批准、登记时解除(《合同法》第九十六条)。

(三) 借款合同解除的法律后果

《合同法》第九十七条规定:"合同解除后,尚未履行的,终止履行;已经履行的,根据履行情况和合同性质,当事人可以要求恢复原状、采取其他补救措施,并有权要求赔偿损失。"根据本条规定,合同解除后,直接的法律后果是合同关系归于消灭。这种效力溯及至合同成立之时,但是,合同已部分履行的,除非当事人另有约定外,解除效力不溯及已履行部分。已经履行的,根据履行情况和合同性质,当事人既可以请求恢复原状,也可以采取其他补救措施。

所谓根据履行情况,指根据履行部分对债权的影响。如果债权人的利益不是必须通过恢复原状才能得到保护的,可以采取其他补救措施,而不一定采用恢复原状方式。

所谓根据合同性质,指根据合同标的的属性。如果合同标的不可能或者不容易恢复原状,比如,供电供水合同、劳务合同、涉及善意第三人利益的合同等,也不必采用恢复原状方式。

所谓恢复原状,指恢复到订立合同前的状态。恢复原状时,原物存在的,应当返还原物;原物不存在的,如果原物是种类物,可以用同一种类物返还。恢复原状还包括:

1. 返还财产所产生的孳息。
2. 支付为维护财产所花费的必要费用。
3. 支付为返还财产所花费的必要费用。

根据《合同法》第九十八条、第九十七条的规定,合同解除不影响合同中结算和清理条款的效力,不影响当事人要求赔偿损失的权利。

对于借款合同而言,合同解除后,商业银行对尚未发放的贷款,有权停止发放。对已经发放的贷款,有权提前收回并收取约定利息;贷款银行因合同解除而受到的损失,有权要求损害赔偿;贷款银行为维护质物与返还质物所发生的必要费用,有权要求债务人返还。

第二节 行使撤销权与代位权

债权人的撤销权和代位权,是法律为了防止因债务人的财产不当减少而给债权人的债权带来危害,允许债权人请求人民法院或者仲裁机关撤销债务人与第三人的民事行为,或者代债务人之位向第三人行使债务人的权利的法律制度。这是一项债的保全制度,其中,撤销权起到恢复债务人的财产的作用,代位权起到保持债务人的财产的作用,两者对商业银行实现债权有着积极的保障作用。

一、撤销权的行使

借款人在贷款期间实施放弃到期债权、无偿转让财产、以不合理的低价转让财产等行为,直接减少或减弱了借款人的责任财产或偿债能力,造成其不能清偿到期债务,严重地危害了贷款银行的利益,银行对此可以通过行使撤销权,撤销借款人与第三人订立的合同,将财产或债权恢复原状,从而达到化解风险的目的。

(一)撤销权的含义与特点

撤销权,指债权人对债务人实施的放弃债权、无偿或者低价转让财产等危害债权的行为,请求人民法院或者仲裁机关予以撤销的权利。

撤销权具有以下特点:

1. 撤销权是债权人为保护自己的债权而行使的权利。
2. 撤销权的行使是债权人单方的意思表示,无须征得债务人的同意。
3. 撤销的意思表示应当向人民法院或者仲裁机关作出,即依法向人民法院或者仲裁机关提出撤销的请求(《合同法》第五十四条)。
4. 撤销权兼有形成权和请求权的性质。作为形成权,它使债务人与第三人之间的法律行为的效力溯及既往的消灭。作为请求权,它可以请求因债务人的行为而获得利益的第三人返还财产。
5. 撤销权是债权人的法定权利,不以当事人的约定为要件。

(二)撤销权须具备的条件

撤销权的产生须具备法律规定的事由。依据《民法通则》第五十九条和《合同法》第五十四条、第七十四条的规定,撤销事由包括欺诈、胁迫、乘人之危、重大误解、显失公平等。

撤销权的构成要件包括:

1. 债权人与债务人之间存在合法的债权债务关系。
2. 债务人实施不当处分财产或债权的行为,包括放弃到期债权、无偿转让财产、以明显不合理的低价转让财产等。

何谓"明显不合理的低价"?最高人民法院认为,应当以交易当地一般经营者的判断,并参考交易当时交易地的物价部门指导价或者市场交易价,结合其他相关因素综合考虑予以确认。转让价格达不到交易时交易地的指导价或者市场交易价百分之七十的，一般可以视为明显不合理的低价；对转让价格高于当地指导价或者市场交易价百分之三十的，一般可以视为明显不合理的高价。债务人以明显不合理的高价收购他人财产，债权人也可以向人民法院申请撤销债务人的收购行为（《合同法若干解释（二）》第十九条）。

3. 债务人的行为危害了债权人的利益，即债务人的行为减少或减弱了其责任财产或偿债能力，不能清偿到期债务，使得债权人的债权难以实现。

具备上述条件的，债权人可以向人民法院或者仲裁机关请求撤销债务人的行为。此时，如果债务人实施的是放弃到期债权或无偿转让财产的行为，则受益的第三人无论是否知情，都须返还财产，恢复原状；如果债务人以不合理的低价转让财产的，则需要受益的第三人（受让人）知晓低价转让的情形，主观上存在恶意，方可对债务人有偿转让的行为行使撤销权。撤销后，债务人的财产恢复原状。但是，若该财产已被依法采取强制措施的，撤销权人对该财产不具有优先受偿权，其债权与普通债权处在同一清偿顺序受偿。

（三）撤销权的行使

1. 债权人应以自己的名义向人民法院或者仲裁机关提出撤销的请求。债权人是否享有撤销权，以及请求撤销的事由是否公平合理，须经人民法院或者仲裁机关确认或者裁量。

2. 撤销权的行使以保全债权为限，超出债权保全范围的撤销不为法律所支持。

3. 撤销权应当在法律规定的期间内行使，当事人超过该期间才请求撤销的，人民法院或者仲裁机关不予保护。依据《合同法》第五十五条、第七十五条的规定，债权人应当自知道或者应当知道撤销事由之日起一年内行使撤销权，自债务人实施不当处分财产或债权的行为发生之日起五年内，如果债权人没有行使撤销权的，该撤销权消灭。

4. 债权人对债务人不当处分财产或债权的行为，既可以请求撤销合同，也可以请求变更合同，"当事人要求变更的，人民法院或者仲裁机构不得撤销"（《合同法》第五十四条第三款）。

5. 债权人因行使撤销权而发生的费用由债务人承担。

债务人放弃其未到期的债权或者放弃债权担保，或者恶意延长到期债权的履行期，对债权人造成损害，债权人依照《合同法》第七十四条的规定提起撤销权诉讼的，人民法院应当支持（《合同法若干解释（二）》第十八条）。

（四）银行行使撤销权应注意的问题

1. 行使撤销权只能使债务人不当处分财产或债权的行为失效，发生财产或债权恢复原状的法律后果，并不必然导致收回债权的效果。贷款银行在向人民法院或者仲裁机关提出撤销请求之后，应及时行使请求权或者抵销权，才能顺利实现债权。

2. 撤销主要针对债务人不当处分财产或债权的行为，同时，债权人行使撤销权受行使期间限制，超过该期间撤销权归于消灭。所以，及时发现债务人逃废债务、悬空债权等损害银行利益的行为，是贷款银行行使撤销权的重要前提。因此，银行应加强借款人的信息采集，及时、全面地掌握借款人的经营状况和财产变动情况，发现异常应追踪分析，一旦证实有逃废债务行为应及时行使撤销权。

二、代位权的行使

借款人应当行使而不行使其对债务人享有的权利，对债权人的利益造成损害时，贷款银行为了保全自己的债权，可以依据《合同法》第七十三条和《关于适用〈合同法〉若干问题的解释（一）》第十一条至第二十二条的规定，以自己的名义代位行使债务人的权利，从而达到清收风险债权的目的。

（一）代位权的含义

《合同法》第七十三条规定："因债务人怠于行使其到期债权，对债权人造成损害的，债权人可以向人民法院请求以自己的名义代位行使债务人的债权，但该债权专属于债务人自身的除外。代位权的行使范围以债权人的债权为限。债权人行使代位权的必要费用，由债务人承担。"根据本条规定，所谓代位权，是指债务人怠于行使其对第三人享有的权利而对债权人的债权造成损害时，债权人为保全债权，可以自己的名义代位行使债务人对第三人的权利。

代位权具有以下特点：

1. 债权人的代位权是债的一种法定权能，不以当事人的约定为要件，无论当事人是否约定，债权人都享有这种权利。

2. 代位权是债权人以自己的名义代位行使债务人的权利，它不是代理权，不适用代理的规定。

3. 代位权是债权人向债务人的债务人（称为次债务人）主张权利，此时，债权人的债权效力，不仅及于债务人，而且及于次债务人。

4. 债权人的代位权行使范围，应以债权人保全债权的必要为标准。所谓保全债权的必要，包括两方面的含义：一方面，指债权人的债权具有不能实现的危险；另一方面，指债权人保全的债权以债权额为限，即若债权人行使债务人的一项权利已足以保全自己的债权，则不应再行使债务人的其他代位权。

5. 债权人的代位权必须通过诉讼程序行使，所获得的利益也必须通过执行程序实现。债权人不能通过仲裁程序实现代位权利，包括国际仲裁与国内仲裁。

6. 债权人因行使代位权而发生的费用由债务人承担。

（二）代位权的成立要件

根据《合同法》第七十三条的规定，代位权的成立必须具备以下要件：

1. 债权人对债务人的债权合法

债权人的代位权是基于债权的保全权能而产生的一项从权利，所以，债权的合法、有效存在，是债权人行使代位权的前提和基础。如果债权人与债务人之间的债权债务关系不存在，或者债权被依法撤销的，债权人当然不存在代位权。应当指出的是，这里的"债权人对债务人的债权合法"，其含义还应当包括债务人对次债务人的债权也必须是合法的。否则，即使债权人对债务人的债权合法存在，因债务人对他人没有合法存在的权利，债权人的代位权也就没有行使的对象。

2. 债务人享有对第三人的债权

债权人代位债务人对第三人主张债权，完全基于债务人对第三人享有债权，倘若他们之间不存在债权债务关系，债权人的代位权当然不能行使。而且，债务人对第三人的债权，仅指到期债权，如合同债权，不包括专属于债务人自身的债权。所谓专属于债务人自身的债权，根据《关于适用〈合同法〉若干问题的解释（一）》第十二条的规定，是指基于抚养关系、扶养关系、赡养关系、继承关系产生的给付请求权和劳动报酬、退休金、抚恤金、安置费、人寿保险金、人身伤害赔偿请求权等。

3. 债务人怠于行使到期债权

怠于行使，指债务人应当行使且能够行使而不行使，如债权将因时效完成而消灭、受偿权将因不申报破产债权而丧失等。怠于行使与债务人主观上有无故意或过失无关，只要有怠于行使的事实存在，债权人便可行使代位权。倘若债务人已经行使其债权，而行使的方式不当，或者结果不佳的，则不属于怠于行使的范畴。

4. 债务人履行债务已陷入迟延

债务人的债务履行期届满后，债务人未能按时偿还贷款本息，表明其已经陷入履行迟延，在履行债务方面出现了问题，或是信用出现危机，或是无资产清偿债务。无论为何种情况，债权人的债权已经存在不能实现的风险，保全债权已成为必要。此时，债权人行使代位权有债务人迟延履行债务的事实，不会对债务人干预过度，对于债权人和债务人都是公平的。

5. 债务人怠于行使到期债权对债权人造成损害

代位权是债权人在债务人怠于行使其到期债权，为保全债权而行使的一种权利。但是，如果债务人怠于行使其到期债权，并不妨碍债权人的债权实现，即对债权人的债权没有造成损害，债权人就没有必要行使代位权来保全债权。何谓"对债权人造成损害"？根据《关于适用〈合同法〉若干问题的解释（一）》第十三条第一款的规定，"是指债务人不履行其对债权人的到期债务，又不以诉讼方式或者仲裁方式向其债务人主张其享有的具有金钱给付内容的到期债权，致使债权人的到期债权未能实现"。因此，只有在债务人自身无能力清偿债务且又怠于行使其到期债权，使其财产不当减少，债权人的债权面临不能实现的危险，即对债权人造成损害时，债权人才能行使代位权。

（三）代位权的行使

代位权应当以债权人的名义行使，并且必须采用诉讼方式，向次债务人住所地的人民法院提起代位权诉讼（《合同法若干解释（一）》第十四条）。债务人同时存在有多个债权人的，各债权人在符合法律规定的条件下，均可以行使代位权，可以作为共同原告。但是，如果其中一个债权人已就某项债权行使了代位权，或者正在代位诉讼，其他债权人就不得就该项债权再行使代位权（《合同法若干解释（一）》第二十一条）。因此，贷款银行在具备法律规定的条件时，应当及时行使代位权，避免债务人该项债权被其他债权人抢先行使代位权。

根据《关于适用〈合同法〉若干问题的解释（一）》第十一条的规定，债权人提起代位权诉讼，应当符合下列条件：

1. 债权人对债务人的债权合法；
2. 债务人怠于行使其到期债权，对债权人造成损害；
3. 债务人的债权已到期；

4. 债务人的债权不是专属于债务人自身的债权。

（四）代位权的效力

债权人代位向次债务人主张债权，其法律效果直接归属于债务人。在一般情况下，银行不应逾越借款人直接受领第三人的财产。除非借款人怠于受领，或者在借款人同意的情况下，银行方可代为受领。银行可就行使代位权所取得的财产受偿。最高人民法院《关于适用〈合同法〉若干问题的解释（一）》第二十条规定，"债权人向次债务人提起的代位权诉讼经人民法院认定代位权成立的，由次债务人向债权人履行清偿义务，债权人与债务人、债务人与次债务人之间相应的债权债务关系即予消灭"。

在代位权诉讼中，债权人胜诉的，诉讼费由次债务人负担，从实现的债权中优先支付（《合同法若干解释（一）》第十九条）。

第三节　申请支付令

一、支付令与督促程序

申请支付令是债权人依法向人民法院提起民事诉讼督促程序的一种诉讼行为。所谓督促程序，是指人民法院根据债权人申请，以支付令的方式催促债务人限期履行债务的特殊程序。

督促程序不同于一般的诉讼程序，它没有对立双方当事人参加诉讼，也不需要经过法庭辩论、调解和裁判等审判程序，人民法院只需通过书面审查，便可以作出认定与处理，以支付令的方式催促债务人履行债务。债务人若在法定期间内对支付令不提出异议，或者提出的异议不能成立的，支付令发生法律效力。所谓异议不能成立，指债务人对债权债务关系本身没有异议，只是对清偿能力、清偿期限、清偿方式等提出不同意见的。债务人若在法定期间内对支付令提出异议的，不论其理由是否成立，人民法院都将依法终结督促程序，债权人只能另行提起诉讼，请求司法保护（《民事诉讼法若干意见》第二百二十一条）。

发生法律效力的支付令，与人民法院的判决书、裁定书具有同等的强制力。依照《民事诉讼法》第一百九十三条第三款的规定，债务人在法定期间内对支付令不提出异议，或者提出的异议不能成立的，债权人可以向人民法院申请强制执行。

督促程序的适用不具有强制性。债权人在解决债务纠纷时，对于使用督促程序还是普通程序具有选择的自由，可以申请支付令提起督促程序，也可以选择提起诉讼适用普通程序。

二、支付令的适用范围与适用条件

《民事诉讼法》第一百九十一条第一款规定："债权人请求债务人给付金钱、有价证券，符合下列条件的，可以向有管辖权的基层人民法院申请支付令：（1）债权人与债务人没有其他债务纠纷的；（2）支付令能够送达债务人的。"据此规定，债权人申请支付令适用督促程序，须符合法定的适用范围和适用条件。

（一）支付令的适用范围

根据《民事诉讼法》第一百九十一条第一款的规定，支付令仅适用于债权人请求债务人给付金钱、有价证券的案件。而且，请求给付的金钱、有价证券的清偿期已经届满、数额确定，不存在交叉的权利义务争议。所谓金钱，指作为流通手段和支付手段的货币，包括人民币和外币。所谓有价证券，指持券人有权取得一定的收入，或者具有一定票面金额、证明资本所有权或债权的凭证，包括汇票、本票、支票、股票、债券、国库券、可转让的存款单等。

（二）支付令的适用条件

根据《民事诉讼法》第一百九十一条的规定，贷款银行申请支付令应当符合以下条件：

1. 债权债务关系明确、合法有效

贷款银行向人民法院申请支付令的债权，必须明确、合法。非法的债权债务不为法律所保护；不明确的债权不仅无法认定，而且也难以执行。故两者均不能通过督促程序以支付令的方式催促债务人履行债务。

2. 贷款银行与债务人没有其他债务纠纷

贷款银行与债务人没有其他债务纠纷，又称为贷款银行没有对等给付义务。所谓对等给付，指贷款银行须待自己向债务人给付后，债务人才有给付的义务，或者贷款银行与债务人应同时给付的情形。如果贷款银行与债务人存在债务纠纷，双方的债权债务关系就复杂，发生争议的概率就大。在这种情形下，债权债务事实并非通过书面审查所能认定，人民法院不能仅凭一方当事人的申请而向其相对人发出限期履行的命令，而必须通过审判程序予以评判，故不能通过督促程序解决双方的债务纠纷。

3. 给付标的物为金钱或有价证券

商业银行申请支付令请求给付的标的物，必须为金钱，或者汇票、本票、支票、股票、债券、国库券、可转让的存款单等有价证券。

4. 支付令能够送达债务人

所谓能够送达债务人，一般是指人民法院按照法定方式，如直接送达或委托送达方式，能够将支付令送达债务人。因支付令具有催促债务人履行债务的效力，故原则上应当采取直接送达方式，以利于债务人在法定期限内对支付令提出异议。如果直接送达有困难的，也可以采取委托送达或邮寄送达方式。对于留置送达，因在实践中容易产生争议，应当慎重采用。因为，《关于适用〈民事诉讼法〉若干问题的意见》（法发[1992] 22号，以下简称《民事诉讼法若干意见》）第二百二十条规定，"向债务人送达支付令，债务人拒绝接收的，人民法院可以留置送达"。由此可见，留置送达支付令应当具备两个要件：其一，支付令必须向债务人本人送达；其二，债务人拒绝接收支付令。

根据《关于适用〈民事诉讼法〉若干问题的意见》第二百一十八条的规定，"债务人不在我国境内，或者虽在我国境内但下落不明的，不适用督促程序"。银行对长期居住在境外，或者支付令难以送达的债务人，不宜采用支付令清收逾期贷款。但是，如果债务人虽为外国人、无国籍人、外国企业或者组织等，但在我国境内有住所、代表机构或者分支机构，支付令能够送达的，债权人也可以采用支付令的方式清收逾期贷款。

三、支付令的申请

（一）申请支付令

申请支付令必须向有管辖权的基层人民法院提出。根据《民事诉讼法》第一百九十一条和第二十二条、第二十四条的规定，贷款银行申请支付令，必须向债务人住所地或所在地的基层人民法院提出书面申请，债务人的住所地与经常居住地不一致的，向经常居住地的基层人民法院提出申请。同一债权有多个债务人且不在同一法院管辖区的，银行可以选择其中一个有管辖权的基层人民法院提出申请。银行向两个以上有管辖权的人民法院申请支付令的，由最先立案的人民法院管辖。

申请支付令没有债权金额的限制。根据最高人民法院《关于适用督促程序若干问题的规定》（法释［2001］2号）第一条的规定，"基层人民法院受理债权人依法申请支付令的案件，不受争议金额的限制"。

申请支付令应当缴纳案件受理费。债权人依照督促程序"向人民法院申请支付令的，每件缴纳申请费100元"。（《民事诉讼法若干意见》第一百三十二条）银行应在规定的期限内缴纳申请费，否则，人民法院将通知不予受理。

银行在人民法院发出支付令前，可以撤回申请，人民法院裁定终结督促程序（《民事诉讼法若干意见》第二百一十七条）。

《民事诉讼法》第一百九十二条规定："债权人提出申请后，人民法院应当在五日内通知债权人是否受理。"据此，贷款银行提交支付令申请书后，应配合人民法院做好申请的审查工作。人民法院审查认为欠缺申请要件的，银行应在要求的期间内予以补正。对于人民法院的不予受理通知，银行不得上诉。

（二）支付令申请书

支付令申请书是银行向人民法院提起督促程序的诉讼文书，根据《民事诉讼法》第一百九十一条的规定，支付令申请书应当载明下列主要事项：

1. 债权人与债务人及诉讼代理人的基本情况。包括法人或非法人组织的名称、住所地和法定代表人或主要负责人的姓名、职务，自然人的姓名、性别、年龄、职业、工作单位与住所。

2. 请求事项。包括请求给付金钱的数量，或者有价证券的数量及种类。

3. 事实与理由。包括请求给付所依据的事实和证据，说明债务履行期已经届满或条件已经成就，债务人未能按约定履行债务等情况。

4. 陈述自己与债务人没有其他债务纠纷，请求发出支付令。

（三）申请被驳回的情形

根据《关于适用督促程序若干问题的规定》第五条的规定，有下列情况之一的，人民法院应当裁定驳回债权人的支付令申请：

1. 当事人不适格；

2. 给付金钱或者汇票、本票、支票以及股票、债券、国库券、可转让的存款单等有价证券的证明文件没有约定逾期给付利息或者违约金、赔偿金，债权人坚持要求给付利息或者违约金、赔偿金；

3. 债权人要求给付的金钱或者汇票、本票、支票以及股票、债券、国库券、可转让的存款单等有价证券属于违法所得；

4. 债权人申请支付令之前已向人民法院申请诉前保全，或者申请支付令同时又要求诉前保全。

（四）支付令的发出及其效力

根据《民事诉讼法》第一百九十三条的规定，人民法院受理支付令申请后，经审理，应当在受理之日起十五日内，或是向债务人发出支付令，或是裁定驳回债权人的申请；债务人收到人民法院发出的支付令后，应当在收到支付令之日起十五日内，或是向债权人清偿债务，或是向人民法院提出书面异议。债务人在规定的期间不提出异议又不履行支付令的，银行可以向人民法院申请强制执行。

《民事诉讼法》第二百一十五条第一款规定："申请执行的期间为二年。申请执行时效的中止、中断，适用法律有关诉讼时效中止、中断的规定。"贷款银行申请强制执行必须在《民事诉讼法》规定的期间提出。

债务人在收到支付令后，不在法定期间提出书面异议，而向其他人民法院起诉的，不影响支付令的效力（《民事诉讼法若干意见》第二百二十三条）。此时，银行应及时向人民法院申请强制执行，也可以向受理起诉的人民法院主张支付令已经生效，人民法院将依法驳回债务人的起诉。

四、运用支付令清收逾期贷款应注意的问题

（一）支付令对于担保人与担保物没有拘束力

支付令仅适用于债权债务关系明确而债务人无正当理由不偿还债务的情形。因而，对于设有履行担保的债务，商业银行在申请支付令时，被申请人为借款人，人民法院的支付令也是向借款人发出的，所以，支付令对担保人与担保物没有拘束力。对此，《关于适用督促程序若干问题的规定》第四条有明确规定，"对设有担保的债务案件主债务人发出的支付令，对担保人没有拘束力。债权人就担保关系单独提起诉讼的，支付令自行失效。"因此，商业银行倘若需对担保物主张优先受偿权，或者要求保证人承担保证责任的，必须另外就担保关系单独提起诉讼。不过，同时又应当注意，债权人就担保关系提起诉讼的，生效的支付令将会自行失去其效力，即支付令丧失督促力。所以，银行在运用支付令清收逾期贷款之前，应综合平衡考虑。如果需对担保物主张优先受偿权，或者要求保证人承担保证责任的，通常提起诉讼而不宜申请支付令。

（二）支付令受理费用的承担

支付令申请费用由申请人预交，督促程序因债务人提出异议而终结的，申请费和其他费用由申请人负担；债务人未提出异议的，申请费和其他费用由债务人负担（《民事诉讼法若干意见》第一百三十二条）。依据上述规定，债务人只要对支付令提出异议，不论其理由是否成立，申请费就应由债权人负担。所以，商业银行应当评估支付令对于债务人的作用，尽量避免因债务人滥用异议权而增加银行的无效成本，浪费宝贵的收贷时间。

第四节 提起诉讼

一、起诉概述

借款人违反借款合同约定使用借款,或者不按合同约定偿还贷款本息的,贷款银行可以向人民法院提起诉讼,请求人民法院开始诉讼程序,裁判债务人全面履行义务并承担违约责任。我国的民事诉讼实行两审终审制,当事人对人民法院的一审判决不服的,可以在十五日内向上一级人民法院提出上诉,诉讼因此进入二审程序。人民法院的二审判决和在法定期间内未上诉的一审判决是生效判决,具有强制执行力。债务人在规定的时间内不履行人民法院生效的法律文书的,商业银行可以申请人民法院强制执行。人民法院审理民事案件可以进行调解。商业银行与债务人达成调解协议的,人民法院制作调解书,调解书与判决书具有同样的法律效力。调解书经双方当事人签收即发生法律效力,故当事人对调解书不能提出上诉。

(一) 起诉及其条件

1. 起诉的含义

起诉又称提起诉讼,指当事人依照《民事诉讼法》的规定,向人民法院提出请求保护其合法权益的行为。提起诉讼是一种法律行为,表明原告向人民法院提出了诉求,要求人民法院开始诉讼程序,对案件进行审判。起诉是公民、法人和非法人组织享有的一种诉讼权利。

2. 起诉条件

起诉条件,指当事人向人民法院起诉必须具备的条件。《民事诉讼法》第一百零八条规定的起诉条件为:

(1) 原告是与本案有直接利害关系的公民、法人和其他组织;

(2) 有明确的被告;

(3) 有具体的诉讼请求和事实、理由;

(4) 属于人民法院受理民事诉讼的范围和受诉人民法院管辖。

上述四项条件为实质要件,原告起诉时必须同时具备,缺一不可。除此之外,依照《民事诉讼法》第一百零九条的规定,原告提起诉讼还须具备一定的形式要件,即"起诉应当向人民法院递交起诉状,并按照被告人数提出副本"。

3. 人民法院审查起诉

为了及时维护当事人的合法权益,《民事诉讼法》第一百一十二条规定了人民法院审查起诉的期限:人民法院审查认为符合起诉条件的,应当在七日内立案并通知当事人;认为不符合起诉条件的,亦应在七日内裁定不予受理。商业银行对裁定不服的,可以在收到人民法院民事裁定书次日起十日内提出上诉。上诉期内不提出上诉的,该民事裁定书生效。

4. 诉讼费用

起诉应当预交诉讼费用,商业银行应当按照规定缴纳案件受理费和其他诉讼费用。

缴费确有困难的，可以向人民法院申请缓交、减交或者免交（《民事诉讼法》第一百零七条）。应当预交而未预交，或者不在规定的期限内预交诉讼费用的，人民法院将裁定按自动撤诉处理。案件审理终结，诉讼费用由败诉的当事人负担。当事人部分败诉部分胜诉的，由人民法院决定双方分担。

（二）起诉状

起诉状是商业银行向人民法院提起诉讼的诉讼文书，根据《民事诉讼法》第一百一十条的规定，起诉状应当载明下列事项：

1. 原告与被告及第三人的基本情况。包括法人或非法人组织的名称、住所地和法定代表人或主要负责人的姓名、职务，自然人的姓名、性别、年龄、职业、工作单位与住所。如果有诉讼代理人的，还应载明代理人的基本情况和代理权限。

2. 诉讼请求。诉讼请求必须具体，包括请求给付金钱的数量，或者有价证券的数量及种类。不能仅笼统要求借款人返还贷款本息，还应视案件的情况提出其他请求主张，避免遗漏请求主张造成权利得不到及时保护。例如，因借款人违约需提前收回贷款本息的，应请求提前终止合同归还全部借款并支付违约金等。

3. 事实与理由。包括诉讼请求所根据的事实和证据，说明债务履行期已经届满或条件已经成就，债务人未能按约定履行债务等情况。

4. 证据和证据来源，证人姓名和住所。证据包括物证、书证、视听资料和其他证据。若是证人证言，必须注明证人姓名和住所。

（三）商业银行提起诉讼的情形

起诉是商业银行回收逾期贷款最有效的方式之一，也是解决借贷双方纠纷最彻底的方式。但是，诉讼同时又具有司法程序复杂、时间长、成本高等特点，因而，在实践工作中不可能也没有必要凡事都通过诉讼程序解决。笔者认为，当出现以下情形时，贷款银行可以选择向人民法院提起诉讼：

1. 债务人恶意拖欠贷款本息，拒绝签收逾期贷款通知书，中断诉讼时效受到影响的；

2. 债务人借重组改制之机悬空逃废银行债权的；

3. 债务人经营管理出现严重问题，管理层已经或即将发生道德风险的；

4. 债务人涉及重大诉讼，危害银行债权安全的；

5. 担保物毁损灭失或严重贬值，担保人拒不重新提供或补充担保物的；

6. 借款人以合法形式掩盖非法目的，严重违反合同约定使用贷款的；

7. 借款人以欺诈手段骗取银行贷款，恶意占有和损害国家利益的。

二、民事诉讼中的有关概念

（一）诉讼当事人

诉讼当事人，指因民事权利义务纠纷而以自己的名义参加诉讼，并受人民法院裁判拘束的利害关系人。诉讼当事人在不同的诉讼程序中有不同的称谓：在第一审程序中称为原告、被告，在第二审程序中称为上诉人、被上诉人，在执行程序中称为申请人、被申请人。此外，还有共同诉讼人、诉讼代表人、第三人等。

原告，指以自己名义向人民法院提起诉讼，从而引起民事诉讼程序发生的人。被告，指被他人提起诉讼而由人民法院通知应诉的人。

共同诉讼人，指当事人一方或双方为两人以上，诉讼标的共同或是同一种类，人民法院认为可以合并审理并经当事人同意，共同在人民法院进行诉讼的人。例如，被告一方为两人以上的，称为共同被告。

诉讼代表人，指当事人众多的一方推选出代表，由其为维护本方当事人的利益而进行诉讼活动的人。

第三人，指对他人争议的标的有独立的请求权，或者虽无独立的请求权，但案件的处理结果与其有法律上的利害关系，而参加到原告、被告已经开始的诉讼中进行诉讼的人。以对他人争议的诉讼标的是否具有独立请求权为标准，第三人分为有独立请求权的第三人和无独立请求权的第三人。

（二）撤诉

撤诉，指当事人将已经成立之诉撤销。诉一经撤销，人民法院便不能对该案继续行使审判权，有关当事人和其他诉讼参与人也就退出诉讼。可见，撤诉是一项重大诉讼行为，它涉及当事人的诉权行使。撤诉依主体不同，分为当事人撤诉和人民法院视为撤诉。

1. 撤回起诉

撤回起诉，又称诉讼的撤回，指原告在向人民法院起诉之后判决之前，有权申请撤回起诉，由人民法院决定是否准予撤诉。在一般情况下，以下两种情况人民法院不准予撤诉：一是被告已经提出反诉；二是原告已经明显败诉。

所谓反诉，指在已经开始的诉讼程序中，本诉的被告通过人民法院向本诉的原告提出的一种独立的反请求。原告提起的诉，称为本诉。反诉只能在本诉进行中提起，通常是在本诉的原告起诉之后，法庭辩论终结之前提起，以便于人民法院将本诉与反诉合并审理。被告提起反诉的目的，通常在于抵销或吞并原告所提起的诉讼请求。例如，银行起诉借款人，请求其返还所欠贷款本息。借款人提出反诉，要求银行应赔偿因借款不按时发放而造成的损失。本诉与反诉合并审理不影响两个独立诉讼请求的存在，即反诉不因原告撤诉而失去，本诉也不因反诉撤诉而影响其继续审理。

2. 人民法院视为撤诉

人民法院视为撤诉，又称当事人消极的撤诉，指当事人虽不申请撤诉，但其行为可使人民法院推论其有撤诉的意思表示，人民法院可按撤诉处理。例如，原告经人民法院两次合法传唤无正当理由拒不到庭的，或者未经法庭许可中途退庭的，或者应当预交诉讼费而未缴纳的，人民法院均视为撤诉。

（三）延期审理

延期审理，指在特定情形下，人民法院把已经确定的审查期日，或者正在进行的审理，顺延至另一期日进行审理的制度。所谓"特定情形"，依据《民事诉讼法》第一百三十二条的规定，包括以下四种情形：

1. 必须到庭的当事人和其他诉讼参与人有正当理由没有到庭的；
2. 当事人临时提出回避申请的；

3. 需要通知新的证人到庭，调取新的证据，重新鉴定、勘验，或者需要补充调查的；

4. 其他应当延期的情形。

具备上述情形之一的，人民法院可以延期审理。延期的原因一旦消除，人民法院应马上决定审理。

（四）诉讼中止

诉讼中止，指民事诉讼程序因某种特殊情况而中途暂时停止，待造成中止诉讼的原因消除后，才能恢复其诉讼程序。根据《民事诉讼法》第一百三十六条的规定，有下列情形之一的，中止诉讼：

1. 一方当事人死亡，需要等待继承人表明是否参加诉讼的；
2. 一方当事人丧失诉讼行为能力，尚未确定法定代理人的；
3. 作为一方当事人的法人或者其他组织终止，尚未确定权利义务承受人的；
4. 一方当事人因不可抗拒的事由，不能参加诉讼的；
5. 本案必须以另一案的审理结果为依据，而另一案尚未审结的；
6. 其他应当中止诉讼的情形。

凡是需要中止诉讼的，均须由人民法院作出裁定。裁定应当送达当事人，口头裁定向当事人宣告后记入笔录。人民法院的中止诉讼裁定立即生效，当事人不能上诉。中止诉讼的事由消除后，依当事人的申请或人民法院依职权恢复诉讼。

诉讼中止与延期审理的区别。中止诉讼与延期审理从形式上看，都是将已经开始的诉讼活动停止。但是，两者的成因不同：中止诉讼为人民法院和当事人都无法预料的事故，何时恢复诉讼程序也无法确定；而延期审理多为庭前准备不周，下次开庭审理的时间可以预定。

（五）缺席判决

缺席判决，指人民法院在部分当事人无故未参加开庭审理，或者当事人参加开庭审理中途又无故退庭的情况下依法作出判决。所谓"无故"，指下列三种情形之一：

其一，被告经人民法院合法传唤不到庭，或者到庭后未经法庭许可中途退庭的（《民事诉讼法》第一百三十条）；

其二，在有反诉的诉讼中，原告经人民法院合法传唤不到庭，或者到庭后未经法庭许可中途退庭的（《民事诉讼法》第一百二十九条）；

其三，人民法院裁定不准许撤诉，原告经人民法院合法传唤不到庭的（《民事诉讼法》第一百三十一条）。

（六）诉讼终结

诉讼终结，又称诉讼终止，指在诉讼程序进行中因出现某种特殊情况，使得诉讼程序继续进行既无必要，又无可能，从而结束诉讼的制度。根据《民事诉讼法》第一百三十七条的规定，有下列情形之一的，终结诉讼：

1. 原告死亡，没有继承人，或者继承人放弃诉讼权利的；
2. 被告死亡，没有遗产，也没有应当承担义务的人的；
3. 离婚案件一方当事人死亡的；

4. 追索赡养费、抚养费、抚育费以及解除收养关系案件的一方当事人死亡的。

诉讼终结与诉讼中止的区别。诉讼终结指案件审理到此告终，是永远结束，其诉讼程序不再恢复。诉讼中止指诉讼程序暂时停止，中止原因消除后，诉讼程序立即恢复。

诉讼终结由人民法院作出裁定，诉讼终结裁定一经送达便产生法律效力。

（七）诉讼保全

1. 诉讼保全的含义与分类

诉讼保全，又称财产保全，指人民法院根据当事人的申请，或者依职权对当事人的财产采取保护措施，以保证将来生效判决得以执行的一种制度。当事人申请诉讼保全须提供担保，不提供担保的，人民法院驳回申请（《民事诉讼法》第九十二条、第九十三条）。申请人提供担保的数额，应当相当于请求保全的数额（《民事诉讼法若干意见》第九十八条）。诉讼保全分为诉前财产保全和诉中财产保全。

诉前财产保全，指当事人因情况紧急，不立即申请财产保全将会使其合法权益受到难以弥补损害的，可以在起诉前向人民法院申请财产保全。申请人（债权人）在人民法院采取财产保全措施后十五日内必须提起诉讼，逾期不起诉的，人民法院应当解除财产保全（《民事诉讼法》第九十三条）。

诉中财产保全，指人民法院受理案件后，对于可能因当事人一方的行为或者其他原因使判决无法执行或难以执行的情况，根据当事人的申请或依职权裁定，对当事人的财产或争议标的所采取的一种保护措施。被申请人（债务人）提供担保的，人民法院应当解除财产保全（《民事诉讼法》第九十五条）。

2. 诉讼保全的范围与措施

诉讼保全限于请求的范围或者与本案有关的财物。

所谓"限于请求的范围"，既指被保全财物的价额应在当事人提出的诉讼请求范围之内，也指被保全财物的对象应是申请人指定的具体财物。即使具体财物的价额不能满足诉讼请求范围，保全的对象也只能限于指定的具体财物。例如，借款人拖欠银行贷款本息30万元，该借款人有奥迪、桑塔纳汽车各一辆。若银行仅申请保全奥迪汽车一辆，人民法院保全财产的范围，也只限于指定的奥迪汽车。即使该汽车不足以清偿全部债务，人民法院也不会对桑塔纳汽车采取保全措施。

所谓"与本案有关的财物"，指争议的财产或与案件标的物有牵连的物品。根据《关于适用〈民事诉讼法〉若干问题的意见》第一百零二条、第一百零五条的规定，债权人可以申请保全抵押物、质物、留置物和债务人的其他财产及到期债权。

诉讼保全的措施。根据《民事诉讼法》第九十四条第二款的规定，人民法院保全财产采取查封、扣押、冻结或者法律规定的其他方法。人民法院采取诉讼保全措施应当采用裁定形式，裁定一经作出立即生效。当事人不服该裁定的，有权申请复议一次，但复议期间不停止裁定的执行。

（八）审结期限

审结期限，指《民事诉讼法》规定人民法院审理民事案件的期限。案件适用不同的程序，其审结期限也不同。

1. 简易程序的审结期限

人民法院适用简易程序审理案件，应当在立案之日起三个月内审结（《民事诉讼法》第一百四十六条）。

2. 普通程序第一审的审结期限

人民法院适用普通程序审理的案件，应当在立案之日起六个月内审结。有特殊情况需要延长的，由本法院院长批准，可以延长六个月；还需要延长的，报请上级人民法院批准（《民事诉讼法》第一百三十五条）。一审的审结期限，从立案的次日起至裁判宣告、调解书送达之日止的期间，但公告期间、鉴定期间、审理当事人提出的管辖权异议以及处理人民法院之间的管辖争议期间不应计算在内（《民事诉讼法若干意见》第一百六十四条）。

3. 普通程序第二审的审结期限

人民法院审理对民事判决的上诉案件，应当在第二审立案之日起三个月内审结。有特殊情况需要延长的，由本法院院长批准；人民法院审理对民事裁定的上诉案件，应当在第二审立案之日起三十日内作出终审裁定（《民事诉讼法》第一百五十九条）。

三、人民法院裁决文书

人民法院在审理民事案件过程中，针对审理案件所发生的问题和审理结果，需要作出各种不同性质的判定。这些判定文书有：民事判决书、民事裁定书、民事决定书和民事调解书。

（一）民事判决书

1. 民事判决及其分类

民事判决，指人民法院审理民事案件完结之时，依据事实和法律对案件作出的权威性判定。依民事判决的性质，可分为给付判决、确认判决、变更判决。

给付判决，指责令一方当事人向另一方当事人交付一定金钱、财物或履行一定义务的判决。例如，判令借款人向贷款人偿付贷款本息。

确认判决，指确认当事人之间存在或不存在某种权利义务关系，或者某项法律事实的判决。一般情况下，确认判决和给付判决往往是联系在一起的，因而，人民法院关于经济纠纷的民事判决，大多具有确认判决和给付判决两种性质。例如，判令保证人与债权人的保证关系合法有效，保证人对借款人所欠借款承担连带清偿责任。

变更判决，指变更当事人之间现存的某种法律关系的判决。例如，判令张三与李四解除婚姻关系的判决。

2. 民事判决的效力

地方各级人民法院作出的一审判决，当事人不服的，有权在判决书送达之日起十五日内向上一级人民法院提起上诉。未在法定上诉期间提出上诉的，一审判决发生法律效力（《民事诉讼法》第一百四十七条第一款）。当事人分别接受判决书的，以各自收到判决书的时间计算上诉期。

最高人民法院的一审判决和地方各级人民法院的二审判决为终审判决，一经送达当事人即发生法律效力，当事人不得再以上诉方式申明不服，不得以同一事实和理由再行起诉。

当事人不服终审判决,认为有错误的,可以依审判监督程序向人民法院申请再审。再审申请应当在判决、裁定发生法律效力后二年内提出。二年后据以作出原判决的法律文书被撤销或者变更,以及发现审判人员在审理该案件时有贪污受贿,徇私舞弊,枉法裁判行为的,自知道或者应当知道之日起三个月内提出(《民事诉讼法》第一百七十八条、第一百八十四条)。

(二) 民事裁定书

1. 民事裁定的含义

民事裁定,指人民法院对民事审判和执行中的程序问题所作的权威性判定。例如,不予受理、驳回起诉、准予或不准予撤诉、中止或终结诉讼等裁定。诉讼保全、先行给付的裁定,属于诉讼中的紧急措施,虽涉及当事人的实体权利义务问题,但不是对权利义务的最终认定,仍属于程序问题。

2. 民事裁定的效力

地方各级人民法院作出的第一审民事裁定,除"不予受理"、"驳回起诉"、"对管辖权有异议"有上诉期外,其他民事裁定没有上诉期,一经送达当事人即发生法律效力。有上诉期的民事裁定,当事人不服的,有权在裁定书送达之日起十日内向上一级人民法院提起上诉。未在法定上诉期间提出上诉的,裁定发生法律效力(《民事诉讼法》第一百四十七条第二款)。

最高人民法院和第二审人民法院作出的民事裁定,一经送达当事人即发生法律效力。

当事人认为已经发生法律效力的民事裁定有错误的,可以依审判监督程序向人民法院申请再审,再审申请应当在裁定发生法律效力后两年内提出。二年后据以作出原裁定的法律文书被撤销或者变更,以及发现审判人员在审理该案件时有贪污受贿,徇私舞弊,枉法裁判行为的,自知道或者应当知道之日起三个月内提出(《民事诉讼法》第一百七十八条、第一百八十四条)。

(三) 民事决定书

1. 民事决定及其形式

民事决定,指人民法院就诉讼中发生的既非实体又非纯程序事项作出的权威性判定。例如,对回避、罚款、拘留、缓减免交诉讼费等事项作出决定。

民事决定有口头与书面两种形式,适用时由人民法院视情况而定。

2. 民事决定的效力

民事决定一经作出即发生法律效力。这是因为,民事决定既不是确认当事人之间的实体权利义务,也不是解决诉讼程序问题,而是处理诉讼活动中发生的某些特殊问题或紧急问题,时间要求上具有紧迫性。

民事决定中的回避决定、罚款决定、拘留决定,当事人不服的,可以在接到决定时申请复议一次,复议期间不停止决定的执行(《民事诉讼法》第四十八条、第一百零五条)。除此之外的民事决定,当事人不得申请复议。

（四）民事调解书

民事调解书，指当事人双方在人民法院的主持下，互相协商，自愿达成协议，并经人民法院确认的法律文书。

人民法院的民事调解书具有以下主要特点：

1. 民事调解书具有强制执行力

民事调解书是以当事人双方在诉讼中达成的和解协议为内容，由人民法院制作的法律文书，与当事人双方在诉讼外达成的和解协议有着质的区别。民事调解书一经送达当事人即生效，与判决书一样，具有强制执行力。义务人不依调解书规定履行义务的，权利人可以向人民法院申请强制执行。

2. 民事调解书具有排他性

民事调解书是人民法院解决双方当事人纠纷的一种法律文书，也是人民法院审结民事案件的一种形式。因而，民事调解书一经送达当事人，就具有法定的权威性和排他性，当事人不得再以同一事实和理由向人民法院提起诉讼。当事人坚持起诉的，人民法院依法驳回起诉。

3. 民事调解书具有不可反悔性

民事调解书是人民法院依据当事人双方自愿达成的和解协议内容而制作的，在调解书送达前，当事人可以反悔，人民法院将依法进行审理与判决。当事人签收调解书，表明至调解书送达时，当事人对调解书内容并无异议，因此，我国民事诉讼法制度不允许对民事调解书提起上诉。从道理上说，既然双方自愿达成的和解协议，也就不存在上诉的问题。

四、起诉前的准备工作

诉讼过程由若干阶段组成，包括起诉、受理、审理前准备、开庭审理、判决、执行等阶段。提起诉讼之后，当事人之间的纠纷处理将在人民法院的主持下依照法定程序进行，当事人一般很难改变人民法院既定的程序，也不可以随心所欲地变更诉求。因此，商业银行在起诉之前，应当精心谋划，明确诉讼策略，做好诉讼的准备工作。诉前准备工作千头万绪、因案而异，笔者认为，银行至少应当做好诉讼程序选择、诉讼当事人确定、债务人财产状况调查、受理诉讼法院选择和诉讼请求确定五方面的工作。

（一）选择最佳的诉讼程序

贷款银行运用诉讼手段实现债权，可供选择的诉讼程序有：普通程序、督促程序、企业法人破产还债程序和执行程序等，银行应根据案件的具体情况，选择合适的诉讼程序，为争取最佳的诉讼效果奠定基础。

1. 选择普通程序

普通程序是人民法院审理民事纠纷案件的基本程序，它适用于一切有争议的民事纠纷案件。根据《民事诉讼法》第一百三十五条、第一百五十九条的规定，人民法院适用普通程序审理的案件，一审应当在立案之日起六个月内审结，二审应当在立案之日起三个月内审结，特殊情况经本院院长批准，还可以延长审结期限。普通程序由于结案时间过长、消耗的人力财力过大，贷款银行在一般情况下不宜将其作为首选，只有对案情复杂、争议大的案件才选用普通程序。

2. 选择督促程序

督促程序是人民法院依债权人的申请，以支付令的方式催促债务人向债权人履行债务的程序。根据《民事诉讼法》第十七章的规定，债权人请求债务人给付金钱的，可以向有管辖权的基层人民法院申请支付令，人民法院在收到申请五日内决定是否受理。人民法院自受理之日起十五日内向债务人发出支付令，债务人应当自收到支付令之日起十五日内清偿债务。若借款人在规定期间内不提出异议又不归还所欠贷款本息的，贷款银行可以向人民法院申请强制执行。银行采用督促程序清收逾期贷款，从立案到审结，所需要的时间在一个月左右，与普通程序相比较，具有简便、迅速、成本低的特点。

3. 选择企业法人破产还债程序

企业法人破产还债程序是人民法院根据债权人或债务人的申请，将债务人的破产财产依法在全体债权人中按比例分配的特定程序。根据《破产法》第二条和第七条的规定，企业法人不能清偿到期债务，并且资产不足以清偿全部债务或者明显缺乏清偿能力的，债权人可以向人民法院提出对债务人进行重整或者破产清算的申请。申请宣告债务人破产还债是贷款银行在催收无望，为了减少损失不得已而采取的诉讼措施。

4. 选择执行程序

执行是人民法院依据执行程序和执行根据，运用国家司法执行权，强制被执行人实现法律文书确定内容的行为。执行程序是人民法院执行组织进行执行活动和申请执行人、被执行人以及协助执行人进行执行活动必须遵守的法律规定。所谓执行根据，指人民法院执行组织据以执行的法律文书。根据我国法律规定，可以作为执行根据的法律文书共有九种，公证机构制作的依法赋予强制执行力的债权文书是其中一种。根据《民事诉讼法》第二百一十四条和《公证法》第三十七条的规定，对公证机构依法赋予强制执行效力的债权文书，债务人不履行或者履行不适当的，债权人可以依法向有管辖权的人民法院申请执行，受理申请的人民法院应当执行。因此，如果借款合同经过公证机构公证并赋予了该债权强制执行效力的，贷款银行可以向原公证机关申请执行证书，并凭公证书及执行证书在申请执行期限内直接向人民法院申请强制执行，而不必再经审判过程。

（二）准确确定诉讼当事人

1. 借款合同纠纷被告的确定

商业银行为清收逾期贷款而向人民法院提起诉讼，银行为原告，借款人和担保人则为共同被告，银行提起诉讼便可引起诉讼程序的发生。但是，实践并非都如此简单，借款人或担保人因各种原因发生变故，银行不知如何主张债权以及该向谁主张债权的事常有发生，或者因主张债权不适当造成实际效果不佳，等等。为了更好地维护自身的合法权益，贷款银行在起诉前，首先必须准确地确定被告，这是银行诉讼维权的前提，更是取得实效的关键。如何确定借款合同纠纷的被告？笔者将有关情况归纳如下：

（1）借款人或担保人为独立法人的情形

企业法人对企业的债务承担有限责任，即以企业的全部财产对企业的债务承担责任；企业法人的投资人（或者股东），以其应当投入的资本为限对企业承担有限责任。

因此，借款人或担保人为法人的，银行可以借款人或担保人为诉讼主体提起诉讼，要求其依法承担民事责任（《民法通则》第三十六条）。

应当指出的是，如果银行有证据证明企业法人的投资人（或者股东），滥用企业法人独立地位和股东有限责任逃避债务，严重损害企业债权人利益的，投资人对企业债务承担连带责任，银行可以将投资人与借款人、担保人列为共同被告（《公司法》第二十条第三款）。这就是所谓公司法人人格否认制度，也称为揭开公司面纱制度，即在特定的法律关系中，对公司独立人格和股东有限责任予以否认，直接追索公司背后股东的责任。

一般认为，企业法人如果具有下列行为之一的，可以认定为投资人滥用企业法人独立地位和股东有限责任，债权人可以适用公司法人人格否认制度，追究企业背后投资人的责任：其一，企业法人人格高度混同，即A公司与B公司人格主体混同，包括资产、财产、机构、人员、业务五个方面的混同，比如，我们常见的"两块牌子，一套人马"；其二，企业法人注册资本显著不足、巨额财产去向不明等。

（2）借款人或担保人为企业法人分支机构的情形

依法设立并领取营业执照的企业法人分支机构，具有独立的诉讼主体资格，可以承担与其能力相适应的民事责任；企业法人对其设立不具有独立法人资格分支机构的经营活动，承担民事责任。因此，借款人或担保人为企业法人依法设立并领取营业执照的分支机构的，银行既可以将分支机构列为被告，也可以将分支机构的企业法人列为被告；对非依法设立或没领取营业执照的分支机构，银行可以直接将企业法人列为被告（《民法通则》第四十三条）。在实务中，选择分支机构还是选择企业法人为被告，或者选择两者为共同被告，应依据分支机构的清偿能力以及方便诉讼的原则抉择。

（3）借款人或担保人为个体工商户的情形

个体工商户为非法人组织，其投资经营主体为个人或家庭，经营收益归个人或家庭所有，对外所负债务亦应为个人或家庭债务。因此，借款人或担保人为个体工商户的，若该个体工商户系个人经营，银行可以将个体工商户与个人列为共同被告；若该个体工商户系家庭经营，则可以将个体工商户与家庭成员列为共同被告（《民法通则》第二十九条，《民法通则若干意见》第四十二条）。

（4）借款人或担保人为合伙企业的情形

合伙企业的普通合伙人对合伙债务承担无限连带责任，有限合伙人以其认缴的出资额为限对合伙组织的债务承担责任。因此，借款人或担保人为合伙企业的，银行可以将合伙企业与普通合伙人列为共同被告（《民法通则》第三十五条，《合伙企业法》第三十九条）。

应当注意，合伙企业解散或者破产的，普通合伙人对合伙企业存续期间的债务仍应承担无限连带责任（《合伙企业法》第九十一条、第九十二条）。

（5）借款人或担保人为个人独资企业或"一人公司"的情形

个人独资企业的投资人，以个人所有财产对企业债务承担无限责任；"一人公司"的股东不能证明公司财产独立于股东财产的，对公司债务承担连带责任。因此，借款人或担保人为个人独资企业或"一人公司"的，银行可以将独资企业或"一人公司"与投资人列为共同被告（《个人独资企业法》第二条、第三十一条，《公司法》第六十四条）。

应当注意，个人独资企业解散后，原投资人对个人独资企业存续期间的债务仍应承担连带责任，但债权人在企业解散后五年内未向债务人提出偿债请求，该责任消灭（《个人独资企业法》第二十八条）。

（6）借款人或担保人为夫妻一方的情形

在夫妻关系存续期间，夫妻一方从事个体经营或承包经营的收入，为夫妻共同财产，对外所负债务为夫妻共同债务，由夫妻共同偿还。因此，借款人或担保人为夫妻一方的，除非银行与债务人约定以夫妻一方所有的财产清偿，否则，银行可以将夫妻双方列为共同被告。夫妻离婚后，即使离婚当事人已经就债务分担（清偿）达成协议，或者人民法院的判决书、裁定书、调解书已经对夫妻财产进行了分割，债权人仍有权就婚姻存续期间的共同债务向离婚当事人主张权利（《婚姻法》第十九条、第四十一条，《婚姻法若干解释（二）》第二十四条，《民法通则若干意见》第四十三条）。

（7）借款人或担保人名为集体企业实为私营企业的情形

工商登记为集体企业并以集体企业的名义从事经营活动，但实际为个人合伙或个体工商户的，其责任承担应按个人合伙或个体工商户处理。因此，以集体企业名义借款或担保的个人合伙或个体工商户，银行可以将集体企业与合伙人或个体工商户列为共同被告（《民法通则若干意见》第四十九条）。

（8）借款人或担保人发生分立或者合并的情形

企业法人发生分立、合并，其权利和义务由变更后的法人享有和承担。因此，借款人或担保人发生分立的，银行可以将分立后的企业法人列为共同被告；借款人或担保人发生合并的，可以将合并后的企业法人列为被告（《民法通则》第四十四条第二款）。

（9）担保无效或者因未办理抵（质）押登记而未生效的情形

合同当事人在合同缔约过程中，一方当事人因过失致使合同无效或者未生效，其对相信该合同有效成立的另一方当事人造成损害的，应当承担损害赔偿责任。因此，若担保人对担保合同无效或者未生效有过错的，银行可以将担保人与借款人列为被告，要求担保人承担缔约过失责任（《民法通则》第一百零六条第二款，《合同法》第四十二条）。

（10）借款人或担保人歇业的情形

歇业，指企业在一定的时间内持续不开展营业活动。我国现行法律对企业在多长时间内不开展营业构成歇业没有明确的规定。根据国务院《企业法人登记管理条例》第二十二条的规定，企业法人领取"企业法人营业执照"后，满六个月尚未开展经营活动或者停止经营活动满一年的，视同歇业。企业作出不再营业的歇业决定并经法定程序获得批准的，不受上述时间要件的约束。

企业在歇业期间，有的已经被工商行政管理部门注销工商登记，有的还没有被注销工商登记或者没有办理注销登记。但是，无论为何种情形，企业法人终止必须依法进行清算。未清算前，即使是被工商行政管理部门注销工商登记，其仍然可以从事清算范围内的活动。因此，借款人或担保人歇业的，银行既可以将歇业企业列为被告，也可以将歇业企业的清算主体列为被告（《民法通则》第四十条）。在实务中，选择歇业企业还是选择歇业企业的清算主体为被告，或者选择两者为共同被告，应依据实际情况而定。

（11）借款人或担保人被吊销营业执照的情形

吊销企业营业执照，是工商行政管理部门依法对违反工商行政管理法律的企业作出的一种行政处罚，是企业被动退出市场的另一种形式。企业被吊销营业执照后，其经营资格被依法剥夺，企业依营业执照享有的民事行为能力丧失。但是，在未办理注销登记前，企业的民事主体资格和诉讼主体资格仍然存续，可以在清算范围内进行民事活动和诉讼活动。因此，银行可以将已经被吊销营业执照的借款人或担保人列为被告。如果被吊销营业执照的借款人或担保人不能参加诉讼，也可以将清算主体列为被告（《民法通则》第四十条，《民事诉讼法若干意见》第五十一条）。

（12）借款人或担保人被撤销的情形

企业被撤销（被关闭），指国家有关机关依法消灭企业法律主体资格的行为，是企业被动退出市场的一种形式。拥有企业撤销权的国家机关主要有：批准企业设立的行政主管机关、负责企业登记的工商行政管理部门、人民法院等。企业被撤销应当进行清算，并办理注销登记。未经清算即被撤销，有清算组织的，以该清算组织为当事人；没有清算组织的，以作出撤销决定的机构为当事人（《民法通则》第四十条，《民事诉讼法若干意见》第五十一条）。

2. 清算主体的确定

如前所述，企业歇业、被吊销营业执照和被撤销后，应当依法进行清算。此时，银行在确定诉讼当事人时，通常需要把清算主体列为被告，追究他们的民事责任。那么，清算主体应当如何确定呢？

在一般情况下，企业应当成立专门的清算组织负责清算工作，此时，清算主体为清算组。在企业没有成立清算组织的情况下，企业的投资者是企业的清算主体。不同性质的企业，其投资者是不同的，因而清算主体也不尽相同：

（1）国有企业的清算主体是国家授权投资的机构（含公司）和国家授权的部门（主要是企业主管部门）。

（2）集体企业的清算主体是企业的开办单位或者行使所有权的机构。

（3）私营企业的清算主体是企业的投资人或者开办单位。其中：独资私营企业的清算主体为投资人，合伙私营企业的清算主体是合伙人，有限责任公司类型的私营企业清算主体为股东。

（4）合伙企业的清算主体是全体合伙人。未能由全体合伙人担任清算人的，经全体合伙人过半数同意，可以自合伙企业解散后十五日内指定一名或者数名合伙人，或者指定第三人担任清算人。十五日内未确定清算人的，合伙人或者其他利害关系人可以申请人民法院指定清算人（《合伙企业法》第八十六条）。

（5）中外合资经营企业的清算主体是合营企业的清算委员会。该委员会的成员一般应在合营企业的董事中选任，董事不能担任或者不适合担任清算委员会成员时，合营企业可以聘请在中国注册的会计师、律师担任，合营企业审批机构认为必要时，可以派人进行监督。在清算委员会没有依法成立的情况下，中外投资人是清算主体。

（6）中外合作经营企业的清算主体是合作企业的中外合作人。

（7）外资企业的清算主体是外资企业的清算委员会。清算委员会由外资企业的法定代表人、债权人代表以及外资企业主管机关的代表组成，并聘请在中国注册的会计师、律师等参加。在清算委员会没有依法成立的情况下，外国投资人是清算主体。

（8）联营企业的清算主体是企业的清算组织。在没有成立清算组织的情况下，参加联营的各投资主体是清算主体。

（9）有限责任公司的清算主体是清算组。逾期不清算的，债权人可以申请人民法院指定有关人员组成清算组进行清算；公司因违法被关闭的，由主管机关组织股东、有关人员成立清算组。有限责任公司没有成立清算组的，股东是清算主体。

（10）股份有限公司的清算主体是清算组，清算组的人选由股东大会确定。逾期不清算的，债权人可以申请人民法院指定有关人员组成清算组进行清算；公司因违法被关闭的，由主管机关组织股东、有关人员成立清算组。股份有限公司没有成立清算组的，股东是清算主体。

3. 清算主体的民事责任

清算主体的民事责任主要有三种：清算责任、赔偿责任、清偿责任。

（1）清算责任。所谓清算责任，指清算主体在企业歇业、被吊销营业执照和被撤销后清理企业债权债务的责任。如果企业的清算主体没有依法对企业进行清算，债权人可以起诉清算主体，要求其履行清算义务。

（2）赔偿责任。所谓赔偿责任，指清算主体在企业歇业、被吊销营业执照和被撤销后没有依法对企业进行清算，以致企业的财产流失、贬值或者被私分，清算主体对债权人因此受到的损失进行赔偿的责任。

清算主体承担赔偿责任应当满足四个要件：第一，清算主体没有履行清算义务，或者没有适当履行清算义务；第二，企业的财产因不及时清算，或者不适当清算而流失、贬值或者被私分；第三，债权人有损失；第四，债权人的损失与清算主体不履行，或者不适当履行清算义务之间存在有因果关系。

清算主体赔偿责任的范围是：清算主体不履行或者不适当履行清算义务而给债权人造成的直接损失。

（3）清偿责任。所谓清偿责任，指清算主体对企业依法清算完毕后的剩余债务进行清偿的责任。履行清偿责任的清算主体主要为非法人企业的投资人，包括个人独资企业和合伙企业的投资人，在这两种企业的财产不足以清偿企业债务时，投资人应当以其全部财产承担清偿责任，合伙人应当以其全部财产承担连带清偿责任。

（三）查清债务人的财产状况

借款合同纠纷案件，由于法律关系并不复杂、证据材料相对齐全充分，在通常情况下，贷款银行的主张比较容易得到人民法院的支持，获得胜诉判决。实践经验告诉我们，依法收贷能否取得实效，关键在于执行，在于债务人是否具有可供执行的财产。因为，依法收贷一般是采取其他回收手段不能奏效的情况下，银行迫不得已才采取的措施，其对象大多是偿债能力和诚信度较差的借款人。所以，诉前做好债务人的财产调查工作，为申请财产保全乃至强制执行做好准备就显得非常紧迫与必要。

一般而言，贷款银行诉前应当了解掌握债务人以下财产状况：

1. 债务人的货币资金，包括银行存款和现金。
2. 债务人对外投资所形成的投资权益。例如，债券、股权、股票等。
3. 债务人应从投资企业获得的股息、红利等投资收益。
4. 债务人的应收款和应收票据。例如，货款、租金、劳务报酬、预付款、商业承兑汇票和银行承兑汇票等。
5. 债务人的不动产。例如，房屋、在建工程、土地使用权等。
6. 债务人的其他动产。例如，机器设备、交通工具、存货、原材料等。
7. 债务人享有的商标权、专利权、著作权等知识产权中的财产权。
8. 债务人有否放弃对第三人的债权、无偿转让财产、以明显不合理低价处分财产等悬空债权逃废债务的行为。

贷款银行查清债务人的财产状况后，应区别不同情况及时向人民法院申请诉前财产保全或者诉讼中财产保全。

（四）选准受理诉讼的法院

我国人民法院实行四级制。"四级"即基层人民法院、中级人民法院、高级人民法院和最高人民法院。此外，还有专门人民法院；包括：军事法院、海事法院、铁路法院。贷款银行起诉必须向有管辖权的人民法院提出。所谓管辖，指各级人民法院和同级人民法院之间受理第一审民事案件的分工和权限。《民事诉讼法》将管辖分为级别管辖、地域管辖、移送管辖和指定管辖四类。其中，移送管辖和指定管辖属于裁定管辖的范畴，是人民法院以裁定的形式对管辖权的认定，当事人无权选择，在此仅讨论级别管辖和地域管辖。

1. 级别管辖

级别管辖，指上下级人民法院之间受理第一审民事案件的分工和权限。《民事诉讼法》为方便当事人行使诉权，将绝大部分第一审民事案件确定归基层人民法院管辖。借款合同纠纷作为民事案件中的一种，原则上归基层人民法院管辖。只是对于那些标的金额大、案情复杂、影响面广的案件，才归属中级人民法院或高级人民法院管辖（第十八条、第十九条、第二十条）。在司法实践中，各地通常以案件诉讼标的金额大小为标准，划定中级人民法院或高级人民法院的管辖权限，贷款银行在起诉之前，应当了解所在地各级人民法院的管辖权限。

管辖是审判的前置性问题，管辖失当，当事人很难相信案件审判的公正性。司法实践中，当事人"争管辖"、法院"抢管辖"的现象并不罕见，其中，级别管辖尤为明显。级别管辖的确定，不仅是法院内部的事情，也关系到当事人的程序利益，影响生效判决的稳定性，贷款银行对此应引起足够的重视，依法维护自身的合法权益。最高人民法院《关于审理民事级别管辖异议案件若干问题的规定》（法释〔2009〕17号）规定：

（1）被告在提交答辩状期间提出管辖权异议，受诉人民法院应当审查，并在受理异议之日起十五日内作出裁定。级别管辖异议不成立的，受诉法院裁定驳回，异议成立的，裁定移送有管辖权的法院（《民事诉讼法》第一条）。当事人不服提起上诉的，第二审法院应当依法审理并作出裁定（《民事诉讼法》第八条）。

（2）提交答辩状期间届满后，原告增加诉讼请求金额致使案件标的金额超过受诉人民法院级别管辖标准，被告提出管辖权异议，请求由上级人民法院管辖的，人民法院应当审查并作出裁定（《民事诉讼法》第三条）。

（3）对于应由上级人民法院管辖的第一审民事案件，下级人民法院不得报请上级人民法院交其审理（《民事诉讼法》第五条）。

2. 地域管辖

地域管辖，又称土地管辖或区域管辖，指同级人民法院之间受理第一审民事案件的分工和权限。《民事诉讼法》将地域管辖划分为一般地域管辖和特殊地域管辖。

（1）一般地域管辖

一般地域管辖，指以当事人所在地与法院辖区的关系来确定管辖法院，即当事人在哪个法院辖区，民事案件就归哪个法院管辖。如果原告、被告不在同一法院辖区的，原则上实行"原告就被告"，即以被告所在地确定管辖法院。

《民事诉讼法》规定的一般地域管辖包括以下内容：

① 被告是公民的，由公民户籍所在地或经常居住地人民法院管辖。户籍所在地与经常居住地不一致的，由经常居住地人民法院管辖（《民事诉讼法》第二十二条）。所谓"经常居住地"，指公民离开住所地至起诉时已经连续居住一年以上的地方，但公民住院就医的地方除外（《民事诉讼法若干意见》第五条）。

② 被告是法人和非法人组织的，由法人和非法人组织的主要营业地或主要办事机构所在地人民法院管辖（《民事诉讼法》第二十二条）。

③ 被告是没有办事机构的公民合伙、合伙型联营体的，由被告注册登记地人民法院管辖。没有注册登记，几个被告又不在同一辖区的，被告主要营业地或主要办事机构所在地的人民法院都有管辖权（《民事诉讼法若干意见》第十七条）。

④ 商业银行向人民法院申请支付令，请求债务人给付钱款、有价证券的，若被申请人为公民，由公民户籍所在地或经常居住地的基层人民法院管辖；若被申请人为法人或非法人组织，由法人或非法人组织主要营业地或主要办事机构所在地的基层人民法院管辖（《民事诉讼法若干意见》第二十七条）。

（2）特殊地域管辖

特殊地域管辖，指以诉讼标的或者引起法律关系发生、变更、消灭的法律事实所在地来确定管辖法院，它是法律对某些特殊案件的管辖法院所作出的特殊规定。

《民事诉讼法》规定了九种诉讼适用特殊地域管辖，其中有三种与商业银行有关：

① 因合同纠纷提起的诉讼，由被告住所地或者合同履行地人民法院管辖（《民事诉讼法》第二十四条）。所谓"住所地"，即公民户籍所在地，或者法人和非法人组织的主要营业地或主要办事机构所在地。如果合同没有实际履行，当事人双方住所地又都不在合同约定的履行地的，应由被告住所地人民法院管辖（《民事诉讼法若干意见》第十八条）。

② 因票据纠纷提起的诉讼，由票据支付地或者被告住所地人民法院管辖（《民事诉讼法》第二十七条）。所谓票据支付地，指票据上载明的付款地。票据未载明付款地的，票据付款人（包括代理付款人）的住所地或者主营业所所在地为票据付款地（《民

事诉讼法若干意见》第二十六条)。

③ 诉前财产保全,由当事人向财产所在地的人民法院申请。在人民法院采取诉前财产保全后,申请人起诉的,可以向采取诉前财产保全的人民法院或者其他有管辖权的人民法院提起(《民事诉讼法若干意见》第三十一条)。

3. 选择受理诉讼的法院

《民事诉讼法》对人民法院受理第一审民事案件的分工和权限作出了规定,这些规定具有较大的灵活性。在实践中,贷款银行可以根据民事案件的具体情况,在合法的前提下灵活运用《民事诉讼法》有关管辖的规定,选择合适受理诉讼的法院以利于更好地解决纠纷。银行选择受理诉讼的法院,其实就是确定法院的地域管辖和级别管辖的过程。

首先,银行应当根据《民事诉讼法》的规定确定法院的地域管辖。商业银行起诉的案件,绝大多数属于合同纠纷案件,根据《民事诉讼法》第二十四条的规定,银行应当向被告住所地,或者合同履行地的人民法院提起诉讼。如果当事人在合同中对管辖法院有约定的从其约定,但不得违反《民事诉讼法》对级别管辖的规定(《民事诉讼法》第二十五条)。对同一债权有多个被告且不在同一法院管辖区的,商业银行可以选择其中一个有管辖权的人民法院提起诉讼。

其次,银行应当根据所在地高级人民法院关于级别管辖的规定确定受理法院。银行的借贷纠纷案件,一般地说,一审应立足于本地的基层人民法院。如果争议标的金额超出基层人民法院受理范围的,银行可以采用"化整为零"的方法,将同一借款人的多笔借款分别起诉;如果基层人民法院所在地的地方保护主义思潮严重,存在诸多不利于案件审结与执行等情形的,银行可以采用"集零为整"的方法,将同一借款人的多笔借款合并,以借款总额作为一个案件起诉,创造条件把案件管辖权交给中级人民法院。

(五) 正确提出诉讼请求

诉讼请求,指原告通过人民法院向被告所主张的具体权利。诉讼请求基于民事法律关系,若民事法律关系不存在,或者虽然存在但原告在这一民事法律关系中不享有权利,那么,原告的诉讼请求也就不存在,其提出的诉讼请求就不能得以实现,在裁决中表现为败诉。例如,商业银行与借款人建立了贷款法律关系,在这一法律关系中,银行享有要求借款人返还欠款并支付利息的权利,原告银行基于贷款法律关系,提出被告借款人偿还贷款本息的诉讼请求,是一项正确的诉讼请求。但是,若原告与被告之间不存在贷款法律关系,原告要求被告偿还贷款本息的诉讼请求就不能实现,或者原告与被告之间虽然存在贷款法律关系,但原告要求被告支付租金的诉讼请求同样也不能实现。可见,原告所提出的诉讼请求正确与否关系到诉讼的成败,银行应当依据自己在现存法律关系中享有的权利,具体而明晰地提出自己的诉讼请求。

诉讼请求允许变更,包括增加诉讼请求和增加或减少诉讼请求的数额,诉讼请求也可以放弃。

不同的法律关系,或者同一法律关系的不同案件,原告所提出的诉讼请求不尽相同。一般而言,商业银行借贷案件的诉讼请求有以下五种情形:

1. 起诉借款人的,要求借款人按照合同约定偿还贷款本息,承担商业银行为实现债权所支付的合理费用,并承担全部诉讼费用。若逾期归还贷款本息的,还应要求借款人支付逾期罚息或违约金。具体地说,一般包括以下内容:

(1)债权本身,即借款人拖欠的贷款本息。如果出现合同约定的提前收回情形的,还应当包括提前解除合同,宣布贷款立即到期,归还全部贷款本息。

(2)罚息,对借款人未按照约定用途使用借款的,要求计收罚息。罚息只能对未按照约定用途使用的借款计收。

(3)违约金,即借款人违反合同约定按照约定的比例或者金额应当承担的责任金额。

(4)债权实现的费用,包括但不限于诉讼费、仲裁费、财产保全费、差旅费、执行费、评估费、拍卖费等。

如果借款人为企业法人分支机构、个体工商户、个人独资企业、合伙企业等债务人的,还应要求共同被告,如企业法人、家庭成员、投资人和合伙人等被告,对借款人的债务承担连带清偿责任。

2. 起诉担保人的,要求担保人对借款人的债务承担连带清偿责任。若担保合同无效,担保人有过错的,可以要求担保人承担清偿责任。

3. 借款合同具有抵押物或者质物担保的,请求确认抵押或质押有效,银行对抵押物或者质物具有优先受偿权。

4. 贷款银行因借款人违反合同约定须提前收回全部贷款的,例如,借款人违反合同约定使用贷款,或者不按合同约定归还贷款等,应要求解除借款合同,提前收回全部贷款。

5. 起诉清算主体的,若清算主体没有依法对企业进行清算,应要求清算主体履行清算义务;若清算主体因没有履行或者没有适当履行清算义务给银行造成损失的,应要求清算主体对该损失承担赔偿责任。

五、诉讼中的风险控制

贷款银行起诉借款人要求其偿还所欠债务,是一种主动诉讼的行为,一般而言,银行在诉讼活动中拥有比被告更大的主动权,胜诉的可能性也比较大。但是,这并非毫无风险,若处置不当仍有败诉的可能,或者是虽然赢了官司却输了钱,达不到预期的诉讼目的。因此,银行在诉讼活动中应当采取措施防范与控制风险。笔者认为,银行须重点把好"五关":

(一)把好被告审查关

提起诉讼必须要有明确的被告,这是依法收贷的首要问题。如果诉讼主体不明确,错列或者漏列被告都有可能导致诉讼失败。例如,诉讼被驳回、原判被撤销、发回重审、再审等。因此,贷款银行应当根据法律法规及司法解释,分析借款人和担保人的主体变化情况,从而准确地确定诉讼的被告。关于如何确定借贷纠纷的被告,本文在前面已有阐述,请参阅本节"四、起诉前的准备工作"中的"(二)准确确定诉讼当事人",在此不再赘述。

（二）把好诉讼时效审查关

诉讼时效期间届满后，债权成为了一种自然权利，债权人不再享有请求人民法院保护的权利。债权人虽然仍可提起诉讼，但那只是程序意义上的起诉权，债权人所主张的权利不能得到国家强制力的保护，丧失了实体意义上的胜诉权。因此，银行务必确保所起诉债权诉讼时效的有效性。若审查发现债权存在诉讼时效风险的，应采取措施使时效恢复或更新债权债务关系。在该债权未得以有效拯救之前，不应贸然提起诉讼。

（三）把好诉讼请求审查关

原告所提出的诉讼请求正确与否，是影响诉讼成败的重要因素之一，银行应当依据自己在现存法律关系中享有的权利，具体而明晰地提出自己的诉讼请求。笔者在实践中发现，商业银行对诉讼请求重视不够，所提出的诉讼请求带有很大的随意性，遗漏诉讼请求的事情时有发生。例如，在抵押担保贷款纠纷中，银行只是诉求借款人返还所欠贷款本息，而没有诉求行使抵押物优先受偿权。又如，在个人住房按揭贷款纠纷中，对借款人连续多期拖欠贷款本息，银行只是诉求收回全部贷款本息，而没有诉求提前解除借款合同，等等。诸如此类诉讼请求不正确或者不完整，从而导致诉讼目标不能实现的情形，通过对诉讼请求的审查把关是完全可以避免的。

（四）把好证据效力审查关

证据是证明案件真实情况的事实，它是正确处理案件的前提，也是处理案件的立足点和归宿点。银行要证实自己的主张，反驳对方观点，最终实现自己的诉讼请求，关键就是要准确、全面地收集证据，查明案件的真实情况。证据包括书证、物证、视听资料、证人证言、当事人陈述和鉴定结论与勘验笔录等。无论是何种证据，它都必须具备三个基本特征，即客观性、关联性和合法性。

证据的客观性，指证据必须是客观存在的真实情况，它不以人们的主观意志为转移，任何人的想象、揣测或臆造都不能成为证据。这是证据最本质的特征。

证据的关联性，指证据必须与其所证明的案件事实有内在的必然联系。证据必须是客观事实，但并不是一切客观事实都可以作为证据使用，只有与案件有关联性的客观事实才可以成为证据。

证据的合法性，指证据必须是当事人按照法定程序提供和法定机关、法定人员按照法定程序调查收集的事实材料。非法收集的材料，即使反映了客观事实，由于程序违法，也不能作为定案证据使用。

诉讼当事人、律师及其他诉讼代理人，有权调查收集证据，当事人对自己提出的主张，有责任提供证据（《民事诉讼法》第五十条、第六十一条、第六十四条）。最高人民法院《关于民事诉讼证据的若干规定》（法释［2001］33号）对《民事诉讼法》确定的"谁主张，谁举证"的原则作出了更具体的规定。根据该规定的第二条，当事人对自己提出的诉讼请求或反驳对方诉讼请求所依据的事实有责任提供证据加以证明，没有证据或者证据不足的，由负有举证责任的当事人承担不利甚至败诉的后果。该规定第三十三条、第三十四条还规定，人民法院在送达有关文书时，可以根据案件情况指定举证期限。当事人在举证期限内不提交的，视为放弃举证权利，逾期提交的证据材料，人民法院审理时不组织质证，该证据材料不能作为定案证据。可见，收集证据并提供证据,既是诉讼当事人的一项诉讼权利,也是当事人的一项法定义务。负有举证责任的当事人不提供或者不在规定的期限内提供所需证据的,将承担主张的事实不被认定甚至败诉的后果。因此,商业银行在诉讼活动中,应当严格按照法律规定和人民法院的要求,及时提供相关证据材料。

当事人向人民法院提供证据性的材料、物件,应尽可能保存原件或原物。对于外文证据,要及时取得具有翻译资质的机构或人员制作的中文译本;对在中国港澳台地区或国外形成的证据,应按规定履行相应的公证、认证手续。

商业银行所负举证责任的范围,通常取决于银行自己所提出的诉讼请求或者诉讼主张。在实践中,商业银行也是围绕证明自己的主张和反驳对方的主张这两方面收集证据并提供证据,诉讼主张是银行组织证据材料的主线。

商业银行的证据主要来源于本行的业务档案,尤其是借款合同纠纷更是如此。所以,银行在收集证据时,应当首先立足于本行的业务档案,从中筛选出所需的证据材料。对于欠缺的证据,可以通过调查、询问有关人员而获得。调查、询问材料应有调查人、被调查人等签名或盖章。有关证据尤其是原始证据为他人掌握时,可以向其调查取证,必要时可向人民法院提供线索,请求人民法院调查、收集(《民事诉讼法》第六十四条第二款)。对于可能灭失或者以后难以取得的证据,应根据《民事诉讼法》第七十四条的规定,及时向人民法院申请证据保全。此外,查阅人民法院的案卷材料和参加证据交换,是核对事实、收集证据的又一重要渠道,银行应当积极参与并做好充分准备。对于事实不清、互有矛盾的证据,交换证据或阅卷后应及时补充调查核实。

商业银行对于诉讼中的证据,无论其是自己提交还是对方提供,都应当进行审核和判断,这是确保证据的真实性和证明力的关键。审查核实证据,首先,必须联系各个证据的形成条件,例如:时间、地点、环境、人物和方式等,判断证据有无假象。其次,应当审查证据之间和证据与案件事实之间的关联性,分析证据之间是否存在矛盾。发现矛盾或疑问应要求对方解释或自己补充调查,对于不能作出合理释疑的矛盾证据,应当及时予以排除。最后,联系案件的事实和全部证据,把证据之间和证据与案件事实之间的内在联系有机地结合起来,综合分析、鉴别证据的真伪,以及全部证据能否组成统一的有证明力的证据组合体(证据链条)。

(五)把好财产保全审查关

贷款银行为了防止债务人转移财产,保证将来生效判决得以执行,通常向人民法院申请财产保全。这是法律赋予债权人的一种诉讼权利。同时,法律为了防止债权人滥用这种权利损害债务人的合法权益,《民事诉讼法》第九十六条还规定:财产保全申请错误的,申请人应当承担相应的赔偿责任,赔偿被申请人因财产保全所遭受的损失。可见,申请财产保全并非零风险,申请错误、保全措施不当、对保全财产保管不善等,银行都有可能承担民事赔偿责任。因此,贷款银行对财产保全,既要积极又要稳妥,切不可意气用事和鲁莽从事。银行审查申请财产保全是否恰当,可以从以下三个方面进行考察:

1. 审查财产保全申请是否恰当

正确申请财产保全包括三层含义:

其一，案件判决具有给付义务。

其二，财产保全的被申请人应当承担偿还债务的义务。这就需要对合同纠纷的法律性质、违约责任或过错责任、判决结果等进行充分研究，正确预计可能出现的判决结果，从而确定财产保全的被申请人，避免发生申请对象主体上的错误。

其三，申请保全的财产与被申请人应当承担的义务相适应。简单地说，申请保全财产的金额，应当小于或等于被申请人应承担的金额。超额保全给被申请人造成损失的，申请人须承担相应的民事赔偿责任。

2. 审查财产保全措施是否恰当

银行应区别拟申请保全财产的不同性质与状态，采取不同的保全措施，在确保财产安全的前提下，尽可能减少财产保全措施对被申请人正常生产与经营所造成的不利影响。例如，在一般情况下，对借款人的经营场所、生产车间和机器设备，不宜采取查封措施（俗称"死封"），而应采取"活封"措施，即不允许转移或者转让，以免造成被申请人无法经营与生产。若被申请人因此所造成的损失超过其应承担债务的，即属保全措施不当，被申请人有权向申请人索赔因财产保全所蒙受的损失。

3. 审查保全财产保管是否恰当

在实践中，人民法院有时会将采取保全措施的财产，例如房产、车辆、船舶、原材料、产品等交由银行保管。如果因保管不当造成保全财产损失的，银行应当承担赔偿责任。因此，贷款银行在接受人民法院委托保管被查封、扣押的财产时，应尽妥善保管责任。银行应当做好保全财产的清点登记和交接手续。对于季节性商品、鲜活、易腐烂变质以及其他不宜长期保存的物品，银行不应接受委托保管，可以申请人民法院先行变卖这些物品，并对价款予以提存。

第八章 债权的强制执行

第一节 民事执行的一般规定

一、民事执行

民事执行，指人民法院的执行组织根据执行依据和执行程序，迫使被执行人履行法律文书确定内容的行为。在执行程序中，执行依据的实体权利人称为申请执行人，实体义务人称为被执行人。民事执行以生效的法律文书为依据，以义务人拒不履行法律文书确定的内容为条件。

所谓执行依据，指人民法院执行组织据以执行的法律文书。按照法律规定，可以作为民事执行依据的法律文书有：发生法律效力且具有给付内容的民事判决书、裁定书、调解书和支付令；发生法律效力且具有给付内容的刑事判决书和裁定书；仲裁机关制作的具有给付内容的仲裁裁决书、调解书；公证机构制作的依法赋予强制执行力的债权文书。

所谓执行程序，指人民法院执行组织进行执行活动和申请执行人、被执行人以及协助执行人进行执行活动必须遵守的法律规定。

债务人的给付不足以清偿其对同一债权人所负的数笔相同种类的全部债务，应当优先抵冲已到期的债务；几项债务均到期的，优先抵冲对债权人缺乏担保或者担保数额最少的债务；担保数额相同的，优先抵冲债务负担较重的债务；负担相同的，按照债务到期的先后顺序抵冲；到期时间相同的，按比例抵冲。但是，债权人与债务人对清偿的债务或者清偿抵冲顺序有约定的除外（《合同法若干解释（二）》第二十条）。

债务人除主债务之外还应当支付利息和费用，当其给付不足以清偿全部债务时，并且当事人没有约定的，人民法院应当按照下列顺序抵冲（《合同法若干解释（二）》第二十一条）：

（1）实现债权的有关费用；
（2）利息；
（3）主债务。

二、执行管辖

（一）人民法院执行管辖的分工

人民法院执行案件有明确的分工和权限。根据《民事诉讼法》第二百零一条和最高人民法院《关于人民法院执行工作若干问题的规定（试行）》第十条的规定，人民法院发生法律效力的民事判决书、裁定书，以及刑事判决书、裁定书中的财产部分的执行，由案件的第一审人民法院负责；支付令的执行，由制作支付令的人民法院负责；仲裁机关的裁决书、调解书，公证机构依法赋予强制执行力的债权文书，由被执行人住所地或者被执行的财产所在地人民法院执行。两个以上人民法院对同一执行案件享有管辖权时，申请执行人可以选择向其中一个法院申请执行。申请执行人同时向两个或两个以上有管辖权的人民法院申请执行时，由最先接受申请书的人民法院执行（《民事诉讼法若干意见》第二百五十六条）。根据最高人民法院《关于适用〈中华人民共和国民事诉讼法〉执行程序若干问题的解释》（法释［2008］13号，以下简称《执行程序若干解释》）第二条的规定，人民法院在立案前发现其他有管辖权的人民法院已经立案的，不得重复立案。立案后发现其他有管辖权的人民法院已经立案的，应当撤销案件；已经采取执行措施的，应当将控制的财产交先立案的执行法院处理。

人民法院受理执行申请后，当事人对管辖权有异议的，应当自收到执行通知书之日起十日内提出（《执行程序若干解释》第三条）。

（二）限期执行和移送执行

人民法院自收到申请执行书之日起超过六个月未执行的，申请执行人可以向上一级人民法院申请执行。上一级人民法院经审查，可以责令原人民法院在一定期限内执行，也可以决定由本院执行或者指令其他人民法院执行（《民事诉讼法》第二百零三条）。这里的"六个月"期间，不应当计算执行中的公告期间、鉴定评估期间、管辖争议处理期间、执行争议协调期间、暂缓执行期间以及中止执行期间（《执行程序若干解释》第十四条）。

最高人民法院《执行程序若干解释》第十一条规定，有下列情形之一的，上一级人民法院可以根据申请执行人的申请，责令执行法院限期执行或者变更执行法院：

（1）债权人申请执行时被执行人有可供执行的财产，执行法院自收到申请执行书之日起超过六个月对该财产未执行完结的；

（2）执行过程中发现被执行人可供执行的财产，执行法院自发现财产之日起超过六个月对该财产未执行完结的；

（3）对法律文书确定的行为义务的执行，执行法院自收到申请执行书之日起超过六个月未依法采取相应执行措施的；

（4）其他有条件执行超过六个月未执行的。

三、执行异议

执行过程中，当事人、利害关系人认为执行行为违反法律规定，或者案外人认为执行被执行财产危害其权益的，可以向负责执行的人民法院提出执行异议。所谓执行异议，指当事人、利害关系人、案外人对人民法院的执行行为提出不同的意见，主张全部或部分权利的行为。所谓案外人，指与被执行财产有利害关系的人。

（一）当事人、利害关系人提出执行异议

当事人、利害关系人提出执行异议的，人民法院应当自收到书面异议之日起十五日内审查,理由成立的,裁定撤销或者改正;理由不成立的,裁定驳回。当事人、利害关系人对裁定不服的,可以自裁定送达之日起十日内向上一级人民法院申请复议(《民事诉讼法》第二百零二条)。最高人民法院《执行程序若干解释》第五条对执行异议审查期限作出了更为明确的规定,要求"执行法院审查处理执行异议,应当自收到书面异议之日起十五日内作出裁定"。

上一级人民法院对当事人、利害关系人的复议申请,应当组成合议庭进行审查。自收到复议申请之日起三十日内审查完毕,并作出裁定。有特殊情况需要延长的,经本法院院长批准,可以延长,延长的期限不得超过三十日(《执行程序若干解释》第八条、第九条)。

(二) 案外人提出执行异议

案外人对被执行财产提出执行异议的,人民法院应当自收到书面异议之日起十五日内审查,理由成立的,裁定中止对异议财产的执行;理由不成立的,裁定驳回。案外人、当事人对裁定不服,认为原判决、裁定错误的,依照审判监督程序办理;与原判决、裁定无关的,可以自裁定送达之日起十五日内向人民法院提起诉讼(《民事诉讼法》第二百零四条)。

案外人异议审查期间,人民法院不得对执行标的进行处分。但是,申请执行人提供充分、有效的担保请求继续执行的,应当继续执行;案外人向人民法院提供充分、有效的担保请求解除对异议标的的查封、扣押、冻结的,人民法院可以准许。但是,因案外人提供担保解除查封、扣押、冻结有错误,致使该标的无法执行的,人民法院可以直接执行担保财产(《执行程序若干解释》第十六条)。

案外人对被执行财产主张实体权利的,应当以申请执行人为被告,向执行法院提起诉讼。若被执行人反对案外人对被执行财产主张实体权利,则以申请执行人和被执行人为共同被告(《执行程序若干解释》第十七条、第十八条)。

申请执行人请求对执行财产许可执行的,应当以案外人为被告。若被执行人反对申请执行人请求的,则应当以案外人和被执行人为共同被告(《执行程序若干解释》第二十一条、第二十二条)。应当特别注意的是,人民法院依照《民事诉讼法》第二百零四条规定裁定对异议财产中止执行后,申请执行人自裁定送达之日起十五日内未提起诉讼的,人民法院应当裁定解除已经采取的执行措施(《执行程序若干解释》第二十三条)。

四、执行担保

在执行过程中,被执行人可以向执行法院申请执行担保。所谓执行担保,指被执行人因暂时缺乏偿付能力,向人民法院提供担保并经申请执行人同意而暂缓执行的制度。执行担保,可以由被执行人提供财产担保,也可以由第三人提供保证担保。以财产担保的,应当提交保证书及担保财产的所有权证明;由第三人提供保证的,担保人应当具有代为履行能力,并应提交担保书及资信证明(《民事诉讼法》第二百零八条、《民事诉讼法若干意见》第二百六十九条)。

五、执行措施

执行措施,指人民法院依照法定程序强制执行生效法律文书的方法和手段。《民事诉讼法》根据不同的执行对象,规定了不同的执行措施,对金钱债权的执行措施主要有:查询、冻结、扣划被执行人的存款,扣留、提取被执行人的收入及存款,查封、扣押、拍卖、变卖被执行人的财产,搜查被执行人的财产,强制被执行人支付延迟履行期间的债务利息和延迟履行金,强制被执行人交付法律文书指定的财物或票证,强制被执行人迁出房屋或退出土地,等等。

除上述执行措施之外,《民事诉讼法》还规定了以下执行措施(《民事诉讼法》第二十一章"执行措施",《执行程序若干解释》第三十二条、第三十七条、第三十九条):

(1)责令被执行人书面报告包括现金、动产、不动产和债权、股权、投资权益、基金、知识产权等财产性权利在内的全部财产;

(2)限制法定代表人、主要负责人或者影响债务履行的直接责任人出境;

(3)在个人征信系统中记录法定代表人(负责人)不履行义务的信息;

(4)在媒体公布被执行人拒不履行义务的信息等执行措施。

上述四项执行措施具有威慑作用,通过社会舆论监督敦促被执行人主动履行债务,商业银行在依法收贷中应当加以灵活运用。

实践中,以被执行单位负责人为突破口,直接对他们申请采取司法强制措施,往往可以收到意想不到的效果。这些司法强制措施包括:依据《执行程序若干解释》第三十七条规定申请限制法定代表人出境;依据《民事诉讼法》第一百零二条规定申请对负责人采取拘留措施;依据《民法通则》、《公司法》等规定申请人民法院指定专业机构对企业法人的设立、运作、终止进行司法审计,追究企业开办人、股东、投资人、发起人的法律责任。

对于那些有清偿能力却拒不履行义务的被执行人,最高人民法院《关于限制被执行人高消费的若干规定》(法释〔2010〕8号,以下简称《限制高消费若干规定》)规定,被执行人有拒不申报财产或者申报不实、拒不配合法院查找财产等消极履行的行为、规避执行的行为或者抗拒执行的行为,人民法院有权对其采取限制高消费措施(《限制高消费若干规定》第二条)。高消费是指:

(1)乘坐交通工具时,选择飞机、列车软卧、轮船二等以上舱位;

(2)在星级以上宾馆、酒店、夜总会、高尔夫球场等场所进行高消费;

(3)购买不动产或者新建、扩建、高档装修房屋;

(4)租赁高档写字楼、宾馆、公寓等场所办公;

(5)购买非经营必需车辆;

(6)旅游、度假;

(7)子女就读高收费私立学校;

(8)支付高额保费购买保险理财产品;

(9)其他非生活和工作必需的高消费行为。

被执行人为自然人的，被限制高消费后，不得有上述以其财产支付费用的行为；被执行人为单位的，被限制高消费后，禁止被执行人及其法定代表人、主要负责人、影响债务履行的直接责任人员以单位财产实施上述行为（《限制高消费若干规定》第三条）。

限制高消费措施启动有两种方式：一是当事人申请；二是人民法院依职权启动。一般情况下，限制高消费应由申请执行人向人民法院提出书面申请，人民法院审查决定。申请执行人申请限制被执行人高消费的，可以在向人民法院申请执行时一并提出，也可以在执行通知书指定的履行期限届满后提出（《限制高消费若干规定》第四条）。人民法院决定限制高消费的，应当向被执行人发出限制高消费令，并可以要求有关单位协助执行和在相关媒体上公告（《限制高消费若干规定》第五条、第六条）。申请执行人对人民法院的决定不服的，可以参照《民事诉讼法》的规定提出异议和复议。

被执行人违反限制高消费令进行消费，属于拒不履行人民法院已经发生法律效力的判决、裁定的行为，人民法院有权适用《民事诉讼法》的规定对其罚款、拘留，情节严重构成犯罪的，依照《刑法》的规定，追究其拒不执行判决、裁定罪的刑事责任。有关单位在收到人民法院协助执行通知书后，仍允许被执行人高消费的，人民法院可以依照《民事诉讼法》第一百零三条的规定，追究其法律责任（《限制高消费若干规定》第十一条）。

六、执行和解

执行过程中，当事人可以执行和解。所谓执行和解，指申请执行人与被执行人自愿协商，就生效法律文书确定的权利义务关系达成和解协议，执行法院经审查合法后记入笔录，由双方当事人签名或者盖章，从而结束执行程序。被执行人不履行或不完全履行和解协议的，申请执行人可以向人民法院申请恢复原生效法律文书的执行，但和解协议已经履行的部分应当扣除（《民事诉讼法》第二百零七条、《民事诉讼法若干意见》第二百六十六条）。

应当注意的是，当事人自行达成执行和解，并不会引起法定申请执行期间的更改。如果债权人因执行和解协议而没有在法定期限内向执行法院申请强制执行，银行对借款人的债权则变成了"自然债"，不受法律保护。因此，为了防范被执行人以执行前和解为幌子恶意逃债，执行和解应当在执行法院的主持下进行。贷款银行如果需要与借款人自行达成执行前和解协议的，执行前和解协议的履行期，必须控制在法定申请执行期限之内。如果被执行人不按照协议履行义务，申请执行人必须在法定期限内向执行法院申请执行。

七、执行回转

执行回转，又称为再执行，指执行中或执行完毕后，因据以执行的法律文书被依法撤销，原执行法院依当事人申请或依职权，按照新的生效法律文书，作出执行回转的裁定，责令原申请执行人返还已取得的财产及孳息的制度。原申请执行人拒不返还的，人民法院强制执行（《民事诉讼法》第二百一十条）。

八、执行中止

执行中止,指在执行过程中,由于某些特殊情况的发生而使执行程序暂时停止,待这种情况消失后,执行程序再继续进行。根据《民事诉讼法》第二百三十二条的规定,有下列情形之一的,人民法院应当裁定中止执行:

1. 申请人表示可以延期执行的;
2. 案外人对执行标的提出确有理由的异议的;
3. 作为一方当事人的公民死亡,需要等待继承人继承权利或者承担义务的;
4. 作为一方当事人的法人或者其他组织终止,尚未确定权利义务承受人的;
5. 人民法院认为应当中止执行的其他情形。

执行过程中发生执行中止情形的,由人民法院制作执行中止裁定书,裁定书送达当事人后生效。执行中止的情形消失后,根据当事人的申请,或人民法院依职权恢复执行程序。

九、执行终结

执行终结,指在执行过程中,由于某些特殊情况的发生,使得执行程序无法或无必要继续进行,从而结束执行程序,以后也不再恢复。根据《民事诉讼法》第二百三十三条的规定,有下列情形之一的,人民法院裁定终结执行:

1. 申请人撤销申请的;
2. 据以执行的法律文书被撤销的;
3. 作为被执行人的公民死亡,无遗产可供执行,又无义务承担人的;
4. 追索赡养费、抚养费、抚育费案件的权利人死亡的;
5. 作为被执行人的公民因生活困难无力偿还借款,无收入来源,又丧失劳动能力的;
6. 人民法院认为应当终结执行的其他情形。

执行过程中发生执行终结情形的,由人民法院制作执行终结裁定书,裁定书送达当事人后生效。

十、恢复执行

恢复执行,指执行案件中止执行或发放债权凭证终结某次执行程序后,因中止执行或终结执行程序的情形消失,经申请执行人申请或人民法院依职权恢复案件执行程序,以及因一方当事人不履行执行和解协议,人民法院恢复对原生效法律文书执行的活动。恢复执行程序也称为后续执行程序,标志着执行程序停止一段时间后的再次启动。贷款银行在人民法院中止或终结执行裁定后,发现借款人(被执行人)有新的可供执行财产的,可申请恢复执行。

(一)恢复执行的案件范围

1. 和解案件。依据《民事诉讼法》第二百一十一条、《民事诉讼法若干意见》第二百六十六条。

2. 中止执行案件。依据《民事诉讼法》第二百三十四条、《执行工作若干规定》第一百零四条。

3. 裁定终结本次执行程序案件。这是部分法院在执行工作中推出的一种新举措，其实质类似于执行中止，也属于执行程序的一种阻却事由。在该事由消失后，执行程序仍须继续进行，故也存在恢复执行问题。虽然这一举措还未得到法律、司法解释的确认与肯定，但是，作为一种执行经验，已经在全国法院系统内大范围的推广，最高人民法院对此也持肯定态度。

（二）恢复执行的法定事由

1. 和解案件恢复执行的事由。根据《民事诉讼法》第二百一十一条的规定，和解案件的恢复执行只需具备一个事实要件，即一方当事人不履行和解协议。这里的"一方当事人"，既可以是申请执行人，也可以是被申请执行人。

2. 中止执行案件恢复执行的事由。根据《民事诉讼法》第二百三十四条和《执行工作若干规定》第一百零四条等司法解释的规定，中止执行案件恢复执行的事由包括以下几种：

（1）申请人表示可以延期执行的，延长的执行期限已经届满；

（2）案外人对执行标的提出确有理由的异议的，对该异议已经依法进行处理（例如裁定驳回等）；

（3）作为一方当事人的公民死亡的，继承权利或者承担义务的继承人已经确定；

（4）作为一方当事人的法人或者其他组织终止的，其权利义务承受人已经明确；

（5）人民法院已受理以被执行人为债务人的破产申请的，该破产案件已经审结；

（6）因被执行人确无财产可供执行而中止执行的，已经发现被执行人可供执行的财产或线索；

（7）执行标的物是其他法院或仲裁机构正在审理的案件争议标的物的，该案件已审理完毕，争议标的物的权属已经确定；

（8）一方当事人申请执行仲裁裁决，另一方当事人申请撤销仲裁裁决的，该异议已经处理完毕，仲裁裁决最终未予撤销；

（9）仲裁裁决的被申请执行人依据《民事诉讼法》第二百一十七条的规定，向人民法院提出不予执行请求，并提供适当担保的，后经审查该请求不成立；

（10）按照审判监督程序提审或再审的案件，执行机构根据上级法院或本院作出的中止执行裁定书中止执行的，审理结果与原审一致。

3. 裁定终结本次执行程序案件恢复执行的事由主要有以下两个方面：

（1）被执行人的特定事由已经消失，现有财产可供执行；

（2）被执行人的特定事由虽未消失，但申请执行人能够提供被执行人可供执行的财产或线索。

（三）恢复执行的申请

恢复执行其实是重新启动执行程序，因此，申请执行人须填写恢复执行申请书，连同有关证明材料（例如可供执行的财产线索等），向原法院执行局或审判监督机构提出申请，经确认具备恢复执行条件的，执行程序重新启动。

第二节　民事执行的申请

申请执行，指生效法律文书的权利人，在义务人不履行义务时，向有管辖权的人民法院请求强制执行的行为。

商业银行在申请执行时，应当注意以下五点：

一、申请人必须是享有权利的主体

申请人必须是生效法律文书确定的权利享有人，或者是权利的承接人。我国商业银行大多实行一级法人体制，各分支机构均为非法人组织，分支机构分立、合并时有发生。如果银行是以权利承接人的身份申请执行，应当向人民法院提交主体变更的相关材料，例如，分支机构分立、合并批文及工商登记变更文件等。

二、申请必须向有管辖权的人民法院提出

所谓有管辖权的人民法院，就是指对生效法律文书具有执行权的人民法院。《民事诉讼法》第二百零一条及其他有关法律法规，对各种生效法律文书的执行管辖作出了明确规定，银行申请强制执行必须依生效法律文书的种类，按规定向有执行权的人民法院提出。否则，银行的申请将被人民法院裁定不予受理。因为，依照法律规定，无管辖权的人民法院对债权人提出的强制执行申请无权受理。

三、申请必须在执行时效内提出

执行时效也称执行期间。申请执行期间，指法律文书已发生法律效力，而义务人并没有按照法律文书的规定履行义务，享有权利的债权人向人民法院申请，以强制手段迫使义务人履行义务的有效期间。《民事诉讼法》第二百一十五条规定："申请执行的期间为二年。申请执行时效的中止、中断，适用法律有关诉讼时效中止、中断的规定。"申请执行期间"从法律文书规定履行期间的最后一日起计算；法律文书规定分期履行的，从规定的每次履行期间的最后一日起计算；法律文书未规定履行期间的，从法律文书生效之日起计算。"生效法律文书规定债务人负有不作为义务的，申请执行时效期间从债务人违反不作为义务之日起计算（《执行程序若干解释》第二十九条）。

申请执行时效中止。在申请执行时效期间的最后六个月内，因不可抗力或者其他障碍不能行使请求权的，申请执行时效中止。从中止时效的原因消除之日起，申请执行时效期间继续计算（《执行程序若干解释》第二十七条）。

申请执行时效中断。申请执行时效因申请执行、当事人双方达成和解协议、当事人一方提出履行要求或者同意履行义务而中断。从中断时起，申请执行时效期间重新计算（《执行程序若干解释》第二十八条）。

申请执行期间是权利人行使申请权的法定期限。债权人在法定期限内提出申请的，人民法院将依法强制执行债务人的财产；逾期申请执行的，人民法院将依法驳回债权人的申请，不予执行，债权人的债权便丧失法律的强制力保护，依法收贷的工作就会功亏

一簧。因此，银行在审判机关或仲裁机关审结案件后，要密切关注债务人履行还款义务的情况。如果债务人没有按法律文书的规定履行义务的，银行应当在法定期限内向人民法院申请强制执行。

四、申请必须递交书面申请书，并提交据以执行的法律文书

申请执行书应写明申请人的基本情况、申请理由和具体要求，写明被申请人（债务人）拒不履行义务的情况和经济状况等。

五、申请必须向人民法院预交申请执行费

最高人民法院《人民法院诉讼收费办法》规定，申请执行人必须按规定向人民法院预交申请执行等费用。申请执行等费用由被申请人负担。

第三节 被执行人的变更与追加

在执行过程中，由于执行事实的出现，人民法院可以依法裁定变更或追加被执行人。《民事诉讼法》第二百零九条规定："作为被执行人的公民死亡的，以其遗产偿还债务。作为被执行人的法人或者其他组织终止的，由其权利义务承受人履行义务。"根据这一规定，《关于适用〈民事诉讼法〉若干问题的意见》和《关于人民法院执行工作若干问题的规定（试行）》分别对"权利义务承受人"和变更与追加被执行主体的情形作出具体诠释。归纳现行法律和司法解释，凡有下列情形之一的，人民法院可以裁定变更或追加被执行主体。

一、被执行人分立、合并、撤销

在执行中，被执行人的法人或者其他组织分立、合并的，其权利义务由变更后的法人或者其他组织承受；被撤销的，如果依有关实体法的规定有权利义务承受人的，可以裁定该权利义务承受人为被执行人（《民事诉讼法若干意见》第二百七十一条）。

被执行人按法定程序分立为两个或多个具有法人资格的企业，分立后存续的企业按照分立协议确定的比例承担债务；不符合法定程序分立的，裁定由分立后存续的企业按照其从被执行企业分得的资产占原企业总资产的比例对申请执行人承担责任（《执行工作若干规定》第七十九条）。

所谓分立的法定程序，指《公司法》第一百七十六条规定的程序。按照该条规定，公司分立，其财产作相应的分割。公司分立，应当编制资产负债表及财产清单。公司应当自作出分立决议之日起十日内通知债权人，并于三十日内在报纸上公告。

二、其他组织不能履行法律文书确定的义务

其他组织在执行中不能履行法律文书确定的义务的，人民法院可以裁定执行对该其他组织依法承担义务的法人或者公民个人的财产（《民事诉讼法若干意见》第二百七十二条）。

三、被执行人名称变更

在执行中,被执行人的法人或者其他组织名称变更的,人民法院可以裁定变更后的法人或者其他组织为被执行人(《民事诉讼法若干意见》第二百七十三条)。

四、被执行人死亡

作为被执行人的公民死亡,其遗产继承人没有放弃继承的,人民法院可以裁定变更被执行人,由该继承人在遗产的范围内偿还债务。继承人放弃继承的,人民法院可以直接执行被执行人的遗产(《民事诉讼法若干意见》第二百七十四条)。

五、私营独资企业不能履行法律文书确定的义务

被执行人为无法人资格的私营独资企业,无能力履行法律文书确定的义务的,人民法院可以裁定执行该独资企业业主的其他财产(《执行工作若干规定》第七十六条)。

六、合伙组织不能履行法律文书确定的义务

被执行人为个人合伙组织或合伙型联营企业,无能力履行生效法律文书确定义务的,人民法院可以裁定追加该合伙组织的合伙人或参加该联营企业的法人为被执行人(《执行工作若干规定》第七十七条)。所谓"个人合伙",是指个人之间的合伙经营。所谓"合伙型联营",是指联营主体中有一方为企业的半紧密型的联营。

七、分支机构不能履行法律文书确定的义务

被执行人为企业法人的分支机构不能清偿债务时,可以裁定企业法人为被执行人。企业法人直接经营管理的财产仍不能清偿债务的,人民法院可以裁定执行该企业法人其他分支机构的财产。

若必须执行已被承包或租赁的企业法人分支机构的财产时,对承包人或承租人投入及应得的收益应依法保护(《执行工作若干规定》第七十八条)。

八、变更或追加开办单位为被执行人

被执行人无财产清偿债务,如果其开办单位对其开办时投入的注册资金不实或抽逃注册资金,可以裁定变更或追加其开办单位为被执行人,在注册资金不实或抽逃注册资金的范围内,对申请执行人承担责任(《执行工作若干规定》第八十条)。

所谓注册资金不实,指企业实收资本与工商机关登记注册的资本金有差额,没有达到注册的数额。

所谓抽逃注册资金,指投资者在投入资金后,又无偿地将其注册资本从所开办的企业转走。

所谓开办单位,指企业的投资者,既包括"单位",也包括公民个人,既可以是一个,也可以是多个,而不应该仅仅理解为"主管部门"。

被执行人被撤销、注销或歇业后,上级主管部门或开办单位无偿接受被执行人的

财产，致使被执行人无遗留财产清偿债务或遗留财产不足清偿的，可以裁定由上级主管部门或开办单位在所接受的财产范围内承担责任（《执行工作若干规定》第八十一条）。

第四节 被执行人财产的查封、扣押、冻结

一、查封、扣押、冻结的含义

《民事诉讼法》规定，人民法院对被执行人的财产、物品、债权等，有权根据不同情况，分别采取查封、扣押、冻结、拍卖、变卖等措施。人民法院在决定采取上述措施时，应当作出裁定。其中，查封、扣押、冻结措施，可以有效地防止财产、物品、债权等被转移或者处分，对贷款银行实现债权关系重大。

所谓查封，指人民法院对作为被执行对象的财产加贴封条予以封存，禁止被执行人转移或者处分的措施。财产被查封后，人民法院可以责令被执行人加以保管。若被执行人拒绝保管的，人民法院也可以指定他人保管，保管费用由被执行人承担。被执行人申请继续使用被查封财产的，人民法院在确保财产不损坏和不贬值的前提下，可以允许被执行人使用，这种查封通常被称为"活封"。保管期间，因被执行人保管不当造成查封财产损失的，被执行人应当承担相应责任。

所谓扣押，指人民法院将作为被执行对象的财产运送到有关场所，从而使被执行人不能占有、使用和处分的措施。人民法院对扣押的财产可以自行保管，也可以委托有关部门保管，所需的保管费用由被执行人负担。

所谓冻结，指人民法院对被执行人的存款、资产、债权实施管制，禁止被执行人提取、处分的措施。金融机构对人民法院的冻结要求，必须依法协助执行。

二、可以查封、扣押、冻结的财产范围

人民法院在对财产进行查封、扣押、冻结时，首先需要判断该财产是否属于被执行人。最高人民法院《关于人民法院民事执行中查封、扣押、冻结财产的规定》在判断哪些属于被执行人的财产时，适用了推定标准，即若该财产推定属于被执行人的，人民法院则可以依法采取查封、扣押、冻结措施。根据《关于人民法院民事执行中查封、扣押、冻结财产的规定》，以下十二类财产推定属于被执行人的，可以依法查封、扣押、冻结：

1. 被执行人占有的动产（第二条第一款）；
2. 登记在被执行人名下的不动产、特定动产及其他财产权（第二条第一款）；
3. 未登记的建筑物和土地使用权，但依据土地使用权的审批文件和其他相关证据可以证明属被执行人的（第二条第二款）；
4. 对于第三人占有的动产或者登记在第三人名下的不动产、特定动产及其他财产权，第三人书面确认该财产属于被执行人的（第二条第三款）；
5. 被执行人与其他人的共同财产（第十四条）；

6. 第三人为被执行人的利益占有的被执行人的财产（第十五条第一款）；

7. 第三人为自己的利益依法占有的被执行人的财产（第十五条第二款）；

8. 第三人无偿借用被执行人的财产（第十五条第三款）；

9. 被执行人将其财产出卖给第三人，但根据合同约定被执行人保留所有权的财产（第十六条）；

10. 被执行人将其所有的需要办理过户登记的财产出卖给第三人，第三人已经支付部分或者全部价款并实际占有该财产，但尚未办理产权过户登记手续的（第十七条）；

11. 被执行人购买第三人的财产，已经支付部分价款并实际占有该财产，但第三人依合同约定保留所有权，申请执行人已向第三人支付剩余价款或者第三人书面同意剩余价款从该财产变价款中优先支付的财产（第十八条）；

12. 被执行人购买需要办理过户登记的第三人的财产，已经支付部分或者全部价款并实际占有该财产，虽未办理产权过户登记手续，但申请执行人已向第三人支付剩余价款或者第三人同意剩余价款从该财产变价款中优先支付的财产（第十九条）。

三、不得查封、扣押、冻结的财产

最高人民法院《关于人民法院民事执行中查封、扣押、冻结财产的规定》在适用推定标准扩展查封、扣押、冻结财产范围的同时，又强调尊重和保护公民的基本权利，加强对弱势群体的保护。该司法解释第五条规定了下列八类财产不得查封、扣押、冻结：

1. 被执行人及其所扶养家属生活所必需的衣服、家具、炊具、餐具及其他家庭生活必需的物品；

2. 被执行人及其所扶养家属所必需的生活费用。当地有最低生活保障标准的，必需的生活费用依照该标准确定；

3. 被执行人及其所扶养家属完成义务教育所必需的物品；

4. 未公开的发明或者未发表的著作；

5. 被执行人及其所扶养家属用于身体缺陷所必需的辅助工具、医疗物品；

6. 被执行人所得的勋章及其他荣誉表彰的物品；

7. 根据《中华人民共和国缔结条约程序法》，以中华人民共和国、中华人民共和国政府或者中华人民共和国政府部门名义同外国、国际组织缔结的条约、协定和其他具有条约、协定性质的文件中规定免予查封、扣押、冻结的财产；

8. 法律或者司法解释规定的其他不得被查封、扣押、冻结的财产。

四、贷款银行应当注意的问题

1. 查封、扣押、冻结措施适用于整个诉讼过程。查封、扣押、冻结被执行人的财产，是保障法律文书确定的权利得以实现的重要举措，它的运用不局限于执行阶段，诉讼活动的其他阶段同样适用。经验证明，诉前申请人民法院采取查封、扣押、冻结保全措施，可以有效地防止债务人转移、隐匿和处分财产，最大限度地维护债权人自身的合法权益。贷款银行在诉前或诉中，应当积极查找债务人的财产，尤其注意不要遗漏

《关于人民法院民事执行中查封、扣押、冻结财产的规定》中列举的财产，及时申请人民法院采取保全措施。

2. 正确理解不得查封、扣押、冻结的财产。《关于人民法院民事执行中查封、扣押、冻结财产的规定》第五条规定不得查封、扣押、冻结的财产，是指那些为维持基本生活所必需的物品或费用，而并非指生活物品或费用，超出"必需"的部分仍然可以采取强制措施。例如：奢侈品或较为贵重的物品，可以认为不是生活必需品；被执行人的家庭人均收入超过当地最低生活保障标准的部分，可以认为不是生活必需费用；居住用房面积超过当地最低生活标准的部分，也不属于必需的居住用房。

3. 密切关注被执行人的财产状况变化。被执行人不得查封、扣押、冻结的财产不是一成不变的，它会随着被执行人的情况变化而变化。例如，未公开的发明或者未发表的著作已经公开或者发表、家庭人均收入增加超过了当地最低生活保障标准、家庭有了新的居住用房等。当出现这类情形时，银行应立即申请人民法院查封、扣押、冻结该财产。

4. 及时申请法院对超出生活必需的物品或费用采取执行措施。《关于人民法院民事执行中查封、扣押、冻结财产的规定》第七条规定："对于超过被执行人及其所扶养家属生活所必需的房屋和生活用品，人民法院根据申请执行人的申请，在保障被执行人及其所扶养家属最低生活标准所必需的居住房屋和普通生活必需品后，可予以执行。"据此，贷款银行应当及时向人民法院申请执行推定不属于生活必需的物品或费用。例如，豪华别墅、楼中楼或面积较大的房产，以及等离子彩电等高档电器。人民法院执行超出生活必需的物品可以采取置换的方法，如以普通住房或租赁普通住房置换豪华别墅、楼中楼等。

第五节 执行竞合

执行竞合，指多个申请执行人分别对同一个被执行人申请执行的处理。根据《关于人民法院执行工作若干问题的规定（试行）》第八十八条至第九十六条的规定，执行竞合分为：多个债权人对一个债务人申请执行、多个债权人对公民或非法人组织申请执行、未经清算的企业法人还债三种。

一、多个债权人对同一个债务人申请执行的处理

（一）多个债权人同对一个债务人申请执行的情形

多个债权人对同一个债务人申请执行，主要有以下四种情形：

1. 不同种类的债权按照债权种类顺序受偿

多个债权人的债权种类不同的，基于所有权和担保物权而享有的债权，优于金钱债权受偿。有多个担保物权的，按照各担保物权成立的先后顺序清偿（《执行工作若干规定》第八十八条第二款）。

根据有关法律规定，优于担保物权受偿的权利有：购房消费者的优先权、工程价款优先权、税收优先权。

2. 同种类债权在不同法律文书中确定，按照采取执行措施的先后顺序清偿

多份生效法律文书确定金钱给付内容的多个债权人，分别对同一被执行人申请执行，各债权人对执行标的物均无担保物权的，按照执行法院采取执行措施的先后顺序受偿（《执行工作若干规定》第八十八条第一款）。这里所说的"执行措施"，既包括终审生效法律文书的执行措施，也包括审理中采取的保全措施。因此，商业银行在诉讼中，应重视运用财产保全措施，以确保法律文书确认的债权得以实现。

3. 同种类债权在同一法律文书中确定，按照债权比例受偿

同一法律文书确定金钱给付内容的多个债权人，对同一被执行人申请执行，执行的财产不足清偿全部债务的，各债权人对执行标的物均无担保物权的，按照各债权比例受偿。但是，如果法律文书中已经明确规定了各个债权人之间的受偿顺序，则应当按法律文书确定的顺序清偿（《执行工作若干规定》第八十八条第三款）。

4. 被执行人的财产不足清偿全部债务的，可依法申请其破产还债

企业法人的财产不足清偿全部债务的，执行法院可以告知当事人依法申请被执行人破产（《执行工作若干规定》第八十九条）。这里的"可以"只是起到指引或提示性的作用，执行法院可以告知当事人申请被执行人破产，而不是必须告知；债权人可以申请债务人破产，人民法院依申请裁定债务人破产还债，而不会依职权宣告债务人破产。根据这一规定，银行在申请执行实务中，如果银行的债权清偿顺序相对靠后，债务人的财产不足清偿多个债权人的债务时，应该选择申请被执行人破产还债，及时参与分配，争取平等受偿。

（二）多个债权人对同一被执行人申请执行的处理

多个债权人对同一被执行人申请执行或者对执行财产申请参与分配的，执行法院应当制作财产分配方案，并送达各债权人和被执行人。债权人或者被执行人对分配方案有异议的，应当自收到分配方案之日起十五日内向执行法院提出书面异议（《执行程序若干解释》第二十五条）。

债权人或者被执行人对分配方案提出书面异议的，执行法院应当通知未提出异议的债权人或被执行人。未提出异议的债权人、被执行人收到通知之日起十五日内未提出反对意见的，执行法院依异议人的意见对分配方案审查修正后进行分配；提出反对意见的，应当通知异议人。异议人可以自收到通知之日起十五日内，以提出反对意见的债权人、被执行人为被告，向执行法院提起诉讼；异议人逾期未提起诉讼的，执行法院依原分配方案进行分配。诉讼期间进行分配的，执行法院应当将与争议债权数额相应的款项予以提存（《执行程序若干解释》第二十六条）。

二、多个债权人对公民或非法人组织申请执行的处理

（一）参与分配制度

多个债权人对公民或非法人组织申请执行，实行参与分配制度。所谓参与分配，指被执行人为公民或者其他组织，其全部或主要财产已被一个人民法院因执行确定金钱给付的生效法律文书而查封、扣押或冻结，无其他财产可供执行或其他财产不足清偿全部债务的，在被执行人的财产被执行完毕前，对该被执行人已经取得金钱债权执行依据的

其他债权人,可以申请参与对该被执行人的财产执行程序,并将执行所得在各债权人中公平分配的一种制度(《执行工作若干规定》第九十条)。

(二)贷款银行申请参与分配应当注意的事项

贷款银行申请参与分配应当注意:

1. 参与分配被执行人财产,由首先查封、扣押或冻结的人民法院主持(《执行工作若干规定》第九十一条)。

2. 贷款银行申请参与分配,应当向原申请执行法院提交参与分配申请书,写明参与分配的理由,并上附执行依据。参与分配申请书由原申请执行法院转交给主持分配的法院(《执行工作若干规定》第九十二条)。因而,贷款银行提交申请书后,还应密切关注该申请材料是否及时转交到了主持分配的法院。

3. 对人民法院查封、扣押或冻结的财产享有优先权、担保物权的债权人,可以申请参与分配程序,主张优先受偿权利(《执行工作若干规定》第九十三条)。

4. 贷款银行参与分配后,被执行人对其剩余的债务仍然有清偿义务。贷款银行发现被执行人其他财产的,应及时向人民法院申请继续依法执行(《执行工作若干规定》第九十五条)。

三、企业法人在特殊情况下比照参与分配的有关规定执行

最高人民法院《关于人民法院执行工作若干问题的规定(试行)》第九十六条规定,未经清理或清算而撤销、注销或歇业的企业法人,其财产不足清偿全部债务的,应当参照参与分配制度,按比例清偿各债权人的债权。

第六节 到期债权的执行

一、被执行人到期债权的执行及其条件

(一)被执行人到期债权执行的含义

被执行人到期债权的执行,指被执行人不能清偿债务,但对第三人享有到期债权的,人民法院可以依申请执行人或被执行人的申请,向第三人发出履行到期债务通知,该第三人对债务没有异议但又在指定的期限内不履行的,人民法院可以强制执行(《民事诉讼法若干意见》第三百条,《执行工作若干规定》第六十一条)。

(二)被执行人到期债权执行的条件

执行被执行人到期债权应当具备以下条件:

1. 被执行人不能清偿债务

被执行人不能清偿债务,是执行被执行人到期债权的前提条件,而如何认定"不能清偿债务",多年来在司法实践中一直存在争议。比较流行的说法是:不能清偿债务并不等于无财产,只要没有现金、存款可供执行,并且债务人不同意以动产或不动产抵债,便可认定为不能清偿债务。

2. 被执行人对第三人享有的债权已经到期

履行期限关系到合同双方当事人的期限利益，当事人应当共同遵守合同约定，依照合同规定的期限履行合同义务。若债务履行期限未至，强制债务人提前履行合同义务，会损害债务人的期限利益。所以，执行被执行人的债权，必须是已经到期的债权。

3. 履行到期债务通知已经送达第三人

人民法院向第三人发出的履行到期债务通知应当直接送达第三人，不允许采用留置送达、转交送达、公告送达等方式。所谓直接送达，指人民法院派专人将履行到期债务通知直接交付给第三人。委托第三人所在地的人民法院代为送达，与直接送达具有同等效力。

4. 第三人对履行到期债务通知未提出异议

第三人对履行到期债务通知有异议的，应当在收到履行到期债务通知后十五日内，向执行法院提出书面异议。第三人在指定期间内提出异议的，执行法院不得对第三人强制执行（《执行工作若干规定》第六十一条、第六十二条、第六十三条）。此时，债权人应另寻求其他救济途径，例如，可以行使代位权；第三人在指定期间内不提出异议而又不履行的，债权人可以请求执行法院裁定强制执行。

所谓异议，指第三人认为债务不存在或对债务数额的异议。认为债务不存在，包括认为债务自始就未发生过，或虽发生但已因清偿、抵销、免除等原因而消灭；对债务数额的异议，包括实际数额与履行通知的数额不符，或者数额虽相符但已过诉讼时效等。第三人提出自己无履行能力，或其与申请执行人无直接法律关系的，不认定为异议。第三人对债务部分承认、部分有异议的，可以对其承认的部分强制执行（《执行工作若干规定》第六十四条）。

二、执行被执行人到期债权应当注意的事项

贷款银行在申请执行被执行人到期债权时应注意：

1. 被执行人不能清偿债务时，若发现被执行人对第三人享有到期债权，应及时向执行法院提出书面申请，请求执行被执行人到期债权。

2. 执行法院向第三人发出履行到期债务通知后，若第三人在指定期间内未提出异议，又在自收到履行到期债务通知后十五日内未向贷款银行履行债务的，银行应及时向执行法院申请强制执行。

3. 被执行人收到人民法院履行到期债务通知后，放弃其对第三人的债权或延缓第三人履行期限的行为无效，人民法院仍可在第三人无异议又不履行的情况下予以强制执行（《执行工作若干规定》第六十六条）。

4. 第三人收到人民法院要求其履行到期债务的通知后，擅自向被执行人履行，造成已向被执行人履行的财产不能追回的，第三人在已履行的财产范围内与被执行人承担连带清偿责任。此外，人民法院还可以追究第三人妨害执行的责任（《执行工作若干规定》第六十七条）。

5. 第三人对他人享有的到期债权，贷款银行不得申请强制执行（《执行工作若干规定》第六十八条）。

第七节　房地产与房地产开发项目的执行

一、房地产的预查封

（一）预查封及其效力

预查封，指对尚未进行产权登记，但又在登记部门履行了一定的批准或者备案等预登记手续的房地产所采取的控制性措施，即由人民法院制发预查封裁定书和协助执行通知书，由国土资源或房地产管理部门办理预查封登记手续，待该房地产权属登记完结时转为正式查封。

预查封是最高人民法院、国土资源部、建设部《关于依法规范人民法院执行和国土资源房地产管理部门协助执行若干问题的通知》新确立的一项制度，其在限制标的物转让方面的效力等同于正式查封，即在人民法院预查封期间，任何单位和个人不得擅自处分预查封的财产，也不得办理转让、抵押手续。预查封期限、续封期限和续封要求也与正式查封相同，即预查封期限为2年，期限届满可以续封一次，续封期限为1年。确有特殊情况需要再次续封的，应当经过所属高级人民法院批准，且每次再续封的期限不得超过1年。土地、房屋权属在预查封期间登记在被执行人名下的，预查封登记自动转为查封登记，预查封转为正式查封后，查封期限从预查封之日起开始计算。

（二）预查封与查封的区别

预查封毕竟不是查封，它的效力与查封也有区别：

第一，预查封期间，人民法院不得处理预查封的房地产。只有在房地产权属登记在被执行人名下，预查封转为查封后，人民法院才可以依法处理。

第二，预查封期间，登记机构除了可以将预查封的房地产登记在被执行人名下外，登记机构不得作出任何其他登记行为。

（三）预查封的适用范围

根据《关于依法规范人民法院执行和国土资源房地产管理部门协助执行若干问题的通知》的相关规定，人民法院可以依法对下列未进行房地产所有权登记的房地产进行预查封：

1. 被执行人全部缴纳土地使用权出让金但尚未办理土地使用权登记的，人民法院可以对该土地使用权进行预查封（第十三条）。

2. 被执行人部分缴纳土地使用权出让金但尚未办理土地使用权登记的，对可以分割的土地使用权，按已交付的土地使用权出让金，由国土资源管理部门确认被执行人的土地使用权，人民法院可以对确认后的土地使用权裁定预查封。对不可以分割的土地使用权，可以全部进行预查封（第十四条）。

3. 已经办理了"商品房预售许可证"且尚未出售的房屋，或者购房人与房地产开发企业签订了购房合同，但未支付任何对价的房屋，可以作为开发企业的财产予以预查封（第十五条）。

4. 房地产开发企业已经为购房人办理了房屋权属初始登记的房屋，或者办理了商品房预售合同登记备案手续或商品房预告登记的房屋,可以作为购房人的财产予以预查封(第十五条)。

二、房地产的执行

贷款银行申请执行房地产与申请执行其他财产在操作上并无大的差异,关键是确认财产的权属。若该房地产属于被执行人所有,贷款银行便可向人民法院申请强制执行。在我国,房屋及土地使用权等不动产物权实行登记制度,由国家指定机关办理权属登记,并向所有者颁发权属证书。根据《关于依法规范人民法院执行和国土资源房地产管理部门协助执行若干问题的通知》(以下简称《规范执行和房地产部门协助执行若干问题》)的相关规定,土地、房屋的权属,一般可以按以下方式确认:

1. 已经进行登记的土地、房屋的权属,按照国土资源、房地产管理部门的登记,或者出具的权属证明确定权属。权属证明与权属登记不一致的,以权属登记为准(《规范执行和房地产部门协助执行若干问题》第五条)。

2. 未登记的建筑物,依据土地使用权的审批文件和其他相关证据确认权属(《查、扣、冻规定》第二条第二款)。

3. 未登记在被执行人名下的土地使用权、房屋,若登记名义人(案外人)书面认可该土地、房屋实际属于被执行人的,可以视为被执行人的财产(《规范执行和房地产部门协助执行若干问题》第七条第一款)。

4. 登记名义人否认该土地、房屋属于被执行人,如果申请执行人认为登记为虚假时,可提起撤销该登记的诉讼。经诉讼撤销该登记并转登记为被执行人名下时,可作为被执行人的财产执行(《规范执行和房地产部门协助执行若干问题》第七条第二款)。

5. 被执行人通过继承、判决或者强制执行取得的土地使用权、房屋,虽未经办理过户登记,可视为被执行人所有。执行法院向国土资源、房地产管理部门提交被执行人取得财产所依据的继承证明、生效判决书或者执行裁定书等法律文书,由国土资源、房地产管理部门办理过户登记手续(《规范执行和房地产部门协助执行若干问题》第八条)。

6. 以土地使用权、房屋作价或入股,作为公司注册资本并经工商登记的,该土地使用权、房屋虽未办理过户登记,当该公司作为被执行人时,申请执行人可以申请人民法院执行该财产(《查、扣、冻规定》第二条第三款)。

7. 国土资源、房地产管理部门已经受理被执行人转让土地使用权、房屋的过户登记申请,尚未核准登记的,人民法院可以进行查封,已核准登记的,不得进行查封(《规范执行和房地产部门协助执行若干问题》第九条)。

三、房地产投资权益的执行

投资合作建房一般采用两种方式:其一,土地方与投资方共同成立一家项目公司,由该项目公司负责房地产开发,合作双方按股份分享投资利润或房屋产权;其二,项目所有方与投资方采用合同的方式合作开发,双方按照投资比例分享利润或分配房产。

（一）以项目公司方式合作建房的情形

被执行人为项目公司的，申请执行人可以申请执行项目公司所开发的房地产；被执行人为项目公司股东的，一般不能直接执行项目公司所开发的房地产，而是向项目公司发出协助执行通知书，要求项目公司将被执行人的分红收益支付给申请执行人，或者转账到执行法院指定的银行账户。

（二）以合同方式合作建房的情形

被执行人为项目所有人的，申请执行人可以申请执行其开发的房地产；被执行人为其他投资人时，由于投资收益权是一种预期的收益，具有不确定性，所以，在一般情况下，不能申请执行该房地产。如果合作合同已履行完毕的，可参照执行被执行人到期债权的相关规定办理；如果合作合同正在履行中，申请执行人可以请求执行法院向项目所有人发出协助执行通知书，要求项目所有人将被执行人的投资收益支付给申请执行人，或者转账到执行法院指定的银行账户。

四、预售商品房的执行

1. 购房人已经向房地产开发企业支付了全部房款，或者办理了商品房按揭手续，此时，房屋虽未进行房屋所有权登记，但该房屋的权属已归购房人，可以作为购房人的财产予以执行，而不能再视为开发企业的财产。

2. 购房人与房地产开发企业签订了购房合同并支付了部分购房款，且该房屋已交付购房人使用的，该房屋可以作为购房人的财产予以执行，而不能作为开发企业的财产予以执行。执行所得价款优先支付开发企业尚未收取的购房款，申请执行人受偿剩余价款。

3. 购房人与房地产开发企业签订了购房合同并支付了部分购房款，但房屋没有交付购房人的，该房屋可以作为开发企业的财产予以执行。执行所得价款应优先偿还购房人已经支付的房款，申请执行人受偿剩余价款。

4. 上述第1、第2、第3种情形针对普通债权而言，若申请执行人享有担保物权（抵押权），贷款银行应当向人民法院主张抵押优先受偿权。

第八节 以物抵债

一、以物抵债概述

（一）以物抵债的法律依据

最高人民法院《关于适用〈民事诉讼法〉若干问题的意见》第三百零一条规定："经申请执行人和被执行人同意，可以不经拍卖、变卖，直接将被执行人的财产作价交申请执行人抵偿债务，对剩余债务，被执行人应当继续清偿"。第三百零二条规定："被执行人的财产无法拍卖或变卖的，经申请执行人同意，人民法院可以将该财产作价后交付申请执行人抵偿债务，或者交付申请执行人管理；申请执行人拒绝接收或管理的，退回被执行人。"

（二）以物抵债的分类

最高人民法院上述规定是民事执行中以物抵债措施的基本法律依据。根据这两条规定，以物抵债包括两方面的内容：一是执行和解性的以物抵债，即申请执行人（贷款银行）和被执行人双方协商一致，协议将法律文书所确定的货币支付变更为特定财产给付；二是执行措施性的以物抵债，即当被执行人的财产无法以拍卖、变卖的方式变价时，人民法院经征得贷款银行同意，强制将该特定财产作价抵偿给银行。

（三）以物抵债的含义

所谓以物抵债，是指债务人不能以货币资产足额偿还到期债务时，债务人与债权人通过协议或者人民法院依法裁决，以实物资产或权利资产抵偿全部或部分债务的行为。

不论是和解性的以物抵债还是措施性的以物抵债，都必须遵循等价原则，即抵债物在价值上等同于被执行人应当支付的货币数量。两者不同的是，和解性的以物抵债双方当事人必须协商一致，而措施性的以物抵债以债权人受领给付为原则，须征得贷款银行同意，但无须经被执行人认同。

二、以物抵债的"物"

抵债物的产权必须明晰，无权属纷争。以物抵债的"物"，应当是被执行人占有的动产、登记在被执行人名下的不动产、特定动产及其他财产权。未登记的建筑物和土地使用权，因其所有权尚未依法取得确认，存在权属风险，一般不宜充当抵债物。如果必须以其抵债的，贷款银行应当依据土地使用权的审批文件和其他相关证据确定权属。对于第三人占有的动产或者登记在第三人名下的不动产、特定动产及其他财产权，原则上也不宜用以抵债，除非第三人书面确认该财产属于被执行人。如果以该财产抵债的，贷款银行应当严格审查第三人出具的书面证明，确保材料真实可靠（《查、扣、冻规定》第二条第二款和第三款）。

根据最高人民法院《关于人民法院民事执行中查封、扣押、冻结财产的规定》第五条的规定，贷款银行不得接受以下财产抵偿债务：

1. 被执行人及其所抚养家属的生活必需物品；
2. 被执行人及其所扶养的家属完成义务教育所必需的物品；
3. 未公开的发明或未发表的著作；
4. 被执行人及其所扶养家属用于身体缺陷所必需的辅助工具、医疗物品；
5. 国家与外国、国际组织缔结的条约、协定或其他具有条约、协定性质的文件规定免予查封、扣押、冻结的财产；
6. 法律法规规定的不宜用于抵债的其他财产物品。

三、抵债物的交付

根据《民法通则》和《合同法》的规定，除非法律另有规定或当事人另有约定，否则，所有权的转移以交付为标志。因此，债权人实际受领抵债物是以物抵债的构成要件之一，若没有物的交付，则不能构成以物抵债。如果当事人对所有权的转移还约定了其他条件的，条件的成就也是以物抵债成立的要素。

普通物品的交付，只要依当事人的约定或者人民法院的裁定，直接交付给债权人即可；而对于房屋、土地使用权、汽车、船舶、股权股份等法律规定实行产权登记的特殊物品，除须有抵债物的交付之外，还必须依法办理产权变更手续。

四、贷款银行办理以物抵债应当注意的问题

1. 贷款银行与债务人协议以物抵债的，应区别抵债物进行不同的处理。如果抵债物是实行产权登记的特殊财产，以物抵债必须办理产权过户手续。银行应当在抵债协议中，明确约定债务人协助办理产权变更登记的义务、办理产权过户的时限及费用承担等。逾期未办妥产权变更登记，银行有权选择解除抵债协议；如果抵债物是非产权登记财产，以物抵债则无须办理产权变更手续。但是，银行应当在抵债协议中，明确约定抵债物转移占有的时限、地点、方式以及费用承担等内容，确保银行及时占有抵债物。

2. 在民事执行中，被执行人的财产经多次降价拍卖仍不能成交的，人民法院可以依职权裁定以物抵债。人民法院的以物抵债裁定一经送达即发生法律效力，当事人不得上诉。贷款银行认为裁定有错误的，可以在裁定发生法律效力后2年内，依审判监督程序向人民法院申请再审。在实务中，当事人不服法院裁定以物抵债的事由，主要集中在抵债物的价格上，而抵债物的价格又决定于价值评估。抵债物质次价高是法院裁定以物抵债普遍存在的现象，其成因比较复杂。从银行自身看，依法维权意识淡薄，以及对外沟通尤其是与法院沟通不够是重要因素。因此，贷款银行应当加强与人民法院的联系与配合，发现抵债物价值评估过高的，可以向执行法院提出异议，并请求重新评估。这是避免银行"借出金砖、收回破瓦"的重要举措。

人民法院裁定以物抵债的，贷款银行应当及时受领抵债物。所谓受领抵债物有两层含义：一是占有抵债物，即及时接收债务人交付的实物资产或权利资产。如果被执行人拒绝给付抵债物，贷款银行可以依据《民事诉讼法》第二百二十五条、第二百二十六条的规定，申请人民法院强制执行。二是落实抵债物权属，即及时办理产权变更手续。贷款银行可以持人民法院制作的土地使用权、房屋所有权转移裁定等相关法律文书，到国土资源、房地产管理部门等权属登记部门办理过户登记（《规范执行和房地产部门协助执行若干问题》第二十七条）。

3. 根据《关于适用〈民事诉讼法〉若干问题的意见》第三百零二条的规定，人民法院裁定以物抵债必须具备四个法定条件：第一，被执行人无金钱给付能力；第二，被执行人的财产无法拍卖、变卖或者拍卖不成；第三，申请执行人同意接受抵债物；第四，抵债物的价值已经有关部门评估。其中，"申请执行人同意接受抵债物"是贷款银行的主观意思表示，既包括对以物抵债方式表示同意，也包括对抵债的财产、抵债的价格等具体问题表示同意。贷款银行不以书面形式同意接受抵债物的，人民法院不得强行裁定以物抵债。但是，根据《关于人民法院民事执行中查封、扣押、冻结财产的规定》第三十一条第（三）项的规定，"查封、扣押、冻结的财产流拍或者变卖不成，申请执行人和其他执行债权人又不同意接受抵债的"，人民法院应当作出解除查封、扣押、冻结裁定。因此，银行对于已经申请人民法院查封、扣押、冻结的财产，应尽可能准确地评估该财产的价值及其可变现性，确定可以接受抵债的底价，做好以物抵债的预案。

4. 商业银行在民事执行中，一般不应主张以物抵债。但是，在某些特殊情况下，仍然有可能会遇到协议以物抵债，或者人民法院裁定以物抵债。根据《商业银行法》第四十二条的规定，贷款银行因行使抵押权、质权而取得的抵债资产，应当自取得之日起 2 年内予以处分。

第九章 《物权法》实施后担保物权制度的变化

第一节 物权及其种类

《中华人民共和国物权法》已于2007年3月16日经第十届全国人民代表大会第五次会议审议通过，于2007年10月1日实施。《物权法》历经十三年酝酿和八次审议终于瓜熟蒂落。这部以"维护国家基本经济制度，维护社会主义市场经济秩序，明确物的归属，发挥物的效用，保护权利人的物权"的法律，被置于我国市场经济的基本法的地位。它的通过与实施，标志着我国民法典立法进程向前推进了一大步，为各个层面的财产权提供了有力的保护，是一部与每一个公民和组织的利益休戚相关的法律。

一、物权与财产权

（一）物权的含义

物权，指权利人依法对特定的物享有直接支配和排他的权利，包括所有权、用益物权和担保物权（《物权法》第二条第三款）。

物权的"权利人"，也就是物权的主体，可以是国家、集体、私人，也可以表述为自然人、法人和非法人组织。

物权所指的"物"，主要是不动产和动产（《物权法》第二条第二款）。所谓不动产，指土地以及建筑物等土地附着物。所谓动产，指不动产以外的其他物，比如，交通工具、家用电器等。物权是直接支配有形财产的权利，精神产品为无形物，其不属于《物权法》的调整范围。但是，某些精神产品，如著作、商标、专利等，其权利人享有的注册商标专用权、专利权和著作权中的财产权，法律规定其也可以出质（《物权法》第二百二十三条）。在这种特定情况下，权利也成了物权的客体。因此，《物权法》第二条第二款还规定，"法律规定权利作为物权客体的，依照其规定。"

（二）物权与财产权的关系

财产权，指民事权利主体享有的具有经济利益的权利，通常包括以所有权为核心的有形财产权、以知识产权为主体的无形财产权、以债权和继承权等为内容的其他财产权。物权是财产权中的一种，是财产权的种概念，两者为种属关系。

（三）财产关系的法律调整

财产可分为有形财产和无形财产。有形财产的法律关系由《物权法》调整（《物权法》第二条第二款），而无形财产的法律关系，则主要由专门法律（如合同法、商标法、专利法、著作权法等）调整。

有形财产，指物理状态上的物，包括固体、液体、气体、电等。

无形财产，指具有金钱价值而没有实体存在的财富，包括信息、可转让的财产性权利两大类。例如，债权、知识产权中的财产权等。

二、物权的种类

物权作为财产权，是一种具有物质内容、直接体现为财产利益的权利，包括物的归属、物的利用、物之上设立的债务担保，与之相对应的权利便是所有权、用益物权和担保物权。

（一）所有权

1. 财产所有权的含义

所有权，又称自物权，指财产所有人在法律规定的范围内，独立地支配属于自己所有的财产的权利。财产所有人可以对其所有的财产占有、使用、收益、处分，并可以排除他人违背其意志的干涉（《物权法》第三十九条）。所有权是物权中最完整、最充分的物权，财产所有人为充分发挥物的效用，可以从所有权中分离、派生、引申出其他物权。例如，抵押权、租赁权等。

2. 建筑物区分所有权

案例分析：张三在某住宅小区购买了一套位于顶层的商品房。购房时，开发商言明赠送楼顶平台并在购房合同中予以约定。交房后，张三把楼顶平台修建成自用的休闲区。一年后，同一单元的楼下住户李四，要求在楼顶平台上安装卫星电视接收器，张三不同意，双方发生纠纷。张三认为，楼顶平台的所有权属于自己，他人不得侵占。李四则认为，楼顶平台归全体业主共有，自己作为业主之一，有权使用共有财产。

问：建筑物楼顶平台的所有权归谁所有？

随着现代城市的兴起，高层建筑越来越多，出现了同一栋建筑物存在多个所有权人的情形，学界称之为建筑物区分所有权，它是一种特殊的不动产所有权形态。楼顶平台使用权之争，实质是所有权归属之争。无论从建筑结构还是从使用功能角度看，楼顶平台与整栋建筑物都具有不可分割性，它不可能脱离各楼层而单独存在，因此，根据《物权法》第七十条的规定，笔者认为：

第一，楼顶平台的所有权归全体业主，是全体业主的法定共有财产，开发商无权将其赠与张三，也不能将其租金收益占为己有。

第二，楼顶虽系顶层房屋构成的重要部分，但顶层商品房的所有权并不及于楼顶，张三不因购买该商品房而取得楼顶平台的所有权。

第三，共有财产支配权归全体业主，包括张三、李四在内的任何业主都不得私自使用支配，而应当由业主大会决议。

关于楼顶的利用问题，最高人民法院《关于审理建筑物区分所有权纠纷案件具体应用法律若干问题的解释》（法释［2009］7号，以下简称《建筑物区分所有权若干解释》）第四条作出了明确规定："业主基于对住宅、经营性用房等专有部分特定使用功能的合理需要，无偿利用屋顶以及与其专有部分相对应的外墙面等共有部分的，不应认定为侵权。但违反法律、法规、管理规约，损害他人合法权益的除外。"可见，屋顶、外墙面为全体业主共有，与其相对应的专有部分的业主，可以无偿利用，但不得违反法律、法规、管理规约，损害他人合法权益。

"业主"，指依法登记取得或者根据物权法第二章第三节规定取得建筑物专有部分所有权的人。基于与建设单位之间的商品房买卖民事法律行为，已经合法占有建筑物专有部分，但尚未依法办理所有权登记的人，可以认定为业主。

依《物权法》第二章第三节规定取得所有权的情形包括以下三种：

(1) 因人民法院、仲裁委员会的法律文书或者人民政府的决定；
(2) 因继承或者受遗赠；
(3) 因合法建造等事实行为。

- 建筑物区分所有权的含义

建筑物区分所有权，指业主（房屋所有权人）对建筑物内的住宅、经营性用房等专有部分享有所有权，对专有部分以外的共有部分享有共有和共同管理的权利（《物权法》第七十条）。

可见，建筑物区分所有权由多种性质的权利复合而成，是专有部分的所有权、共用部分的共有权以及因共有关系而产生的管理权三者的结合。在建筑物区分所有权三要素中，专有部分的所有权居于主导地位，因为其他权利的行使都是基于业主的资格而取得的。

- 专有所有权

专有所有权，指业主对专有部分享有占有、使用、收益、处分的权利。

《物权法》对建筑物专有部分的范围没有作出规定，一般认为，建筑物专有部分，指在构造上能够与外界隔离，具有排他性且可独立使用的建筑物部分，即具备经济和法律上的独立性，通常以由四周的墙壁、地板以及天花板所组成的空间为限，但不及于建筑物主体结构的柱、梁、墙以及相邻建筑物区分所有权人共用的墙壁。

最高人民法院《关于审理建筑物区分所有权纠纷案件具体应用法律若干问题的解释》第二条对建筑物专有部分的范围作出了以下规定：

建筑区划内符合下列条件的房屋（包括整栋建筑物），以及车位、摊位等特定空间，应当认定为《物权法》第六章所称的专有部分：

(1) 具有构造上的独立性，能够明确区分；
(2) 具有利用上的独立性，可以排他使用；
(3) 能够登记成为特定业主所有权的客体。

规划上专属于特定房屋，且建设单位销售时已经根据规划列入该特定房屋买卖合同中的露台等，应当认定为专有部分的组成部分。

- 共有所有权

共有所有权，指业主依据法律、合同以及业主公约，对建筑物共有部分共同享有的权利。

《物权法》对建筑物共有部分的范围也没有作出规定，一般认为，建筑物共有部分，指供业主共同使用，具有从属性和不可分割性的建筑物部分，通常包括建筑物的主体结构（如柱、梁、墙等）、共用部分及附属物（如楼梯、走廊等）、相邻建筑物区分所有权人共有部分（如相邻建筑物共用的墙界、楼层之间的楼板等）。

根据《物权法》第七十三条的规定，业主对建筑区划内的道路、绿地、其他公共场所、公用设施和物业服务用房等公共空间享有法定共有权。

除法律、行政法规规定的共有部分外，建筑区划内的以下部分，也应当认定为共有部分（《建筑物区分所有权若干解释》第三条）：

（1）建筑物的基础、承重结构、外墙、屋顶等基本结构部分，通道、楼梯、大堂等公共通行部分，消防、公共照明等附属设施、设备，避难层、设备层或者设备间等结构部分；

（2）其他不属于业主专有部分，也不属于市政公用部分或者其他权利人所有的场所及设施等。

建筑区划内的土地，依法由业主共同享有建设用地使用权，但属于业主专有的整栋建筑物的规划占地或者城镇公共道路、绿地占地除外。

- 共同管理权

共同管理权，指业主基于同一建筑物而形成的作为该建筑物管理团体成员，对建筑物专有部分以外的共有部分享有共同管理的权利。

根据《物权法》第七十六条的规定，业主的共同管理权包括：

（1）制定和修改业主大会议事规则；

（2）制定和修改建筑物及其附属设施的管理规约；

（3）选举业主委员会或者更换业主委员会成员；

（4）选聘和解聘物业服务企业或者其他管理人；

（5）筹集和使用建筑物及其附属设施的维修资金；

（6）改建、重建建筑物及其附属设施；

（7）有关共有和共同管理权利的其他重大事项。

何谓"共有和共同管理权利的其他重大事项"？最高人民法院认为，改变共有部分的用途、利用共有部分从事经营性活动、处分共有部分，以及业主大会依法决定或者管理规约依法确定应由业主共同决定的事项，应当认定为物权法第七十六条第一款第（七）项规定的有关共有和共同管理权利的"其他重大事项"（《建筑物区分所有权若干解释》第七条）。

（二）用益物权

用益物权，指用益物权人对他人所有的财产在一定范围内享有占有、使用、收益的权利（《物权法》第一百一十七条）。用益物权多以不动产尤其是土地为使用收益的对象，通常包括国有土地使用权、集体土地使用权、其他自然资源使用权、土地承包经营权和典权等。

（三）担保物权

担保物权，指为担保债的履行，在债务人或者第三人所有的财产上设定的物权，担保物权人在债务人不履行到期债务，或者发生当事人约定的实现担保物权的情形时，依法享有就担保财产优先受偿的权利（《物权法》第一百七十条）。

担保物权和用益物权都属于他物权，但两者在内容和功能上却完全不同。用益物权是对特定财产的使用和收益，权利人享有的是对特定财产使用价值的支配权；担保物权是为确保债务清偿而设立的，权利人对特定财产一般不具有使用和收益的权利，而是享有对特定财产交换价值的支配权。担保物权主要有抵押权、质权、留置权等。

三、物权的特征

物权具有以下两个显著特征：

（一）物权是权利人直接支配特定物的权利

物权是权利人在法律规定的范围内对特定物享有直接支配的权利，权利人可以依自己的意志行使物权，不受义务人或他人的意思或行为干扰。例如，房屋所有权人可以自行决定该房屋的状态，如自行居住、出卖、出租、抵押等。债权则不然，债权人实现债权，必须依赖于债务人的行为，否则不能也不得支配标的物。例如，出租人与承租人签订租赁合同后，承租人在出租人交付出租物之前，不得使用租赁物。可见，物权的权利人对特定物的支配是直接的，因而物权又称为"绝对权"。

任何种类的物权都以权利人对物的直接支配为特征，但是，支配范围的大小，依物权种类不同而有差异。例如，所有权人对其所有之物的支配是总括和全面的，而他物权人则只能在某一方面支配他人所有之物。另外，支配不一定是有形的，也可以是无形的。例如，抵押权人不占有抵押物，其对抵押物的支配是无形的。

（二）物权是排他性的权利

物权的排他性表现在以下两个方面：

第一，任何他人都不得非法干预所有权人行使物上权利。物权的义务人是权利人以外的任何其他人，因而物权又称为"对世权"。这与债权不同，债权的权利义务限于订立合同的各方当事人，债权人只能要求债务人作为或不作为，而不能要求与其债权债务无关的其他人作为或不作为。正因为如此，债权被称为"对人权"和"相对权"。物权是权利人直接支配特定物的权利，物权人有权排除任何他人干预其行使物权，这是物权排他性的重要方面。

第二，同一物上不许有内容不相容的物权并存，即"一物一权"。所谓"一物一权"，指一物之上只能存在一个所有权，而不能存在两个或者两个以上的所有权。例如，一间房屋不能同时存在两个所有权。

若干人对同一物享有的所有权，不管其是共同还是按份地享有所有权，都是量的限制的物权，只是若干人共同享有一个所有权，而并非是一物之上有若干个所有权，也不是若干人分别独立地对同一物享有所有权。例如，同一间房屋归张三和李四共有，既不是该房屋存在两个所有权，也不是张三和李四分别对该房屋享有所有权，而是两人对该房屋共同享有一个所有权。

同一物之上存在两个或两个以上的他物权（如用益物权和担保物权）、在同一物之上设定两个或两个以上的抵押权，等等。这些情形与"一物一权"并不相悖。因为，在不违背财产私有属性的前提下，允许所有权人在物之上设定以使用为目的的用益物权，或者以担保为目的的担保物权，正是所有权人行使所有权的方式和实现所有权价值的途径。

综上所述，共有关系和多个他物权的存在，与物权的排他性并不矛盾，"一物一权"中的"权"并不包含他物权，而仅指所有权。

物权的排他性对他人的利益有重大影响，因此，物权的存在应当具有外形表现，以便于他人识别，维护交易安全。例如，在物权变动中，要求动产以交付为要件，不动产以登记为要件（《物权法》第九条、第二十三条）。

第二节 《物权法》的主要内容与原则

《物权法》是调整因物的归属和利用而产生的民事关系的法律，是一部专门规范民事主体对财产进行占有、使用、收益、处分的法律（《物权法》第二条第一款）。《物权法》是一个国家的基本财产法，是民法典的重要组成部分，它所要阐释的重要问题有三：其一，物权属于谁；其二，物权所有者享有的权利和他人负有的义务；其三，如何保护物权及侵权者应承担的责任。通俗地说，《物权法》是保护物权人的财产权利不受非法侵犯的法律。英国有句古语把《物权法》的保护功能阐释得淋漓尽致："穷人的寒舍，风能进，雨能进，国王不能进"。

一、《物权法》的框架内容

《物权法》共有五编十九章二百四十七条，其中：

第一编"总则"，对物权法的基本问题作出基础性的规定。该编集中规定了三个基本问题：一是《物权法》的基本原则，二是物权变动规则，三是物权请求权。

第二编"所有权"，对财产归属问题作出具体规定。该编规定了三种所有权形式，即国家所有或称全民所有、集体所有、私人所有；规定了建筑物区分所有权，业主对建筑物内的住宅、经营性用房等专有部分享有所有权，对专有部分以外的共有部分享有共有和共同管理的权利；规定了财产共有制度以及相邻关系的处理原则，还对包括善意取得在内的所有权特别取得方式作出规定。

第三编"用益物权"，对合法利用他人财产创造财富作出规定。《物权法》规定的用益物权有四项：土地承包经营权、建设用地使用权、宅基地使用权、地役权。这一部分主要规定财产利用问题，即在他人所有的财产上设立财产用益的权利，合法地利用他人的财产创造财富。

第四编"担保物权"，对利用自有或者他人财产担保债权作出规定。该编规定的担保物权有三项：抵押权、质权、留置权。

第五编"占有"，对财产占有的事实状态作出规定。

二、《物权法》的重要原则

（一）平等保护原则

《中华人民共和国宪法》（以下简称《宪法》）规定：坚持公有制为主体、多种所有制经济共同发展的基本经济制度（第六条）；国家保护个体经济、私营经济等非公有制经济的合法的权利和利益（第十一条）；公民的合法的私有财产不受侵犯。国家依照法律规定保护公民的私有财产权和继承权（第十三条）。

为了落实《宪法》上述精神，《物权法》规定："国家实行社会主义市场经济，保障一切市场主体的平等法律地位和发展权利"（第三条第三款），"国家、集体、私人的物权和其他权利人的物权受法律保护，任何单位和个人不得侵犯"（第四条）。根据这些规定，一切市场主体的财产权利，不论是国家、集体还是个人，国家都给予平等保护。平等保护是《物权法》的首要原则，它是确保市场主体地位平等、交易公平的前提，是市场经济繁荣和经济增长的动力与源泉。

（二）物权法定原则

1. 物权法定原则的含义

物权法定原则，指物权的种类由法律明确规定，禁止任何人创设法律没有规定的物权。物权种类法定，表明权利的内容和效力，以及取得权利的方式和要件，也由法律规定。《物权法》规定："物权的种类和内容，由法律规定"（第五条）；"不动产物权的设立、变更、转让和消灭，应当依照法律规定登记。动产物权的设立和转让，应当依照法律规定交付"（第六条）；"其他相关法律对物权另有特别规定的，依照其规定"（第八条）。这三条规定，确立了我国物权法定原则。

物权之所以必须法定，首先是由物权的对世性所决定。我们知道，债权属于"对人权"，具有相对性，权利和义务发生在当事人之间，当事人遵循自愿原则约定合同内容。而物权则不同，物权是"对世权"，具有绝对性，物权行使具有排他性，对所有的人都具有约束力，因而物权的内容不能由权利人自由创设。其次是因为民事基本制度应当由法律规定。物权制度属于民事基本制度，依据《立法法》第八条第（七）项的规定，民事基本制度应当由法律规定。

2. 物权法定原则的要求

物权法定原则提出了以下三个方面的要求：

第一，物权的种类不得创设，即物权的种类由法律规定，当事人之间不能创立。例如，根据《担保法》的规定，担保物权有抵押权、质权、留置权三种，除此之外，当事人约定的其他担保物权就不为法律所认可。

第二，物权的内容不得创设，即不得创设与法律规定的内容不相符的物权。例如，当事人不得创设不转移占有的动产质权。

第三，物权的取得和变动方式由法律规定，非依法律规定的方式不产生法律效果。

案例分析：赵某打算将其家空置的祖传房屋出卖给王某，消息传出，立刻遭到其他赵氏宗亲的反对。他们的理由是：数年前，宗族后人曾签有协议，约定祖宗的房产不可出卖。若非卖不可，同族宗亲享有优先购买权。赵某不顾他人的阻拦，也不征询宗亲是否有购买意向，坚持将祖传房屋转让给王某，并办理了过户登记。赵氏宗亲以赵某侵犯他们的优先购买权为由诉至法院。

问：赵某的行为是否构成侵权？

人民法院经审理后认为：现行法律并无宗亲对不动产享有优先购买权这一物权种类的规定，且当事人的约定亦不能创设新的物权。根据物权法定的原则，赵氏宗族关于同族宗亲享有优先购买权的约定不具有物权的效力，赵某的行为不构成侵犯他人的物权。

(三) 物权公示原则

物权公示原则，指物权的各种变动必须以一定的方式向外界公示。《物权法》第六条确立了物权公示原则："不动产物权的设立、变更、转让和消灭，应当依照法律规定登记。动产物权的设立和转让，应当依照法律规定交付。"物权公示原则包括物权变动规则和物权公信原则两方面的内容。

1. 物权变动规则及其运用

（1）物权变动的含义及其发生原因

物权变动是物权设立、变更、转让和消灭的总称。发生物权变动的原因，归纳起来可以分为两类：一类是基于当事人双方的合意，这是引起物权变动的主要原因，在实践中较为常见；另一类则是基于法律规定、裁决文书、公用征收、继承受赠等非双方合意，这种原因导致的物权变动在实践中相对较少。引起物权变动的原因不同，其适用的物权变动规则也不相同。物权变动规则有两条，即一是因当事人合意而发生物权变动的规则，二是非因当事人合意而导致物权变动的规则。

（2）因当事人合意而发生物权变动的规则

根据《物权法》第九条和第二十三条的规定，物权变动因当事人合意（双方行为）而发生，经公示后生效，非经公示不发生物权变动效力。就是说，交易主体订立的买卖等合同，这些合同仅表示发生了债的关系，还不能导致所有权的移转或他物权的创设，不会发生物权变动的效果。要想达到物权变动的目的，还需要根据《物权法》的规定履行一定的公示手续，即登记或交付。

案例分析：赵某与王某订立房屋买卖合同，约定：赵某将其拥有的房屋转让给王某。我们运用物权变动规则具体分析这一案例：

——赵某与王某订立房屋买卖合同，买卖双方之间建立了债权债务关系，但并没有发生物权变动的效力。赵某与王某只有依法办理登记，在原登记簿中记载赵某出让房屋的事实，将王某登记为权利人，才发生物权变动的效力。此时，王某取得房屋所有权，赵某的权利同时消灭。

——赵某与王某订立合同后，如果赵某或王某反悔，赵某或王某都不得以没有办理登记为由而主张房屋买卖合同无效。

——赵某与王某订立的房屋买卖合同被确认无效或者被撤销，双方应当返还财产：赵某将收取的价款返还王某，王某把房屋退还给赵某，双方办理回转登记，注销王某登记而恢复赵某的登记。但是，如果王某在登记注销之前，已经将房屋转卖给了张某，且张某为善意第三人，那么，张某依据《物权法》第一百零六条的规定，取得该房屋的所有权；赵某不能恢复房屋所有权，只能要求王某赔偿损失。王某因不能将房屋退还给赵某，应当折价补偿。

（3）非因当事人合意而导致物权变动的规则

根据《物权法》有关规定，因非民事法律行为或单方民事行为引起的物权变动，在符合法律规定时，即发生物权变动的效果：

因人民法院、仲裁委员会的法律文书或者人民政府的征收决定等，导致物权设立、变更、转让或者消灭的，自法律文书或者人民政府的征收决定等生效时发生效力（《物权法》第二十八条)。

因继承或者受遗赠取得物权的,自继承或者受遗赠开始时发生效力(《物权法》第二十九条)。

因合法建造、拆除房屋等事实行为设立或者消灭物权的,自事实行为成就时发生效力(《物权法》第三十条)。

(4) 物权变动中的银行对策

对于非因当事人合意而导致的物权变动,银行在实务操作中应当注意:

第一,如前所述,非因当事人合意而导致的物权变动,在物权登记或交付前即发生效力,即使没有登记或交付,物权取得人仍为真正的权利人。但是,如果原所有权人再行处置该财产并且办理了过户登记或交付手续,则银行的所有权不再受到法律保护。此时,银行只能向原所有权人要求侵权损害赔偿。因此,即使《物权法》赋予了非经登记或交付即可取得不动产或动产的物权,为使该权利落到实处,笔者建议银行及时办理过户登记或交付手续。

第二,银行处分因非民事法律行为而取得的不动产物权,必须在处分之前进行物权登记,取得物权后方可行使处分权,否则,不发生物权变动的效力(《物权法》第三十一条)。例如,在民事执行中,人民法院裁定以物抵债,强制将债务人的特定财产作价抵偿给债权银行。自裁定书生效之日起,物权变动生效,银行取得抵债物的所有权。若该抵债物为不动产,法律也不强制要求进行登记,即使没有办理过户手续,银行作为该不动产所有权人的事实状态仍然受到法律保护。但是,如果银行要将该不动产转让给他人,转让前须先将该不动产登记在银行名下,否则,银行不能转让该不动产。

第三,非经登记或交付即可取得不动产或动产的物权,严格限于法律规定的情形。在下列情形下,若未办理抵债物的过户登记或交付手续,银行并不能在法律上取得抵债物的所有权:

一是未经诉讼或者仲裁,当事人签订的以物抵债协议;

二是在诉讼或者仲裁中,当事人签订的以物抵债协议未经人民法院或者仲裁机构的裁决文书予以确认。

2. 物权公示方式

根据《物权法》的相关规定,物权公示方式分不动产和动产两种。

(1) 不动产物权登记公示

《物权法》规定,不动产物权的设立、变更、转让和消灭,应依法到指定机关办理登记,将权利取得、变更、消灭事实记载于登记簿始发生效力(《物权法》第九条、第十四条)。就是说,不动产所有权的取得,应当到国家指定的登记机构进行登记。变更不动产所有权的内容,比如由一人所有变为二人共有,也应当履行变更登记手续。

案例分析:张甲因移居国外,将其名下的一套商品房以50万元的价格转让给其妹张乙。为节省转让税费支出,双方签订房屋转让协议并交付价款后,没有办理房屋过户手续,但办理了转让协议公证。三年后,张甲回国定居,要求张乙返还其名下的房产。

问:张甲的要求是否应当支持?

《物权法》规定:"不动产物权的设立、变更、转让和消灭,经依法登记,发生效力；未经登记，不发生效力，但法律另有规定的除外"（第九条第一款）。"不动产物权的设立、变更、转让和消灭，依照法律规定应当登记的，自记载于不动产登记簿时发生效力"（第十四条）。

根据上述规定，房屋所有权归谁所有，其认定依据只能是不动产登记簿登记的内容，除此之外其他机构的文书，都不足以直接判定房屋所有权的归属。不动产登记簿的这种证明力是法律赋予的，当事人双方并不能通过协议来改变法律的规定。同时，公证机构的公证，其作用是证明协议的真实性，并不具有房屋所有权归属的证明力。

就本案而言，第一，登记机构的不动产登记簿记载的房屋权利人系张甲而非实际占有人张乙，根据《物权法》第九条、第十四条的规定，张甲仍然是该房屋的所有权人，张甲作为权利人要求他人返还其名下的房产，当然应当得到支持；第二，转让协议包括经过公证机构公证的协议，都不是房屋所有权归属和内容的法律依据，所以，张乙不能以经过公证的协议来主张自己对房屋拥有所有权；第三，张乙已经支付给张甲的购房款，可以要求张甲返还，并可追究张甲的违约责任。

（2）动产物权交付公示

《物权法》规定，动产物权的设立和转让，自交付时发生效力（《物权法》第二十三条）。就是说，动产所有权的取得，必须通过交付。动产交付后，受让方才取得所有权，出让方才失去所有权。

案例分析：张三因移居国外，将其名下的一辆"宝马"汽车转让给李四，但没有办理过户手续。一年后，李四又将该车转让给王五，双方签订了买卖合同，并在合同中载明因原车主移居国外无法办理过户。李四收到价款后，依合同约定将"宝马"汽车及其相关证照交付给了王五。三个月后，王五又以李四无处分权及不能办理过户为由，诉求买卖合同无效，要求李四返还购车款。问：

（1）李四是否有权转让该"宝马"汽车？

（2）王五要求李四返还购车款的诉求是否应当支持？

案例（1）分析：《物权法》第二十三条规定："动产物权的设立和转让，自交付时发生效力，但法律另有规定的除外。"本案中，张三将"宝马"汽车转让给李四，双方签订了买卖合同，并交接了价款与汽车，虽未曾办理过户，但汽车作为一种动产，其所有权的取得，以交付占有为公示，经公示后即发生法律效力。就是说，虽然汽车登记的权利人仍然是张三，但是，依据《物权法》第二十三条的规定，李四实际上已经取得了"宝马"汽车的所有权，其当然有权处分转让属于自己的财产。

应当指出的是，根据《物权法》第二十四条的规定，"船舶、航空器和机动车等物权的设立、变更、转让和消灭，未经登记，不得对抗善意第三人"。就是说，李四虽然取得了汽车的所有权，但因汽车登记的权利人为张三而非李四，如果张三再将汽车转让给第三人且办理了过户，或者张三再将汽车抵押给债权人且办理了抵押登记，那么，李四就不能再主张对汽车拥有所有权。

案例（2）分析：王五要求李四返还购车款是否应当支持，取决于双方签订的"宝马"汽车买卖合同的效力。若为无效合同或可撤销合同，王五的要求可以得到支持。判断一份合同是否为无效合同，其依据应当是《合同法》第五十二条关于无效合同的规定，而与能否办理"宝马"汽车过户没有关系。笔者认为，该买卖合同有效，王五要求李四返还购车款的诉求不应支持。理由是：

第一，李四通过转让行为取得了"宝马"汽车的所有权，其处分转让自己享有所有权的财产不违反法律规定。

第二，李四和王五是完全民事行为能力人，双方意思表示自愿、真实、一致。对于汽车不能办理过户手续的事实，李四如实告知王五并在合同中载明，不存在故意隐瞒、欺诈等情形，且王五对此明知并予以了认同。

第三，李四和王五交易的内容是汽车买卖，换言之，合同的标的物为法律所允许。

第四，李四已将"宝马"汽车及其相关证照交付王五，根据《物权法》第二十三条的规定，王五已经取得了"宝马"汽车的所有权，双方的交易行为合法有效。

3. 抵押权的登记生效与登记对抗

《物权法》对抵押权采取法定登记生效和登记对抗第三人两种模式。

（1）登记生效

登记生效，指以法律规定应当办理抵押登记的财产设定抵押的，当事人办理登记始产生抵押权，未经登记抵押权不成立。

以建筑物和其他土地附着物、建设用地使用权、正在建造的建筑物，以及以招标、拍卖、公开协商等方式取得的荒地等土地承包经营权抵押的，应当办理抵押登记，抵押权自登记时设立，不登记的，抵押权不生效（《物权法》第一百八十七条）。

案例分析：赵某以自己的房屋抵押向王某借款35万元，并将房屋所有权证交给王某。借款到期后，赵某无力偿还，王某将赵某价值40万元的房屋以42万元卖给了李某。王某收到房款后，把扣除借款后余下的7万元还给了赵某。

问：王某的行为合法吗？为什么？

根据《物权法》第一百八十七条的规定，借款担保物房屋属于法律规定须强制登记的抵押物，抵押权自登记时设立，不登记的，抵押权不生效。本案中，当事人双方虽然签订了抵押借款协议，但是未办理抵押登记，抵押权未成立。因此，王某对房屋并不享有优先受偿权，私自变卖他人的财产构成侵权。

退一步说，即使当事人依法办理了抵押登记，抵押权成立，王某行使优先受偿权也不能私自处分抵押物，而应当根据《物权法》第一百九十五条第二款的规定，申请人民法院拍卖、变卖抵押财产。

应当指出的是，以强制登记的抵押物抵押，抵押权因未办理抵押登记而未成立，但抵押合同并不因此而无效，合同自成立时生效。因为，《物权法》第十五条规定："当事人之间订立有关设立、变更、转让和消灭不动产物权的合同，除法律另有规定或者合同另有约定外，自合同成立时生效；未办理物权登记的，不影响合同效力。"本案中，赵某与王某自愿订立抵押借款协议，意思表示真实且没有违反法律规定，协议自成立时生效，王某可以依法追究赵某的违约责任。

（2）登记对抗

登记对抗，指是否登记由当事人选择，不登记不影响抵押权成立，但不登记不产生对抗第三人的效力。

以企业动产、交通运输工具及正在建造的船舶、航空器抵押的，抵押权自抵押合同生效时设立，未经登记，不得对抗善意第三人（《物权法》第一百八十八条）。

以抵押人将有的动产抵押的，抵押权自抵押合同生效时设立，未经登记，不得对抗善意第三人（《物权法》第一百八十九条）。

案例分析：甲企业以生产设备抵押，向乙企业借款100万元。半年后，甲企业又将生产设备卖给了丙企业。借款到期后，甲企业无力偿还借款。

问：乙企业可否向丙企业索要生产设备并行使抵押权？

根据《物权法》第一百八十八条的规定，以企业的生产设备抵押，法律并不要求必须办理抵押登记，当事人可以依意愿选择是否登记，不登记的，不影响抵押权设立。但是，未经登记，不得对抗善意第三人。

本案中，甲企业与乙企业签订的借款抵押合同，自合同成立时生效，抵押权同时设立。由于借款抵押合同的当事人没有办理抵押登记，缺乏公示，丙企业无从知道甲企业的生产设备已经设置了抵押权，故该抵押权不得对抗作为善意第三人的丙企业，乙企业不能向丙企业索要生产设备。当然，如果丙企业知道或者应当知道该生产设备设置了抵押权仍然购买，则丙企业的受让不构成善意取得，此时，乙企业可以向丙企业主张权利，行使抵押权。

抵押权无论是登记生效，还是登记对抗，笔者建议债权银行选择办理抵押登记，以排除第三人对物权主张权利及司法机关的阻断，有效维护自身的合法权益。

4. 动产交付的形式

根据《物权法》有关规定，动产交付包括以下四种形式：

现实交付，即将动产的实际控制权直接转移给受让人（《物权法》第二十三条）。

简易交付，即动产物权设立和转让前，受让人已经先行合法占有该动产的，让与人无须再为现实交付。物权自让与合同生效时发生效力（《物权法》第二十五条）。

指示交付，即动产物权设立和转让时，该动产正由第三人合法占有，让与人不能进行现实交付，而通过转让请求第三人返还原物的权利代替交付（《物权法》第二十六条）。

占有改定，即动产物权转让时，让与人与受让人约定，由让与人继续占有该动产，受让人取得该动产的间接占有，以代替现实交付。物权自约定生效时发生效力（《物权法》第二十七条）。

简易交付、指示交付、占有改定是交付的特殊形式，它们都属于观念上的交付。简易交付与现实交付并无实质区别，受让人已实际占有动产，物权的公示已经完成。而指示交付和占有改定则不然，动产并没有发生移转，受让人并没有实际占有动产，社会公众无法从外在表征认知物权变动，物权的公示作用薄弱，尤其是占有改定。在实务中，银行应当注意防范他人利用占有改定制度逃废银行债务。例如，债务人与第三人签订虚假的占有改定协议，制造动产所有权已经转移的假象，企图悬空银行债权。

5. 不动产登记簿与不动产权属证书

（1）登记簿与权属证书的关系

在不动产登记制度中，登记簿和权属证书的地位与作用不尽相同。所谓不动产登记簿，指记载不动产上的权利状况并备存于登记机构的簿册。所谓不动产权属证书，指登记机构颁发给权利人作为享有权利的证明。登记簿和权属证书都具有"证据资格"，当事人可以将其作为诉讼证据使用。但是，两者的证据力不同，前者优于后者，即当登记簿与权属证书记载的内容不一致时，以不动产登记簿为准（《物权法》第十六条、第十七条）。因为：

第一，根据物权公示原则，不动产物权公示的法定形式是登记，完成登记物权始生效，故不动产登记簿自然应当成为不动产物权归属和内容的法律依据。

第二，权利人持有的不动产权属证书，只是不动产登记簿记载内容的外在表现形式，并不具有代表不动产物权的功能，它的作用更多的是为权利人在社会生活和交易过程中证明自己的权利状况。

（2）抵押登记应以不动产登记簿记载的内容为依据

不动产登记簿记载的内容具有国家公信力，商业银行依据登记簿发生的交易（如抵押）受法律保护。不动产权属证书不具有代表物权的功能，其在交易中的证明作用仅是初步的，依据权属证书发生的交易并不当然地受到法律保护，银行应当到登记机构查阅不动产登记簿，核实财产的真正所有权人，了解该不动产是否已经设定了抵押等。

此外，银行在办理抵押登记时还应注意核实"两个一致"：

其一，登记簿记载的内容事项与抵押合同载明的相一致；

其二，登记簿记载的内容事项与他项权利证书记载的相一致。

当发现登记簿记载的内容事项与抵押合同或他项权利证书不一致时，银行应及时依《物权法》第十九条的规定申请更正登记，否则，以登记簿记载的内容为准。例如，若抵押合同载明的担保范围为贷款本金及其利息、违约金、损害赔偿金以及债权人实现债权的费用等，而不动产登记簿记载为贷款本金数额的，则银行享有抵押担保的债权范围仅为贷款本金数额，而非抵押合同约定的担保范围。

6. 物权公信原则

（1）物权公信原则的含义

物权公信原则，指当事人如果基于对公示的深信而为一定的行为（如买卖、抵押），即使登记和交付所表现的物权状态与真实的物权状态不相符合，也不能影响物权变动的效力。公信原则与公示原则具有密切的联系，公信原则实际上是赋予公示的内容以公信力，没有公信原则，则公示的作用必将大大降低。

公信原则主要包括两方面的内容：一是不动产登记簿记载的权利人或实际占有动产的人，在法律上就推定其为真正的权利人。二是任何人因为相信公示而与权利人从事移转该权利的交易行为的，该项交易受到法律保护。

案例分析：甲乙兄弟俩共有一幢房屋，甲在办理房产登记时，故意将房屋登记在自己一个人的名下。此后，甲又瞒着乙，以35万元的市场价格将房屋卖给了李某，并办理了产权过户登记手续。乙知情后向甲主张权利，甲以房屋所有权证登记自己是唯一权利人为由，拒绝乙的诉求。

问：乙该如何依法维护自己的权益？可否主张李某取得房屋所有权无效？

李某基于对登记公信力的信任，相信甲是该幢房屋的唯一所有权人，并与其交易，支付了相应的对价。因此，李某的房屋所有权属于善意取得。李某作为善意第三人，可以援引登记的公信力对抗乙。

乙作为该幢房屋的事实权利人之一，他的权益应当得到保护。本案中，甲的行为严重地侵犯了乙的合法权益，乙可以提起侵权之诉，要求甲赔偿损失，或返还不当得利。

甲作为不动产登记的申请人，他不得援引登记的公信力对抗乙。因为，登记的公信力是为保护交易安全而设立的，甲的情形显然不能适用登记公信力规则。

如果甲尚未将房屋转让给李某，根据《物权法》第十九条的规定，乙若认为房屋产权登记簿记载的事项有错误，可以向登记机构提出异议，申请更正登记。乙申请更正登记应当出示相关证据，证明自己是事实上的房屋共有人。若房屋产权登记簿记载的权利人甲不同意更正的，乙还可以申请异议登记，并在异议登记之日起十五日内向人民法院提起确认之诉。逾期不起诉的，异议登记失效。

（2）物权公信原则对银行的影响

公信原则对商业银行的影响是正面的，其排除了不动产所有权的取得、变更等因素对抵押权的影响。根据公信原则，银行依据不动产登记簿记载的内容设定的抵押权，不论登记的权利人是否为真正的权利人（银行明知登记的权利人为非真正的权利人除外），也不管抵押后不动产权属发生何种变更，银行依法设立的抵押权均受到法律保护。

第三节 《物权法》与银行信贷相关的制度

一、不动产统一登记制度

不动产登记是建立物权制度的重要基础。根据现行法律法规规定，我国不动产登记实行分别登记制度，涉及不动产管理部门主要有：土地管理部门（农民集体土地所有权、国有土地使用权）、房产管理部门（房屋所有权）、农业主管部门（土地承包经营权）、林业主管部门（森林、林木、林地所有权和使用权）、海洋行政主管部门（海域使用权）、地质矿产主管部门（矿产资源开采权）。

若某一项产权内容变动涉及多个管理部门的，还必须分别登记。例如，《城市房地产管理法》规定，在依法取得使用权的土地上建成房屋，应当凭土地使用权证书向县级以上地方人民政府房产管理部门申请登记。房地产转让或者变更，应当向县级以上地方人民政府房产管理部门申请房产变更登记，并凭变更后的"房屋所有权证"向同级人民政府土地管理部门申请土地使用权变更登记。

针对当前不动产登记多头负责、复杂烦琐的弊端，《物权法》实行不动产统一登记制度，简化手续提高效率，节省社会资源。《物权法》第十条规定，国家对不动产实行统一登记制度。统一登记的范围、登记机构和登记办法，由法律、行政法规规定。不动产登记，由不动产所在地的登记机构办理。统一登记制度的建立，为当事人办理物权登记提供了极大的便利，同时还提升了物权公示的权威性。

应当注意，《物权法》虽然确立了不动产统一登记制度，但是，由于法律法规在统一的范围、登记机构和登记办法等方面,尚未作出详细的规定,因此,在不动产统一登记制度具体施行之前,商业银行还应依原来的规定,分别办理抵押登记。例如,抵押人以土地使用权和地上建筑物抵押的,应分别办理抵押登记手续。

《物权法》在确立不动产统一登记制度的同时,还对登记行为进行了规范:

第一,《物权法》第十三条规定,登记机构不得要求对不动产进行评估、不得以年检等名义进行重复登记、不得有超出登记职责范围的其他行为。

第二,《物权法》第二十二条规定,不动产登记费按件收取,不得按照不动产的面积、体积或者价款的比例收取。具体收费标准由国务院有关部门会同价格主管部门规定。

二、不动产登记赔偿制度

不动产登记赔偿,指因不动产登记错漏给他人造成损害的,登记机构应当承担赔偿责任。

在实践中,因登记机构登记错误而造成当事人或利害关系人受到损害的事时有发生。为了给予处于相对弱势的受害人更加充分的保护,《物权法》第二十一条第二款规定,"因登记错误,给他人造成损害的,登记机构应当承担赔偿责任。登记机构赔偿后,可以向造成登记错误的人追偿"。根据该条款规定,对受害人而言,登记机构因登记错误而承担赔偿责任是绝对的,即使造成登记错误的原因是因当事人提供虚假材料,登记机构也应当首先对受害人承担赔偿责任,然后再依本条第一款"当事人提供虚假材料申请登记,给他人造成损害的,应当承担赔偿责任"的规定,追究责任人的责任。

三、不动产预告登记制度

当事人签订房屋买卖合同或者其他不动产物权协议,可以依约定向登记机构申请不动产预告登记,以保障物权在将来得以实现。

(一)不动产预告登记的含义及其作用

不动产预告登记,指为保全一项请求权而进行的不动产登记。预告登记所登记的,不是不动产物权,而是将来发生不动产物权变动的请求权。预告登记使被登记的请求权具有物权的效力。也就是说,办理了预告登记的请求权,对后来发生的与该项请求权内容相同的不动产物权的处分行为,具有对抗的效力。未经预告登记的权利人同意处分该不动产的,不发生物权效力(《物权法》第二十条第一款)。

预告登记的作用在于限制不动产交易中的出卖人处分其权利,保护买受人的合理期待。例如,购房人与开发商订立商品房预售合同后,购房人享有合同法上的请求权,该项权利没有排他的效力,无法防止开发商再次将房屋出卖给他人,即"一房二卖"。发生此情形后,购房人只能主张开发商违约,要求损害赔偿,而不能取得指定的房屋。预告登记制度建立后,当事人可以申请预告登记。预告登记后,未经预告登记的购房人同意,开发商处分该房屋不发生物权效力。

预告登记不仅适用当事人订立的房屋买卖合同,其他不动产物权合同的当事人也可以申请预告登记。例如,商品房按揭贷款合同等。

（二）不动产预告登记存续期间

预告登记具有限制不动产权利人处分其权利的作用，因此，其存续期间也应当受到限制。《物权法》第二十条第二款规定："预告登记后，债权消灭或者自能够进行不动产登记之日起三个月内未申请登记的，预告登记失效。"据此规定，银行接受预告登记的不动产为抵押物的，应当及时督促抵押人在规定时间内办理不动产登记手续，避免预告登记失效而面临抵押权落空的风险。

（三）不动产预告登记对银行的影响

不动产预告登记制度对银行信贷业务的影响，既有正面作用也有负面影响。一方面，若抵押人以尚未取得不动产权属证书的财产抵押，银行可以通过预告登记，保障银行将来能够取得不动产物权。例如，商品房按揭贷款抵押预告登记。另一方面，对于已经预告登记的不动产，若未经预告登记权利人的同意，银行不能再在该不动产上设定他物权。从这个角度说，预告登记在一定程度上收窄了设立担保物权的财产范围，同时对银行设立担保物权提出了更高的要求。例如，银行在办理土地使用权抵押、在建工程抵押和按揭贷款抵押时，应当审查抵押物是否存在预告登记。若该不动产已经办理了预告登记的，在预告登记有效期内，不宜接受为抵押物。

四、不动产更正登记和异议登记制度

《物权法》第十九条规定了更正登记和异议登记制度，这是针对不正确登记的补救制度。

（一）更正登记的含义

更正登记，指权利人、利害关系人认为不动产登记簿记载的事项错误，请求登记机构予以更正的登记；或者登记机构自己发现登记簿记载的事项错误后作出的更正登记。权利人、利害关系人申请更正登记，应当提交相关证据，证明不动产登记簿记载的特定事项存在错误；或者提交不动产登记簿记载的权利人书面同意更正登记的相关材料。

（二）异议登记的含义

异议登记，指事实上的权利人或者利害关系人对不动产登记簿记载的事项存有异议而提出的登记。异议登记通过临时在不动产登记簿上记载对该不动产的异议内容，排除登记的公信力，将原登记的物权，由确定状态转变为悬而未决存有疑义的状态。

异议登记通常在不动产登记簿记载的权利人不同意更正登记时，由利害关系人提出，登记机构不能依职权为任何异议登记。申请人在异议登记之日起十五日内应当向人民法院提起确认之诉。逾期不起诉的，异议登记失效。异议登记不当造成权利人损害的，权利人可以向异议登记申请人请求损害赔偿。

（三）更正登记和异议登记制度对银行的影响

更正登记和异议登记制度的设立，对银行办理抵押贷款提出了更高的要求：

第一，必须全面、深入地调查核实抵押物的权属，确保抵押人对抵押物享有真正的所有权，避免发生抵押物更正登记和异议登记。

第二，异议登记期间，物权处于不确定状态，异议是否成立决定着抵押权的效力。因此，如果不动产存在异议登记，在该异议登记被注销前，银行不应接受该不动产为抵押物。

第三，抵押物在抵押期间出现异议登记的，抵押权随之处于不确定状态，因此，在异议登记注销之前，银行不宜处分抵押物。因异议登记不当给抵押权人造成损害的，银行可以向异议登记申请人主张损害赔偿。

五、善意取得制度

（一）善意取得的含义及其条件

善意取得是所有权特别取得的重要方式，各国的物权保护立法对此都有规定，《物权法》第一百零六条也规定了善意取得制度。所谓善意取得，指受让人以财产所有权转移为目的，善意、对价受让且占有该财产，即使出让人无转移所有权的权利，受让人仍取得其所有权。

根据《物权法》第一百零六条第一款的规定，善意取得须同时具备以下条件，否则不构成善意取得：

第一，受让人受让该不动产或者动产时是善意的；

第二，以合理的价格转让；

第三，转让的不动产或者动产依照法律规定应当登记的已经登记，不需要登记的已经交付给受让人。

案例分析：下列情形中，王五是否能够取得该钻戒的所有权？如果不能取得，王五的损失如何弥补？如果能够取得，张三的损失又该如何弥补？

（1）李四把张三寄存的一枚钻戒擅自卖给或者赠与王五；

（2）李四盗得张三钻戒一枚，并将其以明显低于市场的价格卖给了王五；

（3）李四把拾到的钻戒委托拍卖行拍卖，王五在拍卖会上拍得该钻戒。

案例（1）中，李四受人之托代为他人保管物品，虽然其实际占有钻戒，但是，该钻戒的所有权仍然归张三所有，李四对钻戒不具有处分权。

第一种情形：李四擅自将钻戒卖给了王五。依据物权公示原则，动产物权以交付占有为公示，买受人王五根据实际占有判断钻戒为李四所有并无过错，且交易时对李四无权处分钻戒并不知情，同时给付了对价，属于善意取得，故王五取得钻戒所有权。

钻戒的原来所有权人张三，可以依据《物权法》第一百零六条第二款"受让人依照前款规定取得不动产或者动产的所有权的，原所有权人有权向无处分权人请求赔偿损失"的规定，向人民法院提起侵权或违约之诉，要求李四赔偿损失。

第二种情形：李四擅自将钻戒赠与王五。因王五获得该物并非基于交易，也没有给付对价，故其不能取得钻戒所有权，应将钻戒返还李四，再由李四返还给张三。同时，王五系通过受赠方式获得钻戒，没有支付对价，故也不存在损失赔偿。

案例（2）中，李四以非法手段窃取他人财物占为己有，其所持钻戒属赃物。而且，买受人王五以明显低于市场的价格取得该物，其基于常识判断，应当知道转让物存在瑕疵。因此，买受人王五不能适用善意取得制度获得钻戒的所有权。同时，买受人王五还负有向真正的所有权人张三返还该物的义务。买受人王五因购买赃物造成的损失，有权向出卖人李四主张违约责任，要求返还价金，赔偿损失。

案例（3）中，买受人王五在拍卖会上通过公开竞价买得钻戒，且其在参加竞拍时并不知道拍品为遗失物，为善意买受人，取得钻戒的所有权。

权利人张三可以依据《物权法》第一百零七条的规定，自知道或者应当知道买受人之日起二年内向买受人王五请求返还钻戒，但应当向买受人支付其因购买该物而支付的价金。权利人张三向买受人支付所付费用后，可以基于侵权或者不当得利，要求无处分权人李四返还价金。若有证据证明拍卖行存在过错的，也可以要求其承担相应的赔偿责任。

如果遗失物不是通过拍卖或者具有经营资格的经营者转让的，权利人张三同样可以自知道或者应当知道买受人之日起二年内向买受人王五请求返还钻戒，但在此情形下，王五无权请求张三支付其因购买该物而支付的价金；张三也可以直接向无处分权人李四请求损害赔偿。

（二）善意取得的适用范围

善意取得的适用范围，可以从财产分类与物权分类两个角度界定。

就财产分类而言，根据《物权法》第一百零六条第一款的规定，善意取得不仅适用于动产，而且适用于实行登记制度的不动产。例如，当事人出于善意，从无处分权人手中购买房屋并办理了过户登记，善意人取得房屋所有权。

就物权分类而言，《物权法》第一百零六条第三款规定："当事人善意取得其他物权的，参照前两款规定"。可见，善意取得既适用于所有权，也适用于担保物权和用益物权。其中，担保物权的善意取得对于商业银行尤为重要。

（三）银行运用善意取得制度应注意的问题

第一，善意取得要求银行在设立担保物权时必须是善意的，其设立依据应当遵照物权公示原则，即不动产抵押依据登记簿记载的内容，动产抵押依据财产实际占有的事实，银行不知道财产上还存在其他权利人，如所有权人、抵押权人等。

第二，善意取得的不动产抵押权或者动产质权，必须是依法办理了不动产抵押登记，或者将动产交付给了银行的。未登记的不动产抵押，或者未交付质物的动产质押，抵押权或者质权尚未成立，不存在善意取得。

第三，善意取得的动产抵押权若没有办理动产抵押登记，不得对抗善意第三人。例如，以船舶、航空器和机动车等动产抵押，抵押权自抵押合同生效时设立，未经登记，不得对抗善意第三人。

第四节　担保物权规定的变化

一、法律冲突的处理规则

《物权法》第四编对担保物权作出了详细规定，这些规定以《担保法》等法律和最高人民法院有关司法解释为基础，对原有规定进行修改、调整和补充。《物权法》施行后，《担保法》等相关法律并未废止，出现诸法并行的局面，其中有关担保物权的规定不尽一致，学者通常称之为法律冲突。所谓法律冲突，指两部或两部以上的法律同时竞相调整同一对象，因规定不同的法律后果而在这些法律之间产生冲突的社会现象。

《立法法》对如何处理法律冲突作出了规定："同一机关制定的法律、行政法规、地方性法规、自治条例和单行条例、规章，特别规定与一般规定不一致的，适用特别规定；新的规定与旧的规定不一致的，适用新的规定"（第八十三条）。"法律之间对同一事项的新的一般规定与旧的特别规定不一致，不能确定如何适用时，由全国人民代表大会常务委员会裁决"（第八十五条）。据此规定，当法律发生冲突时，我们在判断和选择如何适用法律时应当遵循三条规则，即：

第一，"上位法优于下位法"；

第二，"新法优于旧法"；

第三，"特别法优于一般法"。

例如，当《担保法》与《物权法》的内容发生法律冲突时，因《担保法》不是《物权法》的特别法，不能适用"特别法优于一般法"。同时，《担保法》和《物权法》虽同为全国人民代表大会制定，但《担保法》由常务委员会审议通过，而《物权法》由全国人民代表大会审议通过，就法律位阶而言，前者为下位法，后者为上位法，根据"上位法优于下位法"的原则，《物权法》优于《担保法》。此外，《担保法》为旧法，《物权法》为新法，应适用"新法优于旧法"。

综上所述，自2007年10月1日《物权法》实施后，《担保法》等法律及有关司法解释与《物权法》的规定不一致的，优先适用《物权法》（《物权法》第一百七十八条），《担保法》等其他法律对物权另有特别规定的，依照其规定（《物权法》第八条）。

二、担保物权规定的主要变化

在《物权法》中，与银行关系最密切的是担保物权，尤其是抵押权和质权。与《担保法》等法律及有关司法解释相比，《物权法》关于担保物权的规定发生了一些重大变化。在这些变化中，对抵押权和质权均适用的规定发生了以下变化：

（一）未办理抵押或质押登记不影响担保合同的效力

根据《担保法》第四十一条、第六十四条、第七十九条的规定，当事人以《担保法》第四十二条规定的财产抵押，或者以《担保法》第四十二条规定之外的其他动产质押，或者以注册商标专用权，专利权、著作权中的财产权出质的，应当办理抵押物登记或质押登记，抵押合同或质押合同自登记之日或质物交付质权人占有时生效。

《担保法》上述规定混淆了担保合同生效与担保物权成立的区别，不利于保护债权人的利益。例如，担保合同签订后，银行依合同约定履行了放款义务，但抵押人或出质人故意不办理抵押（质押）登记，或者故意不交付质物的，抵押权（质权）不发生效力，抵押（质押）合同也不生效。此时，贷款银行仅能追究抵押人或出质人的缔约过失责任，而不能追究他们的违约责任。

《物权法》对《担保法》的上述规定作了修正，区分了担保合同生效与抵押权（质权）生效的概念。《物权法》第十五条规定："当事人之间订立有关设立、变更、转让和消灭不动产物权的合同，除法律另有规定或者合同另有约定外，自合同成立时生效；

未办理物权登记的，不影响合同效力。"第二十三条规定："动产物权的设立和转让，自交付时发生效力"，第二百一十二条规定："质权自出质人交付质押财产时设立。"可见，根据《物权法》的规定，不动产登记或者动产交付是物权公示的方式，抵押（质押）未办理登记，或质物未交付质权人占有的，只是担保物权不发生效力，担保合同的效力并不因此受到影响，担保合同自合同成立时生效。

此外，《物权法》实施前，商业银行在原有法律环境下制订的抵押合同格式文本，通常把"抵押物须依法登记的已办妥登记"约定为合同生效条件之一。根据《合同法》第四十五条的规定，当事人对合同的效力可以约定附条件，附生效条件的合同，自条件成就时生效。因此，在《物权法》区分合同生效和抵押权生效之后，为避免掉入自己挖掘的陷阱，商业银行应当及时修正原有抵押合同格式文本。

（二）人保和物保并存时不必先执行债务人的物保

根据《担保法》第二十八条第一款和最高人民法院《关于适用〈担保法〉若干问题的解释》第三十八条第一款的规定，当一笔债权既有债务人提供物的担保，又有第三人提供保证的，实行"物保优于人保"，债权人实现债权时只能先执行物的担保，然后在未受清偿的范围内，要求保证人履行保证责任。

《物权法》第一百七十六条对《担保法》第二十八条的规定作了修改。根据该条款的规定，第一，当事人对物的担保和人的担保的关系有约定的，按约定实现债权；第二，当事人对物的担保和人的担保的关系没有约定或约定不明时：

（1）若物保系债务人提供，债权人应先行使担保物权，即"物保优于人保"；

（2）若物保系第三人提供，同时又有人的担保，债权人既可以选择行使担保物权，也可以选择对保证人行使债权。

简单地说，当一笔债权同时存在物的担保和人的保证时，无论担保物是债务人提供还是第三人提供，如果债权人与担保人在担保合同中，对物的担保和人的担保的关系有约定，当事人应当按约定实现债权，而不是必须先执行债务人的物保。

《物权法》第一百七十六条的规定，解决了在债务人提供物的担保时，债权人不能对保证人先行主张权利的问题。贷款银行在与担保人签订担保合同时，应当在合同中约定实现担保权利的任意选择权。例如，若在合同中约定有："当债务人不履行债务时，债权人有选择执行物的担保，或者要求保证人履行保证责任的权利"等类似内容的，债权人就有权依据约定选择实现债权的方式，而不必依照《担保法》及其司法解释的相关规定，在处置债务人的担保物后方可要求保证人履行保证责任。

《物权法》第一百七十六条的规定，有利于银行清收抵押贷款尤其是个人按揭（抵押）贷款。近几年，商业银行在个人贷款业务中使用的保证合同或保证书文本，一般都约定了诸如"当借款人未能按本合同约定履行其债务时，无论贷款人对主合同项下的债权是否拥有其他担保，贷款人均有权直接要求保证人在其保证范围内承担保证责任"等内容的条款。《物权法》实施后，该条款将赋予银行选择对保证人行使债权或担保物权的主动权。

（三）缩短了担保物权的行使期间

关于担保物权行使的时限，最高人民法院《关于适用〈担保法〉若干问题的解释》

第十二条第二款规定,"担保物权所担保的债权的诉讼时效结束后,担保权人在诉讼时效结束后的二年内行使担保物权的,人民法院应当予以支持。"

《物权法》修改了上述规定,缩短了担保物权行使的时限。《物权法》第二百零二条规定:"抵押权人应当在主债权诉讼时效期间行使抵押权;未行使的,人民法院不予保护。"据此规定,抵押权人行使抵押权的期间限定在主债权诉讼时效期间内。

关于质权的行使时限,《物权法》虽未予以明确,笔者理解也应适用此规定。行使质权还需注意,出质人可以请求质权人在债务履行期届满后及时行使质权,质权人不行使的,出质人可以请求法院拍卖、变卖质押财产。出质人请求质权人行使质权而质权人怠于行使权利造成损害的,由质权人承担赔偿责任。

《物权法》第二百零二条规定,不利于银行实现担保物权,银行在贷后管理中,应当注意在规定的主债权诉讼时效期间届满前及时行使担保物权。

(四) 物上保证人对未经其同意转移的债务不再承担担保责任

《担保法》第二十三条规定,债权人许可债务人转让债务未经保证人同意的,保证人不再承担保证责任。但是,《担保法》对物上保证人(提供物保的第三人)在此情形下,是否也不应承担保证责任未予明确。《物权法》对此作了补充规定,将"保证人"扩大至包括物上保证人在内的"担保人",即"第三人提供担保,未经其书面同意,债权人允许债务人转移全部或者部分债务的,担保人不再承担相应的担保责任"(《物权法》第一百七十五条)。根据该条款规定,未经担保人同意,无论该担保人是保证人还是物上保证人,债权人允许债务人转移全部或者部分债务的,担保人都不再承担相应的担保责任。所谓"相应的担保责任",指债权人未经许可转移全部债务的,担保人的担保责任全部免除;债权人未经许可转移部分债务的,担保人的部分担保责任免除,担保人不得要求免除全部担保责任。

根据《物权法》第一百七十五条的规定,银行同意借款人转移债务的,应事先征得担保人的同意,否则,担保人(包括保证人和物上保证人)将不再承担相应的担保责任。

(五) 物上保证人在债权人放弃债务人物保的范围内不再承担担保责任

《担保法》第二十八条第二款规定,"债权人放弃物的担保的,保证人在债权人放弃权利的范围内免除保证责任。"在实务中,物的担保,可能是债务人提供,也可能是第三人(物上保证人)提供。假定保证人和物上保证人为同一债权担保,若债权人放弃债务人的物保,依据《担保法》的规定,保证人可以免除保证责任,而物上保证人则不能。这显然对物上保证人不公平。因此,《物权法》对此作了修改,把《担保法》的"保证人"扩大至"其他担保人",即"债务人以自己的财产设定抵押,抵押权人放弃该抵押权、抵押权顺位或者变更抵押权的,其他担保人在抵押权人丧失优先受偿权益的范围内免除担保责任,但其他担保人承诺仍然提供担保的除外"(《物权法》第一百九十四条第二款)。根据该条款规定,债务人以自己的财产设定担保物权,债权人放弃该担保物权的,其他担保人在债权人丧失优先受偿权益的范围内免除担保责任。所谓"其他担保人"包括为债务人提供担保的保证人、提供抵押和质押担保的第三人。

根据《物权法》第一百九十四条第二款的规定,当债权既有债务人的物保,又有担保人的保证或物保时，银行不应放弃债务人的物保，否则，其他担保人在债权人放弃物保的范围内免除担保责任。银行放弃第三人的财产担保，并不会加重其他担保人的担保责任，其他担保人仍应按原来的承诺承担责任，但当事人另有约定的除外。

第五节　抵押权规定的变化

与《担保法》等法律及有关司法解释相比，《物权法》关于抵押权的规定发生了以下变化：

一、扩大了可用于抵押的财产范围

与《担保法》相比，《物权法》在以下几个方面扩大了可以作为抵押物的财产范围：

（一）未来动产可以设定抵押

《担保法》规定可以用于抵押的财产均为抵押时已经现实存在的财产，《物权法》对此有重大突破，抵押时现实不存在的财产，亦即未来的动产也可以设定抵押。《物权法》第一百八十一条规定："经当事人书面协议，企业、个体工商户、农业生产经营者可以将现有的以及将有的生产设备、原材料、半成品、产品抵押，债务人不履行到期债务或者发生当事人约定的实现抵押权的情形，债权人有权就实现抵押权时的动产优先受偿。"

应当注意的是，《物权法》第一百八十九条还规定，依照《物权法》第一百八十一条规定抵押的，不得对抗正常经营活动中已支付合理价款并取得抵押财产的买受人。也就是说，企业、个体工商户、农村承包经营户以现有及将来拥有的动产抵押的，即使依法到抵押人住所地的工商行政管理部门办理了登记，但是如果抵押人将其动产销售并交付给了买受人，且该买受人付清了价款，则银行的抵押权不能对抗该买受人。

（二）原材料、半成品、产品等动产可以设定抵押

《担保法》第三十四条第（四）项仅规定机器、交通运输工具和其他财产可以抵押。《物权法》对此也有所突破。《物权法》第一百八十条第（四）项规定，生产设备、原材料、半成品、产品均可以抵押。

（三）正在建造的建筑物、船舶、飞行器可用于抵押

《担保法》没有明确规定正在建造的建筑物、船舶、飞行器可以用于抵押，《物权法》第一百八十条第（五）项对此予以明确，有利于解决建设工程融资难问题。

（四）法律、行政法规未禁止抵押的其他财产可用于抵押

《担保法》第三十四条第（六）项规定，"依法可以抵押的其他财产"可以设定抵押，即依法规定可以抵押的财产才可以抵押。而《物权法》第一百八十条第（七）项则规定，"法律、行政法规未禁止抵押的其他财产"可以设定抵押，即法律、行政法规未禁止抵押的财产都可以抵押。"法无禁止即通行"，这无疑扩大了抵押物的范围，为银行根据社会生活的需要创新业务品种拓宽了空间。

二、承认动产浮动抵押

（一）动产浮动抵押的含义

动产浮动抵押，指抵押人以现有的和将有的生产设备、原材料、半成品、产品抵押，债务人不履行到期债务或者发生当事人约定实现抵押权的情形，债权人有权就约定实现抵押权时的动产优先受偿。

在动产浮动抵押中，抵押权设定后，抵押人可以将抵押的原材料投入成品生产，也可以卖出抵押的财产，抵押人处分抵押财产不必经抵押权人同意。当债务履行期限届满债务未清偿，或抵押人被宣告破产或者被撤销，或当事人约定实现抵押权的情形成就时，此时点抵押人实际拥有的动产就是抵押财产。抵押财产确定前的财产不追回，买进的财产为抵押财产。

（二）银行办理动产浮动抵押应当注意的问题

动产浮动抵押制度具有简化手续、降低成本、方便灵活等优点，为解决中小企业融资难及银行控制信贷风险提供了一种新的选择。银行在运用动产浮动抵押制度时应当注意：

第一，根据《物权法》第一百八十一条的规定，设定动产浮动抵押应当符合以下条件：

（1）动产浮动抵押的主体限于企业、个体工商户、农业生产经营者；

（2）动产浮动抵押的财产限于生产设备、原材料、半成品、产品；

（3）动产浮动抵押应当签订书面协议。书面协议一般包括：担保债权的种类和数额、债务履行期间、抵押财产范围、实现抵押权的条件等。

第二，根据《物权法》第一百八十九条的规定，浮动抵押应当向抵押人住所地的工商行政管理部门办理登记，抵押权自抵押合同生效时设立；未经登记，不得对抗善意第三人（《物权法》第一百八十九条第一款）。

第三，谨慎地接受动产浮动抵押物，谨慎地选择抵押人。动产浮动抵押与其他抵押方式一样，也存在风险，其风险程度甚至会大于一般抵押。《物权法》第一百八十九条第二款规定："依照本法第一百八十一条规定抵押的，不得对抗正常经营活动中已支付合理价款并取得抵押财产的买受人。"也就是说，企业、个体工商户、农村承包经营户以现有的以及将来拥有的动产抵押，抵押后又将该动产销售并交付给买受人，且该买受人付清了价款的，即使办理了抵押登记，银行的抵押权也不能对抗该买受人。此时，银行的抵押权将落空。因此，银行应当谨慎地接受此类抵押物，谨慎地选择抵押人。

第四，准确地描述动产浮动抵押财产。抵押人以其全部动产设定动产浮动抵押的，只需要在登记时注明以全部动产抵押，即对抵押财产作概括性描述，不必详细列出抵押财产清单。以部分动产抵押的，则需要附上抵押财产清单，详细列明抵押财产的类别。

第五，贷后管理须重点关注抵押人的生产销售情况。办理抵押后，银行应当密切关注、跟踪抵押人的生产经营、市场销售、资产处置等情况，采取措施防范抵押人将抵押财产销售一空，避免发生抵押权悬空风险。

三、明确了建设用地使用权与建筑物的抵押关系

我国处理房产与地产关系的一个重要原则是:"地随房走"或者"房随地走"。所谓"地随房走",指转让房屋的所有权或者使用权时,建设用地使用权一并转让。所谓"房随地走",指转让建设用地使用权时,该土地上的房屋也同时转让。根据《担保法》的规定,以城市房屋或者乡(镇)、村企业的厂房等建筑物设定抵押,适用"地随房走"原则(第三十六条第一款、第三款);以出让方式取得的国有土地使用权设定抵押,适用"房随地走"原则(第三十六条第二款)。

在实践中,有人仅抵押建筑物而不抵押土地使用权,或者仅抵押土地使用权而不抵押建筑物,甚至将建筑物和土地使用权分别抵押给了不同的人,从而导致抵押权实现困难,损害了债权人的利益。针对这种情况,《物权法》在坚持《担保法》第三十六条规定精神的同时,增加了抵押人未按规定将房产与地产一并抵押的,未抵押的财产视为一并抵押的规定(《物权法》第一百八十二条)。

四、允许当事人对实行抵押权的条件作出约定

根据《担保法》第五十三条第一款的规定,抵押权人实行抵押权的条件是:"债务履行期届满抵押权人未受清偿的"。也就是说,抵押权人欲行使抵押权,其前提条件必须是债务履行期间届满,债务人不履行债务。否则,抵押权人不得行使抵押权。

《物权法》对《担保法》第五十三条第一款的规定作了修改,允许当事人对实行抵押权的条件作出约定。《物权法》第一百九十五条第一款规定:"债务人不履行到期债务或者发生当事人约定的实现抵押权的情形,抵押权人可以与抵押人协议以抵押财产折价或者以拍卖、变卖该抵押财产所得的价款优先受偿。协议损害其他债权人利益的,其他债权人可以在知道或者应当知道撤销事由之日起一年内请求人民法院撤销该协议。"

根据《物权法》上述规定,商业银行可以在抵押合同中对抵押人的某些行为进行约束。如果抵押人违反约定从事了这些行为,满足了约定实行抵押权的条件,银行就可以提前实行抵押权而不必等到债务履行期间届满。例如,在动产浮动抵押中,为确保抵押财产在实行抵押权时能够达到一定的数量,以担保债权的实现,当事人可以在抵押合同中约定,抵押人不得以其库存的产品从事关联交易或者低价交易,当库存产品数量低于某一数值,或者销售价格低于市场一定比例时,银行可以提前实现抵押权。

此外,当事人协议实现抵押权,不得损害其他债权人的利益。所谓协议实现抵押权损害其他债权人的利益,指抵押人与抵押权人协议低价变卖或者抵债,在该抵押权人优先受偿实现债权后,抵押人的财产可实现债权的数量减少,从而给其他抵押权人或债权人的利益造成损害。在实务中,若借款人与其抵押权人协议低价处分抵押财产,商业银行作为债权人,可以行使撤销权,请求人民法院撤销该处分协议。银行行使撤销权,在知道或者应当知道撤销事由之日起一年内。逾期行使的,人民法院不予支持。

五、抵押权人可直接申请人民法院拍卖、变卖抵押财产

《担保法》第五十三条规定,债务履行期届满抵押权人未受清偿的,可以与抵押人

协议以抵押物折价或者以拍卖、变卖该抵押物所得的价款受偿;协议不成的,抵押权人可以向人民法院提起诉讼。根据该条规定,抵押权实现只有协议和诉讼两种方式,协议不成,诉讼便成为一种无可奈何的选择。

《物权法》修改了《担保法》的抵押权实行程序,允许抵押权人在协议不成的情况下,可以直接申请人民法院拍卖、变卖抵押财产:"抵押权人与抵押人未就抵押权实现方式达成协议的,抵押权人可以请求人民法院拍卖、变卖抵押财产"(第一百九十五条第二款)。《物权法》的规定,简化了抵押权的实行程序,有利于抵押权人快捷实现债权。

抵押权人请求人民法院拍卖、变卖抵押财产,应当符合以下条件:

第一,债务履行期间届满债务人不履行债务,或者发生了当事人约定实现抵押权的情形;

第二,抵押权人与抵押人对债权未受清偿的事实不存在异议,只是就采取何种方式处理抵押财产达不成一致意见。如果双方对抵押合同的有关条款或者抵押权的效力存在争议,抵押权人仍应当采取向人民法院提起诉讼的方式处理。

六、未经抵押权人同意不得转让抵押物

根据《担保法》第四十九条的规定,抵押期间,抵押物可以转让,但抵押人应当通知抵押权人并告知受让人转让物已经抵押。若转让价款明显低于其价值的,抵押权人可以要求抵押人提供相应的担保。抵押人不提供的,不得转让抵押物。允许抵押人转让抵押财产,虽有利于发挥物的效用,但同时增大了抵押权人和买受人的风险。

为维护抵押权人的合法权益,《物权法》对《担保法》第四十九条的规定作了修改,将抵押人转让抵押物仅需履行"通知抵押权人"和"告知受让人"的义务,变更为应当"经抵押权人同意",对转让抵押物作了限制性规定:"抵押期间,抵押人未经抵押权人同意,不得转让抵押财产,但受让人代为清偿债务消灭抵押权的除外"(第一百九十一条第二款)。

《物权法》上述规定表明,消除财产上的抵押权,是抵押财产转让的条件。这是《物权法》在制度设计上与《担保法》的重要区别。

七、最高额抵押的变化

(一)最高额抵押设立前已经存在的债权可以转入担保范围

《物权法》第二百零三条第二款规定:"最高额抵押权设立前已经存在的债权,经当事人同意,可以转入最高额抵押担保的债权范围。"该条款内容在《担保法》和《关于适用〈担保法〉若干问题的解释》中均未予以明确,《物权法》的规定为银行拯救风险债权增加了一种选择。

(二)明确了最高额抵押权所担保债权确定的事由

最高额抵押是对一定期间内将要连续发生的债权提供的抵押,其担保的债权具有不确定性和变动性。如何确定担保债权的数额,《担保法》没有作出具体规定,导致在实务中常常发生争议。《物权法》第二百零六条对最高额抵押权所担保债权确定的事由作

出了规定。根据该条款规定，有下列情形之一的，抵押权人的债权确定：

（1）约定的债权确定期间届满；

（2）没有约定债权确定期间或者约定不明确，抵押权人或者抵押人自最高额抵押权设立之日起满二年后请求确定债权；

（3）新的债权不可能发生；

（4）抵押财产被查封、扣押；

（5）债务人、抵押人被宣告破产或者被撤销；

（6）法律规定债权确定的其他情形。

（三）允许最高额抵押权所担保的债权转让

《担保法》第六十一条规定，"最高额抵押的主合同债权不得转让"。《物权法》第二百零四条改变了最高额抵押所担保的主债权不得转让的禁止性规定，允许债权人转让最高额抵押所担保的主债权。因为，债权人转让债权是法律赋予其的一项权利，债权人可以在不违反法律和公共利益的前提下，自由处分自己的权利。换言之，债权转让与否，应当根据当事人意思自治的原则，由债权人自行决定。

最高额抵押所担保的主债权转让后，最高额抵押权是否随之转让，取决于转让时主债权是否确定：

第一，主债权已经确定的，相应的抵押权也随之转让。若最高额抵押所担保的主债权已经确定，主债权在约定的最高限额内对抵押财产具有优先受偿权，此时的最高额抵押与抵押并无区别。根据抵押权随主债权转让而转让的原则（《合同法》第八十一条、《物权法》第一百九十二条），最高额抵押所担保的主债权转让的，相应的抵押权也随之转让。

第二，主债权尚未确定的，抵押权并不随之转让。若最高额抵押所担保的主债权尚未确定，最高额抵押权并不从属于某一特定债权，而是从属于主合同关系。此时，部分债权转让，其结果是这部分债权脱离了最高额抵押权的担保范围，对最高额抵押权并无影响，最高额抵押权仍须在最高额内对一定期间连续发生，包括已经发生和将要发生的债权担保。因此，在最高额抵押担保的债权确定前，部分债权转让的，最高额抵押权并不随之转让。

第三，当事人有约定的，依约定。如果当事人约定在最高额抵押所担保的债权确定前，最高额抵押权随部分债权的转让而转让的，法律并不禁止，此时，依当事人的约定。

第六节 质权规定的变化

与《担保法》等法律及有关司法解释相比，《物权法》关于质权的规定发生了以下变化：

一、增加了最高额质押担保

最高额质押，指出质人与质权人协议，在最高债权额限度内以质物对一定期间内连续发生的债权作担保。《担保法》仅规定了最高额抵押,未规定有最高额质押。由于我国对物权创设采取"物权法定主义",物权的种类和内容都必须由法律来规定,不允许当事人创设。因此,在司法实践中对最高额质押存在激烈的争议,银行也因无法可依而不敢放心地接受最高额质押。《物权法》对《担保法》的最高额担保制度进行了完善,创设了最高额质押制度,明确规定"出质人与质权人可以协议设立最高额质权"(第二百二十二条)。

二、扩大了权利质物的范围

《物权法》第二百二十三条列举了可以出质的权利范围,与《担保法》第七十五条相比,扩大了权利质物的范围:

(一) 可转让的基金份额可以出质

基金份额指向投资者公开发行,表示持有人按其所持份额对基金财产享有权利并承担相应义务的凭证。这里的"基金",特指《证券投资基金法》中规定的证券投资基金,即通过公开发售募集,由基金管理人管理,基金托管人托管,以资产组合方式进行证券投资活动的信托契约型基金。

出质的基金份额必须是可以转让的,依法不得转让的,则不能出质。

以基金份额出质的,质权自证券登记结算机构办理出质登记时设立(《物权法》第二百二十六条)。所谓证券登记结算机构,指为证券交易提供集中登记、存管和结算服务,不以盈利为目的的法人。

随着专家理财观念的普及,基金逐渐成为投资理财的重要工具,个人持有基金资产的数量在快速增加,基金份额质押的市场潜力巨大,商业银行应尽快推出与基金相结合的个人信贷产品,拓宽个人融资渠道。

(二) 应收账款可以出质

应收账款,指权利人因销售商品或提供劳务等原因而形成的请求义务人给付一定款项的权利。

《物权法》意义上的"应收账款",实质是指付款请求权,不仅包括已经形成的现存债权,也包括尚未产生的将来债权,如公路、桥梁收费权等。它不同于一般意义上的应收账款,也不是会计学上的应收账款。所谓一般意义上的应收账款,指企业因销售商品或提供劳务等原因而应向购货或接受劳务的客户收取的款项。所谓会计学上的应收账款,指因销售活动而形成的应收客户的款项,不包括非销售活动而形成的应收款项或企业支付出去的应收款项。

以应收账款出质的,当事人应当订立书面合同,质权自信贷征信机构办理出质登记时设立(《物权法》第二百二十八条第一款)。所谓信贷征信机构,指中国人民银行信贷征信中心。

应收账款属于一般债权,其真实性、合法性、有效性不易判断。同时,应收账款的价值实现须依靠债务人的信用能力,而判断债务人的信用能力并非易事。因此,商业银行受理应收账款出质应当谨慎,尤其在办理质押时,不仅要认真核实债权相关凭证的真实性、合法性和有效性,详细了解债务人的信用状况与履行债务能力,而且还要严格依法合规行事，确保应收账款质权合法有效。

必须指出的是，应收账款、基金份额和股权出质后，不得转让，除非经出质人与质权人协商同意。出质人转让应收账款、基金份额和股权所得的价款，应当向质权人提前清偿债务或者提存（《物权法》第二百二十六条第二款、第二百二十八条第二款）。

（三）法律、行政法规规定可出质的其他财产权利可以质押

《担保法》第七十五条第（四）项对可出质权利的兜底规定是："依法可以质押的其他权利"。也就是说，可出质的其他财产权利，限于法律规定可以出质的权利。《物权法》第二百二十三条第（七）项兜底条款放宽了限制，把可出质的权利扩大至"法律、行政法规规定可以出质的其他财产权利"。

三、明确了非上市公司的股权质押应当到工商行政管理部门办理登记

根据《担保法》第七十八条的规定，以上市股份公司股权出质的，应向证券登记结算机构办理出质登记。而以有限公司和非上市股份公司的股权出质的，质押合同自股份记载于股东名册之日起生效。《物权法》保留了《担保法》关于上市公司股权出质登记的规定，将有限公司和非上市股份公司股权质押的规定修改为："以其他股权出质的，质权自工商行政管理部门办理出质登记时设立"（《物权法》第二百二十六条）。即以其他股权出质，须到工商行政管理部门办理出质登记，质权自登记时设立。所谓"其他股权"，指不在证券登记结算机构登记的股权，包括有限公司和非上市股份公司的股权。

工商行政管理部门办理股权出质登记，相对公司股东名册登记具有更强的公开性，质权登记的公示性得以真正体现，同时也便于第三人查询相关股权质押情况。

最高人民法院司法解释缩略语

1. 《关于适用〈合同法〉若干问题的解释（一）》
《合同法若干解释（一）》

2. 《关于适用〈民事诉讼法〉若干问题的意见》
《民事诉讼法若干意见》

3. 《关于适用〈担保法〉若干问题的解释》
《担保法若干解释》

4. 《关于贯彻执行〈民法通则〉若干问题的意见（试行）》
《民法通则若干意见》

5. 《关于适用〈婚姻法〉的若干问题的解释（一）》
《婚姻法若干解释（一）》

6. 《关于适用〈婚姻法〉的若干问题的解释（二）》
《婚姻法若干解释（二）》

7. 《关于人民法院执行工作若干问题的规定（试行）》
《执行工作若干规定》

8. 《关于依法规范人民法院执行和国土资源房地产管理部门协助执行若干问题的通知》
《规范执行和房地产部门协助执行若干问题》

9. 《关于审理商品房买卖合同纠纷案件适用法律若干问题的解释》
《商品房纠纷若干解释》

10. 《关于人民法院民事执行中查封、扣押、冻结财产的规定》
《查、扣、冻规定》

11. 《关于人民法院执行设定抵押的房屋的规定》
《执行抵押房屋规定》

12. 《关于审理民事案件适用诉讼时效制度若干问题的规定》
《诉讼时效制度若干问题的规定》

13. 《关于适用〈中华人民共和国民事诉讼法〉执行程序若干问题的解释》
《执行程序若干解释》

14. 《关于适用〈中华人民共和国合同法〉若干问题的解释（二）》
《合同法若干解释（二）》

15. 《关于审理建筑物区分所有权纠纷案件具体应用法律若干问题的解释》
《建筑物区分所有权若干解释》

16. 《关于审理城镇房屋租赁合同纠纷案件具体应用法律若干问题的解释》

《房屋租赁纠纷若干解释》

17. 《关于审理房屋登记案件若干问题的规定》

《审理房屋登记案件若干规定》

18. 《关于限制被执行人高消费的若干规定》

《限制高消费若干规定》

参考文献（以作者姓氏笔画为序）

1. 车辉、李敏：《担保法律制度新问题研究》，法律出版社，2005。
2. 安建主编：《中华人民共和国公司法释义》，法律出版社，2005。
3. 陈佐夫主编：《中国建设银行业务合同文本使用手册》，经济科学出版社，2001。
4. 张炜主编：《个人金融业务与法律风险控制》，法律出版社，2004。
5. 李国光等：《关于适用〈担保法〉若干问题的解释理解与适用》，吉林人民出版社，2000。
6. 胡康生主编：《合同法实用问答》，中国商业出版社，1999。
7. 郭明瑞、杨立新：《担保法新论》，吉林人民出版社，1996。
8. 梁书文等：《民法通则贯彻意见诠释》，中国法制出版社，2001。
9. 常怡主编：《民事诉讼学》，中国政法大学出版社，1996。
10. 蔡福华：《夫妻财产纠纷解析》，人民法院出版社，2003。
11. 魏振瀛主编：《民法》，北京大学出版社，2000。

后 记

我高中毕业后到工厂干了3年学徒工，1977年恢复高考又重新走进校园。大学毕业后分配到司法部门工作，1985年调入银行。初期做了几年投资研究，1988年通过律师资格考试后，次年起便开始从事银行法律工作至今。屈指一算，与法律工作结缘已二十多年了，其中在银行从事法律工作也有18年了。十八载光阴，不算长可也不短。"不长"是相对历史长河而言，它只是一瞬间，非常得短暂；"不短"是相对有限的生命来说，它占据了人生有效工作时间一半以上，显得十分珍贵和重要，人们因此可以从容、潇洒地书写人生，尤其是人生的黄金时期更是如此。20世纪80年代，国家正致力于推进法制建设，全民的法律意识和法律素养还相当薄弱。银行也不例外，那时既没有专职法律人员，更无专门的法律机构，法律工作几乎是一片空白。在这样的背景条件下，选择拓荒者角色并一路走过来，我经历了太多的艰难与挫折，留下了不少的委屈与遗憾，也失去了很多很多。为此，我犹豫、彷徨过，也曾想过放弃，但是最终还是留下来了。这也许就是常说的"命中注定"吧！

从业伊始，我参与处理了大量的经济纠纷案件，通过诉讼方式维护银行的合法权益。随着市场经济的深化和银行体制改革的深入，这种单纯依赖事后补救来化解风险的做法，越来越不能适应商业银行经营管理的要求，事前防范、事中控制、事后救济的风险管理模式逐渐为人们所推崇。风险管理贯穿于信贷活动的全过程，它不仅仅是过程的延伸，参与主体也从单一变为多元，信贷人员成为了风险识别、控制、救济的主力军。他们不仅需要精通金融业务，也要熟悉法律法规，依法合规地经办业务。只有这样，才可以有效地防范与控制信贷风险。从这个角度上说，普及法律知识，提高业务人员的法律意识和法律素养，可以起到事半功倍的作用。

基于这一认识，我投入了不少的时间和精力去从事普法培训。起初，因使用的教材缺乏针对性，培训效果不是很理想。迫于无奈，我只好自编讲义，重点介绍信贷人员应当掌握的法律知识和常见问题的应对之策。令我意想不到的是，这种以法律视角观察业务操作过程，注重法律理论与银行业务实践相结合，在分析问题中传导法律、在解决问题中运用法律的授课方式，在各地和各种层次的培训班上受到了广泛的欢迎。

这些年来，有不少人鼓励我出书，自己也想过写本书，将我的人生感受拿出来与大家分享。然而这几年需要处理的事情太多，我实在没有闲暇静下心来著书立说。在培训班学员的反复要求下，盛情难却，我便在授课讲义的基础上，断断续续花了一年多时间写成《商业银行信贷法律风险精析》一书，希望能给商业银行防范与控制信贷法律风险提供一些参考。我在此需要说明的是，本书立足于普及法律知识和提升风险控制技能，力求以通俗的言辞表达严谨的法律术语，读者不必用看教科书的眼光来审视它，但应以沉静的心去深思它。

　　本书第五章部分内容的写作，得到了樊晓艳女士、梁勇海先生的帮助；在修改出版前，张庆艺先生、谢琳女士、傅慧敏女士通读全稿，提出了宝贵的意见；庞平声先生、李思影先生、黄诚东先生以及陈万铭先生、廖林先生、崔殿满先生对本书的写作出版一直给予鼓励和支持。中国人民银行研究局副局长、金融研究所博士后科研流动站负责人、学术委员会委员焦瑾璞先生欣然拨冗作序。所有这些鼓励、支持和帮助，我将铭记在心，衷心感谢。

　　本书的出版，得到了太多人的帮助，要说的话实在太多，在此不可能一一言及，但对所有关心和帮助过我的人，我要深深地说一声"谢谢"！

　　最后，对书中不妥或错误之处，敬请读者批评指正。

宾爱琪
2007 年 1 月 18 日